MARKETING INTELLIGENCE

엑셀과 파워 BI를 활용한

마케팅 인텔리전스

김경섭

퍼블리셔

들어가며

마케팅 인텔리전스라는 수업을 기획하며 어떤 내용으로 수업을 진행해야 하나 고민해 본다. 인텔리전스란 개념는 단순히 정보 자체가 아니라, 정보를 수집하고 처리하여 사용자가 의사결정에 효과적으로 이용할 수 있도록 이루어지는 모든 과정을 말하기 때문이다.

이 책에선 마케팅 데이터를 분석, 예측 및 시각화하는 내용이 포함된다. 또한 비즈니스 전체에 대한 인텔리전스는 다뤄야 할 정보의 양이 많으므로 비즈니스 중 중요한 마케팅 분야 인텔리전스에 집중할 필요하다는 것이 결론이다.

마침 국가 전문기술자격증인 경영정보시각화능력 시험이 생겼고, 수강생들이 마케팅 인텔리전스 수업을 듣고 일석이조로 위 자격증까지 따면 좋겠다는 생각이다.

마케팅학과에 경영학원론이나 경영정보시스템 과목이 없으므로 이 수업의 이론 파트를 수강하면 그 부분에 대한 학습도 가능하다.

책의 구성은

1~4장은 이론 파트로 교재의 1/3에 해당한다.

5장은 엑셀을 활용한 마케팅 인텔리전스 실습으로 교재의 1/6에 해당한다.

6~9장은 파워 BI를 활용한 마케팅 인텔리전스 실습으로 교재의 1/2에 해당한다.

이 중 7장과 8장은 마케팅 인텔리전스 예제와 매출현황 대시보드를 학습하고,

9장은 경영정보시각화능력 실기 모의시험인데 마케팅분야에 바로 사용가능하다.

이 교재에 워크북이란 명칭을 사용했는데, 학생들이 교재에서 제시한 과정을 성실하게 학습하면 실무능력이 배양될 것으로 생각한다.

부족한 점은 수요 예측을 제외한 마케팅 관련 통계 모델 및 머신러닝 기법과 워드 클라우드를 제외한 텍스트 마이닝 기법이 빠졌다는 점이다. 이 부분들은 고급 수준으로 수강생의 필요에 따라 추가 학습을 추천한다.

경영정보시각화능력 시험에 관해서 언급하면 필기는 이 책의 1~4장과 부록의 2회 기출문제 풀이로도 충분하다고 본다. 다만 실기는 6~9장을 공부한 다음 POWER BI용 실기 수험서를 한 권 정도 풀어볼 것을 추천한다.

2025 봄

필자

Contents

제1부

I 마케팅 인텔리전스의 배경 이론

제1장 마케팅 인텔리전스의 개요 3

제1절 마케팅 인텔리전스의 배경 3

1. 마케팅 인텔리전스의 정의 3
2. 마케팅 인텔리전스의 필요성 3
3. 마케팅 인텔리전스의 분야 3
4. 마케팅 인텔리전스의 효과 4

제2절 마케팅 인텔리전스의 위치 5

1. 다른 시스템과의 비교 5
2. 마케팅 인텔리전스의 범위 6

제2장 경영정보 일반 7

제1절 경영정보의 이해 7

1. 경영과 정보 7
2. 경영 부문별 활동 관련 정보 및 경영정보시스템 9
3. 경영전략 10

제2절 기업 내부정보 파악 20

1. 마케팅·영업 기본정보 20
2. 공급관리(생산운영관리) 기본정보 33
3. 회계·재무·인적자원 기본정보 42

제3절 기업 외부정보 활용 61

1. 기업 외부정보 제공 웹사이트 및 획득 가능 정보 61

제3장 경영정보 일반 65

제1절 데이터의 이해와 해석 65
1. 데이터의 이해 65
2. 데이터의 해석 69

제2절 데이터파일시스템 75
1. 데이터파일시스템의 개념 및 종류 75
2. 데이터베이스의 이해 78

제3절 데이터 활용 84
1. 데이터 가공 84
2. 데이터 관리 87
3. 비즈니스 인텔리전스 90

제4장 경영정보 시각화 디자인 92

제1절 경영정보 시각화 개념과 프로세스 92
1. 경영정보시각화 개요 92
2. 디자인의 기본원리 96
3. 인포그래픽 디자인 102

제2절 시각화도구 활용 106
1. 사무자동화 프로그램을 활용한 시각화 106
2. 시각화 도구(BI 소프트웨어)의 특징 108
3. 시각화 도구(BI 소프트웨어)의 주요 기능 110

제3절 시각화요소 디자인 113
1. 차트 디자인 113
2. 테이블 디자인 130

Contents

제2부 II

마케팅 인텔리전스 실무

제5장 엑셀을 이용한 마케팅 인텔리전스 135

제1절 데이터 분석 도구 135
1. 데이터파일 구축 136
2. 함수 139
3. 정렬 147
4. 필터링 - 자동필터, 고급필터 148
5. 조건부 서식 150
6. 데이터통합 152
7. 부분합 153
8. 피벗 테이블과 피벗 차트 분석 155
9. 목표값 찾기 158
10. 데이터 표 160
11. 시나리오 분석 162
12. 해 찾기 166
13. 차트 169

제2절 피벗 테이블과 피벗 차트를 활용한 데이터 분석 172
1. 데이터 보완하기 172
2. 피벗 테이블 만들기 173
3. 피벗 테이블의 단축메뉴 175
4. 피벗 테이블 추가 분석하기 176
5. 슬라이서 적용하기 180
6. 피벗 테이블 디자인 변경하기 182
7. 계산 필드와 계산항목 활용하기 184

제3절 예측과 분류 185
1. 수요예측 185
2. 분류 199
제4절 마케팅 인텔리전스 응용 204
1. 고객가치 204
2. 장바구니 분석 205

제6장 파워 BI 실무 209

제1절 마케팅 정보 시각화를 위한 파워 BI 작업 준비 210
1. 프로그램 실행하기 211
2. 파일 관리하기 212
3. 데이터 가공하기 213
4. 데이터 모델링하기 217
5. 데이터 계산하기 221
제2절 마케팅 정보 시각화 결과물 레이아웃 구성 240
1. 레이아웃 구성하기 240
2. 대화식(interactive) 화면 구성하기 242
제3절 경영정보 시각화요소 구현 249
1. 차트 구성하기 249
2. 맵 구성하기 266
3. 테이블과 행렬 구성하기 269
4. 기타 시각화 개체 살펴보기 274
5. 시각화요소 디자인 변경하기 279
6. 기능 활용하기 283

Contents

제7장 DAX 연습 - 매출 분석과 고객분석 296

1. 기간별 매출 거래 건수와 거래고객 수 파악 297
2. 매출액 및 건당 매출액 구하기 299
3. 매출액과 이익률 구하기 301
4. 지역별 매출비중 구하기 302
5. 매출 순위 구하기 304
6. 최대 매출값 대비 상대비율 구하기 305
7. 일평균/월평균/연평균 매출액 구하기 307
8. DAX로 캘린더 테이블 만들기 309
9. 월별 일일 누적매출액 트렌드 비교하기 310
10. 전년 동기 대비 월 매출액 증감 구하기 311
11. 제품들을 그룹화 하여 카테고리별로 분석하기 313
12. 지점별로 상위 영업사원 N명이 전체에서 차지하는 매출비중 구하기 315
13. 전월 대비 매출 차이 원인 분석하기 317
14. 마지막 달(최종월) 매출액만 보여주기 318
15. 선택 기간에 대한 누적합계 매출액 구하기 319
16. 최고 매출 제품 및 매출액을 함께 보여주는 여러행카드 만들기 321
17. KPI 대시보드 만드는 법 322
18. 상품별 계절성(Seasonality)을 알아보는 시계열 차트 만들기 324
19. 이동평균선을 활용한 추세분석 325
20. 행렬 시각화 개체를 활용하여 주중 가장 거래가 많은 요일/시간대 분석하기 327
21. 주민등록번호를 활용하여 구매고객의 연령대 분포 구하기 329
22. 고객의 재구매/재방문 빈도 분석하기 332
23. 신규고객 수/기존고객 수 쉽게 구하기 335
24. 판매사원 실적과 순위변동 시각화하기 337

25. 고객별 방문 건수 구하는 법 338
26. 목표 대비 달성률 모델링하는 법 339

제8장 시각화 사례 연구 341
제1절 사례 분석 341
제2절 의류 매출 현황 보고하는 대시보드 형태 보고서 만들기 343

제9장 경영정보시각화능력 실기 모의시험 354
제1절 모의시험 (A형) 풀이 355
제2절 모의시험 (B형) 풀이 385
제3절 합격 전략 419

부록

2024년 제2회 경영정보시각화능력 필기시험 풀이 425

Part I 마케팅 인텔리전스의 배경 이론

제1장 마케팅 인텔리전스의 개요

제2장 경영정보 일반

제3장 데이터 해석 및 활용

제4장 경영정보 시각화 디자인

제1장 마케팅 인텔리전스의 개요

제1절. 마케팅 인텔리전스의 배경

1 마케팅 인텔리전스의 정의

마케팅 인텔리전스(marketing intelligence)는 데이터마케팅이라고도 불린다. 기업의 마케팅 인텔리전스는 거대한 데이터와 다양한 데이터 분석 모델을 활용하여 마케팅 활동 전반에 대한 의사결정을 지원하기 위한 정보를 제공하는 것을 말한다. 이러한 시장, 고객, 제품, 파트너 및 판매인력 등에 대한 빅데이터와 모델 기반 정보시스템은 모니터링 기능과 분석 기능을 통해 시장, 제품과 고객관리 등에 대한 예측력과 통찰력을 제공한다.

2 마케팅 인텔리전스의 필요성

- 고객, 제품, 경쟁사, 시장 전반에 대한 정확한 분석은 고객의 충성도를 높이고 경쟁사에 대한 대응 전략을 수립에 필수적임
- 기업과 제품과 서비스에 대한 고객 인식이나 감정 등을 모니터링하여 기업 평판을 유지함
- 기업이 제공하는 제품과 서비스에 대한 고객 이슈를 모니터링하고 신제품의 기회와 기존 제품의 개선점을 파악함
- 제품과 서비스, 기술에 대한 트렌드를 예측하고 향후 시장 개척을 위한 기획, 마케팅 론칭전략에 활용함

3 마케팅 인텔리전스의 분야

빅데이터	빅데이터 수집 및 데이터웨어하우징, 데이터 추출, 변환, 로드
정성적 데이터 분석	텍스트 분석, 워드 클라우드, 감정분석 등
정량적 데이터 모델링	비율분석, 통계분석, 데이터마이닝, 예측과 분류 등
데이터 시각화	데이터 테이블, 대시보드, 엑셀 시각화, BI 시각화 등

4 마케팅 인텔리전스의 효과

2017년 말, Forrester Consulting의 조사에 따르면 미국 B2C 마케팅업체의 의사결정자의 약 4분의 3이 마케팅 인텔리전스가 회사의 비즈니스 목표에 중요하다고 답변했다.

특히 고객만족도 증진, 고객 충성도 및 고객 유지 증진에 도움이 컸고, 마케팅비용의 투자수익률 증진, 브랜드 인지도 증가, 마케팅 주도권의 빠른 혁신, 고객 참여 개선 유도 등에도 많은 도움이 된 것으로 조사되었다.

미국 B2C 마케팅 의사결정자에게 마케팅 인텔리전스 기술을 구현하는 데 있어 중요한 장벽은 적절한 데이터과학 도구와 응용프로그램이 부족하다는 것이다. 또한, 데이터를 통찰력과 행동으로 전환하는 데 경험이 부족하고 직원 리소스가 부족하다고 느꼈다고 한다. 또한, 데이터 수집을 위한 열악한 인프라와 전반적인 기술 및 전문 지식의 필요성에 어려움을 겪고 있다.

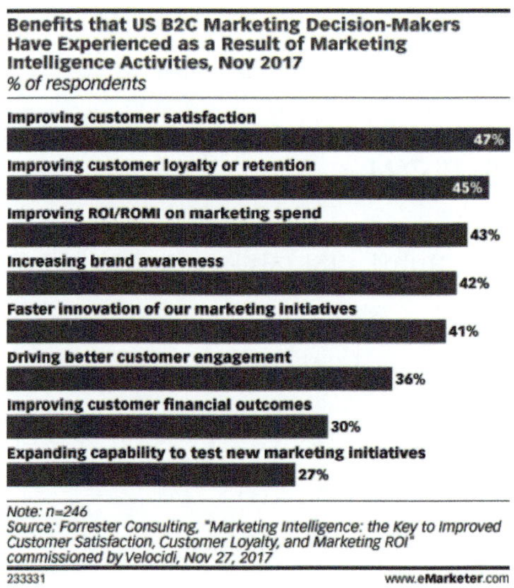

출처 : Customer Loyalty, and Marketing ROI, Nov 2017, Forrester Counsulting.

〈그림 1.1〉 마케팅 인텔리전스의 효과

제2절. 마케팅 인텔리전스의 위치

1 다른 시스템과의 비교

(1) 비즈니스인텔리전스와의 비교

비즈니스인텔리전스가 주로 판매 실적, 판매인력 및 제품 등 기업 내부 성과에 관한 정보시스템인 데 비해서 마케팅 인텔리전스는 내부 성과정보뿐만 아니라 경쟁자, 파트너, 유통물류 정보, 가망고객과 기존고객 등의 인구통계 정보와 행동 정보를 포함한 외부 시장기회에 대한 정보도 제공한다. 예를 들면, 시장기회 포착, 신제품개발, 시장개발 및 침투전략을 지원한다. 또한, 감성분석 등 텍스트 마이닝, 자연어 처리, 개인화 마케팅 등을 지원한다.

(2) 마케팅 리서치와의 비교

마케팅 리서치와 마케팅 인텔리전스는 모두 기업의 비즈니스에 있어 자신의 위치를 이해하고, 제품을 평가하며, 대상 고객을 식별하고, 경쟁자 분석을 수행하는 데 필수적이다. 이들 모두 실행 가능한 통찰력을 제공하며, 비즈니스 전략을 효과적으로 수립하고 기업과 제품경쟁력을 유지하는 데 도움이 된다.

마케팅 리서치는 기업의 마케팅 의사결정에 확신을 주기 위해 전문 마케팅 조사업체를 통한 통계 및 산술적인 측정을 하는 것인데 반해, 마케팅 인텔리전스는 마케팅 의사결정 전 단계에 기업 내부의 빅데이터 수집과 정보 처리(intelligence)에 강조점을 두고 있다.

(3) 마케팅데이터 분석과의 비교

마케팅데이터 분석은 주로 엑셀의 표나 차트를 통해 각종 마케팅(영업)자료를 분석하여 보고한다.

마케팅 인텔리전스는 마케팅데이터 분석의 기능은 당연하게 있고, 매출에 대한 POS 데이터를 집계하여 정렬과 필터 기능을 활용하여 예외적인 사항을 분석하여 대시보드 등으로 조기 경보시스템으로 가동할 수 있다. 이때 엑셀 피벗테이블과 조건부 서식, 데이터 표 등도 많이 활용된다. 또한, 민감도 분석을 위해 시나리오, 최적값을 찾기 위한 목표값 찾기와 해 찾기, 수요예측을 위한 통계 및 데이터마이닝 기법 등도 활용할 수 있다.

(4) 마케팅 시각화 모델과 비교

마케팅 인텔리전스는 정보의 수집과 대시보드, 조기경보시스템 등 마케팅 정보 수집과 처리, 수요예측과 고객집단 분류 등 마케팅 모델뿐만 아니라, 수집 정보 및 예측 정보를 마케팅 의사결정자에게 전달하기 위한 마케팅 시각화로 이루어진다.

(5) 의사결정지원시스템과의 비교

의사결정지원시스템은 마케팅 활동뿐만 아니라 생산 및 운영, 구매, 인사, 회계, 재무 등 모든 기업활동에 있어 기능별 중간관리자나 부서책임자가 의사결정을 하는데 필요한 경영학 및 회계학 모형에 데이터를 적용하여 분석한 결과를 보여주는 응용프로그램이므로 마케팅 인텔리전스와 상당 부분 중복된다.

특히 범용 의사결정지원시스템으로 인기 높은 스프레드시트프로그램인 '엑셀'은 마케팅 인텔리전스에 주로 사용되는 도구이다.

2 마케팅 인텔리전스의 범위

마케팅 인텔리전스는 정보의 이해, 빅데이터의 수집 및 처리, 모형화(예측, 분류)와 정보 분석, 분석된 정보의 이해와 시각화를 다룬다. 그 결과 마케팅 업무에서의 통찰력을 갖게 된다.

이 중에 경영과 정보의 이해는 곧이어서 살펴보고(2장), 빅데이터의 수집은 데이터의 해석과 활용 부문(3장), 정보 분석 및 이해는 엑셀을 활용한 정보 분석과 예측(5장)에서 각각 다룬다. 정보의 시각화는 경영정보시각화디자인(4장)과 파워 BI를 활용한 정보시각화(6, 7, 8, 9장)에서 다룬다.

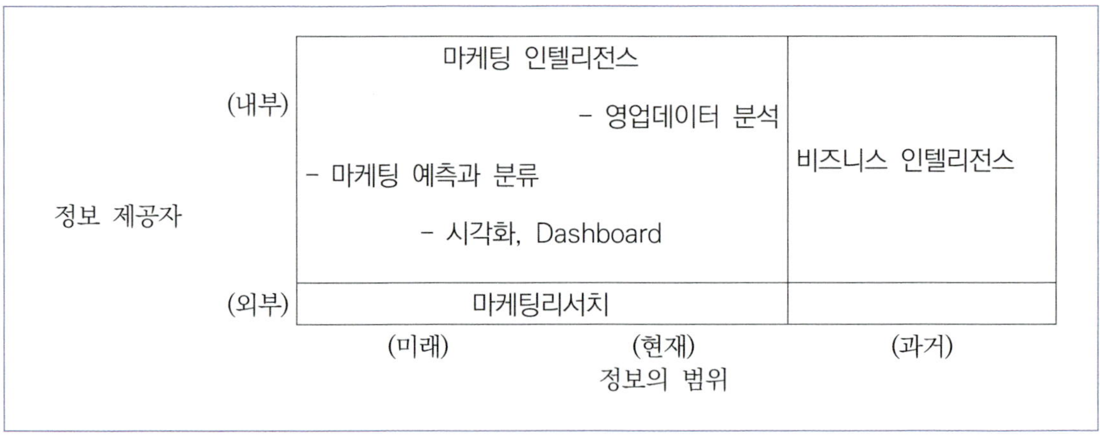

〈그림 1.2〉 마케팅 인텔리전스의 범위

제2장
경영정보 일반

제1절. 경영정보의 이해

1 경영과 정보

(1) 경영(Management)

기업은 사업(business)을 수행해 돈을 벌기 위해 노력한다. 돈을 벌기 위해 판매를 늘리거나 비용을 절감하여 이익을 증가시킨다. 판매를 늘리고 비용을 절감하는 기업 목표를 달성하기 위해 기업이 사용할 수 있는 경영 자원의 투입(input)과 산출(output)을 계획(plan)하고, 실행(do)하며, 점검(check)을 통해 개선하는 활동(act)을 하는 데 이를 경영(관리)이라고 한다.

(2) 데이터-정보-지식-통찰(지혜)

과거의 경영환경에서는 사용 가능한 경영 자원으로 인력(Man), 자금(Money), 원재료(Material) 또는 기계(Machine), 즉 3M을 꼽았지만, 현대 경영환경에서 혁신의 토대인 데이터와 정보를 분석 및 해석하여 소통하는 능력과 지식경영이 필수적이다.

정보는 데이터를 가공하여 생산된 것으로 경영의사결정에 활용한다. 경영활동에서 얻은 경험을 지식으로 관리하여 비즈니스에 필요한 인사이트(Insight)를 도출한다.

통찰(Insight)	지식을 종합 및 패턴화하여 도출한 것 (cf. 지혜)
지식(Knowledge)	정보에 대한 심층적 분석과 해석을 통해 도출한 것
정보(Information)	데이터를 경영목적에 맞게 체계화하여 의미 있게 변환한 것
데이터(Data)	관찰, 측정 등의 활동 결과로 생성된 사실이나 값, 수치, 문자 등

cf. 지혜(Wisdom) : 지식이 개인에 내면화되므로 체계적으로 전달되거나 조직에 공유되기 힘듦.

(3) 데이터 분석 및 시각화

데이터는 3M에 더하여 기업의 새로운 자원으로 일상 업무 활동 및 조사 활동을 통해 생성되며 크게 정량적 데이터와 정성적 데이터로 구성된다.

구분	설명	분석 방법
정량적 데이터	주로 숫자로 표현되는 데이터	비율분석, 증감분석, 비교분석 등 산술 분석 평균, 분산, 회귀분석 등 통계 분석
정성적 데이터	주로 텍스트 등으로 표현되는 데이터	내용 분석(워드 클라우드), 주제어 분석, 감정 분석 등 텍스트마이닝

현대 사회는 디지털 기술의 발전으로 기존 기술 환경에 더하여 디지털 환경의 고도화됨에 따라 거대한 규모의 빅데이터가 발생하고 있고, 그 크기도 기하급수적으로 증가하고 있다. 빅데이터의 형태는 스마트폰 통화내용, 웹 및 앱을 통한 로그 및 검색데이터, 센서 등 디지털기기 생성 데이터, 전자상거래와 SNS로 생성된 데이터 등 다양하다. 빅데이터의 생성과 처리속도도 디지털 처리능력 발전으로 급속히 빨라지고 있다.

빅데이터 3V	규모(Volume), 속도(Velocity), 다양성(Variety)을 특징으로 하는 대규모 데이터
빅데이터 6V	3V + 빅데이터의 품질과 신뢰성(Veracity)이 보장되고 시각화(Visualization)가 제공되면 비즈니스에 가치(Value)를 창출할 수 있음

(4) 기업 경영에서의 비즈니스 인텔리전스의 추세

기업의 효과적 경영과 의사결정을 위해 정량적 데이터 및 정성적 데이터를 활용한 분석, 예측 및 분류할 수 있는 조직의 역량이 필요하다.

또한, 분석 결과에 대한 다양한 이해관계자와의 공유를 위해 정보의 시각화가 유용하며, 이 분야 전문가를 양성하기 위해서 대한상공회의소가 주관하는 국가기술자격인 경영정보시각화능력이 2024년에 처음 시행되었다.

경영정보 시각화를 위해 종래에는 엑셀과 같은 사무자동화 프로그램으로 테이블, 차트, 조건부 서식 등을 이용하거나 R과 Python 언어에서 시각화 패키지(ggplot2)나 시각화 라이브러리(Matplotlib)의 도움을 받아 코딩하였으나, 편리한 방법으로 데이터와 시각화 공유를 위해 Power BI, Tableau와 같은 시각화도구(Business Intelligence 소프트웨어)를 사용하는 것이 기업 경영의 최근 추세이며 경영정보시각화능력 실기시험도 Power BI 또는 Tableau를 선택하여 치른다.

2 경영 부문별 활동 관련 정보 및 경영정보시스템

(1) 경영 부문별 활동 관련 정보

기업 경영에서 비즈니스 인텔리전스-데이터 분석, 예측 및 시각화-의 주요한 대상이 되는 정보에는 크게 마케팅·영업, 생산 운영·공급망관리, 회계·재무, 인적자원 부문에 대한 정보가 있다. 다음에서는 부문별로 비즈니스 인텔리전스에서 다루는 정보를 표 형태로 살펴본다.

(힌트) 내용 아래 실선으로 된 밑줄은 1, 2회 필기시험에서 다룬 범위이고 점선은 A, B형 필기 모의시험에서 나온 내용이다.

1) 마케팅·영업 관련 정보

구분	설명
시장기회	시장 환경 분석, 고객 관심 및 구매 행동 분석 등
STP 전략	시장 유형 세분화 및 프로파일링(segmentation), 세분된 시장의 평가 및 마케팅 방향 설정(targeting), 목표 시장에서의 자사/제품 위치(positioning) 등
마케팅 믹스(4P) 전략	제품(product), 가격(price), 유통(place), 촉진(promotion) 촉진 믹스는 광고, 홍보, 판매촉진, 대인 영업으로 구성됨
영업과 서비스	판매점/판매원 관리, 고객서비스, 파트너 관리 등

2) 생산 운영관리(공급망관리 포함) 관련 정보

구분	설명
생산 운영관리 목표 및 현황	원가, 품질, 납품 등
생산시스템 설계 전반	제품 및 서비스 설계, 공정 계획, 작업 결과 측정 등
생산시스템 운영 전반	수요 및 생산능력 분석, 일정계획, 재고관리, 품질관리 등
공급망관리	구매 관리, 구매처 신용관리, 구매처와 수요 및 기술정보 공유 등

3) 회계·재무 관련 정보

구분	설명
회계 관리	자산, 부채, 자본, 손익 등을 포괄하는 재무제표 관리, 재무비율 분석 등
재무관리	투자 경제성, 위험 및 기대수익률, 자본비용 산정 등

4) 인적자원 관련 정보

구분	설명
인사·조직 전략	인사·조직 전략 및 인력 운영 계획, 직무 분석 및 직무 평가 등
인적자원관리	채용 및 배치, 인사 평가, 임금 및 복리후생, 퇴직 관리 및 전직 지원 등
인적자원개발 및 조직개발	교육 및 경력개발, 조직성과 향상 및 조직문화 발전 등

(2) 경영정보시스템(Management Information System)

1) 경영정보시스템의 개념

기업 경영에서 산출되거나 필요로 하는 마케팅, 생산 운영, 회계 재무, 인적자원 등의 관련 정보를 수집·저장·이용할 수 있도록 데이터를 처리하는 정보시스템을 말하며 조직 운영의 생산성(효율성이라고도 함) 효과성, 기업가치 제고를 위해 경영정보시스템의 효과적 활용이 필요하다.

2) 경영정보시스템의 유형

시스템 구분	설명
전사적 자원관리 Enterprise Resource Planning	영업, 물류, 생산, 회계, 인적자원관리 등 관리기능에서 개별적으로 운영되던 시스템을 데이터베이스를 중심으로 통합하고 데이터의 흐름을 연동하여 조직 전체에 걸쳐 경영 자원 관리와 활용의 효율성 극대화
고객 관계관리 Customer Relationship Management	고객의 특성과 구매 행동 관련 정보를 파악하여 마케팅 전략 및 마케팅 활동의 최적화
공급망관리 Supply Chain Management	원자재 조달(sourcing), 생산, 외주, 보관 및 운송, 유통, 판매에 이르는 연관된 과정을 통합적으로 관리하여 기업 간 거래 효율화, 재고관리 비용 절감 및 고객서비스 향상
지식관리 Knowledge Management System	조직 내 산재하는 유형·무형의 지식을 조직화하고 정보의 공유를 촉진함으로써 업무 수행의 생산성과 품질 향상
기타	전략정보시스템(SIS), 거래처리시스템(TPS), 판매 시점관리(POS), 전문가시스템(ES), 의사결정지원시스템(DSS), 중역 정보시스템(EIS)

3 경영전략

(1) 개요

1) 환경분석

① 환경분석 영역

구분	설명
거시환경분석	조직과 비즈니스 관련 정치·정책, 법률, 경제, 사회, 기술, 환경 등에 대한 분석
산업 및 경쟁환경분석	조직의 핵심역량과 경쟁우위, 참여 산업의 경쟁 강도, 조직 비즈니스의 시장점유율과 성장률 등에 대한 분석
내부환경분석	조직의 가치체계, 구성요소, 비즈니스 업무처리방식, 역량, 조직문화 등에 대한 분석

② 환경분석 방법

- 실무부서, 정부 기관, 연구소, 협회, 보고서 및 잡지 등을 통한 필요한 정보수집
- 회사 내 전문가나 연구부서, 외부 컨설팅사 등을 활용한 분석 및 해석

2) 경영기획 및 관리

환경분석의 결과에 대해 기업의 경영기획 및 관리에 직·간접적으로 영향을 미치거나 영향을 받는 다양한 이해관계자(경영자, 관리자, 직원, 노조, 고객, 주주, 공급자, 파트너, 지역사회, 정부와 지자체, 협회, 사회단체 등)와 정보공유 및 소통이 필요하다.

- 경영기획 : 조직 내부와 환경에 대한 분석을 토대로 조직의 가치체계(미션, 비전, 목표), 경영전략, 경영계획 등 기획
- 경영관리 : 조직 활동 및 산출 결과에 대한 분석을 토대로 조직성과와 위험 관리

(2) 환경분석

1) 거시(외부)환경 분석 방법

- PEST 분석, STEEP 분석, PESTEL 분석

분석요소 구분		설명
PEST 분석	정치·정책적(Political) 요소	제도, 규제, 정부의 개입, 정치 등
	경제적(Economic) 요소	소비, 물가, 경제성장률, 소득, 부의 규모/분배 등
	사회문화적(Socio-cultural) 요소	인구구조, 사회트렌드, 문화트렌드 등
	기술적(Technological) 요소	신기술, 연구개발 역량, IT기술 등
STE*E*P 분석	생태학적(Ecological) 또는 환경적(Environment) 요소	자연환경과 관련된 분석요소 추가
PESTE*L* 분석	법적(Legal) 요소	법규적 요소 추가

- ETRIP 분석

분석요소 구분		설명
ETRIP 분석	세계 경제 동향(Economic) 국제무역(Trade) 원자재수급(Raw material) 산업(Industry) 정치(Political) 등 분석	글로벌 거시환경을 보기 위한 분석

2) 산업 및 경쟁환경 분석 방법

① 3C/4C 분석

- 조직의 경쟁우위를 3가지 핵심 요소인 자사, 고객, 경쟁사로 구분하여 분석

경쟁우위 요소	분석
회사(Company) (3C) 고객(Customer) 경쟁사(Competitor)	기업의 자산, 역량 시장 상황, 점유율, 성장 가능성 경쟁 현황, 잠재적 위협
+ 유통(Channel) (4C)	마케팅 협력 측면이 중요한 경우 유통업체와 협력, 공조

② 5 Forces 모형

- 산업경쟁구조 분석 기법
- 5가지 경쟁적인 요인에 의해 산업의 매력도와 수익률이 결정된다고 주장

수평적 경쟁(rivalry) 요인	기존 사업자 간 경쟁 강도 대체재(substitutes)의 위협 잠재적 진입자(entrants)의 진입 위협	낮을수록 적을수록 적을수록	경쟁 강도↓ 수익성↑
수직적 경쟁요인	공급자(suppliers)의 협상력 구매자(buyers)의 협상력	약할수록 약할수록	

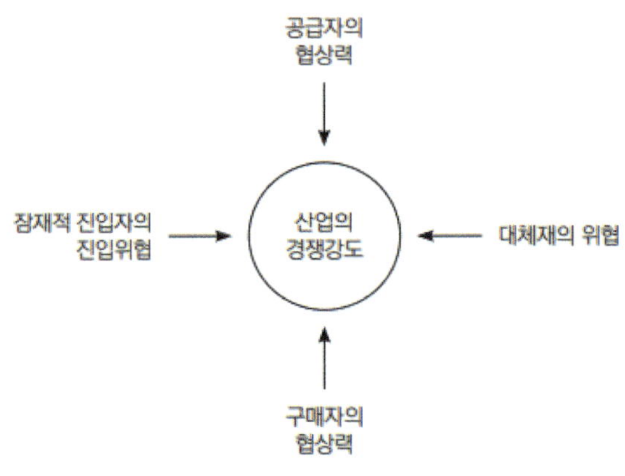

〈그림 2.1〉 5 Forces 모형

2) 내부환경 분석 방법

① 가치체계 분석

- 조직의 가치체계 : 미션, 비전, 목표, 핵심가치, 전략, 과제와 조직구조, 조직문화의 적절성과 정합성에 대한 종합적 분석

② 7S 분석

- 조직을 구성하는 각 요소의 효율성과 효과성을 진단하여 최적화 및 유기적 연계 정도 분석

요소	구분	설명
Hard 요소	전략(Strategy) 구조(Structure) 시스템(System)	조직이 추구하는 목표와 방향성에 대한 전략 조직의 계층, 권한, 의사결정 절차 조직의 업무 절차, 정보시스템
Soft 요소	공유가치(Shared value) 스타일(Style) 구성원(Staff) 스킬(Skill)	조직이 공유하는 가치, 문화 리더십, 의사소통, 의사결정 스타일 조직구성원의 역량, 구성, 역할분담 조직구성원의 기술, 능력, 전문성

③ 가치사슬(Value Chain) 분석

- 조직의 가치 창출 체계와 업무 처리 과정의 경쟁력을 검토하기 위한 분석
- 가치(이윤) 창출을 위한 관련된 활동은 본원적 활동과 지원 활동으로 구분

본원적 활동	내부물류(원자재의 투입), 생산, 외부물류(제품의 운송), 마케팅·판매, 고객서비스
지원 활동	하부구조(경영관리), 인적자원관리, 연구개발, 구매·조달

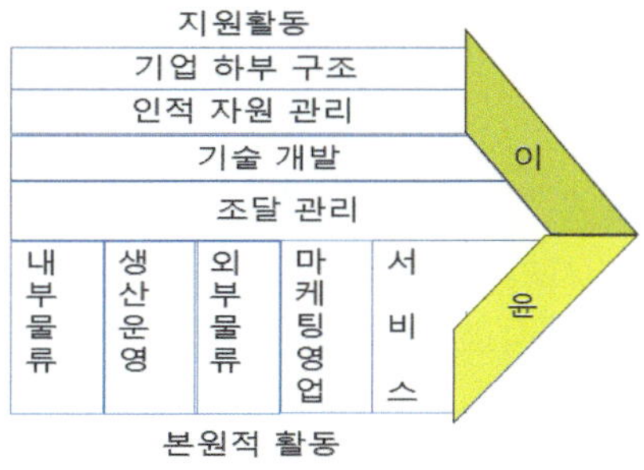

〈그림 2.2〉 가치사슬 모형

- 가치사슬 분석 : 기업이 경쟁우위에 있는 부분, 조직의 핵심역량 및 차별성을 갖는 영역 등을 파악할 수 있음

④ 자원과 역량 분석

- VRIO 모형 : 기업이 보유한 지식과 기술, 노하우, 브랜드 평판 등 자원과 역량을 가치, 희소성, 모방 불가능, 내재성 측면에서 분석하여 지속 가능한 경쟁우위를 확보하고 있는지 평가함

가치(Value)	자원이나 역량이 조직에 가치를 제공하는가
희소성(Rarity)	자원이나 역량이 희귀하고 경쟁자가 쉽게 이용할 수 없는가
모방 불가능성(Inimitability)	경쟁자가 자원이나 역량을 모방하기 어려운가
조직 내재성(Organization)	조직이 자원이나 역량을 효과적으로 관리하고 개발하는가

⑤ 사업 포트폴리오 분석

- 전체 사업 포트폴리오의 구성과 사업의 현황을 현금흐름 중심으로 분석
- BCG(보스턴컨설팅그룹) 매트릭스 : 조직의 사업 포트폴리오를 상대적 시장점유율과 시장성장률을 기준으로 분석하는 분석 틀
  - 기업의 제품(사업 모델)을 상대적 시장점유율(가장 큰 경쟁자 대비 자사의 점유율, 자사가 1위인 경우 1을 넘김)과 시장성장률을 축으로 하는 사분면 매트릭스 위에서 매핑하여 스타, 물음표, 캐시카우, 개로 분류
    - ▸스타(star) : 상대적 시장점유율과 시장성장률이 모두 높아 성공적으로 성장하는 사업
    - ▸캐시카우(cash cow) : 시장성장률은 낮지만, 상대적 시장점유율이 높아 안정적 수익을 제공하는 사업
    - ▸물음표(question mark) : 시장성장률이 높지만, 상대적 시장점유율은 낮아 불확실성이 높은 사업
    - ▸개(dog) : 시장성장률과 상대적 시장점유율이 모두 낮은 사업
  - 분석 결과를 토대로 '개' 사업은 철수나 매각하고, '캐시카우' 사업에서 발생한 자금으로, 전망이 밝은 물음표 사업에 투자하여 최대한 많은 '스타' 사업을 보유하기 위한 다양한 방안을 도출

시장성장률			
	높음	물음표 (question mark)	스타 (star)
	낮음	개 (dog)	캐시카우 (cash cow)
		낮음	높음
		상대적 시장점유율	

〈그림 2.3〉 BCG 매트릭스

⑥ **조직문화 분석**

- 구성원들의 사고와 행동의 암묵적 준거가 되는 조직문화 진단
- 경쟁 가치모형 : 조직구성원의 전반적인 지향성(내부 vs 외부, 안정 vs 변화)과 이에 따른 조직문화 유형 (혁신적, 과업 지향적, 위계적, 관계적 문화) 분석
  - 조직문화의 특성을 이해하여 효과적 활용 및 개선

3) 전략 방향 분석 방법

① **외부환경-내부역량 분석**

- 외부환경과 내부역량에 대한 종합적 평가
- SWOT 분석 : 외부환경 측면의 기회(Opportunity)와 위협(Threat), 내부역량 측면의 강점(Strength)과 약점 (Weakness) 분석
- 각 분면별로 필요한 전략 선택

내부역량			
	강점 (Strength)	SO 강점 활용 전략	ST 위험 대응 전략
	약점 (Weakness)	WO 약점 보완 전략	WT 손실 최소화 전략
		기회(Opportunity)	위협(Threat)
		외부환경	

〈그림 2.4〉 SWOT 분석 매트릭스

② **중요성-수행 수준(IPA) 분석**

- 일련의 과제들에 대한 전략적 우선순위를 결정하는 모형
- IPA(Importance-Performance Assessment) : 과제들을 상대적 중요성과 현재 수행 수준 만족도의 두 축이 교차하는 사분면 상에서 분석하여 유지관리, 중점 개선, 투입축소 등 시사점 발견

중요성(I)		낮음 → 수행수준만족도(P) → 높음	
	높음	뛰어난 유지관리 개선 불필요	개선이 필요한 핵심 영역
	낮음	개선 불필요	자원을 더 중요한 영역으로 이동

〈그림 2.5〉 IPA 분석 매트릭스

(3) 경영기획

1) 가치체계 정립

① **가치체계 설정**

미션(Mission)	조직의 존재 목적과 궁극적 공헌도에 대한 선언으로 조직의 '존재 이유'에 대한 답	애플사의 사례 인간 전용의 자율적, 인간적 도구를 제공하여 우리가 일하고 배우고 의사소통하는 방법의 변화를 돕는다.
비전(Vision)	조직이 지향하는 발전 방향에 대한 가시적이고 상징적인 모습으로 조직의 미래의 이상적인 상태	인간은 세계의 변화 창조자다. 기계나 시스템에 종속되지 않아야 한다.
목표(Goal)	미션과 비전의 실현을 위해 구체적으로 실천하고 달성해야 할 것	스마트폰, 웨어러블의 기능과 디자인 개선을 위한 연구개발에 계속 투자하여 사람들이 기술과 상호작용하는 방식에 혁명을 일으킬 새로운 제품과 서비스를 만든다.
핵심가치 (Core value)	목표의 실현 과정 전반에 대한 의사결정과 행동의 준거	열정을 가진 사람들이 세상을 더 나은 곳으로 변화시킬 수 있다는 것을 믿는다.

② 가치체계 정렬

- 조직 가치체계의 구성 간 유기적 연계와 전략적 정렬 검토
- 조직의 가치체계를 명확하게 선언하고 구성원을 포함한 이해관계자와 공유하기 위한 메시지와 이미지 구축

2) 경영전략 수립

① 조직전략

- VUCA 경영환경에서 한정된 자원의 효율적 활용과 목표 달성 과정 최적화를 위한 조직전략 설정
  - VUCA : 변동성(Volatile), 불확실성(Uncertainty), 복잡성(Complexity), 모호성(Ambiguity)
- 조직의 핵심역량 강화와 지속적인 경쟁우위 확보를 위해서 기업, 사업부, 기능 수준에서의 유기적으로 연계된 전략 설정

② 경쟁전략

- 치열한 경쟁환경에서 타사 대비 경쟁우위를 확보 전략 필요
- 본원적 경쟁전략(generic competitive strategy)인 원가우위전략과 차별화 전략의 적절성 검토
  - 기업 자원의 제한으로 목표 시장을 좁혀 집중화시키는 경우에도 원가 우위·차별화 중 선택하고 모호한 포지셔닝 지양

원가우위(cost leadership)전략	원가·비용을 줄여 수익을 확보하는 전략
차별화(differentiation)전략	고객가치 구현을 통해 가격 프리미엄을 얻어 수익성을 확보하는 전략
집중화(focus) 전략	목표 시장의 범위가 좁은 경우에 세분된 고객의 니즈를 충족시키는 전략
블루오션 전략	기업들이 유사한 제품과 서비스로 경쟁하는 레드오션을 탈피하여, 경쟁이 없는 새로운 시장을 창출하는 경영전략 발상의 전환으로, 신규고객, 충족되지 않은 니즈, 대안 시장을 발견하여 새로운 시장에서 경쟁이 아니라 자체 가치 혁신을 통해 차별화와 저비용을 동시에 추구

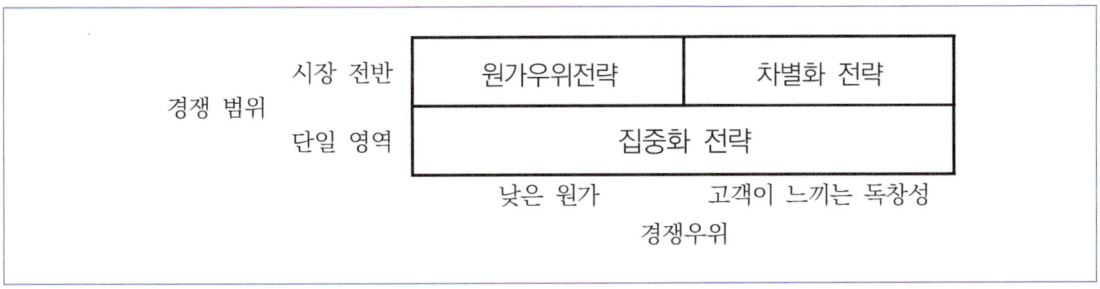

〈그림 2.6〉 본원적 경쟁전략

③ ESG 경영전략

- 재무적 성과뿐만 아니라 비재무적 측면을 포함한 가치 창출을 통해 사회와 기업의 지속 가능성(sustainability)을 제고하기 위한 경영전략
- 환경(Environmental), 사회(Social), 지배구조(Governance) 영역에서 국제사회, 국내의 규제 당국, 시민사회, 고객, 구성원 등 다양한 이해관계자의 요구를 충족하기 위한 경영 혁신 전략 수립

④ 앤소프의 매트릭스(Ansoff's matrix)

- 시장 종류와 자사 역량(제공되는 상품)에 대한 분석을 토대로 대상 시장에서의 비즈니스 성장을 위한 전략
- 시장과 상품을 기준으로 4가지 성장 전략 제시

시장		제품: 기존상품	제품: 신제품
시장	신시장	신시장 발굴	사업 다각화
시장	기존시장	시장 침투	신제품개발

〈그림 2.7〉 앤소프의 매트릭스

⑤ 기타 다양한 세부전략들

STP 전략	유사한 욕구를 가진 고객군을 분류하는 방식 - 시장을 세분화(Segmentation)하여 - 자사의 역량에 부합하는 매력적인 시장을 선택(Targeting)하고, - 선택된 시장에서 경쟁력 있고 차별화된 위치를 차지(Positioning)하기 위한 마케팅 전략
품질혁신전략	식스 시그마(6 sigma), 전사적 품질경영(Total Quality Management) 등
경영혁신전략	전사적 자원관리(ERP, Enterprise Resource Planning), 공급사슬 관리(Supply Chain Management) 등을 활용하여 업무 재설계(Business Process Reengineering)로 경영혁신(Business Innovation) 추구
사업단위혁신전략	아웃소싱, 구조조정 등

3) 경영계획 수립

중장기 경영계획	경영 목표 실현을 위한 3~5년 단위의 중장기 경영계획 - 연간 사업계획의 기반이 되며, 연간 사업계획 추진 경과를 반영하여 중장기 경영계획의 수정·보완 또는 전면 개편이 가능해야 함
연간 사업계획	경영 목표 및 중장기 경영계획의 실현을 위한 연간 사업계획이 필요함 - 추진 사업, 목표, 전략, 예산, 조직, 업무 추진 계획 등 포함 - 사업부, 부서, 개인 단위의 목표 및 활동 계획을 수립하는 기반이 되며, 성과관리 및 평가의 지침으로 적용
리스크관리 계획	1. 리스크 식별 : 주요 리스크(정치, 환경, 사회, 시장 등) 식별 및 사례 분석 2. 리스크 평가 : 영향도(Impact)와 빈도(Frequency)를 기준으로 우선순위 매트릭스 작성. 3. 대응 전략 - 회피: 사업 철수, 위험 활동 축소 - 이전: 보험, 계약상 위험 이전 - 감소: 업무 과정 개선, IT 강화, 직원 교육 - 수용: 계산된 리스크를 관리 가능한 수준에서 유지 4. 모니터링 시스템 : 리스크 지표(Key Risk Index) 설정, 실시간 경고 시스템 도입, 정기 보고 5. 관리매뉴얼 작성 6. 전사적 리스크 관리(Enterprise Risk Management) 계획

제2절. 기업 내부정보 파악

1 마케팅·영업 기본정보

(1) 마케팅 목표 및 계획수립 정보

구분	① 시장점유율	② 성장률
정의	특정 기업이나 브랜드가 전체 시장에서 차지하는 비율 백분율 지표	특정 기간 시장이나 기업의 규모가 증가했는지 백분율 지표
공식	$\frac{\text{특정기업의 연간매출}}{\text{전체시장규모}} \times 100(\%)$	$\frac{\text{특정시점의 규모} - \text{비교시점의 규모}}{\text{비교시점의 규모}} \times 100(\%)$
방법	매출 외에도 판매량, 고객 수 등과 같은 수치를 기준으로 산출 가능	매출, 판매량, 고객 수 등과 같은 수치를 기준으로 산출 가능
활용	기업 경쟁력과 성과를 평가하고 시장 내의 위치를 파악하는 데 도움 높은 시장점유율은 기업의 성공지표 신규 시장 진입이나 고객 확보 전략 수립에 중요	기업의 성장 속도와 경쟁력을 평가 향후 성장 가능성을 예측하는 데에 활용

③ 매출목표

정의	기업이 특정 기간(예 : 연, 분기, 월) 동안 달성하고자 하는 경영 목표의 하나
방법	정량적인 형태로 설정 : "월별 매출 10억 달성"과 같은 수치나 "분기별 매출 10%P 증가"와 같은 비율 기업의 경영전략과 계획의 일부로 기업의 경영진이나 마케팅팀에 의해 설정
활용	기업의 이익 달성과 성장 가능성을 확인하여 목표에 활용 경영전략 수립과 예산 할당, 성과 평가에 활용 성과 평가와 기업의 성공 여부를 판단하는 중요한 지표로 활용

④ 시장 규모

정의	특정 산업, 제품/서비스 카테고리에서 전체 시장의 규모 지표
방법	해당 시장에서 발생하는 총매출 또는 총판매량 등으로 표현 ➤ 예 : 애플 스마트폰의 시장 규모는 매년 총판매수량과 판매가격을 곱하여 산출

구분	⑤ 제품 라인업(line-up)	⑥ 제품정보(spec.)
정의	기업이 제공하는 제품의 다양성, 다양한 제품들의 구성	제품의 특징, 사용법, 취급 주의사항을 포함
활용	기업은 제품 라인업을 통해 다양한 고객 요구에 대응하고, 시장의 다양한 세그먼트를 타겟팅함 제품 라인업의 다양성은 고객의 선택 폭을 넓혀주고, 기업의 매출 다각화와 시장점유율 증가에 도움	제품의 기능, 사양, 재료, 사용 방법, 유지보수 정보, 보증 조건 등 포함 마케팅자료, 제품 카탈로그, 웹사이트 등으로 제공되며, 제품의 브랜드이미지와 고객만족도에 큰 영향을 미침

⑦ **경쟁사의 재무정보**

- 매출, 비용, 이익
- 자산, 부채, 지급능력 등
- 재무보고서를 분석하여 재무성과를 평가하고, 기업 경쟁력과 동종업계 비교분석

구분	⑧ 마케팅 예산	⑨ 유통경로별 예상비용 및 예상수익
정의	마케팅활동(광고, 세일즈 프로모션, 캠페인 등)수행을 위해 지출하는 금액	제조업자→도매상→소매상→소비자로 이어지는 유통경로별 비용과 수익
주요 활용	오프라인 프로모션 뿐 아니라 디지털 마케팅 등에 소요 효과적, 효율적인 캠페인 수행을 위한 자원 배분	각 유통채널(도매, 소매 등)의 비용 분석 및 수익성 평가 최적의 유통경로 선택과 비용 할당
배분 기준	기업 목표, 시장 조건, 경쟁 상황 등 고려한 배분	과거 데이터, 경험 지표, 캠페인 결과 분석에 기반한 비용 산정

(2) 판매 수익 측정 정보

구분	① 투자수익률(Return On Investment)	② 순이익
정의	특정 투자 또는 마케팅 활동에 대한 수익과 비용 사이의 비율 지표	기업이 수익에서 비용을 차감한 후 남는 순수한 이익
공식	$\frac{\text{수익} - \text{비용}}{\text{비용}} \times 100(\%)$	수익 – 비용
방법	예 : 마케팅 캠페인에 20,000원의 비용을 투자하여 해당 캠페인으로 인해 50,000원의 수익을 올린 경우의 투자수익률은 150%임 [{(50,000 – 20,000)} ÷ 20,000 × 100]	
활용	투자의 효과를 측정하고 비교하는 데 활용 투자의 수익성을 정량적으로 평가하는 데 도움 * 자산수익률(ROA) = $\frac{\text{이익}}{\text{자산}} \times 100(\%)$, 자본수익률(ROE) = $\frac{\text{이익}}{\text{자본}} \times 100(\%)$, 광고수익률(ROAS)은 ⑨설명 참고	기업 경영 성과와 수익성을 측정하는 핵심지표로 사용 가격 정책, 판매량 증대, 비용 관리 등을 통해 순이익 극대화

구분	③ 매출액	④ 매출원가
정의	제품 또는 서비스 판매로 얻는 총금액	제품 또는 서비스를 생산하고 판매하기 위해 발생하는 모든 비용
공식	판매수량 × 가격	원재료비, 생산비, 인건비, 운송비, 포장비 등 포함
활용	마케팅의 예산 편성, 성과 분석, 마케팅 전략 수립에 핵심적인 지표	의사결정자는 제품 가격을 책정하거나 사업의 수익성 분석을 위해 매출원가 조사

구분	⑤ 제품 또는 서비스 판매량	⑥ 판매지역
정의	특정 기간 판매한 제품 또는 서비스의 단위 수	제품 또는 서비스를 판매하는 지리적 혹은 지역적 구분
활용	기업 수익과 직결되며, 제품의 수요와 소비자 선호도에 따라 민감하게 변동하므로 지속해서 모니터링해야 함	국내 기업은 국내 전체 글로벌 기업은 여러 국가를 판매 지역화 특정 판매지역에서 제품이나 서비스의 수요가 높을 때는 해당 지역 중심으로 판매 활동함

⑦ 가격 및 할인 정보

가격	고객이 상품 또는 서비스를 구매하기 위해 지불하게 되는 금액
방법	시장 수요, 경쟁 상황, 제품 가치와 차별화 요인 등을 고려하여 결정
할인율	$\frac{\text{정상가격} - \text{할인가격}}{\text{정상가격}} \times 100(\%)$, 할인가격 = 정상가격 × (1 − 할인율) 예 : 정상 가격이 10,000원, 할인율이 10%일 때, 할인 가격은 정상 가격 10,000원의 10%인 1,000원이 차감된 9,000원임
활용	판매촉진 목적 계절적 세일, 특별 이벤트, 제품 소진 등 여러 상황에 따라 변동할 수 있으며, 적절한 할인율을 설정하여 수익 극대화하고 고객 유치 도모

⑧ 판매 프로모션 정보

정의	판매 프로모션 활동에 대한 정보와 성과 분석 및 평가에 활용되는 자료
내용	판매 프로모션의 기간, 유형, 할인율, 참여 고객 수, 구매량 등
활용	어떤 종류의 판매 프로모션이 가장 효과적이었는지, 어떤 시기에 판매 프로모션을 실시하는 것이 좋은지 등을 파악

⑨ 광고 투자 대비 수익률(Return On Advertising Spend)

정의	광고 투자비용 대비 수익률 지표
공식	$\frac{\text{매출}}{\text{광고투자비용}} \times 100(\%)$
방법	예 : 특정 광고에 100만 원을 투자하였고, 이 광고로 인해 300만 원의 매출이 발생했다면, ROAS는 300%임
활용	ROAS를 통해 광고 캠페인의 효율성을 평가하고, 수익을 극대화하는 데 도움을 얻을 수 있음

(3) 판매 및 영업 관련 정보

구분	① 신규고객 판매	② 기존고객 판매
정의	신규고객을 확보하여 상품이나 서비스를 판매한 수량/금액을 나타내는 지표	기존고객들이 추가 구매를 통해 기업에 기여한 판매량/판매금액
활용	신규고객을 유치하는 데 어떤 전략과 마케팅 활동이 효과적인지 파악 어떤 고객 세그먼트가 가장 많은 신규고객을 유치하는지 파악하고 이를 기반으로 타겟팅 전략을 조정	고객 충성도나 재구매율 측정 가능 어떤 상품이나 서비스가 기존고객들 사이에서 인기가 있는지 파악
해석	신규고객 판매가 증가했다면 해당 마케팅 캠페인의 효율성을 평가하여 신규고객 유치를 위한 더 많은 투자 해야 함	이를 기반으로 마케팅 커뮤니케이션 개선

구분	③ 상품 판매 수	④ 온라인과 오프라인 매장의 판매 수
정의	특정 기간 판매된 상품의 수 개별 상품이나 상품 카테고리별로 파악 가능	온라인 매장의 판매 수 : 웹사이트나 앱에서 발생한 주문 및 결제 건수 오프라인 매장의 판매 수 : 실제 매장에서 발생한 판매 건수
활용	상품별 인기와 수요를 파악하고 마케팅 전략을 조정하는 데에 도움 상품 판매 수의 변화를 추적함으로써 마케팅 활동 성과를 평가하고 판매 전략을 최적화	온라인과 오프라인 매장 간의 성과를 비교하여 각 매장의 판매 동향을 파악
해석	특정 광고 캠페인이나 할인 행사로 상품 판매 수가 증가한다면 해당 마케팅 전략이 효과적이었다고 해석	온라인 매장의 판매 수가 오프라인 매장에 비해 더 높다면 온라인 채널의 강화나 프로모션 활동에 더 집중

⑤ 재고(자산) 회전율

정의	일정 기간의 제품 또는 서비스의 판매량(또는 매출액)과 재고량(또는 재고액)의 비율
공식	$\frac{\text{판매량(또는 매출액)}}{\text{평균재고량(또는 재고액)}}$ 예 : 특정 제품의 일정 기간 판매량이 1,000개이고, 해당 제품의 평균 재고량이 200개라면, 재고 회전율은 5이며, 이는 해당 제품이 해당 기간 5번 회전(평균 재고량을 모두 소진하는 횟수)을 의미함
활용	높은 재고 회전율은 판매 채널의 효율성을 의미하며, 재고 회전율이 높을 때 물류에서 판매에 기여하는 고정원가가 잘 배분되어 있음 재고 회전율을 이용해 제품의 수요예측과 재고관리를 최적화할 수 있으며, 제품 카테고리의 재고단위(Stock Keeping Unit) 성과를 비교하여 재고 조정 필요상품을 식별 $\text{매출채권회전율} = \frac{\text{매출액}}{\text{평균매출채권}}$, $\text{매입채무회전율} = \frac{\text{매출원가}}{\text{평균매입채무}}$

⑥ 평균 주문액

정의	고객 한 명이 평균적으로 주문하는 금액
공식	$\frac{\text{매출액}}{\text{주문건수}}$
활용	고객의 구매 행동 기준을 이해하고, 상품 가격 정책과 판매 전략을 개발

구분	⑦ 재구매율	⑧ 업셀링(Up-selling) 비율	⑨ 크로스셀링(Cross selling) 비율
정의	기존 구매고객이 해당 제품을 다시 구매하는 비율	고객이 처음 의도한 상품보다 더 비싼 상품이나 추가 상품을 구매하는 비율	고객이 이미 구매한 상품과 관련된 다른 상품을 함께 구매하는 비율
방법	일반적으로 재구매율은 특정 기간(일, 주, 월 등)의 재구매 건수를 이전 구매한 고객 수로 나눔 예 : 한 달 동안 이전에 구매한 100명의 고객 중 50명이 다시 구매한다면, 재구매율은 50%	예 : 100명의 고객 중 30명이 처음 의도한 상품보다 더 비싼 상품이나 추가 상품을 구매한다면, 업셀링 비율은 30%임	예 : 100명의 고객 중 40명이 A 상품을 구매한 후 관련된 B 상품도 함께 구매한다면, 크로스셀링 비율은 40%
해석	재구매율은 고객 충성도를 평가 중요한 지표 높은 재구매율은 고객의 만족도와 충성도가 높고, 고객 유지 및 장기적인 매출 증대 전략 수립	업셀링은 고객에게 더 많은 가치 제공하고 매출 증가시키는 전략으로 사용 업셀링비율은 고객의 구매 행동을 이해하고 효율적인 판매 전략 개발에 도움	크로스셀링은 매출 증가에 중요한 역할 효과적인 크로스셀링 전략을 수립하고 고객들이 다양한 상품을 경험하며 추가 가치를 누리도록 유도

⑩ 판매원/판매팀 성과정보

구분	개별 영업사원의 성과	팀별 목표 달성 여부	매출 성장률
정의	개별 영업사원이 달성한 판매 성과와 성과 영향 요소	팀이 설정한 목표 달성 여부 정보	특정 기간 판매팀의 매출 성장 지표
방법	개별 영업사원의 판매량, 매출액, 신규고객 확보 등을 통해 측정 가능 예 : 영업사원 A가 한 달 동안 200개의 제품을 판매하여 매출액 2억 원을 달성했다면, 그의 개별 성과는 200개의 판매 및 2억 원의 매출액임	팀의 전반적인 성과와 목표 달성 평가를 위해 사용 예 : 영업 1팀의 목표는 월매출 10억 원을 달성하는 것이었고, 실제로 영업 1팀이 월매출 11억 원을 달성했다면, 목표달성 여부에서 성공한 것으로 판단	이전 기간보다 판매원/팀 매출의 증가율 예 : 지난 분기 판매팀의 매출이 10억원이었고, 현 분기 매출이 12억 원이라면, 매출 성장률은 20%
해석	개별 성과정보는 영업사원의 평가와 보상, 그리고 개별 영업 전략의 성과 분석에 활용 개별 영업사원의 성과를 지속해서 모니터링하고 필요한 지원 및 개선을 제공, 전체 판매팀의 성과 향상 도모	팀 전체의 성과 평가, 보상 및 개선 방향을 분석에 활용 팀별 목표달성 여부 정보를 통해 성과를 분석하고, 향상하는 데 필요한 조치	판매팀의 성과와 성장 동향을 파악

구분	⑪ 대금 회수율	⑫ 고객 단가
정의	청구서로 실제로 대금을 회수한 비율	고객별 평균 매출액 (고객 1인당 기여한 매출액)
계산	$\frac{\text{회수대금 총액}}{\text{발행 청구서 총액}} \times 100(\%)$	$\frac{\text{매출액}}{\text{고객수}}$
의의	매출 및 현금 흐름에 직접적 영향	고객당 평균 매출 기여도 평가 고객가치 정량적 파악
활용	재무 건전성과 운영 효율성 평가 고객 신용도 평가 결제의 효율성, 채권 관리 전략 개선	고가치 고객집단 식별로 마케팅 및 영업 전략 최적화 고객 충성도 및 구매력 분석

구분	⑬ 반품 수	⑭ 해약 건수	⑮ 고객 불만 수
정의	고객들이 구매한 상품을 반품한 총개수	특정 기간 해약된 계약 수	특정 기간 접수된 고객의 불만 사항의 수
활용	반품 수 분석으로 상품의 품질 문제나 고객 만족도 파악 예 : 반품 수가 증가 → 상품의 품질 개선이나 고객서비스의 개선이 필요 어떤 상품이 반품률이 높은지를 파악, 개선	고객 이탈 관련 정보 제공 이를 분석하여 고객 이탈률 파악, 줄이는 데에 집중 이탈 원인 파악, 개선 전략 수립	주요 불만 사항을 파악하고 고객 경험 및 서비스 품질 개선을 위한 대책을 마련 불만 수의 추이로 제품/서비스 개선이나 마케팅 전략의 효과 평가

구분	⑯ 상담 수	⑰ 수주 수
정의	고객과의 상담 또는 문의 수	제품이나 서비스를 주문하거나 구매하는 고객의 수
활용	고객의 관심과 참여도를 파악 제품 또는 서비스에 관한 관심 수준 평가, 마케팅 전략을 조정 상담 수가 증가하면 제품 또는 서비스에 대한 홍보 및 광고를 강화, 고객 문의에 신속하게 대응하여 고객 관심을 유지하고 이를 구매로 유도	제품의 수요와 판매 성과를 파악 제품의 인기도와 수요 변동을 분석함, 수주 수의 변화를 통해 마케팅 전략 조정

(4) 고객 관련 정보

① 순수고객추천지수(Net Promoter Score)

정의	고객이 제품과 서비스를 다른 사람에게 추천하고자 하는 의지를 측정하는 지표
공식	설문 조사를 통해 추천의향을 0~10의 수치로 응답하도록 하고 답변을 '권유(9~10)', '중립(7~8)', '비판(0~6)' 등으로 분류
계산	- 권유자: 40명, 중립자: 30명, 비판자: 20명 (총 100명). - 권유자 비율: 40%, 비판자 비율: 20%. - 순수고객추천지수: 40%-20%=20%

② 고객 생애 가치(LTV, Lifetime Value)

정의	한 명의 고객이 회사와의 장기적인 관계 동안 제공하는 예상 가치를 측정하는 지표
공식	고객이 회사의 제품 또는 서비스를 구매하고 유지하는 동안 제공되는 수익의 총합으로 계산 예 : 한 명의 고객이 회사의 제품을 평균 5년 동안 구매하고, 매년 회사에 100만 원의 순이익을 제공한다면, 해당 고객의 LTV는 500만 원이 됨
활용	고객 유치, 유지, 재구매를 위한 마케팅 전략 및 자원 할당

③ 고객 유지율(Customer Retention Rate)

정의	기업의 유지 고객 중에서 얼마나 많은 고객이 다시 방문하는지를 나타내는 지표
공식	재방문한 고객 수를 과거 기간의 총고객 수로 나눈 비율 계산 예 : 기업이 과거 기간에 100명의 고객을 보유하고, 현재 기간에 80명이 재방문한다면, CRR은 80%임
활용	고객 유지율이 높다면 고객을 유지하고 충성도를 향상하는 데 성공했다는 것이며, 고객 유지를 위한 마케팅 및 서비스 전략의 효과를 평가하는 데 도움

구분	④ 고객 성향	⑤ 고객 욕구	⑥ 구매패턴
정의	고객의 행동, 선호도, 관심사를 분석하여 그룹화한 정보	고객이 제품이나 서비스를 선택·구매하는 동기·욕구	고객이 특정 행동(구매)을 반복적으로 나타내는 패턴
목적	고객을 이해하고 맞춤형 마케팅 서비스 제공	고객 욕구를 충족시킬 수 있는 제품 개발 및 마케팅 전략 최적화	고객 행동 분석으로 맞춤형 제안, 재구매 유도, 이탈 방지
수집	구매 기록 웹사이트 방문 기록 소셜 미디어 활동 기록	설문 조사 포커스 그룹 인터뷰 소셜 미디어 분석	구매 이력 구매 주기 특정 상품 카테고리 선호도
활용	고객 관심사와 선호 제품을 파악 맞춤형 콘텐츠, 서비스를 제공 세분화된 마케팅 전략을 수립	고객의 가치 요소 파악 제품 개선 및 맞춤형 마케팅 메시지 구성 고객 경험 향상	맞춤형 제안 제공 재구매 유도 크로스셀링 기회 포착 이탈 가능성 예측 및 대응

⑦ 고객만족도

정의	고객이 제공받는 상품 또는 서비스에 대한 만족도 측정 지표
공식	설문 조사나 피드백(표적 집단면접, 심층 면접)을 통해 수집되며, 고객의 경험과 기대 평가
활용	중요한 마케팅 지표로 활용. 고객만족도를 모니터링하고 분석하여 제품 또는 서비스 개선에 활용. 고객 요구와 기대에 부합하는 전략을 수립

⑧ 고객 행동 데이터

정의	고객이 상품 또는 서비스를 이용하는 과정에서 보이는 행동을 기술, 이해하기 위해 사용되는 모든 데이터 집합
공식	예 : 고객의 구매 기록, 방문 빈도, 이벤트 참여 여부, 웹사이트 방문 시간 등
활용	고객의 선호도, 관심사, 구매 성향 등을 파악 개별 고객에게 맞춤화된 마케팅 전략을 구축, 효율적인 고객관리

⑨ **고객 세그먼트(segment)**

정의	고객들을 공통적 특성에 따라 분류하는 활동이나 결과물
공식	예 : 나이, 성별, 지역, 소득 수준, 관심사 등을 기준으로 고객을 나눌 수 있음
활용	다양한 고객 그룹의 특성을 파악, 각 세그먼트에 맞는 제품, 서비스, 마케팅 전략을 개발 예 : 젊은 여성을 위한 상품과 중년 남성을 위한 상품은 특성이 다르므로, 고객 세그먼트에 따라 다른 마케팅 전략을 적용

구분	⑩ 영업을 통해 확인한 잠재고객	⑪ 마케팅에서 식별된 잠재고객
정의	영업, 상담 등을 통해서 조사한 결과 회사의 제품을 구입할 확률이 높다고 판단된 고객의 수	마케팅을 통해 특정 제품이나 서비스에 관심을 표현한 고객의 수
수집	다양한 형태로 수집될 수 있음 예 : 영업 상담 내역, 행동 기록, 관심사 및 선호도 조사	이메일 구독, 웹사이트 등록, 이벤트 참가 등으로 식별 예 : 온라인 캠페인을 통해 모은 500명의 관심고객은 잠재적인 비즈니스 기회로 간주됨
활용	정보를 분석하여 고객 프로파일을 세분화하고 맞춤형 마케팅 전략을 수립	마케팅에서 식별된 잠재고객 정보를 수집하고 관리하여 향후 타겟팅 및 판매 활동에 활용

구분	⑫ 잠재고객당 비용	⑬ 고객획득비용
공식	마케팅 활동으로 확보한 잠재고객 1명을 얻기 위해 투자한 비용	총마케팅 비용을 신규고객 수로 나눈 비용
활용	마케팅 예산의 효과적 사용 평가 투자 대비 수익성 및 마케팅 캠페인의 성과 분석 마케팅 전략 및 실행 계획수립 효과적인 자원 할당	효율적인 마케팅 전략과 예산 할당에 도움 낮은 고객획득 비용은 비즈니스의 수익성을 향상

⑭ **월간 활성 사용자(Monthly Active User)**

정의	특정 서비스, 앱 또는 웹사이트를 한 달간 이용한 사용자 수
계산	일반적으로 월 기준으로 측정되며, 서비스에 접속하여 상호작용한 사용자들을 포함 예 : 특정 앱의 월간 활성 사용자가 10,000명이라면, 해당 앱을 한 달 동안 최소한 한 번 이상 사용한 사용자가 10,000명이라는 뜻임
활용	월간 활성 사용자는 사용자 활동 수준을 파악(빈도와 사용 패턴)하고 앱/웹 서비스의 인기도와 성장을 추적 앱/웹 서비스의 사용자 기반을 파악하고 사용자 유치와 유지에 대한 전략 수립

(5) 고객 관계관리 정보

1) 고객 정보 및 관련 데이터

구분	① 고객의 개인 신상정보	② 마케팅 채널 선호도
정의	고객 식별 및 연락을 위한 개인 정보 (이름, 연락처, 이메일 등)	고객이 선호하는 마케팅 및 커뮤니케이션 채널
목적	고객과의 관계 유지 맞춤형 마케팅 전략 수립	고객의 선호 채널 활용으로 상호작용 효율성 향상 맞춤형 커뮤니케이션 제공
활용	고객 맞춤형 혜택 제공 (예: 기념일 할인) 고객 데이터베이스의 정확한 관리	선호 채널에 기반한 마케팅 메시지 전달 상호작용 채널 개선 (예: 소셜 미디어, 채팅, 이메일 등)
예시	회원 가입 시 입력 정보, 이벤트 응모 정보 생일 할인 프로모션 발송	고객 행동 분석 (예: 소셜 미디어 사용 빈도) 고객이 소셜 미디어를 선호하는 채널을 통해 쿠폰 제공

구분	③ 통화기록	④ 이메일 교환 기록
수집	고객과의 통화내용을 기록하여 관리 예 : 고객의 문의 내용, 답변 및 문제 해결 과정, 제공된 서비스에 대한 고객의 피드백이 포함	고객과의 이메일 내용을 기록하여 관리 예 : 고객과의 상담 내용, 제품 또는 서비스를 문의한 내용, 문제 해결 과정 등이 포함
활용	고객 요구사항을 파악하고, 서비스 개선이나 마케팅 전략에 반영 고객과의 커뮤니케이션 히스토리를 제공하여, 다음 접촉 시에 고객에게 개인화된 경험을 제공하는 데 활용	고객 요구사항을 파악하고, 개인화된 응답 및 서비스 제공 고객과의 커뮤니케이션 히스토리를 제공하여, 이전 내용을 참조하고 고객 선호도에 맞는 마케팅 메시지를 전달하는 데 활용

구분	⑤ 채팅 로그(log)	⑥ 소셜 미디어 상호작용 기록	⑦ 고객의 의견 및 피드백
수집	고객과의 채팅 대화 내용을 기록, 분석하는 데이터 예 : 고객의 문의, 상담 내용, 제품 또는 서비스에 대한 질문 및 문제 해결 과정 등	고객과의 소셜 미디어 플랫폼에서의 상호작용을 기록, 분석하는 데이터 예 : 고객의 댓글, 좋아요, 공유 횟수 및 소셜 미디어에서의 대화 기록 등	고객의 직접적인 의견, 제품 또는 서비스에 대한 만족도 조사 결과 예 : 고객만족도 조사에서 고객이 제공한 평가 점수, 의견, 개선 방안 등
활용	고객의 요구사항과 선호도 파악, 개인화된 응답과 맞춤형 서비스 제공에 활용 고객의 행동 패턴과 선호도를 분석하여 마케팅 전략 개선에 활용	고객의 관심사, 선호도, 소비 행동 등을 파악 고객에 맞춤 콘텐츠를 제공, 소셜 미디어에서의 상호작용을 통해 고객과의 관계를 강화, 마케팅 캠페인의 성과를 평가하고 개선에 활용	제품 또는 서비스 개선에 대한 인사이트 제공, 고객의 요구와 선호에 맞춘 전략 수립에 활용 제품 또는 서비스의 문제점을 파악, 개선

2) 구매 이력 관련 데이터

구분	① 구매 일자	② 구매 채널
의의	고객이 어떤 날짜에 어떤 상품 또는 서비스를 구매했는가	고객이 상품 또는 서비스를 구매하는 데 사용한 채널(경로)
활용	구매 일자를 기반으로 고객들을 그룹화하여 특정 기간에 할인 행사나 마케팅 캠페인을 진행 마케팅 전략 수립과 개별 고객에게 맞춤화된 마케팅 활동 전개	가장 효과적인 판매경로를 확인하고, 마케팅 전략을 개선 예 : 온라인 쇼핑몰 구매고객에게 이메일 마케팅을 활용하여 추가적인 상품 추천

구분	③ 거래금액	④ 결제정보
정의	고객이 구매한 모든 상품 또는 서비스의 가격 합계	고객이 사용한 결제 수단과 관련된 정보

3) 서비스 요청 이력 관련 데이터

구분	① 문의 내용	② 서비스 문제 해결 기록	③ 서비스 품질 평가
의의	고객이 서비스에 대해 문의한 내용과 그에 대한 처리 내역	고객이 가진 문제 또는 불만 사항 및 그를 해결하는 과정과 결과에 대한 기록	고객들이 제공한 서비스에 대한 평가 점수나 리뷰 등 고객이 경험한 서비스의 만족도를 측정
활용	고객의 요구사항과 문제점을 파악하고, 신속한 대응 고객만족도를 높이고, 문제점을 해결하여 고객 이탈을 방지 고객이 제시한 피드백과 요구사항을 분석하여 제품 개선 및 서비스 품질 향상에 활용 예 : 특정 문의 유형이 빈번하게 발생한다면 그에 대한 개선 사항을 식별하여 서비스 향상에 반영	고객 경험을 추적, 개선 유사한 문제가 반복 발생할 때에 신속하고 효과적인 대응 예 : 특정 제품에 대한 불만이 반복적으로 제기된다면 제품의 결함을 파악, 개선 조치 궁극적으로 고객만족도를 높이고 이탈을 예방	서비스의 강점과 약점을 파악, 개선 고객들의 서비스 품질 평가를 경쟁사와 비교 예 : 고객들이 특정 서비스 측면에서 높은 평가 내용을 준다면 해당 서비스를 강화하거나 마케팅에 활용

(6) 이 비즈니스 관련 정보

구분	① 웹사이트 접속자 수	② 모바일 기기 접속자 수
정의	웹사이트에 접속한 방문자의 수	모바일 기기를 통해 웹사이트나 앱에 접속한 사용자의 수
계산	예 : 하루 동안의 웹사이트 접속자 수가 20,000명이라면 이를 통해 웹사이트의 일일 방문자 트래픽(traffic)	예 : 하루 동안의 모바일 기기 접속자 수가 50,000명이라면 모바일의 일일 방문자 트래픽
활용	웹사이트의 선호도, 관심도, 사용자 동향, 특정 광고 캠페인의 성과 등 파악	모바일 사용자의 선호도, 구매패턴, 사용 시간 등을 파악

③ **자연검색량**

정의	특정 검색어가 검색 엔진에서 얼마나 많이 검색되는지 정보
계산	예 : "여행 가이드"라는 키워드의 월간 자연검색량이 1,000번이라면 해당 키워드에 대한 사용자의 관심과 검색 트래픽 등을 파악
활용	효과적인 키워드 선택, 콘텐츠 최적화, 검색 엔진 순위 개선 전략을 수립

④ **노출도(Impression)**

정의	사용자가 특정 웹사이트에 접속하여 그 웹사이트에 연동된 광고에 노출된 횟수
활용	사용자가 검색 키워드를 검색하여 광고가 얼마나 노출되었는가를 나타내는 것으로, 온라인 광고 단가 산정 방법인 천 번 노출당 비용(Cost Per Mille)의 산정기준이 됨

⑤ **클릭률(Click-Through Rate)**

정의	광고나 콘텐츠의 성과를 측정하기 위해 사용되는, 광고나 링크를 클릭한 사용자의 비율
계산	$\frac{\text{클릭수}}{\text{노출수}} \times 100(\%)$ 예 : 광고가 10,000번 노출되었고 그중 1,000번 클릭 되었다면 CTR은 10%임 [100÷1,000]
활용	광고 캠페인의 효과를 평가 지표

⑥ **특정 콘텐츠의 방문자 수**

정의	웹사이트나 블로그 등 특정 콘텐츠에 접속한 방문자의 수
계산	예 : 특정 블로그 글이 일주일 동안 1,000명의 방문자를 기록했다면 주당 1,000명임
활용	어떤 콘텐츠가 인기가 많고 어떤 주제에 대한 관심이 많은지를 파악

구분	⑦ 페이지 잔류시간	⑧ 리드(Lead)
의의	웹사이트 방문자들이 특정 페이지에 머무는 시간을 측정	잠재적 고객 또는 관심 사용자들의 정보 이름, 이메일 주소, 전화번호, 추가 정보로 관심사나 구매 의향 등이 포함
활용	웹사이트 이용자들의 관심도와 참여도를 파악하는 데에 중요한 지표로 활용 높은 잔류시간은 방문자들이 제공된 콘텐츠나 정보에 관심을 가지고 시간을 소비하는 것, 사용자 경험을 개선하고 콘텐츠 전략을 조정 특정 캠페인이나 변화된 웹사이트 디자인의 효과를 평가에 활용	고객과 연락을 하고 관계를 발전시키는 데에 사용 예 : 홈페이지나 랜딩 페이지에서 제공되는 이메일 구독 폼을 통해 수집되며, 이메일 마케팅으로 관심 사용자들에게 정보를 전달하거나 이들과 상호작용을 유도하는 데에 활용 고객 프로파일을 구축하고 타깃 대상을 파악하여 개인화된 마케팅 전략을 수립

⑨ **콘텐츠 반응률(공유, 좋아요, 댓글 등)**

의의	특정 콘텐츠가 얼마나 관심을 받고 상호작용을 유도하는지를 나타냄
활용	효과적인 콘텐츠 전략을 개발하고, 사용자의 관심을 끌고 상호작용을 유도하는 콘텐츠를 생성 타깃 대상 사용자의 관심사와 선호도를 파악하고, 커뮤니티와의 상호작용 촉진전략 구축

구분	⑩ SNS 방문자 수 증가율	⑪ SNS 플랫폼별 투자수익률 (Return On Investment)
정의	특정 소셜 미디어 플랫폼의 방문자 수가 어떻게 변화하고 있는지	여러 소셜 미디어 플랫폼에서의 마케팅 투자 대비 수익률 데이터
활용	SNS의 성과와 인기도를 평가, SNS 마케팅 전략 개선 경쟁사 비교를 통해 시장 동향을 파악, 타깃 대상과의 상호작용 촉진전략 수립 특정 캠페인이나 변화된 웹사이트 디자인의 효과를 평가	예 : 페이스북 마케팅에 1,000만 원을 투자하여 3,000만 원의 이익을 얻었다면, 해당 플랫폼의 ROI는 200%임 [3,000 - 1,000) ÷ 1,000] SNS 플랫폼의 마케팅 효과 평가, 투자 수익성을 분석에 중요한 지표

구분	⑫ 다운로드 수(앱이나 콘텐츠 등)	⑬ 팔로워 수
정의	앱이나 콘텐츠 상품 등의 다운로드 횟수	SNS 플랫폼에서 계정 또는 페이지를 팔로우하는 사용자의 수
활용	상품이나 서비스의 인기도와 수요를 측정하는 데에 활용됨 높은 다운로드 수는 제품 또는 콘텐츠의 인기와 관심을 나타내며, 제품 개선이나 마케팅 전략에 반영 콘텐츠 상품의 판매 성과나 앱의 이용 효과를 평가에도 활용	예 : 어떤 브랜드의 인스타그램 계정이 100,000명의 팔로워를 보유하고 있다면 해당 브랜드는 100,000명의 사용자에게 콘텐츠를 전달하고 소통할 수 있음 많은 팔로워를 보유한 브랜드는 높은 온라인 접근성과 홍보 가치를 가지며, 이를 분석하여 SNS 전략을 개발하고 타깃 대상과의 상호작용을 촉진

⑭ 클릭당 비용(Cost Per Click)

구분	내용
정의	광고주가 광고 클릭을 획득하는 데에 지불하는 평균 비용
계산	예 : 특정 광고 캠페인에서 100만 원을 부담하고 1,000번의 클릭을 얻었다면, 클릭당 비용은 1,000원임
활용	광고 비용 대비 클릭 수의 효과성과 효율성을 분석 낮은 클릭당 비용은 광고를 클릭하는 비용이 비교적 저렴한 것을 나타내며, 높은 클릭당 비용은 비용 대비 클릭 수가 적은 것을 의미함

⑮ 천 번 노출당 비용(Cost Per Mille)

구분	내용
정의	광고주가 광고가 1,000번 노출되는 데에 지불하는 비용
계산	광고 노출을 기준으로 함, 광고 클릭 수에 직접적인 영향을 받지 않음 예 : 특정 광고 캠페인에서 1,000,000원을 소비하고 1,000,000번의 노출을 했다면, 천 번 노출당 비용은 1,000원임
활용	광고 노출 비용 평가 및 광고 캠페인의 효율성 비교 지표 광고 예산을 효율적 분배하고, 여러 광고 매체 또는 광고 타겟팅 전략을 비교

⑯ 인스톨당 비용(Cost Per Install)

구분	내용
정의	앱을 설치하는 데에 지불하는 평균 비용
계산	예 : 특정 앱 마케팅 캠페인에서 100만원을 소비하고 1,000번의 앱 설치를 달성했다면, 인스톨당 비용은 1,000원이 됨
활용	앱 설치 효율성을 평가, 광고 캠페인의 성과 분석 낮은 인스톨당 비용은 앱 설치 비용이 저렴한 것을 나타내며, 높은 인스톨당 비용은 비용 대비 앱 설치 수가 적음을 의미함

⑰ 액션당 비용(Cost Per Action)

정의	고객의 특정한 행동을 수행하는 데에 지불하는 평균 비용
계산	액션은 광고주가 원하는 목표에 따라 다양하며, 이메일 구독, 회원 가입, 구매 등이 될 수 있음 예 : 특정 마케팅 캠페인에서 100만 원을 소비하고 500번의 구매 액션을 얻었다면, 액션당 비용은 2,000원이 됨
활용	특정 액션 유도 전략의 효율성을 평가하고 광고 캠페인의 성과를 분석 낮은 CPA는 효율적인 행동 달성을 의미하며, 높은 CPA는 비용 대비 행동 수가 적다는 것을 의미함

⑱ 전환율(ConVersion Rate)

정의	사람이 광고를 본 후 실제 행동을 하는가에 관한 비율
계산	랜딩 페이지에서 결제까지 전환 funnel을 최적화를 측정하는 지표로, 마케팅 활동을 통해 원하는 전환을 수행한 사용자의 비율 $\frac{\text{전환수행한 사용자 수}}{\text{마케팅 대상 사용자 수}} \times 100(\%)$ 예 : 특정 광고 캠페인에서 10,000명의 사용자가 방문했고, 그중 1.000명이 구매를 완료했다면, 전환율은 10%임
설명	랜딩 페이지(landing page) : 광고가 탑재된 웹 페이지 퍼널(funnel) : 광고 노출 이후 절차에서 실제 구매자 수가 점차 줄어들어, 이들의 숫자를 시각화할 때 깔대기 차트로 볼 수 있음 전환은 구매, 가입, 다운로드 등 마케팅 목표에 따라 다양함

구분	⑲ 고착도(Stickiness)	⑳ 이탈률(Churn Rate)
정의	사용자가 특정 상품, 서비스 또는 플랫폼에 정서적으로 혹은 경제적으로 얼마나 종속되어 있는지 지표	웹사이트, 앱 또는 콘텐츠 페이지 등에서 사용자가 떠나는 비율
활용	높은 고착도는 사용자들이 지속해서 해당 제품 또는 서비스를 이용하고, 다른 대안보다 우선으로 선택하는 경향을 보이는 것을 의미함	페이지에 방문자 중에서 얼마나 많이 해당 페이지에서 머무르지 않고 떠나는지 백분율로 표시 예 : 어느 웹페이지의 이탈률이 50%라면, 절반의 사용자가 페이지를 떠나서 다른 페이지로 이동했음을 의미 사용자 경험과 페이지의 효과성을 평가

㉑ 장바구니에 있는 제품 수

정의	온라인 쇼핑이나 앱에서 사용자가 장바구니에 담은 제품 수
활용	사용자의 관심과 구매 의향을 파악 장바구니에 있는 제품 수의 변화를 추적하여 마케팅 전략의 효과 평가 가능, 즉 장바구니에 있는 제품 수가 증가하면 마케팅 활동이 성과를 거두고 있음 구매 전환율 증가 전략을 수립하고 사용자 경험을 개선

2 공급관리(생산운영관리) 기본정보[1]

(1) 투입 및 산출 데이터

1) 투입 및 산출 데이터 개요

- 각 기업의 생산성 및 효율성을 비교·분석하기 위해 각 생산시스템에 필요한 투입 데이터와 산출 데이터를 알아야 함

2) 기업 유형별로 투입요소 데이터 및 산출물 데이터

유형	투입요소 데이터	산출물 데이터
기업	노동, 원자재, 에너지, 데이터, 경영, 기술 등	제품, 정보, 지식
공장	노동, 원자재, 공장 설비, 기계, 차량, 에너지, 생산 부서 등	제품
음식점	요리사, 직원, 재료, 요리 기구, 위치, 인테리어 등	음식, 고객만족도

(2) 수요예측

1) 수요예측

정의	- 시장조사 또는 과거와 현재 데이터를 기반으로 미래 수요를 예측하는 활동
목적	- 정확하게 알 수 없고 조절할 수 없는 시장 수요에 대해 대략적인 예상 - 미래 경영계획과 목표, 평가 기준 수립에 필요 - 생산, 재고, 인력 등 기업 자원의 효율적 배분
예측	- 과거 데이터를 통해 미랫값을 추정하는 행위. - 미래의 불확실성을 제거하기 위한 분석 및 사후 조치
활용 예시	- 시장 수요예측을 통해 생산량 조절 - 정확한 재고관리 실행으로 재고 비용 절감 - 고객 수요 충족을 위한 적시성 있는 공급 전략 수립
한계점	- 불확실성으로 인한 수요예측 정확도 부족 - 외부 요인(경제 상황, 트렌드 변화 등)에 의한 예측 오류 가능성 커짐

2) 시간적 범위에 따른 수요예측 구분

구분	정의	예
단기 수요예측	- 시간, 일, 주, 월 단위로 현재 운영과 관련된 예측 - 생산 일정, 재고관리, 단기적인 운영 계획수립에 활용	- 다음 달 제품 생산량 결정 - 주간 재고 보충 및 물류 일정 조율
장기 수요예측	- 분기, 반기, 년 단위 또는 제품·서비스 수명주기에 관련된 예측 - 전략적 경영계획 및 장기 투자 결정에 활용	- 향후 5년간 시장성장률 예측 - 신제품 출시 시점 결정 - 대규모 설비 투자 계획수립

1) 산업통상자원부, 산업통상협력개발지원사업 교재 내용을 요약

3) 수요 변화

- 수요예측은 불확실성으로 인해 정확할 수 없지만, 변동성에 주목함
- 글로벌 시장화 하에서 기업이 자국 소비자의 니즈 외에 세계 소비자의 니즈도 고려해야 하므로 수요 변화는 더 큰 불확실성을 가짐

형태	설명	예
수평적 수요	수요가 일정한 평균을 중심으로 오르내리는 유형	생필품은 수요가 일정하여 파악하기 쉬움
추세적 수요	시간의 흐름에 따라 평균값이 증가 또는 감소하는 형태를 보이는 것	휴대폰 시장은 과거 카폰에서 일반 핸드폰에서 터치폰을 거쳐 현재 스마트폰에 이르기까지 장기적으로 증가/감소함
계절적 수요	계절이나 주, 월에 따라 수요의 증감이 반복되는 패턴 유형	기후의 변화에 따라 증감하는 제철 음식 재료나 의류판매량 등
순환적 수요	연 단위 이상의 장기간 수요의 증감이 반복되는 패턴 유형	경기 흐름에 따른 수요 변화
무작위 수요	예측할 수 없고 무작위로 변하는 수요 형태	기상 변화나 전염병 등으로 인한 수요 변화

4) 수요예측 방법

회귀분석	수요에 영향을 주는 것으로 추정하는 설명요인들을 파악하여 설명요인과 수요 변수 간의 관계에 대한 모델을 만들고 분석	예 : 선형회귀, 다변량 회귀
시계열분석	시간에 따라 변화하는 판매 데이터를 분석하여 수요예측	예 : 이동평균법, 지수평활법, ARIMA
몬테카를로 시뮬레이션	다양한 입력 변수를 무작위로 변화시켜, 이를 대상으로 많은 시뮬레이션을 수행하여 수요의 확률분포를 예측	
신경망 분석	빅데이터에서 패턴을 학습하여 수요예측	

- 더 나은 예측모형을 선정하기 위해서 정확도를 측정해야 하며, 예측의 정확도는 실제값과 예측값의 차이로 측정됨
- 과거 데이터를 활용하여 예측값과 실제값을 관찰하고, 예측 오차가 가장 적은 예측방법을 선정한 뒤, 그 예측 오차 대비 비용(기회비용)을 고려하여 예측 기법을 선정함
- 수요예측 방법 선택 시 예측의 정확도를 측정하는 일반적인 방법

평균 절대오차 (Mean Absolute Error)	{(예측값) - (실제값)}의 절댓값을 평균한 것으로, 오차의 절댓값을 평균한 값
평균 절대 백분율 오차 (Mean Absolute Percent Error)	평균 절대오차를 퍼센트로 나타낸 것
평균 제곱 오차 (Mean Squared Error)	평균 절대오차를 제곱한 뒤 (n-1)로 나누어 준 값

(3) 품질관리

1) 품질관리(Quality Control)

- 품질 : 제품 또는 서비스가 제공하는 효능이 고객의 기대를 충족시키는 정도
- 품질 결과를 표준과 비교·측정하여 표준에 미달되는 경우, 수정하는 프로세스 공정이 계획대로 진행되고 있는지를 확인
- 기업은 품질관리를 위해 공정 산출물의 데이터를 통계적 기법으로 점검함으로써 품질관리 목적(품질 개선, 불량률 감소, 고객 만족 향상)을 달성

2) 품질검사

- 품질관리를 위해서 먼저 '검사(제품이나 서비스를 표준과 비교하는 평가 활동)'를 실시함
- 검사 시기에 따른 구분

생산 전 검사	투입자원의 적합성 검사(표본 추출(Sampling) 검사)
생산 중 검사	투입자원의 결과물 전환과정의 적합성 검사(공정관리 검사)
생산 후 검사	제품이 고객에게 인도되기 전에 최종 실시하는 적합성 검사(표본 추출 검사)

- 검사 시 고려사항
  - 검사의 양, 빈도
  - 검사의 위치 : 공정의 어느 위치에서의 검사
    불량이 자주 발생하는 지점 파악 후 해당 지점에서 검사 필요
  - 발생횟수(속성에 대한 검사(발생횟수를 측정)) 또는 특성치의 값(변량에 대한 검사(특성치 측정))
- 전형적인 검사 시기 및 위치
  - 원재료나 구매 부품 수령 시, 완제품의 출하 전
  - 높은 가격의 생산공정 이전(before), 돌이킬 수 없는 공정 이전, 결함이 숨겨지는 공정 이전

3) 품질 기법

• 6가지 주요 품질 기법[2]

<table>
<tr><td>체크리스트 기법</td><td colspan="3">검토가 필요한 사항에 대하여 체크리스트를 작성하여 실무자와 품질관리자가 함께 점검하는 기법(예. 화장실 청결도 체크리스트)</td></tr>
<tr><td>히스토그램 기법</td><td colspan="3">데이터의 범위를 몇 개의 계급으로 나누고 각 계급의 발생 빈도수를 막대그래프로 나타낸 그림(데이터 분포 형태를 간단히 파악)</td></tr>
<tr><td>산점도 기법</td><td colspan="3">두 변수의 특성 및 요인 관계를 시각적으로 나타내고 싶은 경우에 사용하는 방법(회귀분석, 중요도-만족도 분석(IPA))</td></tr>
<tr><td>그래프 기법</td><td colspan="3">막대그래프, 밴드 그래프, 꺾은 선 그래프, 원그래프, 레이더 차트 등 보는 사람이 알기 쉽고 구체적으로 판단 가능한 방법</td></tr>
<tr><td>파레토[3] 분석 기법</td><td colspan="3">문제의 원인을 중요하지 않은 다수의 원인과 중요한 소수로의 원인으로 분류하는 방법
주란(Juran) : 80%의 품질 문제가 20% 주요 원인에 집중되어 있음</td></tr>
<tr><td rowspan="6">서브퀄 (SERVQUAL)</td><td colspan="3">서비스 품질 측정 기법으로 고객의 서비스 품질에 대한 인식 정도를 양적 접근방식이 아닌 질적으로 측정, 5가지 요인</td></tr>
<tr><td>유형성</td><td>물리적 측면, 환경</td><td>예 : 호텔 객실의 청결, 직원의 전문적 외모</td></tr>
<tr><td>신뢰성</td><td>서비스 제공 시 정확성, 신뢰성 등</td><td>예 : 시간약속 준수, 서비스 품질의 일관성</td></tr>
<tr><td>응답성</td><td>서비스 제공자의 빠른 대응, 신속한 제공</td><td>예 : 고객 문의에 대한 신속한 응답, 긴급상황 신속 대처, 신속한 서비스 제공</td></tr>
<tr><td>확신성</td><td>직원의 전문성, 신뢰성, 고객의 신뢰감</td><td>예 : 직원의 전문성과 지식, 신뢰 가는 태도, 안정성 등</td></tr>
<tr><td>공감성</td><td>제공자가 고객의 감정 이해, 고객 필요에 공감</td><td>예 : 친절, 개인적 서비스, 특별한 요구에 대한 대응 등</td></tr>
</table>

(4) 공급사슬 관리

1) 공급사슬 관리(Supply Chain Management)

구분	내용
정의	- 공급사슬을 전략적으로 조정하여 공급과 수요를 통합적으로 관리하는 방법
의의	- 단일기업이 아닌 다수의 독립적 공급조직이 연결되어 하나의 가치사슬을 형성 - 이 공급사슬을 통해 제품이나 서비스가 이동하면서 가치가 부가됨 - 공급사슬을 통해 원재료에서 최종 소비자까지 효율적인 흐름 관리 가능
가치사슬	- 제품이나 서비스가 공급사슬을 따라 이동하며 부가가치가 창출되는 과정 - 일반적으로 여러 조직의 협업으로 구성.
활용 예시	- 자동차 산업: 자동차 생산기업이 원재료, 부품 등을 외부 공급자로부터 조달하고 유통채널을 통해 소비자에게 자동차 제품 공급 : 철광업자 등 → 제철업자 등 → 부품 생산자 → 자동차 조립 공장 → 유통업체 → 소비자로 이어지는 가치사슬
목적	- 자원의 최적화 배분 및 비용 효율성 제고 - 공급사슬에 포함된 협력과 상호 의존성 강화

2) Stevenson, W. (2008), Operations Management(10th ed.), McGraw-Hill
3) 이탈리아 농경제학자로 80%의 부(토지)가 20%의 사람에게 소유되고 있음을 발견하여 규칙화하였고, 미국의 품질관리 학자인 주란은 80/20규칙이 품질문제에도 적용된다고 주장함

2) 공급사슬에서의 대표적인 이동 대상 유형

물리적인 이동 (physical movement)	원재료, 부품, 제품이 물리적으로 이동하는 것을 의미함
현금흐름 (flow of cash)	판매 후 제품 대금은 제품의 이동 방향(전방)과 반대 제품 대금을 지급받으면 공급처(후방)로 현금이 이동
정보의 교환 (exchange of information)	정방향과 역방향의 흐름으로 이루어지는 정보도 공급사슬의 일부분

3) 황소 채찍 효과(Bullwhip Effect)의 개념

정의	공급사슬의 후방으로 갈수록 재고 변동 폭이 점점 커지는 현상 소매점(전방)에서 시작된 수요가 도매상, 유통상, 공장 등 후방으로 전달되면서 과잉 주문 발생 예 : 소비자 수요: 10개 → 소매점 주문: 12개 → 도매상 주문: 15개 → 유통상 주문: 18개 : 실제 수요보다 80% 초과 생산.
원인	안전재고 확보로 인한 과잉 주문 수요 데이터 공유 부족 공급사슬 단계별로 비효율적인 커뮤니케이션

4) 황소 채찍 효과의 영향

영향	재고 흐름 속도 병목현상: 제품의 이동 속도 감소로 인해 비용 증가(운송 지체 비용, 해결을 위한 추가 비용, 재고 부족 비용 등)로 수익성에 악영향 재고 유지비용 증가: 필요 이상으로 축적된 재고로 재무 상태에 악영향 고객서비스 수준 저하: 고객 주문 지연 처리, 상품 구색 부족
재고 흐름 속도	자재와 제품이 공급사슬을 따라 더 빨리 이동할수록 재고 유지비용 감소 고객 주문 이행 시간(lead time) 단축 현금 전환 속도(재고 회전율) 향상
해결 방안	IT 기술 활용: 실시간 수요 및 재고 알림 시스템 도입 데이터 실시간 공유: 수요와 재고 정보를 공급사슬 참여 기업 간

(5) 구매 관리

1) 구매 관리 = 구매부서의 역할

- 기업이나 공장의 구매부서는 제품 생산과 서비스 제공에 필요한 원자재와 부품, 소모품 및 외주 서비스를 확보할 책임
- 구매는 구매 품목의 가격 외에 중요 요인인 품질, 인도 시기(lead time) 관리
- 결국, 제품 및 서비스의 품질, 제공 시기에 큰 영향을 미침
- 구매부서는 운영전략 지원을 위해 제품 및 서비스 구매계획을 수립·수행

구매부서의 임무	공급자 선택 및 계약 협상 공급자 데이터베이스 유지관리 파트너십을 구축 등 공급업체 관리
구매부서의 역할	적시에 비용 효율적인 방식으로 운영 요구사항 이상의 품질과 가격조건의 부품 및 서비스 획득 트래픽관리 : 자재 또는 제품의 입·출하 선적을 감독 공급업체와 다른 부서 간의 중개자 역할 공급사슬 관리

2) 구매업무 활동

- 구매 관리의 일반적인 구매 주기(purchasing cycle)
  - 다른 부서의 구매요청 → 구매부서의 승인 → 적절한 공급자 선정 → 공급자에게 주문 → 주문 모니터링→ 주문제품 검수

3) 구매 유형

중앙집중구매	단일 부서에 의해 기업의 구매업무가 수행되는 형태로, 대부분 본사의 구매부서가 수행 주체인 경우가 많음
분산구매	개별 부서나 지사, 공장과 같은 구매요청부문에서 필요한 제품을 직접 구매하는 형태

4) 구매 관리와 데이터

구매 데이터 획득	본사의 구매부서는 각 부서나 지역의 물품 필요 데이터를 사전 수집 물품의 수요와 공급 현황을 파악하여 구매 전략 수립	
트래픽 관리	입하 및 출하(선적) 과정에서 발생하는 트래픽을 관리 물류비 절감 및 효율성 극대화를 목표	
시스템 추적	선적된 제품과 자재의 현황 파악 선적비용 및 일정계획의 업데이트 제공	
구매 관리 데이터의 중요성	정확한 수요 파악	각 부서와 지역의 물품 수요 데이터를 정확히 분석하여 물품의 과잉 및 부족 문제 방지
	실시간 추적과 대응	시스템 추적 데이터를 활용하여 선적 상태를 실시간 파악하고 일정 지연 문제에 신속히 대응
	비용 효율성 향상	선적비용 및 운영비용 데이터를 분석하여 해당 비용 절감 및 이익 극대화

(6) 재고관리와 경제적 주문량 모형

1) 재고관리

목적	재고비용을 합리적으로 유지하면서 고객서비스 수준을 만족시킴
재고 관리지표	재고 회전율: 평균 재고투자액 대비 매출액 비율. 높은 회전율은 효율적 재고관리를 의미. 매출액이 10억이고 평균 재고가 1억이면 10회 $\frac{\text{매출액}}{\text{평균 재고 자산액}}$ 재고 회전(공급)일수: 현재 재고로 며칠 동안 판매가 가능할지 여부(재고 회전율이 10회이면 36.5일이므로 평균 재고로는 36.5일 동안 다 팔릴 수 있으니 36.5일 이내에 추가공급이 필요함 $\frac{365}{\text{재고회전율}}$
재고 관리시스템	주기조사시스템: 정기적으로 재고 상태 점검 계속 보충(연속조사)시스템: 재고가 소진되면 자동으로 주문
필요 지식	수요예측: 예측 오차 지표를 활용하여 신뢰도 높은 수요예측이 필요 리드 타임: 주문-배송 간 시간 간격 리드 타임 변동성: 리드 타임의 불규칙성 관리
재고비용 유형	재고 유지비용: 재고 보관 비용(창고 비용, 손실 위험 비용, 자본비용 등) 주문비용: 재고 주문 및 수령 비용(배송비, 주문관리비용) 재고 부족 비용: 재고 부족으로 인한 기회비용(판매 손실, 고객 신뢰도 감소)

2) 경제적 주문량 모형

정의	연간 재고 유지비용과 주문비용의 합계를 최소화하는 최적의 고정된 주문량을 결정하는 모형
기본 가정	하나의 제품만 대상으로 함 연간 수요량이 고정되고 균일한 수요를 가정 리드 타임이 일정하며 수량 할인 없음
주요 변수	Q: 주문량 H: 단위당 유지비용 D: 연간 수요량 S: 주문비용
비용 식	연간재고 유지비용 = $\frac{Q}{2} \times H$ 연간주문비용 = $\frac{D}{Q} \times S$ 총비용 : 연간재고 유지비용과 연간주문비용의 합계
EOQ 공식	최적 주문량 $Q^* = \sqrt{\frac{2DS}{H}}$
한계	수요가 변동적이면 적합하지 않음 리드 타임의 변동이나 수량 할인을 고려하지 않음 여러 제품이나 복잡한 공급사슬 환경에서는 제한적

문제 : 연간 수요량 (D) : 10,000개

주문비용 (S): 50,000원

단위당 유지비용 (H): 1,000원

EOQ 계산: 최적 주문량 Q^*: 1회 주문 시 1,000개.

$$Q^* = \sqrt{\frac{2 \times 10,000 \times 50,000}{1,000}} = \sqrt{1,000,000} = 1,000 \text{ 개}$$

3) 재고 모형

- 정기발주모형은 정량발주모형보다 안전재고가 많다는 특성이 있는데, 이는 재고와 관계없이 일정 시간 간격으로 주문이 이루어지기 때문

정량발주모형 (Q-Model)	보유한 재고의 양이 재주문점에 도달하는 시점에 주문하므로 재주문점 시스템이라고 불림 비용 최소화
정기발주모형 (P-Model)	정기적으로 주문이 이루어지므로 주기조사시스템이라고 불림 수요예측의 불확실성 대응

(7) PERT/CPM과 프로젝트 관리

1) PERT/CPM 개념

- PERT/CPM 기법은 가장 자주 사용되는 간트차트와 더불어 프로젝트 관리기법

PERT (Program Evaluation and Review Technique)	1950년대 미국 국방성에서 무기 개발 계획 관리에 활용 PERT는 각 활동(activity)의 소요시간을 확률적으로 추정 규모가 큰 프로젝트를 계획, 관리하는 데 적절한 기법
CPM(Critical Path Method)	1950년대 듀퐁사에서 화학 공장 유지보수 작업 측정에 활용 CPM 기법은 각 활동의 소요시간이 확정적임. PERT와의 차이

- PERT/CPM으로 함께 사용
- PERT/CPM 활용 시 이점
  - 전체 프로젝트가 얼마나 소요되는지 총시간을 추정, 이를 그림으로 나타내어 이해 쉬움
  - 프로젝트의 총소요시간에 영향을 주는 주 경로(Critical path)를 식별
  - 전체 프로젝트의 총소요시간에 영향을 주지 않는 범위 내에서 각 활동을 얼마나 늦게 시작하거나 늦게 완료할 수 있는지에 대한 지연 시간 정보를 제공

• PERT/CPM 기법을 적용하여 데이터를 시각화하기 위한 네트워크 도형

AOA (Activity On Arrow)	활동이 화살표(arrow)에 표시되는 형태의 네트워크 그림 노드(node, 네트워크의 연결 마디)는 활동들의 시작과 완료 시점을 나타냄
AON (Activity On Node)	활동이 노드에 표시되는 형태의 네트워크 그림 노드별, 화살표별 걸리는 시간을 추정하는 방법에는 확정적 시간 추정과 확률적 시간 추정이 있음

2) PERT/CPM의 계산 알고리즘

• 확률적 시간 추정은 통계학적 지식이 함께 병행되어 학습되어야 하며, 확정적 시간 추정은 소요시간이 확정적임

ES(Early Start)	활동을 시작할 수 있는 가장 이른 시간 앞선 모든 활동이 최대한 빨리 시작된 것을 가정함
EF(Early Finish)	활동을 끝낼 수 있는 가장 이른 시간
LS(Late Start)	활동을 시작할 수 있으며, 프로젝트를 지연하지 않는 가장 늦은 시간
LF(Late Finish)	활동을 끝낼 수 있으며, 프로젝트를 지연하지 않는 가장 늦은 시간

• 알고리즘 계산을 통해 도출 가능한 것
  - 프로젝트의 총소요시간에 영향을 주는 주요한 활동인 **주 경로**
  - **지연 시간 정보**
  - 이를 시각화할 경우, 현재 프로젝트가 어떠한 단계에 와 있는지, 얼마나 지연될 것인지 등에 대한 정보

3 회계·재무·인적자원 기본정보

(1) 회계

1) 회계의 개념

- 기업의 행위를 재무적 가치로 측정하여 표준화된 회계기준으로 정리하는 것
  - 기업의 재무 상태와 경영실적을 기업 내·외부의 이해관계자에게 알리고, 경영 의사결정에 필요한 정보를 축적하는 경영활동
- 회계의 구분

구분	내용
재무회계	(투자가, 금융회사 등) 외부이해관계자를 위한 재무보고, 회계감사의 산출물
관리회계	내부관리 목적, 원가계산, 제품 가격 결정, 투자 자본예산 등
세무회계	정부 및 조세 당국을 위한 세무신고, 세무조정

- 보고서를 작성하고 해석하는 회계기준(K-IFRS 한국채택 국제재무보고기준, 기업회계기준서)은 법률에 따라서 강제적으로 규정
- 회계 활동

구분	내용
회계 기간 중	분개장 : 발생순서에 따라 기중 거래 내용을 기록하는 장부
회계 기간 말	시산표 : 차변의 합과 대변의 합의 일치 여부를 확인하는 일람표 결산분개 : 결산을 위한 회계 처리를 분개한 것 정산표 : 결산분개 결과를 결산이 쉽도록 정리한 서식 재무제표 : 재무상태표 등 결산보고서

2) 재무제표

① 재무제표의 개념 및 종류

- 재무제표
  - 기업의 경영활동에 따른 재무 상태와 경영성과를 일반적으로 인정된 회계원칙(Generally Accepted Accounting Principles)에 따라 처리한 결과의 회계보고서로 재무상태표, 손익계산서, 현금흐름표, 자본변동표, 주석으로 구성
  - 일반적으로 인정된 회계원칙 : 한국채택 국제회계기준(K-IFRS), 기업회계기준서 등
- 재무상태표
  - 대차대조표라고도 하며 일정 시점에서의 기업의 자산과 부채, 자본의 상태를 나타낸 보고서

- 차변(왼편)에는 자산을 기재하고 대변(오른편)에는 부채와 자본을 기재
- 복식부기 원칙에 따라 모든 거래행위는 대차 양변에 기록되므로 양변의 합계는 항상 일치해야 함 (자산=부채+자본)
- 구성

차변			대변	
자산	유동자산	당좌자산	부채	유동부채
		재고자산		비유동부채
		기타 유동자산	자본	자본금(보통주, 우선주)
	비유동자산	유형자산		자본잉여금
		무형자산		자본조정
		투자자산		기타포괄 손익누계액
		기타 비유동자산		이익잉여금(당기순이익)

- 손익계산서
  - 기업이 일정 기간 영업활동을 통해 얻은 수익과 그에 대응하는 비용을 계산하여 손익(순이익 혹은 순손실)을 보여주는 보고서
  - 매출액, 매출원가, 순이익 등의 정보를 통해 기업의 수익 창출 능력 파악 가능
  - 계산식과 구조

	매출액	영업수익(서비스업의 경우)
(−)	매출원가	
	매출총이익(손실)	
(−)	판매비와 일반관리비	영업비용
	영업이익(손실)	
(+)	영업외수익	
(−)	영업외비용	
	법인세차감전순이익(손실)	
(−)	법인세 등	
	당기순이익(손실)	

- 현금흐름표
  - 일정 기간의 기업의 현금 유입과 유출내용을 나타내는 보고서
  - 기업 현금흐름 상태를 파악하고, 재무 건전성을 평가하는 데 중요한 역할을 함
  - 일정 기간의 현금 흐름을 나타내므로 유량(flow) 개념으로 재무상태표의 현금이 기초 저량(stock)에서 기말로 변천해 간 과정을 관찰함
  - 현금흐름표의 구성

	직접법	간접법
영업활동으로 인한 현금흐름	제품 및 용역의 생산(-), 판매(+)와 관련된 활동	당기순이익 + 현금흐름을 수반하지 않는 비용 (감가상각 또는 대손상각비 등) - 현금흐름을 수반하지 않는 이익
+ 투자 활동으로 인한 현금흐름	토지, 건물, 기계와 같은 자산을 취득(-)하거나, 처분(+)하는 행위와 관련된 활동	
+ 재무활동으로 인한 현금흐름	자본 및 부채의 구성내용, 즉 자금의 조달(+)과 상환(-) 등과 관련된 활동	
+ 기초현금		
기말현금		

- 자본변동표
  - 일정 기간의 자본 변동에 관한 정보를 제공하는 보고서
  - 역할 : 자본금, 자본잉여금, 자본조정, 기타포괄 손익누계액, 이익잉여금의 변동에 대한 정보 제공, 재무제표 간의 연계성 제공, 재무제표의 이해 가능성 제고 등

유상증자(감자)	기업이 주식 수를 늘(줄)일 때 주주가 추가로 돈을 내(받)는 경우
무상증자(감자)	기업이 주식 수를 늘(줄)일 때 주주가 추가로 돈을 내(받)지 않는 경우
보통주	회사가 발행한 주식 대부분을 차지하는 것으로, 특별한 권리 내용이 정해지지 않은 일반 주식으로 의결권이 있음
우선주	배당이나 잔여재산 분배 시 보통주에 우선하는 권리가 정해진 주식

〈표 2.1〉 자본변동표에 표시되는 자본의 구성

자본금(납입자본)의 변동	유상증자(감자), 무상증자(감자), 주식배당 등으로 인해 발생하며, 보통주 자본금과 우선주 자본금으로 구분하여 표시
자본잉여금의 변동	유상증자(감자), 무상증자(감자) 등에 의하여 발생하며, 주식발행초과금과 기타자본잉여금(자산재평가적립금)으로 구분하여 표시
자본조정의 변동	자본 전체를 증가 또는 감소시키는 것으로 자기주식, 주식할인발행차금 등으로 표시
기타포괄손익 누계액의 변동	포괄손익계산서의 당기손익으로 분류하기 어려운 항목의 변동으로, 매도가능증권평가손익, 해외사업환산손익 및 현금흐름위험회피 파생상품평가손익 등으로 구분하여 표시
이익잉여금의 변동	영업활동에 따라 발생한 이익 중 배당하지 않고 내부에 유보한 잉여금의 변동으로, 법정적립금, 임의적립금, 미처분이익잉여금 등으로 표시

- 재무제표 간 상호연관성
  - 각 재무제표는 복식부기와 거래의 이중성 원칙에 의해 같은 거래나 사건의 다른 측면을 반영하므로 상호 보완적 관계에 있음
- 손익계산서의 당기순이익이 재무상태표에 반영
- 재무상태표의 현금이 현금흐름표에 반영

- 재무상태표의 자본 항목이 자본변동표에 반영
- 기타: 재무상태표의 이익잉여금, 자본잉여금이 이익잉여금처분계산서(결손금처리계산서에 반영), 제조원가보고서의 당기제품제조원가가 손익계산서에 반영

② 재무제표 작성원칙

원칙	내용
신뢰성	신뢰할 수 있는 객관적인 자료와 증거에 의하여 공정하게 처리, 보고해야 함
명료성	재무제표 양식은 이해하기 쉽도록 명료하게 표시하여야 함
충분성	회계처리기준, 계정과목, 금액은 그 내용을 재무제표상에 충분하게 표시하여야 함
중요성	회계처리 및 재무제표 작성에서 계정과목과 금액은 그 중요성에 따라 예외적으로 처리할 수 있음
계속성	회계처리 기준과 추정은 기간별 비교가 가능하도록 매기 계속하여 적용함
발생주의	모든 수익과 비용은 그것이 발생한 기간에 정당하게 배분되도록 처리해야 함 cf. 현금주의
수익비용대응	각 수익 항목과 관련된 비용 항목을 명확하게 분류, 대응하도록 작성해야 함

3) 재무비율

① 재무비율의 목적

- 기업 재무제표의 특정 항목을 표준화함으로써 타 기업, 전년도와 비교를 통한 기업 현황 및 성과 파악
- 회계보고서의 계정과목을 상호 비교하여 안정성, 수익성 등을 분석하고 기업의 재무적 건전성 추정

② 재무비율의 종류

- 재무비율의 종류 구분
  - 재무상태표의 계정과목과 손익계산서의 계정과목 중 무엇을 이용하였는지에 따라 재무상태표 비율 또는 손익계산서 비율로 불리며, 두 보고서의 항목을 함께 활용하는 경우 혼합비율이라 함

〈표 2.2〉 재무비율의 종류

구분	개념	예시
안정성 비율	채무 지급능력의 분석	유동비율, 부채비율 등
수익성 비율	매출액 또는 투자에 대한 이익의 비율분석	총자산이익률 등
활동성 비율	자산, 부채의 활용도 분석	재고자산회전율 등
성장성 비율	기업의 규모 및 수익의 성장성 분석	매출액증감률 등
생산성 비율	인적, 물적 자원의 투입 효율성 분석	자본 생산성 등
시장 가치비율	주식시장 가격과 재무제표상 항목을 비교분석	주가수익배수(Price Earning Ratios) 등

- 안정성(유동성) 비율 : 부채(타인자본) 의존도와 채무상환능력을 측정

유동비율	단기채무에 충당할 수 있는 유동성 자산이 얼마나 되는가를 나타내는 비율 공식 : $\frac{\text{유동자산}}{\text{유동부채}} \times 100(\%)$	유동자산 : 1년 이내에 현금화될 것으로 예상하는 자산으로, 당좌자산(현금 및 현금성 자산, 단기금융상품, 단기투자증권, 미수채권, 단기대여금 등), 재고자산 유동부채 : 1년 이내에 상환해야 하는 채무로, 미지급 채무, 단기차입금 통상 200% 이상 되는 것이 이상적
당좌비율	재고자산을 처분하지 않고서도 단기부채를 갚을 수 있는가를 측정하는 비율 공식 : $\frac{\text{당좌자산}}{\text{유동부채}} \times 100(\%)$	당좌자산 : 유동자산-재고자산 통상 100% 이상이면 유동성이 우수하고, 50% 이하면 위험한 것으로 평가
부채비율	타인자본과 자기자본의 비율로, 기업 자본구성의 건전성 평가에 활용 공식 : $\frac{\text{부채}}{\text{자본}} \times 100(\%)$	부채비율이 높을수록 채권자나 투자자에게 불리하지만 투입된 자본의 레버리지효과가 높아짐
이자보상 배율	영업이익을 이자 비용으로 나눈 배율로, 이자 지급에 필요한 수익을 창출할 수 있는 능력 평가 공식 : $\frac{\text{영업이익}}{\text{이자비용}}$	보통 1.5 이상이면 상환능력이 충분한 것으로, 1 미만이면 잠재적으로 위험하다고 판단

- 수익성 비율 : 기업 경영에서 발생한 이익을 투자자본이나 매출액과 비교하는 것으로, 기업의 이익 창출 능력을 분석

자기자본 이익률 (Return On Equity)	특정 주주가 가진 지분에 대한 이익의 창출 정도로 자기자본에 대한 경영성과를 측정 공식 : $\frac{\text{순이익}}{\text{(자기)자본}} \times 100(\%)$	투자자로서는 자기자본이익률이 시중금리보다 높아야 투자자금의 조달비용을 초과하는 이익을 낼 수 있는 것으로 판단함 단, 자기자본보다 부채가 많을수록 레버리지 효과로 인해 총자산이익률이 높아지므로 부채비율이 높은 회사의 높은 총자산이익률을 항상 좋게 보지 않음
뒤퐁 항등식	자기자본이익률을 구성하는 원천을 영업 효율성(매출이익률), 자산 활용의 효율성 (총자산 회전율) 및 재무레버리지(자기자본승수)의 요소별로 구분하는 수익성 분석 방법	이해관계자에게 기업의 성과를 효율성에 관한 보다 세부적인 정보로 제공함
	공식 : 자기자본이익률(%) = $\frac{\text{순이익}}{\text{자본}} \times 100(\%) = \frac{\text{순이익}}{\text{매출액}} \times \frac{\text{매출액}}{\text{자산}} \times \frac{\text{자산}}{\text{자본}} \times 100(\%)$	
총자산이익률 (Return On Assets)	총자산에서 당기순이익이 차지하는 비중으로, 총자산은 자기자본과 타인자본(부채)을 합한 총자본과 같아 총자본 순이익률이라고도 불림 공식 : $\frac{\text{순이익}}{\text{총자산}} \times 100(\%)$	높은 총자산이익률은 자산과 비교하면 이익이 많음을 의미하며, 주주의 돈과 은행에서 빌린 돈 등을 모두 이용해 얼마나 벌었는지를 판단하는 지표임
매출액 순이익률	매출액에 대한 순이익의 비율 공식 : $\frac{\text{순이익}}{\text{매출액}} \times 100(\%)$	매출액 대비 이익에 대한 지표로, 마진율(margin)로 볼 수 있으며, 통상 10% 이상이면 양호한 것으로 평가하나, 업종에 따라 수익성에 큰 차이가 있으므로 업종별 비교가 필수적임

투자자본 수익률 (Return On Investment)	투자에서 얻은 순이익을 투자원금으로 나눈 비율로, 투자의 효율성을 측정하기 위한 지표로 활용 공식 : $\frac{순이익}{투자액} \times 100(\%)$	비율이 높을수록 투자 대비 성과가 효과적이라는 의미이나 투자안의 기간과 내재위험을 고려하지 못한다는 한계가 있음

• 활동성 비율 : 기업이 소유한 자산들을 얼마나 효율적으로 이용하고 있는가를 측정하는 비율로, 통상 매출액을 각종 주요 자산 항목으로 나누어 (회/배로) 산출

재고자산 회전율	재고자산의 회전속도를 나타내는 비율로, 재고자산이 당좌자산으로 변화하는 정도를 의미 공식 : $\frac{매출액}{재고자산}$ 또는 $\frac{매출원가}{재고자산}$	높은 재고자산회전율은 재고가 쉽게 판매된다는 것을 의미하고, 낮은 재고자산회전율은 매출이 부진하여 재고자산이 쌓여 있다는 것을 의미 단, 지나치게 높은 재고자산회전율은 재고 부족으로 생산 및 판매에 지장을 초래할 수 있어 주의 필요
유형자산 회전율	유형자산과 매출액의 비율로, 유형자산의 효율적 이용 정도를 측정 공식 : $\frac{매출액}{유형자산}$	유형자산회전율이 높을수록 유형자산의 활용도가 양호하다는 것을 의미하고, 낮을 때는 유형자산의 이용이 불충분하거나 유형자산에 대한 투자가 과다라는 것을 보여줌
매출채권 회전율	매출채권인 외상매출금 및 받을어음의 회수 기간과 현금화 속도를 측정 공식 : $\frac{매출액}{매출채권}$	매출채권회전율이 높을수록 매출채권의 현금화 속도가 빠르다는 것을 의미
매입채무 회전율	매입채무인 외상매입금 및 지급어음의 결제 기간과 속도를 측정 공식: $\frac{매출액(또는\ 매입액)}{매입채무}$	매입채무회전율이 높을수록 매입채무의 결제 속도가 빠르다는 것을 의미

• 성장성 비율 : 기업활동의 성과가 전년도보다 얼마만큼 증가하였는가를 보여주는 지표

총자산증가율	기업의 총자산이 해당연도에 얼마나 증감하였는가를 나타내는 비율 공식 : $\frac{당기말총자산}{전기말총자산} \times 100(\%)$	기업 전체의 외형적인 성장 규모 측정 단, 자산재평가 및 부채로 인해 총자산증가율이 높아지는 예도 있음
자기자본 증가율	기업의 자기자본이 해당연도에 얼마나 증감하였는가를 나타내는 비율 공식 : $\frac{당기말자본}{전기말자본} \times 100(\%)$	자기자본이 증가하는 요인으로 유상증자, 내부유보 등이 있으며, 배당이 없으면 감소하지 않음
매출액증가율	기업의 매출액이 해당연도에 얼마나 증감하였는가를 나타내는 비율 공식 : $\frac{당기매출액}{전기매출액} \times 100(\%)$	매출은 계속된 영업활동에서 발생하는 이익이므로 매출액증가율은 기업의 성장률을 판단하는 비율

- 생산성 비율 : 기업활동의 성과효율을 측정하여 개별 생산요소의 기여도를 평가

노동생산성	종업원 1인당 부가가치 생산액을 의미 공식 : $\frac{\text{부가가치}}{\text{종업원수}}$	높은 노동생산성은 같은 노동력을 투입하여 더 많은 부가가치를 생산한다는 것으로 기업의 생산효율 수준을 파악
자본생산성	자본을 투입한 대가로 얻어진 부가가치액을 나타내는 비율 공식 : $\frac{\text{부가가치}}{\text{자본}} \times 100(\%)$	투하된 자본이 부가가치생산에 어느 정도 이용되었는가를 측정

- 시장가치 비율 : 기업의 재무성과와 경영상태를 주식시장에서 어떻게 평가하고 있는가 측정

주당순이익 (Earning Per Share)	어느 연도에 발생한 당기순이익을 발행주식 수로 나눈 비율 공식 : $\frac{\text{당기순이익}}{\text{발행주식수}}$	주식 1주가 1년간 벌어들인 순이익을 나타내는 것으로, 주식투자의 핵심지표로 사용되며 주당순이익이 높을수록 주식의 투자가치가 높다고 평가
주가수익배율 (Price Earning Ratio)	현재 주가를 주당순이익으로 나눈 배율 공식 : $\frac{\text{주가}}{\text{주당순이익}}$	주가수익배율이 높으면 기업의 수익에 비해 주가가 상대적으로 높게 형성돼 있음을 의미하며, 낮으면 수익보다 주가가 저평가되어 있어 그만큼 주가가 상승할 가능성이 큼
주가순자산배율 (Price Book Value Ratio)	주가가 장부가의 몇 배로 평가되고 있는지를 보기 위한 비율 공식 : $\frac{\text{주가}}{\text{주당장부가치}}$ 여기서 주당장부가치 = $\frac{\text{자본(순자산)}}{\text{발행주식수}}$	주가순자산배율이 낮을수록 주식투자 매력도가 높다는 의미로, 주가수익배율이 수익과 주가를 비교하는 지표라면 주가순자산배율은 재무 상태 측면에서 순 자산과 주가를 비교하는 지표 PBR은 ROE와 PER의 곱으로 분해 가능
	$PBR = \frac{\text{주가}}{\text{주당장부가치}} = \frac{\text{주가}}{\text{주당순이익}} \times \frac{\text{주당순이익}}{\text{주당장부가치}} = PER \times ROE$	
주가현금흐름비율 (Price Cashflow Ratio)	주가가 영업 현금흐름의 몇 배로 평가되고 있는지를 보기 위한 비율 공식 : $\frac{\text{주가}}{\text{영업현금흐름}}$	PER은 당기순이익의 몇 배를 주고 주식을 취득하는지에 대한 개념이지만, 주가 현금흐름 비율은 기업이 실제 창출하는 영업 현금흐름의 몇 배를 주고 주식을 취득하는가에 대한 개념 당기순이익은 회계상의 이익이라는 한계를 가지므로 PER과 PCR을 함께 활용할 때 효과적임
주가매출액비율 (Price Selling Ratio)	주가가 매출액의 몇 배로 평가되고 있는지를 보기 위한 비율 공식 : $\frac{\text{주가}}{\text{매출액}}$	배수가 낮을수록 기업의 가치가 저평가되었다고 볼 수 있음 매출은 있으나 아직 적자인 신생기업이나 벤처기업의 평가에 활용 가능

4) 자산의 회계 처리

① 재고자산 회계 처리

- 재고자산 : 기업이 주된 영업활동을 위해 판매와 생산을 목적으로 보유하고 있는 자산
- 재고자산의 종류

재고 구분	설명
상품	판매를 목적으로 구입한 경우
제품	판매를 목적으로 제조한 경우
반제품	제조과정 중 하나 이상의 공정에서 다음 공정으로 넘어갈 계획인 완성품으로, 저장할 수 있고 판매 가능한 제품
재공품	제조과정 중 완성되지 않은 경우
원재료	제조를 위한 원료(화학적 형태 변화), 재료(화학적 형태 유지)

- 매입원가 : 매입가에 운임, 보험료 등 취득과정에서 발생한 부대비용을 가산함
- 판매단가(매출원가) : 매입원가가 다른 경우 개별법, 선입선출법, 후입선출법, 평균법으로 결정

개별법	재고자산을 매입가격별 수량과 판매가격별 수량을 개별적으로 식별·기록하여 재고자산의 가격을 결정하는 방법
선입선출법	원가계산 시 먼저 매입한 상품이 먼저 판매된다고 가정하여 재고자산의 가격을 결정하는 방법
후입선출법	원가계산 시 가장 최근에 매입된 상품이 먼저 판매된다고 가정하여 재고자산의 가격을 결정하는 방법
평균법	일정 기간의 매입합계액을 매입 수량으로 나누어 평균단가를 구하는 방법 총평균법(전체 회계 기간 동안 매입한 상품의 평균을 계산)과 이동평균법(매입 시점마다 평균을 계산)이 있음
물가상승 시	매출원가 크기 : 후입선출법 〉 평균법 〉 선입선출법 기말재고액, 매출총이익 크기 : 선입선출법 〉 평균법 〉 후입선출법

② 감가상각 회계 처리

- 토지나 건설 중인 자산을 제외한 유형자산은 시간의 경과에 따라 가치가 감소하므로 미래에 이를 대체해야 함. 향후 취득에 필요한 자금을 마련하기 위해 내용연수에 걸쳐 적절히 배분하여 비용으로 처리하고 절감된 세금을 회사 내에 유보하기 위한 회계 처리 실무
- 해당 비용만큼 현금흐름 증가로 향후 유형자산 대체투자에 활용할 수 있음(기업의 저축임)
- 법인세 절감, 초기에 많이 계상하면 화폐의 시간가치에 따라 현금 증가 효과 커짐
- 초기에 자산구입비용을 전액 비용으로 처리하면 손실을 볼 수 있고, 수익비용대응의 원

칙에도 알맞지 않음

- 취득원가, 내용 연수, 잔존가액, 감가상각 방법 결정에 대한 회계 추정이 필요
  - 내용연수 : 자산을 이용할 수 있는 기간
  - 잔존가액 : 내용 연수가 종료된 후에 남을 처분가치를 의미
- 감가상각 방법

구분	내용
정액법	내용 연수 동안 매기 동일한 금액으로 감가상각하는 방법 세법상 건물은 정액법만 적용 가능(내용 연수 30~50년) 공식 : 정액법매기감가상각비 = $\frac{\text{취득원가}-\text{잔존가치}}{\text{내용년수}}$
정률법	내용 연수 동안 매기 일정한 비율로 감가상각하는 방법 기초장부금액에 정률 상각률을 곱하여 감가상각비 계산 시설장치, 기계, 차량, 비품 등은 정률법(정액법 선택 가능) 정률법매기감가상각비 = 미상각잔액(= 취득가액 - 전년말감가상각누계약) × 상각률 - 정률법 상각률 : 3년 0.632, 4년 0.528, 5년 0.451, 6년 0.394
생산량 비례법	광물 채굴 설비 등에 사용하는 감가상각 방법으로, 내용 연수 동안의 총생산량에 대한 매기 생산량의 비례대로 배분 공식 : 생산량비례법매기감가상각비 = (취득가액 - 잔존가치) × $\frac{\text{당기생산량}}{\text{총생산량}}$
연수합계법	기초 잔존 내용 연수의 비례대로 감가상각비를 배분 공식 : 연수합계법매기감가상각비 = (취득가액 - 잔존가치) × $\frac{\text{당기초기준잔존내용년수}}{\text{내용년수합계}}$

연습문제

컴퓨터 1대를 2024년 1월에 구입했다. 구입가격은 100만 원, 잔존가치는 5만 원, 내용 연수는 5년이라면 정액법, 정률법, 연수합계법에 따라 2024년 감가상각비를 계산하시오.

[풀 이]

① 정액법 : (100-5)÷5 = 19만 원

(참고) 5년간 동일한 19만 원씩 총 95만 원 감가상각, 잔존가치 5만 원

② 정률법 : 100×0.451 = 45.1만 원

(참고) 2025년은 (100-45.1)×0.451 = 24.76만 원
2026년은 (100-45.1-24.76)×0.451 = 13.59만 원
같은 방법으로 2027년 7.46만 원, 2028년 4.1만 원씩 총 95만 원 감가상각, 잔존가치 5만 원

③ 연수합계법 : (100-5)×5÷15 = 31.67만 원

(2024년 초에 5년 남았고, 2025년에는 4년 남았음. (생략) 2028년에는 1년 남았음. 내용연수합계는 5+4+3+2+1=15년)

(참고) 2025년은 (100-5)×4÷15 = 25.33만 원, 같은 방법으로 2026년 19만 원, 2027년 12.67만 원, 2028년 6.33만 원이므로 5년간 31.67+25.33+19+12.67 +6.33=95만 원 감가상각, 잔존가액 5만 원

(2) 투자

1) 채권투자

- 채권
  - 정부, 공기업, 주식회사 등이 불특정 다수 투자가로부터 자금을 조달할 목적으로 차입 금액에 대해 원금과 일정 기간의 이자를 정해진 일자에 상환하기로 약속한 유가증권
  - 특징

만기성, 시장성	정기예금처럼 만기까지 가지고 있으면 발행 시 약속된 수익을 얻음 만기 전 주식처럼 시장에서 매매하는 경우 이익이나 손실이 발생함
수익성	채권 보유에 따른 수익으로는 약속된 발행이율만큼 지급받는 이자인 이자소득과 채권의 가격 변동으로 인한 자본소득으로 구분
안정성	정부, 공기업, 금융회사 및 상법상의 주식회사 등이 발행하므로 안정성이 높음
유동성	채권은 만기일까지 보유하여 발행 당시 확정 약속된 이자와 원금을 받을 수 있고 만기 전에 금융회사 등을 통해 팔아 언제든지 현금화 가능

- 채권의 종류
  - 발행 주체, 이자 지급방법, 상환 기간, 상환방법, 모집방법, 보증 여부, 발행가액, 표시통화 등에 따라 구분
  - 발행 주체에 따른 분류

국고채	국가가 재정정책 목적으로 발행하는 채권으로, 정부가 원리금 지급을 보증
지방채	지방자치단체가 특수목적 달성에 필요한 자금을 조달하기 위한 채권
특수채	금융회사 등 특별법에 따라 설립된 법인이 발행하는 채권
회사채	상법상의 주식회사가 발행하는 채권

  - 이자 지급방법에 따른 분류

단리채	단리로 재투자되어 만기상환 시에 원금과 이자를 동시에 지급하는 채권
복리채	복리(이자에 대해 이자가 붙는 방식)로 재투자되어 만기상환 시에 원금과 이자를 동시에 지급하는 채권
할인채	액면 금액에서 상환일까지의 이자를 할인한 금액으로 매매되는 채권
이표채	이자 지급일에 정기적으로 이자를 지급받는 채권

  - 상환 기간에 따른 분류

단기채	만기가 1년 이하인 채권
중기채	만기상환 기간이 1년 초과, 5년 이하인 채권
장기채	만기상환 기간이 5년 초과인 채권

2) 채권의 가격 결정

- 다른 재화의 경우와 마찬가지로 시장의 수요와 공급으로 결정되며, 채권가격과 채권수익률 간에는 역의 관계(채권 채권수익률↑, 채권가격↓)가 존재
- 공식 : 미래 현금흐름(매기 이자+액면가)을 투자자가 기대하는 할인율(수익률)로 할인한 현재가치의 합

$$채권가격 = \sum_{i=1}^{n} \frac{이자}{(1+수익률)^i} + \frac{액면가}{(1+수익률)^n}$$

- 화폐의 시간가치
  - 화폐가 시간이 흐름에 따라 다른 가치를 가지게 되는 것으로, 현재의 1원이 나중에 받게 되는 1원보다 가치가 더 큼
  - 평가방법 : 시간(기다림)에 대한 보상과 위험(불확실성)에 대한 보상을 이자율로 환산

미래가치	현재의 일정 금액을 미래의 일정 시점의 가치로 환산한 것, 즉 현재가치에 이자율을 곱한 것	$미래가치 = 현재가치 \times (1 + 이자율)^n$
현재가치	미래의 일정 금액을 현재 시점의 가치로 환산한 것, 즉 미래가치를 이자율로 나눈 개념	$현재가치 = \frac{미래가치}{(1 + 이자율)^n}$

  - 시중금리가 오르면 채권가격이 내려가고, 금리가 떨어지면 채권가격이 오르는데, 이는 채권에는 발행 당시 정해진 금리가 있어 시중금리가 오르거나 내려서 발행 당시 금리보다 시중금리가 오르면(내리면) 채권의 가격이 내려감(오름)
- 채권수익률의 종류

만기수익률	채권가격과 채권에 내재한 미래 현금흐름의 현재가치를 일치시켜주는 수익률로, 채권에 투자하여 만기까지 보유할 경우 만기 시에 실현하게 될 예상 수익률
실효수익률	현재가치와 만기 시 미래가치의 관계를 이론적인 연 단위 복리(할인) 기준에 따라 산출한 수익률 현재부터 만기까지의 총수익률을 연 단위로 기하 평균한 이론적 수익률
표면이율	채권 액면에 기재된 이율로 1년간 발행자가 지급하는 이자를 액면 가격으로 나눈 수익률
연평균수익률	만기가치를 현재 가격으로 나누어 이를 연 단위 단리 수익률로 도출

• 채권투자의 위험

채무불이행위험	발행기관의 경영과 재무 상태가 악화할 경우 전에 약정한 이자 및 원금의 지급이 지연되거나 지급 불능일 가능성
시장위험	채권가격이 시장금리 및 발행기관의 신용 변화에 따라 변동 채권의 시장가격이 매입가격보다 낮아졌을 때 자본손실 가능성
유동성 위험	채권 발행 물량이 적거나 유통시장이 발달하지 않으면 채권을 현금화하기 어려울 가능성
구매력감소위험	인플레이션으로 인해 채권의 예상 수익률이 축소되어 이자율 변동이 초래되고, 이에 따라 채권가격이 변화할 가능성

3) 옵션

• 옵션의 개념

- 특정 기초 상품을 미래의 특정 시점이나 이전에 특정 가격에 사거나 팔 수 있는 권리

• 옵션 관련 용어

옵션매수자	매수자는 일정한 대가(프리미엄)를 지불하고 권리를 매입한 후 자기에게 유리하면 권리를 행사하고 불리하면 권리행사를 포기할 수 있음
옵션매도자	매도자는 일정한 대가(프리미엄)를 받고 매수자가 권리를 행사할 경우 계약의 상대방이 되어 계약을 이행해야 할 의무를 지게 됨
프리미엄	매수자가 권리를 갖는 대가로 매도자에게 지급하는 금액을 말하며 옵션시장에서 결정되는 옵션가격을 의미
행사가격	사전에 매수자가 권리를 행사할 수 있도록 정한 기초자산에 대한 거래기준가격
기초자산	옵션계약에서 매수자와 매도자가 사고팔기로 한 대상물로서, 선물거래의 기초자산과 같은 개념
만기일	매수자가 권리를 행사할 수 있도록 정해진 날 또는 정해진 기간

• 옵션의 종류

콜옵션	특정 기초자산을 사전에 정한 가격으로 지정된 날짜 또는 그 이전에 매수할 수 있는 권리
풋옵션	특정 기초자산을 사전에 정한 가격으로 지정된 날짜 또는 그 이전에 매도할 수 있는 권리

• 옵션 가치

- 내재가치에 시간가치를 더하는 방식으로 산정

내재가치	옵션을 행사하는 경우 옵션이 가지는 가치 행사가격과 시장가격의 차이
내가격 (ITM, In the Money)	내재가치가 있는 상태를 의미하며 옵션을 행사함으로써 즉각 이익을 보는 경우 콜옵션 : 주식의 시가 〉 행사가, 풋옵션 :주식의 시가 〈 행사가
등가격 (ATM, At the Money)	현재 가격이 옵션의 행사가격과 같은 때를 의미하며, 내재가치가 없어 옵션을 행사할 필요가 없음

외가격 (OTM, Out of the Money)	옵션의 내재가치가 없는 상태로 옵션을 행사할 경우 손해를 보게 되는 경우
시간가치	옵션 매수자가 시간이 지남에 따라 기초자산 가치가 변동하여 옵션 가치의 상승을 가져올 것을 기대하고 옵션 매도자에게 지불하고자 하는 가치

4) 투자 대안 가치평가

- 자본예산
  - 투자에 대한 의사결정을 위해 소요되는 비용과 획득 가능한 수익을 비교하여 재무적 관점에서 투자안의 타당성을 판단
  - 주로 유형자산과 같이 대규모 투자자금이 필요하고, 투자 효과가 장기에 걸쳐 나타나는 투자의 총괄적인 계획을 평가
- 가치평가방법
  - 회수기간법

의의	투자 시점에서 발생한 비용을 회수하는 데 걸리는 기간인 회수 기간을 기준으로 판단(보통 연 단위로 판단)
공식	$\frac{\text{투자액}}{\text{연간평균회수금액}}$
판단기준	투자비용을 빨리 회수할수록 효과적인 투자안이므로 회수 기간이 가장 짧은 것을 선택
장점	방법이 간단하여 이해하기 쉽고, 투자위험에 대한 개략적인 정보를 제공
단점	회수 기간 이후의 현금흐름을 고려하지 않고, 화폐의 시간가치를 무시하며, 투자 결정의 기준이 되는 기준회수 기간의 선정이 자의적

  - 순 현재가치(Net Present Value)법

정의	투자에 따른 미래의 모든 현금흐름을 적정 할인율로 할인한 현재가치로 나타내어 투자 결정에 이용하는 기법
공식	$\text{순현재가치} = \left[\frac{CF_1}{(1+r)} + \frac{CF_2}{(1+r)^2} + \dots + \frac{CF_n}{(1+r)^n}\right] - I_0$ CF_t : t 시점의 현금흐름, I_0 : 최초 투자액, r : 할인율
판단기준	상호배타적인 복수 투자안일 때 순 현재가치가 가장 큰 투자안을 선택 독립적인 투자안이면 순 현재가치가 0보다 큰 투자안을 선택
장점	화폐의 시간가치를 고려하고, 투자 기간의 모든 현금흐름을 반영 내부수익률법에 비해 계산방법이 간단
단점	적절한 할인율을 정하기 어렵고, 순 현재가치가 절댓값이므로 투자 규모가 다른 대안이 복수로 존재하는 경우 비교가 어려움

- 내부수익률법

구분	내용
정의	투자안의 순 현재가치를 0으로 만드는 할인율(현금 유입의 현재가치와 현금유출의 현재가치를 같게 만드는 할인율)을 찾는 방법
공식	$\left[\frac{CF_1}{(1+IRR)}+\frac{CF_2}{(1+IRR)^2}+\dots+\frac{CF_n}{(1+IRR)^n}\right]-I_0=0$ 공식 : CF_t : t 시점의 현금흐름, I_0 : 최초 투자액, IRR : 내부수익률
판단기준	투자안의 내부수익률과 자본비용을 비교하여 내부수익률이 자본비용보다 큰 경우 투자안을 선택
장점	화폐의 시간가치를 고려하고, 투자기간 동안의 모든 현금흐름을 반영
단점	계산이 복잡하고, 복수의 내부수익률이 존재할 수 있거나, 내부수익률이 존재하지 않을 수 있으며, 내부수익률로 재투자된다고 가정하는데 수익률이 과다함

- 순 현재가치법이 가장 우수한 방법으로 평가됨

(3) 인적자원

1) 인사·조직 전략

① 인사기획

- 인사전략 수립
  - 내외부 환경 및 전사적 전략 분석에 기반한 인사전략 방향 설정 필요
  - 단기, 중·장기 인사전략 : 전사적 전략 방향에 부합하는 인력 운영, 평가, 보상, 인력 육성, 조직 활성화, 노사 관계 및 조직 내 인간관계 전략 등
  - 인사전략 과제에 대한 구체적 계획 및 핵심성과지표(KPI) 개발 필요
- 구체적 인사 운영 계획

구분	내용
인력 수요와 공급 예측	사업 전망과 노동시장에 대한 경영진과 노무 전문가 및 실무부서의 분석에 기반
인적자원의 양과 질의 적정성	조직 손익과 인건비에 대한 검토 및 사업계획과 직무 분석 등을 종합적으로 고려하여 인적자원의 양(인원수)과 질(역량)에 대한 적정성 판단
기타 고려 요소	인력 감소, 자동화, 아웃소싱, 조직개편(재정렬), 이동(재배치), 노사 협약 등
인력 운영 효율성 분석	수익 관점 : 매출액 대비 인건비, 인당 영업이익, 인당 부가가치 등 비용 관점 : 노동분배율, 인적자원 투자수익률 등 운영 관점 : 인건비 예산, 경쟁사 현황, 과거 분석 수치 추이 등

② 직무 분석과 평가

• 직무 분석

의의	특정 목표의 달성을 위한 과업들의 집합체인 직무를 업무 성격이나 조직 편제 등에 따라 분석하여 인력 운영의 효과성과 효율성 제고에 활용
절차	직무 정보를 수집하여 수행 업무와 수행 요건 분석
방법	설문, 면접, 관찰, 기록, 일지 검토 등
결과물	직무기술서 및 직무명세서 - 직무명, 직무 코드, 직무 목적, 주요 업무, 난이도, 보고 및 의사결정 시스템, 자격 요건 및 필요 역량(지식, 기술, 태도) 등 포함

• 직무 평가

의의	여러 직무의 상대적 가치, 중요도를 필요 역량, 노력, 책임, 작업환경 등에 따라 평가
주요 방법	서열법 : 직무 간의 상대적 순위를 비교하여 판정 분류법 : 비슷한 직무끼리 묶어 등급 판정 점수법 : 직무 평가 요소별로 점수를 배정하여 산정 비교법 : 기준 직무와 대상 직무 비교 시장임금조사법 : 유사한 직무에 관한 시장의 사례 참고
활용	직무 평가 결과를 종합하여 보상, 배치, 인사 평가, 경력개발 등 인적자원 관리와 개발을 위한 근거로 삼음

③ 성과관리

목표관리 (Management By Objectives)	목표관리 시스템을 활용하여 경영전략에 부합하는 사업부·부서·개인별 목표를 수립하고 이에 기반한 객관적 성과관리를 실행	목표 설정 시 구체성(Specific), 측정 가능성(Measurable), 달성 가능성(Attainable), 적절성(Relevant), 기한(Time-bound)을 종합적으로 고려한 SMART 목표 설정, 조직 목표와 개인 목표의 연계, 지속적인 과정 관리 필요
균형성과표 (Balanced Scorecard) 관리	조직성과를 균형 있게 관리하고 지속해서 향상하기 위한 4가지 핵심 성과 요소로 구분 - 재무적 성과, 업무 프로세스, 고객, 구성원의 학습과 성장	재무적 성과의 단기적 실현 외에 장기적 발전의 초석이 되는 조직의 업무 프로세스, 고객, 구성원의 학습과 성장까지 종합적으로 평가 및 관리
핵심성과지표 (Key Performance Indicator) 관리	사업부·부서·개인별로 달성하려는 성과 목표가 얼마나 실현되었는지를 측정하기 위해 설정하는 핵심지표 - 성과의 구체적, 객관적 측정 항목, 측정 단위(정량화), 달성 가능한 기준, 합리적 목표, 안정적 목표	MBO 시스템에서 BSC의 영역별로 주요 성공요인(Critical Success Factor)을 도출한 후 각 CSF에 대해 세부적인 KPI를 설정하여 성과를 관리하는 시스템적 접근에 활용 가능
목표와 핵심결과 (Objectives and Key Results) 관리	급변하는 환경과 고객 니즈에 적시에 대응해야 하는 현대 경영환경에서의 대안적 성과관리 방법	목표 및 성과 기간 설정의 유연성, 달성 기준의 확장 가능성, 성과 창출 지원을 위한 과정 관리와 피드백 강화 등의 특징

2) 인적자원관리

① 채용과 배치

• 채용

채용 계획	조직전략과 사업계획, 인력 수급 계획 및 조직 내 인력 분석을 토대로 채용 분야와 규모, 고용 형태, 시기 등 계획수립
인재 모집	채용 방법(내부 이동 vs 외부 충원), 채용 단위(회사 중심 vs 직무 중심), 채용 대상(신입 vs 경력, 정규직 vs 계약직), 수행 직무, 필요 역량, 근무 조건
채용 진행 요소	사전에 수립된 기준에 따라 서류 전형, 시험, 인·적성 검사, 면접, 건강 진단 등 전형 시행 및 최적의 채용 예정자 선발
채용 결과 체크	채용 결과 공지, 채용 예정자 관리, 구비 서류 요청, 고용 계약 체결, 오리엔테이션 시행, 입문 교육 및 조직사회화 프로그램 시행, 업무 및 부서 배치 등 온보딩 절차 진행, 채용 결과 분석 등 - 온보딩(On boarding) : 신규 입사자가 조직에 정착할 수 있도록 지원하는 것

• 배치

배치 계획	사업 목표, 부서 요구, 직무 분석 등을 고려한 조직 내 인력 소요 파악 및 보유 인력과 필요 인력 분석을 통한 과부족 계산
배치 진행	이동, 육성, 승진, 퇴직 등을 고려한 조직 내 인력 조정 및 신규 채용자 배치를 통한 인력 충원 - 다운사이징(downsizing), 아웃소싱, 임시직 활용 등 추가 대안 검토

② 평가

• 평가

- 조직 목표달성 및 개인의 직무 수행과 성장을 지원하기 위해 성과와 역량에 대한 효과적이고 공정한 인사 평가 제도 설계
- 평가 계획 : 평가의 목적, 방향, 방법, 대상, 준거, 기준, 절차, 일정, 결과 활용 방안 등의 계획 및 평가 제도와 계획에 대한 평가자·피평가자 공유와 교육
- 평가방법

서열법	평가 결과에 따라 피평가자의 순위 평정
강제할당법	사전에 설정한 등급 또는 범위별 비율에 따라 피평가자를 할당하여 고과(평가) 부여
서술법	피평가자의 구체적 행위나 사건을 기술하여 평정
행동기반평가척법 (Behaviorally Anchored Rating Scale)	피평가자의 구체적인 행동을 사전에 설정하여 제시된 등급별 행동기준과 부합되는지로 평정 - 척도개발과 유지에 시간과 비용이 들지만 객관적
행태관찰척도법 (Behavioral Observation Scale)	피평가자의 행동에 대해 정해진 척도에 따라 점수 부여
평가센터법(Assessment Center)	피평가자 집단의 다양한 활동들을 복수의 평가자가 관찰 및 평가하는 방법으로, 피평가자에 대한 집중적이고 전문적인 평가 가능
다면평가법	피평가자에 대한 상사, 동료, 부하 등 다수의 평가 결과를 종합

- 평가 절차 : 평가 계획에 따른 평가 시행 → 대상별 결과 통보 → 이의 수렴과 오류 보정 등을 통한 결과 확정 → 평가 결과 수용과 향상 방안 논의를 위한 피드백 제공

• 평가 결과 활용
- 평가 결과에 연동하는 처우와 보상 및 역량 개발 제도 설계
- 관련 제도 : 금전 및 비금전적 보상, 이동 및 승진, 교육 및 경력개발 기회 등에 차등을 부여하는 다양한 제도 마련
- 그 외 활용 : 평가 결과와 조직 및 개인 성과와의 관계 분석, 평가 결과 수용도 및 평가자의 신뢰도 분석, 평가 오류 분석 및 개선 방안 마련 등 분석 및 환류 시스템 운영

③ 보상

• 임금
- 고려사항

거시 경제 상황과 동종업계 실태,	
조직의 비즈니스 현황과 지급능력	종합적으로 고려한 적정하고 합리적인 임금 수준 설정 필요
구성원의 최저생계와 만족	

- 임금시스템의 유형 : 연공급, 직무급, 직능급, 성과급, 혼합형 등
- 임금 조정 방법

베이스 업(base-up)	물가나 업계의 상황 등을 고려하여 전체적인 임금 기준 상향
승급	연공에 따라 임금 인상
승격	역할과 책임의 확장에 따라 임금 인상
성과급	개인 및 조직성과 등에 연동

- 임금 관련 업무 : 개인별 임금(연봉) 계약 체결, 급여 지급 및 세금·4대 보험·공제·연말정산 등 관리, 급여시스템 운영 및 통계 관리 등

• 복리후생
- 근로조건 향상과 인재 확보, 구성원 가족 복리 향상 등을 위해 구성원의 요구(needs) 조사를 토대로 경쟁력 있고 공정한 제도 설계 필요
- 복리후생 프로그램 선정 및 예산 계획 시행

법정 복리후생	4대 보험, 유급휴가, 퇴직금 등
법정 외 복리후생	경제(공제), 건강, 자기개발, 생활문화, 근무환경 등

- 선진 복리후생 방식

카페테리아(cafeteria) 복리후생	구성원의 다양한 여건과 선호를 수용하기 위해 정해진 금액 범위 내에서 개인이 원하는 프로그램을 선택 구성원 만족도와 예산 운영의 효율성을 극대화하기 위한 복리후생
종업원지원 프로그램 (Employee Assistance Program)	구성원 개개인의 니즈 충족을 위해 고충 처리, 스트레스 관리, 웰니스, 가족 관계 등과 관련한 개인화된 서비스를 제공하는 복리 후생 제도

- 기타 복리후생 관련 업무 : 규정과 매뉴얼에 따른 프로그램 운영, 신청자 심사 및 지급 관리, 만족도·효율성·공정성 등에 대한 분석 및 제도 개선 관리 등

④ 퇴직

- 퇴직 관리
  - 직원의 의사에 따른 자발적 퇴직(전직, 사직 등)과 경영상 사유에 따른 비자발적 퇴직(계약 만기, 해고, 정년퇴직, 정리해고 등) 관리 계획 설계

퇴직 정보수집	퇴직 예정자 파악, 퇴직 상담을 통한 퇴직 사유와 퇴직 후 경로 등 파악
퇴직 절차	업무 인수인계 점검, 비품 반납 및 전산 정보 차단, 서류 및 법적 필요 사항 확인, 퇴직금 지급 등
퇴직 사후관리	퇴직 인원과 유형, 사유 등에 대한 데이터 분석과 결원 충원 및 퇴직률 관리와 직원 유지를 위한 대책 마련

- 전직 지원(Outplacement)
  - 퇴직 예정자들이 재취업, 창업 등을 통해 지속해서 경력 목표를 이뤄갈 수 있도록 진단(정보 수집), 교육, 상담, 정보 제공, 취·창업 연계 등의 서비스 설계

전직 지원 정보수집	퇴직 예정자의 경력, 특성, 선호, 향후 계획 등에 대한 진단
전직 지원 시행	진단 결과 등을 반영한 전직 목표 및 계획수립 유도, 전직 활동 촉진, 활동 진행 모니터링 및 심리·교육·정보·행정적 지원 등 전직 지원 서비스 실행 및 성과관리

3) 인적자원개발 및 조직개발

① 교육

인재육성 전략 수립	조직전략과 인재상 및 직무 분석을 토대로 필요 역량 규정 및 인재육성 전략 수립
전사적 교육 기획	역량 진단 및 교육 요구 분석, 인재육성 시스템 및 연간 교육 계획수립, 개별 교육과정 기획 등
교육 계획에 따른 실행	개별 교육과정 개발 및 운영, 외부 교육과정 소싱, 업무형식 학습 및 자기개발 인프라 구축 등
교육 평가	교육 실행 모니터링 및 결과 분석, 교육의 현장 실무 전이 분석, 경영성과에 대한 교육의 영향 및 기여 분석, 교육 성과 지표와 대시보드 관리 등
시스템 및 데이터 관리	맞춤형 교육과 경력개발 지원, 교육과정 개선과 성과관리 방안 마련 등을 위한 시스템 및 데이터 관리

② 경력개발

<table>
<tr><td>중장기적 경력개발 전략 수립</td><td colspan="2">구성원 차원의 성장 욕구와 조직 차원의 관리 요구를 아우를 수 있어야 함</td></tr>
<tr><td>경력개발제도 기획</td><td colspan="2">업무 배치, 상담 및 교육, 리더십 개발, 핵심인재관리, 임원 승계계획 등</td></tr>
<tr><td rowspan="5">각종 경력개발프로그램</td><td colspan="2">직무확장·심화·순환, 조기 발탁, 사내공모, 경력상담, 멘토링, 코칭, 리스킬링(reskilling), 업스킬링(upskilling), 해외파견, 핵심인재 육성, 이중경력제도(dual ladder system) 등</td></tr>
<tr><td>리스킬링</td><td>새로운 업무를 수행하기 위한 스킬을 익히는 것</td></tr>
<tr><td>업스킬링</td><td>현재 수행하고 있는 업무와 관련된 새로운 스킬을 익히는 것</td></tr>
<tr><td>핵심인재육성</td><td>조직의 리더로 성장할 직원들이 역량과 경험을 축적하도록 지원하는 것</td></tr>
<tr><td>이중경력제도</td><td>연구개발 및 기술 관련 전문직과 관리직 중 선택하여 경력개발이 가능하도록 지원하는 제도로, 주로 연구개발이나 기술직 직원을 대상</td></tr>
<tr><td>데이터 관리</td><td colspan="2">조직 내 인재풀과 리더십 공급 시스템 모니터링, 개인별 프로파일링과 맞춤형 경력개발 지원을 위한 데이터 관리</td></tr>
</table>

③ 조직개발

조직문화 발전 방향의 도출	조직의 발전사와 환경, 경영 미션과 비전, 구성원의 특성과 니즈 등을 기반으로 개념, 내용 및 이미지 도출
조직개발 전략 및 실행 우선순위 설정	조직문화에 대한 구성원 인식을 진단하여 조직이 지향하는 방향과의 차이를 분석하고, 결과를 토대로 설정
데이터 관리 및 분석	조직 행동과 성과의 변화에 대한 측정과 개입의 효과 검증 등
지속적 관리	조직개발 활동의 성과를 평가, 조직 활성화 현황을 주기적으로 진단, 바람직한 조직문화의 정착과 발전을 위한 지속적 노력

제3절. 기업 외부정보 활용

- 공공정보를 비롯하여 다양한 형태의 정보(인구, 날씨, 교통 등)가 기업의 의사결정이나 빅데이터 분석, 시각화 등에 필요할 수 있음.

1 기업 외부정보 제공 웹사이트 및 획득 가능 정보

① 통계청 국가통계포털(https://kosis.kr/index/index.do)

획득 가능한 정보		- 인구, 사회 일반, 범죄 안전, 노동, 소득/소비/자산, 보건, 복지, 교육, 문화, 주거, 경제 일반, 기업 경영, 농림, 무역, 환경, 에너지 등
특화 서비스	E-지방지표	- 지역자치단체의 생활환경 및 경영상황 통계 - 지역 간 평가 및 비교 가능
	국제통계	- 국제 경제와 사회 흐름을 파악할 수 있는 국제지표와 통계자료 제공
	북한통계	- 국내외에서 수집된 북한 관련 통계정보 시스템적 제공
	쉽게 보는 통계	- 일상생활과 관련한 자료를 흥미롭게 구성하여 일반 이용자가 쉽게 접근 가능
	시각화 콘텐츠	- 통계자료를 시각화 형식으로 제공하여 이해도 증대
	공유 서비스 (OpenAPI)	- 통계정보를 외부에서 활용할 수 있도록 국가통계통합 DB에 접근하는 인터페이스(API) 제공. - 공공 및 민간에서 서비스 개발 활용 가능

② 기상자료개방 포털(https://data.kma.go.kr/cmmn/main.do)

획득 가능한 정보		- 기상관측: 지상, 해양, 고층, 항공 기상 데이터 - 수치 모델: 수치 분석 일기도, 단/중기 예측, 초단기 예측, 파랑 모델 - 날씨 이슈별 데이터: 폭염, 황사, 한파, 태풍 등 - 기후 데이터: 기후변화 감시, 가뭄 등
사용범위	분석 및 연구	- 날씨가 상품 매출, 인체, 작물 성장 등에 미치는 영향 분석
	농업 및 자원 관리	- 날씨 데이터를 활용하여 작물 파종·수확 시기 준비 - 작물 상태 및 농업 생산성 향상 도모
	에너지 사업	- 에너지 소비 패턴 분석 - 날씨와 연계된 에너지 수요예측 및 사업계획 수립
	건설 및 도시 계획	- 건설 입지 선정 시 날씨 및 기후 요소 고려 - 재난 대비 도시 계획 수립

③ **국가공간정보 포털**

구분		내용
플랫폼 구성		- 국가 공간종합정보통합시스템 - 공간 빅데이터 - 부동산 및 한국토지정보시스템 - 지적 재조사시스템 - 공간 정보 오픈 플랫폼 등 포함
획득 가능한 정보	14개 분야 데이터 세트	- 국토개발/지역개발 - 도로/교통/물류 - 문화/체육/관광 - 재난방재/공공안전 - 환경/자연/기후 등
	공간 정보	- 공간융합 데이터 - 국가 공간 및 도시 계획 - 부동산 관련 정보(API, CSV 등 형태 제공)
	지형 정보	- 연속수치지형도 등 국토 공간 관련 데이터 세트 활용 가능

④ **국가교통 DB(https://www.ktdb.go.kr/www/index.do)**

구분	내용
국가교통 DB 개요	- 교통정책 및 계획수립을 위한 기초통계 제공 - 도로, 철도, 공항, 항만, 물류시설 등 교통시설 및 교통수단의 운영 상태 데이터 관리
획득 가능한 정보	- 기종점 통행량 - 통행 특성 - 교통 네트워크 상태 - 교통 혼잡지도 및 모니터링 시스템 구축 데이터
활용 범위	- 교통정책 및 계획수립 - 개별 사업 타당성 조사 - 교통 투자 평가 - 교통 SOC 중간 모니터링 지원
지원 서비스	- 교통 혼잡지도 활용 - 차량 5부제 및 2부제 효과 모니터링 - 유가 변화에 따른 차량 이용 수요 변화 모니터링 - 특별 이벤트 교통 수요예측 및 관리

⑤ **한국데이터거래소(https://kdx.kr/)**

운영 주체		- 운영 주체: 매일경제미디어그룹 중심, 삼성카드, CJ올리브네트웍스, SK텔레콤, SK 플래닛, 웰컴 금융, GS리테일 등 협력 운영
목적		- 국내 첫 민간 데이터 거래소로, 다양한 기업이 보유한 데이터 상품을 유, 무료로 제공하여 데이터 활용을 촉진
획득 가능한 정보	데이터 카테고리	- 경제, 산업: 기업 경제활동 및 산업 동향 - 금융, 증권: 금융 및 주식시장 관련 데이터 - 통신, 인구: 통신 데이터 및 인구 분포 데이터 - 소비, 상권: 소비 패턴과 상권 분석 데이터 - 전자상거래, 유통, 마케팅: 온라인 쇼핑 및 유통 데이터 - 물류, 교통: 물류 및 교통 데이터 - 보건의료: 의료 및 건강 데이터 - 부동산, 지리: 부동산 시세 및 지역 정보 - 자동차: 차량 및 관련 산업 데이터 - 여가, 레저: 여행 및 여가 활동 데이터 - 인공지능 학습용 데이터: AI 모델 훈련에 필요한 데이터 - SNS, 미디어: 소셜 미디어 및 언론 데이터 - 공공데이터: 정부와 공공기관 데이터

⑥ **국가교통 데이터 오픈마켓**

운영 주체	한국도로공사
획득 가능한 정보	- 8개 영역: 도로, 철도, 버스, 시설/안전, 자율주행, 공간, 융합, 일반/기타 데이터 - 데이터 검색 및 지도 기반 검색으로 제공
데이터 활용 사례	- 출퇴근 이동 특성 분석: 직장인 출퇴근 경로 및 패턴 분석 - 의료 입지 분석: 의료시설의 최적 입지 파악 - 혼잡도 분석: 교통 정체 지역 식별
추가 서비스	- 모빌리티 데이터 리빙랩 제공 - 데이터 시각화 서비스로 분석 결과 시각화 지원

⑦ **공공데이터 포털(https://www.data.go.kr/)**

목적	- 공공기관이 생성 또는 취득하여 관리하는 공공데이터를 국민이 쉽고 편리하게 이용할 수 있도록 통합적으로 제공
주요 특징	- 다양한 방식 제공: 파일 데이터, 오픈 API, 시각화 데이터 - 누구나 원하는 데이터를 검색 및 다운로드 가능
제공 데이터	- 행정, 경제, 교통, 환경, 보건, 교육 등 공공 분야의 데이터 - 데이터 사용 목적에 맞게 가공하거나 애플리케이션 개발에 활용 가능
활용 사례	- 스마트시티 설계 - 환경 데이터로 기후변화 대응 정책 개발 - 보건 데이터를 활용한 헬스케어 서비스 구축 - 교육 데이터를 통한 학습 서비스 개발

⑧ 국가통계 마이크로데이터 서비스(MDIS)

목적	- 통계청 및 기타 통계작성 기관의 마이크로데이터 제공 및 통계분석 지원
마이크로데이터란	- 통계조사 원 데이터에서 오류를 수정한 개별 단위(개인, 가구, 사업체 등) 데이터 - 국가가 승인한 통계 공표용 설문 조사의 원 데이터
제공 데이터	- 인구·가구 데이터 - 사업체 및 산업별 데이터 - 사회조사 데이터 - 가계 및 소비 데이터
활용 사례	- 인구구조 분석 및 도시 계획 - 가구 소득 데이터를 활용한 복지 정책 설계 - 기업 데이터를 통한 산업 동향 및 시장 분석 - 정교한 분석이 가능한 상세한 데이터

구분	⑨ 항공정보 포털시스템 (https://www.airportal.go.kr/index.jsp)	⑩ 해운 항만물류정보시스템
주요 제공 정보	- 공항 정보 - 항공사 정보 - 항공기 정보 - 항공 연락망 - 항공 소비자 정보 - 실시간 운항 정보	- 선박 입출항 통계 - 화물 통계 - 컨테이너 통계 - 항만시설 이용 및 관제 사항 - 관세 징수 및 출항 신고
특화 서비스	- 항공안전 투자공시 - 항공 여객 이동 특성 분석 - 항공통계 및 항공 보안 데이터	- 전국 28개 무역항의 항만 운영 업무와 민원 업무 처리 지원

⑪ 유통 데이터 서비스플랫폼(https://retaildb.or.kr/)

데이터 수집 방식		- 대량 회원을 보유한 통신사, 금융사, 유통사의 모바일 지갑 서비스 앱 등을 통해 구매 데이터를 수집 - 소비자의 사전 동의를 받은 후 전자영수증을 거래데이터로 전환
주요 활용 정보		- When: 구매 시점 정보 - Where: 구매 장소 정보 - What: 구매한 상품 정보 - How: 구매 수량 및 금액 정보
제공 데이터 유형	상품데이터	- 대한상공회의소(유통물류진흥원)가 구축한 유통 표준코드(880 바코드)를 기준으로 유통시장에서 판매되는 상품 정보 제공 - 상품 기본정보, 속성정보, 이미지 포함
	거래데이터	- 한국전자정보통신산업진흥회에서 수집된 유형·무형 상품의 거래데이터를 의미 - 소비자가 언제, 어디서, 무엇을, 얼마나 구매했는지 정보를 포함

제3장 경영정보 일반

제1절. 데이터의 이해와 해석

1 데이터의 이해

(1) 데이터와 연관 개념

① 데이터 (Data)	- 현실 세계에서 단순히 관찰하거나 측정하여 수집한 사실이나 값 - 의미가 부여되지 않은 객관적 사실 - 가공하기 전 순수한 수치나 기호 자체	예 : **회원의 가입내역, 대리점의 매출내역, 회원의 시스템 로그인 시간** 등
② 정보 (Information)	- 의사결정에 유용하게 활용하려고 데이터를 처리한 결과물 - 다양한 정보를 구조화해 유의미한 정보로 분류 - 데이터 간 상관/연관 관계 속에서 의미 부여 - 유용성은 상황에 따라 다름	예 : 회원의 가입내역을 처리한 후 **회원의 연령별 분포도** 대리점의 매출내역을 처리한 후 **대리점별 평균매출액, 매출이 많은 베스트 대리점** 회원의 시스템 로그인을 처리한 후 **회원들이 가장 많이 로그인한 시간대**
③ 지식 (Knowledge)	- 정보를 바탕으로 의사결정에 활용함 - 개인의 경험에 결합해 고유의 지식으로 내재화 - 각자 자기 관점에서 근거 데이터를 업무에 활용	예 : **대리점별 평균매출의 월별 추세** 광고와 매출의 상관관계 주식시장 예측
④ 통찰 (Insight)	- 지식의 축적과 아이디어가 결합된 창의적인 산물 - 근본 원리에 대한 깊은 이해를 바탕으로 도출되는 창의적인 아이디어	예 : 예상치 못한 매출 패턴 가입 회원의 이상 징후 탐지 생산공정의 최적화 기회 파악

(2) 빅데이터의 개념

1) 빅데이터의 3대 요소 : 3V

규모(Volume) : 데이터의 양	빅데이터를 사용하면 비정형 데이터를 대량으로 처리해야 함 SNS의 데이터 피드, 웹페이지나 모바일 앱의 클릭 스트림, 센서 장치와 같이 알려지지 않은 값의 데이터 등이 여기에 해당함 기업이 처리해야 할 데이터양이 수십 테라바이트 또는 수백 페타바이트가 될 수 있음
속도(Velocity) : 데이터의 수신 및 처리속도	일반적으로 데이터를 디스크에 기록하는 것보다 메모리로 직접 스트리밍할 때 속도가 가장 빠름 일부 인터넷 지원 스마트 제품은 실시간 또는 거의 실시간으로 작동하기 때문에 실시간 속도 측정 및 개선 조치 필요
다양성(Variety) : 사용 가능한 데이터 유형의 다양성	기존 데이터 유형은 구조화되어 관계형 데이터베이스에 적합하며, 빅데이터의 등장으로 새로운 비정형 유형의 데이터가 나타남 텍스트, 오디오와 비디오 같은 비정형 및 반정형 데이터 유형은 의미를 도출하고 메타데이터를 지원하기 위해 추가 전처리가 필요함

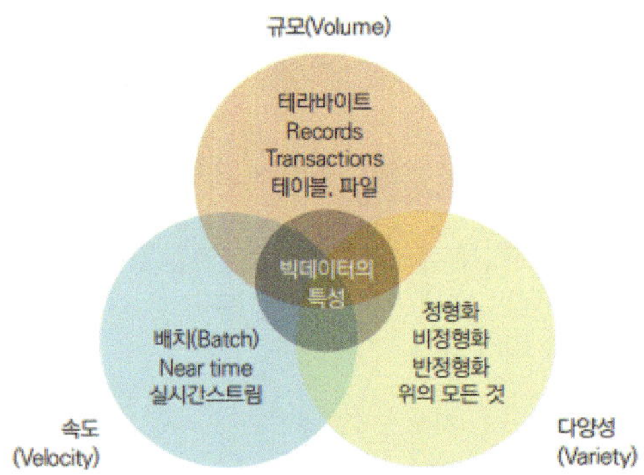

〈그림 3.1〉 빅데이터의 3대 요소 : 3V

2) 빅데이터의 역사

구분	내용
인식 확산	- 2005년경 페이스북, 유튜브 등에서 생성되는 데이터의 중요성 부각 - 하둡(Hadoop), NoSQL 등 오픈소스와 비 관계형 DBMS의 인기 증가
기술 발전	- 하둡과 스파크로 빅데이터 분석 비용 절감 및 시장 성장
IoT와 머신러닝 등장	- IoT(사물인터넷)로 대량 데이터 수집 가능 - 머신러닝 발전으로 데이터 생성 및 활용 확대
클라우드 컴퓨팅	- 탄력적인 확장성과 클러스터 기반 데이터 처리 가능
그래프 데이터베이스	- 데이터 관계 시각화 및 고속 분석으로 중요성 증가

3) 빅데이터의 사용 사례

구분	내용
제품 개발	- 고객 수요예측 후 초기 시장 데이터를 기반으로 신제품 기획, 생산, 출시
예측적 유지보수	- 정형 및 비정형 데이터를 분석해 장비 고장을 예측 - 유지보수 비용 절감 및 부품 가동 시간 극대화
운영 효율성	- 생산 데이터와 고객 피드백 분석으로 운영 중단 감소 - 미래 수요예측과 의사결정 개선
머신러닝 활용	빅데이터로 머신러닝 모델을 훈련하여 다양한 분야에 적용

4) 빅데이터의 작동 원리

구분	내용
데이터통합	- 다양한 소스 및 애플리케이션에서 데이터 수집 및 통합 - 기존 ETL 방식은 적합하지 않아 새로운 기술 필요
데이터 관리	- 데이터를 저장할 스토리지 시스템 활용 - 데이터 형식, 처리 요구사항, 저장 위치에 따라 스토리지 선택
데이터 분석	- 데이터 시각화로 명확성 확보 및 탐색 - 머신러닝과 AI로 데이터 모델을 구축하여 실무 활용

(3) 데이터의 종류

1) 형태에 따른 데이터 분류

항목	정형 데이터	반정형 데이터	비정형 데이터
구조	- 정해진 행과 열 구조	- 구조에 따라 저장데이터와 설명이 결합된 형태. 파일로 저장	- 구조가 없음
저장 형식	- 엑셀, 관계형 데이터베이스	- JSON, XML, HTML, 웹 로그, 센서 데이터	- 텍스트, 이미지, 영상, 오디오, PDF 등
분석 용이성	- 가장 용이	- 데이터 내용에 대한 설명을 파악하는 파싱(구문분석) 과정 필요	- 분석이 가장 어렵고, 고도화된 기술 필요
활용 사례	- 고객 정보 관리, 재고관리	- 웹 데이터 교환 (HTML, XML, JSON), 웹로그, 센서 데이터 분석	- SNS로 생산된 데이터 분석, 영상 및 이미지 분석

	A	B	C	D
1	일자	배송업체	배송건수	전일대비 상승률
2	2024-02-01	퀵택배	100	10%
3	2024-02-01	광속택배	200	-20%
4	2024-02-01	안전택배	50	5%
5	2024-02-01	오늘택배	30	15%

〈그림 3.2〉 정형 데이터의 예시 : 테이블

```
{
  "이름" : "홍길동",
  "나이" : 27,
  "성별" : "남"
}
```

〈그림 3.3〉 반정형 데이터의 예시 : JSON

```
<친구정보>
  <이름> 홍길동 </이름>
  <나이> 23 </나이>
  <성별> 남 </성별>
</친구정보>
```

〈그림 3.4〉 반정형데이터의 예시 : XML

2) 특성에 따른 데이터 분류

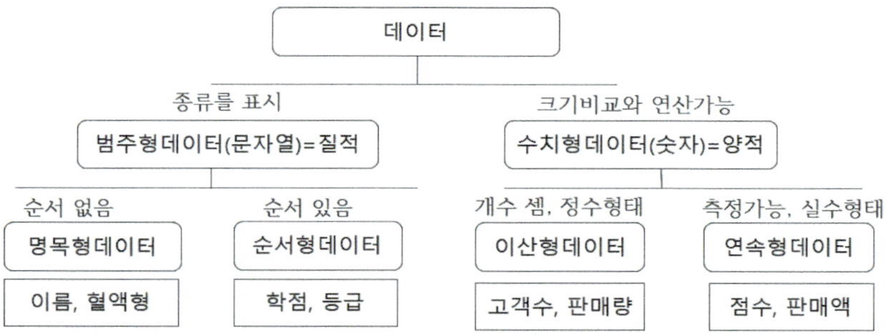

〈그림 3.5〉 특성에 따른 데이터 분류

• 범주형 데이터

의의	범주로 구분할 수 있는 값, 즉 종류를 나타내는 값을 가진 데이터 크기 비교와 산술적인 연산이 가능하지 않아 질적 데이터라고도 함
순서에 따른 구분	- 명목형 데이터(Nominal Data) : 순서가 없는 값을 가지는 데이터로 성별, 혈액형, 학과명, 거주 지역, 음식 메뉴, MBTI 검사 결과 등이 이에 해당함 - 순서형 데이터(Ordinal Data) : 순서가 있는 값을 가지는 데이터로 학년, 학점, 회원등급 등이 이에 해당함
분석 도구	- 기술통계(빈도분석), 추론통계(카이제곱 검정), 데이터 시각화(막대 차트와 원형차트), 순위분석, 로지스틱 회귀분석

• 수치형 데이터

의의	크기 비교와 산술적인 연산이 가능한 숫자 값을 가진 데이터로 양적 데이터라고도 함
연속성에 따른 구분	- 이산형 데이터(Discrete Data) : 개수를 셀 수 있는 단속적인 숫자 값을 가지는 데이터로 고객 수, 판매량, 합격자 수 등이 이에 해당함 - 연속형 데이터(Continuous Data) : 측정을 통해 얻어지는 연속적으로 이어진 숫자 값을 가지는 데이터로 키, 몸무게, 온도, 점수 등이 이에 해당함
분석도구	- 기술통계, 추론 통계, 상관관계, 예측, 데이터 시각화(막대차트, 선차트, 산점도, 히스토그램 등), 머신러닝

2 데이터의 해석

(1) 데이터 해석 관점

1) 데이터 해석 관점

정의	데이터를 통해 얻은 정보를 분석하고 의미를 파악하여 의사결정에 활용
관점의 중요성	동일한 데이터라도 어떤 관점에서 해석하느냐에 따라 결과와 의사결정 방향이 달라질 수 있음
해석 사례	- 고객군별 구성 비중에 초점 - 매출 비중과 1인당 구매 금액 차이에 초점 - 잠재고객 확보 가능성에 초점
예시) A화장품브랜드	- 고객이 20대 여성 60%, 30대 여성 30%, 그 외 집단 10%로 구성되고, 매출액 비중은 20대 여성 50%, 30대 여성 40%, 그 외 집단 10%로 구성
고객 비중에 초점	- 높은 비중을 차지하는 20대 여성을 대상으로 1인당 구매 금액을 높이는 마케팅 실행 - 예: 세트 상품 판매, 로열티 프로그램 제공
매출 비중에 초점	- 1인당 평균 구매 금액이 더 큰 30대 여성을 대상으로 고객 확보 전략 수행 - 예: 맞춤형 광고 캠페인, 고급 제품 라인 확대

2) 데이터 해석 오류

• 데이터 해석 관점에 정답은 없으나 데이터의 정확한 해석을 방해하는 오류에 대한 대처는 필요함

• 데이터 해석 오류 예시

구분		내용
거짓 인과관계		- 상관관계를 인과관계로 잘못 해석하는 오류 예. "원격 근무 도입이 이직률 감소의 직접적 원인"으로 단정 짓는 해석
생존 편향		- 선택 과정을 통과한 데이터만 고려하여, 실패나 탈락 데이터를 간과하는 논리적 오류. 예. 서비스 가입자 만족도를 탈퇴한 사용자 데이터를 제외하고 분석
체리피킹		- 불리한 데이터를 배제하고 유리한 데이터만 선택적으로 활용하여 결과를 왜곡 예. 특정 지역에서만 높은 판매량 데이터를 활용하여 전국 판매가 성공적이라고 주장
측정 오류 및 이상치 무시		- 데이터 수집 과정에서의 측정 오류 또는 이상치를 배제하여 왜곡된 결과를 도출 예. 센서 오작동으로 인해 기록된 온도 이상치를 분석에서 제외
표본 편향		- 대표성이 없는 표본으로 전체를 일반화하려는 오류 예. 특정 연령대만을 대상으로 설문 조사한 후 전체 인구의 의견으로 해석
일반화 오류	확증 편향	- 자신의 기존 신념에 부합하는 데이터만 선택적으로 해석 예. 제품의 긍정적인 리뷰만 참고하여 품질이 좋다고 결론
	과대 적합	- 모델이 지나치게 학습되어 테스트 데이터에서만 높은 성과를 보이는 오류 예. 학습 데이터에 지나치게 맞춘 예측 모델로 새로운 데이터에서 낮은 정확도 발생
	과소 적합	- 데이터의 패턴을 충분히 반영하지 못한 모델로 인해 예측력이 떨어지는 오류 예. 단순한 모델을 사용하여 복잡한 데이터 패턴을 설명하지 못함
	단일변수 오류	- 복잡한 데이터에서 단일변수만으로 전체를 해석하려는 오류 예. 이직률 변화의 원인을 원격 근무 도입이라는 단일 요인으로만 설명
	심슨의 역설	- 세부 집단에서는 경향성이 보이지만, 전체 데이터를 합치면 반대의 경향이 나타나는 현상 예. 개별 학과에서는 남학생의 합격률이 높지만, 전체적으로 여학생의 합격률이 더 높음
적절하지 못한 모델		- 데이터 특성과 목적에 맞지 않는 분석 모델 사용으로 인한 오류 예. 선형회귀를 비선형 데이터를 분석하는 데 사용
통계적 허위성		- 통계적으로 유의미하지 않은 결과를 의미 있는 것처럼 해석하는 오류 예. 표본 크기가 작아 유의미하지 않은 차이를 통계적으로 중요하다고 주장

(2) 데이터 기초통계

1) 통계의 정의와 용어

구분	내용
통계	- 특정 집단에 대한 조사나 실험으로 얻은 데이터를 요약하여 특정 집단의 특성을 나타내는 값
기술통계	- 데이터를 정리, 요약, 해석하여 데이터의 특성과 속성을 파악하는 방법
추론 통계	- 표본 데이터를 활용해 모집단의 특성과 속성을 추측하는 방법 - 가설검정 : 표본을 통해 모집단 가설(예, 신약 개발 시 표본 데이터를 기반으로 약효가 있다고 가정)의 합당성을 검증

2) 주요 통계 용어

모집단	- 연구와 조사 또는 분석의 대상이 되는 집단 전체
표본(Sample)	- 모집단에서 추출된 일부 데이터로, 분석 대상
표본공간	- 실험이나 시행에서 발생 가능한 모든 결과의 집합
사건	- 표본공간의 부분집합으로, 특정 결과를 나타냄
확률	- 특정 사건이 발생할 가능성을 나타내는 값
조건부 확률	- 사건 B가 일어난 조건에서 사건 A가 일어날 확률, Pr(A|B)
확률변수	- 표본공간의 각 원소에 실숫값을 할당하는 함수
확률밀도함수	- 확률변수의 가능한 값들에 대한 밀도를 나타내는 함수
누적분포함수	- 확률변수의 값이 특정 구간에 속할 확률을 계산하는 데 사용
도수분포표	- 범주형 또는 수치형 데이터가 특정 범위에 속하는 빈도를 나타낸 표
히스토그램	- 데이터의 빈도를 시각적으로 나타내는 그래프

3) 통곗값

- 중심경향성을 나타내는 통계

평균 (Mean)	전체 데이터의 합을 데이터 개수로 나눈 값	- 데이터: 10, 20, NULL, 30, NULL - 평균값: 20
중앙값 (Median)	데이터를 크기순으로 나열했을 때 중앙에 있는 값	- 홀수개: 40, 20, 10, 30, NULL, 50 - 중앙값: 30 - 짝수개: 40, 20, 10, 30, NULL, 50, 60 - 중앙값: 35 (30과 40의 평균)
최빈값 (Mode)	가장 자주 나타나는 데이터 값	- 데이터: 20, 40, NULL, 40, 60, NULL, NULL - 최빈값 (NULL 제외): 40

- 분산/변동성을 나타내는 통계

분산 (Variance)	데이터가 평균에서 얼마나 퍼져 있는지 나타냄	- 넓게 퍼질수록 분산이 큼. - 단위가 원 데이터의 제곱으로 표현됨
표준편차 (SD)	분산의 제곱근, 데이터의 분포를 원래 단위로 해석 가능	- 분산보다 더 직관적으로 이해 가능 표준편차: $\sqrt{200} \approx 14.14$
범위 (Range)	데이터의 최댓값과 최솟값의 차이	- 데이터의 단순한 분포 폭을 측정 범위: 30 - 10 = 20
사분위 수 범위 (IQR)	데이터의 3사 분위 수와 1사 분위 수 간의 차이, 이상치 탐지에 유용	- IQR = Q3 - Q1. - 2사 분위 수(중앙값)는 데이터를 반으로 나누는 점
공분산 (Covariance)	두 변수 간의 관계를 나타냄, 방향성만 확인 가능	- 양수: 두 변수가 같은 방향으로 움직임 - 음수: 반대 방향으로 움직임
상관계수 (r)	두 변수 간의 상관관계를 정규화하여 -1~1 사이의 값으로 표현	- 0: 상관관계 없음 - 1: 완전 양의 상관관계 - -1: 완전 음의 상관관계

계산문제 예) 데이터: 10, 20, 30, 40, 50

평균: (10+20+30+40+50)/5=30

중앙값: 30 (가운데 값)

범위: 50-10=40

분산: $\{(10-30)^2+(20-30)^2+(30-30)^2+(40-30)^2+(50-30)^2\}/5=800$

표준편차: $\sqrt{800} \approx 28.284$

(3) 확률과 확률분포

1) 확률분포

확률분포	확률변수가 특정한 값을 가질 확률을 나타내는 함수
확률변수	확률적으로 정의된 변수를 의미하며, 이산확률변수와 연속확률변수로 나뉨
이산확률변수	가질 수 있는 값이 유한하거나 셀 수 있는 경우
연속확률변수	가질 수 있는 값이 실수와 같이 셀 수 없는 경우

2) 이산확률분포

베르누이분포	결과가 성공/실패(두 가지 중 하나)로만 나오는 시행의 확률분포 - 동전 던지기(앞/뒤)
이항분포	N 번의 독립적인 베르누이 시행 중 성공 횟수의 확률분포 - 제품 불량 발생횟수 - 성공/실패 비율
기하분포	첫 번째 성공이 나타날 때까지 반복한 시행 횟수의 확률분포 - 동전 던지기에서 첫 번째 앞면이 나올 때까지 걸리는 횟수
다항분포	세 가지 이상의 결과를 가지는 베르누이 시행의 확률분포 - 설문 조사 응답 결과 분석(좋다/보통이다/나쁘다)
푸아송 분포	단위 시간 또는 공간 내 사건 발생횟수의 확률분포 - 고객서비스 요청 횟수 - 일정 시간 내 전화 수신 횟수

3) 연속확률분포

정규분포	평균을 중심으로 대칭적인 종 모양의 분포. 중심극한정리에 의해 데이터의 평균이 정규분포를 따름 - 시험 성적 분포 - 키와 몸무게 분포
지수분포	사건 간 시간 간격의 확률분포로, 사건들이 독립적일 때 사용 - 고객이 도착하는 시간 간격 - 서버 요청 간 간격
카이제곱 분포	독립적인 표준 정규확률변수의 제곱 합에서 얻어지는 분포로, 데이터 적합도 검정에 사용 - 적합도 검정 - 독립성 검정
균등분포	특정 구간 내의 모든 값이 동일한 확률로 발생하는 분포 - 랜덤 숫자 생성 - 주사위의 각 눈이 나올 확률

(2) 데이터 마이닝

1) 데이터마이닝

정의	데이터베이스나 데이터웨어하우스 등에 저장된 방대한 데이터로부터 유용한 정보를 발견하여 의사결정에 활용하는 작업
활용 분야	고객마케팅, 신용평가, 품질관리, 이미지 분석 등 다양한 분야

2) 데이터마이닝의 특징

대용량 자료 처리	관측 가능한 대규모 데이터를 다룸
비계획적 축적 자료	자료는 분석을 염두에 두지 않고 시간 흐름에 따라 축적됨
컴퓨터 중심적 기법	데이터 처리와 분석에 컴퓨터와 알고리즘 활용
경험적 방법	수학적으로 증명되지 않는 경험적 기법 활용
일반화 강조	데이터에서 발견한 규칙과 패턴을 일반화하여 의사결정에 도움
경쟁력 강화 지원	분석 결과를 기반으로 한 의사결정으로 경쟁력 확보

3) 데이터마이닝의 분석 기술

연관분석	데이터 항목 간 유용한 연관성과 상관관계를 찾아내는 기법 - "감자 칩 구매고객의 30%는 맥주를 함께 구매." - 장바구니 분석 및 상품 추천 알고리즘
군집 분석	데이터 전체를 유사한 그룹으로 나누고 각 그룹의 특성을 파악 - 고객을 연령대, 구매패턴 등으로 그룹화하여 맞춤 마케팅 - K-평균 (K-means): 데이터를 K개의 클러스터로 분할 - 병합적 방법: 가장 유사한 데이터를 순차적으로 그룹화

분류분석	데이터를 사전에 정의된 카테고리로 분류하는 기법 의사결정나무기법 - 노드와 가지로 구성되며 각 노드는 변수를 의미하며, 마지막 노드는 결과값을 의미함 - 어떤 특정 분류를 구분하기 위해 어떤 기준으로 나누어 나갈 것인가 계산 - 의사결정 나무를 활용한 고객 이탈 예측 - 신용등급 평가 - 사기 탐지
회귀분석	정량적인 독립변수와 종속변수 간 함수 관계를 분석하는 통계 기법 - 광고비(독립변수)와 매출(종속변수)의 관계 분석 - 주택 가격 예측 - 트렌드 분석

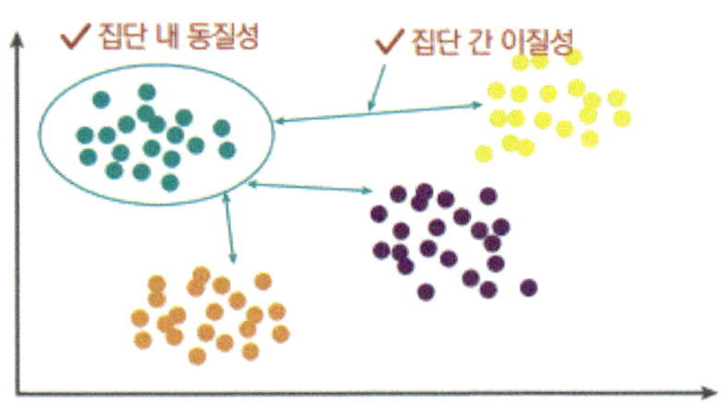

〈그림 3.6〉 군집분석 이미지

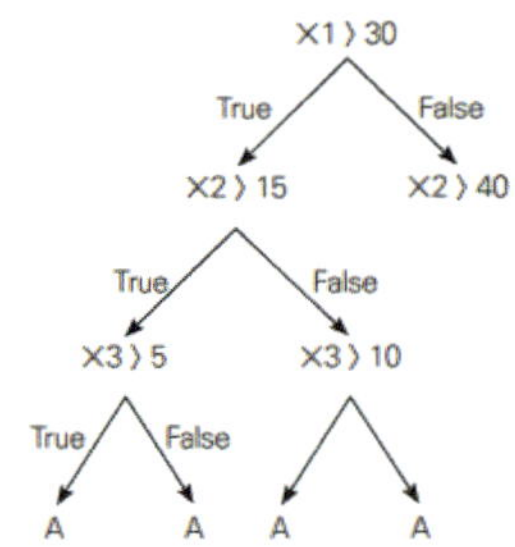

〈그림 3.7〉 의사결정나무 예시

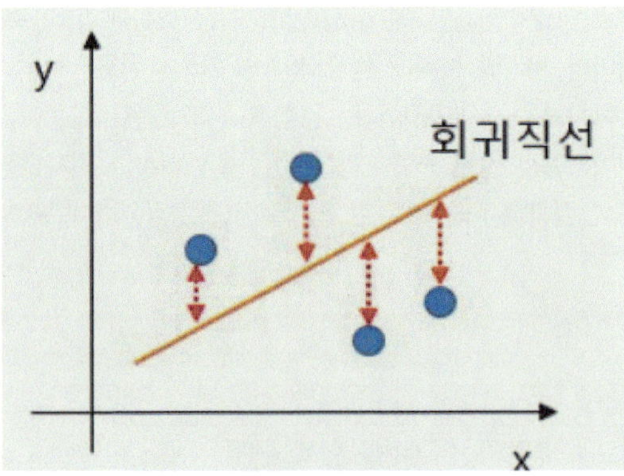

〈그림 3.8〉 회귀선의 예시

제2절. 데이터파일시스템

1 데이터파일시스템의 개념 및 종류

(1) 자료의 계층구조

1) 개요

- 파일시스템은 자료의 계층구조(블록, 파일, 디렉토리)를 가지고 있어 데이터를 효율적으로 저장하고 검색할 수 있음

① 블록(Block)	② 파일(File)	③ 디렉터리(Directory)
파일 시스템의 가장 낮은 계층 블록은 일정한 크기의 데이터 조각으로 파일 시스템에 저장됨 각 블록은 고유한 주소를 가지고 있으며, 파일 시스템은 이러한 블록들을 조직화하여 파일이나 디렉터리에 할당함	사용자가 생성하는 데이터의 단위 파일은 블록들의 집합으로 구성되며, 각 파일은 파일 시스템에서 고유한 식별자(파일명 혹은 파일 경로)를 가짐 파일 시스템은 파일의 데이터를 여러 개의 블록에 분산하여 저장 데이터와 파일에 대한 메타데이터(파일 크기, 생성 일자, 수정 일자 등)를 포함 파일의 메타데이터는 특정 블록에 저장되거나 파일 시스템의 다른 영역에 저장될 수 있음	파일이나 다른 디렉터리를 포함할 수 있는 컨테이너 역할을 수행하며, 파일을 조직화하기 위한 계층구조를 제공함 파일 시스템에서 각 디렉터리는 고유한 식별자인 디렉터리 경로를 가지며, 사용자는 디렉터리를 통해 파일에 쉽게 접근할 수 있음 파일 시스템 내에서 파일의 계층구조를 형성하며, 파일과 다른 하위 디렉터리를 포함할 수 있음

(2) 데이터파일 시스템의 개념

1) 파일 시스템과 데이터베이스 관리 시스템의 비교

구분	파일 시스템	데이터베이스 관리 시스템(DBMS)
정의	파일과 폴더를 저장, 관리, 접근하는 체계로 데이터를 계층으로 구조화	데이터베이스에 접근하여 정의, 조작, 제어 등을 지원하는 소프트웨어
등장 배경	데이터를 구조적으로 관리하기 위한 기본적인 체계로 등장	파일 시스템의 단점을 극복하기 위해 등장
데이터 구성	- 데이터를 블록 단위로 나누어 저장하며 메타데이터로 관리 - 파일, 폴더, 디렉터리를 통해 자료의 계층구조를 구현	서로 관련 있는 데이터의 집합(Database)
기능	- 파일 생성, 수정, 삭제, 검색 지원 - 고유 식별자로 파일과 폴더를 구분 - 저장 장치에 데이터를 효율적으로 배치 - 데이터의 백업 및 복구를 지원	- 데이터 중복 제거 - 복잡한 데이터 구조화 및 효율적 처리
적용 대상	하드디스크, SSD, 네트워크 드라이브 등	데이터베이스 서버 및 응용 소프트웨어

구분	파일 시스템	데이터베이스 관리 시스템(DBMS)
보안	- 읽기, 쓰기, 실행 권한 설정 - 불법 액세스 방지 및 데이터 보호	- 사용자 권한 관리 - 데이터 무결성과 보안 강화
장점	- 간단한 저장 및 관리 구조 제공	- 데이터 중복 최소화, 데이터 간 연계성 및 효율성 제공
단점	- 복잡한 데이터 구조 - 관리 어려움	- 상대적으로 복잡한 설정 및 관리 필요

(2) 데이터파일 시스템의 종류 및 특성

1) 파일 시스템의 문제점

구분	내용
파일 시스템의 문제점	- 데이터 중복 및 일관성 문제: 동일 데이터의 중복 저장으로 일관성 저하 - 데이터 무결성 유지 문제: 손상된 데이터로 인해 정확성이 저하 - 검색 및 쿼리 기능의 문제: 복잡한 검색 및 쿼리 작업에 제약 - 확장성 문제: 데이터 증가 및 요구사항 변경 시 처리능력 한계 - 동시성 및 병행 처리의 문제: 여러 사용자의 동시 접근 및 수정이 어려움

2) 데이터베이스관리시스템의 특징 및 종류

① 데이터베이스 관리 시스템(DBMS)의 주요 기능

구분	내용
데이터의 구조화	- 데이터를 테이블(기본키, 외래키) 또는 컬렉션으로 구조화하여 저장 - 데이터 중복성을 최소화하여 일관성과 무결성을 유지
데이터의 무결성 제약조건	- 데이터베이스 스키마와 제약조건 설정 가능 예: 고윳값 설정, 참조 관계 유지(부모 테이블 삭제 시 자식 테이블 레코드 삭제 등 - 데이터의 일관성 및 무결성을 보장하는 규칙 제공
데이터의 동시 접근 제어	- 다수의 사용자가 데이터에 동시에 접근하도록 효율적 관리 - 트랜잭션 개념 도입: 여러 작업을 논리적으로 묶어 일관성 유지 - 트랜잭션 수준의 잠금 메커니즘으로 충돌 방지 * 트랜잭션: 데이터 갱신 시 일시적 불일치 방지를 위해 일련의 작업 단위로 묶음
데이터의 보안성	- 사용자 인증 및 권한 부여를 통해 접근 제어 관리 - 데이터를 암호화하여 기밀성 보장 - 로그 파일로 데이터 변경 이력을 기록 - 데이터 복구 기능을 지원
데이터의 공유와 일관성 유지	- 데이터를 다수의 사용자와 공유하고 일관성을 유지 - 트랜잭션의 ACID 원칙 준수 원자성(Atomicity): 작업이 전부 수행되거나 전혀 수행되지 않음 일관성(Consistency): 트랜잭션 전후 상태가 규칙과 제약조건을 만족 고립성(Isolation): 트랜잭션 간 간섭 방지 지속성(Durability): 트랜잭션 완료 후에도 데이터가 영구적으로 저장

② 데이터베이스관리시스템의 특징 : 데이터 종속성

구분	내용	
정의	- 데이터베이스에서 테이블 내 속성들 사이의 종속 관계를 나타내는 개념 - 한 속성이 다른 속성에 의해 결정되는 관계를 분석하여 데이터 구조를 최적화	
예시	- 주민등록번호 → 이름: 주민등록번호로 이름을 알 수 있으므로 이름은 주민등록번호에 종속 - 이름 → 주민등록번호: 이름만으로 주민등록번호를 알 수 없으므로 종속되지 않음	
데이터 종속성을 적절히 관리하지 않을 경우 문제점	1. 데이터 중복 및 일관성 문제	- 같은 데이터를 여러 테이블에 중복 저장 - 데이터베이스 용량 낭비 및 데이터 불일치로 인해 일관성 손상 가능
	2. 데이터 무결성 문제	- 종속성을 적절히 관리하지 않으면 무결성 제약조건 위반 - 무결성: 데이터베이스 내의 데이터가 정확하고 일관된 상태를 유지하는 것
	3. 유지보수의 어려움	- 종속 관계가 복잡하면 유지보수 작업 증가 - 하나의 속성을 수정/추가 시 관련된 종속 속성을 모두 수정해야 하며, 수정 과정에 실수 가능성 증가 - 유지보수 비용 상승
	4. 성능 저하	- 지나치게 많은 종속 관계는 성능 문제 야기 - 데이터 검색, 데이터 조작, 테이블 간 조인 작업 등이 복잡해져 속도가 느려질 수 있음 - 성능 최적화를 위해 종속성을 최소화하는 데이터베이스 설계 필요

③ 데이터베이스관리시스템의 종류

㉠ 종류

구분	내용
계층형(Hierarchical)	- 데이터를 Tree 형태로 구성 - 계층적·종속적인 관계를 기반으로 데이터 관리 - 현재는 거의 사용되지 않음
네트워크(Network)	- 데이터를 네트워크상의 노드 형태로 구성 - 데이터 간 대등한 관계를 정의 - 현재는 거의 사용되지 않음
관계형(Relational)	- 데이터를 테이블 형태로 구성 - 테이블 간의 관계를 기반으로 데이터 관리 - 가장 널리 사용되는 DBMS

ⓛ 관계형 데이터베이스 관리 시스템(RDBMS)

구분	내용	
정의	- 관계형 데이터베이스를 생성, 조작, 관리하기 위한 소프트웨어 시스템 - 데이터를 테이블 형태로 구성하고 테이블 간의 관계를 기반으로 데이터 관리	
예시	Oracle, MySQL, PostgreSQL, SQL Server 등	
특징	효율적 데이터 관리, 데이터 무결성 보장, 동시성 제어, 보안성을 제공하며 다양한 응용프로그램에서 사용	
주요 특징 및 기능	테이블 구조	- 데이터를 행과 열의 형태로 테이블에 저장 - 테이블은 속성(열)으로 구성되며, 데이터는 속성값으로 표현(행)
	관계 정의	- 테이블 간의 관계를 기본 키와 외래키를 통해 정의 및 유지 - 관계 기반 데이터 관리 가능
	데이터의 일관성	- 무결성과 일관성 유지를 위해 제약조건 정의 - 제약조건은 데이터의 유효성과 정확성을 보장
	질의 언어	- 구조화된 질의 언어(Structured Query Language) 제공 - 데이터 검색, 삽입, 업데이트, 삭제, 조건부 검색 등을 지원
	데이터의 공유 및 동시성 제어	- 다중 사용자 환경에서 동시성 제어와 데이터 공유를 지원 - 여러 사용자가 동시에 데이터 접근 및 조작 가능
	데이터 보안	- 사용자 권한 관리 및 접근 제어 제공 - 무단 접근 방지와 데이터 기밀성 보장

2 데이터베이스의 이해

(1) 데이터베이스 구성요소

구분	내용
테이블 (Table)	- 고유한 이름을 가지며, 특정 유형의 데이터를 구조화하여 저장 예. "학생"이라는 테이블은 학생들의 정보를 저장 - 엔터티(Entity) 또는 릴레이션(Relation)으로 구성 예. 학생, 과목은 엔티티, 학생이 과목을 수강하면 수강은 릴레이션 - 행과 열로 구성된 2차원 구조
속성 (Attribute)	- 테이블의 열을 나타내며, 필드(Field) 또는 변수(Variable)라고 불림 - 속성은 고유한 이름을 가지며, 해당 속성에 저장되는 데이터의 유형은 동일한 유형 - 데이터사전에서 테이블의 구조를 설명하고 데이터의 특징을 정의 - 속성은 데이터의 유형과 구조를 정의 예 : "이름", "나이", "성별"과 같은 속성은 "학생" 테이블에서 각 학생의 이름(문자열), 나이(숫자), 성별(문자열 또는 T/F)과 관련된 데이터를 저장함 관계도 동일함(예, 수강도 성적과 같은 속성을 가짐)

구분	내용
레코드 (Record)	- 테이블의 행을 나타내며, 튜플(Tuple)이라고도 함 - 특정 데이터 항목의 값 집합 - 예: "학생" 테이블의 한 레코드는 한 학생의 이름, 나이, 성별 정보를 포함
메타데이터 (Metadata)	- 데이터의 특성, 구조, 의미 등을 설명하는 데이터에 대한 데이터 - 테이블 이름, 속성 이름, 데이터 유형, 제약조건, 관계 등 포함 - 데이터의 의미를 이해하고 검색, 보안 관리에 사용
데이터 사전 (Data Dictionary)	- 데이터베이스 객체(테이블, 속성, 제약조건 등)의 정의, 구조, 속성 정보 저장 - 데이터 정확성 및 일관성 유지 - DBMS의 중요한 구성요소로 메타데이터 관리 역할 수행
트랜잭션 관리자 (Transaction Manager)	- 데이터베이스 트랜잭션의 시작, 종료, 롤백 등 관리 - 트랜잭션 단위로 데이터의 일관성과 동시성 보장 예: Rollback으로 오류 발생 시 이전 상태로 복구
저장 데이터 관리자	- 데이터의 물리적 저장, 접근 관리 담당 - 디스크 공간 관리, 인덱스 생성 및 유지, 데이터베이스 파일 관리 - 효율적인 데이터 저장 및 검색 지원
질의 처리기 (Query Processor)	- 사용자의 질의(SQL)를 처리하고 데이터 검색 및 조작 - 질의를 해석하고 최적 실행 계획 생성 - 데이터베이스에서 효율적으로 원하는 정보를 추출

(2) 데이터베이스 구조

1) 스키마(Schema)

구분	내용
정의	- 데이터 구조와 제약조건의 명세 - 개체(Entity), 속성(Attribute), 관계(Relation)의 정의와 그들이 유지해야 할 제약조건 포함
3단계 데이터베이스 구조	- 외부 스키마: 사용자 관점에서 데이터의 정의 (사용자/응용프로그램 맞춤형 데이터 구조) - 개념 스키마: 전체 데이터베이스의 논리적 구조의 정의 - 내부 스키마: 데이터의 물리적 저장 구조의 정의
스키마 변경과 데이터베이스 성능	- 스키마 변경은 데이터베이스 성능에 영향을 미침 - 인덱스 및 쿼리 성능 변화 - 보안 약화 가능성 - 물리적 크기 증가
데이터베이스 정확성 및 일관성 유지	- 스키마는 데이터의 정확성과 일관성을 유지하는 데 중요한 역할 - 데이터베이스 사용자와 관리자가 데이터에 접근하고 조작할 수 있도록 데이터 구조를 명확히 정의해야 함

외부 스키마	개념 스키마	내부 스키마
사용자나 응용프로그램의 관점에서 데이터베이스 정의	전체 데이터베이스의 논리적 구조 정의	데이터의 물리적 구조정의
- 특정 사용자 그룹이나 응용프로그램에 필요한 데이터의 논리적 구조와 접근 방법을 정의 - 각 외부 스키마는 해당 사용자나 응용프로그램이 필요로 하는 데이터의 부분집합에 대한 View로서 동작 - 데이터베이스 시스템에서 개별적으로 정의되며, 다수의 외부 스키마가 존재할 수 있음	- 모든 외부 스키마의 통합된 뷰로서, 데이터베이스의 전체적 구조와 데이터 간의 관계를 나타냄 - 데이터베이스 시스템의 관리 및 조작을 위한 기반을 제공하며, 데이터의 일관성과 무결성을 유지하는 역할	- 데이터가 디스크에 저장되는 방식, 인덱스 구조, 저장 위치 등과 같은 물리적 세부 사항 정의 - 데이터베이스 시스템의 성능 향상을 위해 최적화된 구조로 데이터를 관리

2) 데이터베이스 언어

구분	내용
정의	- 데이터베이스 시스템에서 데이터를 정의, 조회, 입력, 수정, 삭제 등을 수행하기 위한 언어 - 데이터베이스의 테이블과 객체를 생성, 관리, 제어하는 데 사용됨
질의 (Query) 언어	- 데이터베이스와 통신하여 데이터를 정의하고 조작하는 데 사용되는 언어 - 데이터베이스를 효율적으로 관리하며 데이터의 일관성과 안전성을 보장

데이터 정의어	데이터 조작어	데이터 제어어
데이터베이스의 구조와 스키마를 정의하는 데 사용	데이터베이스에서 데이터를 조작하는 데 사용	데이터베이스의 보안, 권한 관리, 무결성 제약조건 등을 제어하는 데 사용
데이터베이스 객체(테이블, 뷰, 인덱스 등)의 생성, 수정, 삭제 담당	데이터의 검색, 삽입, 수정, 삭제 등의 작업 수행	데이터베이스에 접근하는 사용자나 응용프로그램에 대한 권한을 부여하거나 제거
CREATE : 테이블 생성 ALTER : 테이블 수정 DROP : 테이블 삭제	SELECT : 데이터 조회 INSERT : 데이터 삽입 UPDATE : 데이터를 수정 DELETE : 데이터 삭제	GRANT : 접근 권한 부여 REVOKE : 접근 권한 회수 COMMIT, ROLLBACK 등
- 데이터베이스의 논리적 구조를 설계하고 데이터베이스 객체의 속성, 유형, 제약조건을 정의함	- 데이터베이스에서 테이블의 특정한 조건에 따라 데이터를 선택하거나 변경하는 기능 제공	- 데이터베이스의 보안과 무결성을 유지하기 위한 제약조건을 설정하거나 해제하는 기능 제공

(3) 키(Key), 변수의 개념

1) 키(Key)

- 데이터베이스에서 레코드를 고유하게 식별하는 역할을 하는 속성(열) 또는 속성들의 조합
- 데이터베이스에서 데이터의 고유성과 무결성을 보장하며, 데이터의 식별 및 검색에 사용
- 대표적인 키의 종류 : 슈퍼키, 후보키, 기본키, 대체키, 외래키

구분	내용
슈퍼키 (Super Key)	- 테이블의 모든 레코드를 고유하게 식별할 수 있는 잠재적인 속성 또는 속성들의 집합 - 최소성 조건을 만족시키지 않을 수 있음 예 : 책에 대한 정보를 담은 테이블에서 "ISBN", "ISBN, 책 이름", "ISBN, 책 이름, 저자"와 같은 속성들의 조합은 모두 각 도서를 고유하게 식별할 수 있으므로 모두 해당 테이블의 슈퍼키가 될 수 있음
후보키 (Candidate Key)	- 테이블에서 각 레코드를 고유하게 식별하는 속성 또는 속성들의 조합 - 슈퍼키면서도 최소성 조건을 만족함 * 최소성 조건 : 테이블의 레코드를 고유하게 식별할 수 있는 최소한의 속성 집합 예 : 책에 대한 정보를 담은 테이블에서 "ISBN", "책 이름, 저자"와 같은 속성들의 조합은 각 도서를 고유하게 식별할 수 있는 최소한의 속성이므로 해당 테이블의 후보키가 될 수 있음
기본키 (Primary Key)	- 테이블에서 각 레코드를 고유하게 식별하기 위해 선택된 키 - 후보키 중에서 선택되며, 테이블 내에서 중복된 값이 없어야 하고 NULL 값을 가질 수 없음 * NULL : 프로그래밍 언어에서 아무 값도 갖지 않는 경우로, 0 또는 공백과 다름 - 테이블의 주 식별자로 사용되며, 테이블의 레코드를 식별하고 레코드 간의 관계 구축에 사용 예 : 책에 대한 정보를 담은 테이블에서 "ISBN"과 "책 이름, 저자"의 두 가지 후보키 중 하나를 기본키로 설정하면 각 레코드를 고유하게 식별할 수 있음
대체키 (Alternate Key)	후보키 중 기본키로 사용되지 않는 키 - 테이블의 레코드를 고유하게 식별할 수 있는 속성 집합이지만, 기본키로 선택되지 않은 경우 예 : 책에 대한 정보를 담은 테이블에서 "책 이름, 저자"를 기본키로 설정한다면, "ISBN"은 대체키가 됨
외래키 (Foreign Key)	- 한 테이블에서 다른 테이블의 기본키를 참조하는 키 - 외래키를 사용하여 테이블 간의 관계를 맺을 수 있으며, 참조 무결성을 유지할 수 있음 - 테이블 간의 관계를 정의하고 데이터의 일관성을 유지하는 데 사용됨 - 다른 테이블의 기본키와 연결되며, 참조하는 테이블의 레코드를 참조하는 제약조건을 가짐

2) 변수

구분	내용
변수의 정의	- 값을 저장하고 참조할 수 있는 메모리 공간 - 프로그래밍에서는 데이터 저장과 처리에, 통계에서는 데이터 특성 기록과 분석에 사용 - 변수는 이름을 통해 접근하며, 값은 변경 가능
데이터 유형	- 변수는 특정 데이터 유형을 가지며, 유형에 따라 저장 가능한 값과 연산이 제한

- 변수(Variable)의 유형

구분	내용
독립변수(Independent Variable)	- 결과(종속변수)에 영향을 주는 원인이 되는 변수 - 자유롭게 값을 변경 가능 예: 광고 비용, 상품 가격
종속변수(Dependent Variable)	- 독립변수에 의해 영향을 받는 결과를 나타내는 변수 - 다른 변수의 변화에 따라 값이 변함 예: 상품의 판매량

• 특성에 따른 변수 분류

구분	내용
이산변수 (Discrete Variable)	- 유한한 정숫값을 가짐 - 연속적인 값이 아님 예: 주사위 눈의 개수, 가족 구성원 수
연속변수 (Continuous Variable)	- 실수 형태로 연속적인 값을 가짐 예: 키, 몸무게, 온도
명목형 변수 (Nominal Variable)	- 범주를 표현하는 변수 - 값 간 순서나 계층이 없음 예: 동물 종류(개, 고양이), 혈액형(A, B, AB, O)
순서형 변수 (Ordinal Variable)	- 순서를 나타내는 변수 - 값 간 상대적인 순서를 표현 예: 학업 성적 등급(A, B, C, D, F)
파생변수 (Derived Variable)	- 기존 변수로부터 계산, 변형, 조합하여 생성된 변수 예: BMI(키와 몸무게로 계산)
요약변수 (Summary Variable)	- 데이터를 요약하여 표현한 변수 예: 평균, 중앙값, 최댓값, 최솟값
시계열 변수 (Time Series Variable)	- 시간에 따라 변화하는 값을 가진 변수 - 시간 경과에 따른 패턴과 추세분석에 사용 예: 매일 주가, 매월 판매량, 연간 기후 데이터.

(4) 데이터베이스의 설계

설계 단계	내용
개념적 설계	- 요구사항 분석, 개체 식별, 속성 정의, 관계 설정 - 개체관계도(Entity-Relationship Diagram)를 작성하여 데이터베이스 구조를 시각적으로 표현
논리적 설계	- 데이터 모델 선정 (예: 관계형 모델, 객체지향 모델 등) - 테이블 정의, 필드 정의, 관계 설정 - 정규화(Normalization)를 통해 데이터 중복 제거 및 구조 최적화 - 스키마 작성
물리적 설계	데이터 저장 및 접근방식을 결정 - 파일 저장 구조, 인덱싱 전략, 파티셔닝 및 클러스터링 결정 - DB 서버 구성, 보안과 백업, 네트워크 구성 등 실질적인 구현 관련 작업

• 물리적 설계의 고려사항

구분	내용
트랜잭션의 복잡성과 처리량	- 트랜잭션의 복잡성과 빈도, 동시 실행되는 트랜잭션 수를 고려하여 시스템 설계
시스템 성장 가능성과 확장성	- 데이터와 사용자가 증가할 가능성에 대비하여 확장 가능한 구조 설계
데이터 접근 빈도와 형태 분석	- 데이터가 얼마나 자주, 어떤 형태로 접근되는지 분석하여 저장 구조 및 인덱싱 전략 최적화
하드웨어 성능과 용량	- 사용 가능한 하드웨어의 성능(처리속도, 메모리, 저장 용량 등)을 고려하여 데이터베이스 설계 및 배치
성능 향상과 비용의 균형	- 성능 최적화를 위해 발생하는 비용(하드웨어, 소프트웨어, 유지보수 등)과 실질적 이점 사이의 균형을 고려하여 최적의 설계 방안 선택

(5) 분산 데이터베이스

구분		내용
분산 데이터베이스 정의		- 물리적으로 분산된 데이터베이스를 네트워크로 연결하여 사용자가 논리적으로 하나의 데이터베이스처럼 사용할 수 있게 한 시스템
주요 구성요소	분산 처리기 (Distributed Processor)	- 각 지역에서 필요한 데이터를 처리하는 지역 컴퓨터 - 지역 데이터베이스를 자체적으로 관리하는 DBMS 포함
	분산 데이터베이스 (Distributed Database)	- 지역별로 자주 사용하는 데이터를 저장하는 물리적으로 분산된 데이터베이스
	통신 네트워크	- 분산 처리기 간의 자원 공유 및 데이터 전송을 위한 네트워크 - 특정 통신 규약에 따라 데이터 전송
장점		- 신뢰성 및 가용성 증대: 장애 발생 시 다른 지역의 데이터베이스 이용 가능 - 지역 자치성 및 효율성 증대: 지역별 독립 관리로 응답 시간 단축 및 통신 비용 절감 - 확장성 증대: 데이터양 증가 시 새로운 지역 데이터베이스 설치로 대응
단점		- 설계 및 구축 비용 증가: 중앙 집중식 시스템에 비해 비용 증가 - 관리 복잡성 증가: 여러 지역 데이터 관리가 복잡 - 데이터 무결성 위협: 오류와 불규칙한 응답 속도 가능성
투명성 유형	분할 투명성	- 논리적 관계를 여러 단편으로 분할하여 각 단편의 사본을 여러 사이트에 저장 가능
	위치 투명성	- 데이터 저장 장소를 명시할 필요 없이 시스템이 위치정보를 관리 (시스템 카탈로그 사용)
	지역매핑 투명성	- 지역 DBMS와 물리적 데이터베이스 간 매핑 보장
	중복 투명성	- 데이터가 여러 사이트에 중복되어 있어도 사용자는 이를 인지할 필요 없음
	장애 투명성	- 구성요소의 장애에도 트랜잭션 원자성을 유지
	병행 투명성	- 다수의 트랜잭션이 동시에 수행되어도 트랜잭션 결과에 영향 없음

제3절. 데이터 활용

1 데이터 가공

(1) 데이터의 오류와 정제

<table>
<tr><th colspan="3">구분</th><th>내용</th></tr>
<tr><td rowspan="8">데이터 오류</td><td colspan="3">데이터 집합 내 부정확하거나 잘못된 정보가 포함된 상태</td></tr>
<tr><td rowspan="7">오류 유형 및 원인</td><td>오타 오류</td><td>- 수동 데이터 입력 중 실수로 발생</td></tr>
<tr><td>중복 항목</td><td>- 동일 데이터가 데이터 집합에 여러 번 입력</td></tr>
<tr><td>누락 데이터</td><td>- 데이터 수집, 입력 중 일부 데이터 누락</td></tr>
<tr><td>잘못된 서식</td><td>- 데이터가 표준 형식에 부합하지 않음</td></tr>
<tr><td>이상값</td><td>- 데이터 범위를 크게 벗어난 값 (측정 오류, 데이터 손상 등 원인)</td></tr>
<tr><td>잘못 정렬된 데이터</td><td>- 잘못된 범주나 레이블에 값이 연결된 상태</td></tr>
<tr><td>계산 오류</td><td>- 수학적 또는 통계적 계산이 잘못 수행된 경우</td></tr>
<tr><td rowspan="6">데이터 정제</td><td colspan="3">데이터의 품질과 정확성을 높이는 작업</td></tr>
<tr><td colspan="2">결측값 처리</td><td>- 식별: 결측값 존재 여부와 원인 파악
- 처리: 행/열 삭제, 평균·중앙값 대입, 회귀 대입, 다중 대입 등
- 주의사항: 대입으로 인한 편향 고려 필요</td></tr>
<tr><td colspan="2">중복 값 제거</td><td>- 식별: 특정 변수 또는 변수 조합 기준으로 중복 값 확인
- 제거: 첫/마지막 항목 유지, 모든 중복 항목 제거 등</td></tr>
<tr><td colspan="2">불일치 데이터 처리</td><td>- 식별: 형식, 값, 표현 불일치 확인
- 형식 표준화: 데이터 형식을 일관된 표현으로 변환
- 오류 수정: 불일치 데이터 수정</td></tr>
<tr><td colspan="2">이상값 처리</td><td>- 식별: 데이터 범위 밖 극단 값 감지
- 상황적 이해: 도메인 지식과 데이터 분석 작업 고려
- 처리: 이상값 제거 또는 변환</td></tr>
<tr><td colspan="2">데이터 유효성 검사</td><td>- 규칙 기반 검사: 사전 정의된 규칙과 제약조건에 따른 유효성 확인
- 교차 검증: 외부 데이터 또는 알려진 참조 데이터와 비교</td></tr>
<tr><td colspan="3">데이터 변환</td><td>- 스케일링, 범주화 등 작업뿐 아니라 데이터 분리, 결합도 포함</td></tr>
</table>

(2) 데이터 변환

- 데이터의 원래 형식을 분석 또는 모델링에 적합한 형식으로 변환하는 작업

정규화/표준화 (Scaling)	- 정규화 : 서로 다른 배율의 영향을 없애고 모든 변수를 비슷한 수준으로 맞추기 위해 숫자 데이터의 배율을 0과 1 사이의 범위로 재조정하는 작업 - (Z-Score) 표준화 : 변수의 단위나 분포가 다른 경우 변수의 척도를 맞추기 위해 숫자 데이터를 평균 0, 표준편차 1이 되도록 변환하는 작업
로그 변환	- 데이터 분포가 왜곡된 경우 데이터의 분포를 대칭적으로 만들어 극단적인 값의 영향을 줄이기 위해 데이터에 로그 함수를 적용하는 작업
구간화 (Binning)	- 연속형 변수를 범주형 또는 순서형 변수로 변환하거나 숫자 값의 작은 변화로 인한 영향을 줄이기 위해 연속형 데이터를 불연속 구간 차원 또는 간격으로 범주화
범주형 변수 인코딩	- 원핫(One-Hot) 인코딩 : 범주형 변수를 0과 1의 이진 벡터로 변환 - 레이블 인코딩 : 범주형 변수의 각 범주에 숫자 값을 할당
날짜 및 시간 처리	- 분할 : 날짜/시간 데이터를 년, 월, 일, 시, 분 등으로 분할 - 파생 : 날짜/시간 데이터로부터 시간대(오전, 오후, 저녁), 요일, 주 또는 계절 등의 파생변수를 생성
데이터 집계 및 형태 변환	- 데이터 집계 : 특정 변수의 합계, 평균, 최댓값, 최솟값 등을 계산하여 특정 기준에 따라 여러 행 또는 레코드를 단일 요약 행으로 집계 - 데이터 형태 변환 : 데이터 세트를 와이드(wide) 또는 롱(long) 포맷으로 변환하는 것
차원 축소	- 주성분 분석(PCA, Principal Component Analysis) : 데이터의 분포를 최대한 보전하면서 고차원 데이터를 저차원 데이터로 변환하는 대표적인 차원 축소기법 - 특징 선택(Feature Selection) : 모델 구성을 위한 특징(변수) 선택

(3) 데이터 분리

- 데이터 처리, 분석, 모델링 또는 유효성 검사를 목적으로 특정 기준에 따라 데이터를 분할하는 작업

데이터 세트 분할	- 훈련 세트(Training Set) : 모델의 학습을 위한 데이터 세트 - 검증 세트(Validation Set) : 모델을 조정하고 평가하기 위한 데이터 세트 - 테스트 세트(Test Set) : 모델의 성능을 평가하기 위한 데이터 세트
교차 검증	모델 성능의 추정과 일반화 성능을 평가하기 위하여 데이터 세트를 여러 하위 집합(fold, 폴드)으로 분리한 후 교대로 일부 폴드는 테스트 세트로 사용하고 나머지 폴드는 훈련 세트로 사용

- 표본 추출

계층적 표본 추출	분포가 불균형하거나 계층화된 데이터 세트에서 클래스 또는 그룹의 상대적 비율을 유지하는 방식으로 데이터 추출, 정확한 추정이 가능, 데이터의 불균형 문제 감축
무작위 표본 추출	데이터 세트에서 무작위로 데이터 추출

- 시간 기반 분할
  - 시계열 또는 순차적 데이터를 처리하기 위해 특정 시점 또는 기간을 기준으로 데이터 세트를 분할

(4) 데이터 결합

- 다수의 데이터 세트를 하나의 결합된 데이터 세트로 병합하거나 통합하는 작업
  - 유니온(union) : 동일한 변수 또는 열을 가진 데이터 세트를 수직으로 결합(통합)
  - 조인(join) : 공통 키 또는 식별자를 기반으로 데이터 세트들을 조합(병합)하는 방법

내부조인(Inner Join)	두 테이블에 공통으로 존재하는 칼럼을 이용하여 테이블 간의 연관 관계를 제공하는 조인 방식으로, 식별자가 일치하는 값을 가진 행만 변환함
외부조인(Outer Join)	조인 기준 테이블의 모든 열에 대해, 조인 참여 테이블과 조인 조건을 만족하면 값을 반환하고, 그렇지 않으면 조인 참여 테이블의 열값을 NULL로 반환하는 조인 방식으로, 일치하는 행과 일치하지 않는 행을 모두 포함함

- 추가 : 기존 데이터 세트에 새로운 관측값(행) 또는 변수(열) 추가
- 데이터 혼합 : 서로 다른 구조 또는 변수를 가진 서로 다른 소스의 데이터 세트 사이에 일치하는 정보를 식별하고 정렬하여 데이터 세트를 통합

2 데이터 관리

(1) 데이터 수집 및 변환

• 다양한 소스에서 데이터를 수집 및 구성하고 이를 분석 또는 저장에 적합한 구조화된 형식으로 변환하는 과정

<table>
<tr><th colspan="2">구분</th><th>내용</th></tr>
<tr><td colspan="2">데이터 요구사항 정의</td><td>- 수집해야 하는 데이터와 수집 목적을 결정
- 목표달성을 위해 필요한 데이터 속성, 형식, 구조를 명확히 정의</td></tr>
<tr><td colspan="2">데이터 소스 식별</td><td>- 데이터 소스: 데이터베이스, 스프레드시트, API, 웹 스크래핑, 로그 파일, 사물인터넷(IoT) 장치, 소셜 미디어 플랫폼 등
- 웹 스크래핑: 웹페이지 데이터를 자동으로 추출</td></tr>
<tr><td rowspan="2">데이터 수집</td><td>데이터 추출</td><td>- SQL 쿼리, API 요청, 파일 다운로드, 웹 스크래핑 기술 등 활용하여 데이터 추출</td></tr>
<tr><td>데이터 통합</td><td>- 여러 소스의 데이터를 단일 데이터 세트로 통합
- 호환성, 일관성, 데이터 품질관리</td></tr>
<tr><td rowspan="4">데이터 변환</td><td>데이터 정리</td><td>- 데이터 세트의 불일치, 오류, 중복 제거 및 수정</td></tr>
<tr><td>데이터 서식 변환</td><td>- 데이터를 분석 및 저장에 적합한 일관된 형식으로 변환</td></tr>
<tr><td>데이터 집계</td><td>- 특정 속성별 데이터 집계 및 요약 데이터 생성</td></tr>
<tr><td>데이터 보강</td><td>- 외부 소스에서 관련 데이터를 추가하여 데이터 세트 보강</td></tr>
<tr><td rowspan="2">데이터 검증, 품질보증</td><td>데이터 무결성 검증</td><td>- 데이터의 정확성, 일관성, 완전성을 검사</td></tr>
<tr><td>품질 보증</td><td>- 품질검사 및 유효성 검사 규칙으로 이상 징후, 이상값, 품질 문제 식별 및 해결</td></tr>
<tr><td>데이터 스토리지</td><td>스토리지 결정</td><td>- 변환된 데이터의 볼륨, 구조, 접근 요구사항에 따라 적합한 스토리지 솔루션 선택
- 솔루션 예시: 관계형 데이터베이스, NoSQL 데이터베이스(동적으로 변하는 데이터 스키마를 요구하는 응용프로그램 구현시 적절), 데이터웨어하우스, 클라우드 스토리지 등</td></tr>
</table>

(2) 데이터 적재 및 저장

• 데이터의 효과적인 적재와 저장은 데이터의 무결성, 접근성 및 효율성 유지

• 데이터 적재

구분	내용
추출, 변환, 로드(ETL)	다양한 소스에서 데이터를 추출하고 통합된 형식으로 변환한 후 대상 시스템에 로드하는 프로세스
일괄 처리	데이터를 관리 가능한 단위(Chunk)로 나누고 일괄적으로 적재
실시간 처리	스트리밍 데이터의 발생과 동시에 실시간으로 데이터를 처리하고 적재
증분 적재	이전에 적재한 데이터와 새로운 데이터를 비교하여 변경된 부분만 적재, 속도를 향상하고 중복 데이터를 방지

(3) 데이터 저장, 백업, 보안 및 개인 정보 보호

구분		내용
데이터 저장	관계형 데이터베이스	- 구조화된 데이터 저장 - 대표 솔루션: MySQL, PostgreSQL, Oracle 등
	NoSQL 데이터베이스	- 비정형 또는 반정형 데이터 저장 - 대표 솔루션: MongoDB, Cassandra, Redis 등
	데이터웨어하우스	- 다양한 소스의 대량 데이터를 저장, 관리, 분석 - 비즈니스 인텔리전스(BI) 플랫폼으로 활용 - 대표 솔루션: Amazon Redshift, Google BigQuery, Snowflake 등
	분산 파일시스템	- 대량의 비정형 데이터 저장 - 대표 솔루션: HDFS (Hadoop Distributed File System), Amazon S3 등
데이터 백업 및 복구	정기적 백업	- 데이터 손실 및 시스템 장애 대비 정기적이고 자동화된 데이터 백업 수행
	복원 테스트	- 백업 데이터의 무결성 검증과 성공적인 복구를 보장하기 위한 복원 프로세스 테스트
데이터 보안	접근 제어	- 데이터 접근 권한을 제어하고 인증 메커니즘 구현 - 예: 역할 기반 접근 제어, 사용자 인증(비밀번호, 다단계 인증, 생체 인증 등)
	암호화	- 데이터 전송 중 및 저장 중 보호를 위한 암호화 기술 적용
	개인정보 보호 규정 준수	- 개인정보 및 민감 데이터 보호를 위한 규정 준수 - GDPR, HIPAA 등 관련 규정, 법규 준수
모니터링 및 유지관리	모니터링	- 데이터 저장 프로세스와 인프라의 성능 및 상태를 정기적으로 추적 - 이상 징후 감지 및 문제 해결
데이터 보안 및 개인정보 보호	데이터 분류	- 민감도와 중요도에 따라 데이터를 공개, 내부, 기밀, 제한 등으로 분류하고 보안 조치 결정
	접근 제어	- 사용자 인증: 비밀번호, 다단계 인증(MFA), 생체 인증 등 - 사용자 권한 부여: 사용자 역할과 권한에 따른 세분된 접근 제어 설정

- 데이터 백업 방법

전체 백업	모든 데이터 백업 시간과 공간이 많이 소모
증분 백업	마지막 전체 백업 이후 변경된 데이터만 백업 저장공간 절약, 백업시간 단축 마지막 전체 백업과 이후 백업을 재구성해야 하므로 복원 시 오랜 시간이 걸림
차등 백업	마지막 전체 백업 이후 변경된 모든 데이터를 백업
순차적 백업	일련의 백업 세트를 생성하여 장기간 보존 보관 기간별로 일일, 주간, 월간 백업 세트를 만듦

- 오프사이트 스토리지, 재해 복구 계획

구분	설명
오프사이트 스토리지(Off-site Storage)	- 물리적 재해나 시스템 장애 발생 시 데이터 가용성을 보장하기 위해 백업 데이터를 외부 안전한 장소에 저장 - 데이터 손실 대비 장기적 데이터 보존을 위한 필수적인 전략
재해 복구 계획	- 중대한 장애 발생 시 데이터 복원, 시스템 복구, 비즈니스 연속성을 유지하기 위한 절차를 수립 - 장애 상황에서 빠른 대응 및 운영 복구를 목표로 함
재난복구 사이트	- Cool site : 재난 발생 시 신규 컴퓨터를 설치할 수 있는 컴퓨터실을 미리 준비해 둠 - Warm site : 주 컴퓨터를 제외한 설비를 갖춤 - Hot shit : 재난 발생으로 중지된 전산 기능을 수 시간 내로 복구할 수 있도록 전산센터와 동일한 모든 설비와 자원을 보유

- 네트워크 보안, 개인 정보 보호

<table>
<tr><th colspan="2">구분</th><th colspan="2">설명</th></tr>
<tr><td rowspan="3">네트워크 보안</td><td>방화벽(Firewall)</td><td colspan="2">- 네트워크 트래픽을 모니터링하고 제어하여 허가되지 않은 접근을 차단</td></tr>
<tr><td>침입 탐지 및 방지 시스템(IDS/IPS)</td><td colspan="2">- 네트워크 공격(침입 시도, 멀웨어, 무단 접근)을 탐지하고 방지
- Intrusion Detection System: 침입 탐지
- Intrusion Prevention System: 탐지 후 차단</td></tr>
<tr><td>Wi-Fi 네트워크 보안</td><td colspan="2">- Wi-Fi 네트워크의 보안을 강화하기 위해 정기적으로 비밀번호 변경 및 펌웨어 업데이트 수행</td></tr>
<tr><td rowspan="9">개인정보 보호 규정 준수</td><td>규정 준수</td><td colspan="2">- GDPR, HIPAA와 같은 데이터 보호 규정의 요구사항을 이해하고 준수</td></tr>
<tr><td>개인 정보 비식별화</td><td colspan="2">- 개인 정보를 보호하기 위해 가명화(데이터 일부를 대체하여 개인 식별 방지) 또는 익명화(완전히 식별 불가하게 변환) 기술 활용</td></tr>
<tr><td rowspan="7">비식별화 기술</td><td>데이터 마스킹</td><td>실제 데이터값을 가림 예, 김**</td></tr>
<tr><td>익명화</td><td>데이터에서 개인을 식별할 수 있는 모든 정보를 완전히 식별 불가하게 제거
예, TEL 0000-0000</td></tr>
<tr><td>가명화</td><td>개인을 식별할 수 있는 모든 정보를 가명화(다른 값으로 대체)
예, TEL 1234-5678</td></tr>
<tr><td>데이터 집계</td><td>개별 데이터를 그룹화하여 개인 정보를 대체 예, 동일그룹 연령 25세</td></tr>
<tr><td>데이터 임의화</td><td>데이터에 임의성을 추가하여 식별 불능 예, 김이박철수</td></tr>
<tr><td>k-익명화</td><td>개인 정보를 포함하는 레코드가 데이터 세트 내에서 최소 k번 이상 나타남
12**, 35
12**, 40
12**, 45</td></tr>
</table>

• 기타 보안 관리

구분		설명
정기적인 보안 업데이트 및 패치 관리		- 소프트웨어 공급업체에서 제공하는 업데이트 및 보안 패치를 정기적으로 설치 - 알려진 취약점을 해결하고 시스템의 보안을 유지
물리적 보안 조치	데이터 센터 보안	- 데이터 센터와 서버실 보호를 위해 접근 제한, 비디오 감시, 환경 제어(온도, 습도 등)를 시행 - 물리적 접근을 제한하여 무단 접근 방지
	보안 스토리지	- 저장매체를 안전하게 보관하여 도난 및 무단 접근 방지 - 물리적 안전장치와 보안 프로토콜 활용

(4) 데이터 수명주기

단계	설명
수집	- 데이터를 다양한 소스(센서, IoT 장치, 웹 로그, 사용자 입력 등)에서 수집
저장	- 수집된 데이터를 적절한 스토리지 솔루션(관계형 DB, NoSQL, 클라우드 등)에 저장
처리	- 데이터를 분석 및 의사결정에 활용할 수 있도록 변환, 집계, 정제하는 작업
분석	- 수집 및 처리된 데이터를 분석하여 패턴, 추세를 파악하고 유용한 통찰 제공
보관	- 장기 보관이 필요한 데이터는 적절한 스토리지 솔루션을 사용, 안전하게 저장 - 규정에 따라 보존 기간을 준수
폐기	- 더는 필요하지 않은 데이터는 보안 정책에 따라 안전하게 삭제 및 폐기 - 개인 정보나 민감한 데이터는 완전히 삭제(디지털 삭제, 물리적 파괴)하여 복구 가능성 제거

3 비즈니스 인텔리전스

항목		설명
① BI의 개념		- 조직의 데이터를 분석하여 실행 가능한 통찰과 의미 있는 정보를 생성하는 기술, 전략, 프로세스 - 추세와 패턴을 파악하여 전략적 의사결정을 지원하고 비즈니스 기회를 발견
② BI 관련 개념	데이터통합	- 여러 데이터 소스(API, 데이터베이스, 웹 스크래핑 등)에서 데이터를 통합 후 정제 및 변환하여 분석 준비
	데이터 웨어하우징	- 다양한 소스의 데이터를 중앙 리포지토리에 저장, 분석 최적화 - 특징: 주제 지향성, 통합성, 시계열성, 비휘발성 - 읽기 전용 데이터 구조로 설계
	데이터 마트	- OLAP, 데이터 마이닝 등 데이터 분석을 위해 미리 준비된 데이터웨어하우스의 일부

항목		설명
		- 일반적으로 소스 시스템 데이터, 센서 데이터, 소셜 데이터 등의 원시 복사본과 보고, 시각화, 고급 분석 및 기계 학습과 같은 작업에 사용되는 변환된 데이터를 포함하는 단일 데이터 저장소
	OnLine Analytic Procedure	- 사용자가 데이터에 직접 접근하여 대화식 분석 쿼리를 수행, 복잡한 의사결정 지원
	데이터 모델링	- 데이터 간 논리적 관계 정의 및 구조화
	데이터 분석 및 시각화	- 설명적, 예측적 분석으로 유용한 통찰 발견 - 대시보드, 그래프 등 시각적 표현 활용
	데이터 마이닝	- AI, 머신러닝, 통계 기법을 사용하여 숨겨진 패턴과 관계 발견
	모바일 BI	- 스마트폰/태블릿으로 언제 어디서나 데이터 접근 및 분석 가능
	셀프서비스 BI	- 사용자가 IT 의존 없이 데이터 탐색 및 분석 가능
	데이터 거버넌스	- 데이터 보안, 정확성, 가용성을 보장하기 위한 정책 및 표준 수행
③ BI와 데이터 기반 의사결정	데이터 기반 의사결정	- 데이터 분석과 해석을 기반으로 한 객관적이고 신뢰성 있는 의사결정 방식 - 데이터를 통해 편견을 줄이고 전략적 계획수립 가능
	BI의 역할	- 시의적절하고 정확한 정보를 제공하여 현재 상태 파악, 기회 발견, 문제 해결을 지원 - 데이터 통합과 증거 기반 접근법으로 조직 목표에 부합하는 의사결정 가능성 제고
④ BI 활용 절차	비즈니스 목표 정의	- BI로 해결하고자 하는 구체적 질문과 목표를 명확히 정의
	KPI 식별	- 핵심 성과 지표를 설정하여 목표달성 여부를 추적 - 예: 판매 성장률, 고객 유지율 등
	데이터 수집 및 통합	- 다양한 소스에서 데이터를 수집하고 정제하여 일관성 있는 데이터 준비
	BI 도구 선택	- 사용 편의성, 확장성, 시각화 기능, 보고 옵션 등을 고려하여 적합한 BI 플랫폼 선택
	대시보드 설계 및 개발	- 주요 지표와 데이터를 시각적으로 표현, 직관적이고 매력적인 대시보드 개발 - 대상 사용자의 요구사항 반영
	데이터 분석 수행	- 추세, 패턴, 이상 징후 탐색 - 통계, 데이터 마이닝, 시각화를 사용하여 비즈니스 통찰 발견
	보고서 및 시각화 생성	- 분석 결과를 간결하고 명확하게 보고서로 전달 - 그래프, 차트, 스토리텔링 기법 사용
	성과 모니터링 및 개선	- BI 솔루션으로 실시간 모니터링, 경고 설정으로 이상 징후 식별 - 정기적으로 대시보드 및 보고서 검토 후 조정
	협업 및 데이터 공유	- 부서 간 협업 촉진, 통찰 공유로 데이터 기반 의사결정 문화 조성
	사용자 훈련 및 교육	- 사용자가 데이터를 탐색하고 분석 능력을 향상할 수 있도록 훈련 제공 - 독립적 데이터 사용을 통해 조직의 데이터 중심 문화 확립

제4장 경영정보 시각화 디자인

제1절. 경영정보 시각화 개념과 프로세스

1 경영정보시각화 개요

(1) 정보시각화 개요

1) 시각화의 개념 및 이점

구분	설명
개념	- 데이터의 패턴을 시각적으로 표현하여 의사결정에 필요한 정보를 제공 - 데이터 분석의 결과를 효과적으로 전달하기 위한 인터페이스
이점	- 방대한 데이터를 요약하여 이해 가능 - 데이터의 패턴 인식을 통해 새로운 통찰 제공 - 데이터 품질관리를 지원

2) DIKW 피라미드

구분	설명
개념	- Data→Information→Knowledge→Wisdom으로 이어지는 데이터 위계 구조. - 데이터는 정보로 이해되고, 지식으로 체계화되며, 지혜로써 문제 해결과 미래 예측 활용됨, 의미가 증대됨
정보 디자인	- 정보 제공자는 데이터 수집과 조직화를 담당, 정보사용자는 지식을 경험하며 스토리텔링과 해석을 통해 지혜를 얻음 - 정보 제공 대 설득 - 지식과 지혜 단계에서는 경험에 기반한 스토리텔링 중요
표현	- 데이터는 시각화(Visualization), 정보는 디자인(Design), 지식은 매핑(Mapping), 지혜는 정의되지 않은 경험적 방식으로 표현됨

3) 정보시각화의 개념

단계	설명
정의	- 인간의 시각적 인지 능력을 활용하여 데이터를 그림, 도형, 차트 등으로 표현 - 분석 결과를 그래프, 차트, 지도 등으로 시각화하여 이해를 돕고 설득력을 높임
방법, 요소	- 선, 막대, 원, 도형 등 기하학적 양식 - 색상, 텍스트, 선 유형, 상호작용적 표현
종류	- 데이터 시각화(Data visualization), 과학적 시각화(Scientific visualization), 인포그래픽

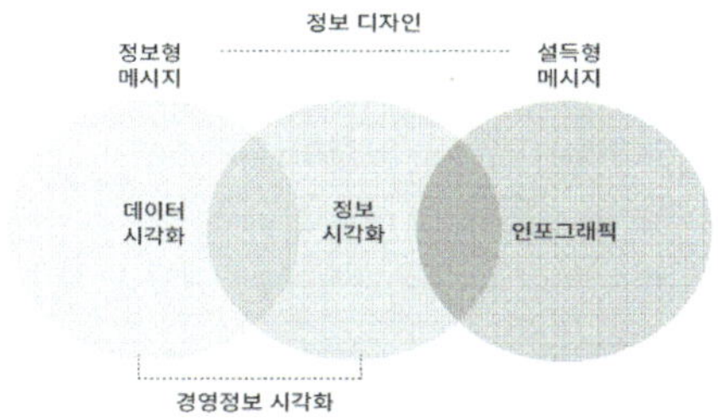

〈그림 4.1〉 정보 디자인과 정보시각화의 영역

4) 정보시각화의 기능

단계	설명
설명 기능	- 주요 메시지와 분석 결과를 효과적으로 전달
탐색 기능	- 데이터 내 숨겨진 관계와 패턴을 발견하는 데 도움
표현 기능	- 데이터를 활용한 개인 작품이나 예술적 표현을 통해 감정적 공감과 이야기를 전달

5) 정보시각화의 목적

구분	설명
정보 전달	- 데이터의 진실을 간단하고 정확하게 전달하여 분석할 수 있게 함 - 실용적, 과학적 목적 - 과학적 시각화
설득	- 창의적이고 심미적인 표현을 통해 메시지에 공감과 설득력을 더함 - 감정적 반응 유도 - 인포그래픽
경영정보 시각화	- 정보형 메시지 중심, 터프티의 시각화 관점(간결하고 과학적 접근)에 적합 - 인포그래픽보다 분석적 데이터 전달을 우선

(2) 경영정보시각화 프로세스

1) 경영정보시각화의 프로세스

〈그림 4.2〉 경영정보시각화의 프로세스

구분	설명
목표 설정	- 시각화를 통해 전달하려는 정보를 명확히 정의 - 시각화의 대상과 목적을 고려하여 목표를 설정
데이터 수집	- 필요한 데이터를 내부 시스템, 데이터베이스, 엑셀 파일 등 다양한 소스로부터 수집 - 데이터의 정확성과 일관성을 유지
데이터 전처리	- 데이터를 분석과 시각화에 적합한 형태로 변환 - 누락, 오류, 이상치 처리 및 필터링 수행 - 데이터 형식 변환 및 정렬
시각화 디자인	- 적합한 시각화 유형(차트, 그래프, 대시보드 등), 색상, 레이아웃 결정 - 데이터 특성과 목표에 맞는 시각화 설계
시각화구현	- 도구와 라이브러리를 활용하여 데이터를 시각화 - 구현 도구: Tableau, Power BI, R, Python(Matplotlib, Seaborn), D3.js 등
시각화해석	- 시각화를 통해 데이터의 패턴, 추세, 관계 등을 분석 - 상호작용, 비교, 필터링 등을 통해 다양한 관점에서 데이터 탐색
결과전달	- 보고서, 프레젠테이션, 대시보드, 웹페이지 등으로 결과전달 - 대상자에게 명확하고 이해하기 쉬운 형태로 전달하여 의사결정에 활용

2) 경영정보시각화의 원칙과 시각적 속성

구분	설명
목적과 원칙	- 대상자 맞춤형으로 단순하게 설계 - 전달하려는 목적에 맞는 시각화요소 선택 - 관심과 참여를 유도하는 시각적 요소 구성
주요 시각적 속성	- 위치: 데이터의 상대적 위치를 명확히 전달 - 모양: 데이터의 범주 구별 - 크기: 데이터의 상대적인 양적 차이를 표현 - 색상: 데이터의 범주 구분, 강조 - 선 굵기 및 유형 : 중요한 경계나 추세를 강조(두꺼운 선, 점선 등으로 표현) - 기타 그러데이션, 명도, 채도, 제목, 범례, 축과 보조 축, 격자선, 글꼴, 글자 크기, 투명 값 등 매우 다양

구분	설명
시각적 속성 활용 예시	- 경영정보 시각화에서는 위치, 모양, 크기, 색상, 선 굵기, 선 유형이 중요 - 색상: 수치형 자료 강조(예: 낮은 값 - 빨간색, 높은 값 - 파란색) 한국 주식시장의 가격 상승은 빨간색, 하락은 파란색이며 예외적임 - 범주형 혹은 수치형 자료의 측정값 강조 (예 : 반품 - 빨간색) - 범주형 자료 구별(예: 성인 - 검정, 유아 - 노랑)

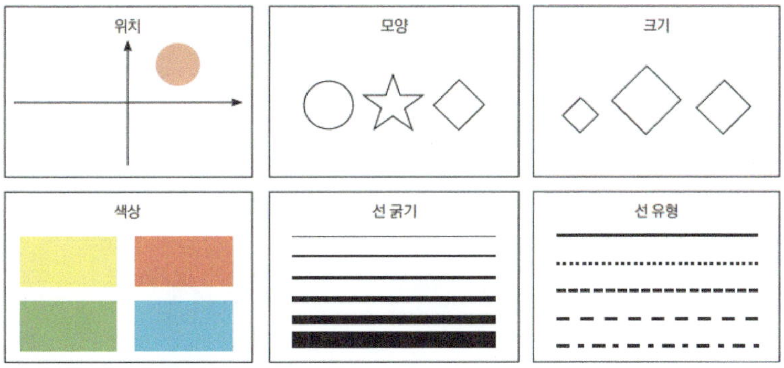

출처 : 클라우스 윌케(2020) 데이터 시각화 교과서

〈그림 4.3〉 경영정보 시각화에 자주 사용되는 6가지 시각적 속성

2 디자인의 기본원리

(1) 색의 3속성

<table>
<tr><th>속성</th><th>설명</th></tr>
<tr><td>색상 (Hue)</td><td>- 색의 이름이나 종류를 나타냄
예: 빨강, 파랑, 초록 등
- 무지개 스펙트럼의 색상으로 구분
- 디지털 색깔(트루 컬러)에는 보통 RGB 순서대로 값을 표시
<table>
<tr><th>색상</th><th>Red</th><th>Green</th><th>Blue</th><th>#RRGGBB(헥사코드)</th></tr>
<tr><td>흰색</td><td>255</td><td>255</td><td>255</td><td>#FFFFFF</td></tr>
<tr><td>빨간색</td><td>255</td><td>0</td><td>0</td><td>#FF0000</td></tr>
<tr><td>라임색</td><td>0</td><td>255</td><td>0</td><td>#00FF00 녹색#008000</td></tr>
<tr><td>파란색</td><td>0</td><td>0</td><td>255</td><td>#0000FF</td></tr>
<tr><td>노란색</td><td>255</td><td>255</td><td>0</td><td>#FFFF00</td></tr>
<tr><td>사이안색</td><td>0</td><td>255</td><td>255</td><td>#00FFFF</td></tr>
<tr><td>마젠타색</td><td>255</td><td>0</td><td>255</td><td>#FF00FF</td></tr>
<tr><td>검은색</td><td>0</td><td>0</td><td>0</td><td>#000000</td></tr>
</table>
표현할 수 있는 색깔의 수는 256^3=16,777,216가지</td></tr>
<tr><td>명도 또는 밝기 (Value)</td><td>- 색의 밝고 어두운 정도
- 흰색과 검은색 사이의 밝기 차이
- 높은 명도: 밝은 색, 낮은 명도: 어두운 색</td></tr>
<tr><td>채도 (Saturation)</td><td>- 색의 순수성 또는 강도
- 높은 채도(100%): 선명하고 순수한 색
- 낮은 채도(0%): 탁하고 회색에 가까운 색</td></tr>
</table>

(2) 리듬

개념	디자인에서 요소들이 일정한 규칙에 따라 반복 배치되어 움직임과 조화를 형성
특징	- 패턴, 도형, 이미지, 색상 등이 일정 간격으로 반복하여 배치 - 생동감을 부여하고 디자인에 일관성과 조화 형성 - 크기, 비율, 간격, 움직임, 방향 등을 통해 다양한 리듬감 조성
효과	- 관찰자의 시선을 유도하고 디자인 요소 간 상호작용 촉진 - 시각적 흥미와 조화를 통해 디자인의 매력 증가

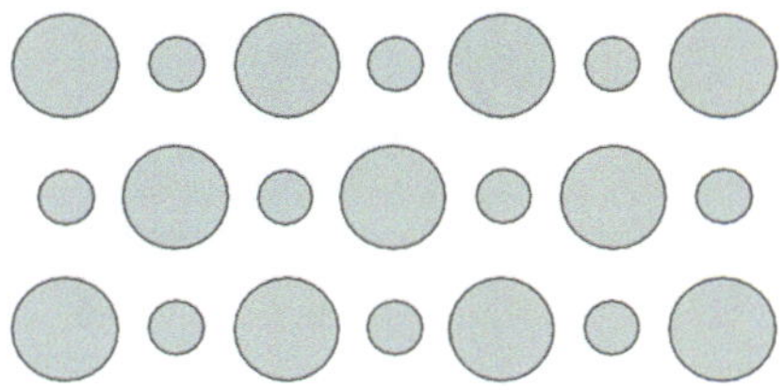

〈그림 4.4〉 리듬의 예시

(3) 강조

개념	특정 요소를 돋보이게 하거나 중요성을 부각하여 시각적 효과와 주목성을 높이는 기법
방법	- 크기 변화: 크기를 키워 시선을 끌거나 줄여 강조 - 색상: 밝고 선명한 색상 또는 대비로 주목성 부여 - 형태: 독특한 패턴, 윤곽 강조 - 위치: 주목받는 위치에 배치 - 명암: 그림자 효과나 흑백 대비로 시각적 차별성 강조
효과	- 관찰자의 시선을 특정 요소로 집중시키며, 중요한 메시지나 정보를 강조

〈그림 4.5〉 명암 강조의 예시

(4) 대비

개념	요소 간의 명암, 색상, 크기 등의 차이를 통해 시각적 대조를 만들어 내는 디자인 기법
방법	- 명암 대비: 밝기 차이를 이용해 요소를 뚜렷이 구분 - 색상 대비: 서로 다른 색상으로 경계 형성 - 크기 대비: 크기 차이를 통해 중요성을 강조
효과	- 높은 대비는 주목성을 높이고 강렬한 시각적 효과를 유도 - 요소 간 관계를 강조하고 시선을 유도하여 디자인의 조화와 균형 제공

〈그림 4.6〉 색상 대비의 예시

(5) 기타 디자인 원칙과 요소

구분	정의	효과
대칭	디자인 요소들이 중심을 기준으로 좌우/상하 대칭을 이루는 배치	안정감과 조화로운 느낌 제공, 요소 간 연결과 일관성 형성, 강조 요소 부각 가능
변화	디자인 요소 간의 차이와 변동으로 다양성과 독특성 부여	- 생동감과 시각적 흥미 제공, 관찰자의 시선을 유도하며 혁신적인 느낌 전달 - 모양, 색상, 크기, 배치, 패턴, 텍스처(질감) 등의 변화를 포함 (모양 예 : 사각형 → 원, 각진 모서리 → 부드러운 곡선 등)
통일	디자인 요소들이 일관성과 조화를 이루는 상태	- 시각적 안정감과 일관성을 제공, 조화로운 디자인으로 통일된 메시지 전달 • 일관된 스타일 : 디자인 요소들이 동일한 디자인 스타일을 공유함 • 일관된 색상 팔레트 : 디자인에 사용되는 색상들이 조화롭게 조합 - 디자인의 분위기와 감정을 일관되게 전달하고, 시각적인 조화를 형성 - 일관된 폰트 : 가독성 - 기타 일관된 그래픽 요소 예 : 선의 굵기, 형태, 스타일 등이 일관되면 디자인 전체가 통일성을 가짐
조화	통일성과 변화를 결합하여 요소 간 균형 잡힌 시각적 효과를 만듦	디자인의 품격과 독창성 향상, 통일성을 유지하면서도 다양성과 흥미 제공
균형	요소 간 배치와 무게를 조절하여 안정감 형성	- 대칭적 균형: 안정적, 고전적 느낌 - 비대칭적 균형: 동적이고 흥미로운 느낌 - 불균형적 균형: 강조와 움직임 표현
형태	디자인 요소의 외형, 윤곽, 모양	- 간결한 형태는 현대적이고 깔끔한 느낌, 복잡한 형태는 우아함 전달 - 특정 형태는 강조 효과 부여 가능
공간	- 요소 간 물리적 간격과 관계를 형성하는 배치 - 디자인 요소의 크기, 위치, 간격 등이 물리적 공간을 형성	적절한 간격과 배치로 시각적 조화와 균형 유지, 요소 간 상호작용 촉진
규모	요소의 크기와 비율	- 큰 요소는 강렬함, 작은 요소는 섬세함 전달 - 크기 조정을 통해 주목성과 강조 효과 제공
비례	요소 간 상대적 크기와 배치 조합.	균형과 조화 형성, 특정 요소 강조 및 시각적 안정감 제공

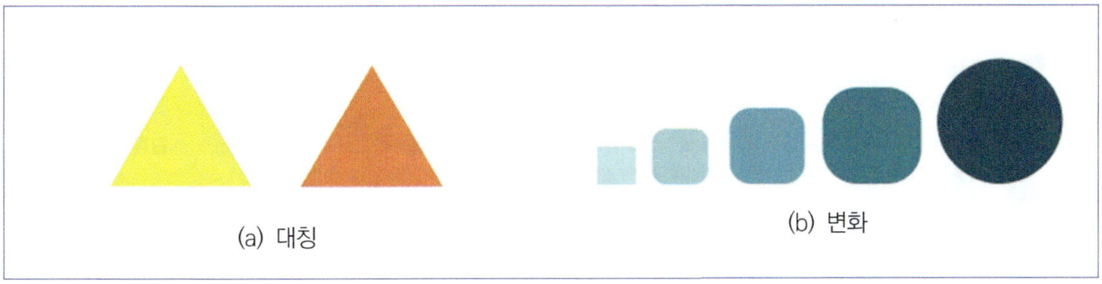

〈그림 4.7〉 대칭과 변화의 예시

(6) 게슈탈트의 7 법칙

- 게슈탈트 심리학파가 제시한 심리학 용어로, 형태를 지각하는 방법 혹은 그 법칙을 의미함
- 각 법칙의 의미와 디자인에의 활용 예는 아래와 같음

법칙	정의	설명 및 효과
전경과 배경의 법칙 (도형과 바탕의 법칙)	- 시각적으로 가까운 물체는 전경으로, 멀리 있는 물체는 배경으로 인식	- 관찰자의 주의가 전경에 집중되며, 배경은 주변적인 요소로 간주 - 디자인에서 강조와 대조를 통해 시선 유도 가능
근접성의 법칙	- 서로 가까이 있는 요소들이 하나의 그룹으로 인식됨	- 근접한 요소 간의 관계성을 강조하며, 그룹화를 통해 시각적 통일감 제공 - 정보 조직화에 유용
유사성의 법칙	- 모양, 색상, 크기, 패턴 등이 유사한 요소들은 서로 관련 있는 것으로 인식	- 유사한 속성을 가진 요소들이 시각적으로 묶여 동일한 그룹으로 간주 - 디자인에서 일관성과 통일감 형성
단순 충만의 법칙	- 복잡한 이미지를 가능한 한 단순한 형태로 인식하려는 경향	- 복잡한 형태를 단순화하여 시각적 이해를 쉽게 만듦 - 단순하고 명확한 디자인을 선호
공동 운명의 법칙	- 같은 방향으로 움직이거나 변화하는 요소들은 그룹으로 인식	- 움직임과 변화를 통해 요소 간 관계를 강조 - 애니메이션이나 동적인 디자인에서 요소 간 연결성과 통일감 부여
폐쇄성의 법칙	- 불완전한 형태라도 폐쇄된 구조로 간주하고 전체적인 형상을 인식	- 불완전한 형태를 완전한 구조로 보려는 경향 - 도형 일부가 생략되더라도 관찰자는 전체 도형을 인식
연속성의 법칙	- 선이나 패턴이 부드럽게 이어지는 경우, 이를 하나의 연속적인 형태로 인식	- 요소 간의 연속성을 강조하여 시각적 흐름과 유도 효과 제공 - 디자인에서 자연스럽고 부드러운 연결감 형성

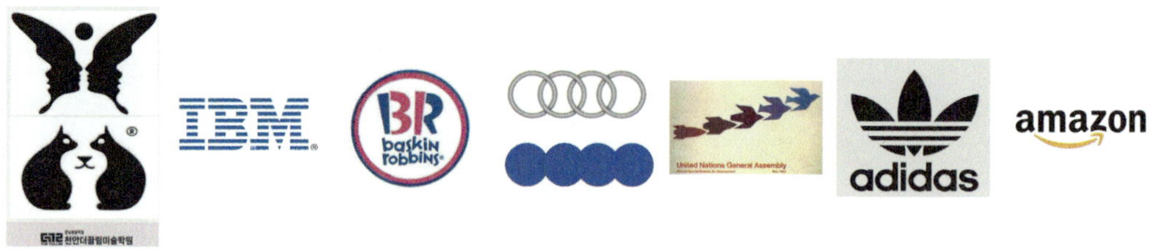

〈그림 4.8〉 게슈탈트의 7 법칙의 예시

(7) 자쿠 베르탱의 시각적 변수

- 시각적 변수는 데이터 특성과 전달 목적에 따라 적절히 선택하여 사용함
- 위치와 규모는 가장 효과적인 변수로, 데이터의 계층적 구조와 중요도를 강조하는 데 적합함
- 색상과 명도는 시각적 매력과 데이터 구분을 위해, 기울기와 질감은 변화와 동적인 데이터를 표현하는 데 사용함
- 적절히 조합되어 효과적인 정보 전달과 시각적 설득력을 높이는 데 기여함

시각적 변수	정의 및 특징	효과 및 주의점
위치 (Position)	- 주변 요소와의 상대적 관계를 통해 정보를 전달 - 그래프나 차트에서 상하 구조, 비교 등을 효과적으로 표현	- 가장 강력한 변수로, 정보를 명확히 전달하는 데 적합 - 상하좌우의 위치가 관계와 계층을 강조
규모 (Size)	- 요소의 크기를 통해 시선을 끌고 중요도를 표현 - 크기로 수치적 차이를 나타내며, 순서를 구분할 수 있음	- 더 큰 요소가 더 중요한 메시지를 전달 - 비율이 적절치 않으면 정보 왜곡 가능성 있음
모양 (Shape)	- 다양한 형태를 사용해 데이터를 표현 - 형태의 대비 효과는 상대적으로 약함	- 특정 카테고리 구분에 유용 - 큰 차이를 전달하기 어려우므로 제한적 사용 추천
명도 (Value)	- 밝고 어두운 정도로 데이터를 시각화 - 색상 차이보다 수치적 변화를 더 효과적으로 표현	- 데이터의 연속적 변화나 계층적 구조를 강조하는 데 적합 - 명도가 너무 강하면 시각적 피로를 유발할 수 있음
색상 (Hue)	- 색의 이름이나 종류를 사용해 데이터를 구분 - 순서와 수치를 표현하기에는 적합하지 않음	- 범주형 데이터 구분에 적합 - 색상 선택이 명확하지 않으면 혼란을 초래할 수 있음

시각적 변수	정의 및 특징	효과 및 주의점
기울기 (Orientation)	- 요소의 방향이나 각도로 변화를 표현 - 데이터를 기울기로 시각화하여 움직임 또는 방향성을 강조	- 변화와 동적 흐름을 시각적으로 표현 - 직관적 이해를 위해 적절한 각도 선택이 중요
질감 (Texture)	- 표면의 패턴이나 질감을 통해 데이터를 나타냄	- 너무 많이 사용하면 복잡도가 증가하여 가독성 저하 - 특정 영역의 강조나 차별화에 신중하게 활용

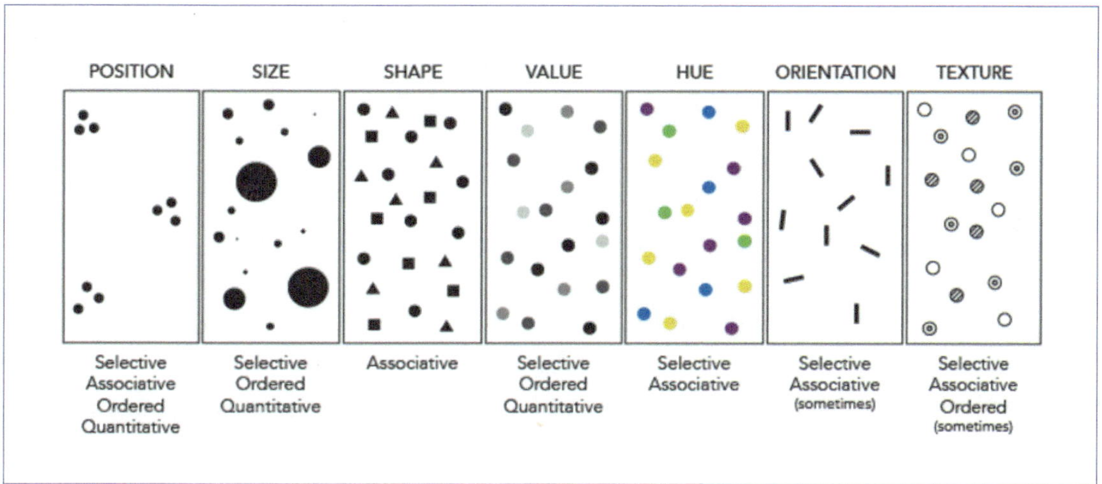

출처 : https://www.axismaps.com/guide/visual-variables

〈그림 4.9〉 시각적 변수의 예시

3 인포그래픽 디자인

(1) 인포그래픽 유형과 원리

1) 인포그래픽(Infographic)

정의	정보를 시각적으로 전달하는 도구로 복잡한 데이터나 추상적인 개념을 보다 이해하기 쉽게 전달함
특징	- 데이터의 패턴, 비교, 상관관계를 시각적 요소로 표현 - 텍스트, 숫자, 그림, 색상, 크기 등을 조합하여 데이터를 시각적으로 해석하고 전달
형식	- 그래프/차트 - 지도 - 플로우차트 - 인포그래픽 아이콘
활용 매체	- 보고서 - 프리젠테이션 - 웹사이트 - 광고
장점	- 정보 가시성 향상 - 이해도 증가 - 사용자의 관심과 참여 유도
활용 분야	- 데이터 분석 - 비즈니스 - 교육 - 과학 - 마케팅

2) 인포그래픽의 유형

항목	설명	활용 요소
그래프 및 차트	- 선 그래프, 막대그래프, 원그래프 등을 활용한 데이터 시각화	- 데이터의 비교, 추세 파악, 관계 등을 시각적으로 표현
지도 및 지리적 인포그래픽	- 지도, 도표, 지리적 요소 등을 통해 지리적 정보를 시각화	- 지역, 국가, 대륙 등의 지리적 특성을 표현
프로세스 및 플로차트	- 화살표, 상자, 다이어그램을 사용해 데이터 흐름과 상호작용 표현	- 과정이나 절차를 단계별로 시각화
인포그래픽 아이콘	- 아이콘, 그림, 이미지를 활용하여 정보를 전달	- 개념, 객체, 통계를 아이콘이나 그림 형태로 표현하여 이해를 쉽게 함
타임라인 및 역사적 인포그래픽	- 연표, 시간축 등을 사용하여 시간에 따른 변화나 역사적 이벤트를 시각화	- 특정 기간의 데이터 변화나 발전 과정을 시각적으로 표현
비교 및 대조 인포그래픽	- 막대차트, 원형(파이)차트 등을 사용하여 데이터의 차이나 비율 비교	- 다양한 항목 또는 데이터를 비교하거나 대조하여 시각적으로 표현
설명적 인포그래픽	- 주제나 개념에 대한 설명과 함께 그림, 그래프, 텍스트 등을 조합	- 전체적인 이해를 도움

3) 인포그래픽의 원리

원리	설명	세부 내용
단순성 (Simplicity)	- 단순하고 명확해야 함	- 복잡한 요소를 최소화하고 필요한 정보만 간결하게 전달 - 불필요한 요소 제거, 핵심 정보만 포함
명확성 (Clarity)	- 명확한 메시지를 전달해야 함	- 시각적 요소는 데이터와 목적에 맞게 명확하게 표현 - 그래프, 차트, 아이콘 등 시각적 요소 활용
중요성 (Importance)	- 핵심적인 정보를 강조해야 함	- 중요한 데이터나 메시지를 시각적으로 부각해 사용자의 주목을 끌어야 함 - 색상 강조, 크기 차이, 시각적 포인트 제공
일관성 (Consistency)	- 디자인의 일관성을 유지해야 함	- 서체, 색상, 아이콘 스타일 등 디자인 요소는 통일성을 가져야 하며 전체 톤과 맞아야 함 - 동일한 서체, 색상 팔레트, 아이콘 스타일 사용
가독성 (Readability)	- 가독성이 높아야 함	- 텍스트 크기, 텍스트와 배경 대비, 그래프/차트의 축 레이블 등이 사용자에게 쉽게 읽히고 이해될 수 있도록 설계되어야 함 - 텍스트 크기 조절, 명확한 대비, 적절한 레이블 배치
효과성 (Effectiveness)	- 정보를 효과적으로 전달해야 함	- 시각적 요소는 데이터와 목적에 맞게 선택되어야 하며 사용자가 정보를 이해하고 해석할 수 있도록 배치해야 함 - 시각적 요소 배치와 데이터의 적합성
대상 독자 (Target Audience)	- 대상 독자를 고려하여 디자인해야 함	- 대상 독자의 관심사, 수준, 문화적 배경 등을 반영해 스타일과 톤을 조절 - 독자의 관심에 맞는 시각적 스타일과 메시지 톤

4) 오컴의 면도날(Occam's Razor)

항목	설명	예시 및 세부 내용
원칙	- 단순한 설명이 복잡한 설명보다 선호되어야 한다는 원칙	- 가정이나 개념을 최소화하여 문제를 설명 - 복잡한 이론보다 단순하고 명료한 설명을 추구
적용 분야	- 논리적 추론과 이론 구축 - 인포그래픽 디자인	- 인포그래픽에서 복잡한 정보를 간결하게 시각화
핵심 메시지 강조	- 핵심 메시지를 간결하게 정의하고 시각적으로 강조	- 불필요한 세부 정보를 제거하고 중요한 내용에만 집중
단순한 시각화	- 필요한 만큼의 시각화요소만 사용	- 과도한 세부 정보나 복잡한 그래프 배제 - 직관적이고 이해하기 쉬운 그래프와 디자인
명확한 구조화	- 정보를 단순화하고 계층구조를 정의	- 주제와 하위 주제를 명확하게 구분
최소한의 텍스트 사용	- 간결하고 명료한 문구를 사용	- 필요한 경우 그래픽 요소를 활용하여 텍스트를 대체 - 텍스트를 줄이고 아이콘이나 그림으로 메시지를 전달

(2) 인포그래픽 디자인 시 고려해야 할 요소

요소	설명	세부 내용 및 고려사항
제목	- 주요 메시지를 강조하고 주제를 명확히 전달	- 사용자 주의를 끌며 정보 구조화에 도움 - 목적과 목표 명확화 - 시각적 강조 및 디자인 일관성 유지 - 사용자에게 가치 있는 정보를 신속히 제공
서체	- 텍스트의 외관으로 가독성과 사용자 경험에 영향을 미침	- 스타일과 톤 설정, 정보 계층구조 표현 - 가독성 높은 서체 선택 - 크기 및 스타일로 중요도 구분 - 독자 특성과 내용에 맞는 서체 사용
주석	- 추가 정보를 제공해 이해를 돕는 요소 - 데이터 해석, 용어 정의 등 문맥과 배경 정보 제공	- 텍스트와 그래픽 요소 병용 - 신뢰성 강화 - 디자인 일관성 유지 및 시각적 강조 사용
격자선	- 데이터 비교, 패턴 파악, 위치 확인 등 그래프 구조를 명확히 나타냄	- 데이터 정렬 지원 - 패턴/추세 파악 도움 - 색상, 두께, 스타일 조정으로 가독성 유지
클립아트	- 개념과 사물을 컬러풀하고 명확하게 시각화하여 정보를 직관적으로 전달	- 단순하고 친근한 형상 - 저작권 준수 필수 - 디자인 스타일과 색상 일관성 유지
두 번째 축	- 서로 다른 단위의 데이터를 시각화하여 비교, 상호작용 및 상관관계를 표현	- 데이터 간 추이 및 패턴 비교 - 가독성 향상을 위해 필요한 경우에만 사용 - 대상 독자와 목적 고려
범례	- 그래프(차트)에 사용된 색상, 패턴, 기호의 의미를 설명하여 그래프 해석을 지원	- 각 항목과 카테고리를 시각적+텍스트로 설명 - 데이터 요소 명확화 - 가독성과 시각적 조화 고려 - 텍스트와 시각 요소의 조화
질감	- 표면 특성 표현을 통해 감정과 분위기 전달	- 구분 요소 강조 및 시각적 계층성 부여 - 적절한 질감 활용으로 흥미 유도 - 과도한 사용은 가독성 저하 가능 - 데이터 해석 방해 요소 최소화
배경	- 주요 내용을 감싸는 영역으로 시각적 톤과 미적 요소 형성	- 대비를 제공해 주요 내용 강조 - 목적과 대상 독자에 맞는 디자인 선택 - 일관성과 가독성 유지

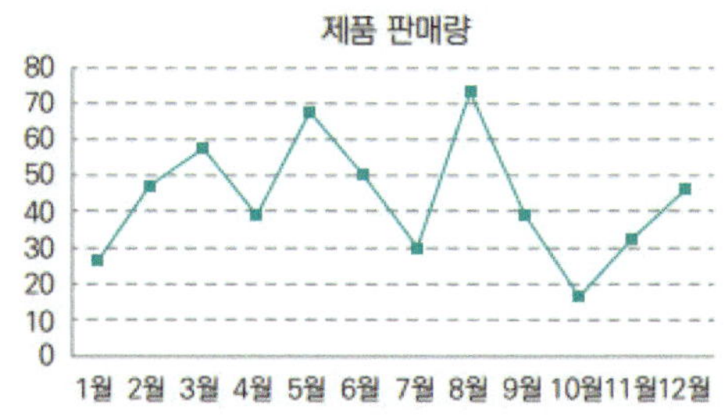

〈그림 4.10〉 격자선의 예시

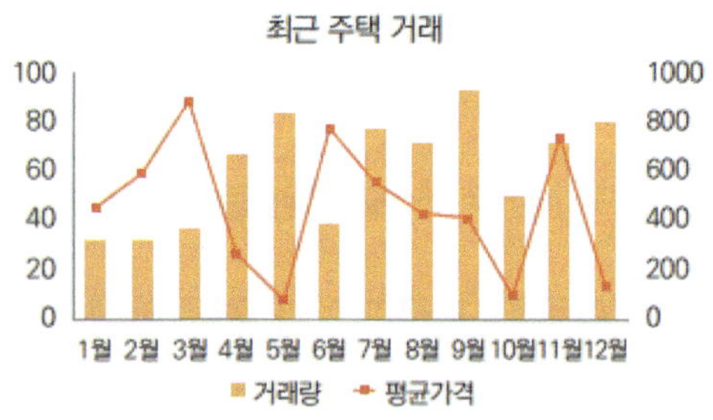

〈그림 4.11〉 두 번째 축의 예시

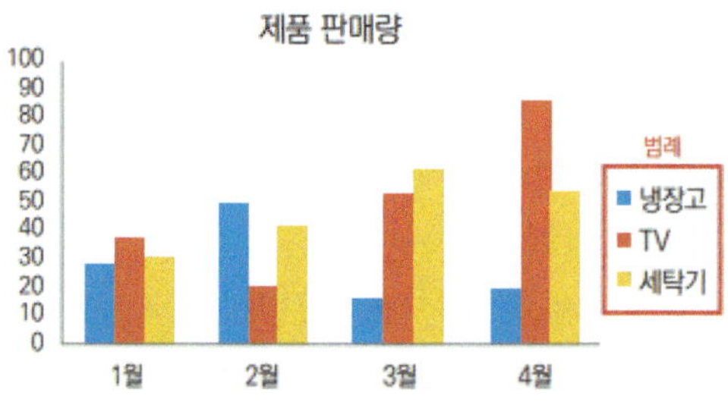

〈그림 4.12〉 범례의 예시

〈그림 4.13〉 질감의 예시

제2절. 시각화도구 활용

1 사무자동화 프로그램을 활용한 시각화

(1) 사무자동화 프로그램의 시각화 관련 주요 기능

- 차트
  - ➤ 엑셀에서 가장 일반적으로 사용하는 시각화 기능임
  - ➤ 막대그래프, 선 그래프, 원그래프 등 다양한 차트 생성 가능
  - ➤ 차트를 사용하여 데이터의 패턴, 비교, 추세 등을 시각적으로 파악

- 조건부 서식
  - ➤ 데이터의 특정 조건에 따라 셀의 서식을 변경하여 시각적인 효과를 줌
  - ➤ 특정 범위의 값을 강조하거나, 데이터 크기에 따라 서식을 변화시킬 수 있음
  - ➤ 조건부 서식을 통해 데이터의 패턴이나 예외 사항을 빠르게 식별할 수 있음
    - 특정 데이터 셀의 값을 기준으로 서식을 동적으로 적용
    - 복잡한 조건식을 사용자가 직접 작성하여 사용
    - 개별 셀에 적용 가능
    - 서식이 변경된 후 원본데이터가 수정되면 서식이 자동으로 업데이트됨(동적 사용)

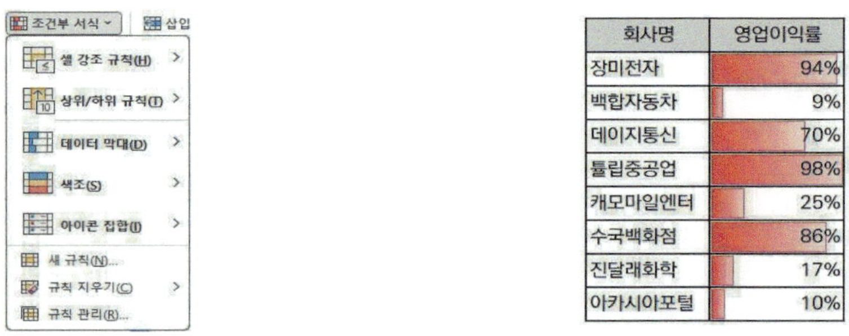

(a) 조건부 서식　　(b) 데이터 막대

〈그림 4.14〉 조건부 서식과 데이터 막대 기능의 예시

데이터 막대	아이콘 세트	스파크라인
조건부 서식의 한 종류로서, 숫자나 퍼센트 값의 상대적인 크기를 시각화하는 기능임	조건부 서식의 한 종류로서, 데이터 막대와 마찬가지로 숫자나 퍼센트 값의 상대적인 크기를 시각화하는 기능임	작은 규모의 추세 그래프로, 셀 내에서 데이터의 변화를 시각화하는 기능임
데이터값의 크기에 따라 막대의 크기나 색상이 변화하여 시각적으로 비교하고 분석할 수 있음	데이터값의 크기에 따라 아이콘의 크기나 색상이 변화하여 시각적으로 비교하고 분석할 수 있음	데이터의 추세나 패턴을 한눈에 파악할 수 있어 시간에 따라 변화하는 데이터를 시각화하기에 좋음

회사명	영업이익률
장미전자	94%
백합자동차	9%
데이지통신	70%
튤립중공업	98%
캐모마일엔터	25%
수국백화점	86%
진달래화학	17%
아카시아포털	10%

〈그림 4.15〉 아이콘 세트 기능 예시

회사명	2019	2020	2021	2022	2023	추세
장미전자	36%	41%	116%	65%	94%	
백합자동차	130%	110%	67%	102%	9%	
데이지통신	44%	15%	-19%	94%	70%	
튤립중공업	80%	-10%	7%	87%	98%	
캐모마일엔터	119%	138%	41%	96%	25%	
수국백화점	103%	70%	50%	132%	86%	
진달래화학	100%	13%	131%	60%	17%	
아카시아포털	55%	-9%	5%	143%	10%	

〈그림 4.16〉 스파크라인 기능 예시

(2) 사무자동화 프로그램(엑셀) 활용 시각화의 장단점

장점	단점
- 다양한 시각화 옵션 : 다양한 종류의 시각화요소를 사용할 수 있어 효과적으로 시각화할 수 있음 - 간편하고 익숙한 인터페이스 : 간단한 데이터 시각화 작업을 수행하기 편리하고, 인터페이스가 직관적이며, 시각화요소의 생성 및 데이터 조작이 쉬움 - 데이터 분석과 통합 : 데이터 필터링, 정렬, 피벗 테이블 등의 기능을 활용하여 데이터를 집계하고 분석할 수 있으며, 데이터 처리 후 다른 기능과 통합하여 보고서를 작성하는 데에도 유용함	- 기능 및 유연성의 제한 : 간단한 시각화 작업에는 유용하지만, 대규모 또는 복잡한 데이터를 다룰 때 한계가 있음, 특정 시각화 유형이나 고급 기능을 구현하지 못함 - 수작업의 번거로움 : 데이터를 수작업으로 입력하고 수정해야 하는 한계를 가짐, 대량의 데이터를 다루는 경우, 수작업으로 데이터를 입력하면 시간이 많이 소요될 수 있음 - 제한된 대시보드 기능 : 복잡한 대시보드를 만들기 위해 수작업과 수식을 통해 시각화요소와 데이터를 조합해야 하므로 번거로울 수 있음 - 협업 및 공유의 제한 : 개인 데스크톱에서의 작업 및 활용은 유용하지만, 여러 사람과 협업하거나 데이터를 실시간으로 공유하는 데 한계가 있음, 동시 편집이 어렵고 파일 공유 및 업데이트 관리도 번거로움

2 시각화 도구(BI 소프트웨어)의 특징

(1) 시각화 도구(BI 소프트웨어)의 개념

- 비즈니스 인텔리전스(조직에서 데이터를 분석하여 실행 가능한 통찰과 의미 있는 정보를 생성하는 데에 사용하는 기술, 전략, 프로세스)를 지원하는 소프트웨어
- 일반적으로 데이터를 수집, 저장, 분석하는 데 사용되며, 분석 결과를 사용자가 쉽게 이해할 수 있는 방식(차트, 그래프 등)으로 시각화하는 기능을 포함함

(2) 시각화 도구(BI 소프트웨어)의 특징

- 시각화 도구는 데이터 분석, 예측, 협업 등의 기능을 제공하여 사용자가 데이터를 최대한 활용할 수 있는 환경을 제공함
- 사용자는 시각화 도구를 통해 다양한 데이터 소스(데이터 원본)로부터 데이터를 추출, 변환, 로드(ETL) 할 수 있음

추출	스프레드시트, 데이터베이스, 클라우드서비스 등 여러 데이터 소스에서 데이터를 가져올 수 있음
변환	다양한 데이터 소스를 활용하여 데이터를 정제하고 모델링할 수 있음
로드	시각화(예, 대시보드 작성 등)를 위해 시각화 도구에 적재

- 사용자는 원하는 데이터를 시각적으로 표현하기 위해 차트, 그래프, 지도, 테이블 등 다양한 시각화요소를 활용할 수 있음
- 인터랙티브(대화형) 기능을 통해 데이터를 탐색하고 상호작용함으로써 사용자가 정보에 대한 통찰력을 얻을 수 있도록 함

(3) 시각화 도구(BI 소프트웨어)의 장단점

구분	설명
장점	데이터의 탐색적 분석 - 동일한 데이터를 활용한 다양한 시각화 방법을 빠르게 적용할 수 있는 기능을 제공함
단점	재현 가능성과 반복 가능성을 구현하기 어려움 - 일일이 데이터별 변환 과정을 기록하지 않고 대부분 최종 결과만 저장해주는 특성이 있으므로, 시각화 도구를 사용하여 도표를 재현하거나 다른 데이터 세트로 비슷한 도표를 생성하는 것이 어려움

• 데이터의 탐색적 분석

구분	설명
목적	데이터를 탐구하고 이해하기 위해, 데이터 세트의 구조, 특성, 패턴 등을 탐색함으로써 데이터에 대한 통찰력을 얻음
기술통계와 히스토그램	기술 통계(데이터의 구조와 통계적 특성 요약)와 히스토그램 등을 통해 데이터의 분포, 상관관계, 이상치 등을 시각적으로 파악
산점도 등	산점도, 중첩밀도분포, 박스플롯, 히트맵 등을 우선 작성하여 데이터 간의 상호작용과 패턴을 탐색할 수 있음 어떤 변수를 어떤 시각적 속성으로 나타낼지 쉽게 변경해 볼 수 있으며, 이를 통해 단일한 구조 내에서 다양한 시각화 선택지를 실험할 수 있음

• 재현 가능성과 반복 가능성

구분	설명
프로그램 코드	도표를 재현할 수 있고 반복할 수 있게 하려면, 프로그래밍 방식으로 도표를 생성하는 코드를 작성
재현 가능성	- 시각화 결과를 다른 사람이나 미래의 자신이 재현할 수 있는 능력 - 신뢰성과 투명성을 높이는 역할을 하므로, 코드, 데이터, 분석 방법 등을 충분히 기술하여 다른 사람이 시각화를 재현할 수 있어야 함 - 차트의 데이터가 유효하고 데이터를 차트에 표시하는 방식이 정확히 기술된다면 해당 차트는 재현 가능성이 있음 - 사람마다 서로 다른 글꼴, 색상, 점의 크기 등을 사용할 수 있으나 동일한 메시지를 전달하므로 서로를 재현한 것으로 간주함
반복 가능성	- 동일한 조건에서 동일한 시각화 결과를 다시 얻을 수 있는 능력 - 원본데이터부터 완벽하게 재현 가능한 시각화 도표는 반복 가능성을 가짐 - 도표에 무작위적인 요소가 포함되더라도 해당 요소들이 재생성 가능한 방식으로 지정되면 향후 동일한 도표를 재생성할 수 있음 - 무작위 데이터를 다룰 때 반복 가능성을 보장하기 위해 원본값 설정과 함께 사용된 난수 생성기의 기록을 명시함

(4) 시각화 도구 예시

• 파워 BI(Power BI) : 마이크로소프트에서 개발한 비즈니스 인텔리전스 도구로, 데이터 시각화와 인사이트 도출을 지원하는 플랫폼

• 태블로(Tableau) : 세일즈포스에서 제공하며 위와 같음

(5) 시각화 도구에서 사용되는 데이터의 분류

• 차원(Dimension) : 정성적인 값(이름, 날짜, 위도, 경도 등)이 있으며 데이터를 분류하고 표시할 수 있음

- 측정값(Measure) : 측정할 수 있는 정량적인 수치로 기본적으로 집계 등을 할 수 있음, DAX 함수의 반환 값이나 사칙연산결과도 측정값에 해당함

(6) 시각화 도구에서 활용되는 기본함수

- BI 소프트웨어별로 활용되는 함수의 구체적인 내용은 상이하나 공통적인 기능을 구현하는 함수를 제공함
- BI 소프트웨어에서 측정값은 데이터 모델 내에서 계산한 값을 의미하며 주로 특정 함수를 이용하여 계산함

3 시각화 도구(BI 소프트웨어)의 주요 기능

(1) 대시보드(Dashboard)

구분	내용
정의	기업 운영 데이터의 시각화를 통해 상황을 모니터링하고 이해하는 데 도움을 주는 도구
의의	하나 또는 소수의 화면에 여러 시각화요소를 배치하여 데이터를 쉽게 탐색하게 하여 인사이트를 제공함
예시	- 매주 초 임원에게 메일로 전송되는 주요 지표를 담은 PDF 파일 - 실시간으로 지원센터 통계를 시각적으로 표시하는 대형 벽걸이 현황판 - 지역, 산업 및 신체 부위별 노동자의 보상 청구 정보를 제시하는 상호작용하는(interactive) 도면 - 지역별·시기별 영업 성과를 종합하여 제시하는 모바일 애플리케이션 - 영업관리자는 대시보드를 사용하여 여러 지역의 영업 성과를 검토하고 올해의 영업 성과를 전년도와 비교할 수 있음
좋은 대시보드의 요건	- 대시보드 사용자를 위해 적절하고 창의적인 아이디어를 제시해야 함 - 사용자가 알고 싶어 하는 정보, 사용하고자 하는 목적에 대한 요구분석을 기반으로 설계해야 함 - 사용자가 한눈에 이해할 수 있는 시각화 기능을 통해 전체 상황을 파악하고 보고 내용을 공유할 수 있도록 해야 함 - 비즈니스에서 데이터 중심의 의사결정을 더욱 신속하게 할 수 있도록 도와주며, 사용자가 통찰을 쉽게 얻을 수 있도록 함 - 사용자가 쉽게 접근하고 검색할 수 있도록 설계하고 상호작용이 쉬워야 함

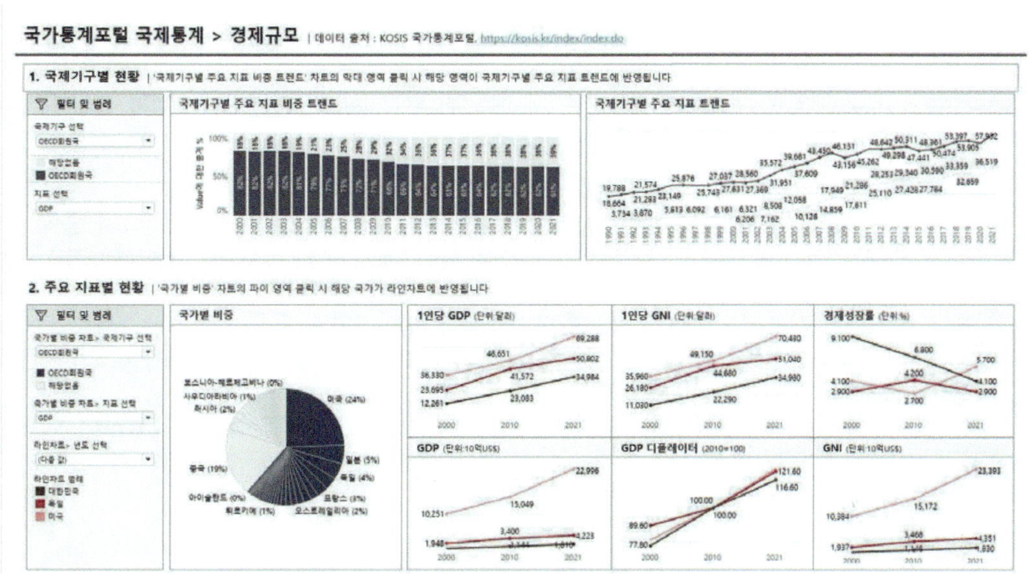

(a) 국가통계포털에서 제공하는 대시보드

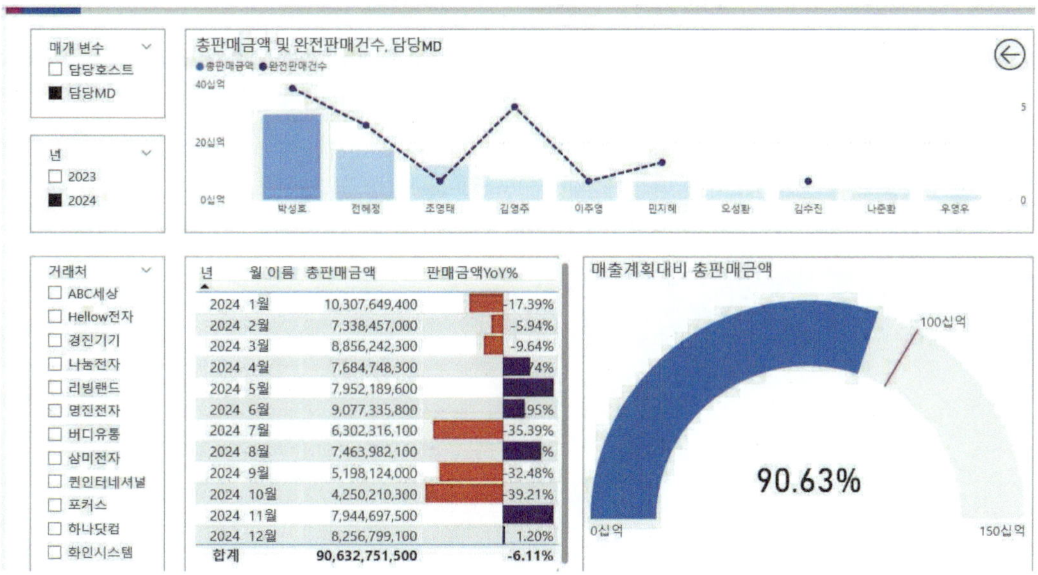

(b) 기업의 매출현황 대시보드

〈그림 4.17〉 대시보드 구현의 예시

(2) 대시보드의 관리

추적	- 사용자가 대시보드를 계속해서 활용하고 있는지 추적 - 대시보드의 활용도가 낮아짐은 기존 대시보드에 대한 변화 요구의 발생을 의미함. 확인하기 위해 주기적으로 대시보드 사용횟수 지표를 수집해야 함
사용자와 상호작용	- 대시보드를 구성하기 위해 사용자와의 충분한 대화가 필요 - 사용자들이 대시보드를 어떻게 활용하는지 조사하고, 대시보드가 필요한 정확한 이유를 파악 - 오래된 대시보드의 폐기, 기존 대시보드의 조정, 새로운 대시보드의 개발 등을 통해 대시보드가 사용자의 요구 변화를 지원하는지 확인해야 함 - 대시보드는 사용자의 역할, 선호도, 관심사 등에 맞게 개인화 - 사용자가 자신에게 필요한 정보와 지표를 선택하고 구성할 수 있으면 자신의 요구에 맞게 사용하여 효과적인 의사결정을 내릴 수 있음 - 개인화된 대시보드는 사용자의 편의성과 생산성을 향상하며, 관련된 데이터를 더욱 효과적으로 분석함

(3) 기본 기능

대시보드 **그래프 및 차트** **데이터 필터링(슬라이서)**	다양한 시각화요소를 묶은 대시보드를 생성 및 관리 막대그래프, 선 그래프, 원그래프, 히스토그램 등 다양한 그래프 생성 데이터를 필터링하여 원하는 범위의 데이터만 표시 - 필터를 적용하여 데이터를 세분화하거나 조건에 맞는 데이터만 시각화 결과 표시
상호작용 및 탐색 **데이터 연결 및 통합** **알림과 경고**	시각화 결과와 상호작용(클릭)하여 데이터 탐색(드릴다운 등) 데이터베이스, 엑셀 파일, CSV 파일 등 다양한 형식의 데이터를 연결 및 통합하여 시각화 정의된 조건에 따라 알림과 경고(조기 경보시스템) 표시 - 실시간 자동 갱신 기능 없음
데이터 분석	통계 지표, 추세분석, 예측 등 수행
H/W 유무	클라우드 기반(SaaS) vs 온프레미스

제3절. 시각화요소 디자인

1 차트 디자인

(2) 목적에 따른 시각화 방식과 차트 디자인

구분	설명	종류
수량 시각화	숫자 값의 시각화	막대차트, 묶은막대차트, 누적막대차트, 히트맵차트, 롤리팝(막대사탕)차트, 레이더차트, 워터폴차트, 불렛차트
비율 시각화	전체 중 부분의 시각화	원형(파이)차트, 막대차트, 묶은/누적막대차트, 모자이크차트, 트리맵, 도넛차트, 와플차트(그리드플롯), 워터폴차트, 생키차트
분포 시각화	데이터의 분포와 통계량의 시각화	히스토그램, 밀도분포, 도트플롯, 박스플롯, 누적밀도, QQ도표, 바이올린차트, 시나플롯, 누적히스토그램, 중첩밀도분포, 버터플라이차트, 덤벨차트, 융기선도표, 중첩밀도
관계 시각화	둘 이상의 정량적 변수의 관계 시각화	분산형차트(산점도, 산포도), 쌍산점도, 연결산점도, 꺾은선(라인)그래프, 버블차트, 곡선그래프, 경사차트, 밀도등고선, 2차원 상자, 상관도표, 육각형 상자
공간 시각화	지도로 표현	지도(맵), 단계구분도, 등치지역도, 카토그램, 카토그램히트맵
시간 시각화	시간 변화에 따른 추이	선(라인)차트, (누적)막대차트, 간트차트, 폴라그래프, 산점도, 캘린더, 히트맵, 스파크라인, 컬럼 스파크라인, 영역차트(누적밀도)
불확실성 시각화	오차 표현을 포함	오차막대, 눈모양도표, 단계별오차막대, 신뢰도스트랩, 신뢰대역, 분위수점도표
기타 시각화	흐름을 표현하는 시각화 순위 표시 시각화	생키(산키)차트 등 리본차트, 경사차트, 범프(혹)차트 등

(2) 수량 시각화

1) 수량 시각화의 개념

정의	- 사물의 비교, 양의 많고 적음을 표현하는 일반적인 방법 - 정량적 변수(숫자 값)를 시각화
사용 예시	- 칫솔 브랜드별 총판매량 - 국가별 총관광객 입국자 수 - 월드컵 출전 국가별 선수의 나이, 신장

2) 대표적인 수량 시각화 차트

구분	설명	예시
세로(수직) 막대차트	- 범주별 수량 비교 가능(데이터값은 막대 끝 안쪽, 바깥쪽에 기입함) - X축에 시간을 표현하면 추이도 나타낼 수 있음 - 이름(레이블)이 길면 불편 - Y축을 0부터 시작해야 정확성 보장(음수는 아래쪽에 표시함) - 특정한 순서가 필요 없을 때는 막대 순서를 오름차순 혹은 내림차순으로 정렬	- 연도별 매출 변화 비교
가로(수평) 막대차트	- 범주 이름이 길면 유용함 - 배경 그리드가 많으면 값 파악이 어려움 - 음수는 왼쪽에 표시함	- 제품군별 판매량 비교
묶은(그룹) 막대차트	- 그룹화된 범주형 변수 두 가지를 동시에 다룰 때 유용	- 지역별/연령대별 매출 비교
누적막대차트	- 막대를 쌓아 합계 값을 표현(여러 범주형 변수 동시에 다룰 때 활용) - 전체 대비 상대적 비율과 세부 분류 값을 동시에 표시 - 정확한 값 파악이 어려움 - 100% 가로/세로 누적막대차트로 사용할 경우 비율 값 - 세로 축은 막대차트의 수치 파악에 도움	- 카테고리별 매출 비율분석
불렛(총알)차트	- 목표 대비 현재 성과를 표현 - 막대 길이로 데이터값을 인코딩(기능측정 값) - 차트 방향의 수직인 선 마커는 비교 측정값(목표)으로 기능, 측정값(현재)과 비교	- 월별 매출목표 대비 실적
레이더 (스파이더)차트	- 여러 변수의 균형을 한눈에 파악, 채우기를 지양하고 범주별로 색상을 달리하여 매핑 - 최소 3개 이상의 변수 필요 - 많은 변수를 표현할 경우 복잡	- 제품 품질의 다각적 평가
폭포수 (워터폴) 차트	- 누적값을 단계별로 시각화하며 각 단계가 합계에 기여하는 정도를 나타냄	- 비용 구조 분석(원가 → 이익 흐름)
롤리팝차트	- 막대 끝에 점을 추가하여 각 데이터 값을 강조	- 브랜드별 판매량 비교
히트맵 차트	- 색상을 사용하여 수치의 크기나 변화를 표현	- 고객 행동 데이터 분석 - 웹사이트 클릭 데이터

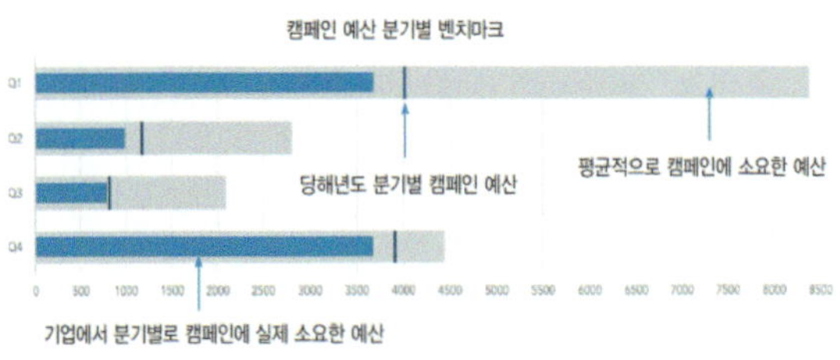

〈그림 4.18〉 불릿차트의 예시

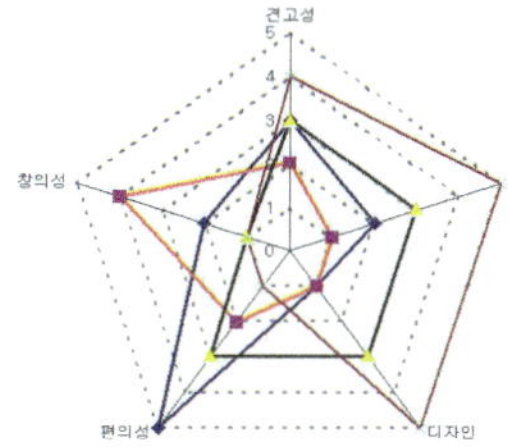

〈그림 4.19〉 레이더차트의 예시

3) 수량 시각화 유형 예시

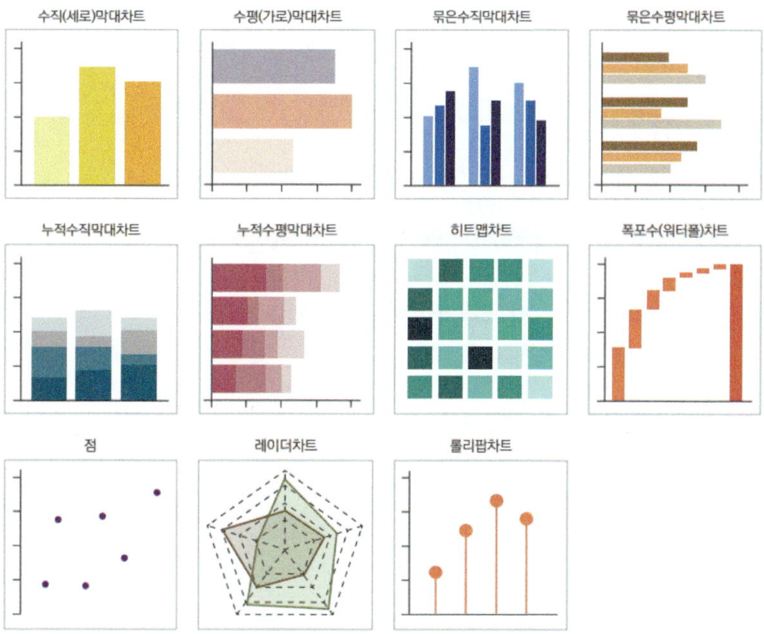

〈그림 4.20〉 수량 시각화 유형의 예시

(3) 비율 시각화

1) 비율 시각화의 개념

정의	- 데이터의 전체 중 부분을 시각적으로 표현하여 각 부분이 차지하는 비율을 비교
사용 예시	- 집단 내 성비 - 연령대별 비율 - 기업별·상품별 시장점유율

2) 대표적인 비율 시각화 차트

구분	설명	예시
원형 (파이)차트	- 원 전체는 데이터 총합(100%) - 파이 조각 크기는 각 범주의 비율을 표현 - 범주가 많으면 가독성이 떨어질 수 있음 ➤ 기타 항목을 처리하면 5개 범주 외에는 별도의 파이나 누적 세로 막대로 처리 - 상대적으로 특정 범주(차원)의 비율을 상호 비교하기 쉬움 -> 절대 수량 불필요한 경우 - 윗 방향에서 시계방향으로 정렬하거나, 위쪽부터 큰 것을 정렬 - 다차원 파이차트도 가능하지만 각 파이의 전체 부분은 100% - 특정 범주(차원)의 시간의 추이에 따른 비율 변화를 표현하기에는 적합하지 않음	- 시장점유율 비교 - 연령대별 소비 비율
도넛차트	- 파이차트의 변형으로, 도넛 조각의 길이로 비율을 표현 - 파이차트와 비슷한 용도로 사용 - 도넛 안쪽에 레이블 등 사용	- 제품군별 매출 비율
모자이크차트	- 계층적 구조를 가진 데이터를 표현 - 음수 값은 표현 불가 - 이웃하지 않은 사각형 비교가 어려울 수 있음	- 시기별 인구 비율분석 - 상품군 내 카테고리 비율
트리맵	- 계층적 데이터의 비율 표현 - 사각형 면적으로 비율을 시각화 - 배치 알고리즘이 자동으로 실행됨 예 : A대리점-갑상품, A대리점-을상품, B대리점-갑상품, B대리점-을상품 등의 2차원 범주를 내포 형태로 시각화할 수 있음	- 기업 구조 내 매출 비율 - 지역별 판매 점유율
와플차트 (그리드플롯)	- 작은 격자를 채워 비율을 표현 - 직관적인 표현 방식	- 시장점유율 시각화 - 집단 내 구성비율
폭포수 (워터폴)차트	- 단계별 변화와 기여도를 시각화 - 데이터 누적과 변화를 동시에 표현 - 단계별 성과 기여도	- 비용 구조 분석
누적밀도 차트	- 전체 중 특정 범주 비율을 쌓아가며 표현 - 시간에 따른 비율 변화를 나타내기에 적합	- 매출 비율의 기간별 변화 - 연령별 구매 추이 분석

3) 비율 시각화 유형 예시

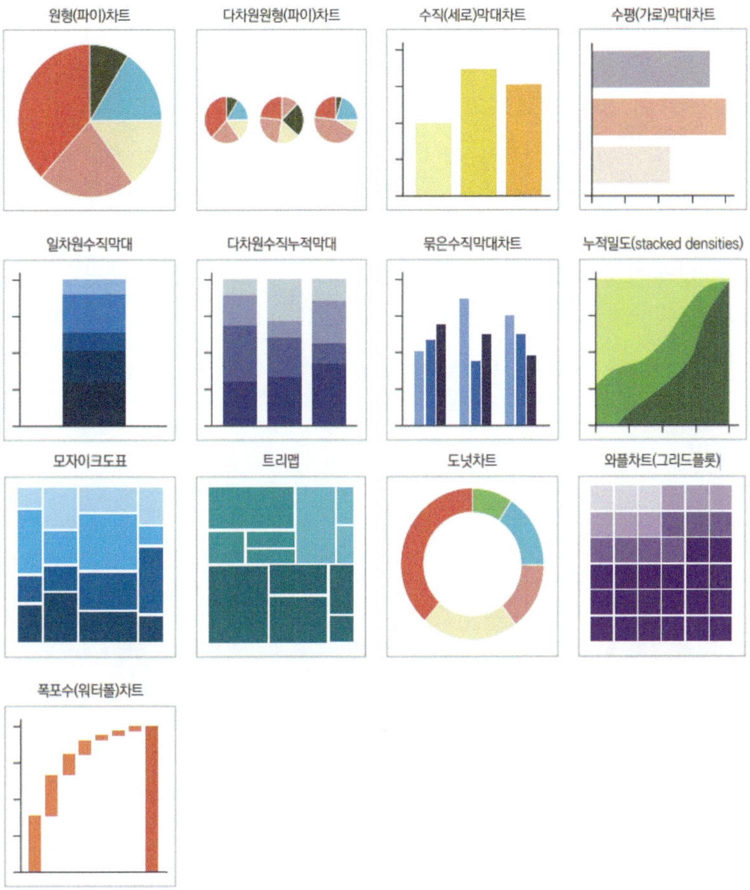

〈그림 4.21〉 비율 시각화 유형 예시

(4) 분포 시각화

1) 분포 시각화의 개념

정의	데이터를 시각적으로 나타내어 특정 변수(필드)의 데이터 값 분포를 이해하고 분석
목적	데이터의 중앙값, 평균, 최솟값, 최댓값, 사분위 수 등을 직관적으로 파악
사용 예시	- 슈퍼마켓 데이터에서 소비자의 연령 분포 - 학생 성적의 점수 분포 - 제품 불량률의 분포

2) 대표적인 분포 시각화 차트

구분	설명	예시
히스토그램	- 가로축: 범주형 데이터 또는 구간 - 세로축: 데이터값의 빈도 또는 분포	- 고객 나이 분포 - 점수 구간별 학생 수
박스플롯	- 데이터의 최솟값, 1사 분위 수, 중앙값(2사 분위 수), 3사 분위 수, 최댓값을 표현 - 평균은 표시하지 않음 - 아웃라이어(데이터 분포 중 다른 측정값에서 크게 벗어난 값) 발견이 쉬움	- 제품 품질의 변동성 확인 - 학생 성적의 분포 분석
도트플롯	- 데이터의 각 값을 점으로 나타내 분포를 파악	- 주간 판매량 비교
덤벨차트	- 정량 데이터의 시간에 따른 변화나 전후 관계를 나타냄	- 특정 제품의 이전/이후 매출 비교
버터플라이차트	- 양쪽으로 나뉜 데이터를 시각화하여 그룹 간 비교 가능	- 남성/여성 소비자 연령대 분포

3) 분포 시각화 유형

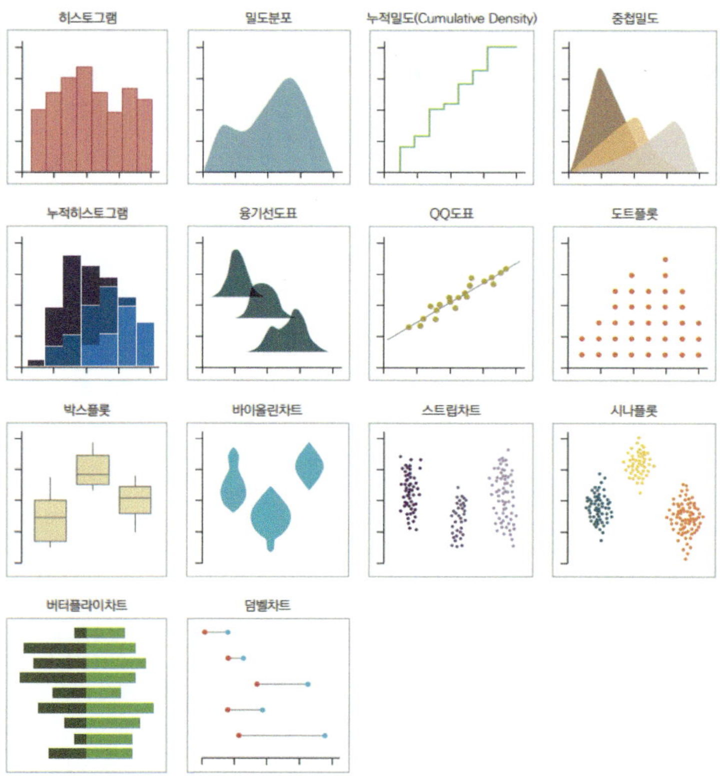

〈그림 4.22〉 분포 시각화 유형 예시

(5) 관계 시각화

1) 관계 시각화의 개념

정의	두 개 이상의 정량적(수치형) 변수 간의 관계를 시각적으로 표현하여 상관관계를 파악
목적	변수 간의 관계 강도와 방향성을 분석하고, 데이터 간의 패턴과 이상치를 식별
사용 예시	- 매출과 수익 간의 관계 분석 - 광고 투자와 판매량 간의 상관관계 분석

2) 대표적인 관계 시각화 차트

구분	설명	예시
산점도 (분산형 차트)	- 가로축(X)과 세로축(Y)에 각각의 수치형 데이터를 대응시켜 점으로 표현 - 점들이 촘촘한 패턴으로 되면 강한 관계로 점들이 흩어지면 약한 관계로 해석, 데이터 포인트가 많을 때 명확한 패턴을 해석하기 쉬움 - 데이터 간의 패턴과 상관관계를 직관적으로 확인 ➤ 데이터가 왼쪽 아래에서 오른쪽 위로 분포할 경우, 양의 상관관계가 있음 ➤ 데이터가 왼쪽 위에서 오른쪽 아래로 분포할 경우, 음의 상관관계가 있음 - 데이터 혹은 통계 분야와의 연관 : 상관관계 분석	- 매출과 광고비 간 상관관계 분석 - 온도와 판매량의 관계
버블 (거품형) 차트	- 산점도에서 파생된 유형으로, 3개의 변수를 동시에 표현 - 세 번째 변수는 원의 크기로 표현 ➤ 3개의 변수를 동시에 표현하여 편리하지만, 데이터 포인트가 너무 겹쳐 있으면 이해하기 어려움 ➤ 지름이 아닌 면적으로 수량을 비교한다는 점이 중요(정확한 수치를 파악하는 데 적합지 않음) ➤ 비교하기 쉽고 대량의 데이터를 좁은 공간에 표시할 수 있다는 장점이 있음 ➤ 사각형이나 삼각형 등도 이용 가능	- 광고 투자, 매출, 수익을 동시에 비교 - 도시별 인구, 면적, GDP 분석

〈그림 4.23〉 버블차트의 예시

3) 관계 시각화 유형

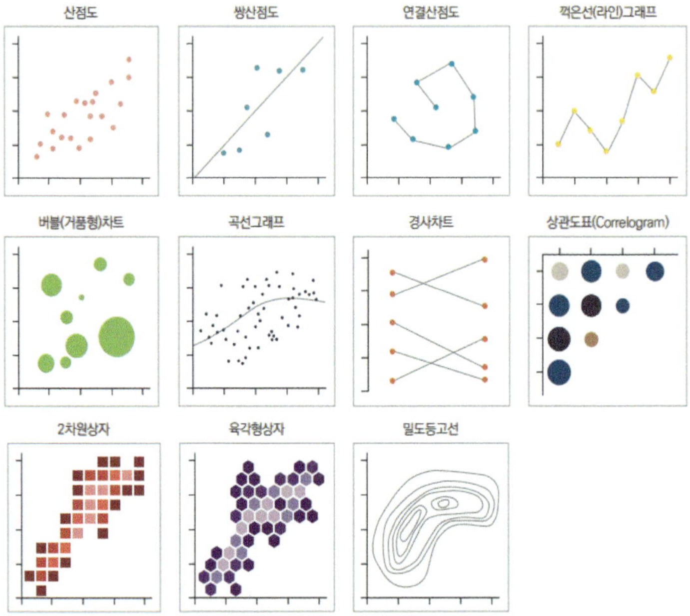

〈그림 4.24〉 관계 시각화 유형의 예시

(6) 공간 시각화

1) 공간 시각화 개념

정의	지리 공간 데이터를 활용하여 지도로 시각화, 데이터의 위치 및 분포를 표현
요소	데이터에 위도(latitude)와 경도(longitude) 정보가 포함되어야 함
사용 예시	- 국가별 판매량 시각화 - 지역별 인구밀도 분석 - 도시별 배송 네트워크

2) 대표적인 공간 시각화 차트

구분	설명	예시
단계 구분도 (등치맵)	- 색의 채도(진하기)를 사용하여 영역별 수치형 자료(예: 판매량)를 구분 - 직관적인 정보 전달과 위치 관계 파악 용이	- 지역별 매출 시각화 - 국가별 GDP 비교
카토그램 (왜상통계지도)	- 면적을 데이터값에 맞게 변형한 지도 - 핵심 데이터를 강조하기 위한 시각화 방법 ➤ 지도의 한 측면을 왜곡하므로 공간에 대한 해석이 어려움	- 인구밀도에 따른 국가 크기 변형
카토그램 히트맵	- 동일 면적의 배경에 색 채도를 사용하여 데이터값을 표현 ➤ 같은 면적의 배경을 병렬적으로 사용 - 공간의 왜곡 없이 데이터 차이를 강조 - 상세한 위치정보 제공 부족	- 도시별 평균 소득 비교 - 지역별 소비 패턴
(비례기호) 맵/지도	- 데이터값에 비례한 크기의 기호(원, 사각형 등)를 사용하여 지도 위에 시각화	- 도시별 인구 표현 - 매장별 매출
지형도	- 고도, 산맥 등의 지리적 특징을 시각화 - 위도와 경도를 기반으로 지리학적 데이터를 표현	- 산림 분포 분석 - 공원 및 보호구역 시각화
등치선/등고선 지도	- 동일한 값을 연결하는 선(등치선)을 사용하여 데이터 변화를 표현 - 보통 기후, 고도, 기압 변화 등에서 사용	- 기온 분포 - 고도 변화 지도

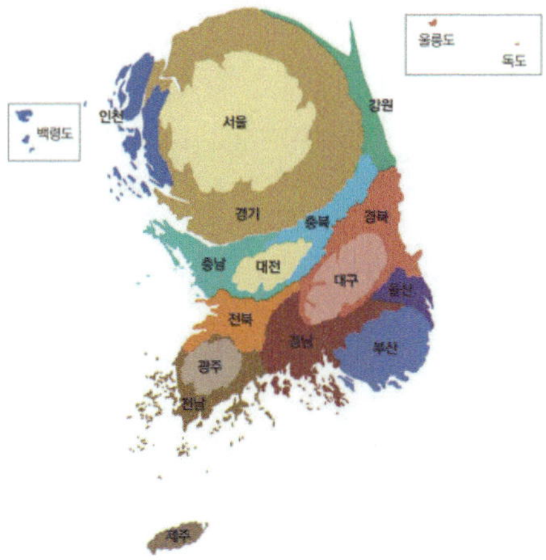

출처 : 국토지리정보원, 청소년을 위한 대한민국 국가지도집.

〈그림 4.25〉 카토그램의 예시

3) 공간 시각화 유형

〈그림 4.26〉 공간 시각화 유형 예시

(7) 시간 시각화

1) 시간 시각화 개념

정의	시간의 흐름에 따라 데이터가 어떻게 변화하는지 시각적으로 표현
목적	데이터의 추세, 변화, 패턴을 파악하여 시점별 비교와 예측 가능
사용 예시	- 연도/분기/월별 매출액 변화 - 작년 동일 시점 대비 매출이익 변화 - 주간 사용자 접속 수 변화

2) 시간 추이를 표현하는 시각화 유형

구분	설명	예시
선 그래프	- 추세와 경향을 강조 - X축을 시간 축(일, 주, 월, 연 등)으로 설정 - 시계열 데이터를 활용 ➤ 시계열 데이터는 추세적, 계절적, 순환적, 불규칙 요인의 4가지 요인으로 구성	- 월별 판매량 변화 - 연도별 광고 투자 추이
경사(기울기) 차트	- 두 점(기간) 사이의 변화 비교에 적합 - 선 그래프의 파생 유형으로, 비교와 변화의 시각적 강조	- 올해와 작년 매출 비교 - 분기별 매출 차이
누적영역 차트	- 선 그래프의 확장형으로, 누적된 데이터를 시각화 - 전체 변화와 함께 세부 구성요소의 변화를 이해하는 데 유용	- 분기별 총 매출과 카테고리별 매출 비교 - 에너지 소비량 누적 변화

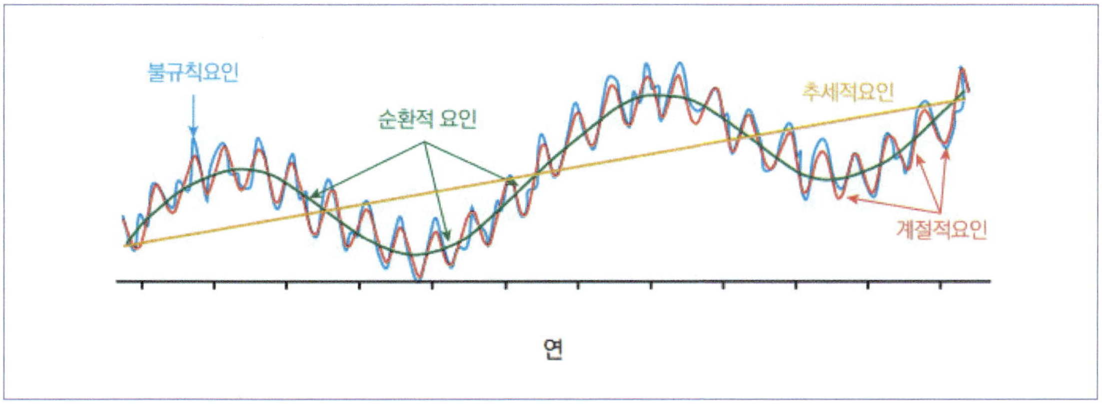

〈그림 4.27〉 시계열 데이터의 4가지 요인

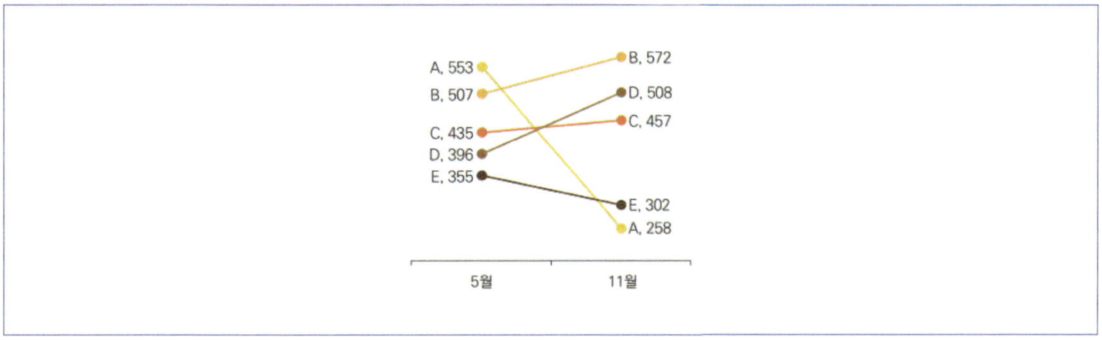

〈그림 4.28〉 경사차트의 예

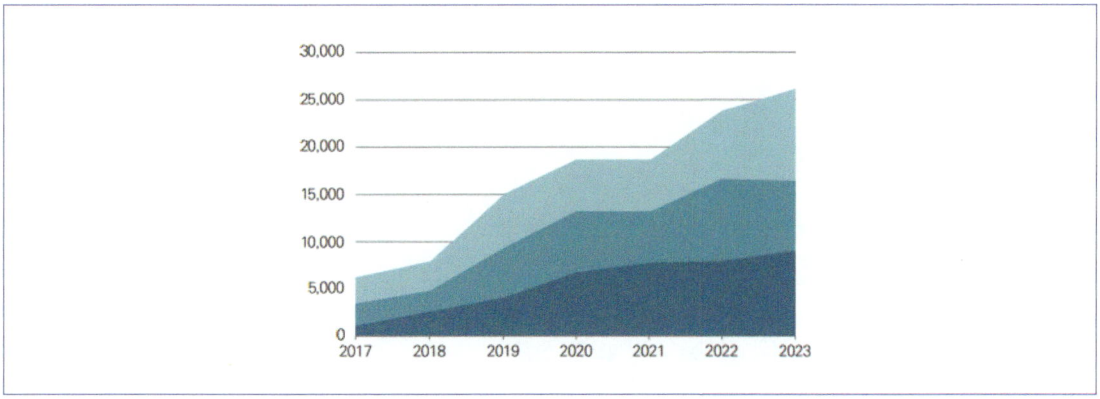

〈그림 4.29〉 영역차트의 예

3) 시간 시각화 유형

〈그림 4.30〉 시간 시각화 유형의 예시

(8) 불확실성 시각화

1) 불확실성 시각화 개념

정의	- 데이터의 불확실성을 시각적으로 표현하여 정보의 신뢰성을 파악 - 오차를 포함하여 데이터 분석 결과 해석
목적	- 통계적 불확실성을 명확히 표현하여 의사결정에 도움 - 데이터의 신뢰성과 한계를 시각적으로 전달
사용 예시	- 고객만족도 평균과 표본오차 - 제품 품질의 측정값과 오차 범위 - 예측 모델의 결과와 신뢰구간

2) 대표적인 불확실성 시각화 차트

구분	설명	예시
오차 막대 (Error Bars)	- 막대 차트에 오차 범위를 추가하여 불확실성을 시각화 - 평균값과 표준편차, 신뢰구간 등을 함께 표현	- 고객만족도 평균과 신뢰구간 - 제품 품질 테스트 결과

3) 불확실성 시각화의 유형

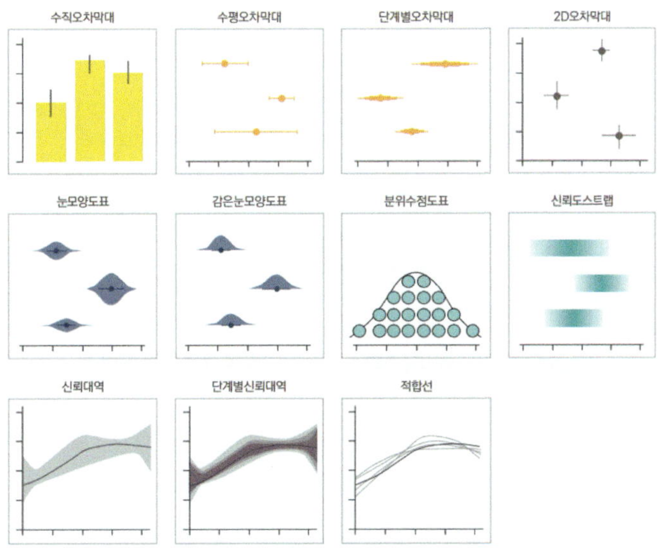

〈그림 4.31〉 불확실성 시각화 유형 예시

4) 데이터 혹은 통계 분야와의 연관

모집단, 표본, 추정, 표본분포, 표준오차, 신뢰수준, 신뢰구간, 상관계수

(9) 기타 시각화

1) 흐름을 표현하는 시각화

정의	- 데이터의 이동, 전환, 흐름을 시각적으로 표현하여 상호 연결성과 변화의 패턴을 이해 - 주로 다중 단계 또는 계층구조 데이터 표현에 사용
목적	- 데이터 간 관계와 흐름의 크기를 비교 - 시스템의 자원 흐름 또는 프로세스 시각화
사용 예시	- 자금과 비용 흐름 - 원재료 이동 경로 - 웹사이트 간 사용자 이동

1)-2 대표적인 흐름 시각화 차트

구분	설명	예시
생키(Sankey) 차트	- 흐름의 시작점과 끝점 간 연결을 시각화 - 화살표의 너비로 수치형 데이터를 표현 - 계층 간 관계를 명확히 표현	- 자금 이동 흐름 - 에너지 소비 경로 - 사이트 트래픽 이동
평행좌표계	- 여러 변수를 평행선으로 나란히 배치하고 데이터를 선으로 연결 - 서로 다른 유형/크기의 데이터를 비교하여 패턴 탐색	- 다차원 데이터 패턴 분석 - 고객 세그먼트 특성 비교

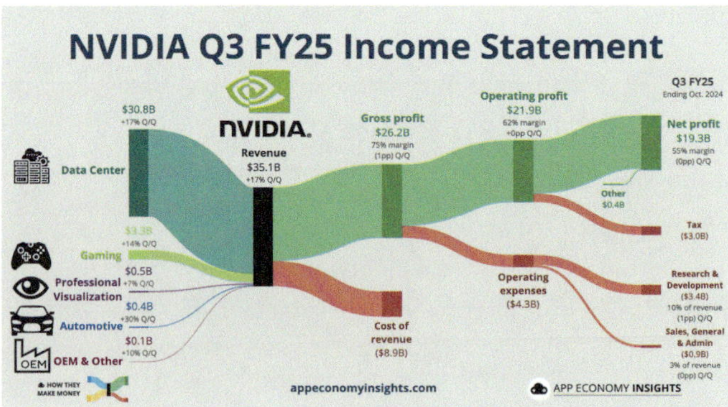

〈그림 4.32〉 생키차트의 예시

2) 순위 표시 시각화

목적	시간에 따른 데이터의 순위 변화와 추이를 동시에 파악	
구분	범프(Bump) 차트	리본차트
정의	순위의 변동 상황을 명확하게 이해할 수 있는 시각화 차트	두 점(기간) 이상 사이의 순위 변화와 비율 비교에 적합
활용 예시	- 연도별 매출 순위 변화 - 스포츠 팀 순위 변화 - 브랜드 인기 순위 추이	- 연도별 품목별/부서별 매출 순위 변화
축 설정	- Y축: 순위를 나타내며, 위에서 아래로 순서가 표시 - X축: 시간(연도, 월 등)을 나타냄	- Y축: 수량을 나타내며, 위에서 아래로 순서가 표시 - X축: 시간(연도, 월 등)을 나타냄

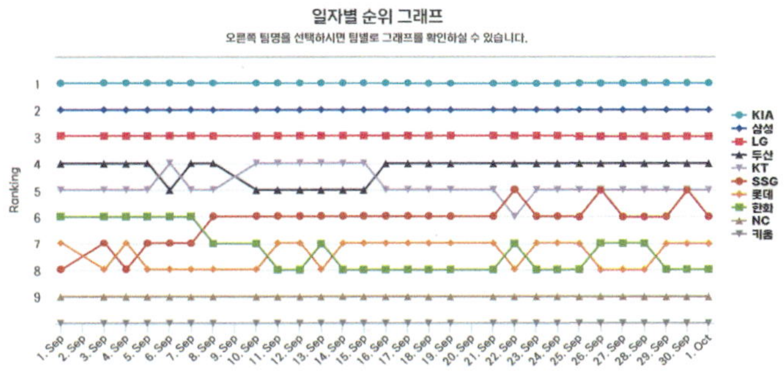

〈그림 4.33〉 범프 차트의 예시

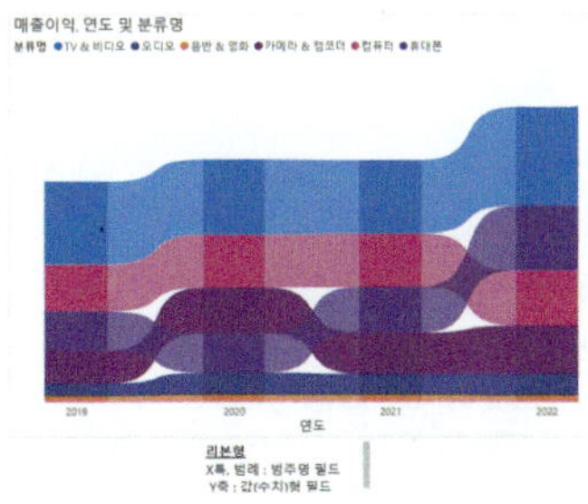

〈그림 4.34〉 리본 차트의 예시

3) 누적을 표현하는 시각화

폭포수 (Waterfall) 차트	누적 효과를 시각적으로 표현하는 차트로, 변화와 그 변화를 구성하는 세부 요소를 한눈에 이해할 수 있음 - 최종 합계 값을 함께 표현하여 전체 기여도를 이해하기 쉽게 만듦
목적	최종 결과에 기여하는 각 요소의 기여도와 변화 과정을 시각화
사용 예시	- 기업의 수익 및 비용 구성 분석 - 프로젝트 기여 요소별 성과 분석 - 월별 매출 증가/감소 요인 파악
음의 측정값 처리	- 감소 요소(음의 측정값)도 함께 시각화하여 누적 효과를 명확히 전달

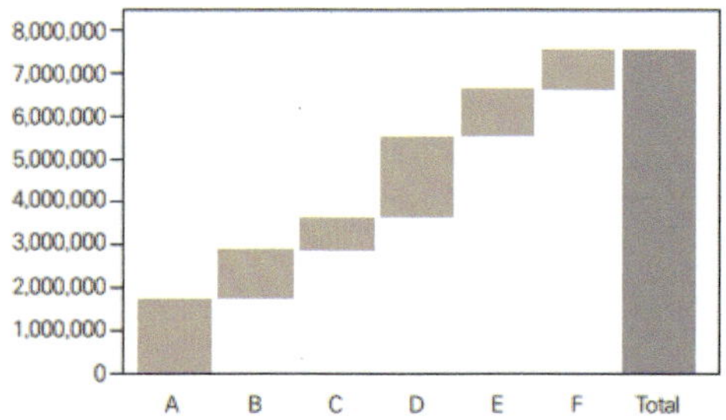

〈그림 4.35〉 폭포수 차트의 예시

4) 분류를 목적으로 하는 시각화

덴드로그램 (Dendrogram)	- 머신러닝의 군집화 결과를 나타내는 트리 형태의 다이어그램
목적	- 관측치(데이터 포인트) 간의 유사성과 군집 계층구조를 시각적으로 표현
활용 예시	- 고객 세분화를 위한 데이터 군집화 - 제품 유사성 분석 - 유전자 서열 데이터의 계통 분류

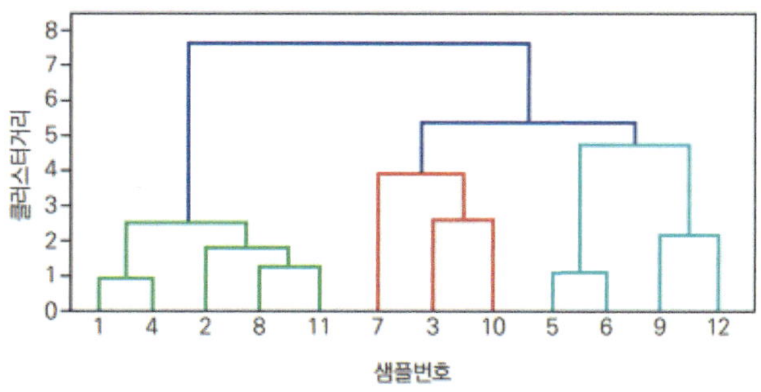

〈그림 4.36〉 덴드로그램의 예시

5) 시간의 추이에 따른 업무 배분을 목적으로 하는 시각화

간트차트 (Gantt Chart)	- 프로젝트가 진행되는 동안 프로젝트의 일정과 관련 작업 또는 이벤트를 표시하기 위해 사용하는 가로 막대 차트
목적	- 프로젝트의 로드맵을 보여줌
활용 예시	- 프로젝트 일정 관리

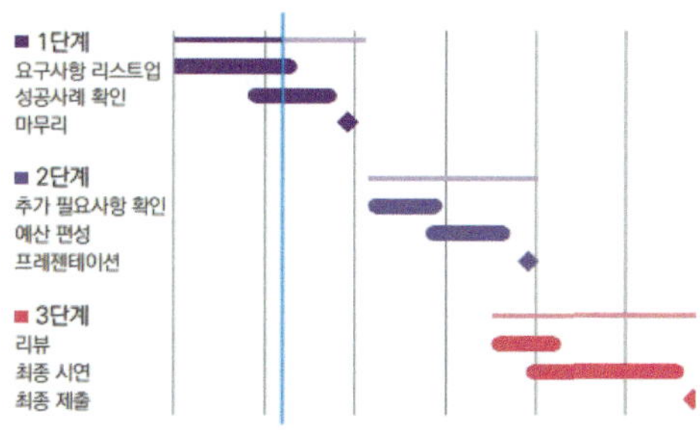

〈그림 4.37〉 간트차트의 예시

6) 결합(혼합)형 차트

꺾은 선 및 세로막대형	- 이중 축(보조 축)을 활용할 경우 복합적인 정보를 표시하기 위해 사용하는 꺾은 선 및 세로 막대 차트
목적	- 두 개 종류의 차트를 결합하여 제시함으로써 다양한 정보를 제공하는 것이 가능

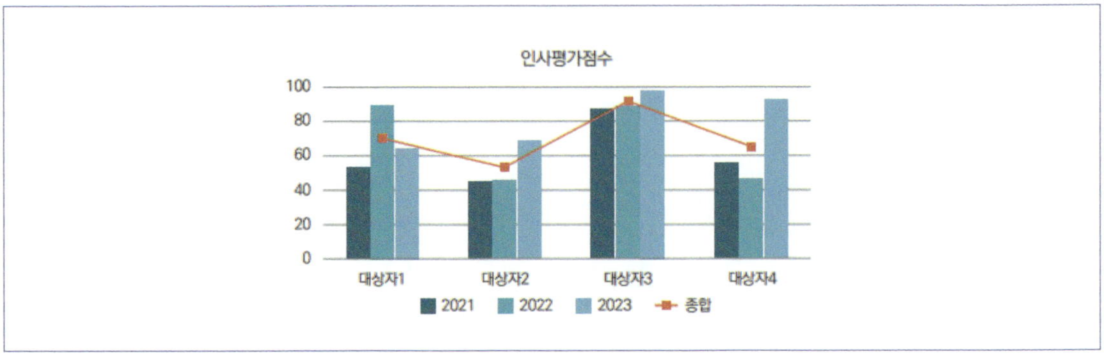

〈그림 4.38〉 결합형 차트의 예

2 테이블 디자인

(1) 테이블(Table, 표)

정의	자료를 정렬하고 표시하는 양식으로, 일반적으로 행과 열로 구성된 2차원 구조
구성요소	- 행(Row): 데이터를 가로로 표현하며, 데이터베이스에서는 레코드 또는 튜플 - 열(Column): 데이터를 세로로 표현하며, 속성, 필드, 변수로 불림
셀(Cell)	행과 열의 교차점으로 데이터가 입력되는 가장 작은 단위
추가 요소	머리글(Header) 및 합계를 포함한 행과 열이 추가될 수 있음
시각적 속성	크기, 색상, 선 굵기, 선 유형 등 시각적 요소를 통해 가독성과 정보 전달력을 향상
피벗 테이블	- 큰 테이블의 데이터를 요약하여 통계 정보(개수, 합계, 평균 등)를 포함 - 데이터 탐색 및 분석에 유용

연도	월	총매출금액	전월_매출	연간_누계
2022	1	76,479,700	76,046,100	76,479,700
2022	2	81,545,600	76,479,700	158,025,300
2022	3	79,928,300	81,545,600	237,953,600
2022	4	82,532,100	79,928,300	[illegible]
2022	5	75,537,500	82,532,100	396,023,200
2022	6	77,869,500	75,537,500	473,892,700
2022	7	61,812,600	77,869,500	535,705,300
2022	8	83,975,200	61,812,600	619,680,500
2022	9	90,649,700	83,975,200	710,330,200
2022	10	71,820,800	90,649,700	782,151,000
2022	11	65,124,600	71,820,800	847,275,600
2022	12	72,622,000	65,124,600	919,897,600
합계		919,897,600	923,321,700	919,897,600

〈그림 4.39〉 테이블의 예시

(2) 캘린더차트

정의	날짜 데이터를 활용하여 요일, 주차, 일을 기준으로 구성된 특수 형태의 테이블
구성요소	- 행(Row): 요일 - 열(Column): 주차 - 셀(Cell): 각 날짜에 해당하며, 색상이나 레이블로 데이터를 표시
목적	- 날짜별 데이터를 시각적으로 명확히 표현하여 일정, 패턴, 이벤트를 한눈에 이해 - 칸의 색상, 레이블을 통해 데이터에 대한 정보를 시각적으로 제공
활용 예시	- 주간/월간 판매 패턴 분석 - 프로젝트 일정 관리 - 특정 날짜별 이벤트 데이터 분석

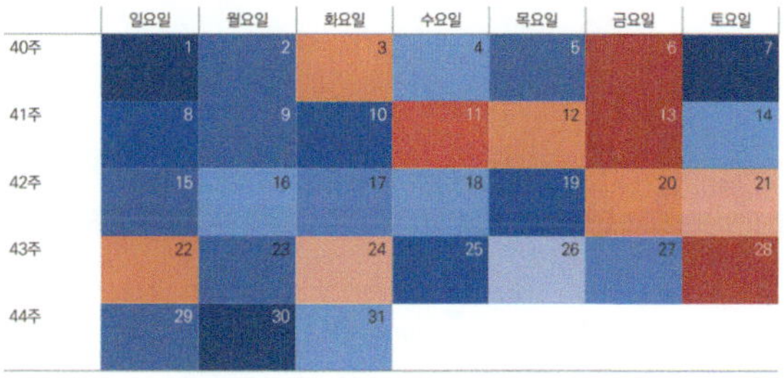

〈그림 4.40〉 캘린더차트의 예

Part II

마케팅 인텔리전스 실무

제5장 엑셀을 이용한 마케팅 인텔리전스

제6장 파워 BI 실무

제7장 DAX 연습 - 매출분석과 고객분석

제8장 시각화 사례 연구

제9장 경영정보시각화능력 실기 모의시험

제5장 엑셀을 이용한 마케팅 인텔리전스

제1절. 데이터 분석 도구

마케팅 분야의 데이터분석가는 마케팅 인텔리전스 실무에서 엑셀과 같은 스프레드시트프로그램을 자주 활용하며, 다음과 같은 업무를 수행한다.

① 매출데이터 등 요약과 보고	⑤ 광고효과 예측
② 고객선호도 조사	⑥ 고객가치 계산
③ 장바구니 분석	⑦ 시장세분화
④ 판매량 예측	⑧ RFM 등 고객분석 등

위에 제시한 업무 중 ①, ②, ③은 마케팅부서 경영자와 실무자에게 인사이트를 제공하기 위한 데이터분석 업무이고

④, ⑤, ⑥은 마케팅 및 고객관리부서가 알고 싶어 하는 미래 정보를 제공하기 위한 예측업무이다. 고객가치 계산은 고객이 생애 동안 우리 회사에 기여하는 가치를 예측해야 하기에 예측업무에 해당한다.

⑦, ⑧은 고객서비스부서에 필요한 고객 정보를 제공하는 분류업무이다.

앞에 열거한 업무는 엑셀과 같은 수치를 다루기에 적합한 프로그램 도구를 활용하여 분석, 예측, 분류를 수행할 수 있다.

부연하여 설명하면 데이터 분석은 엑셀의 데이터파일 구축(데이터 가져오기와 텍스트 나누기), 필터링, 조건부 서식, 함수, 정렬, 통합, 부분합, 피벗 테이블, 차트과 같은 엑셀의 주요 기능을 활용하며,

예측은 목푯값 찾기, 데이터 표, 시나리오 분석, 해 찾기와 같은 엑셀 가상 분석기능과 회귀분석, 시계열분석과 같은 통계 기법을 활용한다.

분류는 ABC 분석, RFM 분석과 같은 마케팅 실무 기법이나 판별분석, 로지스틱 회귀분석, 군집 분석과 같은 통계 기법 및 인공신경망, 결정 트리와 같은 데이터마이닝 기법을 사용한다.

본 장의 제1절에서는 차트기능의 대부분(제6장의 파워 BI에서 다룸)을 제외한 앞에서 열거된 12가지 엑셀의 주요 기능을 각각 살펴보고, 제2절에서는 회귀분석, 시계열분석 등 예측기법과 ABC, RFM 등 분류기법을 엑셀을 도구로 하여 학습해본다. 제3절에서는 마케팅 인텔리전스의 응용 예로 고객가치 계산, 장바구니 분석도 추가로 다뤄본다.

1 데이터파일 구축

데이터분석가는 데이터 분석과 예측, 분류를 수행하고 그 결과를 마케팅 의사결정을 위해 인사이트를 제공할 수 있는 시각화한 보고서로 작성하는 것이 주된 업무로 한다. 분석가의 업무의 출발점은 데이터파일을 준비하는 것이다.

보통 실무에서는 정보지원부서에서 데이터파일을 텍스트(공백 또는 탭으로 분리한 txt 파일 또는 콤마부호(,)로 분리한 CSV 파일) 파일로 받아 엑셀의 테이블(표) 형태로 변환한다. 간단한 데이터는 분석가가 직접 입력하거나 비주얼 베이직(visual basic for applications, VBA)으로 작성한 입력창 UI를 통해 실무자가 직접 입력하는 방법으로 만든다. 어떤 방법으로든 〈그림 5-1〉의 예처럼 데이터 테이블을 만든다.

데이터 테이블의 첫 행에서는 각 열의 데이터(필드/속성)들의 이름(필드명)과 데이터 종류(정성-텍스트 또는 정량-숫자)를 정하고 2행 이후에는 각각의 레코드 자료를 입력한다.

〈그림 5.1〉의 사례는 직원의 매출실적에 관한 테이블이다. 데이터는 테이블 형태로 작성하는 것이 원칙인데 필드와 레코드를 추가, 삭제 등 변경하는 경우 관련 기능에서 자동 반영되는 등 여러 가지 장점이 있다. 테이블에서는 텍스트 및 숫자 데이터 외에도 진위형(True/False), 날짜/시간도 입력할 수 있다.

엑셀에서 한 시트 안에 필드명(1행)과 1,048,575개 레코드(2~1,048,576행)를 추가할 수 있다. 레코드 번호(A 열)와 16383개 필드(B 열~XQD 열)까지 속성(필드)을 지정할 수 있다. 분석에 필요한 데이터는 시트(sheet) 내에서 다룰 수 있다. 아래 예에서는 최초입력 시 데이터가 오른쪽 맞춤 된 것은 숫자 형/날짜 시간형, 왼쪽 맞춤인 것은 문자형, 가운데 맞춤은 진위형이다. 물론 사용자가 원하면 맞춤을 변경할 수 있다.

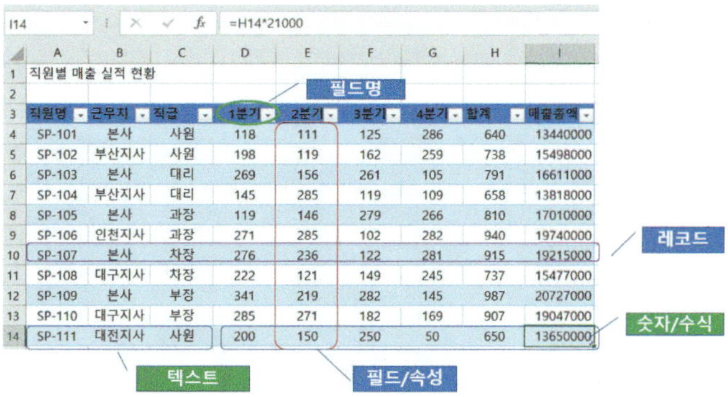

〈그림 5.1〉 엑셀에서 다루는 데이터 테이블

데이터를 입력하는 일반적인 방법은 텍스트 파일, 액세스 또는 다른 데이터베이스에서 데이터를 가져오기(importing) 하는 것이다. 〈그림 5.2〉와 같이 "데이터" 탭의 '외부 데이터 가져오기' 그룹에서 '텍스트'로 가져오기 절차를 직접 실습해본다.

처음에 있는 파일은 CSV 파일로 파일 탐색기에서 바로 엑셀을 열고 텍스트마법사를 거칠 필요 없이 바로 데이터 테이블로 작성되지만, prn과 txt 파일은 엑셀에서 외부 데이터 가져오기 그룹의 텍스트로 가져오면 텍스트마법사가 자동으로 열린다.

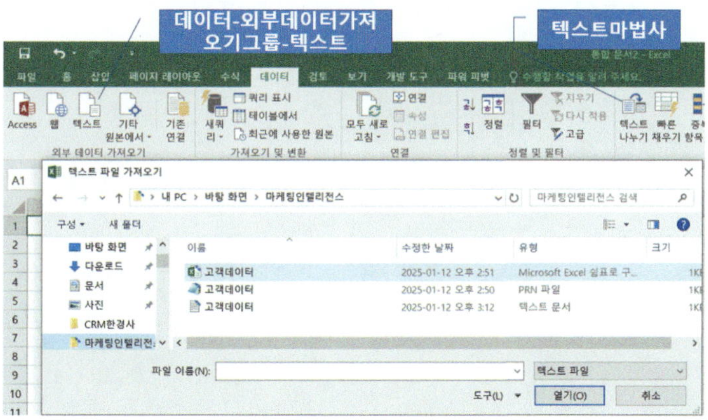

〈그림 5.2〉 엑셀에서 다루는 외부데이터 가져오기

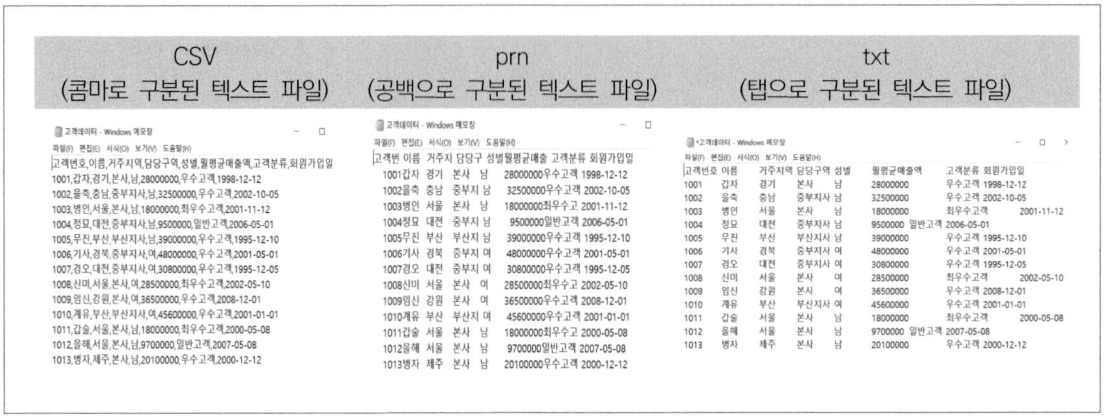

〈그림 5.3〉 텍스트 형태의 외부데이터

텍스트마법사에서 prn 파일은 다음을 클릭하고 구분 선을 추가한 후 마침을 클릭하면 테이블이 완성된다.

txt 파일의 경우는 텍스트마법사에서 마침만 클릭하면 테이블이 완성된다.

테이블 서식을 적용하려면 테이블 내부를 클릭하고 삽입 탭-표를 선택한다.

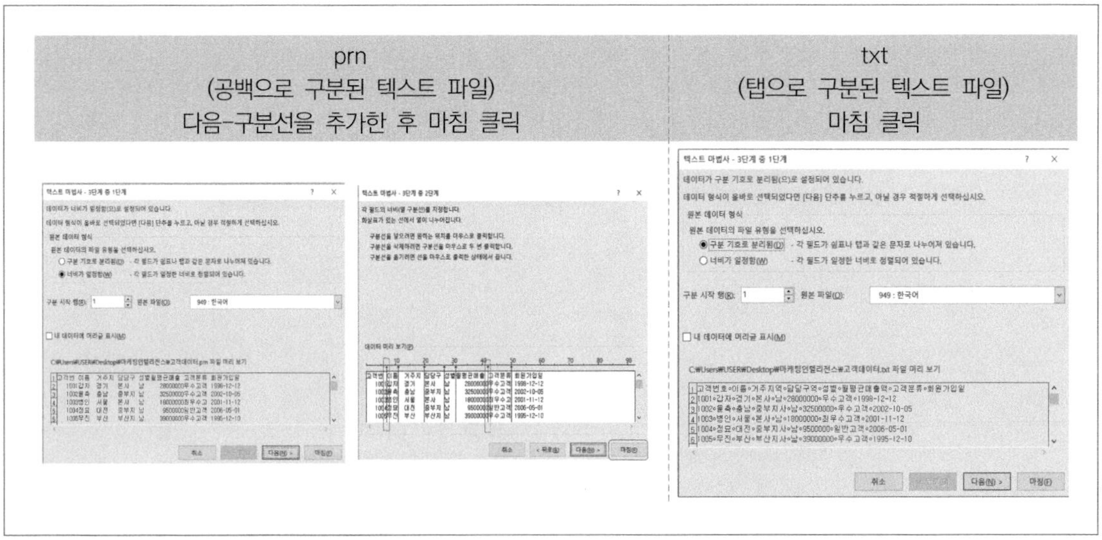

〈그림 5.4〉 엑셀의 데이터탭-외부데이터 가져오기 그룹-텍스트 사용례

2 함수

엑셀에서 함수는 산술연산과 논리연산 등 직접 연산을 위하여 제공되는 경우, 실무에서 사용되는 기능을 매크로 및 VBA로 지정하여 제공하는 경우 등 다양하며 엑셀의 버전이 바뀔 때마다 그 수가 증가하고 있다. 아래 표에서는 엑셀2019 에서 제공되는 함수범주와 그 중 많이 사용되며 컴퓨터 활용 2급 시험 범위에 해당하는 함수 등을 그 사용법 및 예제와 함께 제시한다.

(1) 엑셀 2019 에서 많이 사용되는 함수

엑셀에는 통계, 수학/삼각, 논리, 텍스트, 날짜/시간, 찾기/참조, 정보, 데이터베이스 함수 외에도 재무, 공학, 큐브 등 총 500개 이상의 함수를 제공하고 있고 그밖에 응용프로그램 작성을 위한 비주얼 베이직(VBA) 기능을 이용한 사용자가 정의한 함수도 있다.

〈표 5.1〉 엑셀함수 (2024년 출제기준 함수, 실제 출제 함수(DB함수까지 점선 윗칸), +MS365 추가)

범주	엑셀 2019/2021	마이크로소프트 365
논리	AND FALSE IF IFERROR IFS NOT OR TRUE SWITCH	BYCOL BYROW LAMBDA LET MAKEARRAY MAP REDUCE SCAN
텍스트	FIND(B) LEFT(B) LEN(B) LOWER MID(B) RIGHT(B) SEARCH(B) TRIM UPPER - - - - - ASC BAHTTEXT CHAR CLEAN CODE CONCAT CONCATENATE WON EXACTPHONETIC PROPER REPLACE(B) REPT T TEXT VALUE	ARRAYTOTEXT TEXTAFTER TEXTBEFORE TEXTJOIN TEXTSPLIT VALUETOTEXT
날짜/시간	DATE DAY DAYS EDATE EOMONTH HOUR MINUTE MONTH NOW SECOND TIME TODAY WEEKDAY WORKDAY YEAR - - - - - DATEDIF DATEVALUE DAYS360 NETWORKDAYS TIMEVALUE WEEKNUM YEARFRAC	-
통계	AVERAGE AVERAGEA AVERAGEIF AVERAGEIFS COUNT COUNTA COUNTBLANK COUNTIF COUNTIFS LARGE MAX MAXA MEDIAN MIN MINA MODE.SNGL RANK.EQ SMALL STDEV.S VAR.S - - - - - AVEDEV CORREL DEVSQ FISHER FISHERINV FORECAST FORECAST.ETS FORECAST.ETS.CONFINT FORECAST.ETS.SEASONALITY FORECAST.ETS.STAT FORECAST.LINEAR FREQUENCY GAMMALN GEOMEAN GROWTH HARMEAN HYPGEOM.DIST INTERCEPT KURT LINEST LOGEST MAXIFS MINIFS PEARSON PERMUT PROB RSQ SKEW SLOPE STANDARDIZE STDEVA STDEVPA STEYX TREND TRIMMEAN VARA VARPA	-

범주	엑셀 2019/2021	마이크로소프트 365
수학/삼각	ABS INT MOD POWER RAND RANDBETWEEN ROUND ROUNDDOWN ROUNDUP SUM SUMIF SUMIFS TRUNC	LET RANDARRAY SEQUENCE
	ACOS ACOSH AGGREGATE ARABIC ASIN ASINH ATAN ATAN2 ATANH CEILING CEILING.PRECISE. COMBIN COS COSH DEGREES EVEV EXP FACT FACTDOUBLE FLOOR FLOOR.PRECISE GCD LCM LN LOG LOG10 MDETERM MINVERSE MMULT MULTINOMIAL MROUND ODD PI PRODUCT QUOTIENT RADIANS ROMAN SERIESSUM SIGN SIN SINH SQRT SQRTPI SUBTOTAL SUMPRODCUT SUMSQ SUMX2MY2 SUMXMY2 TAN TANH	
찾기/참조	CHOOSE COLUMN COLUMNS HLOOKUP INDEX MATCH ROW ROWS VLOOKUP	CHOOSECOLS CHOOSEROWS DROP EXPAND FILTER HSTACK SORT SORTBY TAKE TOCOL TOROW UNIQUE VSTACK WRAPCOLS WRAPROWS XLOOKUP XMATCH
	ADDRESS AREAS GETPIVOTDATA HYPERLINK IMAGE INDIRECT LOOKUP OFFSET RTD TRANSPOSE	
데이터베이스	DAVERAGE DCOUNT DCOUNTA DMAX DMIN DSUM	
	DGET DPRODUCT DSTDEV DSTDEVP DVAR DVARP	
정보	DELL ERROR.TYPE INFO ISBLANK ISERR ISERROR ISEVEN ISLOGICAL ISNA ISNONTEXT ISNUMBER ISODD ISREF ISTEXT N NA TYPE	ISOMITTED
호환성	구버전의 함수로 사용할 수 있는 것 43개(VAR STDEV RANK MODE 등)	
공학	공학 계산용 39개	
재무	순 현재가치, 감가상각 등 53개	
기타	큐브 7, 웹 3, 추가기능/사용자정의함수 3개	

(2) 주요 함수 사용 예

〈표 5.2〉 주요 함수 사용 예

함수		설명
수학/삼각 함수	ROUND(반올림 하려는 수, 자릿수) ROUNDUP(올림 하려는 수, 자릿수) ROUNDDOWN(내림 하려는 수, 자릿수) TRUNC(잘라내기 하려는 수, 자릿수)	자릿수가 양수인 경우 소수점이하 자릿수, 음수는 소수점 이상 자릿수로 입력한다. 예) =ROUND(PI( ),2)=3.14 =ROUND(12345,-1)=12350 =ROUNDDOWN(12345,-1)=12340
	ABS(숫자)	절댓값을 반환함
	POWER(a,b)	a의 b 제곱(근)을 반환함 예) =POWER(2,1/2)=1.414214
	SUM(합을 구할 참조 범위로 255개까지)	참조 범위의 합계를 계산함

함수		설명
	SUMIF(조건을 검사할 셀, 조건, 합계/평균을 구할 범위) SUMIFS(합계를 구할 범위, 조건검사대상1,조건1,조건검사대상2,조건2,,,)	조건을 만족하는 데이터의 합계를 구함 원하는 조건이 다양할 때 조건들을 만족하는 셀의 합계를 구함
	INT(숫자) RAND( ) RANDBETWEEN(작은 값, 큰 값)	소수점 아래를 버리고 크지 않은 정수를 구함 (=ROUNDDOWN(숫자,0)) 0 이상 1 미만의 실수인 난수를 반환. 워크시트를 계산할 때마다 새로운 난수가 반환함 작은 값과 큰 값 사이의 난수를 반환, 위와 같음
통계	AVERAGE(평균을 구할 참조범위 255개까지) AVERAGEA(")	참조 범위 내의 숫자 값들의 평균을 계산함(빈칸이나 텍스트는 무시/0으로 대체).
통계	COUNT(개수를 구할 참조 범위로 255개까지) COUNTA(") COUNTBLANK(빈 셀의 개수를 구할 범위)	주어진 값들의 개수를 구함. 숫자만 셈 주어진 값들의 개수를 구함. 모두 셈 빈 셀의 개수를 셈
통계	COUNTIF(조건을 검사할 셀, 조건) AVERAGEIF(조건을 검사할 셀, 조건, [평균을 구할 범위])	조건을 만족하는 데이터의 평균, 개수를 구함
통계	COUNTIFS(조건검사대상1,조건1,조건검사대상2,조건2,,,) AVERAGEIFS(합계/평균을 구할 범위,조건검사대상1,조건1,조건검사대상2,조건2,,,)	원하는 조건이 다양할 때 조건들을 만족하는 셀의 개수/합계를 계산함
통계	MAX/MIN/MEDIAN/MAXA/MINA(인수 255개까지)	최대값,최소값,(논리값과 텍스트도 포함된)최대값,최소값, 중간값을 계산함
통계	SMALL/LARGE(데이터 영역, 숫자)	데이터영역에서 n번째로 작은/큰 값을 구함
통계	RANK.EQ(구하는 값, 범위, 1이면 오름 순)	공동순위를 계산함
통계	MODE.SNGL(범위)	주어진 범위에서 최빈값을 반환함
통계	STDEV.S/VAR.S((범위)	주어진 범위에서 표본의 표준편차/분산을 반환함
논리 신규	AND/OR(참, 거짓 값을 가지는 조건), IF(판정식, 참일 때 반환값,거짓일 때 반환값)	IF(AND(A1>=90,A2>=80),"PASS")
논리 신규	IFERROR(판정식, 값)	판정식이 오류인 경우 값을 반환함
논리 신규	TRUE/FALSE( ) NOT(인수)	논리값 TRUE/FALSE를 반환함 논리식의 결과를 부정(반대 값)을 반환함
논리 신규	IFS (조건1, 결과1,... , [TRUE], [그외결과])	=IFS(만족도=5,"매우만족",만족도=4,"만족",만족도=3,"보통",만족도=2,"불만족",만족도=1,"매우불만족")
논리 신규	SWITCH (조건식, 결과값1,반환값1,..,기본값)	=SWITCH("031","02","서울","031","경기도","032","인천","033","강원","정보없음")
텍스트	LETF/RIGHT(text,추출수) MID(text,시작,추출수)	문자열에서 원하는 문자를 추출함
텍스트	SEARCH(검색문자열, 대상, 위치)	대상문자열에서 검색문자열의 시작위치를 반환함
텍스트	FIND(찾을 문자, 텍스트)	지정한 텍스트를 다른 텍스트 내에서 찾아 해당 문자의 시작위치를 반환함

	함수	설명
	LEN(텍스트)	텍스트 문자열의 문자 수를 반환함
	LOWER/UPPER(텍스트)	텍스트의 모든 문자를 소문자/대문자로 변환함
	PROPER(텍스트)	각 단어의 첫 문자를 대문자로 변환하고 나머지 문자는 소문자로 변환함
	TRIM(텍스트)	텍스트의 양쪽 공백 제거하여 반환함
찾기/ 참조	CHOOSE(인덱스번호, 값 254개)	인덱스번호에 맞는 값 반환함
	HLOOKUP/VLOOKUP(비교값,참조범위, 상대적 행/열번호,0은 정확한값)	참조범위에서 데이터를 참조하여 원하는 행/열의 값을 구함.
	INDEX(셀범위,상대적 행번호,상대적 열 번호)	특정 범위에서 상대적 행열의 값 반환함
	MATCH(비교값,참조범위,0)	비교값과 일치하는 참조범위의 위치 반환함
	COLUMN/ROW(셀) COLUMNS/ROWS(셀 범위)	주어진 셀의 열 이름/행 번호를 구함 주어진 셀 범위의 열/행 개수를 구함
날짜+ 시간 함수	YEAR/MONTH/DAY(날짜숫자) HOUR/MINUTE/SECOND(날짜숫자)	주어진 날짜 숫자에서 연월일시분초를 반환함
	DATE(년, 월, 일)	날짜의 일련 번호를 구함
	DAYS(끝 날, 시작 날)	두 날짜 사이의 일수를 반환함
	EDATE(시작 날짜, 개월 수)	특정 기간 전/후의 날짜의 일련번호를 연산함
	EOMONTH(시작 날짜, 개월 수)	특정 기간 전/후 달의 마지막 날짜의 일련번호를 연산함
	NOW( )	현재 날짜와 시각을 표시함
	TIME(시, 분, 초)	시간의 일련 번호를 반환함
	TODAY( )	오늘의 날짜를 입력함
	WEEKDAY(날짜, 옵션)	날짜에서 요일 숫자를 알아냄. 옵션 1(일-토), 옵션 2(월-일)
	WORKDAY(시작 날짜, 일 수, [휴일 날짜])	주말 및 특정 휴일을 제외한 근무 일수를 계산함
데이터 베이스	DAVERAGE(데이터베이스, 필드, 조건)	데이터베이스의 필드에서 지정한 조건에 맞는 값의 평균을 계산함
	DCOUNT/DCOUNTA(데이터베이스, 필드, 조건)	데이터베이스의 숫자필드에서/모든필드에서 지정한 조건에 맞는 개수를 계산함
	DMAX/DMIN(데이터베이스, 필드, 조건)	데이터베이스의 필드에서 지정한 조건에 맞는 가장 큰/작은 값을 반환함
	DSUM(데이터베이스, 필드, 조건)	데이터베이스의 필드에서 지정한 조건에 맞는 숫자의 합계를 계산함

(3) 날짜/시간 함수 사용 예제

〈그림 5.5〉 날짜/시간 함수 사용 예제

(4) 논리 함수 사용 예제

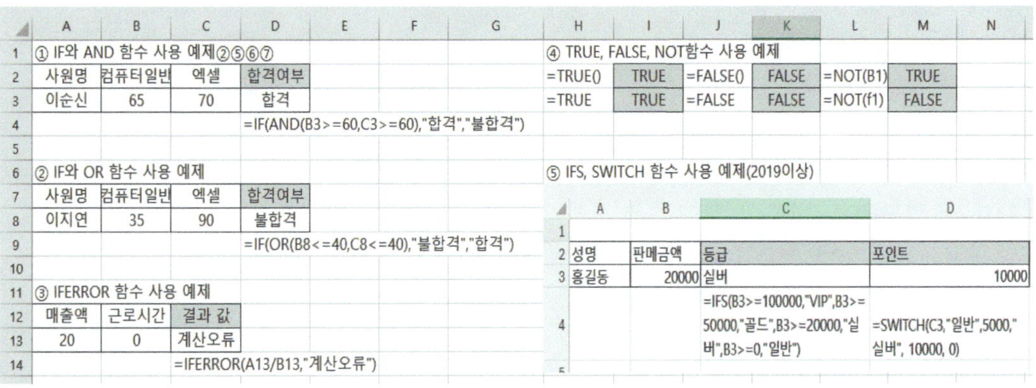

〈그림 5.6〉 논리 함수 사용 예제

(5) 텍스트 함수 사용 예제

	A	B	C	D	E	F	G	H	I	J	K	L
1	① FIND 함수 사용 예제				③ LEFT, MID 함수 사용 예제							
2	서울특별시 종로구				고객명	주민등록번호	생년월일					
3	서울특별시	=MID(A2,1,FIND(" ",A2)-1)			고소은	240604-4******	2024-06-04					
4							=DATE(20&LEFT(F3,2),MID(F3,3,2),MID(F3,5,2))					
5	② SEARCH 함수 사용 예제				④ RIGHT 함수 사용 예제							
6	다이소 www.daiso.co.kr	다이소			사원번호	사원명	직책					
7		=LEFT(A10,SEARCH(" ",A10)-1)			9901S	고상수	사원					
8					9603G	정진호	과장					
9	⑤ LEN, LOWER, UPPER, PROPER, TRIM 함수 사용 예제						=IF(RIGHT(E8,1)="P","부장",IF(RIGHT(E8,1)="G","과장","사원"))					
10	9	=LEN("서울특별시 종로구")										
11	shingu	=LOWER("SHINGU")										
12	SHINGU	=UPPER(B6)										
13	Shingu	=PROPER(B6)										
14	서울특별시 강남구	=TRIM(" 서울특별시 강남구 ")										

〈그림 5.7〉 텍스트 함수 사용 예제

(6) 통계함수 사용 예제

	A	B	C	D	E	F	G	H	I	J	K	L	M	N	O	P
1	① AVERAGE 함수 사용 예제								⑤ COUNT, COUNTQA, COUNTBLANK, COUNTIF, COUNTIFS 함수 예제							
2	영업소	사원이름	2024년	평가					성명	근무점수	인원수					
3	서울	홍길동	137,000	우수	=IF(C3>=AVERAGE($C$3:$C$5),"우수","")				홍길동	80	9	=COUNTA(J5:J13)+K9				
4	경기	임꺽정	78,900						임꺽정	98	응시인원수					
5	부산	장길산	114,000	우수					장길산	70	8	=COUNT(J5:J13)				
6									일지매		미응시인원수					
7	② AVERAGEA 함수 사용 예제								홍건적	73	1	=COUNTBLANK(J5:J13)				
8	심사관	1차	2차	3차	평균값				황건적	0	70점대					
9	일지매	8	미실시	10	6				명화적	98	2		2			
10					=AVERAGEA(B9:D9)				백마적	65	=COUNTIF(J5:J13,"<80")-COUNTIF(J5:J13,"<70")					
11	③ MAX, MIN 함수 사용 예제								바이킹	69	=COUNTIFS(J5:J13,">=70",J5:J13,"<80")					
12	사원명	커뮤니케이션	영업실습	어학												
13	홍길동	77	98	83					⑥ LARGE, SMALL, MODE.SNGL, MEDIAN, VAR.S, STDEV.S 함수 예제							
14	임꺽정	82	73	84					2등							
15	점수차이	5	25	1	=MAX(D13:D14)-MIN(D13:D14)				98	=LARGE(J5:J13,2)		⑦ AVERAGEIF, AVERGEIFS 함수 예제				
16									하위2등			80점이상자의 평균		70점대의 평균		
17	④ MAXA, MINA 함수 사용 예제								65	=SMALL(J5:J13,2)		92		71.5		
18	11	=MAXA(1,3,11,5,7,9)							최빈값			=AVERAGEIF(J5:J13,">=80")				
19	0	=MINA(1,3,5,7,9,FALSE)							98	=MODE.SNGL(J5:J9,J10:J13)		=AVERAGEIFS(J5:J13,J5:J13,">=70",J5:J13,"<80")				
20									중간값							
21									71.5	=MEDIAN(J5:J13)		⑧ RANK.EQ 함수 예제				
22									분산			바이킹의 등수				
23									942.4107	=VAR.S(J5:J13)		6	=RANK.EQ(J11,J3:J11)			
24									표준편차							
25									30.69871	=STDEV.S(J5:J13)						

〈그림 5.8〉 통계 함수 사용 예제

(7) 수학/삼각 함수 사용 예제

	A	B	C	D	E	F	G	H	I	J	K	L
1	① INT,ABS, MOD 함수 사용 예제					④ sum, SUMIF, SUMIFS 함수 사용 예제						
2	=INT(3.141592)	3				사원명	성별	지역	판매금액			
3	=ABS(-10)	10				홍길동	남	서울	1,250,000			
4	=MOD(3,4)	3				임꺽정	여	인천	1,000,000			
5						장길산	남	인천	1,340,000			
6	② RANN, RANDBETWEEN 함수 사용 예제					일지매	남	인천	1,090,000			
7	=RAND()	0.162969	0.679427			홍건적	여	서울	1,290,000			
8	=RANDBETWEEN(1,10)	2	7			황건적	여	서울	1,150,000			
9						명화적	여	인천	1,320,000			
10	③ ROUND, ROUNDTP, TRUNC, ROUNDDOWN 함수 사용 예제					백마적	남	서울	1,330,000			
11	3.14	=ROUND(PI(),2)				서울지역 남자사원 판매금액 합계			2,580,000			
12	3	=ROUNDDOWN(3.5,0)							=SUMIFS(H3:H10,F3:F10,"남",G3:G10,"서울")			
13	3.1	=TRUNC(PI(),1)				서울	지역 사원 판매금액 합계		5020000			
14	4	=ROUNDUP(3.5,0)							=SUMIF(G3:G10,E13,H3:H10)			
15								판매금액 합계	9,770,000			
16									=SUM(H3:H10)			

〈그림 5.9〉 수학/삼각 함수 사용 예제

(8) 데이터베이스 함수 사용 예제

	A	B	C	D	E	F
1	① 데이터베이스함수 사용 예제					
2	출신지역	이름	나이	성별		
3	서울	홍길동	26	여		
4	부산	임꺽정	23	여		
5	경기	장길산	25	남		
6	충청	일지매	22	여		
7	강원	홍건적	21	여		
8	제주	황건적	25	남		
9	서울	명화적	26	남		
10	대구	백마적	27	남		
11	인천	바이킹	28	여		
12	대전	왜구	29	여		
13	광주	일제	24	남		
14						
15	나이	성별	인원수			
16	>=25	남	4	=DCOUNTA(A2:D13,1,A15:B16)		
17			4	=DCOUNT(A2:D13,3,A15:B16)		
18			103	=DSUM(A2:D13,3,A15:B16)		
19			25.75	=DAVERAGE(A2:D13,3,A15:B16)		
20			25	=DMIN(A2:D13,3,A15:B16)		
21			27	=DMAX(A2:D13,3,A15:B16)		

〈그림 5.10〉 데이터베이스 함수 사용 예제

(9) 찾기/참조 함수 사용 예제

	A	B	C	D	E	F	G	H	I	J	K
1	① 데이터베이스함수 사용 예제						④ CHOOSE 함수 사용 예제				
2	=COLUMN(A15)	1					고객번호	이름	승진시험	결과	
3	=ROW(A15)	15					251011	이지원	28	승격	
4	=COLUMNS(A15:A16)	1					252123	나오미	22	승격	
5	=ROWS(A15:A16)	2					253012	권경애	21	승격	
6							254103	강수영	19	유지	
7	② HLOOKUP 함수 사용 예제						252012	나우선	18	유지	
8	제품코드	제품명	판매수량	판매금액			251023	임철수	18	유지	
9	S-1289	냉장고	5	3,925,000			251024	이미지	15	유지	
10	K-3456	TV	10	4,630,000			251025	진주여	13	유지	
11	H-1234	컴퓨터	20	17,740,000			251027	방대현	12	유지	
12	U-5647	VTR	12	4,152,000							
13							⑤ INDEX와 MATCH 함수, 유효성검사 사용 예제				
14	제품별 단가표							서울	수도권	타지역	제주도
15	제품기호	H	K	S	U		서울	5,000	5,000	6,000	9,000
16	판매단가	887,000	463,000	785,000	346,000		수도권	5,000	5,000	6,000	9,000
17							타지역	6,000	6,000	5,000	9,000
18	③ VLOOKUP 함수 사용 예제						제주도	9,000	9,000	9,000	5,000
19	제품코드	제품명	판매수량	판매금액							
20	S-1289	냉장고	5	3,925,000				택배요금 검색			
21	K-3456	TV	10	4,630,000				출발지	제주도	택배요금	
22	H-1234	컴퓨터	20	17,740,000				제주도	타지역	9,000	
23	U-5647	VTR	12	4,152,000				서울 수도권 타지역 제주도			
24											
25	제품별 단가표										
26	제품기호	판매단가									
27	H	887,000									
28	K	463,000									
29	S	785,000									
30	U	346,000									

〈그림 5.11〉 찾기/참조 함수 사용 예제

3 정렬

데이터 탭에서 가장 자주 사용되는 기능은 정렬(sort)이다. 정렬은 주어진 기준에 따라 레코드를 다시 배열하는 기능을 한다.

"홈"탭 '편집'그룹 '정렬과 필터'아래와 "데이터"탭 '정렬과 필터'그룹에 있는 '올림차순정렬', '내림차순정렬'을 정렬하고 싶은 필드의 필드명이나 데이터 위에 셀포인터(✣)를 위치한 후, 클릭만 하면 된다.

그리고 '사용자지정 정렬'기능을 이용해 회사 내 직급의 오름차순으로 정렬한 구체적인 과정과 결과는 〈그림 5.12〉에 표시되어 있다. 정렬을 원하는 범위나 해당 데이터 위에 셀 포인터를 클릭하고 사용자지정 정렬을 선택하면 그림의 화면과 같이 정렬 기준을 선택하여 실행할 수 있다. 정렬 창의 3번째 행 오른쪽의 오름차순을 클릭하면 끝에 나타나는 사용자지정 목록을 선택하여 그림의 오른쪽과 같이 새 목록을 입력할 수 있다.

마케팅 실무에서는 회원등급, 사원직급, 부서순서 등을 입력하여 확인한 후 많이 사용한다. 여기서 입력된 내용은 엑셀에 저장되어 계속 사용할 수 있다.

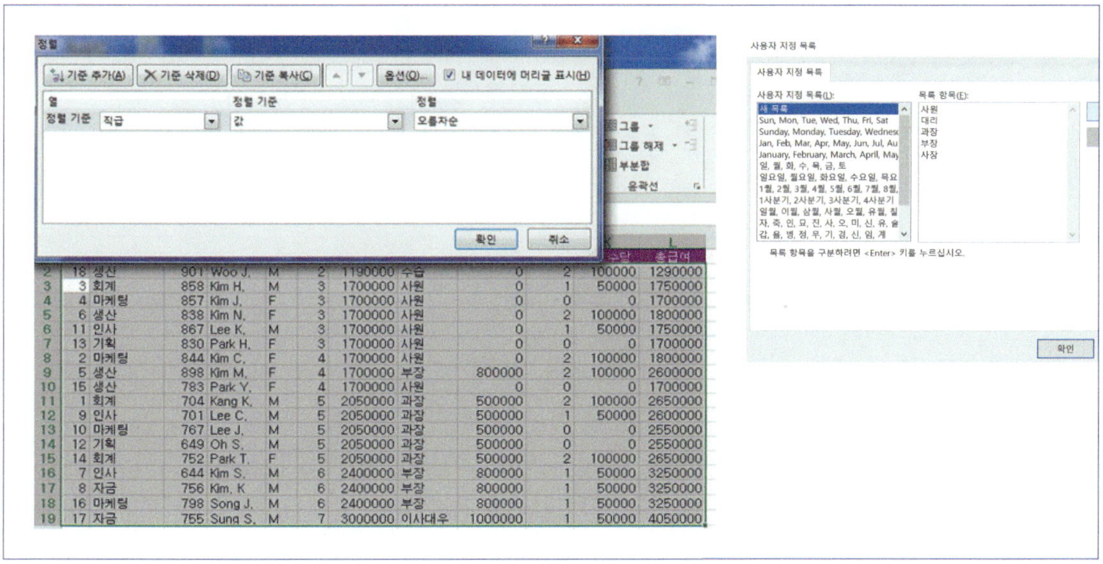

〈그림 5.12〉 엑셀의 정렬 창과 정렬된 데이터 테이블

4 필터링 - 자동필터, 고급필터

필터링(filtering)은 필터 된 데이터만 데이터 표에 나타나게 하는 기능을 말한다. 먼저 필터링하고 싶은 필드의 데이터 위에 셀 포인터(✣)를 위치하여 클릭하고, ① 오른쪽 마우스를 클릭하여 단축메뉴를 부른 다음 선택한 값(셀색 또는 글꼴 색도 가능)으로 필터링을 클릭하면 필터할 필드와 찾을 필드 값을 한 번에 선택하여 필터링을 쉽게 할 수 있다.

일반적으로 "홈"탭 '편집'그룹 '정렬과 필터' 아래의 '필터'나 "데이터"탭 '정렬과 필터'그룹에 있는 '필터'면 선택하면 된다. 추천하는 방법으로는 "삽입"탭 '표' 그룹의 '표'를 이용하여 데이터를 테이블로 만들면 필터링할 수 있는 기능이 자동으로 설정된다.

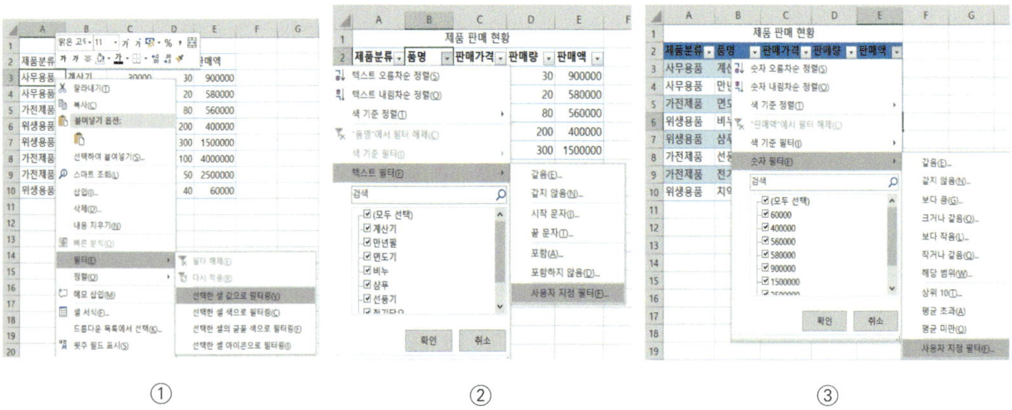

〈그림 5.13〉 엑셀의 자동필터

데이터 테이블에 적용할 필터는 한 필드에서 두 개 이상의 값을 찾을 때 사용하면 ②의 경우와 같은 품명(텍스트) 필터에서는 (모두 선택)을 클릭하여 선택을 해제한 후 원하는 필드 값(예를 들어 비누, 샴푸)들을 선택하거나 다시 나타난 추가 단축메뉴에 있는 6가지 기능을 사용하면 되고 ③의 경우와 같은 판매액(숫자) 필터에서는 숫자 필터를 클릭하여 다시 나타난 추가 단축메뉴에 있는 6가지 기능을 사용하면 된다. 상세한 내용은 실습을 해서 확인해보자.

사용자 정의 필터는 ④ 텍스트의 경우 필드 값 중 같거나(=), 다르거나(〈〉)나 가나다순으로 이상(〉=), 이하(〈=), 미만(〈), 초과(〉)한 텍스트, 그리고 아래 그림과 같이 시작문자 등의 조건을 달아 만족하는 텍스트를 그리고(AND) 와 또는(OR) 두 가지를 선택할 수 있다. ⑤ 수치의 경우도 동일하지만 가나다순이 아닌 수치의 크기가 적용된다.

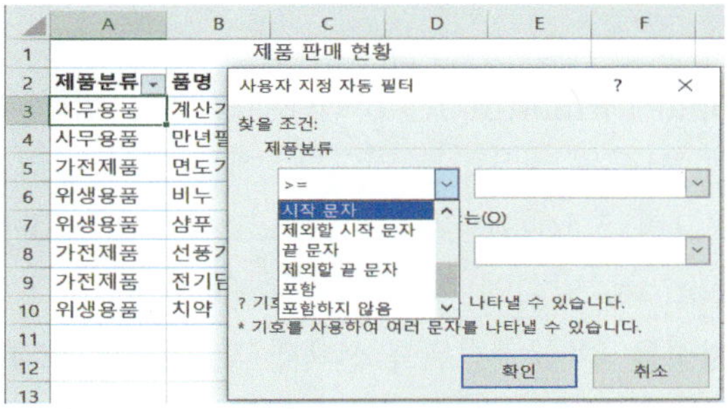

〈그림 5.14〉 엑셀의 사용자 지정 자동 필터

위의 방법들도 추가적으로 다른 필드에도 적용할 수 있는데 이때는 AND(그리고) 조건만 적용된다. 만일 OR 조건도 함께 필터링하려면 고급필터를 사용하는 수밖에 없다.

고급필터는 "데이터"탭 '정렬과필터'그룹에 있는 '고급필터'를 이용해서 작업할 수 있다. 다음의 예에서, 필터의 조건을 ① '제품분류'필드 하나 중 가전제품과 또는(OR) 사무용품을 선택하는 방법도 있다. 이것은 일반적인 필터에서 필터할 필드명 오른쪽 아래 방향을 눌러 나타난 필드 값 중 두 가지 이상을 클릭한 것과 같다. ②는 '제품분류' 필드가 '가전제품'이고(AND) '매출액' 필드가 500,000원을 초과하는 조건이다. ③은 '제품분류' 필드가 '가전제품' 이거나(OR) '매출액' 필드가 500,000원을 초과하는 조건이다. 숫자 필드인 '매출액' 필드에서 수치의 조건은 〈,〉,=,〈=,〉=다음에 수치를 적으면 된다. 정리하면 같은 행에 있으면 AND, 다른 행에 있으면 OR 조건이라고 할 수 있다.

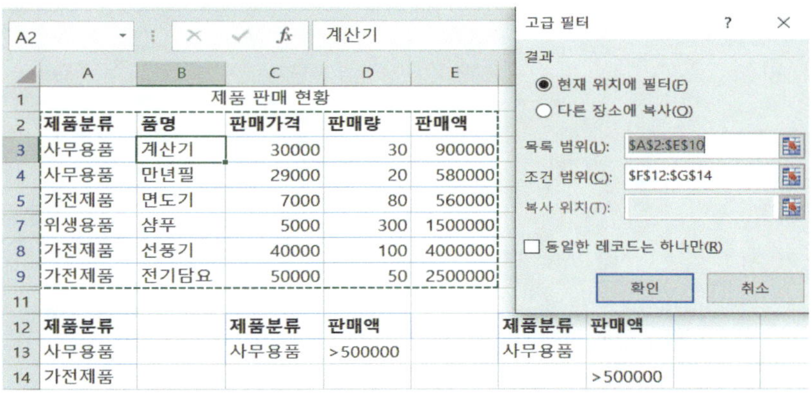

① 조건범위 ② 조건범위 ③ 조건범위

〈그림 5.15〉 엑셀의 필터 창과 필터링 된 데이터 테이블

5 조건부 서식

조건부 서식(conditional formatting)은 조건에 따라 필터링한 결과만 보여주는 것이 아니라 필터 된 결과에 다른 서식을 적용하는 것이다. 예를 들어 컬러, 문자나 그래프 등을 적용할 수 있다. 그 예를 〈그림 5.16〉과 같다. 정보보고시스템(IRS)에서의 예외에 의한 관리(Management By Exception) 방식에 바로 사용할 수 있다.

조건부 서식은 서식 지정을 원하는 범위를 선택한 후 "홈"탭 '스타일' 그룹의 '조건부 서식'을 클릭한다. 다음과 같은 선택사항이 나타난다. 여기서 텍스트는 가나다순을 기준으로 하므로 텍스트 포함, 중복 값 찾기 정도를 제외하면 적용범위가 적다.

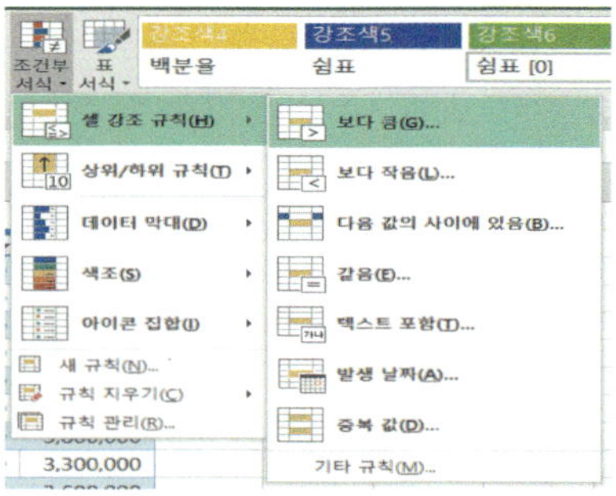

셀 강조 규칙은 셀 값이 값1 초과, 값1 미만, 사이(값1 이상이고 값2 이하), 값1과 동일, 텍스트 포함, 중복 값 찾기에 쉽게 사용할 수 있다. 기타 규칙(예. 값1 이상)으로 자유롭게 지정 가능함

상위/하위 규칙은 상위 n개 항목, 상위 n %, 하위 n개 항목, 하위 n %, 평균 초과, 평균 미만에 쉽게 사용할 수 있다. 기타 규칙(예 평균 이상)으로 조건을 자유롭게 지정 가능함

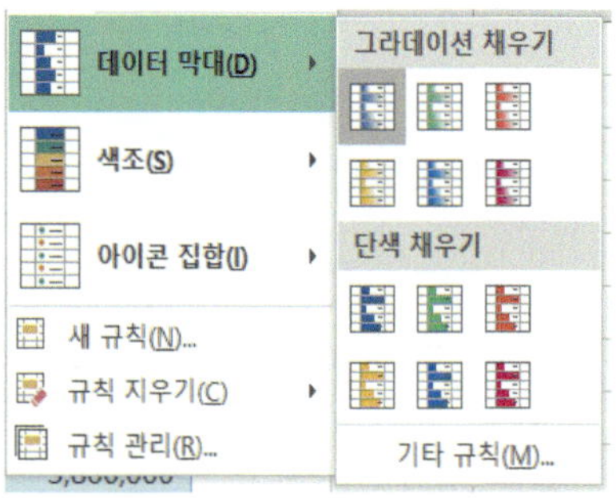

데이터 막대/색조는 그라데이션과 단색 채우기/셀 색을 쉽게 사용할 수 있다. 기타 규칙(예 부서명이 마케팅이며 총급여가 450만 원 이상, 그림 5.17)으로 조건을 자유롭게 지정 가능함

아이콘 집합은 화살표, 도형(신호등), 표시기, 기타 도형 등으로 쉽게 사용할 수 있다. 기타 규칙으로 조건을 자유롭게 지정 가능함

〈그림 5.16〉 엑셀의 조건부 서식의 유형

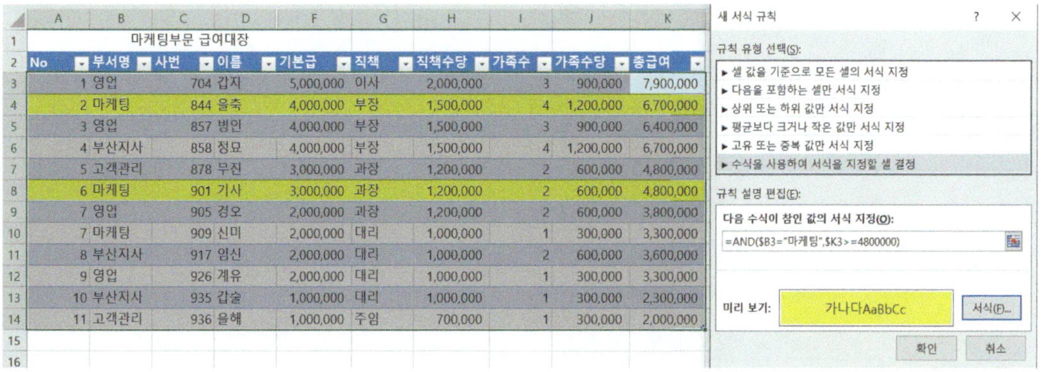

마케팅부문 급여대장

No	부서명	사번	이름	기본급	직책	직책수당	가족수	가족수당	총급여
1	영업	704	갑자	5,000,000	이사	2,000,000	3	900,000	7,900,000
2	마케팅	844	을축	4,000,000	부장	1,500,000	4	1,200,000	6,700,000
3	영업	857	병인	4,000,000	부장	1,500,000	3	900,000	6,400,000
4	부산지사	858	정묘	4,000,000	부장	1,500,000	4	1,200,000	6,700,000
5	고객관리	878	무진	3,000,000	과장	1,200,000	2	600,000	4,800,000
6	마케팅	901	기사	3,000,000	과장	1,200,000	2	600,000	4,800,000
7	영업	905	경오	2,000,000	과장	1,200,000	2	600,000	3,800,000
7	마케팅	909	신미	2,000,000	대리	1,000,000	1	300,000	3,300,000
8	부산지사	917	임신	2,000,000	대리	1,000,000	2	600,000	3,600,000
9	영업	926	계유	2,000,000	대리	1,000,000	1	300,000	3,300,000
10	부산지사	935	갑술	1,000,000	대리	1,000,000	1	300,000	2,300,000
11	고객관리	936	을해	1,000,000	주임	700,000	1	300,000	2,000,000

〈그림 5.17〉 엑셀의 조건부 새 서식 규칙 창과 서식화된 데이터 테이블

여기서 주의할 점은 먼저 적용을 원하는 테이블 범위를 모두 선택한 후 "홈" 탭 '스타일' 그룹의 '조건부 서식', '데이터 막대' - 기타 규칙을 선택한 후 '수식'을 사용하여 서식을 지정할 셀 결정을 클릭한 후, 입력창에 수식을 입력하되 테이블의 첫째 레코드의 조건을 입력하며, 셀 주소를 행으로 복사할 수 있도록 열만 고정한 혼합형 주소를 적어야 하고 적용한 서식을 입력한 후 확인을 누른다.

6 데이터통합

데이터 통합(data integration)은 하나 또는 여러 개의 파일의 여러 시트에 있는, 행/열 구조를 가진 데이터 테이블 세트를 통합하여 합계하거나 평균을 계산할 수 있다는 것을 의미한다.

데이터통합은 '데이터' 탭, '데이터 도구' 그룹의 '통합'을 클릭한다.

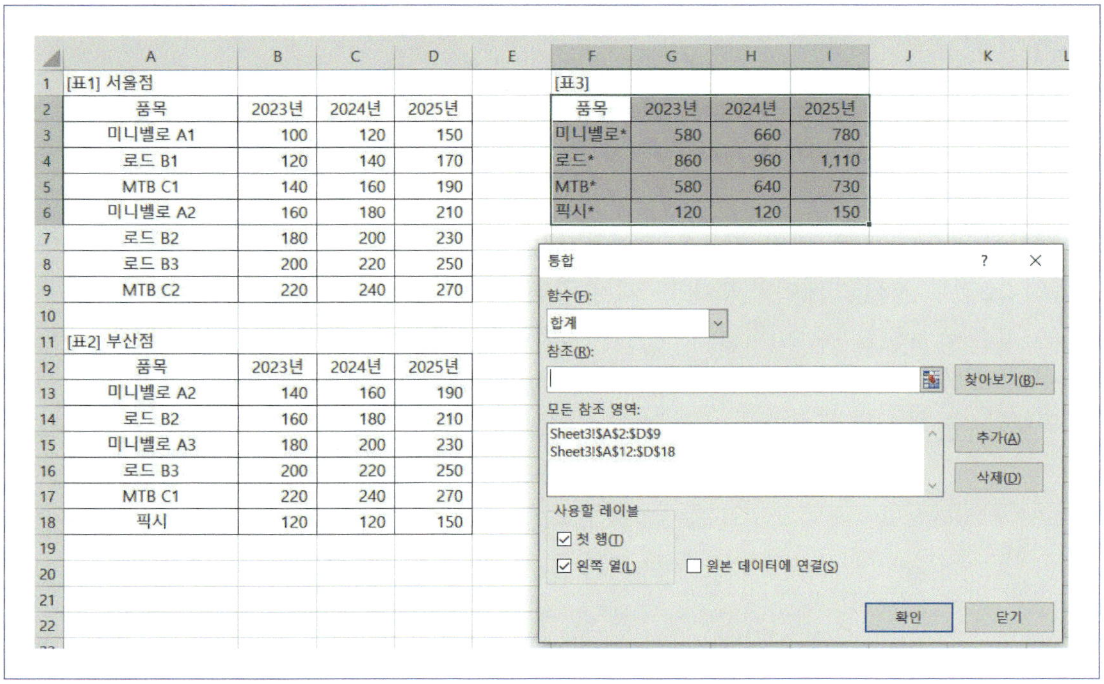

[표1] 서울점

품목	2023년	2024년	2025년
미니벨로 A1	100	120	150
로드 B1	120	140	170
MTB C1	140	160	190
미니벨로 A2	160	180	210
로드 B2	180	200	230
로드 B3	200	220	250
MTB C2	220	240	270

[표2] 부산점

품목	2023년	2024년	2025년
미니벨로 A2	140	160	190
로드 B2	160	180	210
미니벨로 A3	180	200	230
로드 B3	200	220	250
MTB C1	220	240	270
픽시	120	120	150

[표3]

품목	2023년	2024년	2025년
미니벨로*	580	660	780
로드*	860	960	1,110
MTB*	580	640	730
픽시*	120	120	150

〈그림 5.18〉 엑셀에서의 데이터통합의 절차

서울점과 부산점의 자전거 종류별 판매량을 합계(개수, 평균, 최댓값, 최솟값, 숫자 개수 등)하기 위해 [F3:F6] 범위에 품목 중 반복되는 (품목)을 입력한 다음 "데이터"탭 '데이터 도구' 그룹의 '통합'을 선택한 후 함수를 선택하고 참조영역에서 오른쪽 단추를 누른 후 [A2:A9] 영역을 드래그하고 오른쪽 단추를 눌러 통합기능에 돌아간 후 추가를 클릭([A12:D18] 영역도 동일하게 작업함) 확인을 누르면 그림과 같은 결과를 볼 수 있다.

지사별, 부서별 판매량 등을 연간, 월별, 주별, 일별로 통합하는데 사용하면 좋고, 아래와 같은 방식으로 모든 품목을 다 살펴볼 수 있다.

[표3]

품목	2023년	2024년	2025년

[표3]

품목	2023년	2024년	2025년
미니벨로 A1	100	120	150
로드 B1	120	140	170
MTB C1	360	400	460
미니벨로 A2	300	340	400
로드 B2	340	380	440
미니벨로 A3	180	200	230
로드 B3	400	440	500
MTB C2	220	240	270
픽시	120	120	150

〈그림 5.19〉 엑셀에서의 데이터통합의 결과

7 부분합

부분합(sub totals)도 매우 유용하다. 이것은 피벗 테이블과 함께(부분합은 피벗 테이블 기능의 일부이기도 함) OLAP의 심층분석 기능을 제공한다. 부분합 기능을 실행하기 위해서는 그룹화할 항목으로 사전에 정렬되어야 한다.(여기 예에서는 부서별, 직책별 부분합을 구하고 있으므로 먼저 직책별로 정렬하고, 다음으로 부서명별로 정렬한다. 정렬하지 않으면 부분합 기능이 제대로 작용하지 못한다. (테이블이 설정된 경우 부분합이 작동하지 않으므로 테이블에서 오른쪽 마우스 클릭하여 단축메뉴-표-범위로 변환을 실행한 후) 그런 다음 "데이터"탭 '윤곽선'그룹 '부분합'을 선택한다. 그룹화할 항목, 사용할 함수(합계 또는 평균, 개수, 최대, 최솟값 등), 두 단계로 부분합할 경우 새로운 값으로 대치를 해제하고 확인을 누른다.

여기서 종업원의 '총급여'가 '직책'그룹별로 2차원 단면 분석된 것을 알 수 있다.

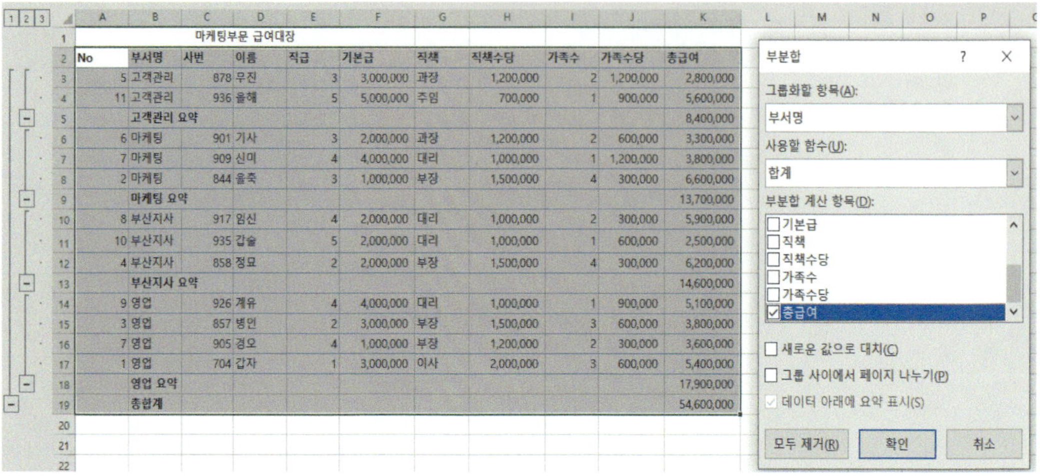

(a) 부분합 메뉴와 1차로 그룹화할 항목(부서명)에 의해 합계된 데이터

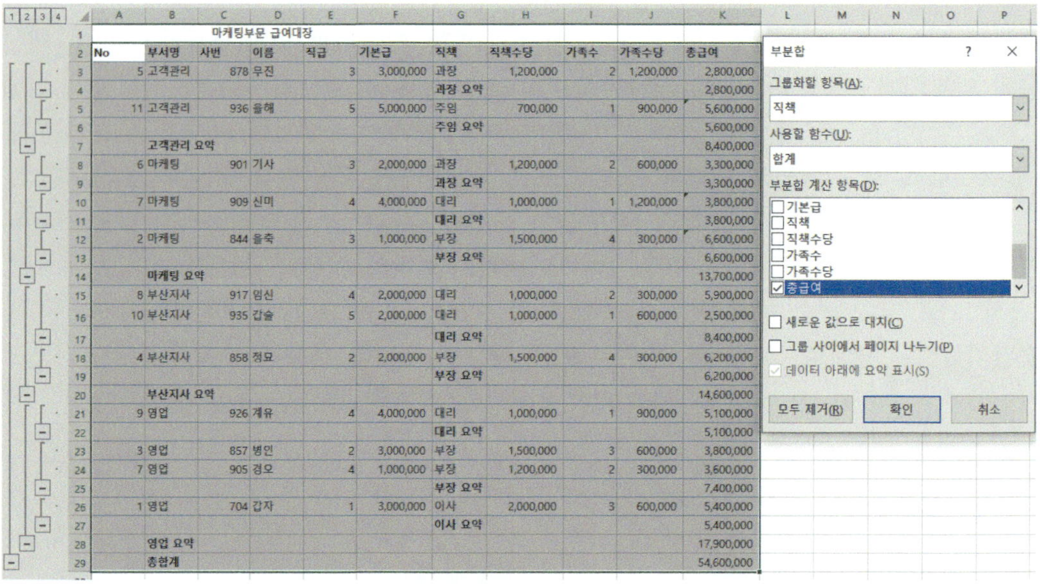

(b) 2차 부분합 메뉴와 그룹화할 항목(직책)에 의해 합계된 데이터

〈그림 5.20〉 엑셀의 부분합

여기서 왼쪽에 나타난 윤곽선 기능 중 1을 클릭하면 전체 요약(총합계), 2를 클릭하면 1차 그룹화 요약(고객관리 요약,...), 3을 클릭하면 2차 그룹화 요약(고객관리 요약 내에서 과장 요약, 주임 요약), 4를 클릭하면 원본데이터와 모든 단계의 부분합 결과가 표시된다.

이는 총합계에서 심층 분석(DRILL-DOWN)하여 마케팅자료를 검색할 수 있음을 말한다.

8 피벗 테이블과 피벗 차트 분석

피벗 테이블 보고서는 부분합과 마찬가지로 데이터 요약과 심층분석을 제공할 뿐 아니라, 단면분석(2, 3차원 데이터 분석)과 필터링도 제공한다. 또한, 연동되는 피벗 차트는 데이터 탐색 과정으로 피벗 테이블 보고서의 요약 데이터를 그대로 차트를 이용하여 시각화할 수 있다. 피벗 차트는 일반 차트의 기능이 동일하게 갖추고 있고 단일 또는 묶음 형태의 데이터의 비교, 구성 및 추세를 볼 수 있다. 이 두 가지 보고서는 기업의 중요한 정보를 의사 결정자에게 제공하여 효율적으로 의사 결정하는 데 큰 도움이 된다.

(1) 피벗 테이블

먼저 〈그림 5.21〉과 같은 테이블을 입력한다. 그다음 범위 A1:D17을 선택한 다음 "삽입" 탭, '표'그룹, '피벗테이블'을 차례로 클릭한다. "확인"키를 누르면 아래 그림과 같이 작은 창이 열린다.

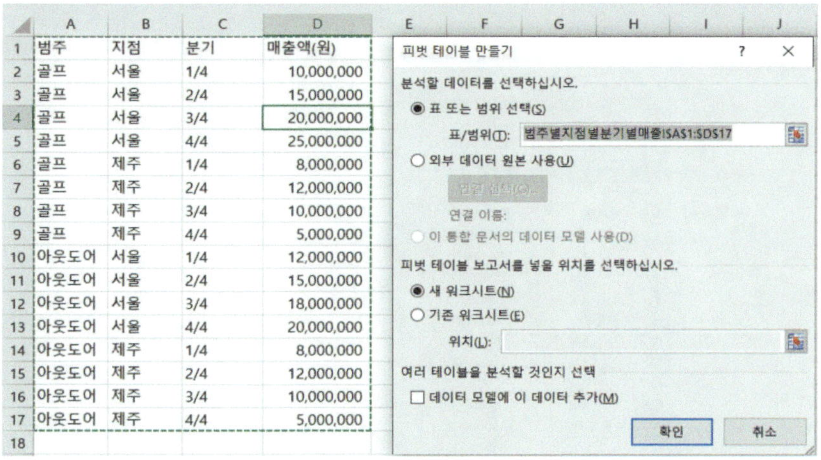

범주	지점	분기	매출액(원)
골프	서울	1/4	10,000,000
골프	서울	2/4	15,000,000
골프	서울	3/4	20,000,000
골프	서울	4/4	25,000,000
골프	제주	1/4	8,000,000
골프	제주	2/4	12,000,000
골프	제주	3/4	10,000,000
골프	제주	4/4	5,000,000
아웃도어	서울	1/4	12,000,000
아웃도어	서울	2/4	15,000,000
아웃도어	서울	3/4	18,000,000
아웃도어	서울	4/4	20,000,000
아웃도어	제주	1/4	8,000,000
아웃도어	제주	2/4	12,000,000
아웃도어	제주	3/4	10,000,000
아웃도어	제주	4/4	5,000,000

〈그림 5.21〉 피벗 테이블분석의 입력

그 결과 새 워크시트나 현재 워크시트 내에 피벗 테이블 보고서를 〈그림 5.22〉의 위 그림의 왼편처럼 만들 수 있다. 이 보고서는 대화방식으로 변경(행과 열을 서로 바꿀 수 있는 기능을 피벗팅이라고 함)할 수도 있다. 피벗 테이블 필드의 위쪽에서 범주형 필드들을 □부분을 클릭하면 아래쪽에 있는 열 레이블로 자동으로 입력된다. 2개 이상이 입력된 경우 먼저 입력된 항목 아래 계층구조를 형성한다. 행 레이블로 끌어가고 싶으면 드래그한다. 수치가 입력된 필드의 □부분을 클릭 Σ 값에 자동으로 입력되어 요약할 수 있다. 2개 이상이면 병렬적으로 나열된다.

다른 항목을 선택할 때마다 보고서가 대화방식으로 즉시 변환된다. 〈그림 5.22〉의 (a)의 피벗 테이블의 결과는 피벗 테이블 필드에서 범주, 지점, 분기와 같은 텍스트를 클릭하여 선택하면 기본으로 행 영역에 복사되고, 매출액(원)과 같은 수치를 클릭하면 Σ 값 영역에 복사된다.

다음 그림은 범주, 분기, 지점별 순으로 매출액의 분류와 집계를 보여준 내용이다. 범주와 분기 이름 앞의 ⊟를 누르면 품목별 합계(+분기별 합계)와 총합계만 볼 수 있고 각 부분합계 앞에 ⊞가 나타난다. ⊞를 누르면 숨겨졌던 내용이 다시 나타난다.

또한, 행 영역의 범주 분기, 지점을 드래그하여 보고하고 싶은 형식으로 변환할 수 있다. (이상의 기능이 심층분석임)

값 영역의 범위 [B4:B30]을 드래그하여 범위를 정한 다음 홈 탭 표시형식 그룹의 [,] (천 원 단위 구분기호)를 서식으로 정한 후(또는 오른쪽 마우스 클릭 셀 서식에서 실행 가능), 행 영역에 있는 범주를 열 영역으로 드래그(피벗팅)하고, 지점을 필터 영역으로 드래그(피벗팅)하면 아래 그림의 피벗 테이블의 결과를 볼 수 있다. 즉 지점을 필터 조건으로 한 결과도 볼 수 있다. 이것은 3차원 단면분석에 해당된다.

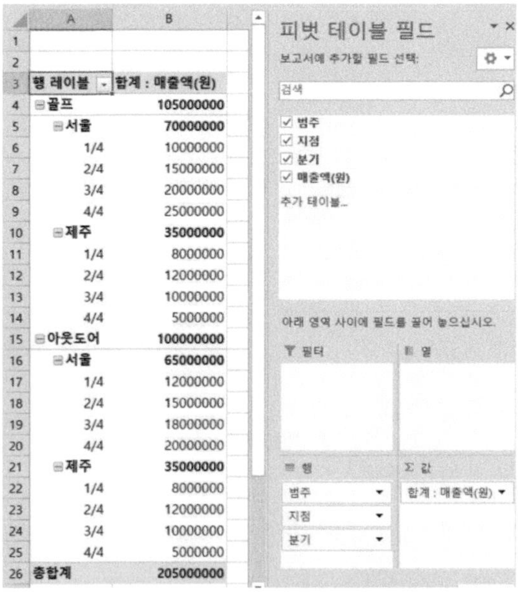

	A	B
1		
2		
3	행 레이블	합계 : 매출액(원)
4	⊟골프	105000000
5	⊟서울	70000000
6	1/4	10000000
7	2/4	15000000
8	3/4	20000000
9	4/4	25000000
10	⊟제주	35000000
11	1/4	8000000
12	2/4	12000000
13	3/4	10000000
14	4/4	5000000
15	⊟아웃도어	100000000
16	⊟서울	65000000
17	1/4	12000000
18	2/4	15000000
19	3/4	18000000
20	4/4	20000000
21	⊟제주	35000000
22	1/4	8000000
23	2/4	12000000
24	3/4	10000000
25	4/4	5000000
26	총합계	205000000

(a) 피벗 테이블을 이용한 심층분석

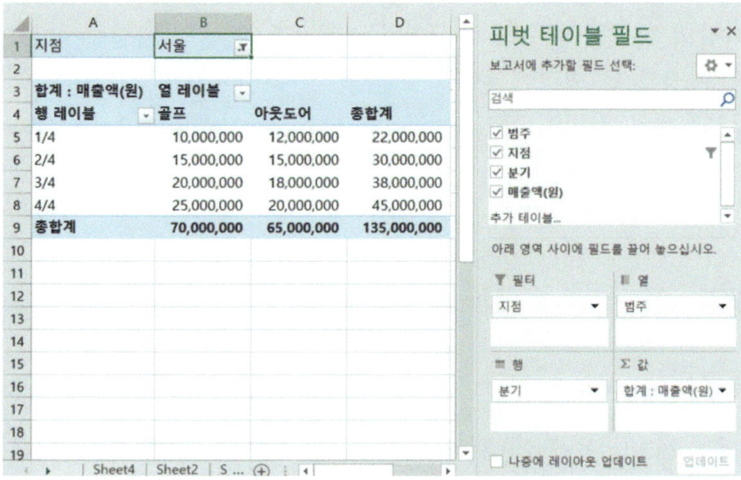

(b) 피벗 테이블을 이용한 3차원 단면분석

〈그림 5.22〉 피벗 테이블과 필터의 결과

(2) 피벗 차트

이상 작업한 피벗 테이블의 내용을 바탕으로 "삽입"탭-'차트'그룹-'피벗 차트'-'피벗 차트'를 선택하면 피벗 차트를 그려준다. 나머지는 일반 차트의 기능과 동일하지만 지점 필터와 분기 필터, 범주 필터 및 정렬기능이 지정되어 있고 필터를 변경하면 피벗 테이블도 연동되어 변경됨을 볼 수 있다. 피벗 테이블은 엑셀의 데이터 분석기능 중 가장 널리 사용되고 있어 그 기능도 차트와 함께 가장 복잡하다. 제2절에서는 엑셀의 피벗 테이블과 피벗 차트를 이용한 데이터 분석을 사례를 중심으로 살펴본다.

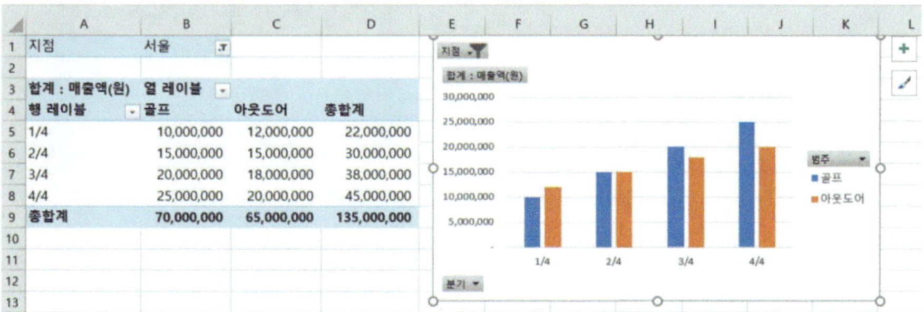

〈그림 5.23〉 피벗 차트의 예시

지금까지의 데이터 분석은 과거에 실제 발생하였던 자료를 근거로 실행한 분석이라면 의사결정을 위해 가상의 자료를 활용하여 실행하는 분석을 엑셀의 가상분석이라 한다. "데이터" 탭, '예측'그룹의 '가상분석' 명령어 중 '목표 탐색', '데이터 표', '시나리오 관리자'를 활용하여 의사결정지원시스템의 기법인 목표 탐색, 민감도 분석, What-if 분석을 수행해 본다.

9 목표값 찾기

(1) 일반적인 목표탐색

목표탐색(goal seeking)을 하기 위해 먼저 목표 수량을 설정한다. 그다음 목표를 달성하기 위한 관련 변수의 값을 역으로 탐색할 수 있다. 다음과 같이 실제 사례로 확인해 보자. 엑셀의 "목표탐색" 시트에 〈그림 5.24〉와 같이 분석될 표를 미리 준비한다. 다음, 그림과 같이 문자열과 값을 입력하지만 셀 C6에 수식 "=PMT(C5/12, C4*12, -C3)"을 입력한다. C6 셀의 값이 "608,439"이 된다. 이것은 3년간 매월(*12), 0.5%의 이자율(6%/12)로 608,439원씩 상환하게 되면 대출금액 20,000,000원을 모두 상환할 수 있다는 의미다.

그다음에 목표탐색을 위해, 명령메뉴에서 "데이터"탭, '데이터도구'그룹, '가상분석', '목표탐색' 명령을 차례로 선택하면 〈그림 5.24〉의 오른쪽 부분과 같이 별도의 창이 열린다. 그 창에 그림과 같이 입력하고 "확인"키를 누르면 C3 셀의 값이 "19,722,610"이 된다. 이것은 3년간 매월(3*12), 0.5%의 이자율(6%/12)로 600,000원씩 상환하게 되면 대출금액 19,722,610원과 같다는 의미다. 즉, 매월 상환금액 목표를 608,439원에서 600,000원으로 변경하면 관련 변수 중 대출총액($C$3)을 20,000,000원에서 19,722,610원으로 수정 된다는 의미다.

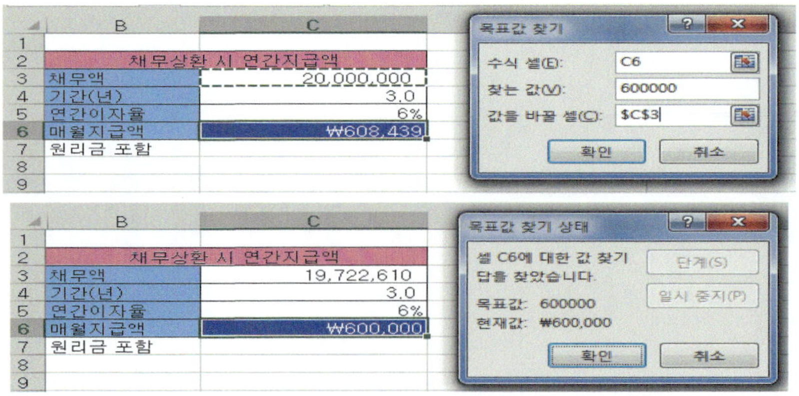

〈그림 5.24〉 엑셀의 목표탐색

(2) 목표탐색과 그래프

목표탐색은 〈그림 5.25〉처럼 테이블과 그래프를 함께 활성화할 수 있다. 먼저, 테이블을 입력하고 그래프를 작성한 후에 명령메뉴에서 "데이터"탭, '예측'그룹, '가상분석', '목표값 찾기' 명령을 차례로 선택하면 〈그림 5.25〉와 같이 별도의 창이 열린다. 별도의 창에 그림과 같이 "$C$11", "1000000", "$C$5"로 각각 입력하고 "확인"키를 누르면 C11셀의 값이 1000000이 되고 1월의 순이익과 막대차트도 870000에서 1000000으로 변경되었다. 또한, $C$5값이 1,200,000 대신 1,330,000으로 변경될 것이다. 1월의 순이익을 표시한 그래프도 변경되었다.

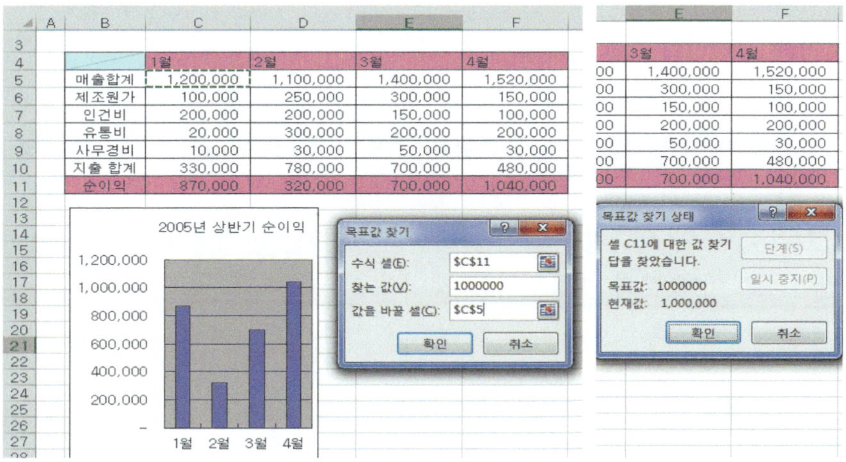

〈그림 5.25〉 엑셀의 목표탐색과 그래프

10 데이터 표

(1) 단일변수에 의한 데이터 테이블

모델의 한 부분의 변화가 다른 부분에 어떤 영향을 주고 어떤 결과를 제공하는가를 분석할 수 있다. 이를 민감도 분석이라 한다. 〈그림 5.26〉과 같이 엑셀에서 데이터 표로 민감도 분석을 수행할 수 있다. 먼저 〈그림 5.26〉과 같은 윗부분과 같은 테이블을 작성한다. 이 표의 의미는 매출 수량이 100개, 단위당 가격이 150원이고 변동비용이 매출액의 90%, 고정비용이 11,000원 일 때 영업 손실은 9,200원이 된다.

만일 판매량을 늘리게 되면 매출액과 영업이익에 어떤 영향을 주는지 민감도 분석을 실행해보기 위해 아랫부분과 같은 표를 작성한다. 이때 C10은 수식 =G5를 입력한다. 다음으로 B10:C20 범위를 선택한다.

그런 다음 "데이터"탭, '예측'그룹, '가상분석', '데이터 표'를 순서대로 선택하면 작은 창 열린다. 열려있는 창에서 열 입력 셀 오른편의 입력란에 "$B$5"을 직접 입력하거나 해당 셀을 클릭한다.

결과가 〈그림 5.26〉의 오른편과 같이 나타난다. 이것은 판매량이 120-2000 범위에서 변동할 때 영업이익도 이에 따라 변동된다는 것이다.

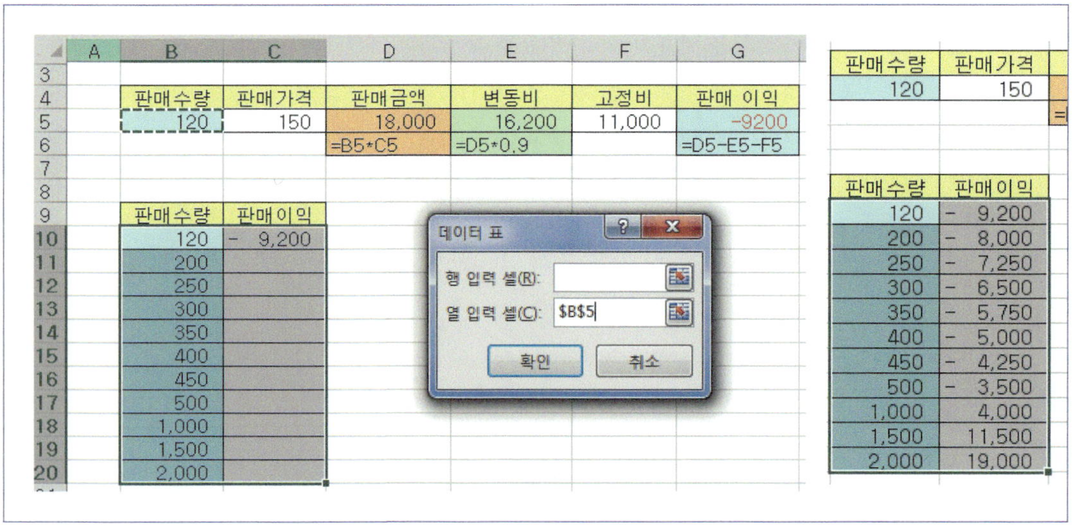

판매수량	판매가격	판매금액	변동비	고정비	판매 이익
120	150	18,000	16,200	11,000	-9200
		=B5*C5	=D5*0.9		=D5-E5-F5

판매수량	판매이익
120	- 9,200
200	- 8,000
250	- 7,250
300	- 6,500
350	- 5,750
400	- 5,000
450	- 4,250
500	- 3,500
1,000	4,000
1,500	11,500
2,000	19,000

〈그림 5.26〉 엑셀로 하는 민감도 분석(단일변수 데이터 표)

(2) 2변수 데이터 표

엑셀에서의 데이터 표는 2개의 변수값의 변화까지 계산할 수 있다. 만일 3개 이상의 변수를 변화시키려면 엑셀에서 제공하는 시나리오 분석을 이용하면 된다. 그럼 2변수 데이터 표를 연습해 보자. 〈그림 5.27〉과 같이 표를 입력해본다. A9셀에는 =B5를 입력해야 한다. 이 테이블의 의미는 이자율과 상환 기간이 변경됨에 따라 매월 상환해야 할 금액이 어떻게 변하는가를 알아보는 것이다. 먼저 A9:G13셀의 범위를 드래그하여 선택한다. 그런 다음 "데이터" 탭, '예측'그룹, '가상분석', '데이터 표'를 순서대로 선택하면 작은 창 열린다. 열려있는 창에서 열 입력 셀 오른편의 입력란에 "$B$4", 행 입력셀 오른편의 입력란에 "$B$3"을 직접 입력하거나 해당 셀들을 클릭한다. 확인을 누르면 〈그림 5.27〉의 두 번째 같이 계산된다. 열입력셀에 이자율이 8%~15%가 입력되고 행입력셀에는 1~5년 기간이 입력되면 매달 상환해야 할 원리금합계가 계산된다.

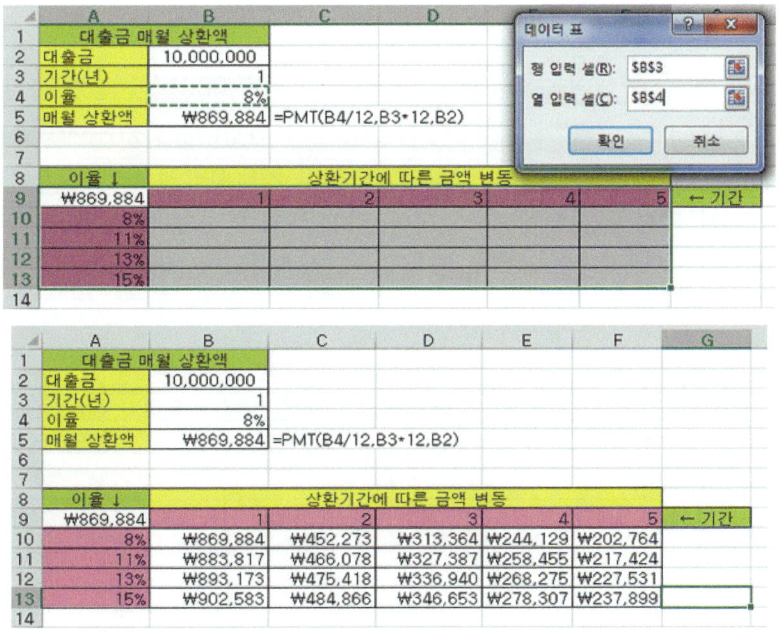

	A	B	C	D	E	F	G
1	대출금 매월 상환액						
2	대출금	10,000,000					
3	기간(년)	1					
4	이율	8%					
5	매월 상환액	₩869,884	=PMT(B4/12,B3*12,B2)				
6							
7							
8	이율 ↓	상환기간에 따른 금액 변동					
9	₩869,884	1	2	3	4	5	← 기간
10	8%						
11	11%						
12	13%						
13	15%						
14							

	A	B	C	D	E	F	G
1	대출금 매월 상환액						
2	대출금	10,000,000					
3	기간(년)	1					
4	이율	8%					
5	매월 상환액	₩869,884	=PMT(B4/12,B3*12,B2)				
6							
7							
8	이율 ↓	상환기간에 따른 금액 변동					
9	₩869,884	1	2	3	4	5	← 기간
10	8%	₩869,884	₩452,273	₩313,364	₩244,129	₩202,764	
11	11%	₩883,817	₩466,078	₩327,387	₩258,455	₩217,424	
12	13%	₩893,173	₩475,418	₩336,940	₩268,275	₩227,531	
13	15%	₩902,583	₩484,866	₩346,653	₩278,307	₩237,899	
14							

〈그림 5.27〉 엑셀로 하는 민감도 분석(2변수 데이터 표)

11 시나리오 분석

(1) 수식의 값을 변경

What-if 분석은 가정(또는 입력 데이터)의 변화가 모델의 지정된 결과에 얼마만큼 영향을 미치는가에 대한 분석을 제공한다. 엑셀에서는 다양한 방법으로 모델을 분석할 수 있다. 수식의 값 변경 및 시나리오 분석 두 가지 방법이 자주 사용된다. 먼저 수식의 값을 변경하는 방식의 What-if 분석을 살펴보자. 다음 〈그림 5.28〉에서, 기본 모델은 앞의 1변수 데이터 표와 동일한 영업이익 모델이며 그 설명은 다음과 같다.

매출액 = 매출 수량 × 단위가격
매출원가 = 매출 수량 × 단위당 매출원가(여기서는 구입가격을 사용함.)
매출총이익 = 매출액 - 매출원가
영업이익 = 매출총이익 - 고정영업비용(예를 들면 광고비나 영업사원 급여를 말함.)

〈그림 5.28〉의 첫 번째 테이블에서 볼 수 있듯이 현재 2,000원이 영업 손실을 보고 있다. (1) 매출 수량 증가는 매출 수량이 120개에서 160개로 변경(33.3 % 증가)될 때 손익분기점이 달성되고 (2) 고정영업비용 절감은 고정영업비용이 8,000원에서 6,000원으로 변경(25% 감소) 될 때도 손익분기점을 달성될 수 있다는 것이 What-if 분석의 결과다.

	A	B	C	D	E	F	G
1	구입가격	판매가격	판매수량	매출액	매출원가	고정영업비	영업이익
2	100	150	120	18,000	12,000	8,000	-2000
3				=C2*B2	=C2*A2		=D2-E2-F2
4							
5	(1) 판매수량 증가						
6	구입가격	판매가격	판매수량	매출액	매출원가	고정영업비	영업이익
7	100	150	160	24,000	16,000	8,000	0
8							
9							
10	(2) 고정영업비 절감						
11	구입가격	판매가격	판매수량	매출액	매출원가	고정영업비	영업이익
12	100	150	120	18,000	12,000	6,000	0
13							

〈그림 5.28〉 수식의 값을 변경

(2) 시나리오

What-if 시나리오 분석은 엑셀의 데이터 탭 가상분석 그룹에 있는 시나리오 관리자를 활용한다. 워크시트에 미리 작성해 놓은 모델의 결과를 예측하는 시나리오를 사용할 수 있다. 워크시트에 서로 다른 그룹의 값을 작성하고 저장한 다음 다른 결과를 볼 수 있도록 새로운 시나리오에 이 값들로 전환할 수 있다.

먼저, 〈그림 5.29〉에 저장시킨 값의 집합이 워크시트에서 자동으로 반영될 수 있도록 하여 What-if 분석에서와 같이 테이블을 입력한다. 다음에는 C10셀을 선택한다. 그다음 "데이터", '예측'그룹, '가상 분석', '시나리오 관리자'를 클릭하고 열린 작업 창에 "추가"를 클릭한다. 시나리오 추가 작업 창에 시나리오의 이름("광고비절감")과 변경 셀(광고비용인 E8)을 입력한 다음 시나리오값 창의 변경 셀에 원하는 시나리오값 600,000(F8셀의 값)원을 입력한 다음 확인을 클릭한다.

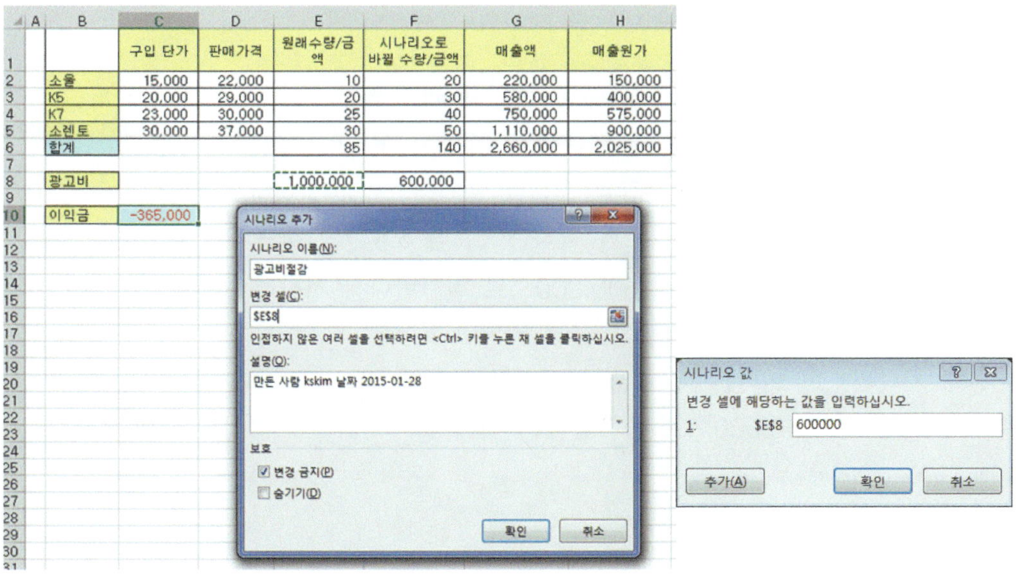

〈그림 5.29〉 테이블 만들기와 첫 번째 시나리오 추가

두 번째 시나리오 "판매량 증가"를 만드는 경우, 같은 방법으로 다른 시나리오를 추가할 수 있다. 다만 〈그림 5.30〉과 같이 이 시나리오에서 변경은 셀이 아닌 범위로 E2:E5이며 아래와 같이 시나리오값은 20, 30, 40, 50이다.

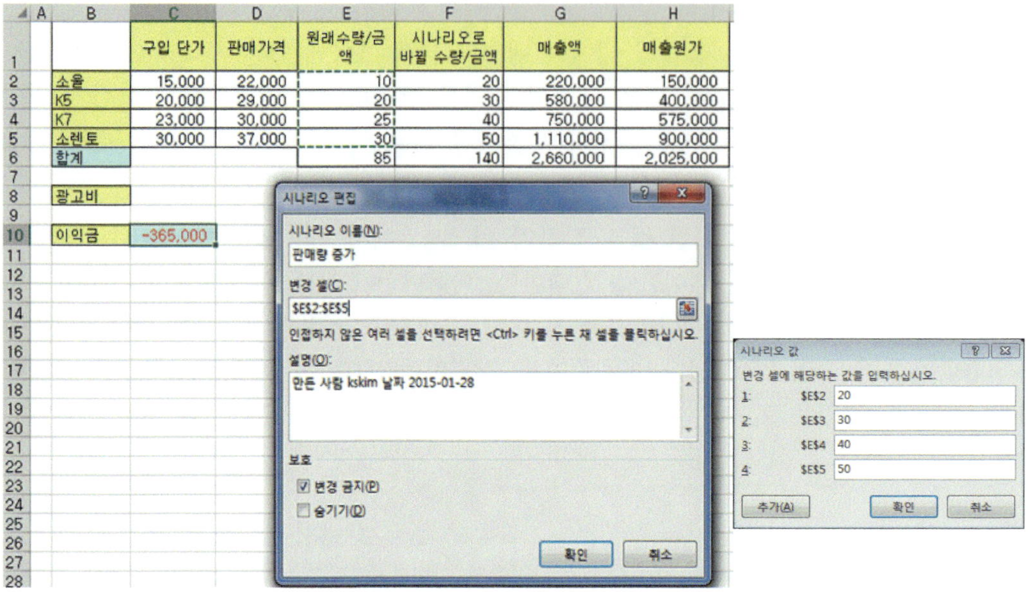

〈그림 5.30〉 두 번째 시나리오 추가

'요약(U)' 클릭과 함께 보고서 종류로 "시나리오 요약"으로 선택하고 결과 셀을 C10으로 지정한 후 확인을 클릭한다. 시나리오의 결과는 〈그림 5.31〉의 하단과 같다.

이것은 광고비를 1,000,000에서 600,000으로 절감한다는 시나리오 하에서, 영업 이익은 -365,000에서 35,000으로 증가한다는 것을 의미한다.

두 번째 시나리오의 의미는 네 제품의 판매량이 각각 시나리오값과 같이 늘어나면, 영업 이익은 -365,000에서 40,000으로 증가한다는 것이다.

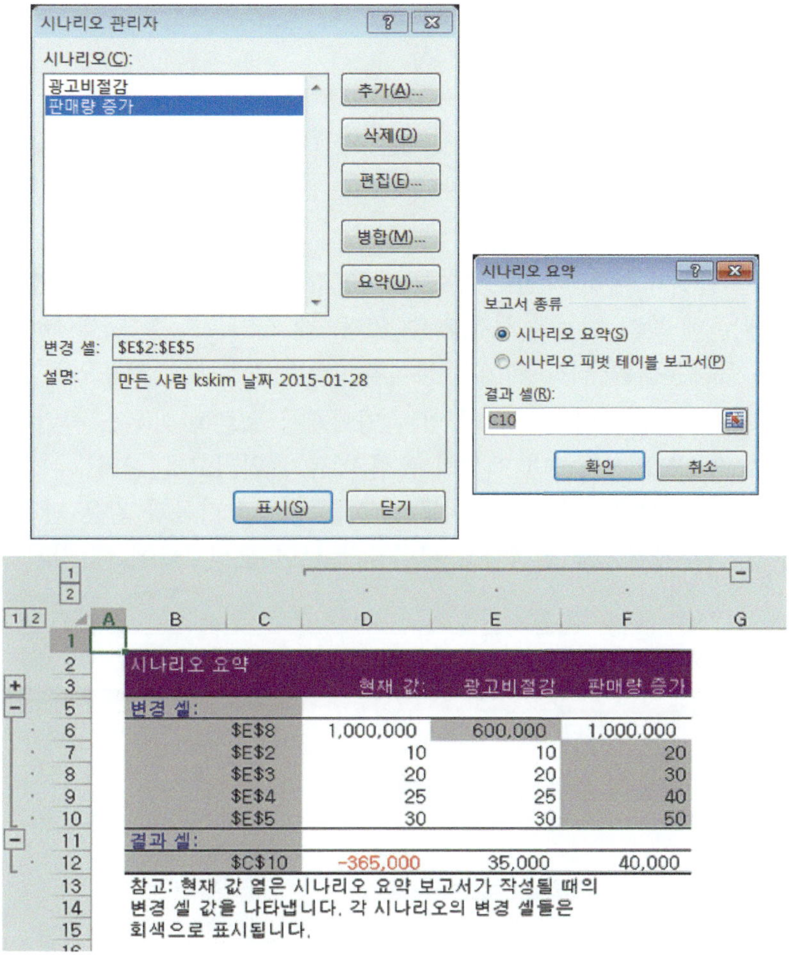

〈그림 5.31〉 시나리오의 요약 만들기

12 해 찾기

(1) 해 찾기 기능 설치

엑셀에서 기본 제공하고 있는 목표값 찾기는 특정 셀의 목표 결괏값을 찾기 위해 수식에 의해 관련된 셀의 값을 거꾸로 찾아 나가는 것으로 변수도 하나, 목표값도 하나인 경우이며 변수에 제약 조건을 설정할 수도 없다.

반면 변경되는 변수가 여러 개인 경우에는 목표값을 찾는 경우와 변수별로 제약 조건을 설정해야 할 때에는 해 찾기 기능을 사용할 수 있다. 해 찾기 기능은 엑셀에서 기본적으로 제공되지 않으므로 통계분석을 위한 데이터 분석과 마찬가지로 추가기능으로 설정한다.

액셀의 탭 이름과 각 그룹의 아이콘이 있는 영역에서 오른쪽 마우스 클릭하면 '빠른 실행 도구 모음 사용자 지정'을 선택하면 엑셀의 옵션 메뉴가 열리고 왼편의 '추가기능' 아래편의 콤보 상자의 엑셀 추가기능을 선택하고 이동 단추를 누르면 다음과 같은 단축메뉴가 나타난다. 여기서 해 찾기 추가기능을 선택하고 확인을 누르면 분석그룹에 해 찾기가 나타난다.

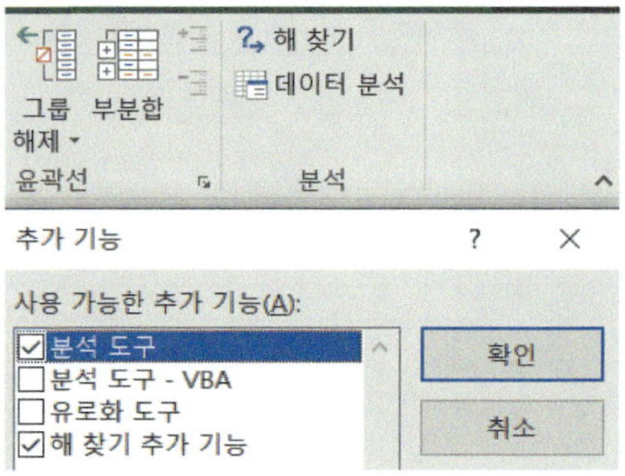

〈그림 5.32〉 해 찾기 기능 추가

(2) 해 찾기 예제

예제로써 실무에서 다음과 같은 견적서를 작성([A1:D13])하였다. 그런데 거래처에서 견적 금액을 100,000원에 맞춰달라고 하고, 공급자의 회사방침으로 판매단가는 5% 이내에서만 조정할 수 있다고 한다. 이 경우 [G7:G12]에 판매단가에 95%를 곱한 값을 수식으로 작성하여 채우기로 복사한다. 주의할 점은 [G7:G12]를 범위로 드래그하여 복사하고 같은 자리에 값으로 붙여놓기를 해야 한다. 이 과정이 빠지면 무한 실행 상태로 빠질 수 있다.

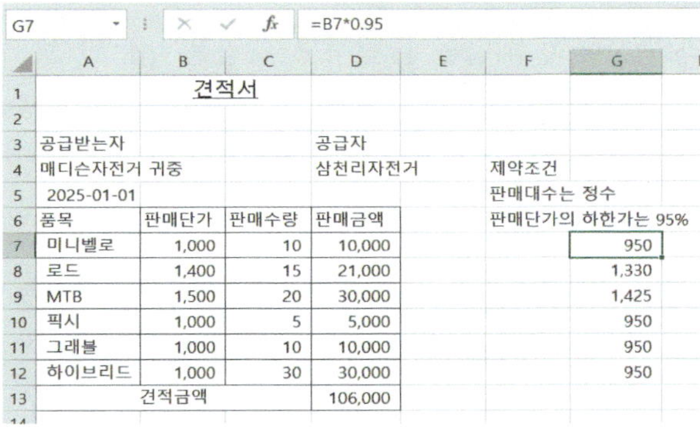

G7 =B7*0.95

	A	B	C	D	E	F	G
1		견적서					
2							
3	공급받는자			공급자			
4	매디슨자전거 귀중			삼천리자전거		제약조건	
5	2025-01-01					판매대수는 정수	
6	품목	판매단가	판매수량	판매금액		판매단가의 하한가는 95%	
7	미니벨로	1,000	10	10,000			950
8	로드	1,400	15	21,000			1,330
9	MTB	1,500	20	30,000			1,425
10	픽시	1,000	5	5,000			950
11	그래블	1,000	10	10,000			950
12	하이브리드	1,000	30	30,000			950
13		견적금액		106,000			

〈그림 5.33〉 해 찾기 예제

다음으로 아래 그림처럼 데이터 탭 분석그룹의 해 찾기를 선택하여 목표값을 견적금액셀($D$13), 지정 값을 100,000, 제약 조건으로 판매 대수는 정수, 판매단가는 95% 가격 이상으로 정하고 해법선택은 'GRG 비선형'을 선택하고 해 찾기를 누른다.

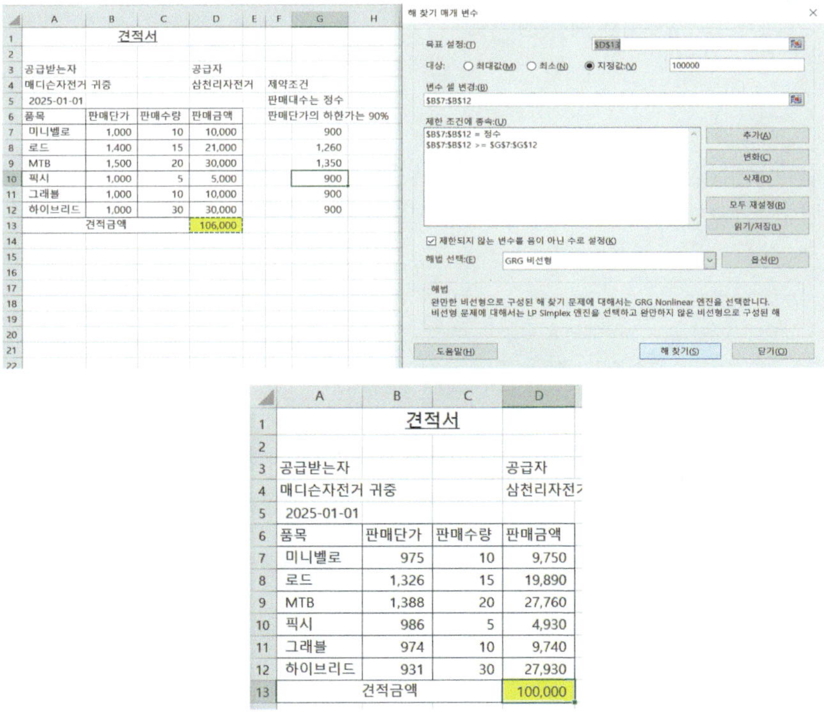

	A	B	C	D	E	F	G	H
1		견적서						
2								
3	공급받는자			공급자				
4	매디슨자전거 귀중			삼천리자전거		제약조건		
5	2025-01-01					판매대수는 정수		
6	품목	판매단가	판매수량	판매금액		판매단가의 하한가는 90%		
7	미니벨로	1,000	10	10,000			900	
8	로드	1,400	15	21,000			1,260	
9	MTB	1,500	20	30,000			1,350	
10	픽시	1,000	5	5,000			900	
11	그래블	1,000	10	10,000			900	
12	하이브리드	1,000	30	30,000			900	
13		견적금액		106,000				

	A	B	C	D
1		견적서		
2				
3	공급받는자			공급자
4	매디슨자전거 귀중			삼천리자전거
5	2025-01-01			
6	품목	판매단가	판매수량	판매금액
7	미니벨로	975	10	9,750
8	로드	1,326	15	19,890
9	MTB	1,388	20	27,760
10	픽시	986	5	4,930
11	그래블	974	10	9,740
12	하이브리드	931	30	27,930
13		견적금액		100,000

〈그림 5.34〉 해 찾기 과정과 결과(견적서의 예)

해 찾기 결과 위 아래쪽 그림의 [B7:B12]의 판매단가를 적용할 수 있다.

그리고 해 찾기 결과의 오른쪽 해답을 클릭하고 확인을 누르면 보고서를 출력하고 시나리오를 작성할 수 있다.

(3) 경영과학에서의 해 찾기 적용

해 찾기는 경영과학의 선형계획법과 정수계획법을 쉽게 푸는 방법으로 활용된다.

예로서 의사결정변수가 2개인 신설점포 수(X1)와 신설물류센터 수(X2)를 결정하기 정수계획모형을 사용해보자

> 목적함수는 연간 총이익 예측치를 최대화하는 것으로 점포 1개당 연간 1억 원의 공헌이익이, 물류센터 1개당 연간 2억 원의 공헌이익이 발생하는 경우
>
> : Max Z=10000 X1 + 20000 X2로 정하고
>
> 제약 조건은
> 예산제약으로
> s.t. 100000 X1 + 300000 X2 <= 1500000만원 (자금이 150억원이고 점포 1개당 10억원, 물류센터 1개당 30억원이 각각 소요됨)
> 신규 개설 개수 제약으로
> X1 <= 5(신규점포는 5개 이하 개설 허가)
> X2 >= 1(신규물류센터는 1개 이상 개설 의무)
> X1, X2는 음이 아닌 정수임

해 찾기 결과 신설점포 수 3개와 신설물류센터 4개를 개설했을 때 목표이익이 15억 원으로 최대화되었고 신설점포 및 물류센터 개수 및 투자예산제약 150억 원을 모두 만족시켰다.

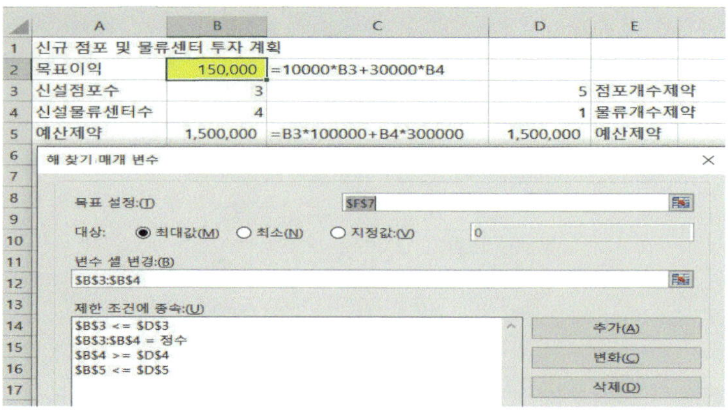

〈그림 5.35〉 해 찾기 과정과 결과(정수계획법, 점포와 물류센터 투자 계획의 예)

13 차트

차트에는 세로막대, 가로막대, 꺾은 선형, 원형, 도넛형, 영역형, 분산형과 같은 기본형과 주식형, 표면형, 방사형, 트리맵, 선 버스트, 히스토그램, 상자 수염 그림, 폭포, 콤보형이 있다.

대부분 차트 기능은 파워 BI로 대체하여 학습하기로 하고 여기에서는 주식형, 표면형, 방사형, 선 버스트, 상자 수염 그림에 대해 예를 들어 살펴본다.

(1) 주식형

다음은 삼성전자 보통주의 주가차트이다. 기간은 2월 3일부터 2월 10일(오늘 아직 장 마감 전)이다.

(거래량)-시가-고가-저가-종가 순으로 주가 데이터를 캡처하여 본 결과이다. 박스의 하단, 상단은 상승 시에는 시가와 종가(하락 시에는 종가와 시가)를 의미하고 직선(수염)의 아래쪽 끝은 저가, 위쪽 끝은 고가를 의미한다. 주가 뿐 아니라 값의 변동이 심한 상품의 가격을 분석하는데 사용할 수 있다.

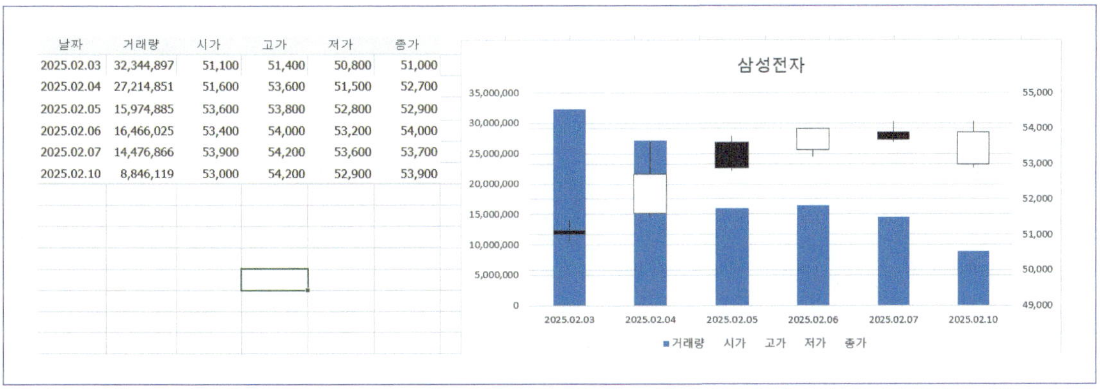

날짜	거래량	시가	고가	저가	종가
2025.02.03	32,344,897	51,100	51,400	50,800	51,000
2025.02.04	27,214,851	51,600	53,600	51,500	52,700
2025.02.05	15,974,885	53,600	53,800	52,800	52,900
2025.02.06	16,466,025	53,400	54,000	53,200	54,000
2025.02.07	14,476,866	53,900	54,200	53,600	53,700
2025.02.10	8,846,119	53,000	54,200	52,900	53,900

〈그림 5.36〉 주가차트의 예

(2) 상자 수염 그림

주식형과 비슷한 형태로 상자 수염 그림이 있다. 아래 차트는 특정 반 학생들의 남녀별 키의 분포를 살펴보고 있다. 여기서 남학생 중 키가 2m가 훨씬 넘는 학생은 이상치(outlier)로 식별하여 남녀 평균 키를 계산할 때 반영하지 않는다. 각 그림의 위쪽 수염은 최댓값, 상자의 상단은 1/4분위수, 상자 가운데 중앙선은 중앙값(2/4분위수), 상자의 하단은 3/4분위수, 수염 하단은 최솟값에 해당한다. 이 차트는 데이터를 분석하기 전에 이상값을 탐지하고 값의 분포를 파악할 때 사용한다.

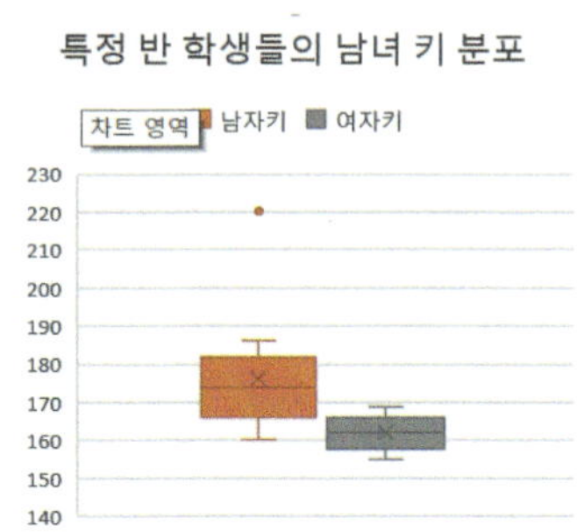

〈그림 5.37〉 상자 수염 그림의 예

(3) 표면형

표면형은 영역형을 3차원으로 확장한 형태이다. 즉 범주가 2개인 경우이다. 아래는 매출과 이익을 범주로 하여 영업사원의 수를 차트로 표시한 것이다.

매출/이익(억원)	1	2	3	4	5+
5	5	6	7	7	4
10	10	11	12	10	7
15	9	11	13	9	8
20	4	5	6	5	3
25+	2	3	5	4	2

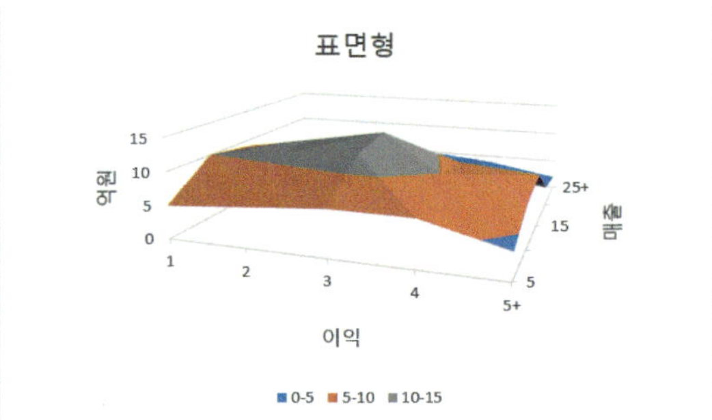

〈그림 5.38〉 표면형 차트의 예

(4) 방사형

방사형은 여러 범 주에 대한 측정값을 상호 비교할 때 사용한다. 아래 예는 두 경쟁상품의 특성을 표준화하여 점수로 환산한 다음, 비교한 내용이다.

	A상품	B상품
가격	3	4
디자인	4	3
품질	4	4
편리성	3	5
만족도	4	5

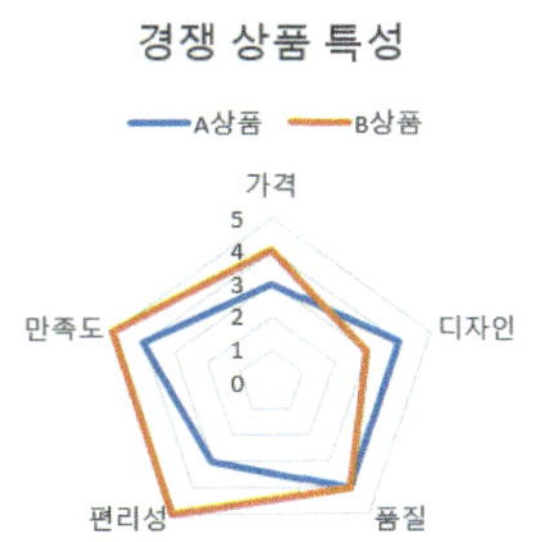

〈그림 5.39〉 방사형의 예

(5) 선 버스트

선 버스트는 트리맵 차트처럼 데이터가 계층을 이룬 경우나 그 경우를 가정하고 관계를 표시한다. 아래 예는 지사별 품목별 매출액을 비교한 내용이다.

지사	품목	매출
A지사	자전거	100
A지사	용품	80
A지사	의류	50
B지사	자전거	150
B지사	용품	40
B지사	의류	40
B지사	서비스	30
C지사	자전거	170
C지사	용품	20

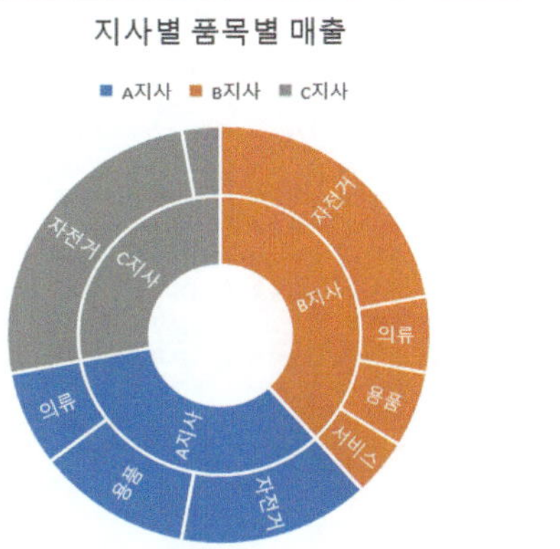

〈그림 5.40〉 선 버스트 차트의 예

제2절. 피벗 테이블과 피벗 차트를 활용한 데이터 분석

1 데이터 보완하기

(1) 거래 일자 데이터 만들기

다음과 같은 연간 판매자료가 주어졌다. 이 경우 거래번호 텍스트 안에 거래 일자 정보가 포함되어 있으므로 [L1]셀에 "거래일자"라고 필드명을 입력한다. 이전에 테이블 삽입을 한 경우에는 테이블이 자동 확장되면서 적용된 스타일이 자동적용 된다. [L2]셀에 =DATE(LEFT(A2,4),MID(A2,5,2),MID(A2,7,2))를 입력하고 자동 채우기를 클릭한다.

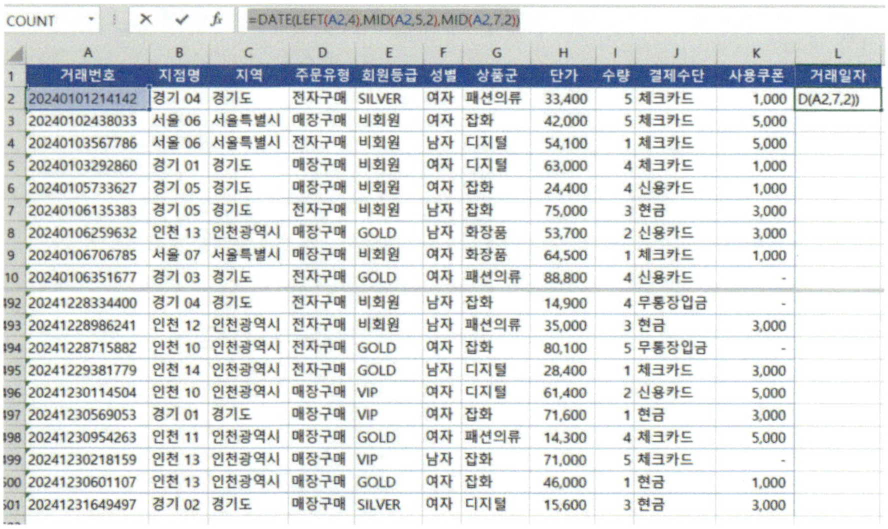

COUNT =DATE(LEFT(A2,4),MID(A2,5,2),MID(A2,7,2))

	A	B	C	D	E	F	G	H	I	J	K	L
1	거래번호	지점명	지역	주문유형	회원등급	성별	상품군	단가	수량	결제수단	사용쿠폰	거래일자
2	20240101214142	경기 04	경기도	전자구매	SILVER	여자	패션의류	33,400	5	체크카드	1,000	D(A2,7,2))
3	20240102438033	서울 06	서울특별시	매장구매	비회원	여자	잡화	42,000	5	체크카드	5,000	
4	20240103567786	서울 06	서울특별시	전자구매	비회원	남자	디지털	54,100	1	체크카드	5,000	
5	20240103292860	경기 01	경기도	매장구매	비회원	여자	디지털	63,000	4	체크카드	1,000	
6	20240105733627	경기 05	경기도	매장구매	비회원	여자	잡화	24,400	4	신용카드	1,000	
7	20240106135383	경기 05	경기도	전자구매	비회원	남자	잡화	75,000	3	현금	3,000	
8	20240106259632	인천 13	인천광역시	매장구매	GOLD	남자	화장품	53,700	2	신용카드	3,000	
9	20240106706785	서울 07	서울특별시	매장구매	비회원	여자	화장품	64,500	1	체크카드	1,000	
10	20240106351677	경기 03	경기도	전자구매	GOLD	여자	패션의류	88,800	4	신용카드	-	
492	20241228334400	경기 04	경기도	전자구매	비회원	남자	잡화	14,900	4	무통장입금	-	
493	20241228986241	인천 12	인천광역시	전자구매	비회원	남자	패션의류	35,000	3	현금	3,000	
494	20241228715882	인천 10	인천광역시	전자구매	GOLD	여자	잡화	80,100	5	무통장입금	-	
495	20241229381779	인천 14	인천광역시	전자구매	GOLD	남자	디지털	28,400	1	체크카드	3,000	
496	20241230114504	인천 10	인천광역시	매장구매	VIP	여자	디지털	61,400	2	신용카드	5,000	
497	20241230569053	경기 01	경기도	매장구매	VIP	여자	잡화	71,600	1	현금	3,000	
498	20241230954263	인천 11	인천광역시	매장구매	GOLD	여자	패션의류	14,300	4	체크카드	5,000	
499	20241230218159	인천 13	인천광역시	매장구매	VIP	남자	잡화	71,000	5	체크카드	-	
500	20241230601107	인천 13	인천광역시	매장구매	GOLD	여자	잡화	46,000	1	현금	1,000	
501	20241231649497	경기 02	경기도	매장구매	SILVER	여자	디지털	15,600	3	현금	3,000	

〈그림 5.41〉 피벗 테이블 사례분석용 엑셀 파일과 날짜 함수

(2) 계산 필드 사용하여 판매금액 계산 입력하기

테이블에는 판매금액이 없으므로 판매금액을 계산하기 위해 1차로 피벗 테이블을 만든다. 행 영역에 "거래번호"를 입력하고 값 영역에 "단가", "수량"을 입력한다. 피벗 테이블 분석 탭, 계산 그룹의 필드, 항목 및 집합-계산 필드를 선택한다. 계산 필드 삽입에 이름을 "판매금액", 수식을 "= 단가 * 수량"을 필드 삽입을 이용하여 입력하면 판매금액 필드가 생성되는데 계산 필드는 원본 테이블이 아닌 피벗 테이블 필드에만 추가된다.

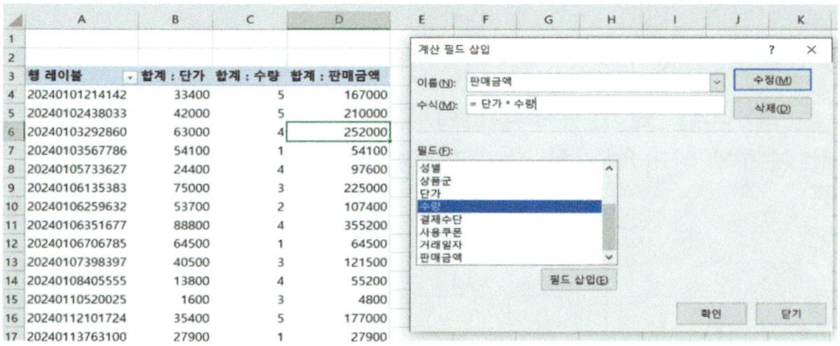

〈그림 5.42〉 피벗 테이블 계산 필드 사용하여 판매금액 계산 입력

2 피벗 테이블 만들기

(1) 피벗 데이터 필드 설정

오른편 피벗 테이블 필드에는 필드가 많아 한 화면에 담기지 않을 때 필드 이름을 검색할 수 있다. 이 경우 톱니바퀴 모양의 설정 단추를 이용하여 필드목록 창을 작업에 편리하게 다른 레이아웃으로 바꾸거나 필드목록을 가나다순으로 정렬할 수 있다. 또한, 피벗 테이블 필드 윗부분을 드래그하면 엑셀 화면에서 원하는 위치로 이동할 수 "☑나중에 레이아웃 업데이트" 방식으로 클릭하면 피벗 테이블과 피벗 차트를 자동이 아닌 수동으로 업데이트하도록 할 수 있다.

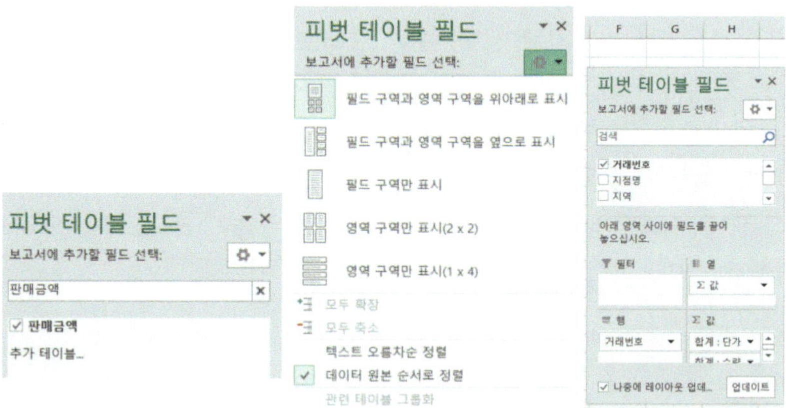

〈그림 5.43〉 피벗 데이터 필드 설정

(2) 여러 필드 영역별로 추가

필터 영역에는 여러 가지 텍스트 필드를 선택할 수 있게 되므로 교집합(AND) 개념으로 필터링할 수 있고, 행 또는 열 영역에도 여러 텍스트 필드를 선택하여 계층 구조를 만들 수 있다. 반면 Σ 값 영역에 여러 가지를 수치 필드를 선택하면 단순히 열 영역에 나열하는 방식으로 보인다.

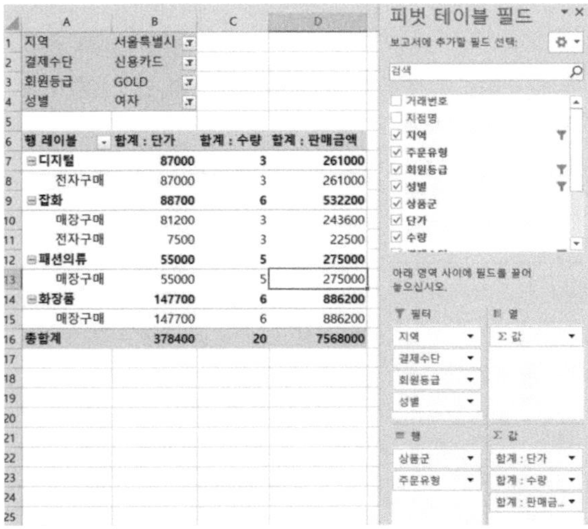

〈그림 5.44〉 피벗 데이터 필드 선택

(3) 피벗 테이블 삭제, 복사

피벗 테이블을 선택하면 피벗 테이블 필드만 활성화되고 개체로써 선택되지 않으므로 삭제하고 싶을 때는 Ctrl+A(시트 전체 선택) 또는 드래그로 삭제를 원하는 피벗 테이블 영역이 포함하는 범위를 선택하여 삭제해야 하며, 취소(↶)하여 원래대로 복원할 수도 있다. 초기화하고 싶은 경우 범위를 Ctrl+A 또는 드래그로 선택하여 피벗 테이블 분석 탭-동작 그룹-지우기-모두 지우기로 지울 수 있다.

복사하고 싶을 때는 피벗 테이블 영역이 포함하는 범위를 Ctrl+A 또는 드래그로 선택하여 복사해야 붙여놓기 하며, 취소하여 원래대로 삭제할 수 있다.

3 피벗 테이블의 단축메뉴

아래 왼쪽 그림처럼 행 레이블의 오른쪽 마우스를 클릭하여 단축메뉴에서 '복사하기', '레이블의 서식지정', 변경된 경우에 수동으로 '새로 고침', '필드목록 표시'를 실습해 보자.

행 레이블에 두 번 클릭하면 "구분"과 같은 다른 텍스트를 입력할 수 있다.

아래 가운데 그림은 수치 열의 레이블의 단축메뉴이다. ① '복사'는 복사해 붙여넣을 때 복사이고 ② '셀 서식'은 셀에 대한 다양한 서식을 지정할 수 있다. ③ '필드 표시형식'은 레이블 아래 수치에 적용되는 표시형식이고 ④ '정렬'에는 숫자 오름/내림차순정렬이 있다. ⑤ '"합계:단가" 제거'는 현재 열만 제거하고 ⑥ '값 제거'는 모든 수치 필드 열을 제거한다. ⑦ '값 요약기준'은 현재 합계로 되어 있는 값을 개수, 평균, 최솟값, 최댓값 등으로 바꿀 수 있고, ⑧ '값 표시형식'은 비율, 누계, 차이, 순위 등 다양한 형태로 수치 필드를 바꿀 수 있다. ⑨ '값 필드 설정'은 값 요약기준과 값 표시형식에 대한 합한 기능이다. ⑩ '필드목록 표시'는 해당 합계값 등의 원본데이터를 검색하는 기능이라 수치일 때 작동한다.

아래 오른쪽 그림은 수치 열 중 계산 필드의 레이블의 단축메뉴로 일반 수치 열과 동일하나 '값 요약기준'은 작동되지 않는다.

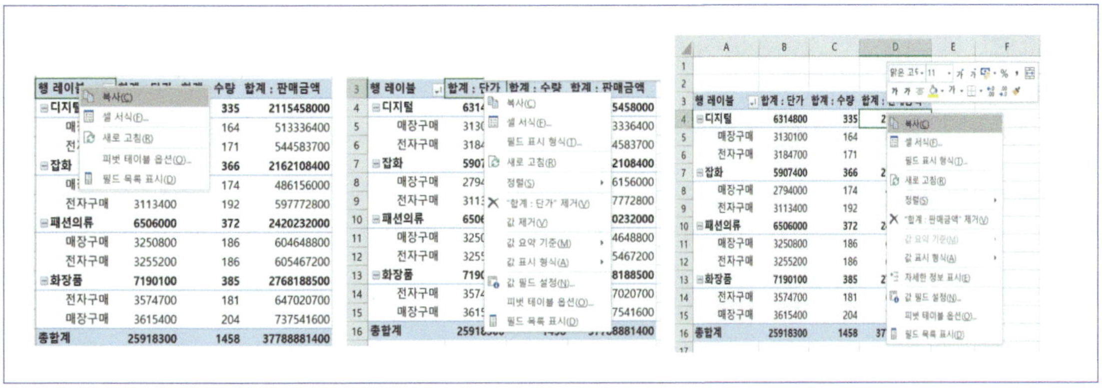

〈그림 5.45〉 피벗 테이블의 단축메뉴 1

아래 왼쪽 그림은 레이블이 아닌 실제 데이터 중 품목이나 구매유형과 같은 텍스트 필드에 대한 단축메뉴로 여기에서 '정렬'은 텍스트 오름차순/내림차순에 대한 것과 연계된 수치를 이용한 정렬이 있다. 수동으로 정렬할 수도 있다.

'부분합' 수치만 빼고 정렬하거나 필터할 수 있다.

'필터'는 상위 10개, 레이블 필터, 연계된 값 필터로 필터링할 수 있다.

'항목' 중 일부만(예를 들면 화장품과 잡화만) 그룹화/해제할 수 있다.

'이동'은 선택항목을 위치 이동하거나 계층 구조 변경으로 이동할 수 있다. 다른 상위영역 아래 있는 같은 항목은 동시에 이동한다. '제거'는 해당 열 영역을 모두 삭제하는 것이다.

아래 왼쪽 그림은 합계 행에 대한 단축메뉴로 '합계 제거'는 행 영역에서 삭제하는 것이고 나머지는 175쪽에서 설명한 수치열의 레이블 단축 메뉴를 참고한다.

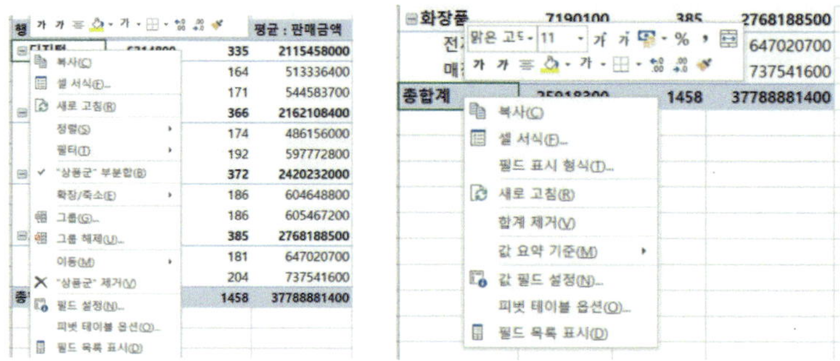

〈그림 5.46〉 피벗 테이블의 단축메뉴 2

4 피벗 테이블 추가 분석하기

(1) 복사하여 필터 다르게 적용하기

다음 예는 피벗 테이블 범위인 [A1:D16]을 드래그하여 복사-F1에 붙여놓기 한 결과에서 [G1셀]의 성별을 남자에서 여자로 바꾼 경우이다. 그 결과 피벗 테이블의 숫자가 변동된 것을 볼 수 있다.

	A	B	C	D	E	F	G	H	I
1	성별	남자				성별	여자		
2									
3	행 레이블	합계 : 단가	합계 : 수량	평균 : 판매금액		행 레이블	합계 : 단가	합계 : 수량	평균 : 판매금액
4	⊟디지털	2746800	155	425754000		⊟디지털	3568000	180	642240000
5	매장구매	1216500	72	87588000		매장구매	1913600	92	176051200
6	전자구매	1530300	83	127014900		전자구매	1654400	88	145587200
7	⊟잡화	3130500	204	638622000		⊟잡화	2776900	162	449857800
8	매장구매	1374200	95	130549000		매장구매	1419800	79	112164200
9	전자구매	1756300	109	191436700		전자구매	1357100	83	112639300
10	⊟패션의류	3480900	193	671813700		⊟패션의류	3025100	179	541492900
11	매장구매	1975800	98	193628400		매장구매	1275000	88	112200000
12	전자구매	1505100	95	142984500		전자구매	1750100	91	159259100
13	⊟화장품	3489900	188	656101200		⊟화장품	3700200	197	728939400
14	매장구매	1491000	83	123753000		매장구매	2124400	121	257052400
15	전자구매	1998900	105	209884500		전자구매	1575800	76	119760800
16	총합계	12848100	740	9507594000		총합계	13070200	718	9384403600

〈그림 5.47〉 피벗 테이블의 복사 활용

(2) 수동정렬과 사용지정 정렬

엑셀에서는 텍스트나 수치 모두 오름차순/내림차순정렬을 하는 게 원칙이다. 피벗 테이블에서도 동일하게 적용된다.

예를 들면 서울, 경기, 인천 순으로 정렬해야 하던지 고객등급을 VIP, GOLD, SILVER, 비회원 순으로 정렬하고 싶은 경우 수동정렬이나 사용자지정 정렬로 정렬할 수 있다.

수동정렬을 하려면 아래 그림처럼 행 레이블(여기서는 서울특별시)을 선택하고 경기도 앞으로 드래그하면 된다.

〈그림 5.48〉 피벗 테이블의 수동정렬

사용자지정정렬은 파일 탭-옵션 그룹-고급-일반-사용자지정 목록 편집에서 목록을 가져올 범위에서 지정하거나 목록 항목에서 입력하고 추가-확인-확인을 누르면 된다.

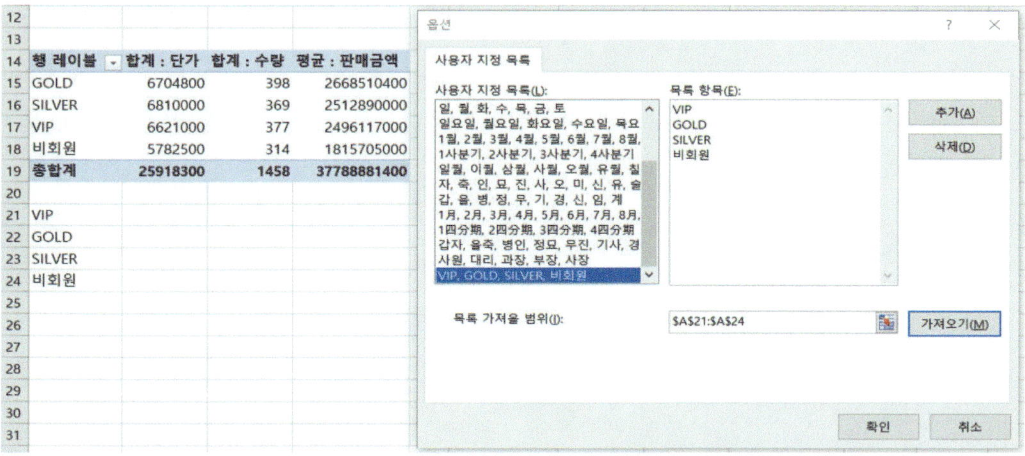

〈그림 5.49〉 피벗 테이블의 사용자지정 정렬

(3) 그룹화와 그룹해제

원하는 행 영역을 2개 이상 Ctrl+클릭으로 선택하고 단축메뉴를 부르면 '그룹화'가 나타난다. 클릭하면 "그룹1"로 행 레이블이 결정되므로 ❶ 그룹화된 셀을 클릭하여 수식 입력 줄에서 "화장품잡화"를 입력한다. 그래도 피벗 테이블 필드에는 "상품군2"로 나타나므로 단축메뉴 ❷ 필드설정에서 사용자 지정 이름으로 "화장품잡화"를 입력한다. 해제를 원하면 '그룹해제'를 눌러 해제할 수 있다.

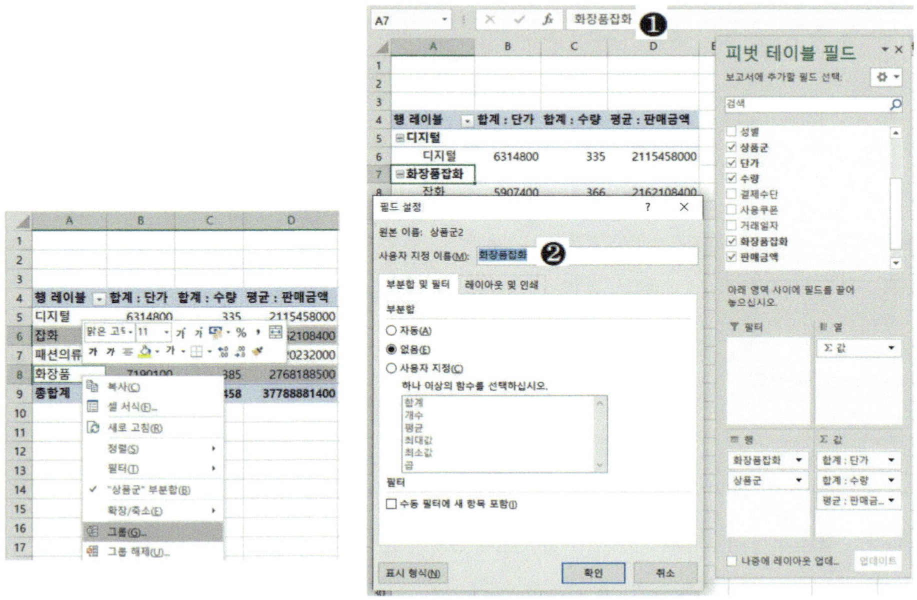

〈그림 5.50〉 피벗 테이블의 그룹화 1

날짜 데이터는 단축메뉴에서 그룹을 선택하면 기본적으로 월일만 지정되어 있는데 분기를 포함하면 행 영역에 분기 필드가 추가된다.

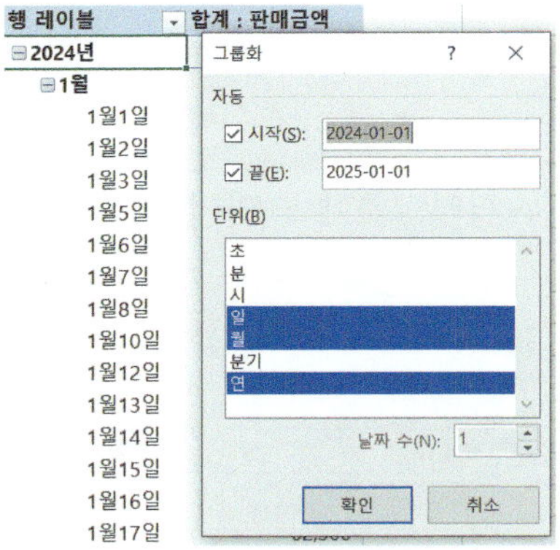

〈그림 5.51〉 피벗 테이블의 그룹화 2

(4) 필터 적용(TOP 10)

아래 그림은 "지점명"을 행 영역으로 하여 판매금액을 확인하고 이 중 상위 7개만 필터한 결과이다.

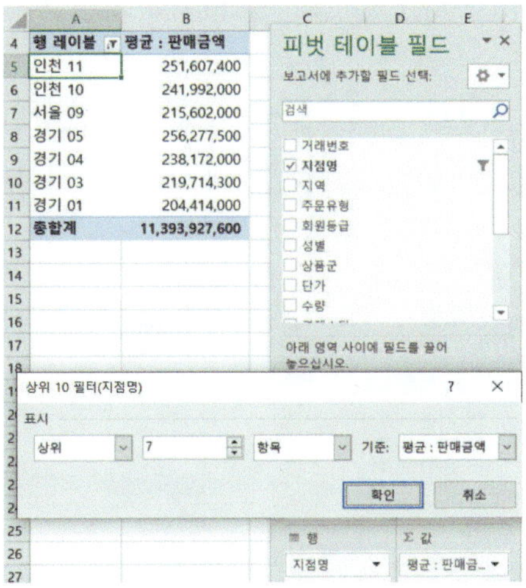

〈그림 5.52〉 피벗 테이블의 필터 적용(TOP 7)

5 슬라이서 적용하기

(1) 슬라이서 설정하기

피벗 테이블 도구 탭-분석 탭-필터그룹에 슬라이서 삽입과 시간 막대 삽입을 하면 다음과 같은 화면이 나타난다.

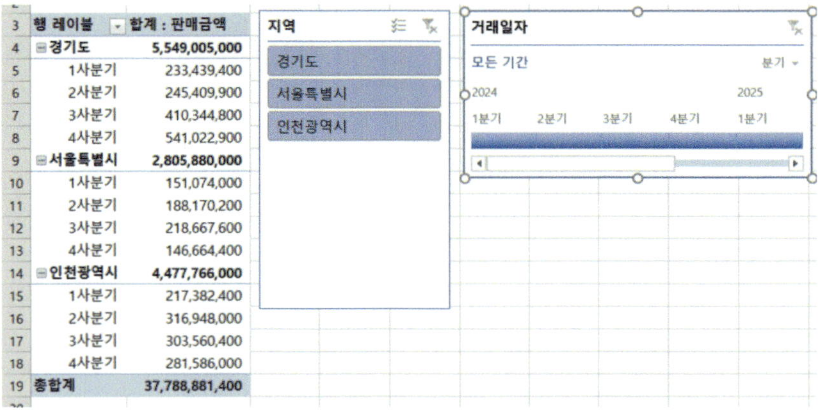

〈그림 5.53〉 피벗 테이블의 슬라이서와 시간 표시 막대 1

지역을 경기도, 거래 일자를 분기로 하여 2024년 1분기로 설정하면 이래 그림과 같은 필터 효과를 쉽게 확인할 수 있다. 일반 필터는 2개 이상 지정할 때 CTRL+클릭하면 된다.

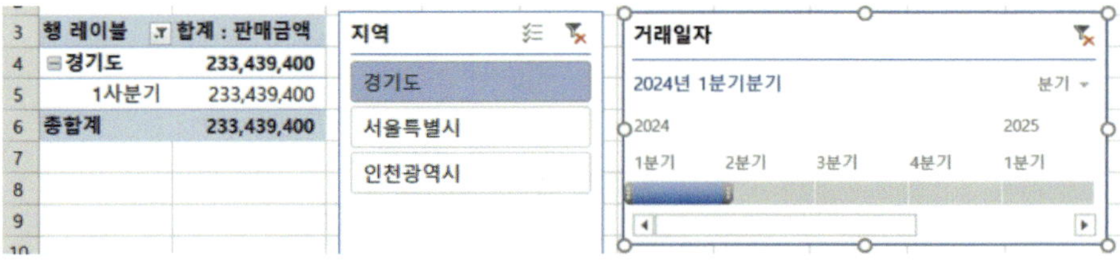

〈그림 5.54〉 피벗 테이블의 슬라이서와 시간 표시 막대 2

하나의 슬라이서(시간 표시 막대 삽입 포함)에 여러 피벗 테이블을 연결하거나 일부만 연결할 때는 먼저 슬라이서를 선택하고 슬라이서 도구 옵션 탭, 슬라이서 그룹의 보고서 연결을 클릭한다. 원하는 연결하기 피벗 테이블의 체크박스를 선택하고 확인한다. 피벗 테이블의 이름은 피벗 테이블 도구-분석 탭의 피벗 테이블 그룹 위에 나타난 박스에 기록되어 있다.

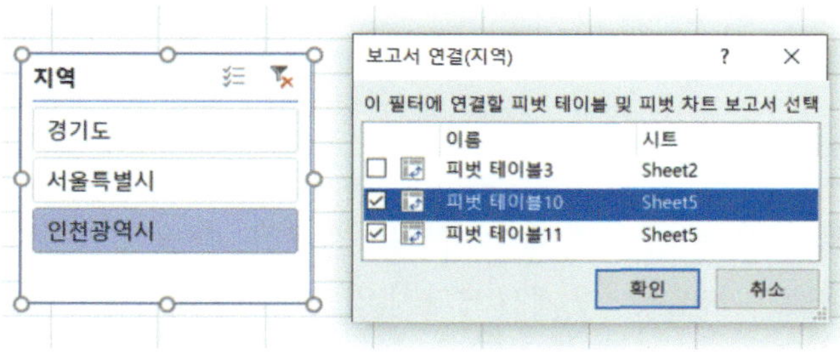

〈그림 5.55〉 슬라이서에서의 피벗 테이블의 보고서 연결

다른 방법으로 피벗 테이블을 먼저 선택한 후 피벗 테이블 도구 분석 탭의 필터그룹의 필터 연결을 눌러 슬라이서나 시간 표시 막대를 연결할 수도 있다.

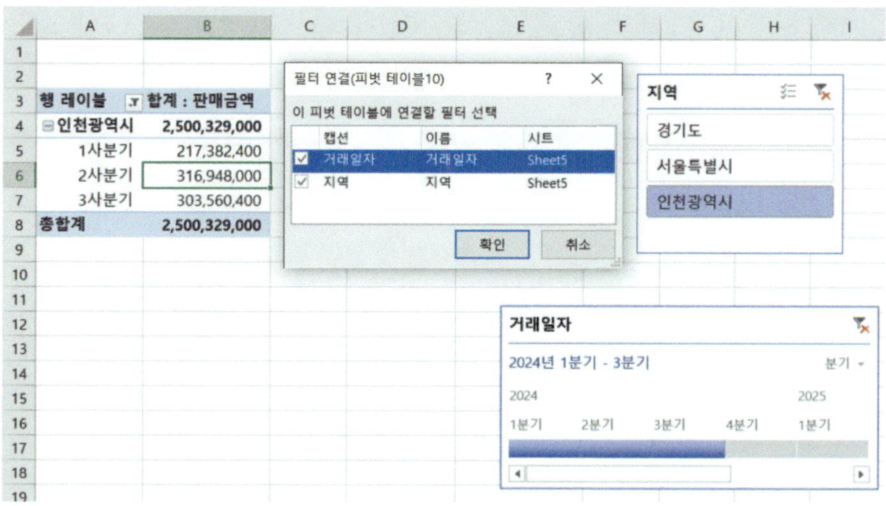

〈그림 5.56〉 피벗 테이블에서의 슬라이서의 필터 연결

(2) 슬라이서 디자인 변경하기

- 슬라이서 스타일 : 슬라이서를 선택한 후 슬라이서 도구 옵션 탭-슬라이서 스타일 그룹에서 선택
- 슬라이서 정렬 : 슬라이서를 CTRL+클릭으로 선택한 후 슬라이서 도구 옵션 탭-정렬 그룹의 맞춤 클릭

6 피벗 테이블 디자인 변경하기

- 피벗 테이블 스타일 : 피벗 테이블을 선택한 후 피벗 테이블 도구 디자인 탭의 피벗 테이블 스타일에서 선택
- 피벗 테이블 레이아웃 변경 : 피벗 테이블을 선택한 후 피벗 테이블 도구 디자인 탭의 레이아웃 그룹-보고서 레이아웃에서 3가지(압축/개요/테이블) 중에서 선택
- 부분합/총합계 표시하기 : 피벗 테이블을 선택한 후 피벗 테이블 도구 디자인 탭의 레이아웃 그룹이나 단축메뉴에서 선택
- 합계:OOO 변경 : 해당 셀을 선택한 후 수식 입력 줄과 피벗 테이블 도구 분석 탭의 활성 필드 그룹과 단축메뉴값 필드 설정에서 변경
- 피벗 차트 : 피벗 테이블을 선택한 후 피벗 테이블 도구 분석 탭의 도구 그룹의 피벗 차트로 삽입
- 값 표시형식의 비교

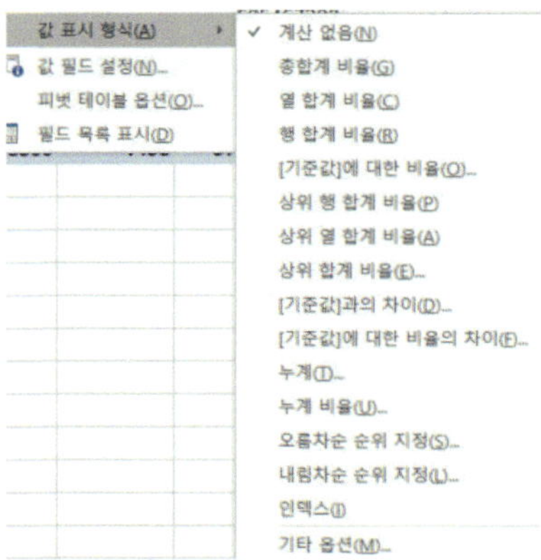

〈그림 5.57〉 피벗 테이블에서의 값 표시형식 1

	A	B	C	D	E	F	G	H	I	J	K	L	M	N
1														
2	합계 : 판매금액	열 레이블				기준값에대한비율	열 레이블				누계비율	열 레이블		
3	행 레이블	매장구매	전자구매	총합계		행 레이블	매장구매	전자구매	총합계		행 레이블	매장구매	전자구매	총합계
4	디지털	9,534,800	8,570,500	18,105,300		디지털	100.00%	100.00%	100.00%		디지털	25.64%	22.56%	24.08%
5	잡화	8,530,500	9,460,600	17,991,100		잡화	89.47%	110.39%	99.37%		잡화	48.58%	47.47%	48.02%
6	패션의류	9,678,600	10,175,500	19,854,100		패션의류	101.51%	118.73%	109.66%		패션의류	74.60%	74.26%	74.43%
7	화장품	9,445,400	9,779,000	19,224,400		화장품	99.06%	114.10%	106.18%		화장품	100.00%	100.00%	#####
8	총합계	37,189,300	37,985,600	75,174,900		총합계					총합계			
9														
10	총합계비율	열 레이블				기준값과의 차이	열 레이블				오름차순순위	열 레이블		
11	행 레이블	매장구매	전자구매	총합계		행 레이블	매장구매	전자구매	총합계		행 레이블	매장구매	전자구매	총합계
12	디지털	12.68%	11.40%	24.08%		디지털					디지털	3	1	2
13	잡화	11.35%	12.58%	23.93%		잡화	-1,004,300	890,100	-114,200		잡화	1	2	1
14	패션의류	12.87%	13.54%	26.41%		패션의류	143,800	1,605,000	1,748,800		패션의류	4	4	4
15	화장품	12.56%	13.01%	25.57%		화장품	-89,400	1,208,500	1,119,100		화장품	2	3	3
16	총합계	49.47%	50.53%	100.00%		총합계					총합계			
17														
18	열합계비율	열 레이블				기준값에 대한 비	열 레이블				내림차순순위	열 레이블		
19	행 레이블	매장구매	전자구매	총합계		행 레이블	매장구매	전자구매	총합계		행 레이블	매장구매	전자구매	총합계
20	디지털	25.64%	22.56%	24.08%		디지털					디지털	2	4	3
21	잡화	22.94%	24.91%	23.93%		잡화	-10.53%	10.39%	-0.63%		잡화	4	3	4
22	패션의류	26.03%	26.79%	26.41%		패션의류	1.51%	18.73%	9.66%		패션의류	1	1	1
23	화장품	25.40%	25.74%	25.57%		화장품	-0.94%	14.10%	6.18%		화장품	3	2	2
24	총합계	100.00%	100.00%	100.00%		총합계					총합계			
25														
26	행합계비율	열 레이블				누계	열 레이블				지수	열 레이블		
27	행 레이블	매장구매	전자구매	총합계		행 레이블	매장구매	전자구매	총합계		행 레이블	매장구매	전자구매	총합계
28	디지털	52.66%	47.34%	100.00%		디지털	9,534,800	8,570,500	18,105,300		디지털	1.064536894	0.936816006	1
29	잡화	47.42%	52.58%	100.00%		잡화	18,065,300	18,031,100	36,096,400		잡화	0.958454774	1.040674305	1
30	패션의류	48.75%	51.25%	100.00%		패션의류	27,743,900	28,206,600	55,950,500		패션의류	0.985410514	1.014283643	1
31	화장품	49.13%	50.87%	100.00%		화장품	37,189,300	37,985,600	75,174,900		화장품	0.993167308	1.006689457	1
32	총합계	49.47%	50.53%	100.00%		총합계					총합계	1	1	1

〈그림 5.58〉 피벗 테이블에서의 값 표시형식 2

7 계산 필드와 계산항목 활용하기

계산 필드는 아래 그림 왼쪽 예와 같이 작업 도중 수치 필드를 계산하여 얻은 값으로 원본 파일에는 저장되지 않지만, 피벗 테이블 필드에는 저장되어 빠른 계산을 하도록 하는 기능이다. 피벗 테이블 도구 분석 탭 계산 그룹의 필드, 항목 및 집합-계산 필드에서 삽입한다.

계산항목은 아래 그림 오른쪽 예와 같이 작업 도중 원하는 값을 임시로 얻기 위한 기능이다. 피벗 테이블 도구 분석 탭 계산 그룹의 필드, 항목 및 집합-계산항목에서 삽입한다.

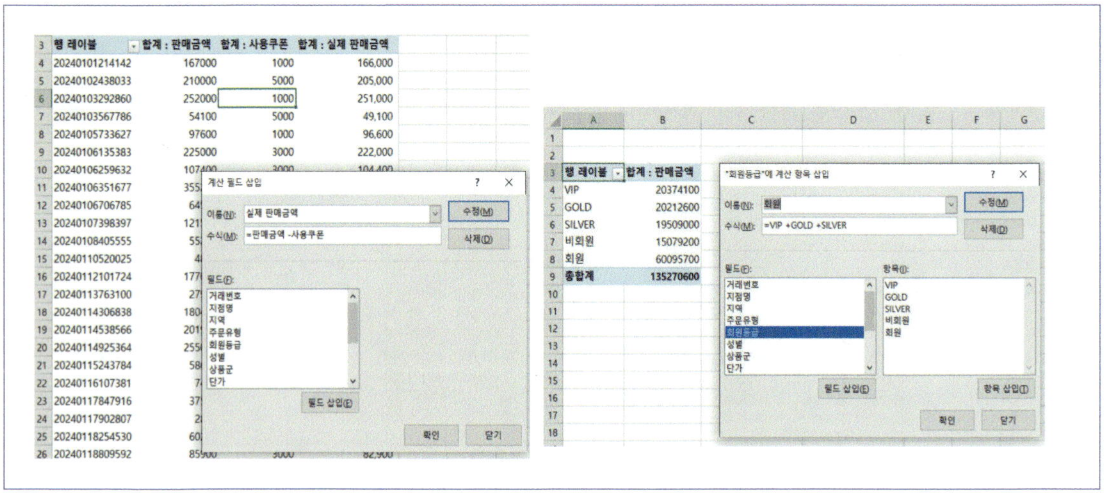

〈그림 5.59〉 피벗 테이블에서의 계산 필드 삽입과 계산항목 삽입

엑셀의 피벗 테이블과 피벗 차트는 마케팅 인텔리전스의 인기있는 용도라고 할 수 있는 대시보드를 만드는 중간 과정으로 사용된다.

제3절. 예측과 분류

1 수요예측

마케팅 의사결정 중 가장 어려운 부분이 수요예측이다. 정확한 수요예측은 마케팅 관련 인력 채용, 제조업의 경우 공장의 주생산계획 결정, 제품개발을 위한 연구개발 여부 판단 등 마케팅 외 많은 실무부서의 주요 관심사다. 수요예측은 전문가를 활용한 정성적 방법을 활용하기도 하지만 그 출발점은 정량적 방법이다.

정량적 수요예측 방법은 과거의 객관적인 자료의 처리를 통해 미래를 예측한다. 즉 과거 데이터의 연장선상에서 미래를 예측하거나, 변수들과의 관계를 탐색하여 미래를 예측하기도 한다.

과거 데이터의 시계열을 분석하여 미래를 예측하는 시계열분석 기법으로는 이동평균법, 지수평활법 등이 있다.

한편 인과관계 분석은 수집된 과거의 자료를 통해 수요(종속변수)에 영향을 미치는 독립변수들을 상관분석을 통해 찾아내고, 독립변수들과 종속변수 간의 인과관계를 분석하여 특정한 독립변숫값에 대응하는 종속변수인 미래 수요를 회귀분석을 통해 예측한다.

(1) 이동평균법

이동평균법은 시계열 데이터 중 가장 최근 데이터들의 평균을 구한 후 이를 바탕으로 다음 기간의 예측치로 사용하는 방법을 말한다. 이동평균을 엑셀로 계산하기 위해서는 여러 방법이 있지만 가장 쉽고 편리한 방법은 데이터 분석 도구를 활용하는 방법이다.

1) 절차

① 먼저 엑셀의 파일 메뉴 중 옵션을 선택한다.

② Excel 옵션 팝업 창이 열리면 왼편 메뉴 중 추가기능을 선택한다.

③ 팝업 창 맨 아래쪽에서 Excel 추가기능이 선택되면 이동 버튼을 클릭한다.

④ 추가기능 팝업 창에서 분석 도구를 선택하고 확인 버튼을 클릭한다.
(앞으로 지수평활법, 상관분석, 회귀분석 사용이 가능하다.)

⑤ 데이터탭 분석그룹 데이터 분석을 선택하고 열린 통계 데이터 분석 창에서 이동평균법을 선택하고 확인을 클릭한다.

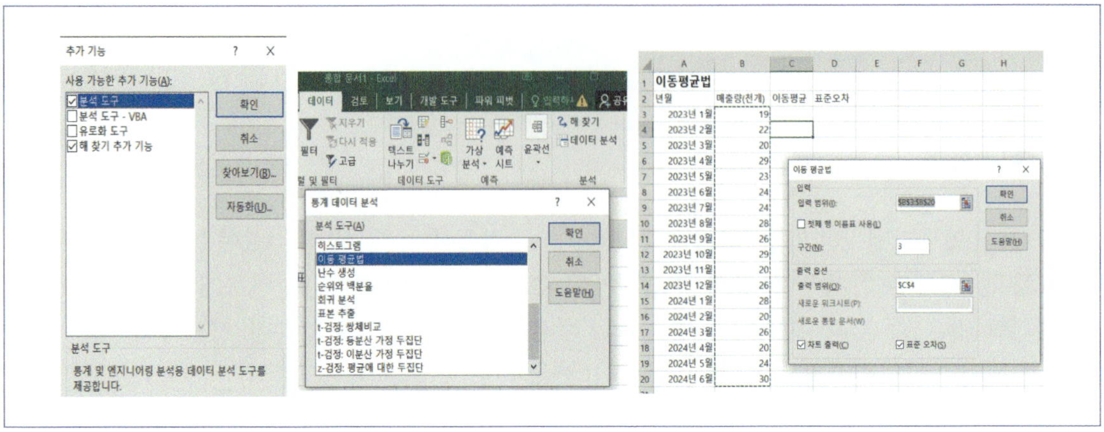

〈그림 5.60〉 엑셀의 이동평균법 사용법

⑥ 〈그림 5-61〉의 엑셀 화면에서 입력범위에 $B$3:$B$20을 선택하고, 구간은 3기, 출력범위는 $C$4, 차트 출력, 표준오차를 선택한다.

⑦ D25셀에 =AVERAGE(D8:D21)를 입력한다.

⑧ #N/A로 출력된 셀을 삭제한다.

(해석)

❶ C6셀의 20.33은 B3:B5셀의 2023년 1, 2, 3월의 매출량 19, 22, 20의 이동평균값이다.

❷ D8셀의 3.14는 B5:B7셀의 2023년 3, 4, 5월의 매출량과 4, 5, 6월에 예측한 이동평균값의 각 값의 차이를 제곱하여 합한 값(SUMXMY2(B5:B7,C6:C8))의 평균을 계산한 후 제곱근 값을 통해 표준오차를 계산한 값이다.

❸ 14개월 예측치의 표준오차의 평균(D22)은 2.6이고 그래프도 제시된다.

	A	B	C	D
1	**이동평균법**			
2	년월	매출량(천개)	이동평균	표준오차
3	2023년 1월	19		
4	2023년 2월	22		
5	2023년 3월	20		
6	2023년 4월	29	20.33	
7	2023년 5월	23	23.67	
8	2023년 6월	24	24.00	3.14
9	2023년 7월	24	25.33	3.23
10	2023년 8월	28	23.67	0.98
11	2023년 9월	26	25.33	1.73
12	2023년 10월	29	26.00	1.55
13	2023년 11월	20	27.67	1.72
14	2023년 12월	26	25.00	2.99
15	2024년 1월	28	25.00	3.04
16	2024년 2월	20	24.67	3.52
17	2024년 3월	26	24.67	3.36
18	2024년 4월	20	24.67	3.40
19	2024년 5월	24	22.00	3.03
20	2024년 6월	30	23.33	1.44
21			24.67	3.31
22	표준오차의 평균			2.60

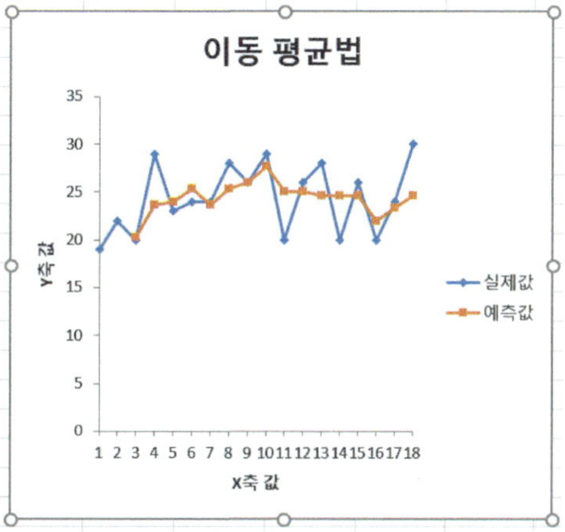

〈그림 5.61〉 엑셀의 이동평균법 사용 결과

(2) 지수평활법

지수평활법은 시계열 데이터 예측 중 가장 자주 사용된다. 단순 지수평활법에서는 미래 수요예측(F_{t+1}) 시 가장 최근의 예측치(Ft). 그 기간의 실제 자료(St), 그리고 지수평활상수(α)가 필요하다. 엑셀에서 입력하게 되는 감쇠 인수는 1-α이다.

지수평활법에 따른 예측모형은 다음과 같이 표시된다.

$$F_{t+1} = \alpha \times Ft + (1-\alpha) \times St$$

지수평활상수를 크게 하면 실제 자료(그리고 최근 자료)에 더 큰 가중치를 부여하는 역할을 한다. 평활상수를 0.2에서 0.3 정도를 정할 것을 엑셀에서 추천하고 있다. 이는 과거의 자료보다 최근의 실제 자료에 더 많은 가중치를 부여하게 된다.

지수평활법을 엑셀로 계산하기 위해서는 여러 방법이 있지만 가장 쉽고 편리한 방법은 데이터 분석 도구를 활용하는 방법이다.

절차 ①~④ 는 이동평균법과 같다.

절차 ⑤ 데이터메뉴 분석그룹 데이터 분석을 선택하고 열린 통계 데이터 분석 창에서 지수평활법을 선택하고 확인을 클릭한다.

절차 ⑥ 입력 범위에 $B$3:$B$20을 선택하고, 감쇠인수(1-평활상수)에 0.1(0.9), 출력범위는 $C$3, 차트출력, 표준오차를 선택한다.

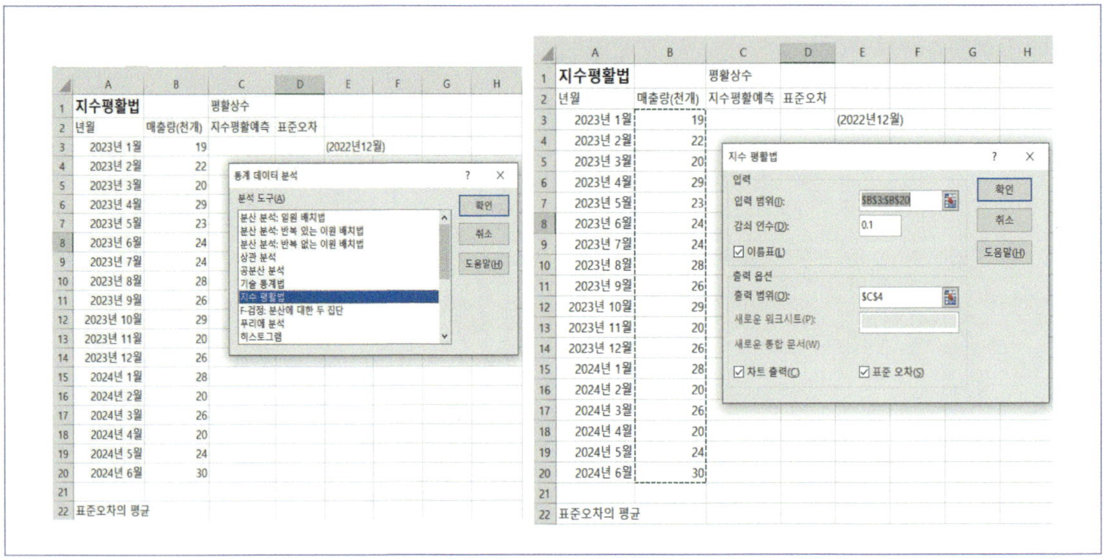

〈그림 5.62〉 엑셀의 지수평활법 사용법

(후처리)

그 결과 다음과 같은 내용이 출력되는데 약간의 후처리가 필요하다.

⑦ 먼저 2022년 12월 예측치를 19로 가정하여 C3에 입력하고

⑧ C8:D8을 C4:D7에 복사하여 #N/A를 제거한다.

⑨ D20셀을 D21에 복사한다.

⑩ D22셀의 수식 =AVERAGE(D4:D20)를 =AVERAGE(D4:D21)로 수정한다.

⑪ D4:D5를 삭제한다.

(자료의 해석)

해석 1. C6셀의 20.2는 B5셀의 3월의 매출 20과 3월 예측 22에 평활상수 0.1을 반영하여 계산한 4월의 예측치다. 전전달(2월) 실적치 22의 영향을 줄이고 최근 전월(3월) 실적치 20을 많이 반영하였다.

해석 2. D6셀의 5.47은 B4:B6셀의 2023년 2, 3, 4월의 매출량과 예측치에 대해 각 값의 차이를 제곱하여 합한 값(SUMXMY2(B5:B7,C6:C8))의 평균을 계산한 후 제곱근 값을 통해 표준오차를 계산한 값이다.

	A	B	C	D	E
1	지수평활법		평활상수		
2	년월	매출량(천개)	지수평활예측	표준오차	
3	2023년 1월	19			(2022년12월)
4	2023년 2월	22	#N/A	#N/A	
5	2023년 3월	20	22	#N/A	
6	2023년 4월	29	20.2	#N/A	
7	2023년 5월	23	28.12	#N/A	
8	2023년 6월	24	23.512	5.990392	
9	2023년 7월	24	23.9512	5.884798	
10	2023년 8월	28	23.99512	2.969564	
11	2023년 9월	26	27.599512	2.329491	
12	2023년 10월	29	26.1599512	2.489972	
13	2023년 11월	20	28.71599512	2.98124	
14	2023년 12월	26	20.87159951	5.37255	
15	2024년 1월	28	25.48715995	6.064513	
16	2024년 2월	20	27.748716	6.016184	
17	2024년 3월	26	20.7748716	5.557501	
18	2024년 4월	20	25.47748716	5.587454	
19	2024년 5월	24	20.54774872	6.254263	
20	2024년 6월	30	23.65477487	4.803571	
21					
22	표준오차의 평균				

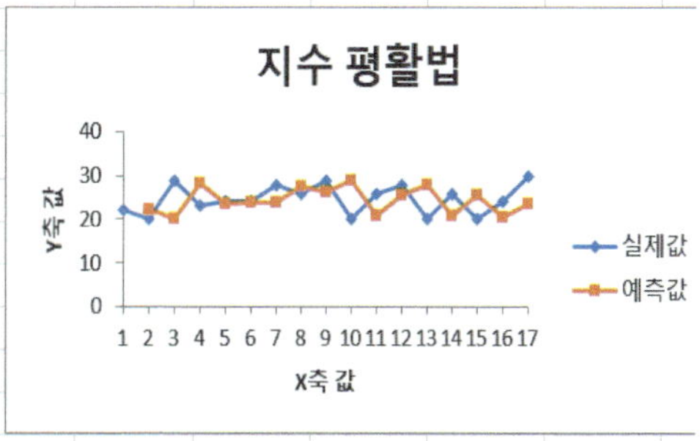

〈그림 5.63〉 엑셀의 지수평활법 사용시 1차 결과

❶ 15개월 예측치의 표준오차의 평균(D22)은 4.87이고 그래프도 제시된다.

❷ 평활상수의 민감도 분석

평활상수	표준오차의 평균
0.1	4.53
0.15	4.24
0.2	4.08
0.25	3.98
0.3	3.92
0.35	**3.90**
0.4	3.91
0.45	3.96
0.5	4.02
0.6	4.18
0.7	4.38
0.8	4.60
0.9	4.87

	A	B	C	D	E
1	**지수평활법**		평활상수		
2	년월	매출량(천개)	지수평활예측	표준오차	
3	2023년 1월	19	19.00		(2022년12월)
4	2023년 2월	22	19.00		
5	2023년 3월	20	21.70		
6	2023년 4월	29	20.17		
7	2023년 5월	23	28.12	5.47	
8	2023년 6월	24	23.51	5.97	
9	2023년 7월	24	23.95	5.90	
10	2023년 8월	28	24.00	2.97	
11	2023년 9월	26	27.60	2.33	
12	2023년 10월	29	26.16	2.49	
13	2023년 11월	20	28.72	2.98	
14	2023년 12월	26	20.87	5.37	
15	2024년 1월	28	25.49	6.06	
16	2024년 2월	20	27.75	6.02	
17	2024년 3월	26	20.77	5.56	
18	2024년 4월	20	25.48	5.59	
19	2024년 5월	24	20.55	6.25	
20	2024년 6월	30	23.65	4.80	
21				5.23	
22					
23	표준오차의 평균			4.87	

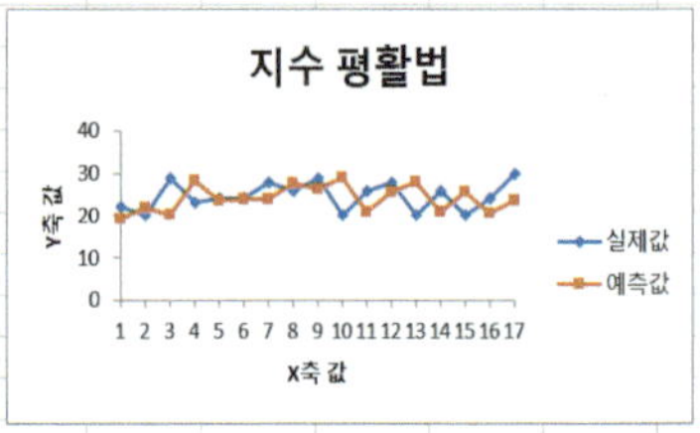

〈그림 5.64〉 엑셀의 지수평활법 결과 해석 2

해석 3. 평할상수가 0.35 근처(감쇠인수 0.65)에서 가장 예측 오차가 적었다.

평활상수	표준오차의 평균
0.1	4.53
0.15	4.24
0.2	4.08
0.25	3.98
0.3	3.92
0.35	3.90
0.4	3.91
0.45	3.96
0.5	4.02
0.6	4.18
0.7	4.38
0.8	4.60
0.9	4.87

	A	B	C	D	E
1	**지수평활법**		평활상수		
2	년월	매출량(천개)	지수평활예측	표준오차	
3	2023년 1월	19	19.00		(2022년12월)
4	2023년 2월	22	19	0	
5	2023년 3월	20	20.05	1.732051	
6	2023년 4월	29	20.0325	1.732291	
7	2023년 5월	23	23.171125	5.459504	
8	2023년 6월	24	23.11123125	5.178412	
9	2023년 7월	24	23.42230031	5.203693	
10	2023년 8월	28	23.6244952	0.619928	
11	2023년 9월	26	25.15592188	2.599275	
12	2023년 10월	29	25.45134922	2.594304	
13	2023년 11월	20	26.693377	3.288892	
14	2023년 12월	26	24.35069505	4.401011	
15	2024년 1월	28	24.92795178	4.476398	
16	2024년 2월	20	26.00316866	4.35733	
17	2024년 3월	26	23.90205963	4.008147	
18	2024년 4월	20	24.63633876	4.077453	
19	2024년 5월	24	23.01362019	4.543678	
20	2024년 6월	30	23.35885313	2.992765	
21				4.710747	
22					
23	표준오차의 평균			3.90	

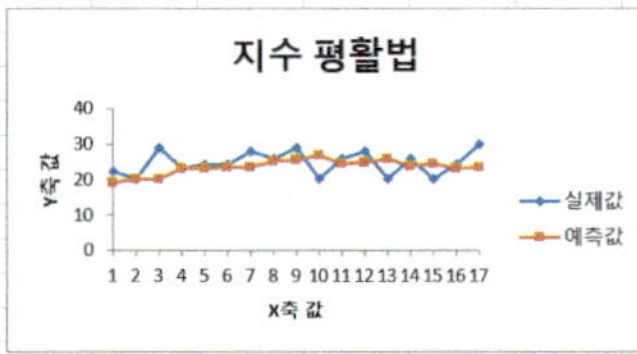

〈그림 5.65〉 엑셀의 지수평활법 결과 해석3

(3) 단순 선형 회귀분석

회귀분석에 의한 수요예측은 두 변수 간의 관계가 강할 때 매우 효과적인 예측방법이다. 두 변수 간의 관계 정도는 결정계수(R=r2)에 의해 결정되고 여기서 r은 상관계수라고 한다. 상관계수는 -1에서 +1 사이의 값을 갖는데 만일 r이 1이라면 완전한 정(+)의 상관관계를, 0이면 상관관계가 없고, 1인 경우에는 완전한 부(-)의 상관관계를 갖는다고 한다.

다음 표는 단순 회귀분석을 2023년에 발생한 광고예산액과 매출액으로 광고예산 규모에 따른 매출액 예측을 위한 자료이다.

연월	광고예산(억 원)	매출액(억 원)
2023년 1월	25	190
2023년 2월	30	220
2023년 3월	40	250
2023년 4월	50	270
2023년 5월	55	300
2023년 6월	60	320
2023년 7월	70	420
2023년 8월	65	350
2023년 9월	80	450
2023년 10월	55	290
2023년 11월	75	430
2023년 12월	85	500

(절차) 데이터메뉴 분석그룹 데이터 분석을 선택하고 열린 통계 데이터 분석 창에서 회귀분석을 선택하고 확인을 클릭한다.

여기서 X축 입력범위는 독립변수 입력범위로 이 문제에서는 광고예산이 단일한 독립변수로 선정되고 매출액이 종속변수로 선택되었다. 회귀분석을 위한 전제로 독립변수와 종속변수 모두 수치형 데이터를 선택해야 한다.

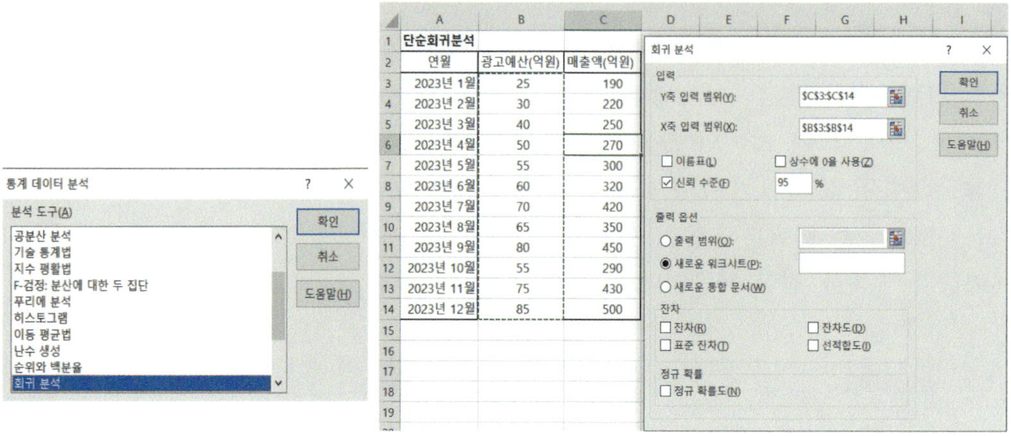

〈그림 5.66〉 엑셀의 통계 데이터 분석의 단순회귀분석 사용법

(실행결과 해석)

먼저 X 변수(광고예산)의 결정계수를 보면 0.947로 0.7이 넘으므로 Y 변수(매출액)에 대해 매우 높은 상관관계를 가질 뿐만 아니라 상관계수(0.973)를 보면 정의 상관관계를 갖는다.

F값도 유의수준 5%보다 아주 적으므로 아래 회귀식이 5% 유의수준에서 유의하다.

이 관계를 회귀식으로 나타내면

$\hat{Y}$ = 43.55 + 5.025 × X이며

만일 X(광고예산)을 90억 원 집행할 경우 추정 매출액은 43.44 + 5.025 × 90 = 495.69억이 된다.

	A	B	C	D	E	F	G	H	I
1	요약 출력								
2									
3	회귀분석 통계량								
4	다중 상관계수	0.973003							
5	결정계수	0.946734							
6	조정된 결정계수	0.941408							
7	표준 오차	23.76444							
8	관측수	12							
9									
10	분산 분석								
11		자유도	제곱합	제곱 평균	F 비	유의한 F			
12	회귀	1	100377.5	100377.5	177.7385	1.08E-07			
13	잔차	10	5647.484	564.7484					
14	계	11	106025						
15									
16		계수	표준 오차	t 통계량	P-값	하위 95%	상위 95%	하위 95.0%	상위 95.0%
17	Y 절편	43.55346	22.73319	1.915853	0.084385	-7.09925	94.20617	-7.09925	94.20617
18	X 1	5.025157	0.376928	13.33186	1.08E-07	4.185308	5.865006	4.185308	5.865006

〈그림 5.67〉 엑셀의 통계 데이터 분석의 단순회귀분석의 결과

(4) 다중 선형 회귀분석

다중 회귀분석에 의한 수요예측은 독립변수가 두 개 이상인 경우에 종속변수 간의 관계가 강할 때 매우 효과적인 예측방법이다. 두 변수 간의 관계 정도는 결정계수($R=r^2$)에 의해 결정되고 여기서 r은 상관계수라고 한다. 상관계수는 −1에서 +1 사이의 값을 갖는데 만일 r이 1이라면 완전한 정(+)의 상관관계를, 0이면 상관관계가 없고, 1인 경우에는 완전한 부(-)의 상관관계를 갖는다고 한다.

다음 표는 단순 회귀분석을 2023년에 발생한 광고예산액, 영업사원 수와 매출액으로 광고예산 규모와 영업사원 수에 따른 매출액 예측을 위한 자료이다.

연월	광고예산(억 원)	영업사원 수	매출액(억 원)
2023년 1월	25	50	190
2023년 2월	30	53	220
2023년 3월	40	55	250
2023년 4월	50	57	270
2023년 5월	55	60	300
2023년 6월	60	65	320
2023년 7월	70	75	420
2023년 8월	65	65	350
2023년 9월	80	85	450
2023년 10월	55	62	290
2023년 11월	75	80	430
2023년 12월	85	90	500

(절차) 데이터메뉴 분석그룹 데이터 분석을 선택하고 열린 통계 데이터 분석 창에서 회귀분석을 선택하고 확인을 클릭한다.

여기서 X축 입력범위는 독립변수 입력범위로 이 문제에서는 광고예산과 영업사원 수가 독립변수들로 선정되고 매출액이 종속변수로 선택되었다. 회귀분석을 위한 전제로 독립변수와 종속변수 모두 수치형 데이터를 선택해야 한다.

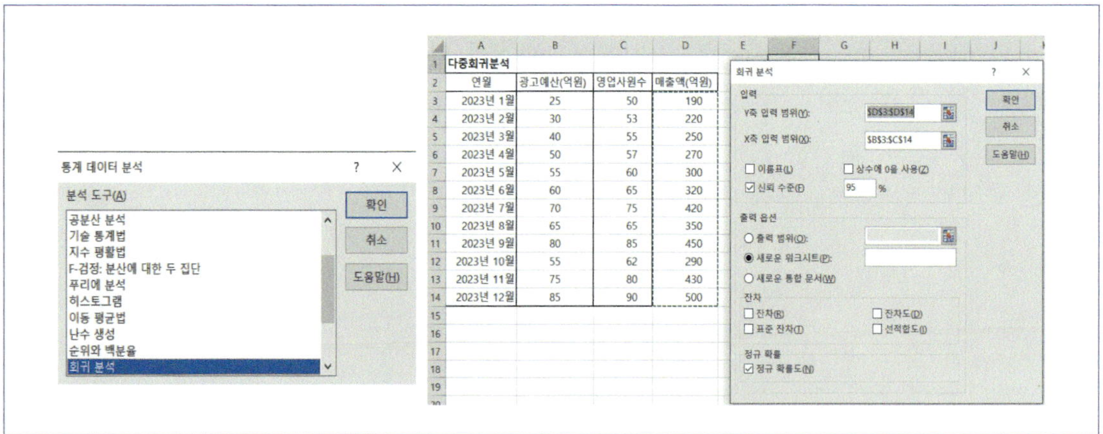

〈그림 5.68〉 엑셀의 통계 데이터 분석의 다중회귀분석 사용법

(실행결과 해석)

먼저 X 변수(광고예산과 영업사원 수)의 결정계수를 보면 0.988로 0.7이 넘으므로 Y 변수(매출액)에 대해 매우 높은 상관관계를 가질 뿐만 아니라 상관계수(0.994)를 보면 정의 상관관계를 갖는다.

F값도 유의수준 5%보다 아주 적으므로 아래 회귀식이 5% 유의수준에서 유의하다.

이 관계를 회귀식으로 나타내면

	A	B	C	D	E	F	G	H	I
1	요약 출력								
2									
3	회귀분석 통계량								
4	다중 상관계수	0.993967							
5	결정계수	0.987971							
6	조정된 결정계수	0.985297							
7	표준 오차	11.90436							
8	관측수	12							
9									
10	분산 분석								
11		자유도	제곱합	제곱 평균	F 비	유의한 F			
12	회귀	2	104749.6	52374.79	369.5814	2.3E-09			
13	잔차	9	1275.424	141.7138					
14	계	11	106025						
15									
16		계수	표준 오차	t 통계량	P-값	하위 95%	상위 95%	하위 95.0%	상위 95.0%
17	Y 절편	-92.8244	27.06543	-3.42963	0.007513	-154.051	-31.5981	-154.051	-31.5981
18	X 1	1.935394	0.587445	3.294597	0.00931	0.606501	3.264286	0.606501	3.264286
19	X 2	4.728319	0.851275	5.554397	0.000354	2.802602	6.654037	2.802602	6.654037

〈그림 5.69〉 엑셀의 통계 데이터 분석의 다중회귀분석의 결과

$\tilde{Y}$ = -92.82 + 1.935 × X_1(광고예산) + 4.728 × X2(영업사원 수) 이며

만일 X(광고예산)을 90억 원 집행하고 영업사원을 100명으로 정하면 추정 매출액은 -92.82 + 1.935 × 90 + 4.728 × 100 = 554.13억이 된다.

이 데이터에 의하면 매출액 증가는 광고예산보다 영업사원 수에 의해 영향을 받고 있음을 알 수 있다.

(5) 회귀분석 (엑셀 추세선 이용)

엑셀에서 제공하는 추세선의 옵션으로 회귀분석을 시도해 보자.

위와 같이 2023년, 2024년 판매실적 집계표를 이용하여 추세선을 사용해보자.

추세선은 엑셀의 막대형 차트, 꺾은 선 차트(위 예제), 분산형 차트(산점도), 영역형 차트(꺾은선 차트의 변형), 주식형 차트, 거품형 차트에서 이용할 수 있다.

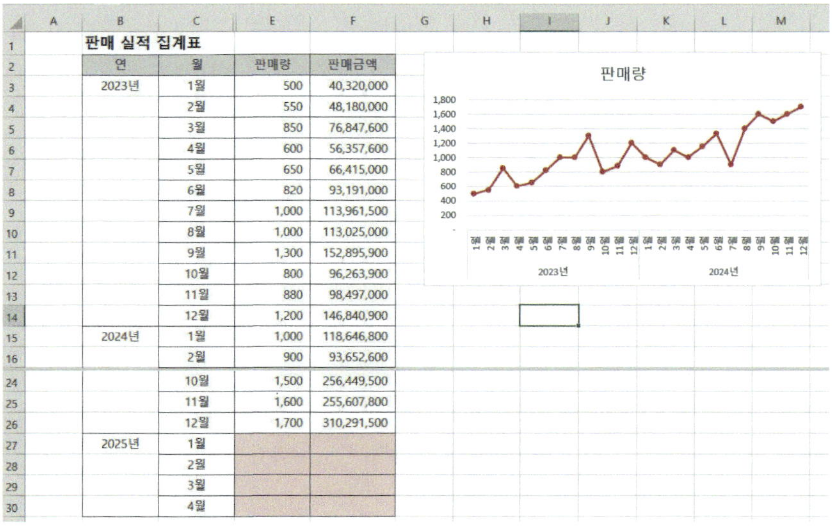

판매 실적 집계표

연	월	판매량	판매금액
2023년	1월	500	40,320,000
	2월	550	48,180,000
	3월	850	76,847,600
	4월	600	56,357,600
	5월	650	66,415,000
	6월	820	93,191,000
	7월	1,000	113,961,500
	8월	1,000	113,025,000
	9월	1,300	152,895,900
	10월	800	96,263,900
	11월	880	98,497,000
	12월	1,200	146,840,900
2024년	1월	1,000	118,646,800
	2월	900	93,652,600
	10월	1,500	256,449,500
	11월	1,600	255,607,800
	12월	1,700	310,291,500
2025년	1월		
	2월		
	3월		
	4월		

〈그림 5.70〉 엑셀의 시계열자료와 선 차트

차트를 더블클릭하면 오른편에 차트 요소를 추가할 수 있는 + 가 나타나고 이 중 추세선을 클릭하여 선형을 선택하면 차트 내에 점선으로 선형 추세선이 추가된다.

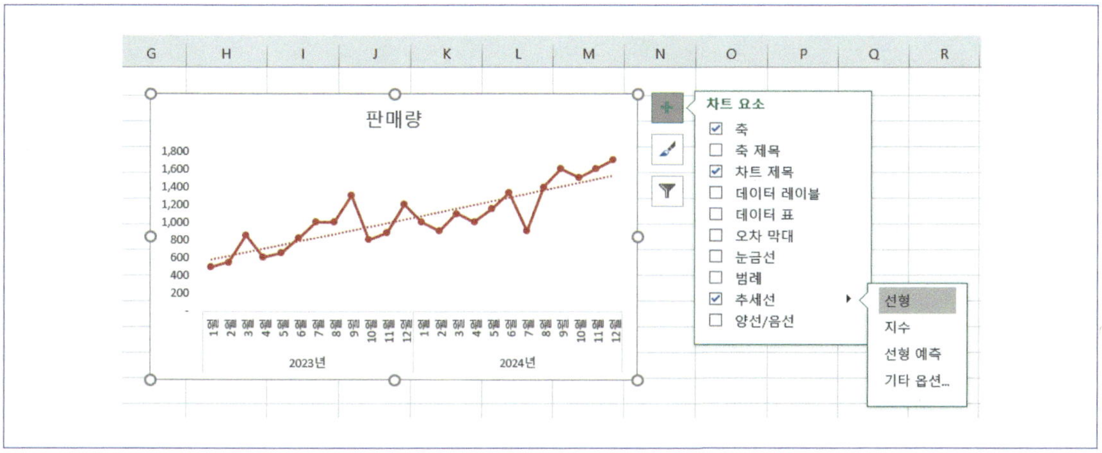

〈그림 5.71〉 엑셀의 선 차트에서 추세선 추가

추세선(점선)을 더블클릭하면 오른쪽에 나타나는 추세선 서식에서 예측 뒤로 4구간을 입력하고 ☑수식을 차트에 표시와 ☑R-제곱 값을 차트에 표시를 선택하고 추세선 서식을 닫으면,

향후 4기간의 추세선과 함께 결정계수(R^2)가 0.7397이고 y=41.535x+536.23로 추세선의 회귀식이 나타난다. 결정계수가 0.7이 넘으면 이 회귀식의 시간 변수와 판매량과 상관관계가 높다고 할 수 있다.

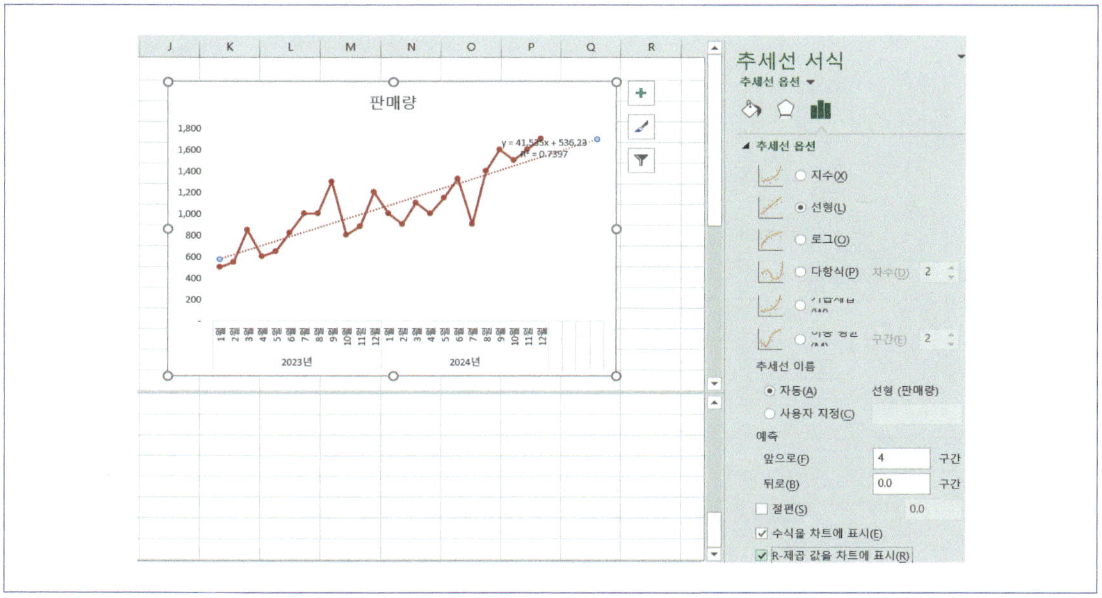

〈그림 5.72〉 엑셀의 선 차트에서 추세선 서식 지정

D열을 삽입하여 D2에 '기간'을 입력하고 D3와 D4에 1과 2를 입력하여 D3:D4범위를 정하고 자동 채우기를 한다.

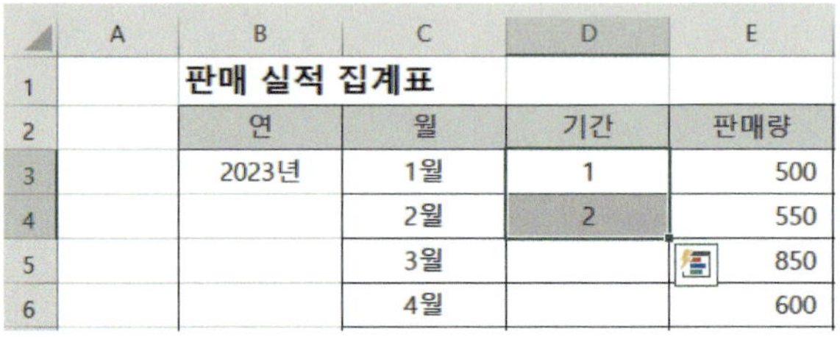

	A	B	C	D	E
1		판매 실적 집계표			
2		연	월	기간	판매량
3		2023년	1월	1	500
4			2월	2	550
5			3월		850
6			4월		600

〈그림 5.73〉 엑셀의 선 차트에서 추세선 예측 기간 추가

다음에 E27에 =41.53*D27+536.23을 입력한 후 자동 채우기를 한 번 더 실행하고 소수점 줄이기 .00→.0 를 두 번 클릭하고 천원단위 , 를 클릭한다.

2025년 1월부터 4월까지 각각의 판매량 예측은 1,574,,, 1,699단위임을 추세선을 이용해 예측할 수 있다.

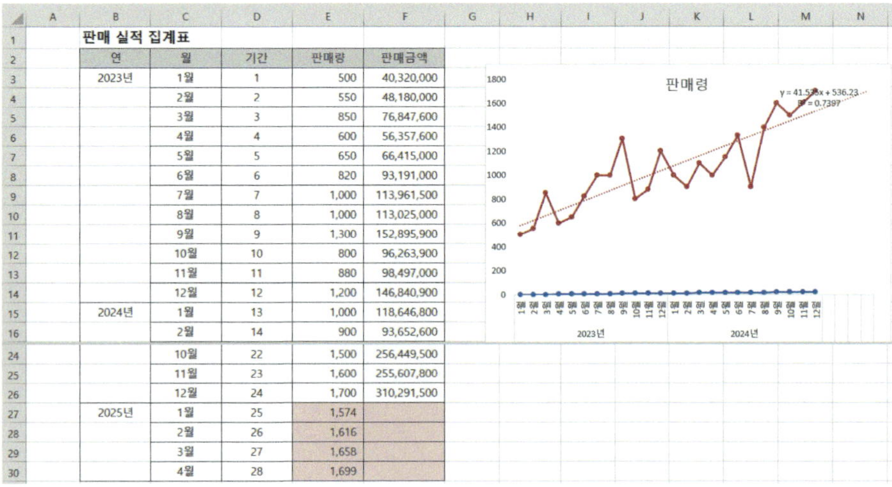

	A	B	C	D	E	F
1		판매 실적 집계표				
2		연	월	기간	판매량	판매금액
3		2023년	1월	1	500	40,320,000
4			2월	2	550	48,180,000
5			3월	3	850	76,847,600
6			4월	4	600	56,357,600
7			5월	5	650	66,415,000
8			6월	6	820	93,191,000
9			7월	7	1,000	113,961,500
10			8월	8	1,000	113,025,000
11			9월	9	1,300	152,895,900
12			10월	10	800	96,263,900
13			11월	11	880	98,497,000
14			12월	12	1,200	146,840,900
15		2024년	1월	13	1,000	118,646,800
16			2월	14	900	93,652,600
24			10월	22	1,500	256,449,500
25			11월	23	1,600	255,607,800
26			12월	24	1,700	310,291,500
27		2025년	1월	25	1,574	
28			2월	26	1,616	
29			3월	27	1,658	
30			4월	28	1,699	

〈그림 5.74〉 엑셀의 선 차트에서 추세선 예측 결과

(6) 엑셀의 예측 워크시트

엑셀은 예측 워크시트 기능을 제공하고 있다. 데이터 탭 예측 그룹 예측 시트를 클릭하면 현재 연속된 데이터의 범위에 해당하는 예측 시트를 자동을 생성한다. 그림에서 붉은 실선은 예측치이고 95% 신뢰구간에서 높은 예측치는 위쪽 가는 붉은 실선, 낮은 예측치는 아래쪽 가는 붉은 실선이다. 구체적인 예측 수치를 얻기 위해서는 만들기를 클릭한다.

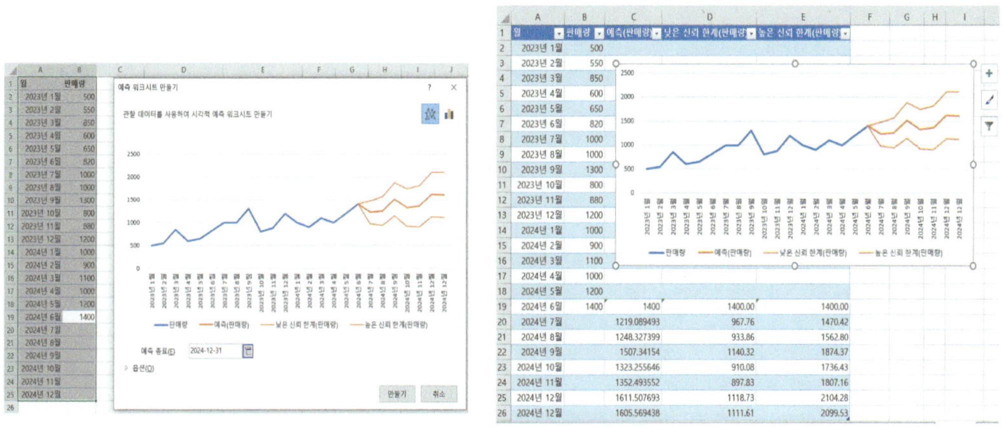

〈그림 5.75〉 엑셀의 예측 워크시트를 활용한 예측 방법과 결과

2 분류

분류문제는 마케팅에서 중점관리대상 상품이나 브랜드 확인, 거래처나 고객군 확인 등을 위해 대상 데이터를 분류하는 문제이다.

실무에서 거래량이나 거래금액과 같은 단일변수를 이용하는 ABC 분석(파레토 분석), 실무에서 거래의 최신성, 빈도, 평균금액의 세 가지 변수를 활용하는 RFM 분석이 있다.

그리고 다른 여러 변수를 활용하는 통계적 분석방법인 군집 분석(k-MEANS 알고리즘 등), 판별분석, 로지스틱 회귀분석 등이 있고 데이터마이닝 분석방법인 결정 트리 분석, 사례기반추론, 인공신경망 등이 있다. 이중 실무적인 방법 2가지와 k-MEANS 알고리즘을 살펴본다.

(1) ABC 분석

ABC 분석은 파레토 분석이라고도 하는데 파레토법칙은 상위 20%가 전체 누계의 80%를 설명할 수 있다고 하여 80:20 법칙이라고도 한다. 실무 상황에서는 20%가 80%까지 설명하는 경우는 많지 않지만, 상위 일부가 전체의 상당 부분을 설명하기도 한다. 따라서 집중관리 대상이라고 할 수 있는 소수를 A등급, 숫자는 많지만, 설명력이 떨어지는 다수를 C등급, 중간 영역을 B등급으로 설정하여 A등급은 집중관리나 많은 혜택을 주고, C등급은 최소관리와 적은 혜택을 제공한다.

다음 예제는 256명의 고객을 총구매액을 기준으로 내림차순 정렬한 다음, 각 고객의 총구매액을 전체 고객의 총구매액에 대한 비율을 구하고 비율을 누계하여 고객 번호 열과 총구매액 열, 누계비율 열을 대상으로 차트를 구한 결과이다.

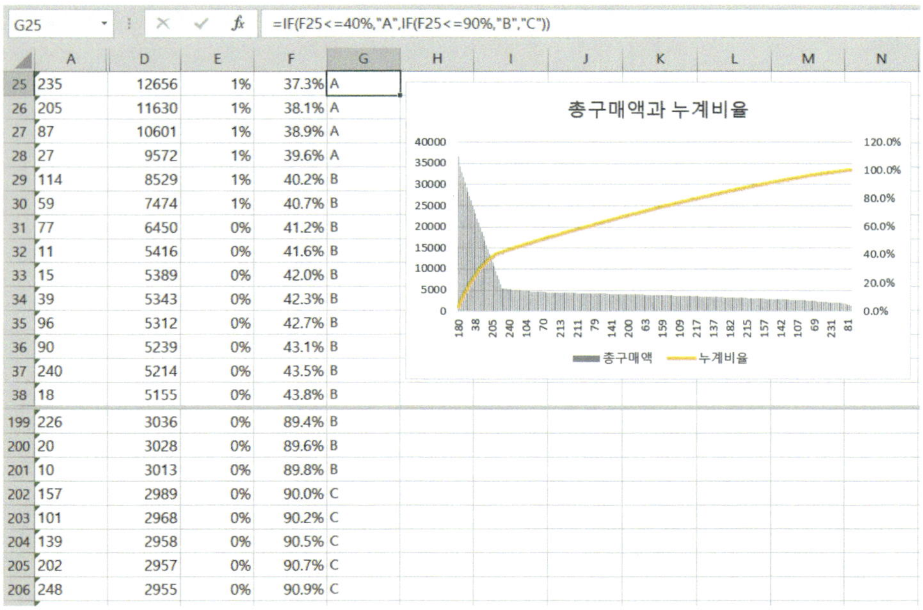

	A	D	E	F	G
25	235	12656	1%	37.3%	A
26	205	11630	1%	38.1%	A
27	87	10601	1%	38.9%	A
28	27	9572	1%	39.6%	A
29	114	8529	1%	40.2%	B
30	59	7474	1%	40.7%	B
31	77	6450	0%	41.2%	B
32	11	5416	0%	41.6%	B
33	15	5389	0%	42.0%	B
34	39	5343	0%	42.3%	B
35	96	5312	0%	42.7%	B
36	90	5239	0%	43.1%	B
37	240	5214	0%	43.5%	B
38	18	5155	0%	43.8%	B
199	226	3036	0%	89.4%	B
200	20	3028	0%	89.6%	B
201	10	3013	0%	89.8%	B
202	157	2989	0%	90.0%	C
203	101	2968	0%	90.2%	C
204	139	2958	0%	90.5%	C
205	202	2957	0%	90.7%	C
206	248	2955	0%	90.9%	C

〈그림 5.76〉 엑셀을 활용한 ABC분석 결과

그래프상으로 205번 고객 부근에서 누계비율이 체감하므로 세 번째 다음 순위(25번째)인 114번 고객까지 A등급(순위 10%, 누계비율 40%)로 정하고 누계비율 90%인 157번 고객(199번째 순위로 77.7%임) 고객을 등급별로 구분하기 위해서 [G4]셀에 =IF(F4〈=40%,"A", IF(F4〈=90%,"B","C"))를 입력한 후 각 셀의 채우기 핸들을 더블클릭한다.

(2) RFM 분석

고객관리 실무에서 널리 쓰이고 있는 RFM 분석은 고객의 최근 구매(Recency), 구매빈도(Frequency), 구매금액(Monetary)의 순위를 기반으로 고객의 등급을 결정하는 방법이다. 각 기준의 등급이 5가지라면 5×5×5=125개의 등급으로 구분할 수 있고 이차적으로 기업의 중요도에 따라 적은 수의 등급으로 재분류할 수 있다.

R, F, M의 순위는 [E4]에 =RANK(C4, $C$4:$C$259), [F4]에 =RANK(B4, $B$4:$B$25), [G4]에 =RANK(D4, $D$4:$D$259)을 각각 입력한 후 각 셀의 채우기 핸들을 더블클릭한다.

R, F, M의 등급은 [H4]에 =VLOOKUP(E4, $N$4:$O$8, 2), [I4]에 =VLOOKUP(F4, $N$4:$O$8, 2), [J4]에 =VLOOKUP(G4, $N$4:$O$8, 2)을 각각 입력한 후 각 셀의 채우기 핸들을 더블클릭한다.

이때 R, F, M 기준의 중요도가 다를 수 있다. 예를 들어 구매금액, 최근 구매, 구매빈도의 가중치가 각각 50%, 30%, 20%라면,

종합은 [K4]에 =30%*H4+20%*I4+50%*I4를 입력한 후 각 셀의 채우기 핸들을 더블클릭한다.

고객등급은 [L4]에 =IF(K4<=2.0, "A", IF(K4<=3.9 ,"B", "C"))를 입력한 후 각 셀의 채우기 핸들을 더블클릭한다.

이 경우는 구매금액뿐만 아니라 구매의 최신성, 구매빈도도 반영한 ABC 분석이라고 볼 수 있다.

	A	B	C	D	E	F	G	H	I	J	K	L	M	N	O
1		고객 RFM 분석													
2															
3	고객번호	빈도	최근구매일	총금액	RankR	RankF	RankM	R등급	F등급	M등급	종합	고객등급		순위	등급
4	1	15	2021-03-03	3980	40	104	139	1	3	3	2.4	B		1	1
5	2	11	2022-12-04	2887	204	27	51	4	1	1	1.9	A		52	2
6	3	13	2018-11-24	3118	4	63	66	1	2	2	1.7	A		103	3
7	4	16	2022-05-17	3987	123	128	140	3	3	3	3	B		154	4
8	5	10	2019-03-08	2034	5	17	7	1	1	1	1	A		205	5
9	6	11	2022-05-15	2680	120	27	33	3	1	1	1.6	A			
10	7	13	2021-05-21	3474	46	63	95	1	2	2	1.7	A			
11	8	14	2022-07-08	3747	137	81	116	3	2	3	2.8	B			
12	9	19	2022-08-18	4150	157	207	162	4	5	4	4.2	C			
13	10	12	2022-08-10	3013	151	42	59	3	1	2	2.1	B			
253	250	14	2021-02-18	3443	38	81	90	1	2	2	1.7	A			
254	251	22	2021-09-05	4795	62	248	219	2	5	5	4.1	C			
255	252	14	2022-01-21	3122	94	81	67	2	2	2	2	A			
256	253	14	2022-10-23	3247	191	81	76	4	2	2	2.6	B			
257	254	13	2022-07-05	3277	135	63	77	3	2	2	2.3	B			
258	255	15	2021-11-11	4393	74	104	185	2	3	4	3.2	C			
259	256	16	2022-06-06	4155	130	128	164	3	3	4	3.5	C			

〈그림 5.77〉 엑셀을 활용한 RFM 분석 결과

(3) K-평균 클러스터링 분석

k-평균 클러스터링을 이용한 군집 분석은 엑셀에서 기본적으로 제공하지도 않고 엑셀 추가기능도 아니라서 제3자가 제공하는 통계분석 패키지를 사용해야 한다. 가장 수월하게 사용할 수 있는 무료소프트웨어는 Real Statistics Using Excel를 깔아본다. 본 소프트웨어는 https://real-statistics.com 에서 쉽게 다운로드할 수 있다. 추가기능 해 찾기처럼 엑셀-옵션-추가기능-엑셀 추가기능 이동을 눌러 찾아보기를 누르면 다운로드 폴더에 있는 xRealStats 파일을 선택하고 확인을 누르면 추가기능 탭 메뉴 명령 그룹에 Real Statistics아래 Data Analysis Tools를 선택하면 된다.

Real Statistics 팝업 창 중 MultiVar탭에 있는 K-Means Cluster Analysis를 선택하고 OK를 누른다.

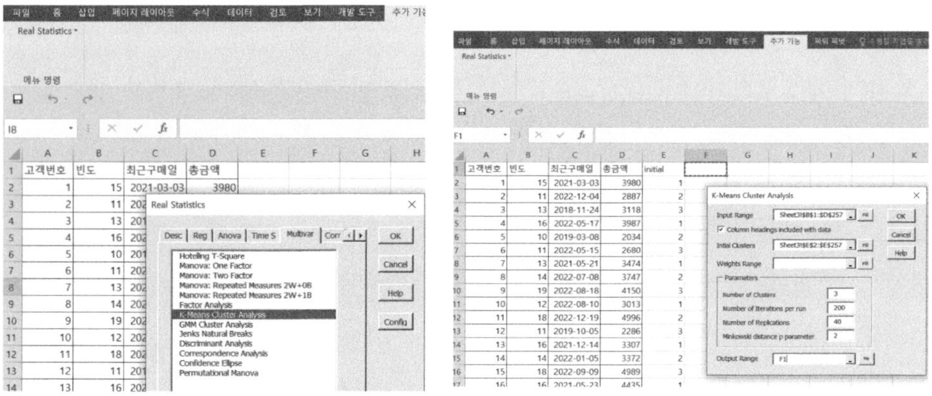

〈그림 5.78〉 엑셀과 Real Statistics Using Excel을 활용한 K-클러스터링 절차

여기서 결과로 나온 클러스터(▭ 안에 표시)를 앞의 RFM 분석 결과와 비교해 보자. 그림과 같이 1/3 정도는 다른 결과를 보인다. 이는 일정한 기준 없이 기계적인 방식으로 찾는 통계분석이 항상 바람직하지는 않은 결과를 보일 수 있으므로, 꼭 타당성을 확인해야 한다.

	A	B	C	D	E	F	G	H	I	J	K	L
1	고객번호	빈도	최근구매일	총금액	initial		Cluster		Centroid	1	2	3
2	1	15	2021-03-03	3980	1	1	3		X 1	19.23944	10.87324	15.58772
3	2	11	2022-12-04	2887	2	2	2		X 2	44674.34	44488.37	44615.3
4	3	13	2018-11-24	3118	3	3	2		X 3	4957.155	2576.845	3833.579
5	4	16	2022-05-17	3987	1	4	3					
6	5	10	2019-03-08	2034	2	5	2		# of cluste	3		
7	6	11	2022-05-15	2680	3	6	2					
8	7	13	2021-05-21	3474	1	7	3		Minkowski	2		
9	8	14	2022-07-08	3747	2	8	3					
10	9	19	2022-08-18	4150	3	9	3		# of runs	N/A		
11	10	12	2022-08-10	3013	1	10	2					
12	11	18	2022-12-19	4996	2	11	1		# of iter	200		
13	12	11	2019-10-05	2286	3	12	2					
14	13	16	2021-12-14	3307	1	13	3		Converge	TRUE		
15	14	14	2022-01-05	3372	2	14	3					
16	15	18	2022-09-09	4989	3	15	1		Error	83402967		
252	251	22	2021-09-05	4795	2	251	1					
253	252	14	2022-01-21	3122	3	252	2					
254	253	14	2022-10-23	3247	1	253	3					
255	254	13	2022-07-05	3277	2	254	3					
256	255	15	2021-11-11	4393	3	255	3					
257	256	16	2022-06-06	4155	1	256	3					

A	B	C	D	E	F	G	H
고객번호	빈도	최근구매일	총금액	고객등급	Cluster	Cluster등급	
1	15	2021-03-03	3980	B	3	B	1
2	11	2022-12-04	2887	A	2	A	1
3	13	2018-11-24	3118	A	2	A	1
4	16	2022-05-17	3987	B	3	B	1
5	10	2019-03-08	2034	A	2	A	1
6	11	2022-05-15	2680	A	2	A	1
7	13	2021-05-21	3474	A	3	B	FALSE
8	14	2022-07-08	3747	B	3	B	1
9	19	2022-08-18	4150	C	3	B	FALSE
10	12	2022-08-10	3013	B	2	A	FALSE
11	18	2022-12-19	4996	C	1	C	1
12	11	2019-10-05	2286	A	2	A	1
13	16	2021-12-14	3307	B	3	B	1
14	14	2022-01-05	3372	A	3	B	FALSE
15	18	2022-09-09	4989	C	1	C	1
251	22	2021-09-05	4795	C	1	C	1
252	14	2022-01-21	3122	A	2	A	1
253	14	2022-10-23	3247	B	3	B	1
254	13	2022-07-05	3277	B	3	B	1
255	15	2021-11-11	4393	C	3	B	FALSE
256	16	2022-06-06	4155	C	3	B	FALSE

〈그림 5.79〉 엑셀과 Real Statistics Using Excel을 활용한 K-클러스터링의 결과

제4절. 마케팅 인텔리전스 응용

1 고객가치

고객가치 분석을 위한 기본 프레임웍은 다음과 같다.

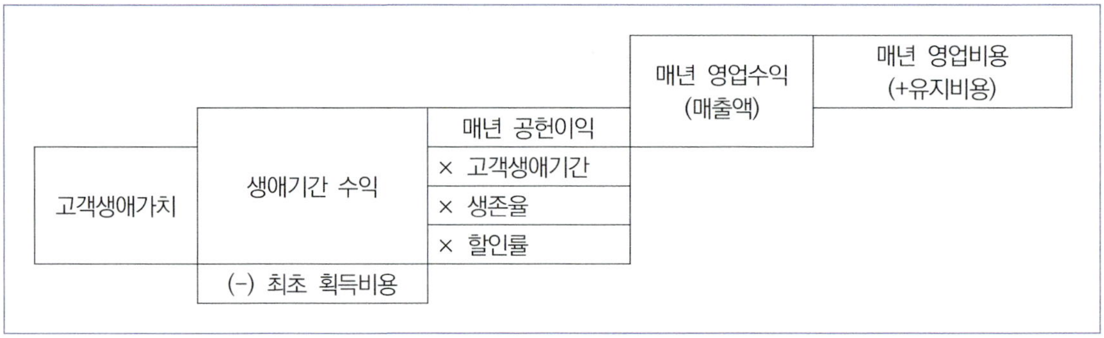

〈그림 5.80〉 고객가치 분석을 위한 기본 프레임웍

이 프레임웍에는 많은 가정과 추정값이 포함되어 있다.

① 고객의 생애기간(고객이 우리 기업에서 상품과 서비스를 구입하는 기간)을 알 수 있다.

② 매년 매출액과 영업비용(고객 유지비용 포함)은 동일하다.

③ 고객의 생존율(이탈하지 않은 확률)을 추정할 수 있다.

④ 할인율(인플레이션율)이 일정하다.

그럼에도 불구하고 다음 예제를 통해 고객의 생애 가치를 확인해 보자

고객 생애 기간 5년, 고객당 공헌이익 16만 원, 첫해 유지율 40%(매년 체증하며, 상한 85%)일 때 총고객자산 가치는 1억 8,312만 원이 된다.

	A	B	C	D	E	F	G	H	I
1	고객의 생애가치 계산							(단위 : 만원, 명)	
2	경과연도	고객당 판매액	고객당 비용	고객당공헌이익	유지율	생존률	활동고객수	공헌이익할인	총수익
3	0	120	104	16	40%	40%	400.0	16.0	6,400
4	1	120	104	16	63%	25.200%	252.0	15.2	3,840
5	2	120	104	16	74%	18.648%	186.5	14.5	2,706
6	3	120	104	16	82%	15.291%	152.9	13.8	2,113
7	4	120	104	16	87%	13.303%	133.0	13.2	1,751
8	5	120	104	16	90%	11.973%	119.7	12.5	1,501
9								총고객자산가치	18,312
10					매년유지율 체증			할인률 5%	
11					생존률은 전년도 생존률X당해년도 유지율				
12									
13		생애기간	5년	=ROUND(SUM(E14:E18),0)					
14		1	252.0	400	0.63	=(B14*C14/D14)			
15		2	186.5	400	0.9324				
16		3	152.9	400	1.146852				
17		4	128.4	400	1.284474				
18		5	109.2	400	1.364754				

〈그림 5.81〉 엑셀을 활용한 고객가치 분석의 결과

2 장바구니 분석

소매업체에서는 POS기기를 통해 고객별로 거래명세표와 영수증을 기록한다. 각 거래명세표에는 고객이 해당거래에서 구입한 품목들의 조합이 기록되어 있는데 이 정보를 활용하여 고객이 동시에 구입하는 품목에 대한 정보를 보고하면 MD를 비롯한 매장관리자들에게 통찰력을 줄 수 있다. 실제 매장의 품목 수가 많기 때문에 조합한 품목 수를 엑셀로 계산하는 데는 처리속도에 문제점이 발생할 수 있다. 그 개념을 파악하기 위해 단순화된 자료로 계산해보자.

(1) 두 상품의 연관성에 대한 리프트분석

리프트란 연관된 구매품목들의 조합 개수가 총거래 수에 개별적인 품목별로 구매개수의 곱으로 계산된 개수에 비해 얼마나 많이 구입되었는가를 분석하여 이 값이 1보다 큰 경우에 별도의 마케팅 활동을 하여 성과를 높이고자 하는데 그 의의가 있다.

$$\frac{\text{육류와 채소를 구매한 실제 거래의 개수}}{\text{총거래 개수 X육류를 구매한 거래의 비율 X채소를 구매한 거래의 비율}}$$

다음 예제에서 총 300개의 거래 중 6가지 품목이 포함되어 있는지에 대한 원본데이터가 [A2:H302]에 입력돼있다.

[L1]에 =COUNT(B:B)를 입력하여 총거래 개수를 계산한다.

[L3]에 =COUNTIF(INDIRECT(K3),1)/$L$1를 입력하여 채소를 구매한 거래의 비율을 계산한 후 각 셀의 채우기 핸들을 더블클릭한다.

[N3]과 [O3]에 각각 데이터탭 데이터 도구 그룹 데이터 유효성 검사, 데이터 유효성 검사를 클릭하고 제한대상을 목록으로 선택하고 원본에 =$K$3:$K$8을 입력한 후 확인한다.

[N4]과 [O4]에 각각 1을 입력한다.

[P4]에 =SUM((INDIRECT(N3)=1)*(INDIRECT(O3)=1))을 입력한다. 이 식은 A품목과 B품목을 구매한 실제 거래의 개수를 구한다.

[Q4]에 =IF(N3<>O3,L1*VLOOKUP(N3,K3:L8,2,FALSE)* VLOOKUP(O3,K3:L8,2,FALSE),0)을 입력한다. 이 식은 총거래개수 × A품목을 구매한 거래의 비율 × B품목을 구매한 거래의 비율을 구한다.

[R4]에 =IF(Q4=0,1,P4/Q4)를 입력한다. 이 식은 불능이 아닌 경우 리프트 비율을 구한다.

[N3:T13] 범위에 2차원 데이터 표를 구한다.

2차원 데이터 표의 결과를 해석하면 맥주와 기저귀(1.61)를 함께 구입할 확률이 매우 높고. 과일과 기저귀(1.2), 육류와 기저귀(1.19), 분유와 기저귀(1.15)를 구입할 확률도 높다. 매장관리자는 맥주와 기저귀, 분유와 기저귀를 함께 배치하면 매출이 더욱 증가할 것으로 보인다.

	A	B	C	D	E	F	G	H	I
1									
2	거래#	요일	채소	귀저기	과일	분유	맥주	육류	
3	1	5	1	0	0	1	0	1	
4	2	4	1	1	1	1	0	0	
5	3	5	1	0	0	0	0	0	
6	4	5	1	0	1	0	0	0	
7	5	7	1	1	0	1	0	1	
8	6	2	1	0	1	0	0	1	
9	7	3	0	0	0	1	1	0	
10	8	3	1	0	0	1	0	1	
11	9	6	1	0	1	0	0	0	
12	10	6	1	0	0	0	0	0	
13	11	1	1	0	0	0	0	0	
14	12	4	0	0	0	0	1	0	
15	13	1	1	0	0	0	0	0	
16	14	7	0	0	0	0	0	0	
17	15	7	0	0	0	1	0	0	

	J	K	L	M	N	O	P	Q	R	S	T
1		총 개수	300								
2	인덱스				이원 리프트						
3	1	채소	60.3%		채소	과일	실제 총합	예상	리프트		
4	2	귀저기	27.7%		1	1	58	63.35	0.9155		
5	3	과일	35.0%								
6	4	분유	33.7%		모든 이원 리프트						
7	5	맥주	18.7%		0.91554854	채소	귀저기	과일	분유	맥주	육류
8	6	육류	22.3%		채소	1.00	0.92	0.92	1.00	1.04	0.94
9					귀저기	0.92	1.00	1.20	1.15	1.61	1.19
10		요일			과일	0.92	1.20	1.00	0.88	0.87	0.90
11		1	14.3%		분유	1.00	1.15	0.88	1.00	1.11	1.11
12		2	12.7%		맥주	1.04	1.61	0.87	1.11	1.00	0.72
13		3	14.0%		육류	0.94	1.19	0.90	1.11	0.72	1.00
14		4	12.3%								
15		5	14.3%								
16		6	15.0%								
17		7	17.3%								

〈그림 5.82〉 엑셀을 활용한 장바구니 분석의 결과 1

(2) 어느 요일에 어느 품목들의 리프트가 높은지도 계산

$$\frac{\text{목요일에 맥주와 귀저기를 구매한 실제 거래의 개수}}{\text{총거래 개수 X목요일의 거래비율 X맥주를 구매한 거래의 비율 X귀저기를 구매한 거래의 비율}}$$

다음 예제에서 총 300개의 거래 중 6가지 품목이 포함되어 있는지에 대한 원본데이터가 [A2:H302]에 입력돼있다.

[L1]에 =COUNT(B:B)를 입력하여 총거래 개수를 계산한다.

[L3]에 =COUNTIF(INDIRECT(K3),1)/$L$1를 입력하여 채소를 구매한 거래의 비율을 계산한 후 각 셀의 채우기 핸들을 더블클릭한다.

[B3:B302] 범위에 '요일'이라는 범위 명을 정한다. (수식, 이름 관리자)

[L11]에 =COUNTIF(요일,K11)/COUNT(요일)를 입력하여 월요일(1)에 구매한 거래의 비율을 계산한 후 셀의 채우기 핸들을 더블클릭한다.

[M11]에 =COUNTIF(요일,K11)를 입력하여 월요일(1)에 구매한 거래의 개수를 구한 후 셀의 채우기 핸들을 더블클릭한다.

[N7]과 [O7]에 각각 데이터탭 데이터 도구 그룹 데이터 유효성 검사, 데이터 유효성 검사를 클릭하고 제한대상을 목록으로 선택하고 원본에 =$K$3:$K$8을 입력한 후 확인한다.

[N8]과 [O8]에 각각 1을 입력한다.

[P8]에 4(목요일)를 입력한다.

[Q8]에 =SUM((INDIRECT(P7)=$P$8)*(INDIRECT(N7)=1)*(INDIRECT(O7)=1))을 입력한 후 Ctrl+Shift+Enter를 눌러 배열 수식으로 정한다. 이 식은 어느 요일에 A품목과 B품목을 구매한 실제 거래의 개수를 구한다.

[R8]에 =IF(N7<>O7,L1*VLOOKUP(N7,K3:L8,2,FALSE)*VLOOKUP(O7,K3:L8,2,

FALSE)*VLOOKUP(P8,K11:L17,2),0)을 입력한다. 이 식은 총거래개수 × 목요일에 구입한 거래의 비율 × A품목을 구매한 거래의 비율 × B품목을 구매한 거래의 비율을 구한다.

[S8]에 =IF(R8=0,1,Q8/R8)를 입력한다. 이 식은 불능이 아닌 경우 리프트 비율을 구한다. 목요일에 맥주와 기저귀를 구입한 비율(7.85)로 상당히 높으므로 목요일에 맥주와 기저귀 구입 시 이벤트나 매장 진열에 신경 쓰면 상당히 매출액이 증가할 것이다.

	A	B	C	D	E	F	G	H	I	J	K	L	M	N	O	P	Q	R	S
1											총 개수	300							
2	거래#	요일	채소	귀저기	과일	분유	맥주	육류		인덱스				이원 리프트					
3	1	5	1	0	0	1	0	1		1	채소	60.3%		채소	과일	실제 총합	예상	리프트	
4	2	4	1	1	1	1	0	0		2	귀저기	27.7%		1	1	58	63.35	0.9155	
5	3	5	1	0	0	0	0	0		3	과일	35.0%		삼원 리프트					
6	4	5	1	0	1	0	0	0		4	분유	33.7%		1	2				
7	5	7	1	1	0	1	0	1		5	맥주	18.7%		귀저기	맥주	요일	실제 총	예상	리프트
8	6	2	1	0	1	0	0	1		6	육류	22.3%		1	1	4	15	1.9108	7.85
9	7	3	0	0	0	1	1	0											
10	8	3	1	0	0	1	0	1			요일		개수						
11	9	6	1	0	1	0	0	0			1	14.3%	43						
12	10	6	1	0	0	0	0	0			2	12.7%	38						
13	11	1	1	0	0	0	0	0			3	14.0%	42						
14	12	4	0	0	0	0	1	0			4	12.3%	37						
15	13	1	1	0	0	0	0	0			5	14.3%	43						
16	14	7	0	0	0	0	0	0			6	15.0%	45						
17	15	7	0	0	0	1	0	0			7	17.3%	52						

〈그림 5.83〉 엑셀을 활용한 장바구니 분석의 결과 2

제6장
파워 BI 실무

마케팅 정보 시각화는 마케팅 인텔리전스에서 중요한 역할을 한다.

경영자는 의사결정을 통해 경영목표를 달성해야 한다. 효과적인 의사결정을 위해 문제 분야에 대한 정보와 지식을 갖추어야 하고 적절한 판단을 할 수 있는 통찰력이 필요하다.

데이터 분석과 예측작업은 필요한 정보와 지식을 제공하고 어느 정도 통찰력을 제공하기도 하지만 통찰력은 주로 시각화된 정보를 검토하는 과정에서 발견되는 것이 일반적이다. 종전에는 경영정보시각화 도구로도 엑셀의 차트(피벗 차트 포함), 조건부 서식, 스파크라인을 사용해왔다. 그후에 제공된 시각화 도구(BI 도구)는 대시보드 작성이 쉽고, 사용자 비주얼 요소를 추가할 수 있으며, 시각화 제작을 공동작업하거나 완성된 리포트를 컴퓨터와 스마트폰 등으로 공유할 수 있어 기업의 수요가 높다.

또한, 빠른 처리속도로 실시간 처리가 가능하고 제어할 수 있는 데이터 레코드 수가 거의 무한대에 가까워 대기업이나 금융회사에서 사용하기 적합하다.

시각화 도구는 마이크로소프트사의 파워 BI(세계 시장점유율 36%) 외에도 세일즈포스닷컴의 태블로(20%)가 선두권인데 국내에는 근소한 차이로 1위인 태블로는 시각화의 예술적 품질이 더 낫지만 파워 BI처럼 연관된 비즈니스용 소프트웨어와의 연계성이 부족하고 클라우드 사용료가 비싸서 국내시장에서도 몇 년 안에 역전될 것으로 예측된다.

두 소프트웨어의 비교 요약표는 다음과 같다.

구분	장점	단점
태블로	- 강력한 데이터 시각화 기능 - Salesforce사 CRM과의 시너지 - 활발한 커뮤니티	- 높은 가격 - 제한적 ETL 기능 - 가파른 학습 곡선
파워 BI	- Excel과 호환 등 MicroSoft 생태계와의 시너지 - 저렴한 비용 - 준수한 시각화 기능	- 제한적 시각화 자유도

제1절. 마케팅 정보 시각화를 위한 파워 BI 작업 준비

파워 BI의 작업단계는 다음과 같다. 먼저 엑셀이나 텍스트 파일 등 200개 이상의 데이터 포맷과 호환이 되어 쉽게 데이터를 끌어 올 수 있다. 파워 쿼리라는 강력한 전처리 도구로 전처리한 다음, 로딩하여 관계형 데이터들을 모델링(파워 피벗)한다. 필요한 경우 DAX 함수로 데이터를 편집(집계, 요약)하여 42개의 기본 시각화 개체로 보고서를 만들어 파워 BI 서비스로 공유하거나 대시보드를 게시한다.

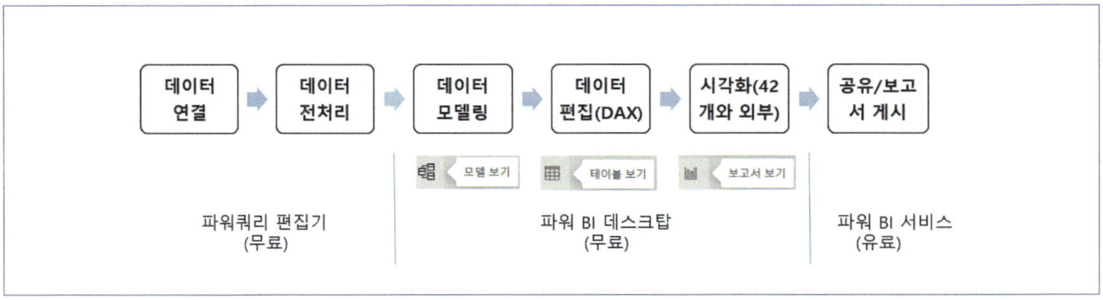

〈그림 6.1〉 파워 BI의 작업 단계

파워 BI 데스크톱 최신 소프트웨어는 마이크로소프트에서 구할 수 있지만, 경영정보시각화능력 시험 시행처인 대한상공회의소 홈페이지에서 쉽게 다운로드 받을 수 있고, 설치도 다음과 동의함을 입력한 후 설치, 마침 단추로 쉽게 설치할 수 있다.

설치 후 바탕화면에 있는 를 클릭하면 다음 화면이 나타난다. 기본적으로 보고서 보기 창이 열린다. 리본 메뉴 아래 왼편에 많이 사용하는 창으로는 보고서 보기, 테이블 보기, 모델 보기 등을 선택할 수 있다. 보고서 보기 창은 중간에는 캔버스 영역이 있다. 오른쪽으로 필터 창, 시각화 창, 데이터 창이 있으며 맨 밑줄에는 PC 모니터, 스마트폰 레이아웃과 엑셀 시트 탭과 유사한 페이지 탭, 확대축소 기능이 있다.

1 프로그램 실행하기

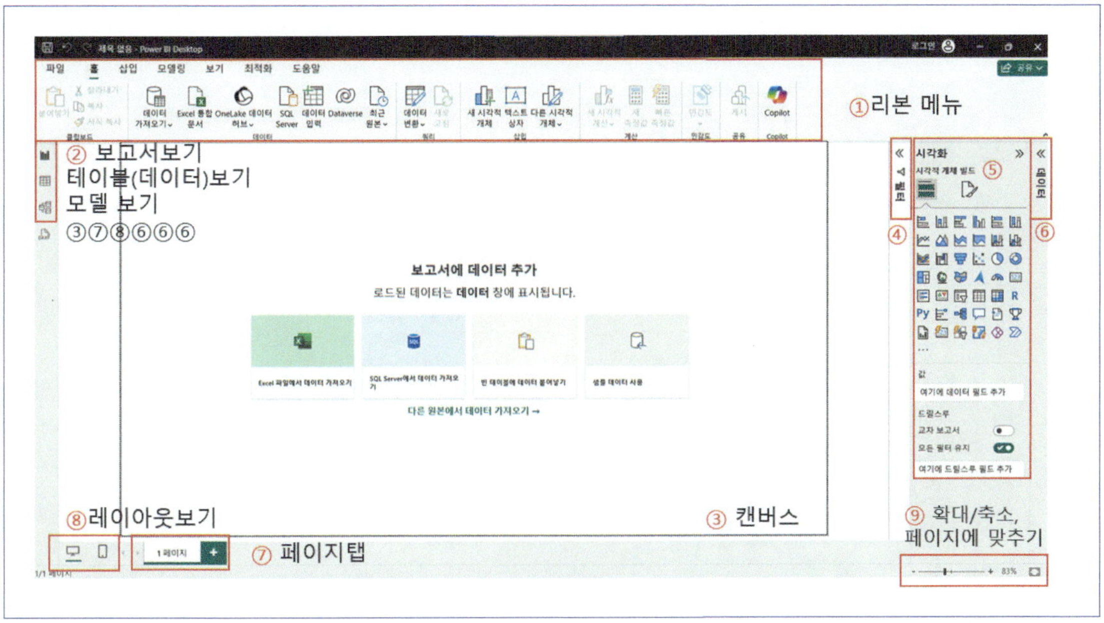

〈그림 6.2〉 파워 BI의 첫 화면(보고서 보기)

테이블 보기에는 테이블을 확인하며 필요한 작업을 수행할 수 있는 테이블 창(개별 레코드 행에 대한 편집은 이곳이 아닌 파워 쿼리에서 개별 항목에서 오른쪽 마우스 클릭으로 나타나는 단축메뉴에서 값 바꾸기를 사용할 수 있지만 같은 열의 값이 모두 변경되므로 한 항목만 바꿀 때 엑셀에서 작업하여 다시 로드한다.)과 데이터 창이 있다.

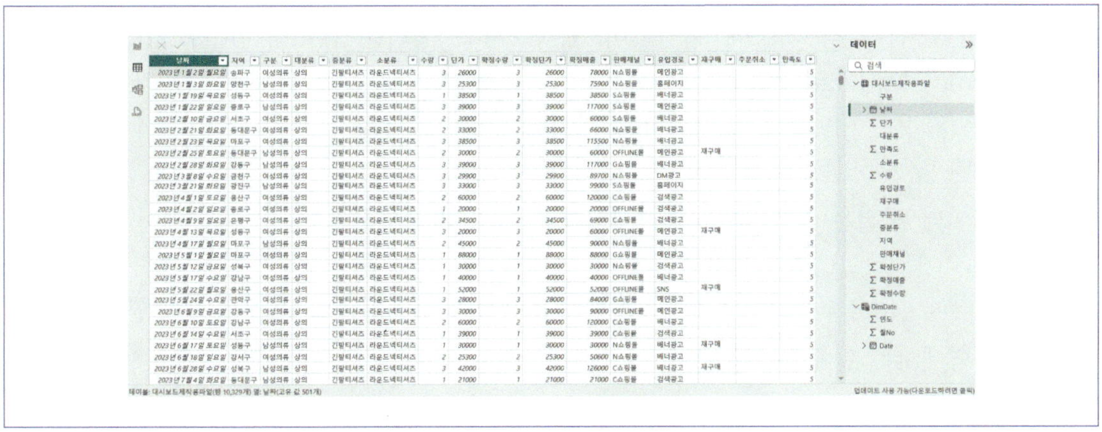

〈그림 6.3〉 파워 BI의 테이블 보기 화면

모델 보기에는 모델 Diagram 창과 속성 창, 데이터 창(테이블 탭은 다른 보기 화면의 데이터 창과 같고, 모델 탭도 있다.)이 있다. 데이터 창은 매 보기 화면에 있다는 점을 알 수 있다.

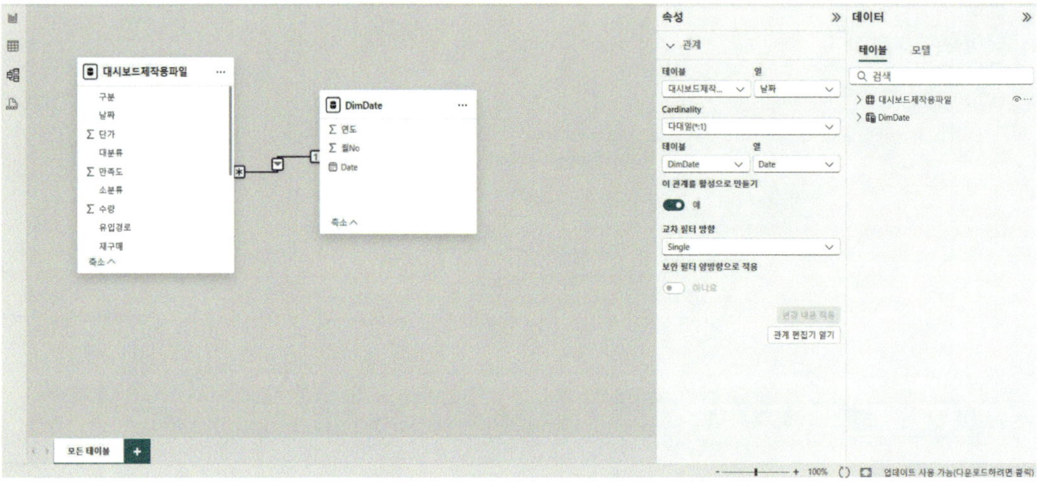

〈그림 6.4〉 파워 BI의 모델 보기 화면

2 파일 관리하기

파워 쿼리 편집기는 별도 프로그램이지만, 파워 BI의 데이터 변환이나 엑셀의 파워 피봇처럼 이름만 바꿔 각각 기능에 편입되어 있다. 파워 쿼리는 데이터 추출(Extract), 변환(Transform), 적재(Load)기능을 하는데 데이터 추출은 엑셀 등에서 데이터를 가져오고, 데이터 변환은 가져온 데이터를 전처리하고 데이터적재는 로딩을 통해 파워 BI에서 분석과 시각화, 게시를 할 수 있는 기능을 할 수 있게 한다.

먼저 데이터 연결은 보통 엑셀 파일에서 데이터를 가져오든지, 다른 원본에서 데이터 가져오기를 눌러 텍스트/CSV, 폴더(폴더 안에 여러 데이터파일을 놓고 한 번에 가져올 때에 사용)의 데이터파일을 불러들일 수 있고 현재 201가지의 데이터파일 포맷을 연결할 수 있다.

다음 화면에서는 판매데이터(Sheet 1 하나만 있는 경우)를 연결하였다. 여러 시트를 동시에 연결할 수도 있다.

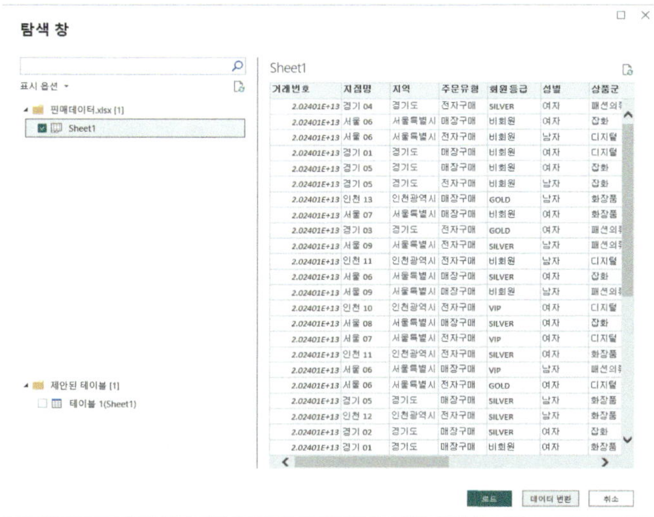

〈그림 6.5〉 파워 쿼리의 엑셀 데이터 변환 또는 로드 화면

주의할 점은 먼저 로드보다는 데이터 변환을 눌러 파워 쿼리 편집기에서 데이터 전처리를 한 다음, 로드하는 것이 좋다.

3 데이터 가공하기

(1) 데이터의 문제

데이터 가공은 주로 쿼리 편집기를 통해 작업한다. 쿼리 편집기는 별도의 응용프로그램으로 엑셀에도 동일한 UI로 제공된다.

데이터를 변환하는 이유는 다음과 같이 데이터에 문제가 있는 경우에 필요한 조치를 하는 데 있다.

문제	설명	파워 쿼리의 해결 방법
데이터의 누락	키 열의 값이 비어있거나 null로 표시된 경우	개별 항목에서 오른쪽 마우스 클릭으로 나타나는 단축메뉴에서 값 바꾸기를 사용하거나 채움
데이터의 중복	키 열로 시작된 행이 두 번 이상 입력된 경우	홈 탭-행 제거이나 열 이름의 단축메뉴에서 중복 항목 제거
빈 행 데이터	중간에 빈 행이 있는 경우	홈 탭-행 제거-빈 행 제거
이상치	데이터가 다른 값에서 멀리 떨어져 있는 경우	보기 탭-열 프로필을 이용해 이상값 식별 후 조정
오류 항목	나이가 음수인 경우 등	보기 탭-열 품질-오류 항목을 확인 후 제거
일관되지 않은 데이터	중간에 날짜 형식이 다른 경우 등	열 이름 왼편 기호를 이용하여 형식을 표준화함
데이터 일부만 필요한 경우	주민등록번호 중 성별만 필요한 경우	변환 탭-추출
데이터가 행과 열로 있는 경우	피벗 테이블의 경우의 경우	변환 탭-열 피벗 해제

중복데이터는 차원 테이블에서 문제가 된다. 차원 테이블은 키 열이 하나만 존재하여 팩트열과 모델링할 때 1 대 다의 카디널리티를 설정해야 데이터를 원활하게 사용할 수 있다. 아래에서는 팩트 테이블과 차원 테이블을 비교한다.

구분	팩트 테이블	차원 테이블
데이터의 유형	주로 수치 데이터(매출액, 비용, 수량), 차원 테이블과의 관계 형성을 위해 외래키로 텍스트를 포함할 수 있음	주로 텍스트 데이터(고객명, 제품명, 대리점명)
데이터의 역할	마케팅에서 발생한 측정 가능한 이벤트를 저장	이벤트를 설명하는 속성 저장
키	외래키로 차원 테이블과 연결	기본 키로 팩트 테이블과 연결

쿼리 편집기는 개별 셀 단위로 작업하는 것이 아니라 데이터파일을 대상으로 열 단위로 빠르게 작업한다. 열 단위라는 것은 필드 단위로 작업을 한다는 의미이다. 여러 개의 쿼리를 동시에 작업하는 경우 쿼리 창에서 선택할 수 있다. 쿼리 설정에서는 쿼리의 이름을 지정할 수 있고 적용된 단계에서는 엑셀의 취소나 다시 실행( )과 같은 기능을 한다. 한 번에 여러 단계를 거슬러 취소할 수 있는데 ✕ 변경된 유형에서 붉은 X 부분을 누르면 된다.

수식입력줄은 M 명령어로 작업하는 것으로 일반 사용자는 리본 메뉴에서 작업한 내용이 자동으로 기록되며 필요한 경우 편집할 수 있다.

(2) 파워 쿼리 편집기의 메뉴

다음은 데이터 가공에 필요한 파워 쿼리 편집기의 메뉴이다.

파일 메뉴 중에서 많이 사용되는 것은 닫기 및 적용과 저장으로 닫기 및 적용은 데이터 가공을 마친 경우 파워 BI의 테이블 작업할 수 있도록 로드하는 것을 의미한다. 저장은 파워 BI 파일(.pbix)을 저장하는 것을 말한다.

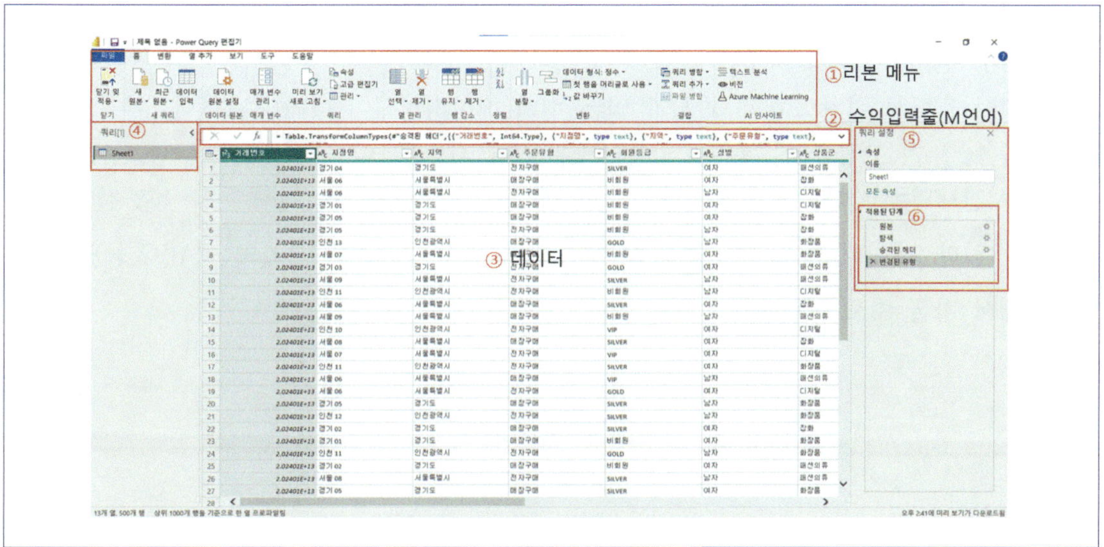

〈그림 6.6〉 파워 BI의 파워 쿼리 화면

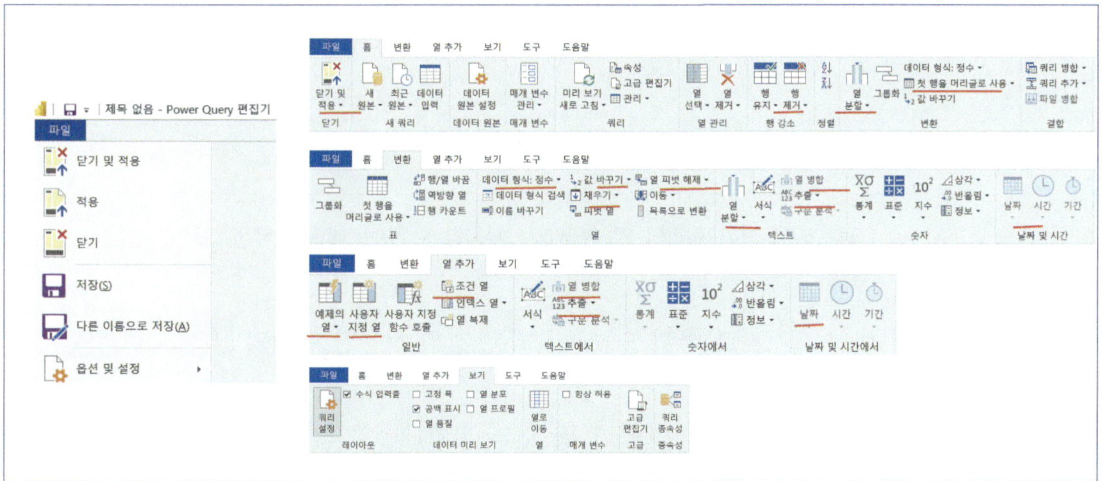

〈그림 6.7〉 파워 쿼리의 메뉴 화면

붉은 밑줄이 그어진 꼭 필요한 리본 명령만 설명하면 다음과 같다.

① 첫 행을 머리글로 사용 : 연결된 데이터 테이블의 첫 행이 필드명에 해당할 때 자동으로 헤더(필드명)로 설정되지만, 자동 설정된 필드명이 없거나, 셀 병합된 필드와 같은 경우에 필드명이 없는 경우에는 특정 행을 머리글(헤더, 필드명)로 변경시킴

② 행/열 제거 : 상위/하위행 제거, 교대로 행 삭제, 중복된 항목 제거, 빈 행 제거, 오류 제거

③ (값) 채우기 : null 값에 현재 행과 같은 값을 아래로/위로 채우기

④ (값) 바꾸기 : 찾아 바꾸기

⑤ 데이터 형식 변경 : 현재 커서가 있는 행의 데이터형식이 나타나며(예에서는 정수) 이를 10진수, 고정 10진수(음수 없음), 백분율(예, 0.1=10%), 날짜/시간, 날짜, 시간, 날짜/시간/표준시간대, 기간(엑셀과 동일), 텍스트, Ture/False, 이진수로 상호 간에 바꿀 수 있다. 데이터 셀의 헤더 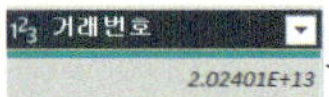

의 앞부분 기호(예 123 또는 ABC 등)를 클릭해서 바꿀 수도 있다.

〈그림 6.8〉 파워 쿼리의 열 헤더에서 사용할 수 있는 데이터 유형

만일 수치가 아닌 텍스트로 바꿔 Error가 되는 경우 적용된 단계의 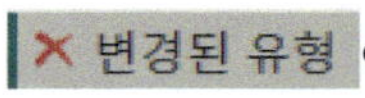

에서 붉은 X를 누르면 된다.

⑥ 날짜에서 요소 추출(변환 탭, 열 추가 탭 모두 동일) : 기간(현재 날짜에서 셀의 날짜사이의), 날짜만(날짜시간에서 날짜만), 년(년, 연초, 연말), 월(월, 월초, 월말, 월일자, 월이름), 분기(연간분기, 분기초, 분기말), 주(연간주, 월간주, 주초, 주말), 일(일, 요일, 연간일자, 하루 시작, 하루 시작, 하루 끝, 요일 이름), (열에서) 가장 이른/늦은 날짜

⑦ 열(다른 열) 피벗 해제 : 특정 열들(다른 열들)을 행으로 변환
⑧ 열 피벗 : 행을 열로 변환
⑨ 쿼리 편집 및 삭제 : 적용된 단계에서 편집할 단계의 오른쪽 마우스 클릭, X 삭제
⑩ 열병합(변환 탭, 열 추가 탭 모두 동일) : 병합할 열 머리글들을 Ctrl 키로 선택하고 열 병합 클릭(구분기호와 새 열 이름 지정 필요)
⑪ 열병합(변환 탭) : 분할할 열 머리글을 선택하고 열 분할-구분기호 기준/문자 수/위치별 클릭(새 열 이름 지정 필요)
⑫ 추출 : 텍스트값에서 길이, 처음 문자, 마지막 문자, 범위, 구분기호 앞 뒤 사이의 텍스트 추출
⑬ 사용자 지정 열 : 엑셀 피벗 테이블의 계산 필드와 동일
⑭ 조건 열 : 새 열 추가 후 조건에 맞는 값 입력
⑮ 예제의 열 : 쿼리의 모든 열이나 선택한 열을 기반으로 새 열값 추가, 엑셀 함수 자동완성 기능과 동일
⑯ 쿼리 닫기 및 적용 : 홈 탭과 파일 탭에 동일 명령이 있음

4 데이터 모델링하기

기업 업무에서 사용하는 데이터파일은 레코드 수가 1 만개 이상에서 수천만 개에 이르는 거대한 규모이고 이 경우 불필요한 필드를 가지고 있는 데이터파일은 컴퓨팅 시간이 수분에서 수일에 이를 수 있으므로 실무적으로 활용할 수 없다. 따라서 일찍부터 관계형 데이터베이스가 발전해 대부분의 기업에서 사용 중이다. 속도, 데이터의 일관성, 무결성 등 관계형 데이터베이스의 장단점은 이론 부분을 살펴보기로 하자.

(1) 관계 설정하기

관계형 데이터베이스에서 데이터 테이블은 팩트(Fact) 테이블과 차원(Dimension) 테이블로 나뉜다. 팩트 테이블은 마케팅 영역에서는 판매 및 구매거래, 재고, 고객관리 등 관찰된 이벤트 정보를 기록한 것으로 자체 키 열(필드)과 기타 설명 열(필드) 및 연관된 외래키 열로 구성된다. 차원 테이블은 고객, 거래처, 사원, 재고와 같은 유일한 자체 키(기본키), 시간(캘린더)과 같은 정보를 포함하며 기타 설명 열을 갖고 있다. 팩트 테이블은 다른 차원 테이블과 관계(join)를 맺어 상호작용하면서 데이터를 탐색하며 차원 테이블은 필터링, 팩트 테이블은 요약 대상이 된다.

기본 키는 차원 테이블의 기준 열로 중복이 없는 고유값이므로 팩트 테이블의 여러 레코드와 관계를 맺는다(다 대 일).

외래키는 팩트 테이블 내에서 차원 테이블과 연결될 수 있는 중복 가능한 값을 가질 수 있다.

다음 예는 엑셀 파일에 팩트 테이블인 판매 테이블과 차원 테이블인 상품, 고객, 판매원 테이블을 별도의 시트에 넣어 파워 BI에 로드한 결과이다. 고객 테이블의 첫 행을 머리글로를 실행했다. 그다음 홈 탭 닫기와 적용을 누르고 모델 보기를 누르면 자동으로 관계가 설정된다.

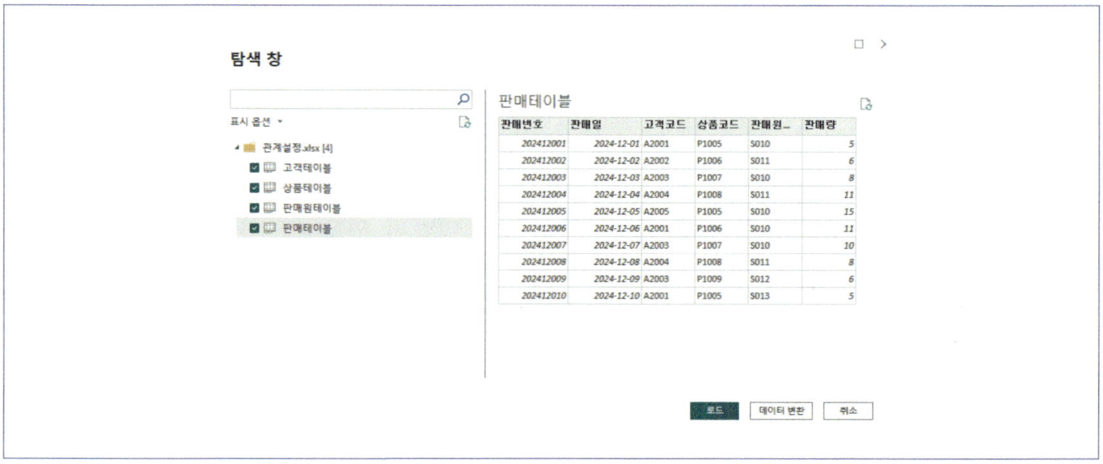

판매번호	판매일	고객코드	상품코드	판매원...	판매량
202412001	2024-12-01	A2001	P1005	S010	5
202412002	2024-12-02	A2002	P1006	S011	6
202412003	2024-12-03	A2003	P1007	S010	8
202412004	2024-12-04	A2004	P1008	S011	11
202412005	2024-12-05	A2005	P1005	S010	15
202412006	2024-12-06	A2001	P1006	S010	11
202412007	2024-12-07	A2003	P1007	S010	10
202412008	2024-12-08	A2004	P1008	S011	8
202412009	2024-12-09	A2003	P1009	S012	6
202412010	2024-12-10	A2001	P1005	S013	5

〈그림 6.9〉 파워 쿼리의 엑셀 탐색 창

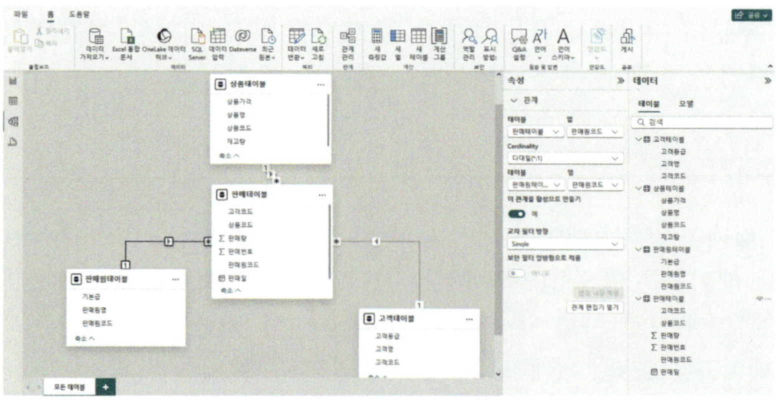

〈그림 6.10〉 파워 BI의 모델 보기

(2) 속성 창 이해하기

1) 조인

파워 쿼리에서 두 테이블을 병합할 때 다음 표와 같이 선택 가능한 조인의 종류에는 6가지가 있고 대부분 왼쪽 외부를 선택한다.

종류	설명	파워 쿼리 병합의 예
왼쪽 외부	첫 번째 테이블은 전체 행, 두 번째 테이블은 일치하는 행만 표시	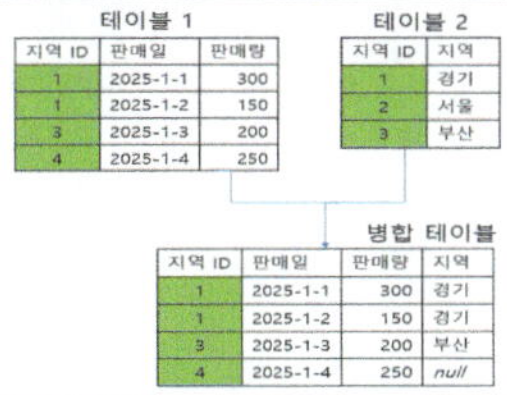
오른쪽 외부	두 번째 테이블은 전체 행, 첫 번째 테이블은 일치하는 행만 표시	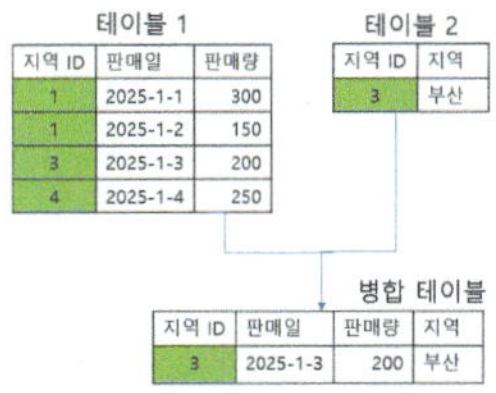
내부	두 테이블 중 일치하는 행만 표시	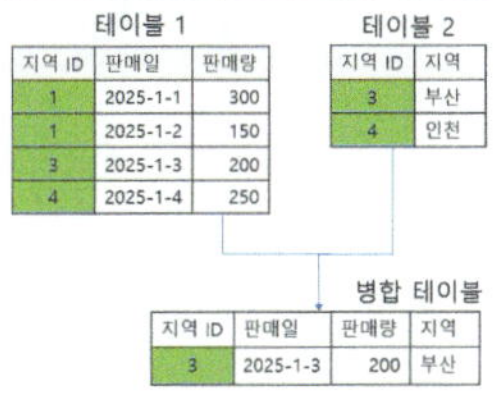
완전 외부	두 테이블의 모든 행 표시(기본 키는 왼쪽 테이블만 표시)	
왼쪽 안티	첫 번째 테이블에서 두 번째 테이블과 일치하지 않는 행만 표시	
오른쪽 안티	두 번째 테이블에서 첫 번째 테이블과 일치하지 않는 행만 표시(기본 키는 표시 안 함)	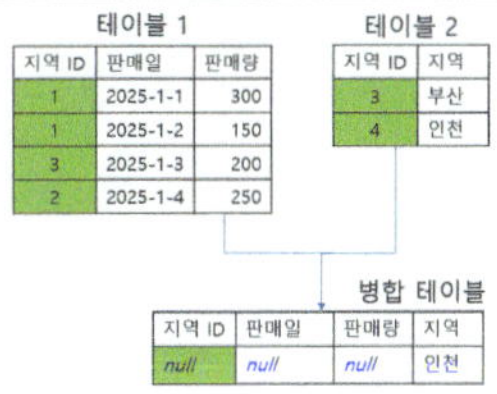

2) 카디널리티

모델링할 우선 선택 가능한 카디널리티의 종류에는 4가지가 있고 대부분 다 대 일(또는 일 대 다)을 선택한다.

종류	설명
다대일(및 일대다)	관계를 구성하는 경우 열과 관계된 순서와 일치하는 관계를 선택한다. 팩트 테이블인 판매에서 차원 테이블인 제품 테이블로 관계를 설정하는 경우 카디널리티는 다대일이다.
일대일	일대일 관계는 양쪽 열에 고유값이 포함되어 있다. 일반적이지 않은 유형이며, 중복데이터가 저장되어 모델 설계가 최적이 아닐 가능성이 크다.
다대다	다대다 관계는 양쪽 열에 중복 값이 포함될 수 있다. 이 유형은 자주 사용되지 않지만 복잡한 모델 요구 사항을 설계할 때 유용하다. 다대다 팩트를 관계 맺거나 상위 단위 팩트를 관계 맺는 데 사용한다.

3) 교차 필터 방향

카디널리티 설정에 따라 필터가 전파되는 방향이 결정된다. 가능한 교차 필터 옵션은 다음과 같다.

카디널리티의 유형	교차 필터 방향 옵션
다대일(및 일대다)	Single(단방향) 양방향
일대일	양방향
다대다	단일(Table1에서 Table2로) 단일(Table2에서 Table1로) 양방향

5 데이터 계산하기

파워 BI에서 Power BI 보고서에 계산을 추가하기 위한 5가지 옵션을 제공한다. 이 중 파워 쿼리에서 작업을 수행할 때 사용하는 M 언어를 제외한 4가지 계산기능에 DAX 함수를 사용한다.

측면	계산 열	계산된 테이블	측정값	시각적 계산
컨텍스트	행	행	필터	시각적 개체
저장 위치	모델	모델	모델	시각적 개체
보고서 사용자 상호 작용에 따른 변경	아니요	아니요	예	예
사용	슬라이서, 필터, 행, 열	측정값, 계산 열 또는 시각적 계산 정의에서	시각적 개체 및 시각적 수준 필터의 값	시각적 개체 및 시각적 수준 필터의 값

(1) DAX관련 수식 컨텍스트

DAX에는 행 컨텍스트와 필터 컨텍스트라는 두 가지 유형의 컨텍스트가 있다.

행 컨텍스트는 쉽게 현재 행이라고 생각하면 된다. 이 컨텍스트는 테이블에서 단일 행을 식별하는 필터를 적용하는 함수가 DAX 수식에 있을 때마다 적용된다. 함수는 필터링하는 테이블의 각 행에 대해 기본적으로 행 컨텍스트를 적용한다.

필터 컨텍스트는 쉽게 이해하려면 결과 또는 값을 결정하는 계산에 적용되기 위해 추가된 하나 이상의 필터라고 생각하면 된다. 즉, 행 컨텍스트를 대체하는 것이 아니라 행 컨텍스트에 추가로 적용된다. 예를 들어 계산에 포함할 값의 범위를 더 좁히기 위해 행 컨텍스트뿐만 아니라 행 컨텍스트의 특정 값(필터)도 지정하는 필터 컨텍스트를 적용할 수 있다.

시각화에 필드를 추가하여 필터 컨텍스트를 적용할 수도 있다. 필터 컨텍스트는 DAX 수식에서 모든 관련된 필터, 계산과 같은 함수를 사용하는 필터를 기타 측정값 및 열별로 정의하여 적용할 수도 있다. 예를 들어 [매장매출]이라는 측정값에 대한 다음 수식의 구문 요소를 살펴보자.

매장매출 = CALCULATE([총매출액], '판매'[채널명] = "매장"
①　　　　　②　　　　③　　　　④　　　　⑤

① 새 측정값 이름, 매장매출
② CALCULATE 함수 - 지정한 필터(④, ⑤)로 수정된 컨텍스트에서 식을 인수로 계산
③ 식과 동일한 테이블에 있는 측정값 [총매출액].
총매출액 측정값은 =SUM('판매'[판매금액]) 수식으로 만들어져 있다.
④ 정규화된 참조되는 열 '판매'[채널명]: 바로 행 컨텍스트이다. 이 열의 각행은 매장, 온라인 등의 채널로 지정된다.
⑤ 필터로 사용되는 특정 값, 매장: 바로 필터 컨텍스트이다.
이 수식은 "매장" 값을 필터로 사용하여, '판매'[채널명] 열의 행에 대해서만 [총매출액] 측정값에 계산된 매출 값을 매장매출이라는 새 측정값으로 반환한다.

(2) DAX 함수를 이용한 간편한 측정값 계산

DAX(Data Analysis eXpression)은 엑셀의 파워 BI, Excel의 파워 쿼리와 같이 SQL Analysis Services 계열의 응용프로그램에서 사용하는 수식 언어이다. DAX 수식은 테이블과 열을 참조하여 계산식을 작성하여 주로 새 측정값, 계산열, 테이블을 만들 때 사용한다.

DAX의 구문은 측정값, 계산열, 계산된 테이블 또는 시각적 계산 = DAX함수이름('테이블'[필드이름] 또는 [측정값])이다.

DAX 함수는 보고서 보기 화면의 홈 탭에서 새 시각적 계산, 새 측정값, 빠른 측정값, 모델링 탭에서 새 시각적 계산, 새 측정값, 새 계산열, 새 테이블을 선택할 수 있다.

테이블보기의 테이블 도구 탭에서 새 측정값, 빠른 측정값, 새 열, 새 테이블을 선택할 수 있다.

모델보기의 홈 탭에서 새 테이블에서 새 측정값, 새 열, 새 테이블을 클릭할 수 있고

각 보기의 데이터 창에서 마우스 우클릭 후 새 측정값, 새 열, 빠른 새 측정값을 클릭할 수 있다.

보고서 보기 화면의 홈 탭	보고서 보기 화면의 모델링 탭	테이블 보기 화면의 테이블 도구 탭	모델 보기 홈 탭	데이터 창에서 마우스 우클릭
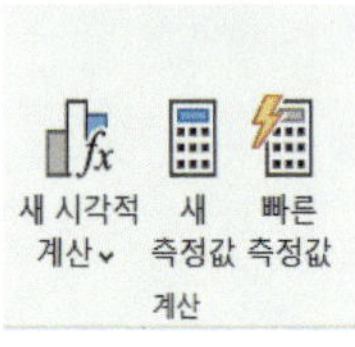	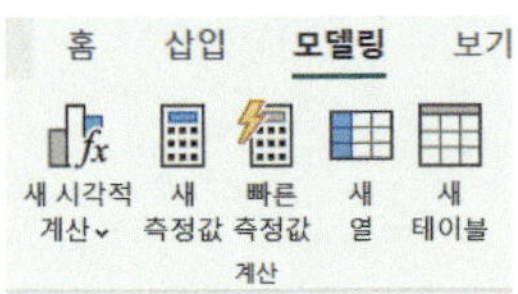	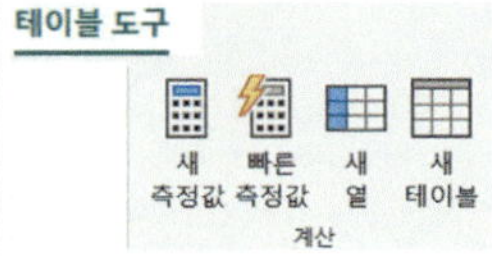	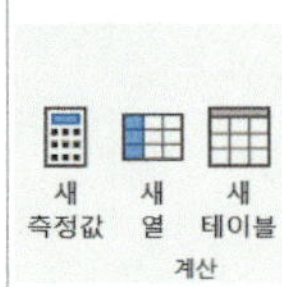	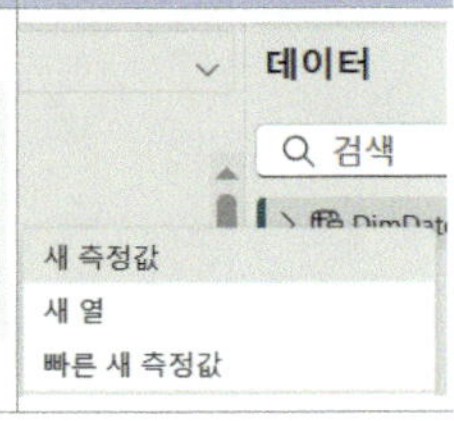

각 기능은 캔버스 창에 수식 입력란이 나타난다. 다음과 같이 입력한다.

새 측정값, 새 계산열, 새 계산된 테이블은
판매 테이블의 수량 열을 모두 합계할 경우 : 새 측정값인 총수량 = SUM('판매'[수량])
숫자로 된 월을 나타내는 새 열을 입력할 경우 : 새 열인 월No = MONTH([Date])
올해 1년간 시간 테이블을 만드는 경우 : 새 테이블인 DimeDate = CALENDARAUTO( )
를 각각 수식 입력란에 입력하면 된다.

Tips

수식 입력줄의 글자크기 확대/축소 : Ctrl + +/-

수식 줄바꿈 : Shift + Enter

빠른 측정값은 일반적으로 많이 사용되는 측정값 27개를 상호작용 방식으로 쉽게 입력할 수 있다.

범주별 집계	필터	시간 인텔리전스	합계	수학연산	Text
범주별 평균 범주별 차이 범주별 최댓값 범주별 최솟값 범주별 가중치 평균	필터링된 값 필터링된 값과의 차이 필터링된 값과의 백분율 차이 신규 고객의 판매량	연초 대비 합계 분기초 대비 합계 월초 대비 합계 전년 동기 대비 변화 전분기 동기 대비 변화 전월 동기 대비 변화 이동 평균	누계 범주 합계(필터 적용) 범주 합계(필터 적용 안 됨)	더하기 빼기 곱하기 나누기 백분율 차이 상관 계수	별 등급 연결된 값 목록

예를 들어 전년 동기 대비 변화를 구하는 빠른 측정값을 구해 본다.

먼저 측정값이 저장될 테이블(여기서는 _측정값)에서 빠른 측정값을 선택하고 보고서 보기의 홈 탭에 있는 빠른 측정값을 클릭한다.(보고서 보기 화면의 모델링 탭과 테이블 보기 화면의 테이블 도구 탭에도 있음)

빠른 측정값 창에서 계산을 전년도 대비 변화를 선택하고 기준값으로 측정값 매출액을 선택하고, 날짜를 DimDate 테이블의 [Date] 필드를 선택하고(여기서 파워 BI의 계층화된 Date만 가능) 추가를 클릭한다.

수식입력줄에 이미 자동으로 입력된 내용이 있는데 약간의 수정을 거칠 경우도 있다.

(여기서는 DATEADD('DimDate'[Date].[Date], -1, YEAR)에서 '.[Date]'를 지우고 끝부분으로 가서 엔터를 누른다.

~~옵션으로 먼저 수식입력줄 5행을 복사한 다음 새 측정값을 클릭하고~~

전년 동월 매출액 = CALCULATE([매출액], DATEADD('DimDate'[Date], -1, YEAR))으로 변경하여 클릭한다.

테이블 개체를 만들어 열로 [연월], [전년 동월 매출액], [매출액YoY%]를 클릭한다.

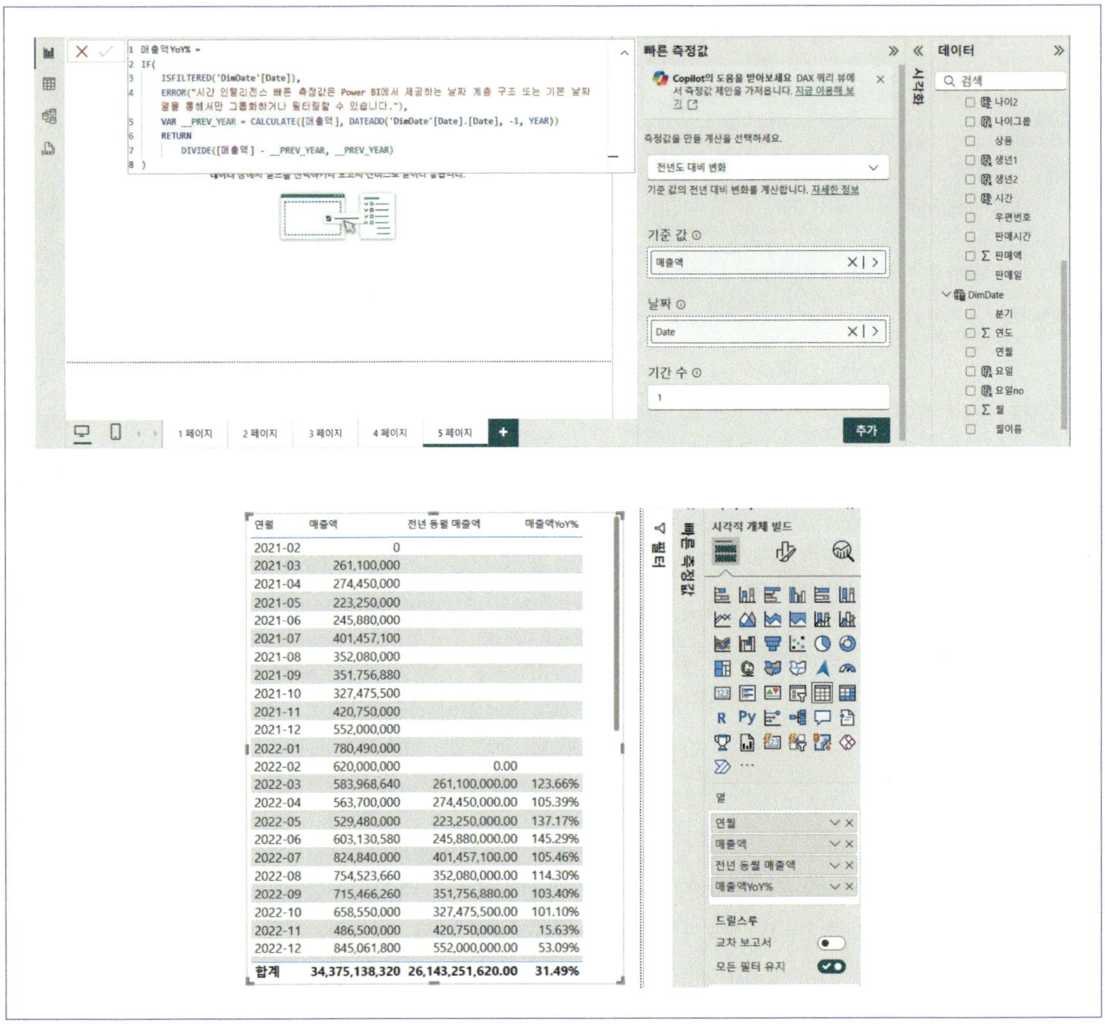

<그림 6.11> 파워 BI의 빠른 측정값 실행과 결과

새 시각적 계산은 시각적 개체를 선택한 후 클릭하면 보고서 보기의 홈탭-새 시각적 계산을 클릭하면 단축메뉴 10개가 나타나고 이 중 선택하면 된다.

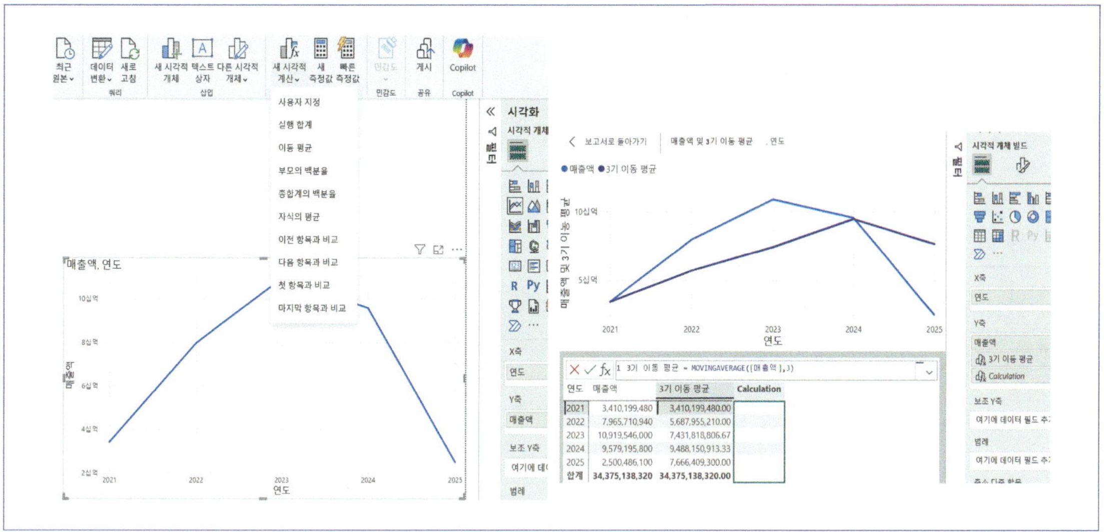

〈그림 6.12〉 파워 BI의 새 시각적 계산 실행과 결과

(3) DAX 함수 문법

함수는 기본적으로 200여 개의 함수명, 인수(테이블 이름, 행 컨텍스트에 사용할 열 이름, 필터 컨텍스트에 사용할 측정값과 연산자)가 필요하다.

먼저 연산자는 엑셀과 거의 동일하다.

DAX 연산자	내용
괄호 연산자	(...) 최우선 순위 또는 DAX 함수(인수)
산술연산자	+, −, *, /, ^(제곱/제곱근)
비교연산자	=, ==, 〉, 〈, 〉=, 〈=, 〈〉
텍스트 연결연산자	&
논리연산자	&&(그리고), || (또는), IN(세 가지 이상에서 또는), NOT

DAX 문법	내용
VAR	변수를 선언하며 식의 결과를 변수로 저장한 다음 다른 측정값 식에 인수로 전달할 수 있음
RETURN	해당 측정값이 반환할 값을 정의함

함수는 계산 열과 측정값을 입력하는 데 사용한다. 계산 열과 측정값을 비교하면 다음과 같다.

구분	계산 열	측정값
목적	새 열로 테이블을 확장	모델 데이터를 요약
평가	데이터를 새로 고칠 때 행 컨텍스트를 사용하여 평가	쿼리식 안에 필터 컨텍스트를 사용하여 평가
저장	계산 열은 테이블에 각 행의 값을 저장	모델에 값을 저장하지 않음
시각적 개체	임시적 측정값으로 필터링, 그룹화 또는 요약	요약

〈표 6.1〉 활용되는 기본함수 예시(별표 : 기출함수, 기울임 : 본 교재에서 다룬 함수)

구분	기능	파워 BI DAX
숫자/집계/통계함수	절댓값 반환	ABS
	나누기	DIVIDE *
	모든 수치의 평균 반환	*AVERAGE*
	열에 있는 값의 산술 평균을 반환	AVERAGEA
	테이블에 대해 계산된 식 집합의 산술 평균을 계산	*AVERAGEX*
	열에서 비어있지 않은 행의 수 반환	*COUNT*
	blank값 아닌 행을 포함하는 지정된 열의 행 수를 계산	COUNTA
	테이블에 대한 식의 결과를 평가할 때 blank 아닌 결과를 계산	COUNTAX *
	열의 blank 셀 수를 계산	COUNTBLANK
	지정한 테이블의 행 수를 계산. 또는 식으로 정의된 테이블의 행 수	*COUNTROWS*
	테이블에 대한 식을 계산할 때 숫자로 계산되는 식 또는 숫자를 포함하는 행의 수를 계산	*COUNTX*
	열의 고유한 값 수를 계산	*DISTINCTCOUNT*
	열의 고유한 값 수를 계산하지 않음	DISTINCTCOUNT NOBLANK
	최대값/최소값 반환	MAX */*MIN*
	텍스트 표시 논리값과 숫자를 포함 열에서 가장 큰/작은 값 반환	MAXA/MINA
	테이블의 각 행에 대한 식을 계산하고 가장 큰/작은 숫자 값 반환	*MAXX*/MINX
	합계 반환	*SUM*
	테이블의 각 행에 대해 계산된 식의 합계 반환	SUMX
	중앙값 반환	MEDIAN
	숫자를 가장 가까운 정수로 내림	INT
	숫자를 지정된 자릿수로 반올림	ROUND *
	숫자를 지정된 자릿수로 내림	ROUNDDOWN
	숫자를 지정된 자릿수로 올림	ROUNDUP
	열에 있는 숫자의 곱셈의 합 반환	PRODUCT
	테이블의 각 행에 대해 계산된 식의 곱셈의 합 반환	PRODUCTX
	테이블 인수의 각 행에 대한 숫자 목록에서 숫자의 순위를 반환	*RANKX*
문자열 함수	텍스트 문자열의 시작 부분부터 지정된 문자 수 반환	*LEFT*
	텍스트 문자열의 끝 부분부터 지정된 문자 수 반환	*RIGHT*

구분	기능	파워 BI DAX
	지정한 위치에서 지정된 문자 수 반환	*MID*
	지정한 문자 수에 따라 텍스트 문자열의 일부를 다른 텍스트 문자열로 전환	SUBSTITUTE
	텍스트 문자열의 문자 수 반환	LEN
	문자열 앞/뒤의 공백 제거	TRIM
	소문자를 모두 대문자로 변환	UPPER
	두 텍스트 문자열을 하나의 텍스트 문자열에 조인	CONCATENATE
	테이블의 각 행에 대해 계산된 식의 결과를 연결	CONCATENATEX
	다른 텍스트 문자열 내에서 한 텍스트 문자열의 시작 위치를 반환	FIND
	지정된 포맷에 따라 값을 텍스트로 변환	FORMAT *
	텍스트 문자열의 모든 문자를 소문자로 변환	LOWER
	지정한 문자 수에 따라 텍스트 문자열의 일부를 다른 텍스트 문자열로 바꿈	REPLACE
	특정 문자 or 텍스트 문자열이 처음 있는 문자 수를 반환하고 오른쪽/왼쪽 읽음	SEARCH
	숫자를 나타내는 텍스트 문자열을 숫자로 변환	VALUE *
논리함수	조건을 확인하여 TRUE면 첫 번째 값, 그렇지 않으면 두 번째 값 반환	IF *
	두 인수 중 하나 이상 TRUE인지 확인, 연산자 || 로 간단히 사용가능	*OR*
	두 인수가 모두 TRUE있는지 확인하고 두 인수가 모두 TRUE경우 TRUE 반환, 연산자 &&로 간단히 대신 사용가능	*AND*
	식이 오류를 반환하는 경우 식을 계산하고 지정된 값을 반환함	IFERROR
	FALSE or TRUE를 TRUE or FALSE로 변경	NOT
	값 목록에 대해 식을 평가하고 가능한 여러 결과 식 중 하나를 반환	*SWITCH*
	TRUE논리 값을 반환	*TRUE*
날짜함수	두 날짜 사이의 간격(월, 일 등) 반환	*DATEDIFF*
	주어진 날짜의 연도를 정수로 반환	YEAR *
	주어진 날짜의 월을 정수로 반환	MONTH *
	주어진 날짜의 주를 정수로 반환	*WEEKNUM*
	주어진 날짜의 일자(1~31)를 정수로 반환	*DAY*
	지정된 년, 월, 일로 구성된 날짜 값을 반환	DATE *
	현재 로컬 시스템 날짜 반환	TODAY
	연속된 날짜 집합을 포함한 "Date"라는 단일 열이 있는 테이블을 반환	CALENDAR *
	연속된 날짜 집합을 포함한 "Date"라는 단일 열이 있는 테이블을 반환, 날짜의 범위 모델의 데이터를 기반으로 자동으로 계산	*CALENDARAUTO*
	시작 날짜 이전 또는 이후의 지정된 개월 수인 날짜를 반환	EDATE
	지정된 월 수 이전 또는 이후의 월 마지막 날의 날짜형 형식으로 날짜를 반환	EOMONTH
	시간을 0(오전 12:00)에서 23(오후 11:00)으로 반환	*HOUR*
	날짜 및 시간 값이 지정된 경우 분을 0에서 59까지의 숫자로 반환	MINUTE
	두 날짜 사이의 전체 작업일 수를 반환	NETWORKDAYS
	현재 날짜 및 시간을 날짜/시간 형식으로 반환	NOW
	날짜의 요일을 식별하는 1에서 7까지의 숫자를 반환	*WEEKDAY*

구분	기능	파워 BI DAX
시간 인텔리전스 함수	현재 컨텍스트의 날짜에서 지정된 간격 수만큼 정방향 또는 뒤로 이동한 날짜 열이 포함된 테이블을 반환	DATEADD *
	지정된 시작 날짜로 시작하고 지정된 종료 날짜까지 계속되는 날짜 열이 포함된 테이블을 반환	*DATESBETWEEN*
	지정된 시작 날짜로 시작하고 지정된 날짜 간격의 수와 형식에 대해 계속되는 날짜 열이 포함된 테이블을 반환	*DATESINPERIOD*
	현재 컨텍스트에서 현재까지의 월 날짜 열이 들어 있는 테이블을 반환	*DATESMTD*
	현재 컨텍스트에서 현재까지의 분기 날짜 열이 들어 있는 테이블을 반환	DATESQTD
	현재 컨텍스트에서 현재까지 연도의 날짜 열이 들어 있는 테이블을 반환	*DATESYTD*
	지정된 날짜 열에 대한 현재 컨텍스트의 첫 번째/마지막 날짜를 반환	*FIRSTDATE* *LASTDATE*
	현재 컨텍스트에서 지정된 날짜 열의 날짜에서 1년 뒤로 이동한 날짜 열이 들어 있는 테이블을 반환	*SAMEPERIODLASTYEAR*
	현재 컨텍스트에서 현재까지의 월 식 값을 평가	*TOTALMTD*
	현재 컨텍스트에서 현재까지 분기의 날짜에 대한 식 값을 평가	TOTALQTD
	현재 컨텍스트에서 식의 연간 값을 평가	*TOTALYTD*
테이블 계산함수	테이블 인수의 각 행에 대한 숫자 목록의 숫자 순위	*RANKX*
	지정된 테이블 또는 테이블 식에 계산 열 추가	ADDCOLUMNS *
	다른 테이블에서 관련 값을 반환	RELATED
테이블 조작/관계/계산 함수	열: 지정한 열의 고유 값을 포함한 열 테이블을 반환 테이블 : 다른 테이블 or 식에서 중복 행을 제거하여 테이블을 반환	DISTINCT
	SUMMARIZE 함수와 마찬가지로 GROUPBY로 추가하는 확장 열에 대해 임시적 CALCULATE를 수행안함	GROUPBY
	지정된 필터에 의해 수정된 컨텍스트에서 테이블 식을 계산	RELATEDTABLE
	각 열에 지정된 식에서 발생하는 값을 포함하는 단일 행이 있는 테이블을 반환	ROW
	그룹 집합에 대해 요청된 합계에 대한 요약 테이블을 반환	SUMMARIZE *
	그룹 집합에 대한 요약 테이블을 반환	SUMMARIZECOLUMNS
	지정된 테이블의 상위 N개 행을 반환	TOPN *
	테이블 쌍에서 union(조인) 테이블을 만듦	UNION
	지정한 테이블 또는 열의 고유값을 포함한 열 테이블을 반환	*VALUES*
필터 함수	적용되었을 수 있는 필터를 무시하고 테이블의 모든 행 또는 열의 모든 값을 반환	*ALL*
	지정한 열에 적용된 필터를 제외하고 테이블의 모든 컨텍스트 필터를 제거	*ALLEXCEPT*
	다른 모든 컨텍스트 필터 또는 명시적 필터를 유지하면서 현재 쿼리의 열 및 행에서 컨텍스트 필터를 제거	*ALLSELECTED*
	수정된 필터 컨텍스트에서 식을 평가	CALCULATE *
	다른 테이블 또는 식의 하위 집합을 나타내는 테이블을 반환	FILTER *
	CALCULATE 또는 CALCULATETABLE 함수를 평가하는 동안 필터가 적용되는 방식을 수정	KEEPFILTERS

구분	기능	파워 BI DAX
	지정된 간격 내에 있는 행의 순위를 반환	RANK
	지정한 테이블 또는 열에서 필터를 지움	REMOVEFILTERS
	열 이름의 컨텍스트가 하나의 고유 값으로만 필터링된 경우 값을 반환. 그렇지 않으면 대안의 결과를 반환	*SELECTEDVALUE*
기타	지속적인 이자율에 따라 투자의 미래 가치 계산	FV
	일정한 이자율과 주기적인 상수 지급에 따라 투자에 대한 지정된 기간의 이자 지급액을 반환	IPMT
	일정한 이자율과 주기적인 상수 지급액을 기준으로 투자 기간 수를 반환	NPER
	일정한 이자율과 상수 상환액을 기준으로 대출 상환액을 계산	PMT
	일정한 이자율과 주기적인 상수 지급에 따라 투자에 대해 지정된 기간 동안 원금에 대한 지급액을 반환	PPMT
	지속적인 이자율에 따라 투자 또는 대출의 현재값 계산	PV
	연금 기간당 이자율을 반환	RATE
	열 이름 직접 필터링된 값 수가 1이면 TRUE 반환. 그렇지 않으면 FALSE반환	HASONEFILTER
	blank/에러값 있는지 여부를 확인하고 TRUE 또는 FALSE 반환	ISBLANK */ ISERROR
	TRUE 직접 필터링할 때 열 이름 반환	ISFILTERED
	값이 숫자인지 여부를 확인하고 TRUE 또는 FALSE 반환	ISNUMBER
	공백을 반환	BLANK *

(4) DAX 함수를 이용하여 날짜 테이블 만들기

시간인텔리전스 함수를 무리 없이 적용하려면 차원 테이블로 날짜 테이블을 별도로 만들어 [Date]필드를 팩트테이블(아래 예에서는 판매테이블)의 [날짜] 등과 일 대 다 관계를 모델링해야 한다. 테이블 창의 테이블 도구 탭의 새 테이블을 클릭하고 수식 입력란에 아래와 같이 입력한다. 우선 1행은 시간인텔리전스 함수를 사용하는 데 필수이며 그밖에 2행, 4행, 12행은 인라인(연도-분기-월) 계층구조 레이블로 이용하게 되므로 우선하여 입력해야 한다.

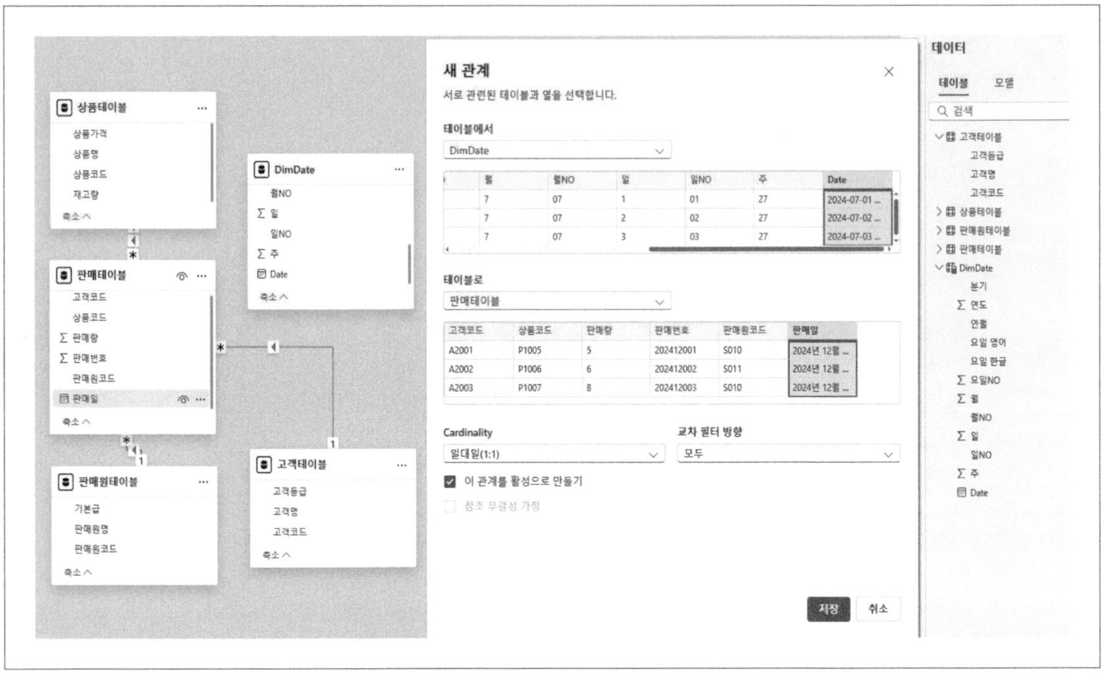

〈그림 6.13〉 날짜 테이블(DimDate)과 팩트 테이블의 관계 맺기

```
DimDate = ADDCOLUMNS(CALENDAR(DATE(2023,1,1),DATE(2024,5,31))
 "연도", YEAR([Date]),
 "분기" , "Q" & FORMAT([Date], "q"),
 "월", MONTH([Date]),
 "연월", FORMAT([Date], "yyyy-mm"),
 "일", DAY([Date]))
```

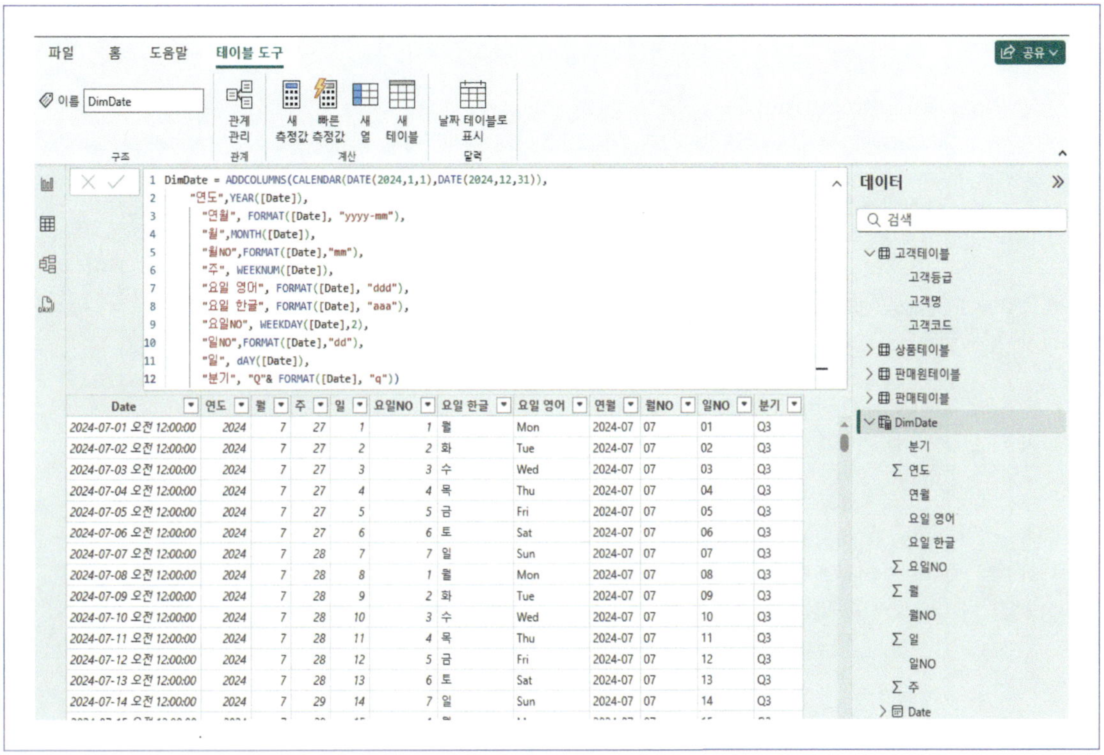

〈그림 6.14〉 DAX 함수를 이용하여 날짜 테이블 만들기

이 예는 함수식을 이용해 테이블을 추가한다. 이와 같은 테이블을 인라인 계층구조라 하고 시간인텔리전스에서도 활용한다. 위 함수는 2023년 1월 1일부터 2024년 5월 31일까지 날짜를 이용하여 DimDate테이블과 Date 필드에 만들고, 연도 열, 분기 열과 월 열, 일 열을 추가한다.

ADDCOLUMNS(〈table이름〉, 〈열 이름〉, 〈표현식〉[, 〈열 이름〉, 〈표현식〉]…)

지정된 테이블에 계산 열을 추가한다.

CALENDAR(시작일, 마지막일)

연속된 날짜 집합이 포함된 "Date"라는 단일 열이 있는 테이블을 반환한다.

DATE(년의 숫자, 월의 숫자, 일의 숫자)

지정된 날짜(datetime)를 반환한다.

YEAR(〈date〉), MONTH(〈date〉), DAY(〈date〉)

지정된 연, 월, 일 (텍스트/날짜시간 형식)를 반환한다.

Tips

요일No = WEEKDAY([Date],2)
이 예는 월요일(1)에 시작하고 일요일(7)에 끝나는 숫자를 표시한다.

주 = WEEKNUM([Date])
1월 1일을 포함하는 주를 첫 번째 주로 하여 주 번호를 반환

요일 = FORMAT([Date], "aaa")
이 예는 한글요일을 표시한다.

분기 = FORMAT([Date], "q")&"분기"
이 예는 함수식을 이용해 테이블의 새 열을 추가한다. DimDate테이블의 Date 필드를 이용하여 "1분기"의 포맷으로 만든다.

연월 = FORMAT([Date], "yyyy-mm")
이 예는 함수식을 이용해 테이블의 새 열을 추가한다. DimDate테이블의 Date 필드를 이용하여 연도-월의 포맷으로 (2022-02) 만든다.

서식코드

서식코드	설명	서식코드	설명
yy	두 자리 연도 (24)	q	분기 표시(1,2,3,4)
yyyy	네 자리 연도 (2024)	d	일 표시(1,...,31)
m	월 표시(1,2,...,10,11,12)	dd	일 두자리 표시(01,02,...,31)
mm	월 두자리 표시(01,02,...,12)	ddd	요일 영문 세자리 표시 (Sun,...,Sat)
mmm	월 영문 세자리 표시 (Jan,...,Dec)	dddd	요일 영문 전체 표시 (Sunday,...,Saterday)
mmmm	월 영문 전체 표시 (January,...,December)	aaa	한글 요일 표시(일,...,토)
		w	주 숫자(일=1,...,토=7)

(5) 주요 DAX함수 실습

총대여건수 = SUM('자전거 대여이력'[대여건수])

이 예는 함수식을 이용해 새 측정값을 추가한다. 측정값은 계산 결과를 이용해 시각화에 사용하거나 특정 분석에 이용할 수 있지만 새로운 열을 만들지 않는다. 여기서 ' ' 안은 테이블 이름이고 [ ]안은 필드 이름이다. 경우에 따라 미리 주어진 측정값으로 [ ]에 표시한다.

즉 자전거 대여 이력 테이블의 대여 건수 필드 열의 값을 모두 합하여 총대여건수라는 측정값으로 저장한다.

SUM(열 이름) : 열의 모든 숫자를 합계한다.

요약 = SUMMARIZE('지자체별 방문자수', '지자체별 방문자수'[광역지자체명], "합계", SUM('지자체별 방문자수'[방문자수]))

이 예는 요약이라는 새 테이블을 만들어 '지자체별 방문자수'테이블에 있는 광역지자체명 필드를 그룹으로 하여 합계 필드를 추가하여 방문자수의 합계를 반환하는 것이다.

SUMMARIZE (테이블이름, 〈groupBy_columnName〉[, 〈groupBy_columnName〉]… [, 〈name〉, 〈expression〉]…)

groupBy_ColumnName(선택 사항): 해당 열에 있는 값을 기반으로 요약 그룹을 만드는 데 사용되는 기존 열의 정규화된 이름이다. 이 매개 변수는 식일 수 없다. 위 예에서 '지자체별 방문자수'[광역지자체명]에 해당한다.

〈name〉은 합계, 〈expression〉은 SUM('지자체별 방문자수'[방문자수])

총판매금액 = SUMX('방송주문', '방송주문'[판매수량] * '방송주문'[판매가격])

이 식은 방송주문 테이블에 있는 판매 수량과 판매가격 필드를 곱(필터)하여 총판매금액이라는 필드를 만들어 추가한다.

SUMX(〈table〉, 〈expression〉)

이 함수는 테이블 또는 테이블을 반환하는 식의 첫 번째 인수로 사용한다. 두 번째 인수는 합계를 계산할 숫자가 들어 있는 열 또는 열로 계산되는 식(필터)이다. 필터가 필요 없는 경우는 SUM 함수를 사용한다.

일평균 대여건수 = [총대여건수]/COUNTROWS('DimDate')

COUNTROWS('테이블 이름') : 테이블의 행의 수를 반환한다.

COUNT(열 이름) : 비어 있지 않은 값이 포함된 지정된 열의 행 수를 계산

광역지자체수 = DISTINCTCOUNT('행정구역코드'[광역지자체명])

행정구역코드 테이블의 광역지자체명 필드의 고유한 개수를 반환

DISTINCTCOUNT(열 이름) : 열의 고유값 수를 계산. 즉, 중복된 것은 1로 계산

완전판매건수 = CALCULATE(COUNT('방송주문'[주문번호]),FILTER('방송주문',[준비수량] = [판매수량]))

'방송주문' 테이블의 [준비수량]이 [판매수량]과 같은 것의 [주문번호]의 개수를 세어 반환

한다.

CALCULATE(〈expression〉[, 〈filter1〉 [, 〈filter2〉 [, …]]])

뒤쪽부터 필터 컨텍스트를 거친 식을 계산한다.

FILTER(〈table〉,〈filter〉)

테이블 또는 다른 필터식의 하위 집합을 나타내는 테이블을 반환한다.

매출매장 = CALCULATE([총매출금액], FILTER('거래처',[채널]="매장"))

거래처 테이블의 채널 필드가 "매장"인 경우의 판매 테이블의 총매출금액 측정값을 계산하여 매출매장의 측정값으로 한다.

서울지역 방문자수 = CALCULATE(SUM('지자체별 방문자수'[방문자수]), FILTER(ALL('지자체별 방문자수'),'지자체별 방문자수'[광역지자체명]="서울특별시"))

지자체별 방문자수 테이블에 적용된 모든 필터를 무시하고 지자체별 방문자수 테이블의 광역지자체명 필드가 "서울특별시"인 경우 방문자수 필드의 합계를 계산하여 서울지역 방문자수의 측정값을 구한다.

ALL([〈table〉 | 〈column〉[, 〈column〉[, 〈column〉[,…]]]])

행과 열에 적용되었을 수 있는 필터를 무시하고 테이블의 모든 행 또는 열의 모든 값을 반환한다. 이 함수는 필터를 지우고 테이블의 모든 행에서 계산을 만드는 데 유용하다.

Tips

비교) ALLSELECTED = DIVIDE([총매출금액],CALCULATE([총매출금액], ALLSELECTED('판매')),0)
판매 테이블의 행과 열에 적용되었을 수 있는 필터를 무시하지만 슬라이서와 시각적 개체에 적용된 필터는 유지한다.

전월 매출 = CALCULATE([총매출금액], DATEADD('날짜'[날짜], -1, MONTH))

판매금액PY = CALCULATE([총판매금액], DATEADD('날짜'[날짜], -1, YEAR))

DATEADD(〈dates〉,〈number_of_intervals〉,〈interval〉)

현재 컨텍스트의 날짜에서 지정된 간격 수만큼 앞으로 또는 뒤로 이동한 날짜 DAY(월, 분기(QUARTER), 년) 열이 포함된 테이블을 반환한다.

Tips

```
전년 매출동월= CALCULATE([총매출금액], SAMEPERIODLASTYEAR(DimDate'[Date]))
연간 누계 = TOTALYTD([총매출금액],'날짜'[날짜])
판매 테이블의 총매출금액 누계 값을 날짜 테이블의 날짜 필드를 필터로 하여 계산
TOTALYTD(<expression>,<dates>[,<filter>][,<year_end_date>])
현재 컨텍스트에서 expression 연간 값을 평가한다.
```

순위 = RANKS(ALL('제품'[제품명]), [총수량],,DESC,Dense)

제품 테이블의 [제품명]을 기준으로 [총수량]의 순위를 반환하며 내림차순으로 정렬하되, 동 순위 다음 순위 값은 동 순위+1을 순위로 표시(공동 2위 2명, 다음 순위는 3위)

Tips : Skip (4위로 됨) 〈-〉 Dense, Asc(오름차순) 〈-〉 Desc

거래처 = RELATED('거래처'[거래처명])

방송주문 테이블에서 다른 거래처 테이블의 거래처명 필드 값을 반환하는 새 열 추가

서울방문자비율% = DIVIDE([서울지역 방문자수], SUM('요약'[합계]))

서울방문자비율% 측정값은 서울지역 방문자수 측정값을 '요약' 테이블의 [합계]로 나눠 비율 반환

분모가 0 또는 BLANK를 반환할 수 있는 식일 때 DIVIDE 함수를 사용

분모가 상수일 때 / 연산자 사용, 위 문제의 경우 '요약' 테이블의 [합계] 필드이므로 DIVIDE 함수 사용

판매금액 YoY% = DIVIDE('방송주문'[총판매금액] - '방송주문'[판매금액PY], '방송주문'[판매금액PY])

전년도 대비 상승(또는 하락)을 묻고 있으며 분모인 전년도 판매금액이 0인 경우 DIVIDE 함수 사용

목표대비총판매비율% = DIVIDE([총판매금액]/100000000000)

(6) 추가 함수 학습

권역 = IF([광역지자체명] IN {"서울특별시", "경기도", "인천광역시"}, "수도권", "지방권")

위 예에서는 [권역]이라는 새 필드에 현재 테이블의 [광역지차제명] 필드의 값이 "서울특별시"나 "경기도"나 "인천광역시"인 경우 "수도권"을 반환하고 "강원도"와 같이 나머지의 경우에는 "지방권"을 입력한다.

학점 = SWITCH(TRUE( ), [점수] 〈60, "F", [점수]〉=60 && [점수] 〈70, "D", [점수]〉=70 && [점수] 〈80, "C", [점수]〉=80 && [점수] 〈90, "B", [점수]〉=90, "A")

위 예에서는 [학점]이라는 새 필드에 현재 테이블의 [점수] 필드의 값이 60점 미만이면 "F"를,... 90점 이상이면 "A"를 입력한다.

당월 누계 = CALCULATE([총매출금액],DATESMTD('DimDate'[Date]))

위 예에서는 당월 1일부터 'DimDate'[Date] 필드의 날짜까지 누계를 입력한다.

당월 누계_TMTD = TOTALMTD([총매출금액], 'DimDate'[Date])

앞과 동일하게 당월 1일부터 'DimDate'[Date] 필드의 날짜까지 누계를 입력한다.

당년 누계 = CALCULATE([총매출금액],DATESYTD('DimDate'[Date]))

위 예에서는 당년 1월 1일부터 'DimDate'[Date] 필드의 날짜까지 누계를 입력한다.

당년 누계_TYTD = TOTALYTD([총매출금액], 'DimDate'[Date])

앞과 동일하게 당년 1월 1일부터 'DimDate'[Date] 필드의 날짜까지 누계를 입력한다.

YoY% = VAR Total_Sales = SUM('판매'[매출금액])

VAR

Sales_LastYear=CALCULATE(Total_Sales,SAMEPERIODLASTYEAR('DimDate'[Date]))

RETURN

DIVIDE(Total_Sales-Sales_LastYear,Sales_LastYear)

위 예에서는 전년 대비 당년의 판매의 비율을 구하기 위해 당년의 '판매' 테이블의 [매출금액] 필드의 값을 Total_Sales에 입력하고 전년 동기간의 [매출금액] 필드의 값을 Sales_LastYear에 입력 반환하여 Total_Sales-Sales_LastYear를 Sales_LastYear로 나눈다.

SAMEPERIODLASTYEAR함수는 DATEADD('DimDate'[Date], -1, YEAR)와 동일한 결과를 반환한다.

```
Sales_Last3Months =
 VAR Start_Dates = FIRSTDATE(DATEADD('DimDate'[Date], -3, MONTH))
 VAR End_Dates = LASTDATE(DATEADD('DimDate'[Date], -1, MONTH))
 VAR Result=CALCULATE([총매출금액], DATESBETWEEN('DimDate'[Date]),
Start_Date, End_Date))
 RETURN Result
```

위 예에서는 지난 3개월간 매출액을 구하기 위해 3개월 전의 날짜를 Start_Dates에 입력하고 1개월 전의 날짜를 End_Dates에 입력한 다음 'DimDate'[Date]를 이용해 두 날짜 사이의 총매출금액 값을 저장하고 그 값을 RETURN을 통해 Sales_Last3Months 라는 측정값에 반환한다.

```
지역구분 =
IF(ISBLANK('표1'[지역]), BLANK( ), IF (
    '표1'[지역] IN { "강남구", "서초구", "송파구", "강동구" },
    "동남권",
    "기타"))
```

위 예에서는 새 열 계산식에서 공백을 처리하는 방법을 보여 준다. 수식은 지역이 "강남구", "서초구", "송파구", "강동구" 이면 "동남권"을 나머지 지역은 "기타"를 반환한다. 그러나 지역을 그룹화하여 반환하기 전에 지역이 blank 값인지 확인하여 blank를 반환한다. 분모가 0이면 반값이 반환하는 함수가 BLANK 함수다.

```
최고 금액 =MAX([확정매출])
```

위 예에서는 열값 중 가장 큰 값을 새 측정값으로 반환한다.

```
OFFLINE =COUNTX(FILTER('표1', '표1'[판매채널]="OFFLINE몰"), '표1'[날짜])
```

위 예에서는 OFFLINE몰에서 구입한 거래 수를 새 측정값으로 반환한다.

```
탑쓰리 = SUMX(
        TOPN(
            3,
            SUMMARIZE(
                    '표1',
                    '표1'[대분류],
                    "TotalSales", SUM('표1'[확정매출])
            ),
            [TotalSales], DESC
        ),
        [TotalSales])
```

위 예에서는 가장 많이 팔리는 대분류 기준 품목 3개의 합계값을 새 측정값으로 반환한다.

```
총매출금액 백만단위 = ROUND([총매출금액], -8)
```

위 예에서는 측정값 총매출금액 358,679,700원 천만 원 단위에서 반올림한 결과 4백만 원이 된다.

```
판매채널 수 = COUNTROWS(VALUES('표1'[판매채널])
```

위 예에서는 판매채널의 수를 반환한다. 입력 매개 변수가 열 이름이면 지정된 열의 고유값이 포함된 하나의 열 테이블을 반환한다. 중복 값이 제거되고 고유한 값만 반환된다.

```
채널별 남여의류 판매액 = SUMMARIZE('표1', '표1'[판매채널], '표1'[구분], "판매액", '표1'[총매출금액])
```

위 예제에서는 판매채널과 구분(남성의류와 여성의류)별로 그룹화된 판매 요약을 반환하는 새 테이블을 작성한다.

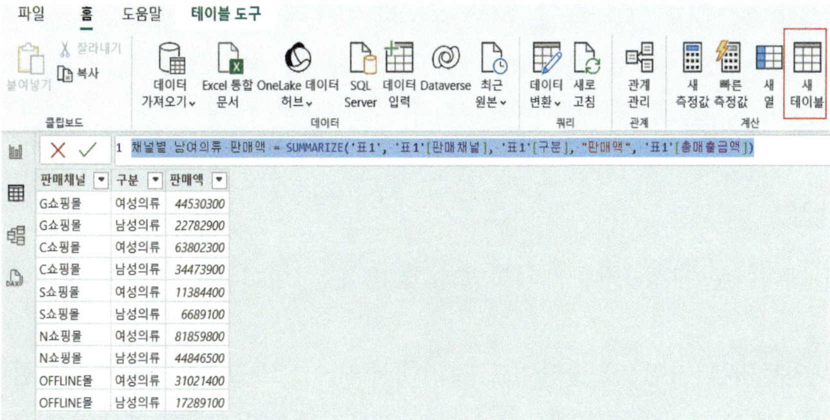

〈그림 6.15〉 SUMMARIZE 함수 사용법

제2절. 마케팅 정보 시각화 결과물 레이아웃 구성

1 레이아웃 구성하기

(1) 사전 작업

결과물의 레이아웃 구성 전에 배경화면과 로고 또는 아이콘을 미리 준비해야 한다. 배경화면은

① 파워포인트의 디자인 탭-슬라이드 크기에서 와이드스크린(16:9)을 선택한다.

② 배경 서식에서 그러데이션 채우기나 그림 채우기로 채운다. 이 예제의 경우는 그러데이션을 적용했다.

③ 파일 탭-내보내기-파일 형식 변경에서 이미지 파일 형식인 PNG를 선택하고 다른 이름으로 저장에서 폴더를 지정한 후 '배경화면'이란 이름으로 저장한다.

로고는 그림판에서 조직의 로고를 작업하여 저장한다. 이미 만들어진 이미지를 사용하는 것이 좋다. 아이콘은 파워 BI에 거의 없으므로 웹사이트에서 검색하여 미리 이미지를 다운받는 것이 좋다.

④ 파워 BI의 보고서 보기 창에서 서식 지정-캔버스 설정에서 16:9를 선택한다.

⑤ 서식 지정-캔버스 배경(서식 지정-배경화면이 아님)에서 '배경화면.png'를 선택하고 투명도는 0으로 한다.

(2) 결과물 레이아웃 구성과 시각화요소 배치

배경화면이 채워진 페이지 위에 보고서에서 작업하기 위하는 막대형 차트들, 테이블 또는 행렬, 카드들, 도넛형 차트들, KPI, 슬라이서 등을 배치한다. 열과 행을 질서 있게 맞추고 같은 종류의 시각화요소는 모아서 배치한다. 특히 슬라이서는 연도-(분기)-일 순으로 배치하고 타일 슬라이서도 활용한다. 전체적으로 균형 잡히고 적은 수의 시각적 요소를 사용하도록 한다.

추후 시각화요소의 색(막대 색, 선 색, 조각 색, 조건부 서식, 영역 색, 점 색 등)도 배경화면과 조화를 이루도록 한다.

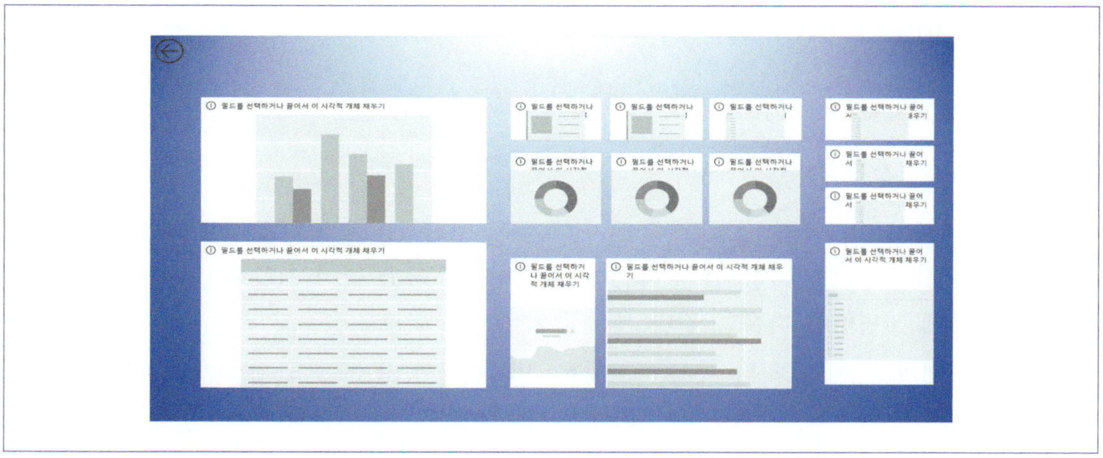

〈그림 6.16〉 결과물 레이아웃 구성과 시각화요소 배치

(3) 도형, 이미지, 텍스트 삽입

도형은 아래 예에서 짙은 색 직사각형은 보고서 보기의 삽입 탭-셰이프에서 직사각형을 선택하여 크기와 위치를 정하고

도형 서식-도형-채우기에서 색을 정하고 투명도를 50으로 한다.

이미지는 보고서 보기의 삽입 탭-이미지에서 파일을 선택하여 크기와 위치를 정하고, 텍스트는 보고서 보기의 삽입 탭-텍스트를 클릭하고 텍스트의 내용과 서식과 위치를 정한다. 텍스트의 배경색(흰색)을 없애려면 텍스트 상자 서식 지정에서 일반-효과-배경의 투명도를 100으로 한다.

〈그림 6.17〉 결과물 레이아웃 구성과 시각화요소 배치

2 대화식(interactive) 화면 구성하기

(1) 필터 구성

1) 시각적 개체 상호 작용

필터는 두 가지 방식으로 설정할 수 있다. 하나는 고급수준의 필터 기능인데 슬라이더, 드릴스루, 도구 설명, 책갈피 기능들은 나중에 설명하기로 하고 많이 사용하는 시각적 개체 상호 작용에 대해 설명하면 다음과 같다.

시각화 개체의 요소 중 하나 이상(차트항목, 범주, 날짜 요소)을 클릭하면 차트나 테이블/행렬/카드의 값이 바뀐다. 아래 예는 2024년 1월~5월의 N쇼핑몰과 C쇼핑몰의 총매출금액이 150.21백만 원(N쇼핑몰 67.9백만 원, C쇼핑몰 89.31백만 원)으로 필터 되고 카드와 행렬, 차트에 모두 반영되었다. 선택이 용이한 행렬을 이용해 쉽게 필터 조건을 정할 수 있다.

차트 영역에서 앞과 동일한 필터를 지정할 경우 가로막대형에서 N쇼핑몰과 C쇼핑몰을 Ctrl+클릭으로 선택하고 연도(2024)를 클릭하면 된다. 필터를 해제할 경우 선택된 요소를 클릭하거나 차트와 행렬의 빈 위치를 클릭하면 된다.

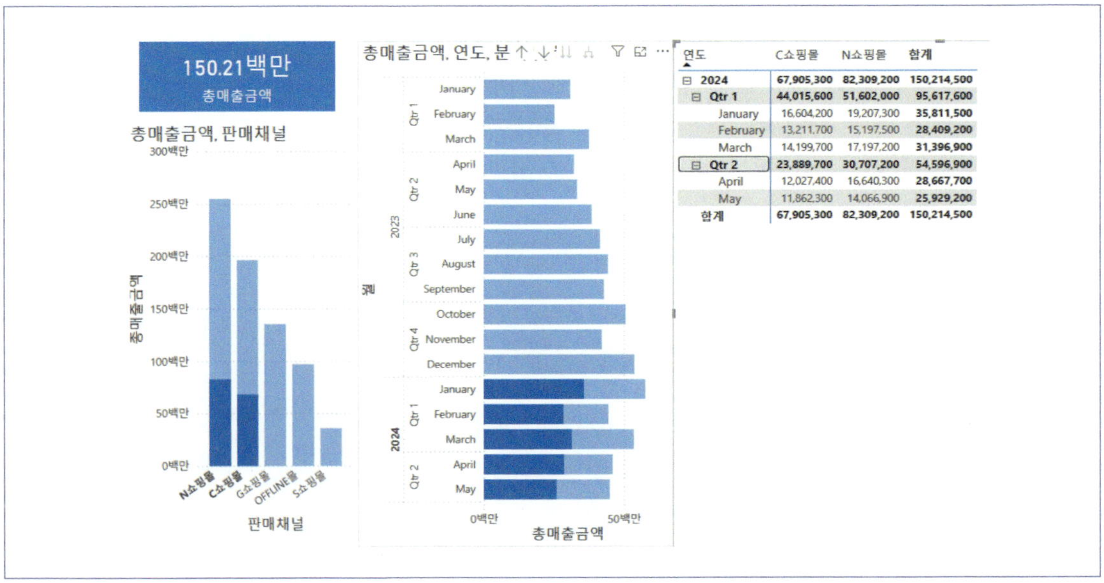

〈그림 6.18〉 시각적 개체 상호 작용을 이용한 필터 기능

2) 일반 필터

일반적인 필터 설정의 방법은 범주(텍스트, 날짜) 필드의 경우

기본 필터링 : 모두 선택 또는 원하는 날짜값/항목 선택(1월, 4월)

고급 필터링 : 포함 외 9개 및/또는 포함 외 9개(r 포함 또는 M 포함)

상위 필터링 : 상위 N 항목표시(위쪽/아래쪽 2) 값(총매출금액) : C쇼핑몰, N쇼핑몰(추가로 정렬 필요))

수치형 필드의 경우 : 보다 작음 외 7개(보다 큼 50000000)

아래 예는 연도, 분기는 기본 필터링(모두 선택), 월은 고급 필터링("r" 포함 또는 "M" 포함)

판매채널은 상위 N (위쪽) 값(총매출금액)

틀을 기준으로 필터링한 결과이다.

필터를 해제하고 싶은 경우 필터 창에서 해당 필터 오른쪽 위의 지우개 모양을 클릭한다.

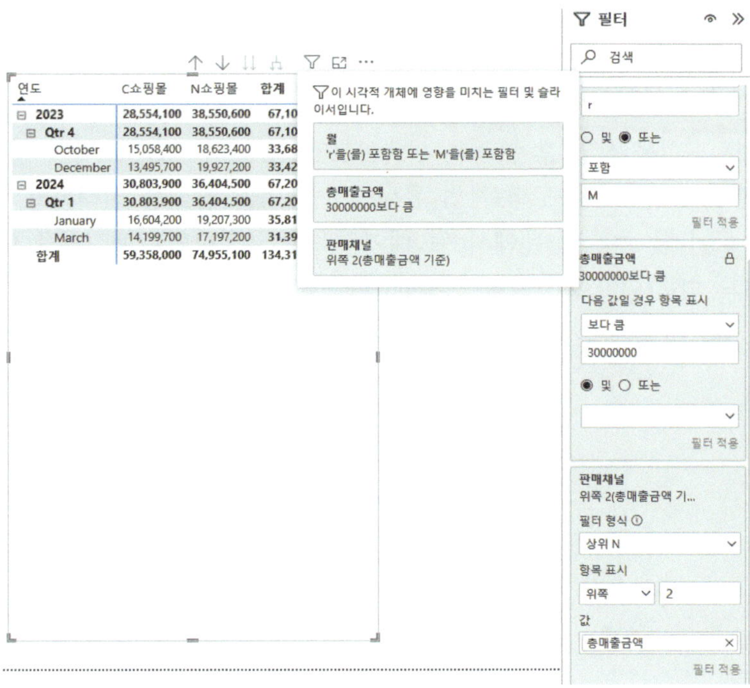

〈그림 6.19〉 필터 창을 이용한 일반 필터 기능

시각적 개체가 여러 개 모인 페이지와 모든 페이지에 필터를 지정할 때는 수치형 필드는 적용되지 않고 날짜형 필드는 기본 필터링과 고급 필터(다음임 외 7개 및/또는 다음임 외 7

개), 상대 날짜, 상대시간을 선택할 수 있다.

텍스트 필드는 기본 필터링 : 모두 선택 또는 원하는 항목 선택

고급 필터링 : 포함 외 9개 및/또는 포함 외 9개(포함 C쇼핑 및/또는 포함 N쇼핑 포함)

(2) 사용자 선택 항목 강조

차트에서는 클릭하거나, 막대 차트에서는 차트를 선택한 후 서식에서 시각적 개체-열-색에서 다른 색상을 선택한다.

테이블/행렬에서는 조건부 서식을 적용한다.

특정 시각적 개체를 강조할 경우 우측 상단 ...(추가 옵션)에서 스포트라이트를 적용한다.

(3) 사용자의 선택한 화면 또는 웹페이지로 이동할 수 있는 단추를 생성

먼저 보고서 보기에서 2개 페이지를 만든다.

1페이지에서 삽입 탭-단추-탐색기-페이지 탐색기를 클릭하면 현재 있는 페이지로 이동할 수 있는 단추가 만들어진다. 현재 있는 페이지는 반전되어 있다. Ctrl 을 누른 상태에서 2페이지를 클릭하면 2페이지로 이동한다.

다른 방법으로 도형을 삽입 후 도형을 선택하고 도형 서식-도형-스타일-텍스트에서 뒤 페이지로를 입력한다. 도형 서식-도형-작업 유형에서 페이지 탐색을 선택하고 대상에서 2페이지를 선택한다. Ctrl 을 누른 상태에서 뒤 페이지로를 클릭하면 2페이지로 이동한다.

2페이지에서는 뒤로(원안의 오른쪽 화살표) 단추를 눌러 삽입하면 쉽게 뒤로 이동을 할 수 있다. Ctrl 을 누른 상태에서 뒤로 단추를 클릭하면 직전에 있던 페이지로 이동한다.

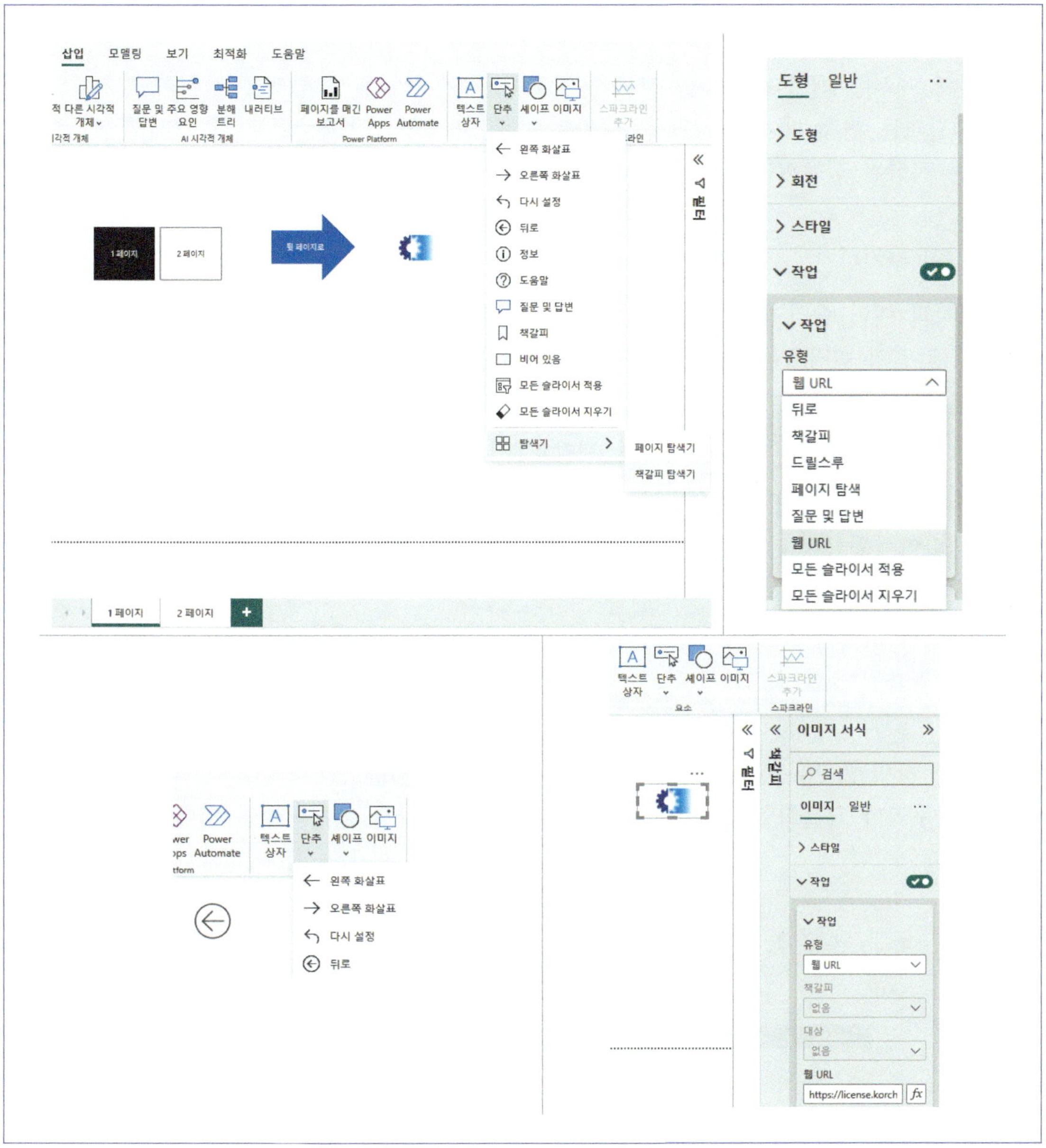

〈그림 6.20〉 사용자의 선택한 화면 또는 웹페이지로 이동할 수 있는 단추를 생성

웹 페이지로 이동하기를 삽입하려면 먼저 대한상공회의소 로고를 캡처한 이미지 파일을 삽입하고 이미지 서식 창-이미지-작업-유형에서 웹 URL을 선택하고 웹 URL 창에 상공회의소 자격검정단-경영정보시각화능력 안내사이트의 URL을 붙여 놓으면 웹 페이지로 이동하는 화면을 만들 수 있다.

(4) 책갈피 만들기

파워 BI에서는 책갈피 기능을 사용해 보고서 페이지의 현재 상태를 캡처하고 저장할 수 있다. 책갈피는 현재 페이지의 필터, 슬라이서, 정렬, 교차 강조된 시각적 개체를 저장한다. 사용자는 저장된 책갈피를 선택하여 저장된 상태의 데이터를 탐색할 수 있다.

1) 책갈피 추가하기

페이지의 여러 슬라이서에 적용된 필터를 해제하려면 슬라이서마다 필터 항목을 지워야 한다. 이 작업이 번거로우므로 필터가 적용되지 않은 책갈피를 캡처하여 적용하면 편리하다.

① 보기 탭 책갈피를 클릭한다. 화면 오른쪽에 책갈피 창이 나타난다.

② 책갈피 창에서 추가를 클릭하면 책갈피1이 추가된다.

③ 위쪽 왼편 그림처럼 책갈피1을 더블클릭하여 이름을 2023-24로 바꾼다.

④ 슬라이서를 선택하고 필터 창에서 기본 필터로 2023을 선택한다. 위쪽 오른편 그림에 필터가 새로 적용된 결과가 나타났다.

⑤ 책갈피 창에서 2023-24를 클릭하면 아래쪽 왼편 그림처럼 원래대로 슬라이서에 필터가 적용된 것을 볼 수 있다.

책갈피 창의 2023-24의 오른쪽에 있는 ...(추가 옵션)을 클릭하면 책갈피를 삭제하거나 이름을 바꾸거나 그룹화할 수 있다. 현재 필터 상태를 다시 캡처하려면 업데이트를 누른다.

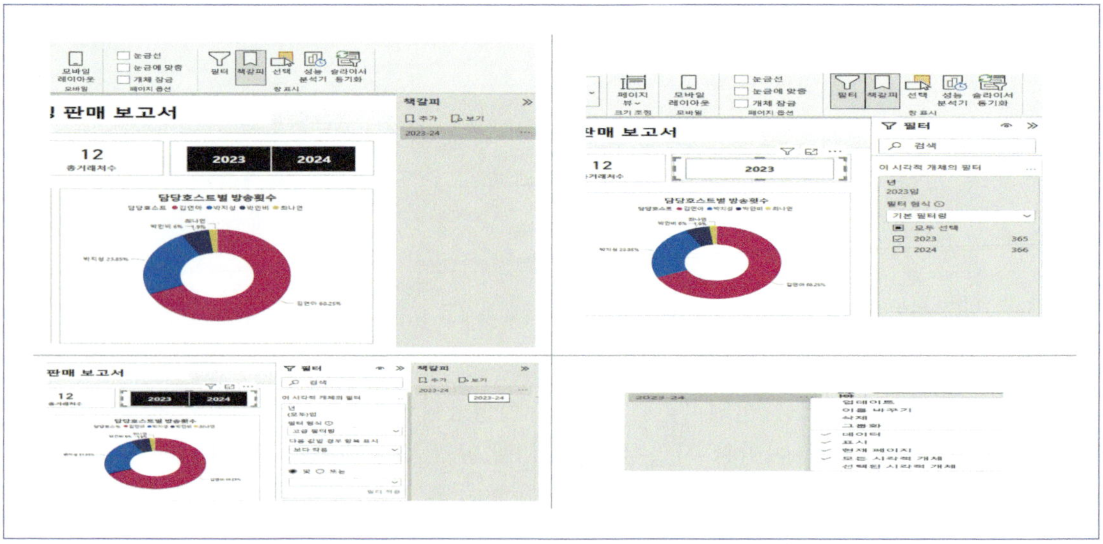

〈그림 6.21〉 책갈피 추가하기 방법과 결과

2) 책갈피 기능과 선택기능

다음은 선택기능과 책갈피 기능을 조합하여 상호작용하는 보고서를 작성하는 방법이다.

먼저 차트 2개를 위쪽, 왼쪽 맞춤으로 정렬한다(Ctrl+클릭으로 두 개체를 선택하고 서식 탭 정렬에서 맞춤-왼쪽 맞춤, 위쪽 맞춤을 클릭한다.)

보기 탭-선택을 클릭한다. 선택 창에 레이어 탭의 순서를 변경 ▲와 ▼를 클릭하여 변경하고 숨기기는  를 이용한다. 위 아이콘을 클릭하여 아래 아이콘이 되면 숨기기가 된다.

① 책갈피 창에서 두 개의 차트만 보이게 하고 캡처한다.
② 책갈피 창의 2023-24 삭제한다.
③ 책갈피2 를 더블클릭하여 이름을 담당MD 매출실적으로 바꾼다.
④ 책갈피3 를 더블클릭하여 이름을 담당호스트 방송횟수로 바꾼다.
⑤ 삽입 탭-단추-탐색기-책갈피 탐색기를 클릭하여 책갈피 탐색기를 자동으로 만든다.
⑥ Ctrl+담당MD 매출실적이나 Ctrl+담당호스트 방송횟수를 눌러 여러 시각적 개체를 교차하여 표시한다.

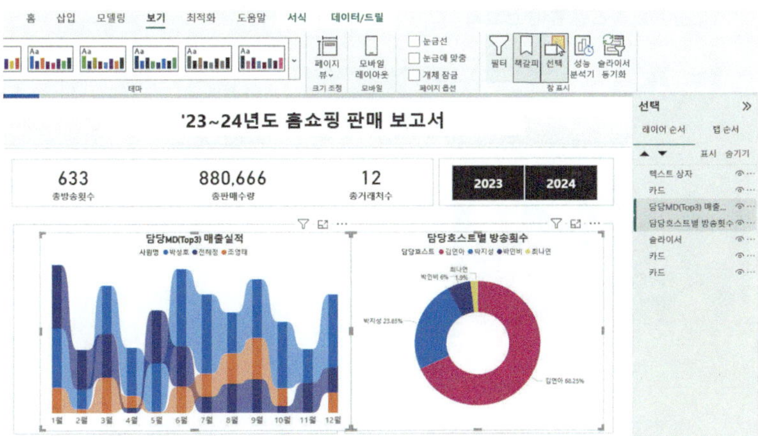

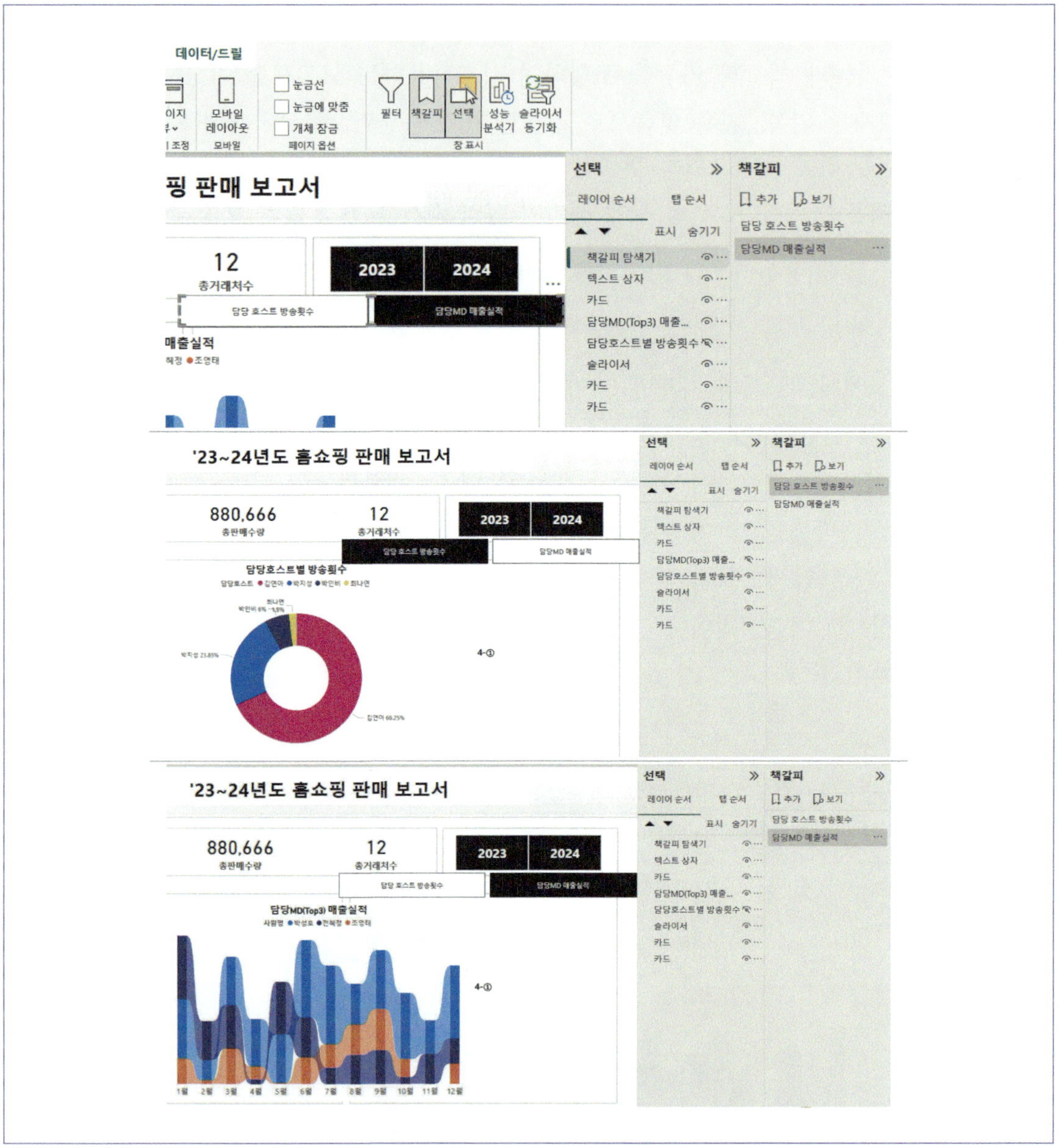

〈그림 6.22〉 책갈피 추가하기와 선택 기능 조합 활용하기

제3절. 경영정보 시각화요소 구현

1 차트 구성하기

파워 BI의 시각화 개체는 기본적으로 42가지를 제공하고 있다. 이러한 시각화 개체는 모두 Power BI 보고서에 추가하고, 공유자의 질문 및 답변에서 지정하고, 대시보드에 고정할 수 있다.

(1) 가로 막대형 및 세로 막대형 차트

시각화 창의 시각화 개체 42개 중 첫 행 6개가 (누적/기본/100%) 묶은 가로/세로 막대형 차트에 해당한다. 이 차트는 입력 필드, 서식(시각화 개체/일반), 분석에 걸쳐 동일한, 또는 일부 추가된 기능의 활성화/비활성화, 입력, 선택이 필요하다.

여러 범주의 특정 값을 살펴보는 데는 가로 막대형 차트(Bar Chart)가 표준이다. 특히 범주가 많을 때, 레이블 이름이 길 때는 가로 막대형이 좋다. 즉, 가독성이 좋고, 수평적 비교할 때 직관적이다.

세로형 막대(Column Chart)는 직관적인 X축 항목들의 Y축 값들의 비교가 쉽고, X축이 시간 필드이면 Y축 값을 통해 데이터의 상승과 하락 등 트렌드를 파악하기 쉽고, 범주별로 색상을 달리하기 때문에 특정 제품군 등 카테고리별 데이터를 비교할 때 유용하다.

범주형 필드가 1개인 경우인 경우에도 빌드창의 세 번째 묶은 가로 막대형과 네 번째 묶은 세로 막대형 차트로 클릭하면 된다.

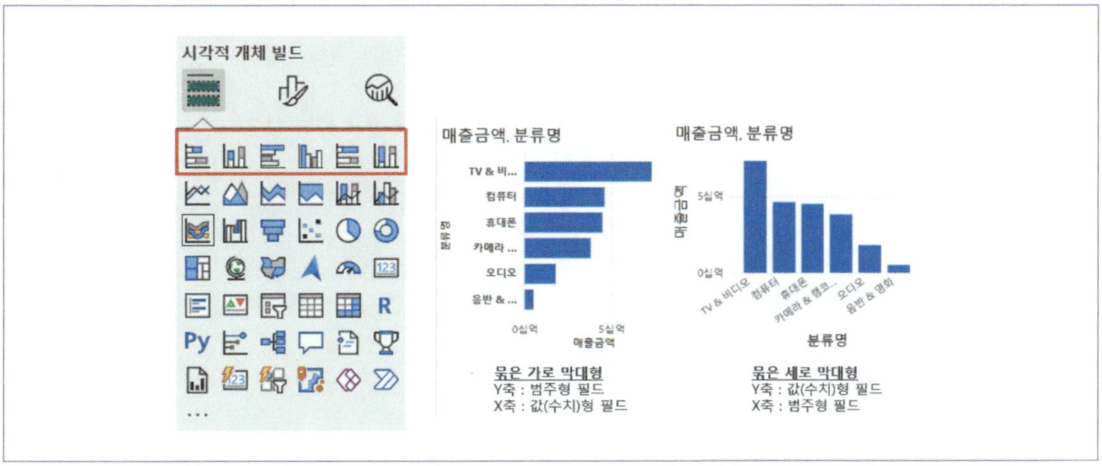

〈그림 6.23〉 가로, 세로 막대형 차트 예시(범주형 필드가 1개인 경우)

<table>
<tr><th rowspan="2">시각적 개체 빌드</th><th colspan="2">시각적 개체 서식 지정</th><th>분석</th></tr>
<tr><th>시각적 개체</th><th rowspan="2">일반</th><td rowspan="2"></td></tr>
<tr><td colspan="2">시각화 개체 유형에 따라 변경</td></tr>
<tr>
<td>X축, Y축 : 범주/날짜 필드 또는 수치필드/측정값
범례 : 필드의 막대마다 색상을 달리할 때 선택
축소 다중 설명 : 필드를 기준으로 개체를 작은 여러 개체로 분할
도구 설명 : 사용자가 일부를 선택했을 때 필드 내용 추가로 표시할 설명임
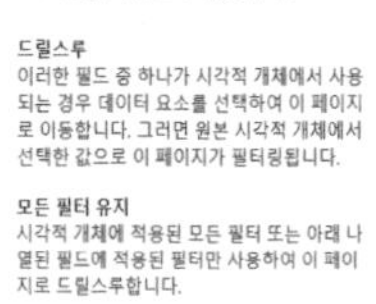
</td>
<td>Y(X)축: 값(글꼴, 색, 조건부 서식, 축의 두께, 축이름과 차트 스위치, 위치, 계층구조 수준 연결) ,제목(자동/입력, 제목 글꼴, 색), 레이아웃(막대 높이)
* 레이아웃은 범주형 필드만 적용
X(Y)축: 범위(최대, 최소값 지정, 로그눈금, 차트방향 반전), 값(글꼴, 색, 조건부 서식, 표시단위, 값 소수 자릿수), 제목(자동/텍스트 입력, 스타일(제목/단위), 글꼴, 색, 조건부 서식)
범례(위치, 텍스트 글꼴, 색, 조건부 서식, 제목(자동/입력)
축소 다중 항목 : 레이아웃(행, 열, 안쪽여백), 테두리(눈금선, 색, 투명도, 선스타일, 선 너비), 제목(위치, 글꼴, 색, 맞춤, 자동 줄 바꿈), 배경(색, 조건부 서식, 투명도)
눈금선 : 세로 (색, 조건부 서식, 투명도, 스타일, 두께 기준 조정, 너비)
확대/축소 슬라이드: 축, 슬라이더 레이블, 슬라이더 도구 설명
열: 대상(범주), 색(색, 조건부 서식, 투명도), 테두리(열 색 일치, 색, 투명도, 너비), 레이아웃(역순, 값 기준 정렬, 범주사이 간격, 계열사이 공간, 계열쪼개짐)
막대: 범주(모두/선택), 색(색, 조건부 서식, 투명도), 테두리(색, 투명도, 너비, 내부 테두리 숨기기), 레이아웃(역순, 값기준 정렬, 막대 간격 조정, 계열사이 공간)
리본: 계열(모두/선택), 색(계열 일치/색 지정, 투명도, 테두리, 레이아웃(리본과 열 사이 간격, 계열 쪼개짐)
데이터레이블: 계열(모두/선택), 위치, 넘치는 텍스트, 레이블표시 최적화), 제목(자동/사용자 지정, 글꼴, 색, 투명도, 0 빈 항목표시), 값(필드, 글꼴, 색, 투명도, 표시단위(자동/선택)), 배경(색, 투명도), 레이아웃(한줄, 여러줄)
그림 영역 배경(찾아보기, 맞춤, 투명도)</td>
<td>속성 : 크기, 가로세로 비율고정, 위치, 안쪽여백, 고급형(반응형, 레이어순서유지)
제목: 개체 제목(자동 입력 / 입력 가능, 꼴, 색, 조건부 서식, 가로 맞춤, 자동 줄 바꿈), 부제목(자동 입력/입력 가능, 제목 선택, 글꼴, 색, 조건부 서식, 가로 맞춤, 자동 줄 바꿈), 구분선, 간격(간격 사용자 지정(제목 아래, 부제 아래, 영역 아래)
효과: 배경(색, 조건부 서식, 투명도), 시각적 테두리(색, 둥근 모서리, 너비), 그림자(색, 조건부 서식, 바깥쪽/안쪽, 위치)
데이터 서식: 설정 대상, 형식 옵션(일반, 정수,..,사용자서식)
머리글 아이콘: 색(배경, 테두리,아이콘, 투명도), 아이콘 15개
도구 설명: 옵션(유형, 페이지), 텍스트(글꼴, 레이블 색상, 값 색상, 드릴텍스트 및 아이콘 색상), 배경(색, 투명도)
대체 텍스트(개체 선택 시 설명)
서식 창 설정
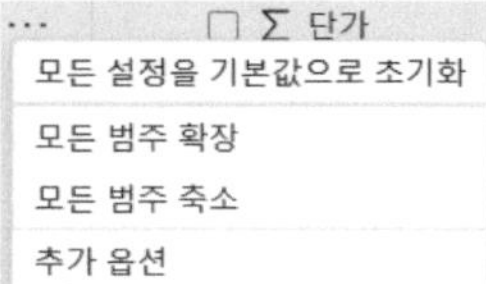
</td>
<td>상수 선: 설정적용대상선 추가, 선(값, 색, 투명도, 선스타일, 두께 기준 조정, 너비, 위치), 데이터 테이블(가로 위치, 세로 위치, 스타일, 색, 표시단위, 소수자릿수)
* 최소 건, 최대 선, 평균 선, 참조선, 백분위 선: 상수선과 동일
오류 막대: 설정적용대상(계열), 옵션(유형, 상한값, 하한값, 측정할 관계, 대칭 만들기), 가로 막대형(계열 색 일치, 막대 색, 너비, 테두리 색, 테두리 크기), 표식(모양, 크기), 오류 레이블,-(글꼴, 계열 색 일치, 색, 레이블형식, 배경 표시, 배경색, 투명도), 도구 설명(레이블형식)
분산형의 대칭 음영: 상위, 하위 음영색, 투명도
* 누적 가로/세로 막대형, 리본형은 최소 건, 최대 선, 평균선, 참조선, 백분위 선이 없음
* 100% 누적 가로/세로 막대형, 영역형 3개, 폭포수형, 분산형은 오류 막대 없음
* 나머지 시각적 개체는 모든 추가분석이 없음</td>
</tr>
</table>

(2) 묶은/100% 누적 가로 막대형 및 세로 막대형 차트

아래 4개 막대형 차트는 수치 필드가 6개 이상 선택하여 클릭할 수 있다.

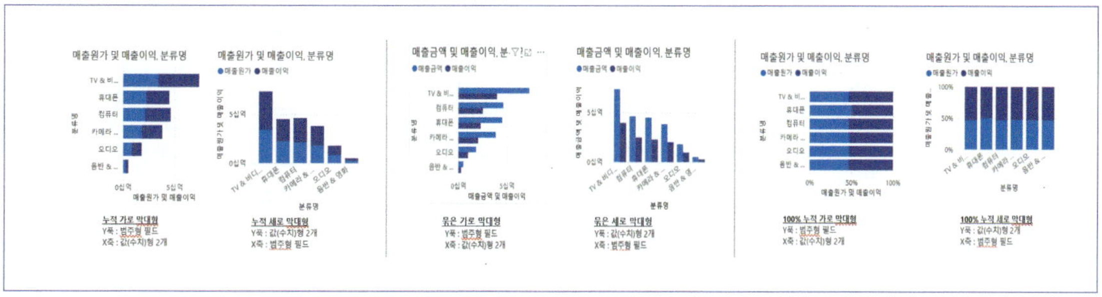

〈그림 6.24〉 누적/묶은/100% 누적 가로 막대형 및 세로 막대형 예시(범주형 필드가 2개인 경우)

두 기본 차트를 비교하면 다음과 같다.

구분	세로 막대형	가로 막대형
예	항목 수가 적은 경우	항목 이름이 길고, 데이터 범주가 많은 경우
장점	시간 흐름 강조	항목의 크기 강조

(3) 꺾은 선형 및 묶은/누적 세로 막대형 차트

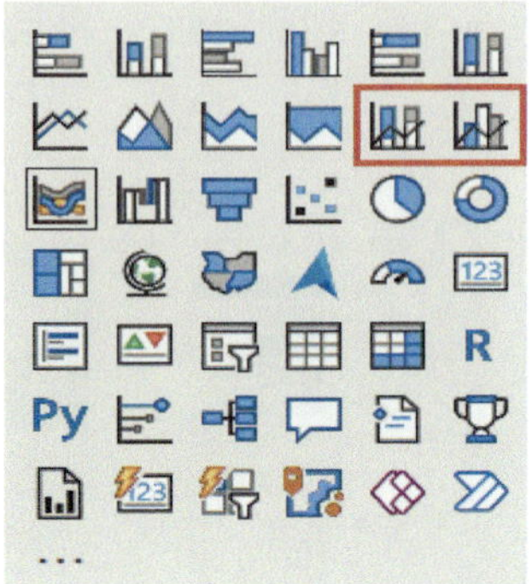

범주형 필드가 2개 이상이지만 값 차이가 클 때, 보조 y축의 범위를 다르게 해야 하는 경우에 사용한다. 예를 들면 매출이익(수억)과 매출이익률(1이하)을 비교할 때 수치값의 차이가 매우 커서 매출이익률을 시각화할 수 없다. 이 문제를 해결하는 방법이 꺾은선형 및 묶은/누적 세로 막대형(콤보) 차트이다. 또한, 공간을 절약할 수 있고 서로 관련 깊은 항목을 동시에 분석할 수 있다.

꺾은 선형 및 누적/묶은 세로 막대형이 누적/묶은 세로 막대형과 다른 차이는 Y축과 함께 선Y축이 있다는 점이다.

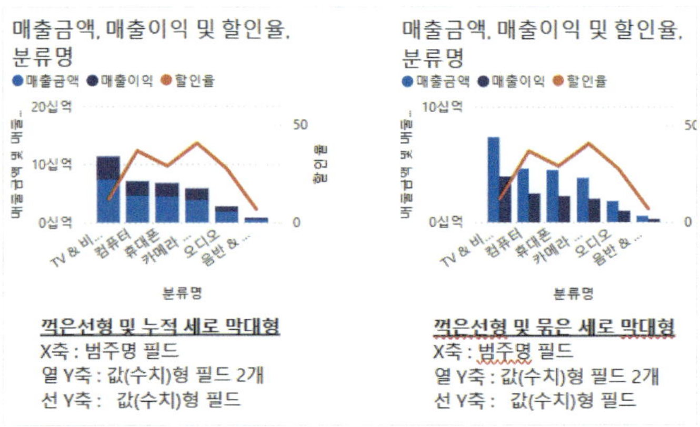

〈그림 6.25〉 꺾은 선형 및 누적/묶은 세로 막대형 차트 예시

네 가지 응용 차트를 비교하면 다음과 같다.

<table>
<tr><th>구분</th><th>누적 OO 막대형</th><th>묶은 OO 막대형</th><th>100% 묶은 누적 막대형</th><th>꺾은 선형 및
묶은/누적 막대형</th></tr>
<tr><td>예</td><td>범주형 필드가 1개 이상
범주형 필드의 합계가 의미 있을 때(매출원가+매출이익=매출액)</td><td>범주형 필드가 1개 이상
범주형 필드의 합계가 의미 없을 때</td><td>범주형 필드가 2개 이상
범주형 필드의 합계가 의미 있을 때</td><td>범주형 필드가 2개 이상
범주형 필드의 합계가 의미 없을 때</td></tr>
<tr><td>장점</td><td colspan="2">범주형 필드가 1개인 경우 동일한 시각화</td><td colspan="2">범주형 필드가 2개 이상이지만 값 차이가 클 때, 보조 y축의 범위를 다르게 함</td></tr>
</table>

(4) 꺾은 선형과 영역형, 누적 영역형, 100% 누적 영역형

꺾은 선형 차트는 시간의 흐름에 따른 데이터의 변화를 시각화할 때 적합하다. 즉 데이터를 선으로 연결할 수 있다.

이 차트의 장점은 시간 기반 데이터 분석을 할 때 사용하고, 추세 파악할 때 인사이트를 주고 여러 범주를 한 차트에 추가해 범주 항목들의 추세 간을 비교하기 쉽다. 예를 들어 지역별 매출 데이터를 꺾은 선형 차트로 시각화하면 각 지역의 매출 흐름을 쉽게 비교할 수 있다.

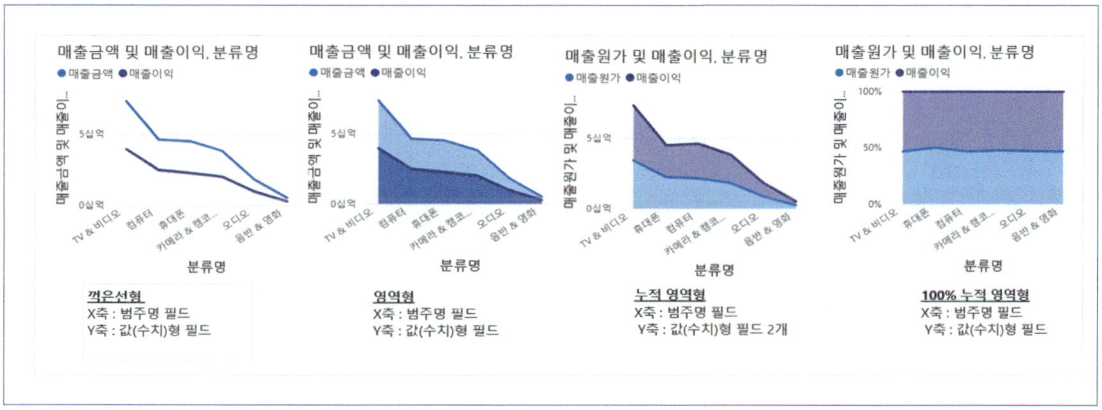

〈그림 6.26〉 꺾은 선형과 영역형, 누적 영역형, 100% 누적 영역형 예시

영역형 차트는 꺾은 선 차트에서 파생되었지만 선 아래 영역을 색을 채워 데이터의 크기와 추세를 더욱 강조할 수 있다.

영역형 차트 종류는 다음과 같은 경우에 사용하면 좋다.

데이터의 절대적인 크기 강조, 누적형은 여러 범주의 데이터를 하나의 차트로 표현할 수 있다. 예를 들면 지역별 매출의 합계에 대한 추세를 분석할 수 있다.

꺾은 선형과 영역형에만 보조 Y축이 있어. 꺾은 선형 및 묶은/누적 세로 막대형과 유사한 결과를 나타낸다. 다만 모든 개체에 막대가 없고 대신 선과 영역이 있을 뿐이다. 이상 12개는 거의 같은 서식과 선택 사항이 있다.

꺾은 선형 차트와 영역형 차트를 비교하면 다음과 같다.

구분	꺾은 선형	영역형
강조	시간에 따른 변화와 추세	크기와 누적값
시각적 효과	단순, 명확	시각적 풍부함
예	단일/관련 데이터 추세	누적 데이터나 비율 비교

(5) 원형, 도넛형, 트리맵 차트

이 세 차트는 구성비를 확인할 경우 주로 사용된다. 원형은 파이 모양으로 각 항목의 비중(100% 내)을 원의 조각으로 보여주고, 도넛형은 원형 차트와 동일하지만 중앙에 강조할 정보를 적을 공간을 확보하였다.

원형은 직관적이고 단순하지만, 항목이 많아지면 별도의 방법을 사용해야 한다. 보통 12시 방향에서 시계방향으로 가장 비중이 큰 것을 배치하고 다음 큰 것을 12시에서 왼쪽 방향 또는 가장 큰 항목에 이어서 표시하기도 한다.

트리맵은 구성비가 높은 것을 왼쪽 윗부분부터 많은 것을 배치한다. '자세히'에 세부 범주를 넣어 트리맵 안에 하부 트리맵을 추가할 수 있다. 또한, 트리맵 안의 자세히 필드 중 한 항목을 선택하면 원형과 파이형 차트에서 연결되어 해당 부분을 수평으로 조각내어 보여준다.

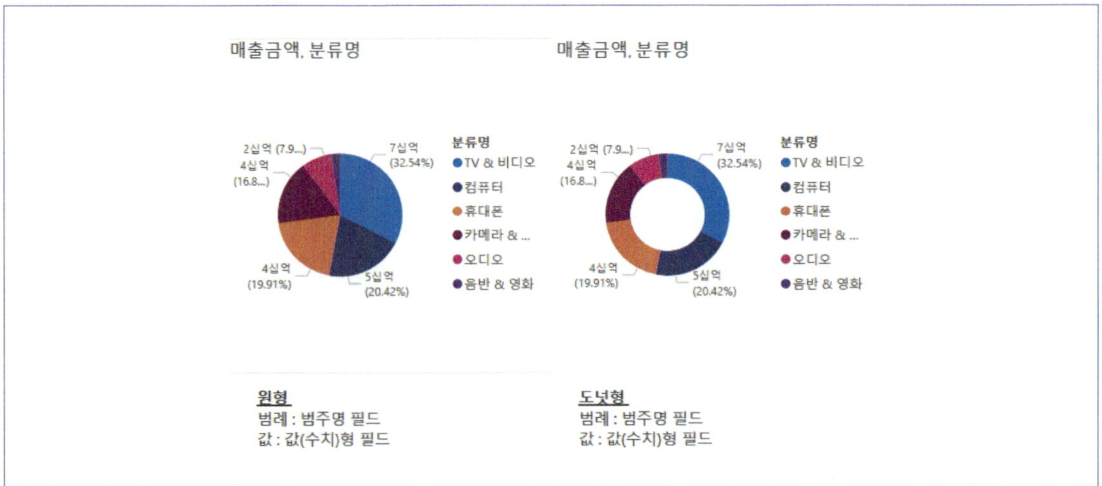

〈그림 6.27〉 원형과 영역형, 도넛형의 예시

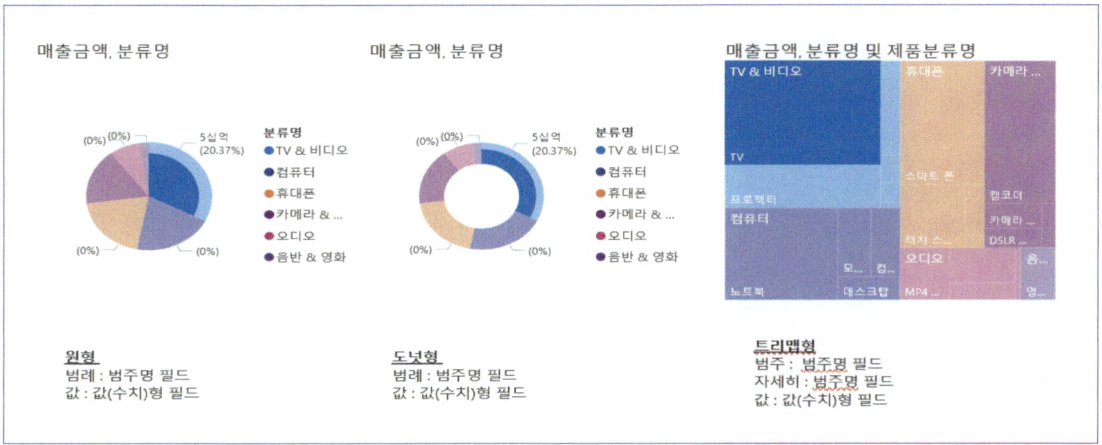

〈그림 6.28〉 원형과, 도넛형, 트리맵의 시각적 개체 상호 작용

세 차트를 비교하면 다음과 같다.

구분	원형 차트	도넛형 차트	트리맵 차트
기능	데이터의 구성비 표시	데이터 구성비와 중심에 핵심 메시지 표시	타일 형태로 데이터의 구성비 표시
특징	비율 강조	여러 그룹 데이터를 비교하여 표시	타일 크기로 비율 표현
예	항목 3~5	비율 비교	대규모 데이터 계층적 분석이 필요한 경우

<table>
<tr>
<td>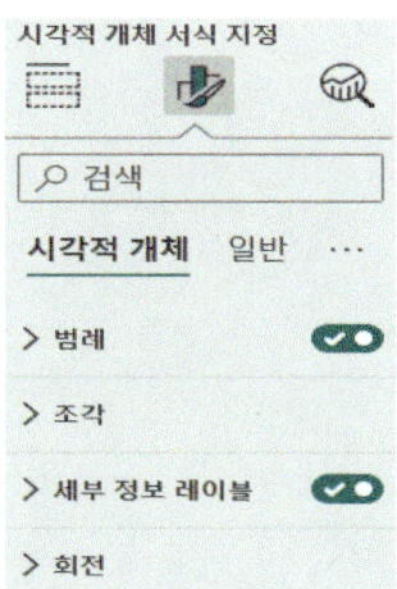</td>
<td>원/도넛형
범례: 옵션(위치), 텍스트(서식), 제목(자동이나 사용자 입력 가능)
조각: 색 지정, 도넛형은 간격(내부 반경이 있음)
세부정보레이블: 위치, 넘치는 텍스트, 레이블 내용, 값(글꼴, 색, 조건부 서식, 표시단위, 값 소수 자릿수, 비율의 값 소수 자릿수)
회전: 회전 (°)</td>
<td rowspan="2">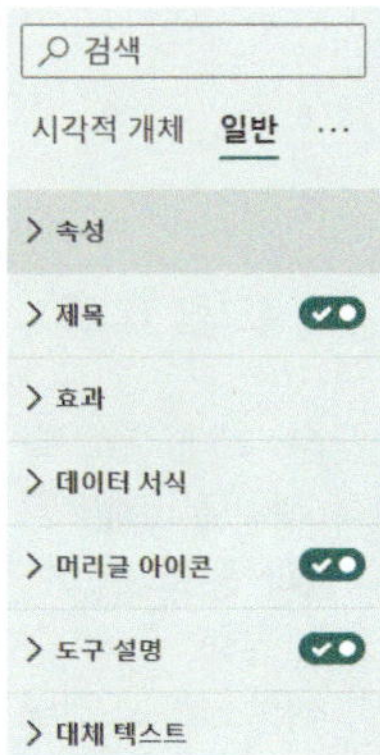</td>
<td rowspan="2">속성 : 크기, 가로세로 비율, 위치, 안쪽여백, 고급형(반응형, 레이어 수위)
제목: 차트의 제목(자동 입력, 대체 가능, 서식, 가로 맞춤), 부제목, 구분선, 간격
효과 :
배경(색, 조건부 서식, 투명도), 시각적 테두리(서식, 너비), 그림자
데이터 서식
머리글 아이콘
도구 설명
대체 텍스트(개체 선택 시 설명)</td>
</tr>
<tr>
<td>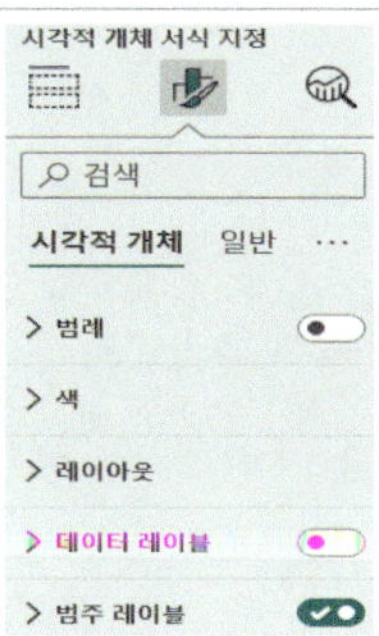</td>
<td>트리맵
범례: 옵션, 텍스트, 제목(원/도넛형과 동일)
색: 고급 컨트롤, 색 지정
레이아웃: 타일링 방법, 모든 노드 사이의 간격
데이터 테이블:값(글꼴, 색, 조건부 서식, 표시단위, 소수자릿수)
범주레이블: 값(글꼴, 색, 조건부 서식)</td>
</tr>
</table>

(6) 분산형 차트

분산형 차트(산점도)는 시각화 창의 시각화 개체의 3행 네 번째 항목이다. 데이터 속에 숨겨진 패턴과 관계를 한 눈에 볼 수 있다. 점으로 나타난 두 수치(X축, Y축) 필드가 어떤 관계에 있는지 살펴볼 수 있다. 상관분석과 이어지는 회귀분석에 사용할 수 있다.

아래 왼편의 차트에서는 X축에는 수량, Y축에는 매출금액을 놓고 범례에는 분류명을 클릭했다. 차트에서 주는 인사이트는 TV 종류가 단가가 높아 수량에 비해 매출액이 많고 휴대폰 종류가 단가가 상대적으로 낮다는 것을 보여준다.

오른쪽에는 왼편의 차트에 X축을 할인율로 대체하고 연도별 매출금액을 크기 필드에 추가하고 재생 축에 연도를 표시하여 연도의 흐름에 따라 재생할 수 있게 만들었다.

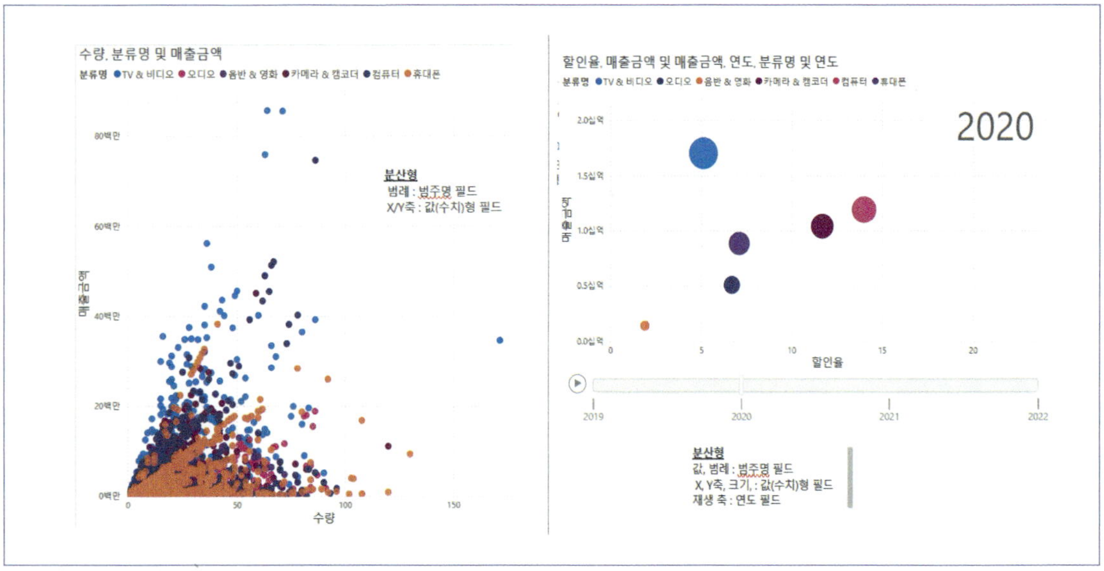

〈그림 6.29〉 분산형, 버블형의 예시

	X축, Y축, 눈금선, 확대/축소 슬라이드, 데이터 레이블, 그림 영역 배경: 막대형과 동일 표식: 범주, 도형(유형, 크기 승수), 색(범주별 색상, 색, 조건부 서식, 투명도), 테두리(채우기 색 일치, 색, 투명도, 너비), 범주 레이블: 값(글꼴, 색), 배경(배경색, 투명도)	서식 지정-일반은 동일 서식 지정-...(서식창 설정)은 동일	분석에서 대칭 음영과 비율선 추가됨

(7) 리본형 차트

리본형 차트는 시각화 창의 시각화 개체의 3행 첫 번째 항목으로 구성비, 순위와 기간 경과에 따른 변화를 종합하여 볼 수 있다. 순위변화 추적, 트렌드에 대한 인사이트 제공, 리본체조와 같이 심미적인 효과가 있다.

〈그림 6.30〉 리본형의 예시

X축은 시간 데이터를 사용한다. 항목 간의 순위는 가장 위쪽이 1순위로, 위의 예는 TV 등은 2019년부터 2022년까지 매년 1위이고, 휴대폰은 2019년 3위, 2020년 4위, 2021년 3위, 2022년 2위로 변화하였음을 보여준다. 세로 높이는 구성비이다.

	X축, Y축, 범례, 눈금선, 확대/축소 슬라이드, 데이터 레이블, 그림 영역 배경: 막대형과 동일 열 : 계열(모두 또는 선택 항목), 색과 투명도, 테두리, 레이아웃(역순, 값 기준 정렬, 범주 사이 간격, 계열 사이 공간, 계열 쪼개짐) 리본 : (모두 또는 선택 항목), 색과 투명도, 테두리, 레이아웃(리본과 열 사이 간격, 계열 쪼개짐) 합계 레이블 : 서식, 표시단위, 값 소수 자릿수), 양수 및 음수 분할 나머지는 앞과 동일	서식 지정-일반은 동일함 분석은 X축 상수선, 상수선 만

(8) 폭포수형

폭포수형 차트는 시각화 창의 시각화 개체의 3행 두 번째 항목으로 기간 경과에 따른 증감 변화와 함께 변화원인에 대한 범주별 기여도를 증가 또는 감소 방식으로 볼 수 있다. 매출분석과 비용분석 등에 사용된다.

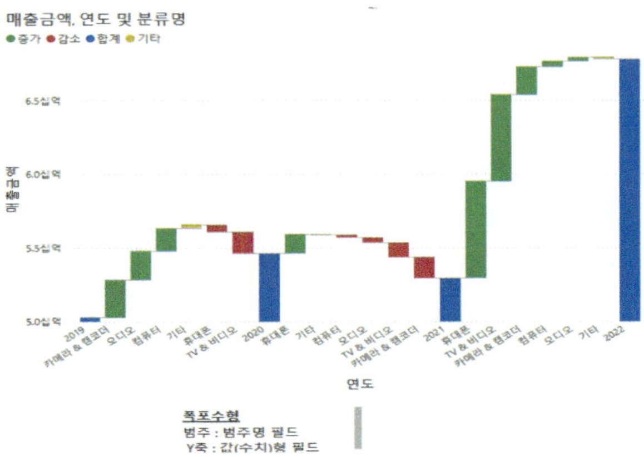

〈그림 6.31〉 폭포수형의 예시

<table>
<tr>
<td>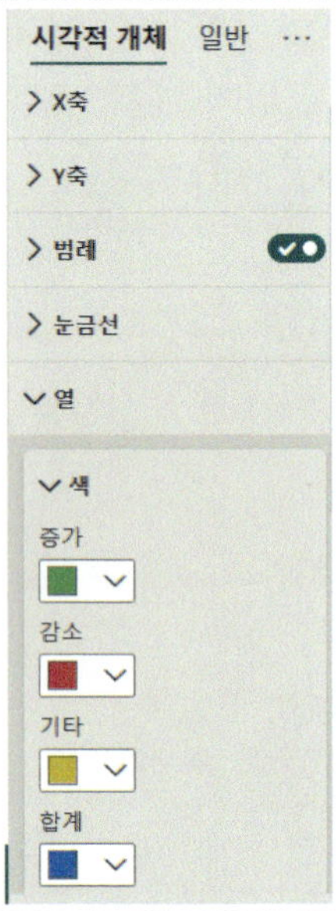
</td>
<td>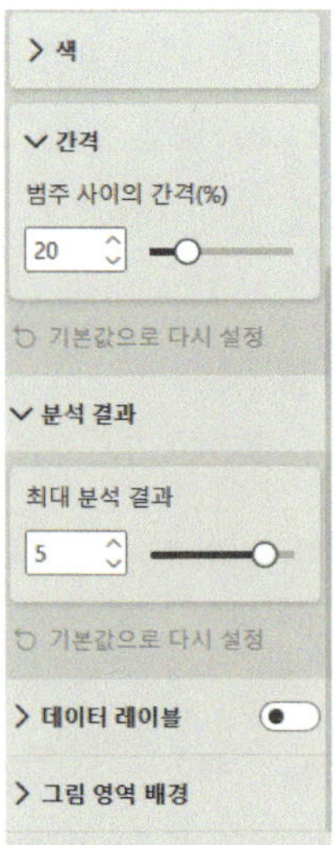
</td>
<td>X축, Y축, 범례, 눈금선, 데이터 레이블, 그림 영역 배경: 막대형과 동일
서식 지정-일반은 동일함
분석은 100% 묶은 누적 세로 막대형의 일종이고 상수선 만 있음</td>
</tr>
</table>

위 차트에서는 2021년에 비해 매출금액이 2022년 매출이 크게 증가하는데 그 원인으로 휴대폰 매출, TV 매출이 기여하고 있음을 알 수 있다.

(9) 깔때기 형

깔때기(funnel) 형은 시각화 창의 시각화 개체의 3행 세 번째 항목으로 원형, 도넛형이 절대적인 구성비를 보는 데 반해 상대적인 크기나 비율을 보는 데 사용된다. 데이터를 단계별로 보여주며 피라미드형으로도 바꿀 수 있다. 또한, 프로세스 분석에 활용되어 단계별 이탈률을 보여준다.

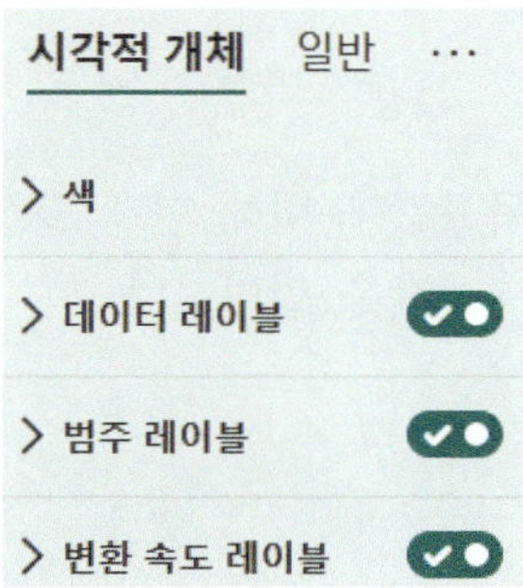	색: 차트의 색을 모두, 범주별로 선정, 데이터 레이블 : 위치, 내용(데이터값, 첫 번째 항목에 대한 비율, 이전 항목에 대한 비율 등), 값(서식, 소숫자리 수), 배경(색, 투명도) 서식 지정-일반은 앞과 동일	

아래 왼편 차트에서는 TV가 100%라면 음반은 17% 정도라는 것을 알 수 있다.

아래 오른편 차트에서 홈페이지 방문자 1만 명(100%) 중 5천 명(50%)이 상품 카탈로그를 검색하고 1천5백 명(15%)이 카트에 상품을 담고 450명(4.5%)이 결제를 시도하고 실제 구매가 성공한 숫자는 230명(2.3%)이라는 결과를 나타낸다.

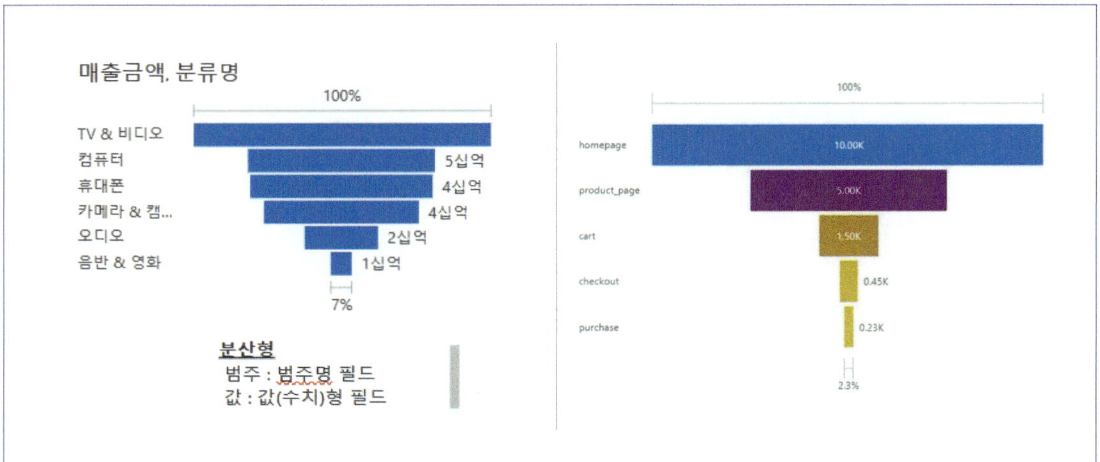

〈그림 6.32〉 깔때기형의 예시

앞의 3가지 차트를 비교해 보자

구분	리본 차트	폭포수 차트	깔때기 차트
주요 기능	시간에 따른 순위변화	증가와 감소 흐름 시각화	단계별 이탈률, 상대적 비교 시각화
형태	리본	계단식 증가, 감소	깔때기(감소), 피라미드(증가)
예	매출 순위변화, 시장 점유율 변화 분석	매출 분석, 비용분석	판매, 프로세스, 채용 분석
장점	순위 흐름의 직관적 시각화	최종 결과 도출과정을 시각화	각 단계에서 이탈률 시각화

(10) 계기형

계기형은 시각화 창의 시각화 개체의 4행 다섯 번째 항목으로 목표값에 비해 현재 달성률을 확인하는 차트이다. 시각화 개체의 빌드 창에 데이터 필드나 측정값을 입력한다.

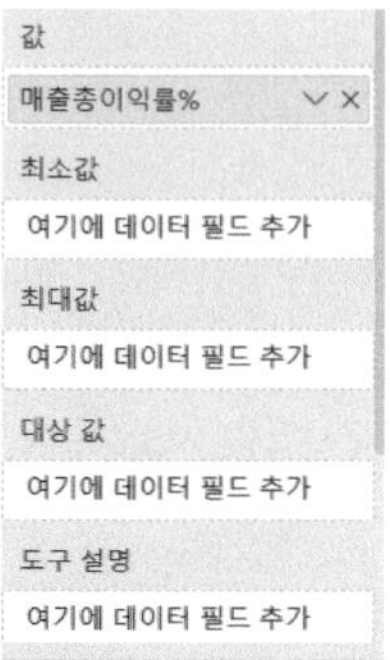

최소값과 최대값, 대상 값은 이곳보다는 시각화 개체 게이지 축에 입력하는 것이 편리하다.

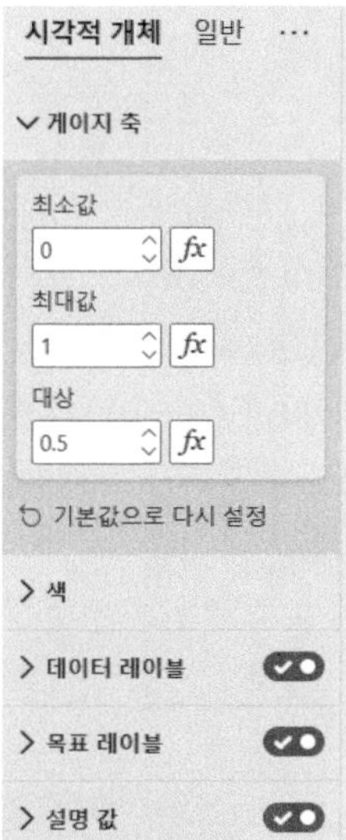

시각화 개체 게이지 축에 최소값, 최대값, 대상(목표값이나 threshold 값)을 입력한다.
색은 채우기 색과 대상 색을 선택하거나 조건부 서식으로 입력할 수 있다.
데이터 레이블의 서식과 표시단위, 소숫자리 수
목표(대상) 레이블의 서식과 표시단위, 소숫자리 수
설명 값의 서식과 표시단위, 소숫자리 수

속성, 제목, 효과
데이터 서식
머리글 아이콘
도구 설명
대체 텍스트(개체 선택 시 설명)는 원형과 동일

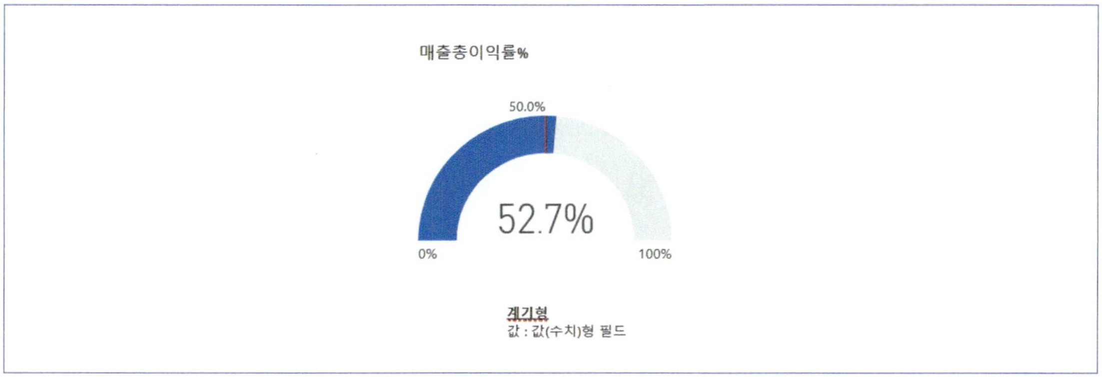

〈그림 6.33〉 계기형의 예시

위 차트는 현재 매출총이익률이 52.7%라는 것과 목표 50.0%를 초과 달성한 것을 알 수 있다.

여기서 매출총이익은 새 측정값으로

매출총이익률% = SUM('판매'[매출이익])/sum('판매'[매출금액])

을 계산하여 값에 입력한다.

이상에서 파워 BI에서 기본적으로 제공한 20개의 차트를 살펴보았다.

차트 외에도, 카드, 여러 행 카드, 신규카드, KPI와 슬라이서, 타일 슬라이서가 있다.

(11) 카드

먼저 카드와 여러 행 카드, 신규카드를 실습해 본다. 카드는 파워 BI에서 단일 값을 강조한다. 그래서인지 기본 폰트 크기도 45픽셀로 매우 크게 설정되어 있다. 한눈에 중요한 정보를 파악할 수 있는 시각적 개체이다. 카드를 복합적으로 만들면 KPI개체처럼 이용할 수 있다.

필드에는 하나의 측정값 또는 행단위로 계산된 수치 필드 값이 올 수 있다.

1) 카드

단일 값을 강조할 수 있다는 장점으로 많이 사용된다.

	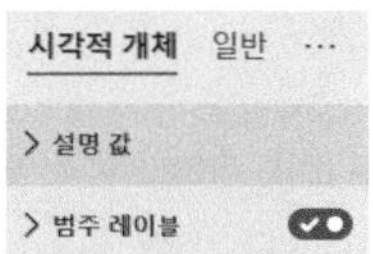 설명 값 : 서식, 표시단위, 소수자릿수, 자동 줄 바꿈 등 범주 레이블 : 서식	서식 지정-일반, 서식 지정-...(서식창 설정): 동일

2) 여러 행 카드

다중 데이터 표시와 직관적 정렬, 카드 제작 시간 절약, 대시보드의 공간 절약 등의 장점이 있다.

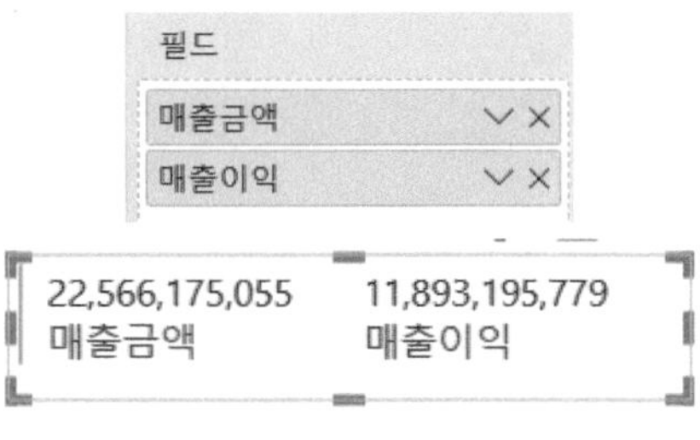	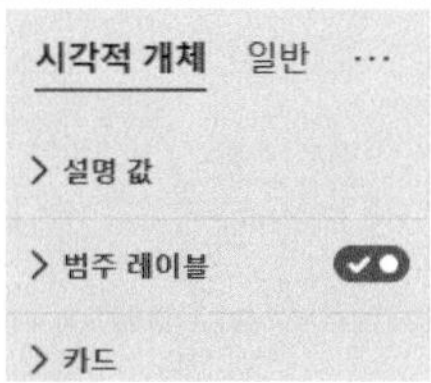 설명 값, 범주 레이블 : 동일 카드 : 스타일(테두리 위치, (배경색, 안쪽 여백), 악센트바 서식	서식 지정-일반, 서식 지정-...(서식창 설정): 동일

3) 카드(신규)

신규카드에서는 축소 다중 항목을 통해 데이터를 세분화할 수 있는 기능이 추가되었고 많은 추가 기능이 있다. 즉 많은 커스터마이징 옵션과 시각적 장점을 갖고 있다.

<table>
<tr>
<td>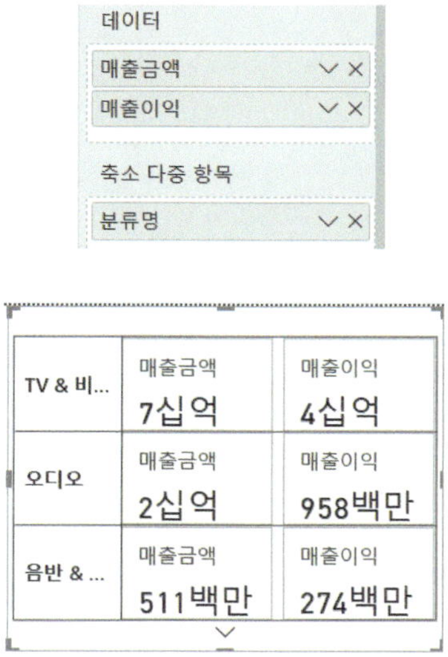</td>
<td>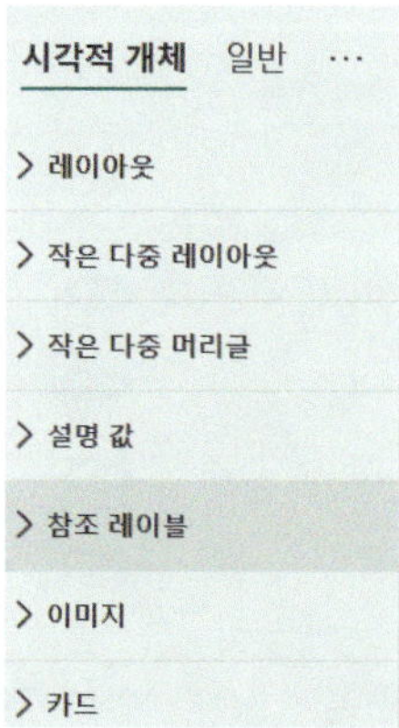레이아웃 : 정렬, 스타일, 최대 카드 수,
공간, 배경, 여백 등
작은 다중레이아웃, 작은 다중머리글,
이미지
나머지 : 동일</td>
<td>서식 지정-일반, 서식 지정-...
(서식창 설정): 동일</td>
</tr>
</table>

여러 카드를 비교하면 다음과 같다.

구분	카드	여러 행 카드	카드 (신규)
특징	단일 값 강조	여러 데이터를 모아서 나열	고급 디자인과 커스터마이징
예	총 매출 1억 원	매출 1억 원, 이익 3천만 원	매출 1억 원, 목표달성률 90%
디자인	텍스트와 숫자	텍스트와 숫자(여러 행)	색상, 아이콘, 템플릿 등 추가 기능
시각적 효과	단순 명확	비교 용이	세련된 디자인

(12) KPI

핵심성과지표(Key Performance Index)는 기업의 건전한 상태나 성공을 판단하는 데 있어 가장 중요한 지표이다. KPI를 통해 즉각적인 상태를 파악할 수 있고, 성과를 부서나 직원별로 추적하고 피드백이나 보상을 제공할 수 있다. 아래 예에서는 전년도 매출보다 당년도의 매출액이 27.95% 증가했음을 알 수 있다. 실무에서는 이런 KPI 지표를 여러 개 사용하기도 한다.

<table>
<tr><td>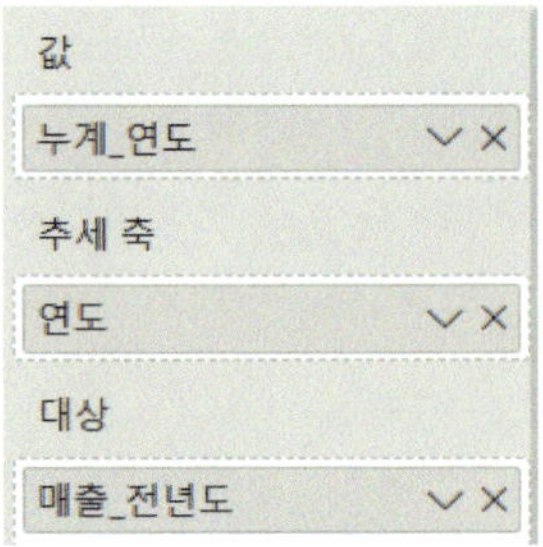
</td><td rowspan="2">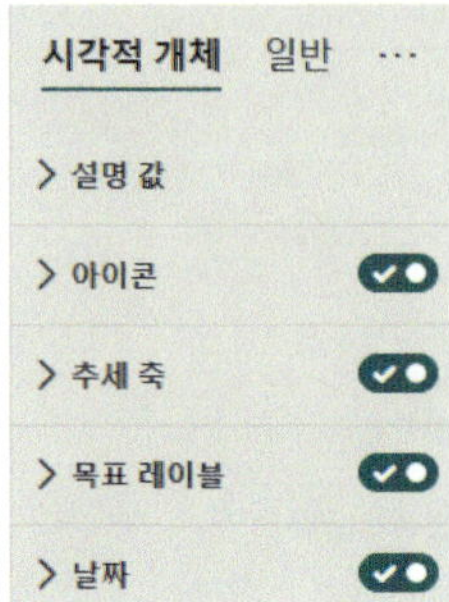

아이콘 : 크기
추세 축 : 방향, 색상, 투명도
목표레이블 : 값-서식, 레이블,
목표까지의 거리
날짜 : 서식</td><td rowspan="2">서식 지정-일반, 서식 지정-...
(서식창 설정): 동일</td></tr>
<tr><td>
</td></tr>
</table>

(13) 슬라이서, 타일 슬라이서

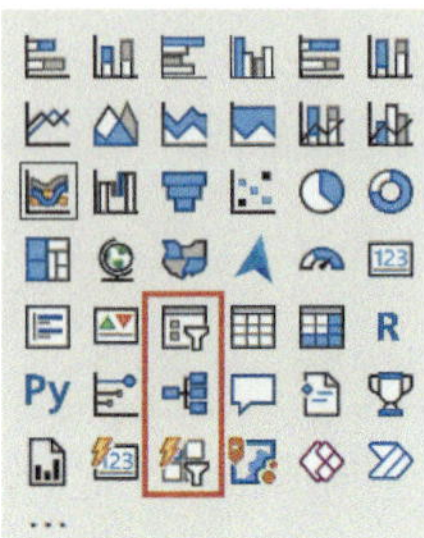

슬라이서와 타일 슬라이서는 필터링 기능을 이용하여 시각화 분석을 하거나 대시보드를 작성하는 데 많이 사용한다. 슬라이서의 종류에는 세로목록, 타일, 드롭다운, 사이가 있고 특히 사이는 시간 범위를 조절하는 데 사용한다. 한편 다른 범주형 필드도 슬라이서에 사용할 수 있다.

<table>
<tr><td>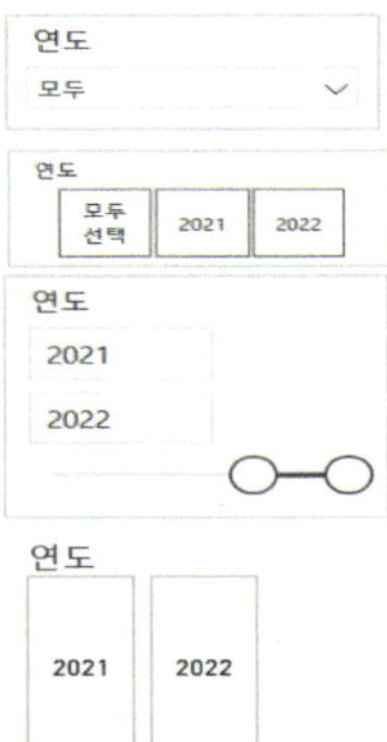
</td><td rowspan="2">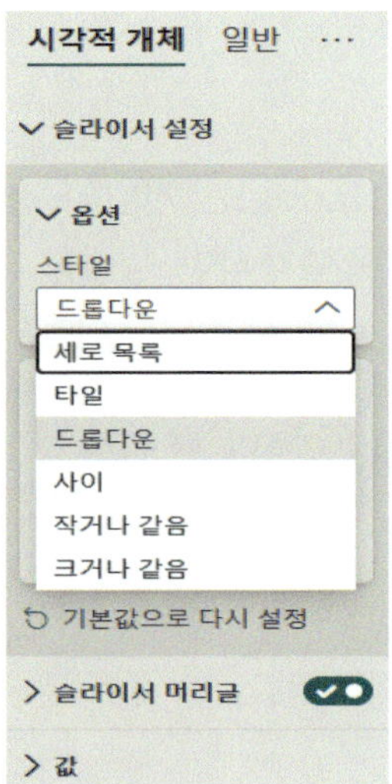
</td><td rowspan="2">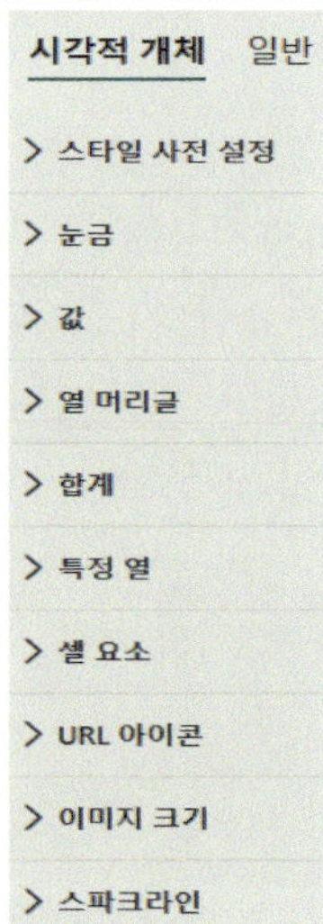
</td></tr>
<tr><td>
</td></tr>
</table>

(14) 분해 트리

분해 트리는 슬라이서와 유사한 필터링 기능과 행렬(엑셀의 피벗 테이블에 해당함)과 같은 단면분석도 할 수 있다.

	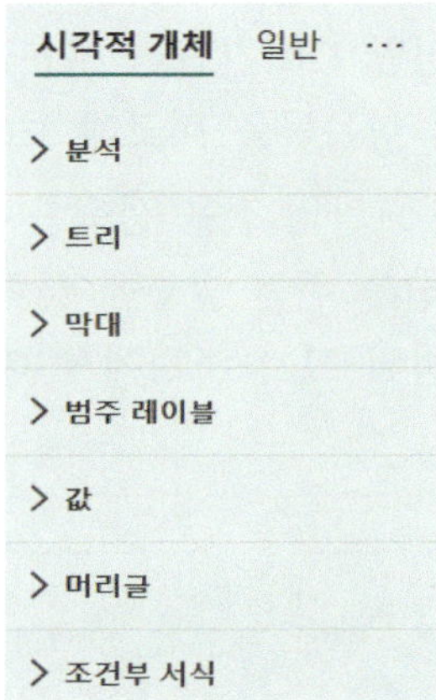	서식 지정-일반, 서식 지정-... (서식창 설정): 동일

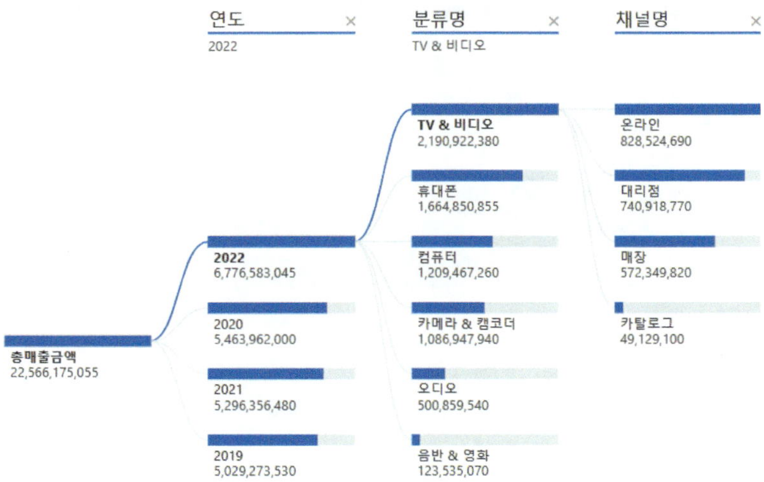

〈그림 6.34〉 분해트리의 예시

위 그림에서 총매출금액은 연도별-분류별-채널별로 분석해서 내용을 파악할 수 있어 계층적 분석이 가능하다. 2022년 총매출금액은 TV 시장이 가장 중요했고 온라인 판매가 많은 것으로 분석되었다. 여러 기준으로 데이터를 나눌 수 있고 순서도 자유롭게 정할 수 있어 새로운 통찰력을 도출할 수 있다.

2 맵 구성하기

시각화 개체 중 맵과 기타 맵 종류는 시각화 창의 네 번째 행의 2~4번째 항목(각각 맵, 도형맵, Azure맵)과 6번째 행의 네 번째 항목(ArcGIS for Power BI)이다.

이 중 지역명만으로 간단히 사용할 수 있는 맵의 작성방법을 살펴보고 맵과 나머지 항목들을 비교해 보기로 한다.

먼저 지구의 모양의 맵을 선택한 후 데이터 창의 서울지역 자치구 이름이 있는 [지역]을 위치 필드에 클릭하고 [확정매출]을 거품 크기에 넣고 서식 지정-시각적 개체-거품형-범위 크기 조정에서 데이터 범위를 선택한 결과이다.

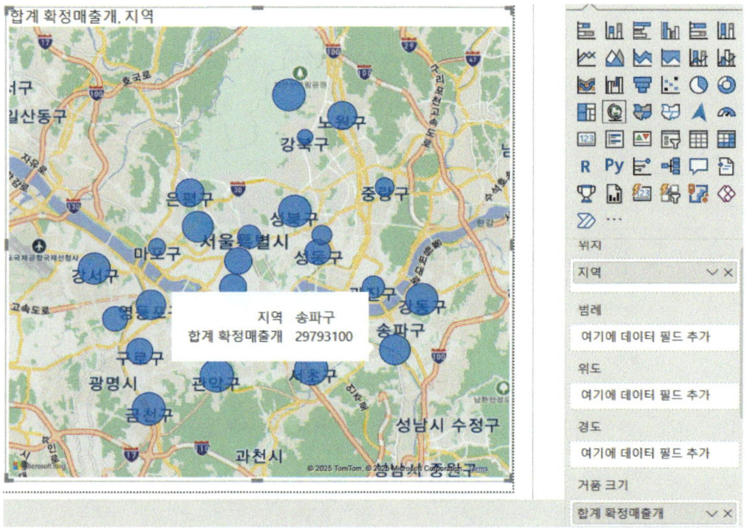

〈그림 6.35〉 맵의 예시

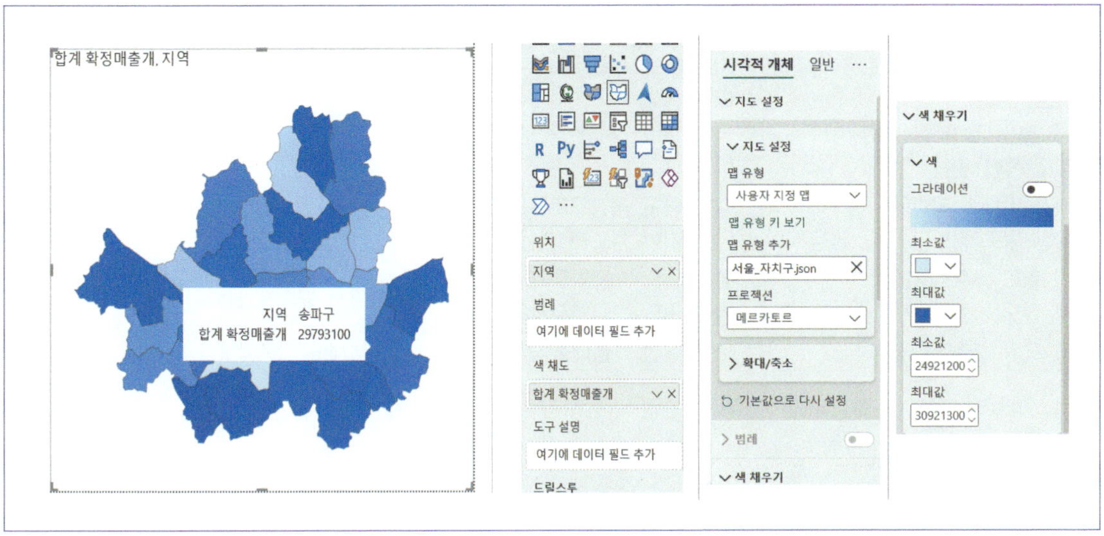

〈그림 6.36〉 도형맵의 예시

도형 맵은 미리 준비한 JSON 파일 형태의 사용자 정의 맵을 이용할 수 있다.

위치 필드에 지역을 놓고 색 채도에 확정매출을 클릭한다. 다음으로 서로 유사한 세 유형의 지도와 신규 지도 개체를 살펴보자.

맵과 유사한 지도 개체는 다음 3가지가 있는데 이를 비교해 본다.

맵	등치지역도	도형 맵
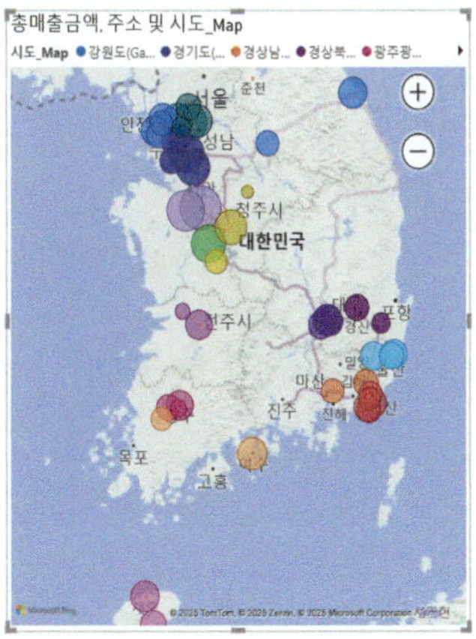	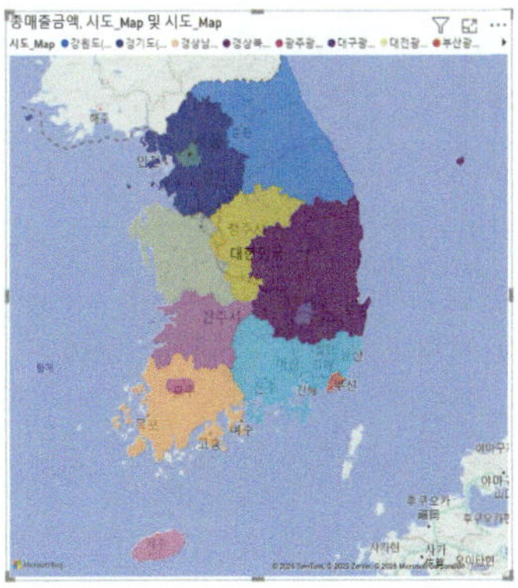	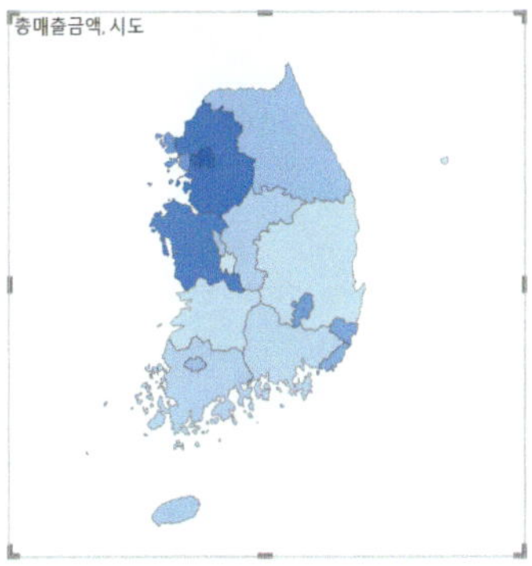
시각화 개체 : 맵		시각화 개체 : 도형 맵

맵	등치지역도	도형 맵
데이터 위에 점(크기 필드를 선택하면 원)으로 표시 위치 기반 데이터를 기반 범례로 색상 활용	지도 위의 영역을 채워 색상으로 데이터 표현 국가, 시도, 시군 등 행정구역 데이터 비교	지도와 관련된 도형데이터를 기반으로 특정 영역 시각화 사용자 정의 지도도 사용
위치가 비교에 적합함 상세한 위도 경도가 필요 없음	점이 아닌 색상으로 데이터 표시 영역 기반 강조에 사용	행정구역 외에 비정형 데이터 사용 가능
위치 필드 : 주소(시/구) 범례 필드 : 광역지자체	위치 필드 : 광역지자체 범례 필드 : 광역지자체	위치 필드 : 광역지자체
거품 크기 : 총매출금액	도구 설명 : 총매출금액	색채도 : 총매출금액
주의 : 파일 탭-옵션 및 설정-옵션-전역-보안-맵 및 등치지역도 시각적 사용 체크 필요		주의 : 파일 탭-옵션 및 설정-옵션-전역-미리 보기 기능-도형 맵 시각화 체크 필요

파워 BI의 최근 버전에 Azure맵이 새로 들어갔는데 로그인해야 하고 연결이 원활하지 못해 생략한다.

ArcGIS는 유료와 무료 서비스가 있다. 이중 무료로 사용해 보자.

ArcGIS를 클릭하거나 위치에 기초지자체, 크기에 총매출금액, 색상에 광역지자체명, 도구팁에 기초지자체와 매출금액을 입력하면 왼쪽과 같은 결과를 시각화할 수 있다. ArcGIS는 파일 탭-옵션 및 설정-옵션-보안에서 ArcGIS for Power BI를 클릭해야 한다. 유료인 고급형 서비스에서는 많은 기능이 추가되어 있다.

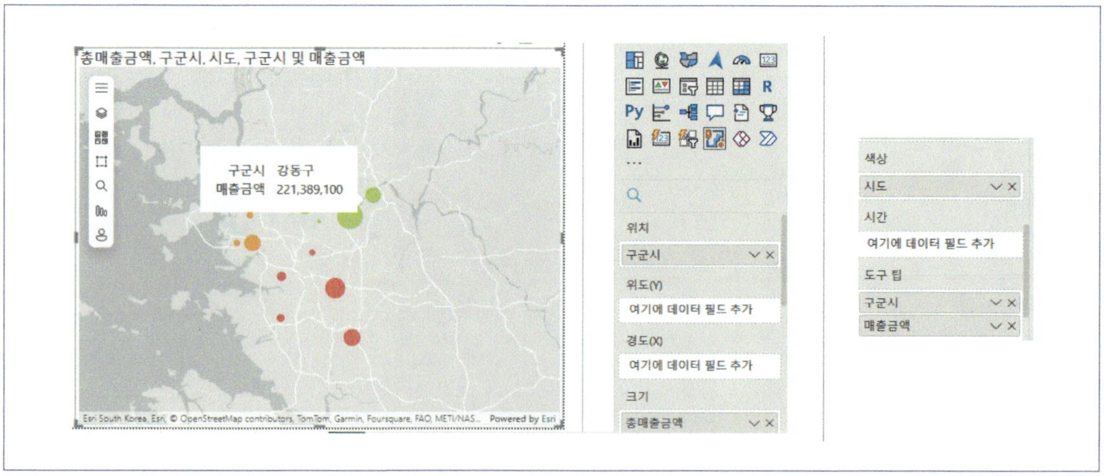

〈그림 6.37〉 ArcGIS의 예시

3 테이블과 행렬 구성하기

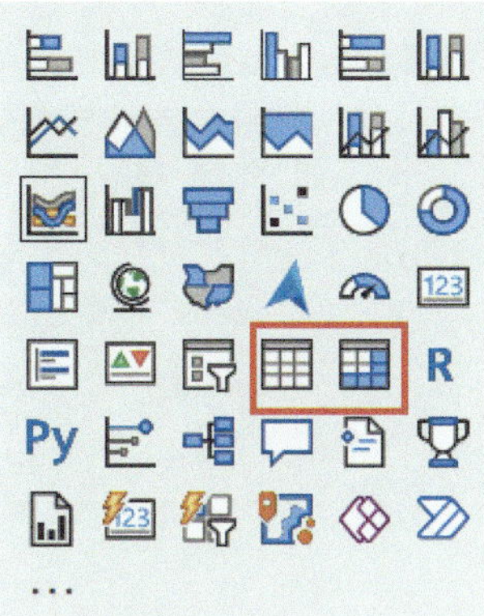

파워 BI에서 데이터는 테이블 보기에서 볼 수 있지만 좀 더 직관적으로 만드는 방법에는 테이블과 행렬, 조건부 서식이 있다. 테이블과 행렬은 시각적 개체에 나란히 위치한 아이콘을 클릭하여 작업한다. 조건부 서식은 테이블이나 행렬에서 오른쪽 마우스를 클릭하여 선택할 수 있다.

(1) 테이블

테이블은 열과 행으로 구성되었고 엑셀에서 많이 작성하는 테이블과 비슷하다. 다만 동적인 표라는 데 차이가 있다. 테이블의 장점은 수치 그대로 보여준다. 그리고 정렬 가능, 필터링 기능, 조건부 서식 기능 등이 있다.

아래 왼쪽 그림은 대분류와 중분류, 그리고 확정매출액이다. 이 내용은 테이블 개체 오른쪽 위 ...(추가 옵션)을 눌러 정렬이나 필터 기능을 활용할 수 있다.

결과를 테이블로 표시하고(오른쪽 윗부분의 세로/가로 레이아웃으로 전환하면 테이블도 같이 전환됨), 데이터를 CSV 파일로 내보내서 엑셀로 분석할 수 있다. 새 시각적 계산으로 백분율이나 평균을 계산할 수 있다. 추가 옵션(선택) 왼쪽 옆에 있는 포커스 단추로 개체를 더 큰 창으로 볼 수 있고 다시 (테이블) 보고서로 돌아갈 수 있다.

필터형식은 필드별로 달 수 있고 기본형(선택), 고급형, 상위 N형으로 지정하고 수치형일 경우보다 크다/작다 등도 가능하다.

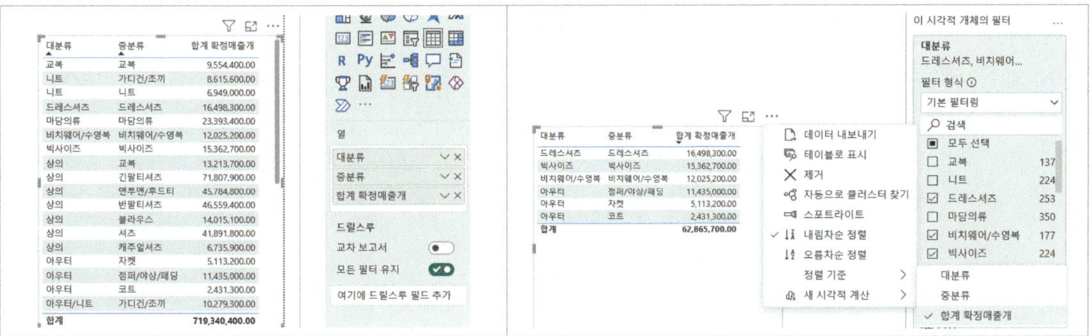

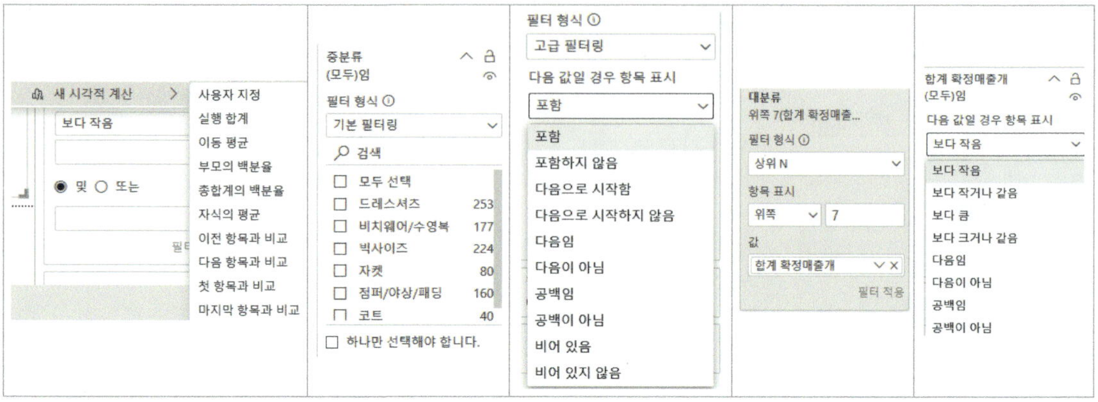

(2) 행렬과 계층구조, 시각화 드릴 모드

아래 그림과 같은 행렬은 엑셀의 피벗 테이블과 유사하며 교차 행과 교차 열에 계층구조를 가진 열을 추가하면 된다. 데이터의 요약과 비교에도 적합하다. 장점은 다차원 데이터를 요약하고 계층구조를 통해 드릴다운(심층) 분석하여 상위 레벨에서 세부 레벨로 데이터를 확장할 수 있다. 테이블과 행렬을 비교하면 다음과 같다.

구분	테이블	행렬
구조	단순 행과 열(열에 여러 필드를 열거할 수 있다)	교차 행과 교차 열
데이터 요약	집계	요약 및 집계
드릴다운	X	상위/하위(지정된 열만 또는 전체 열)
용도	원본 데이터 확인	요약과 비교

시간인텔리전스는 자체적으로 계층구조를 이루므로 [날짜] 필드를 열에 클릭하면 된다. 기본적으로 연도-분기-월-일-시-분 구조로 되어 있으며 FORMAT 문으로 새 열로 주를 추가할 수 있다.

아래 그림 예에서 행은 미리 계층구조로 놓은 대분류, 중분류, 소분류를 만들어 놓았으므로 밑 방향으로 드릴 다운할 수 있다.

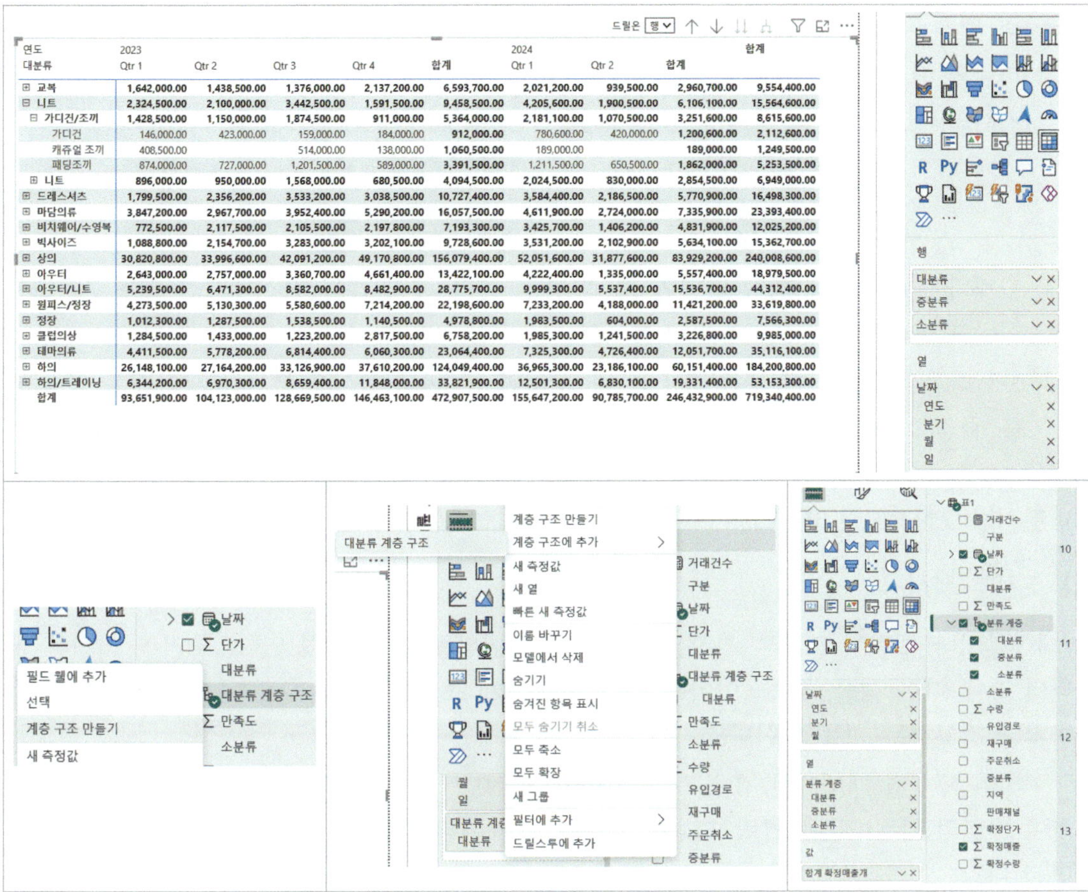

1) 계층구조를 만드는 방법

① 대분류에서 오른쪽 마우스 클릭 계층구조 만들기

② 중분류에서 오른쪽 마우스 클릭 계층구조에 추가-대분류 계층구조 클릭

③ 소분류에서 오른쪽 마우스 클릭 계층구조에 추가-대분류 계층구조 클릭

④ 대분류 계층구조에서 이름 바꾸기 - '분류 계층'

⑤ 필요하면 모델에서 삭제

⑥ 행에 '분류 계층'만 클릭

2) 드릴다운/업 방법

① 드릴 다운 단추의 작동법은 먼저 열과 행 어느 것을 드릴 다운할 것인가를 선택하고

② 첫 번째 화살표(↑)는 드릴 업, 즉 계층구조의 위쪽으로 이동한다.

③ 하나의 요소만 드릴다운을 설정하려면 두 번째 화살표(↓)를 클릭하면 드릴다운 모드 켜짐이 되면 선택된 열이나 행만 드릴 다운(해당 개체를 클릭함)됨

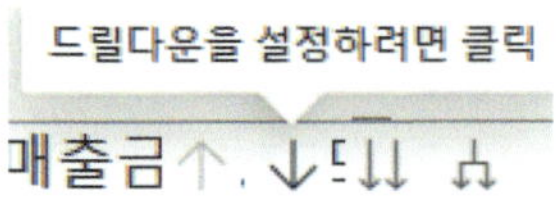

④ 드릴다운을 적용해 종류별(월별, 분기별)로 여러 해의 값을 합산해서 보려면 세 번째 화살표(아래쪽 화살표 2개짜리)를 클릭

⑤ 드릴다운을 적용시켜 모든 요소를 다 보려면 네 번째 화살표(분기하는 아래쪽 화살표)를 클릭

(3) 조건부 서식과 스파크라인

1) 조건부 서식

테이블이나 행렬에 조건부 서식을 적용하여 데이터를 강조할 수 있다. 조건부 서식은 데이터의 값에 따라 색상, 글꼴, 아이콘 등을 변경하여 표시하는 기능으로 중요한 데이터를 강조하거나 경고하는 기능을 한다.

① 테이블/행렬 개체에서 값 필드를 선택한 후 ② 서식 지정-시각화 개체의 셀 요소를 클릭하여 계열의 확정매출을 클릭하고 ③배경색, ④ 데이터 막대, ⑤ 아이콘을 클릭하여 활성화하면 된다.

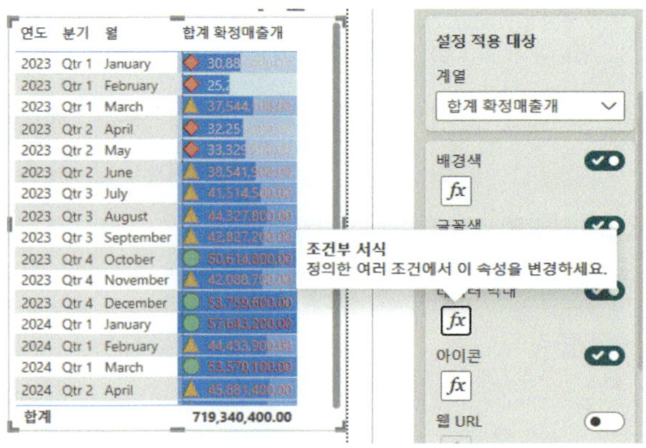

〈그림 6.38〉 테이블에서의 조건부 서식의 예시

2) 스파크라인

테이블과 행렬의 데이터를 시각화하는 다른 방법으로 스파크라인을 삽입할 수 있다. 먼저 스파크라인에 적용할 총매출금액을 새 측정값으로 만든다.

새 측정값 총매출금액 = SUM('표1'[확정매출])

다음으로 삽입 탭의 스파크라인 추가를 클릭하여 팝업창에서 다음과 같이 선택하면 스파크라인이 만들어진다.

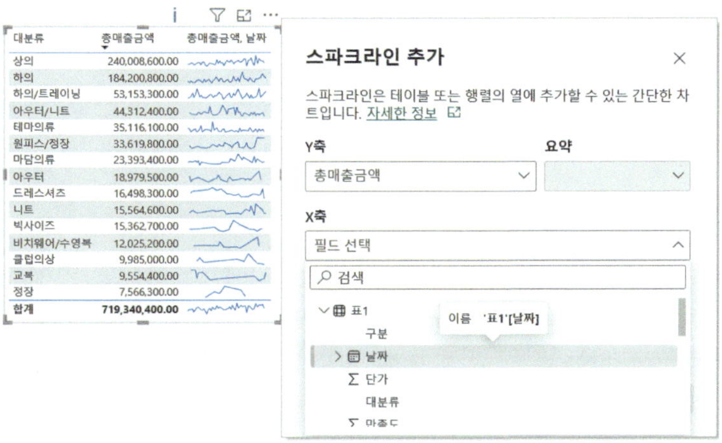

〈그림 6.39〉 테이블에서의 스파크라인의 예시

4 기타 시각화 개체 살펴보기

(1) 주요 영향 요인

1) 개요

주요 영향 요인 시각적 개체는 관심 있는 수치를 유도하는 요소를 이해하는 데 도움이 된다. 데이터를 분석하고 중요한 요소의 순위를 정하며 이를 주요 영향 요인으로 표시한다. 예를 들어 이직률이라고도 하는 직원 전직률에 영향을 주는 요소를 파악하려고 한다고 가정해 본다. 예를 들면, 고용 계약 기간과 통근 시간도 요소가 될 수 있다.

2) 주요 영향 요인을 사용하는 경우

분석하는 측정값에 영향을 주는 요소를 확인하여 상대적 중요도를 비교한다. 예를 들어 만족도가 총매출금액에 더 큰 영향을 주는가를 알아보기 위해 아래와 같이 분석한다.

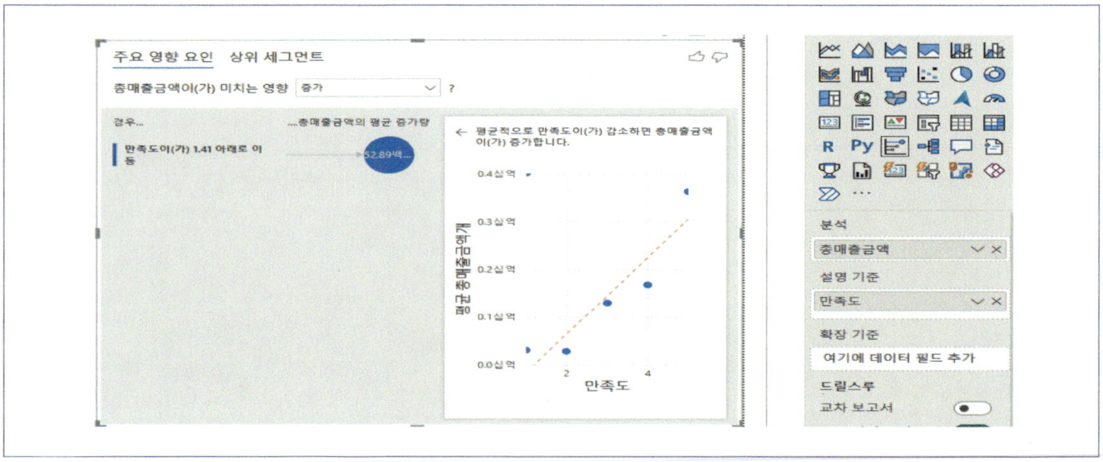

〈그림 6.40〉 주요 영향 요인의 예시

(2) 질문과 답변

현재 작업 중이 데이터모델을 기반으로 예상 질문과 답변을 제공하면 편집으로 수정할 수 있다.

① 아래 질문 제안 중 모든 제안 표시를 하여

② show me 총매출금액 for the last year를 show me 총매출금액 for 2023~2024로 수정한 결과

③ 총기간의 총매출금액 합계와 동일한 결과를 보인다.

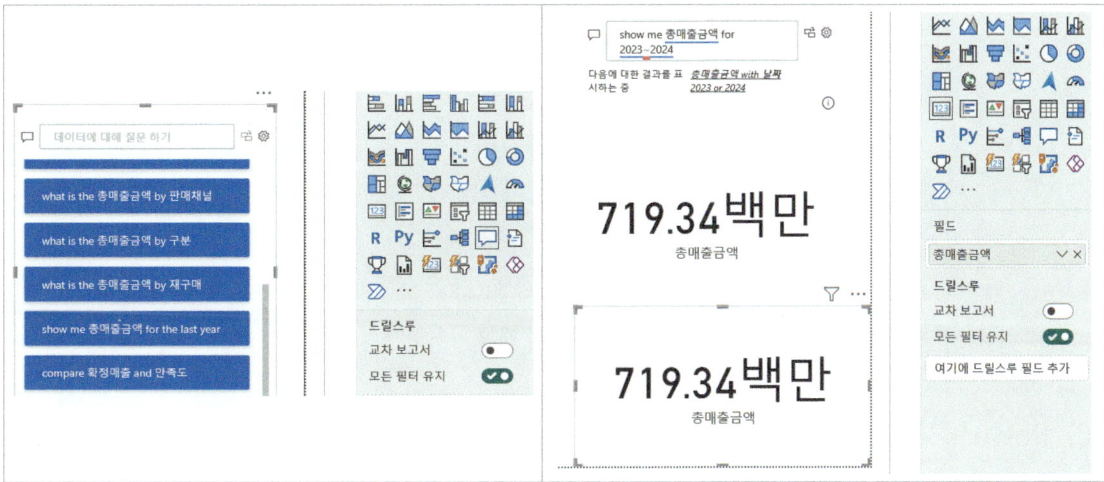

(3) 스마트 설명(내러티브)

스마트 설명 시각화를 통해 시각적 개체 및 보고서의 빠른 텍스트 요약을 제공할 수 있다. 계정에 접속하면 AI 기능인 copilot를 이용할 수 있고, 파워 BI 데스크톱에서 직접 입력할 수 있다.

(4) 목표(미리보기)

성과기록표라고 하며 연계 성과기록표는 조직의 여러 부문에서 표준화된 목표를 측정하여 조직 전체에 쉽게 추적하여 조직 내의 각 부서가 표준 목표에 대해 어떻게 측정하고 있는지 확인할 수 있다. 이 기능은 유료 중 프리미엄 이상에서 제공되는 기능이다.

(5) 페이지를 매긴 보고서

인쇄 또는 공유하도록 디자인된 보고서다. 이러한 보고서는 페이지에 적합하게 형식 지정되어 있다. 이러한 보고서에는 테이블이 여러 페이지에 걸쳐 있는 경우에도 테이블의 모든 데이터가 표시되며 보고서 페이지 레이아웃을 정확하게 제어할 수 있다. (Power BI Report Builder)

로그인해야 사용할 수 있는 시각화 개체는 아래와 같다.

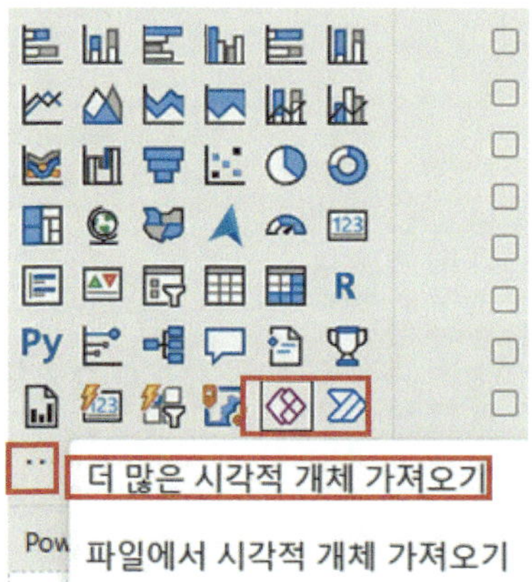

(6) Power BI용 Power Apps

Power Apps는 신속하게 응용 개발 환경을 제공하여 비즈니스 요구에 맞는 사용자 지정 앱을 만드는 앱, 서비스, 커넥터 및 데이터 플랫폼의 제품군이다. 로그인해서 유료로 사용할 수 있다. 캔버스 앱, 모델 기반 앱, 카드(프리뷰), Microsoft Dat averse(모형화)로 구성되어 있다.

(7) Power Automate for Power BI

Power Automate는 RPA(Robotic Process Automate)와 밀접한 관련이 있는 도구로 RPA는 사람이 반복적으로 수행하는 단순하고 규칙적인 작업을 소프트웨어 로봇으로 자동화하는 기술을 의미한다. 이를 통해 클라우드 플로우, 데스크톱 플로우, 또는 비즈니스 프로세스 플로우를 생성할 수 있다. 로그인해서 유료로 사용할 수 있다.

(8) 더 많은 시각적 개체 가져오기 - 텍스트마이닝 워드 클라우드

더 많은 시각적 개체 가져오기는 로그인해야 이용할 수 있으며 유료 또는 무료로 새로운 시각적 개체를 이용할 수 있다. 대표적으로 워드 클라우드 개체가 있다. 그리고 박스플로트 차트나 선버스트 차트 등 새로운 디자인의 많은 개체를 사용할 수 있다.

먼저 조직의 이메일로 회원가입을 해야 이용할 수 있으며 최초 1회는 스마트폰의 Microsoft Authentificator 로 조직의 이메일로 온 숫자 코드를 입력해서 인증을 받는다. 회원 가입했다고 당연히 유료가 되는 것이 아니고 보고서를 게시하여 공유하든지, 유료 앱을 사용하든지, 유로 시각화 개체를 사용하는 경우에는 프로 이상의 월 회비를 내야 한다.

먼저 워드 클라우드 기능을 검색해보니 2개가 나타났는데 이 중 오른쪽이 무료이므로 클릭하여 추가하면 더 많은 시각적 개체 가져오기(...) 아래 아이콘(w)이 보인다.

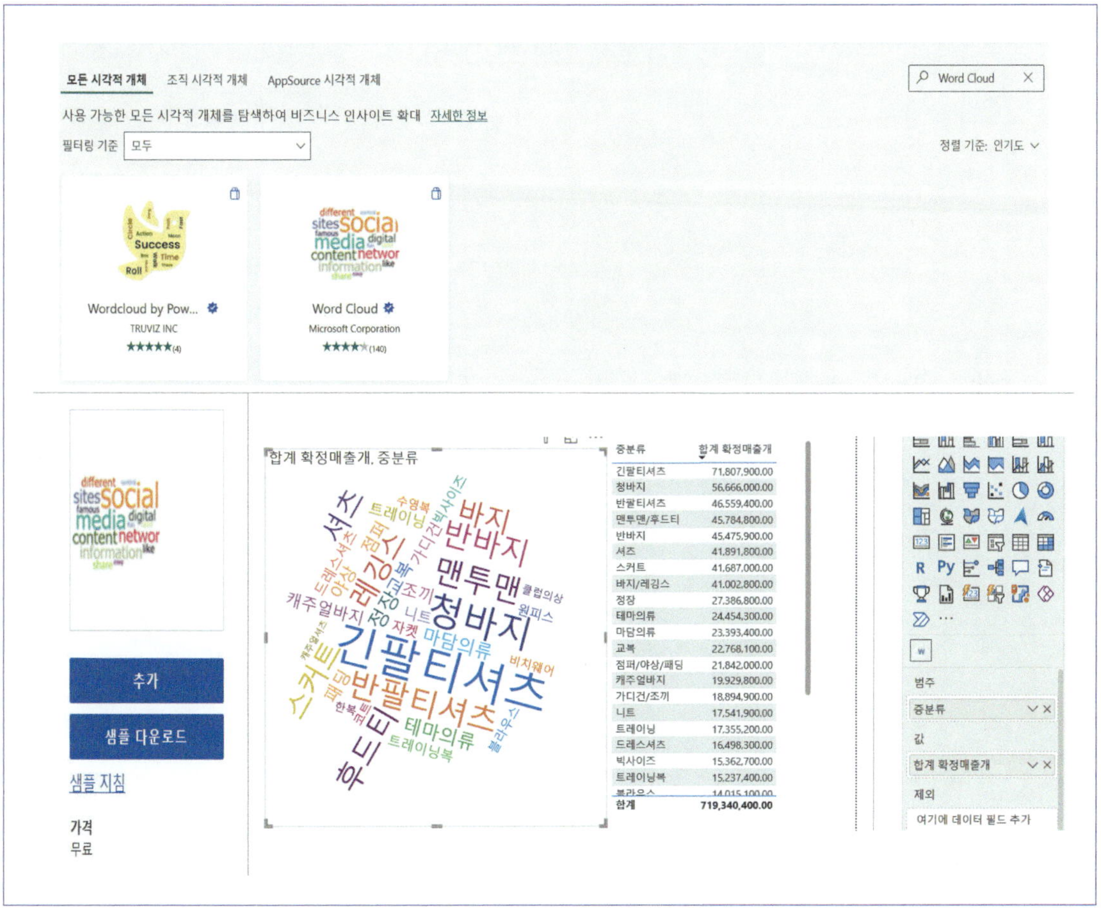

〈그림 6.41〉 워드 클라우드의 예시

이 아이콘을 클릭하고 범주에는 중분류 값에는 확정매출 필드를 클릭하면 워드 클라우드가 나타나는데 확정매출이 많은 순으로 중분류의 상품 품목이 보여지고 있다.

R이나 파이선은 통계용 프로그램 언어로 사용되며 시각화에도 강점이 있다. 이러한 언어를 이용해 시각화 개체를 직접 만들어보거나 이미 만들어 저장된 파일에서 가져오는 기능이 있다.

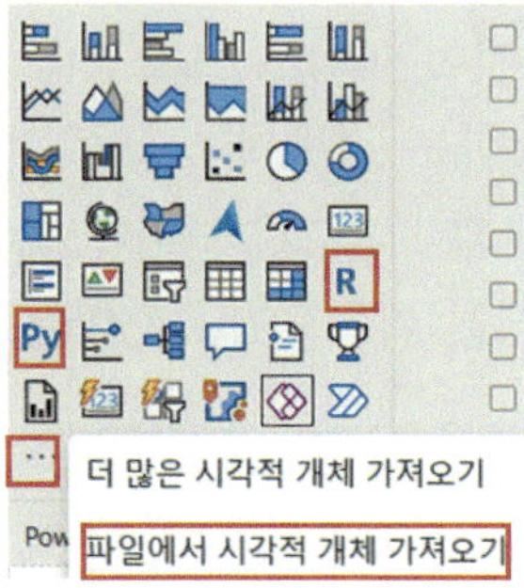

5 시각화요소 디자인 변경하기

시각적 개체와 데이터 레이블의 글꼴, 색상, 테두리, 도형 등의 디자인을 변경하는 방법은 막대형, 리본형, 꺾은 선, 영역형, 폭포수형 차트들은 유사하고 나머지는 시각적 개체유형마다 다르다.

(1) 개체 내 상호 작용 설정과 활용

파워 BI의 서식을 지정할 때마다 시각화 창-서식 지정-서식화 개체나 일반 안의 하위메뉴에 들어가야 하는 불편함이 있어 좀 더 효율적인 서식디자인 변경을 원할 때는 아래 화면처럼 파일-옵션 및 설정-옵션에서 개체 내 상호 작용을 선택한 다음 파워 BI를 다시 켠다.

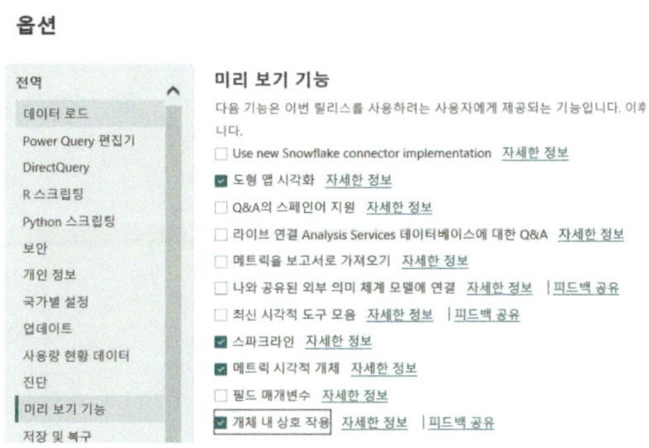

〈그림 6.42〉 개체 내 상호 작용 설정

화면에 변화가 생기고 서식작업뿐 아니라 개체 빌드도 간편해진다. 아래 화면처럼 오른쪽 구석에 데이터 창, 빌드 창, 서식 창을 열 수 있는 단추가 만들어지고 아래 예에서는 빌드 창을 열어 묶음 막대 차트를 선택하면 데이터 창이 열리고 시각적 개체 제안 보조 창도 열린다. 두 창을 이용하여 X축에 DimDate테이블의 [연월]필드, Y축에 [매출액] 측정값을 선택하고 서식창 아이콘을 클릭하던지 시각화 개체의 어느 부분을 클릭하면 서식을 쉽게 지정할 수 있다. 특히 시각화 개체의 어느 부분을 클릭하면 엑셀의 차트와 같이 설정할 수 있고, 없는 서식만 서식 창을 이용한다(이 경우에도 시각화 창-서식 지정-서식화 개체나 일반을 클릭하는 과정이 생략되어 편리하다.)

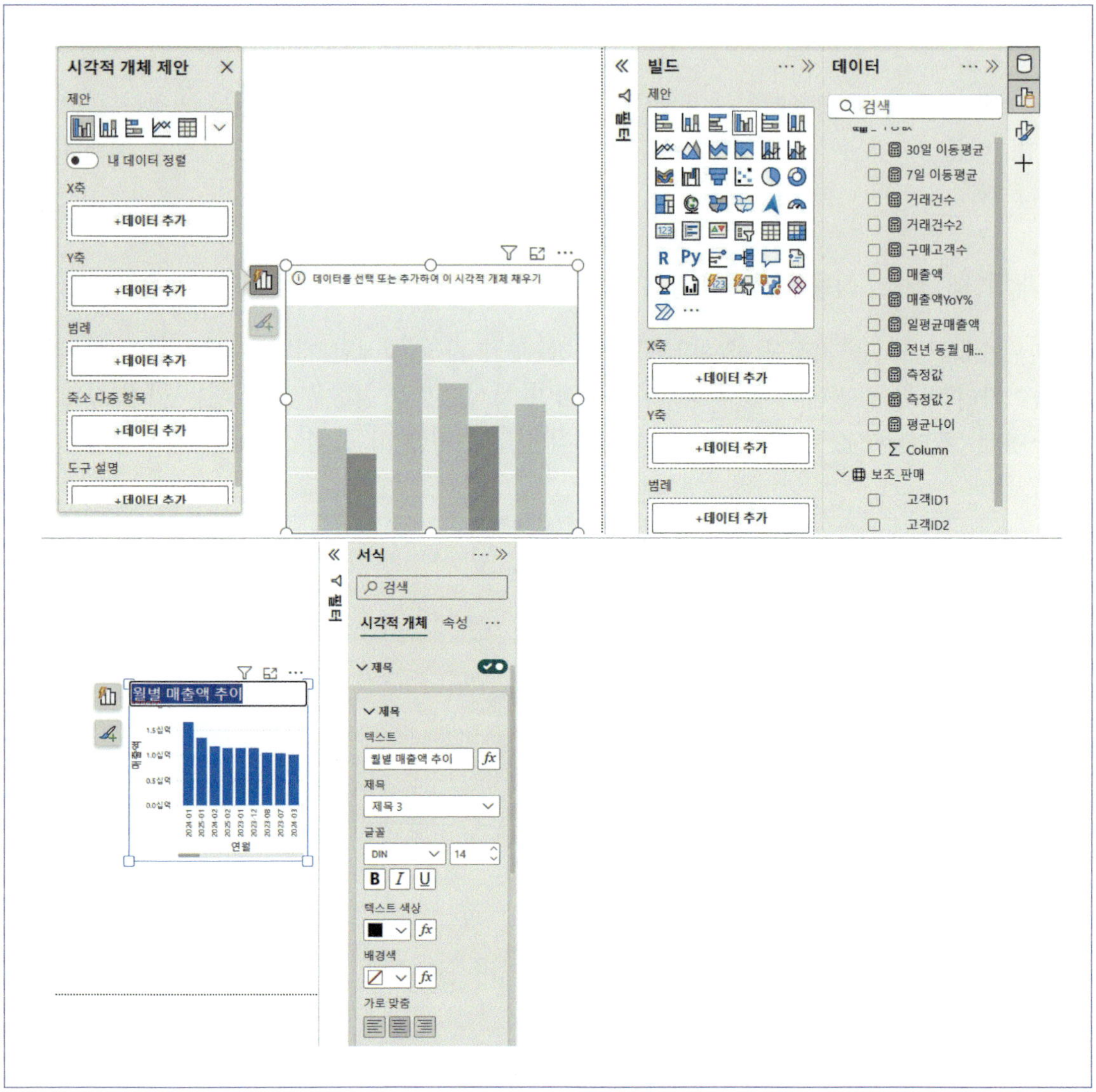

〈그림 6.43〉 개체 내 상호 작용의 활용

(2) 서식 일람

막대형/리본형	꺾은 선/영역형	폭포수형	깔때기꼴	분산형
Y(X)축: 값(**글꼴**, 색, 조건부 서식, 축의 두께, 축이름과 차트 스위치, 위치, 계층구조 수준 연결),제목(자동/입력, 제목 **글꼴**, 색), 레이아웃(막대 높이) * 레이아웃은 범주형 필드에만 적용됨 X(Y)축: 범위(최대, 최소값 지정, 로그눈금, 차트 방향 반전), 값(글꼴, 색, 조건부 서식, 표시단위, 값 소수 자릿수), 제목(자동/텍스트 입력, 스타일(제목/단위), 글꼴, 색, 조건부 서식) 범례(위치, 텍스트 글꼴, 색, 조건부 서식, 제목(자동/입력) 축소 다중 항목 : 레이아웃(행, 열, 안쪽 여백), 테두리(눈금선, 색, 투명도, 선스타일, 선 너비), 제목(위치, 글꼴, 색, 맞춤, 자동줄바꿈), 배경(색, 조건부 서식, 투명도) 눈금선 : 세로 (색, 조건부 서식, 투명도, 스타일, 두께 기준 조정, 너비) 확대/축소 슬라이드: 축, 슬라이더 레이블, 슬라이더 도구 설명 열: 대상(범주), 색(색, 조건부 서식, 투명도), 테두리(열 색 일치, 색, 투명도, 너비), 레이아웃(역순, 값 기준 정렬, 범주 사이 간격, 계열사이 공간, 계열 쪼개짐) 막대: 범주(모두/선택), 색(색, 조건부 서식, 투명도), 테두리(색, 투명도, 너비, 내부 테두리 숨기기), 레이아웃(역순, 값 기준 정렬, 막대 간격 조정, 계열사이 공간) 리본: 계열(모두/선택), 색(계열 일치/색 지정, 투명도, 테두리, 레이아웃(리본과 열 사이 간격, 계열 쪼개짐) 데이터 레이블: 계열(모두/선	X축, Y축, 눈금선, 확대/축소 슬라이드, 데이터 레이블, 그림 영역 배경: 막대형과 동일 보조 y축: 범위(최대, 최소값 지정, 로그눈금, 0 정렬), 값(글꼴, 색, 조건부 서식, 표시단위, 값 소수 자릿수), 제목(자동/텍스트 입력, 스타일(제목/단위), 글꼴, 색 선: 계열, 선(스타일, 조인유형, 너비, 보간유형), 색(색, 투명도) 영역 음영 처리: 계열, 색(선 색상 일치, 색, 투명도) 표식: 범주, 모든 범주표시 계열 레이블: 계열, 옵션(최대 두께, 위치), 값(글꼴, 색, 자동줄바꿈), 배경(색, 투명도) 합계 레이블 : 글꼴, 색, 조건부 서식, 표시단위, 값 소수 자릿수), 배경(색, 투명도)	X축, Y축, 범례, 눈금선, 데이터 레이블, 그림 영역 배경: 막대형과 동일 열: 색(증가, 감소, 기타, 합계 색 지정), 간격(범주 사이의 간격) 분석 결과 : 최대 분석 결과	색: 차트의 색을 모두, 범주별로 설정, 데이터 레이블 : 위치, 레이블 내용(데이터값, 첫 번째 항목에 대한 비율, 이전 항목에 대한 비율 등), 값(서식, 값 소수 자릿수), 배경(색, 투명도) 범주 레이블: 값(글꼴, 색, 조건부 서식) 변환 속도 레이블: 값(글꼴, 색, 조건부 서식)	X축, Y축, 눈금선, 확대/축소 슬라이드, 데이터 레이블, 그림 영역 배경: 막대형과 동일 표식: 범주, 도형(유형, 크기 승수), 색(범주별 색상, 색, 조건부 서식, 투명도), 테두리(채우기 색 일치, 색, 투명도, 너비), 범주 레이블: 값(글꼴, 색), 배경(배경색, 투명도)
		카드	**KPI**	**슬라이서**
		설명 값: 글꼴, 색, 조건부 서식, 표시단위, 소수자릿수, 자동줄바꿈, 원본 간격 범주 레이블 : 글꼴, 색, 조건부 서식 카드(여러 행 카드): 스타일, 테두리 위치. 배경색, 조건부 서식, 안쪽 여백, 악센트 바(색, 너비)	설명 값: 글꼴, 색, 조건부 서식, 가로 맞춤, 세로 맞춤, 표시단위, 소수자릿수 아이콘: 아이콘(아이콘 크기) 추세 축: 방향, 올바른 색, 중간색, 잘못된 색별로 설정, 조건부 서식, 투명도 목표레이블 : 값(글꼴, 색, 조건부 서식, 목표값), 목표까지의 거리: 스타일, 거리 방향, 글꼴, 색, 조건부 서식, 날짜(글꼴, 색, 조건부 서식)	슬라이서 설정: 옵션(스타일) 슬라이서 머리글:텍스트(제목 텍스트-자동/입력), 글꼴, 색, 조건부 서식), 테두리(위치, 색, 선 두께), 배경(색, 조건부 서식), 보류 중인 아이콘(색, 투명도, 위치, 크기, 도구 설명 표시, 설명 텍스트) 값: 값(글꼴, 색), 배경(배경색) 슬라이더: 색(색)
	원/도넛형	**트리맵**	**지도형**	**계기형**
	범례: 옵션(위치), 텍스트(서식), 제목(자동이나 사용자 입력 가능) 조각: 색 지정, 도넛형은 간격(내부 반경이 있음)	범례: 옵션, 텍스트, 제목(원/도넛형과 동일) 색: 고급 컨트롤, 색 지정 레이아웃: 타일링방법, 모든 노드 사이	지도 설정: 지도 설정(맵 유형, 맵 유형 키 보기, 프로젝션(지도 왜곡 처리)), 확대/축소(자동, 선택영역/, 수동) 범례: 옵션(위치),	게이지 축: 최소값, 최대값, 대상(목표값)을 입력 색: 채우기(색, 조건부 서식), 대상 색상(색, 조건부 서식) 데이터 레이블: 값(글

막대형/리본형	꺾은 선/영역형	폭포수형	깔때기꼴	분산형
택), 위치, 넘치는 텍스트, 레이블표시 최적화), 제목(자동/사용자 지정, 글꼴, 색, 투명도, 0 빈 항목 표시), 값(필드, 글꼴, 색, 투명도, 표시단위(자동/선택)), 배경(색, 투명도), 레이아웃(한 줄, 여러 줄) 그림 영역 배경(찾아보기, 맞춤, 투명도)	세부정보레이블: 위치, 넘치는 텍스트, 레이블 내용, 값(글꼴, 색, 조건부 서식, 표시단위, 값 소수 자릿수, 비율의 소수자릿수) 회전: 회전 (°)	의 간격 데이터 테이블:값(글꼴, 색, 조건부 서식, 표시단위, 소수 자릿수) 범주 레이블: 값(글꼴, 색, 조건부 서식)	텍스트(글꼴, 색, 조건부 서식). 제목(자동/입력) 색 채우기(색-그러데이션, 최소값, 최대값), 빈영역(표시, 색), 테두리(색, 너비)	꼴, 색, 조건부 서식, 표시단위, 값 소수 자릿수) 목표(대상) 레이블: 글꼴, 색, 조건부 서식, 표시단위, 값 소수 자릿수 설명 값: 값(글꼴, 색, 조건부 서식, 표시단위, 값 소수 자릿수, 사용자지정레이블)

테이블	행렬
스타일 사전 설정: 스타일 10개 눈금: 가로/세로 눈금선(색, 너비), 테두리(섹션, 테두리 위치, 색, 너비), 옵션(안쪽 여백, 글꼴 크기) 값: 값(글꼴, 텍스트 색, 배경색, 대체 텍스트 색, 다른 배경색, 자동 줄 바꿈), 값을 행으로 전환(*행렬만) 열 머리글: 텍스트(글꼴, 텍스트 색, 배경색, 머리글 맞춤, 자동 줄 바꿈), 옵션(자동 크기 너비) 합계: 값(글꼴, 텍스트 색, 배경색) 특정 열: 대상(계열, 헤더에 적용, 부분합에 적용(*행렬만), 합계에 적용, 값에 적용), 값(텍스트 색, 배경색, 맞춤, 표시단위, 값 소수 자릿수) 셀 요소: 대상(계열), 배경색, 글꼴 색, 데이터 막대, 아이콘, 웹 URL 색 설정, 조건부 서식) URL 아이콘: 값 이미지 크기: 높이, 너비 스파크 라인: 설정 적용 대상	눈금, 값, 열 머리글, 특정 열, 셀 요소, 이미지 크기, 스파크 라인: 테이블과 동일 레이아웃 및 스타일 사전 설정: 스타일 10개, 레이아웃, 들여쓰기 빈 행: 색, 투명도, 테두리 행 머리글: 텍스트(글꼴, 텍스트 색, 배경색, 줄무늬 행 색, 맞춤), +/- 아이콘(색, 크기) 열 소계: 대상(열 수준별, 열 수준), 열(부분합 표시, 부분합 레이블(자동/입력), 값(글꼴, 색, 배경색, 레이블에 적용) 행 소계: 대상(행 수준별, 행 수준), 행(부분합 표시, 부분합 레이블(자동/입력), 위치, 값(글꼴, 색, 배경색, 레이블에 적용) 열 총합계: 값(글꼴, 텍스트 색, 배경색, 레이블에 적용) 행 총합계: 값(글꼴, 텍스트 색, 배경색, 레이블에 적용) URL 아이콘: 값, 열 머리글, 행 머리글

6 기능 활용하기

(1) 데이터 그룹 설정

데이터 그룹 설정은 여러 범주를 하나로 결합할 수 있다. 예를 들어 광역지자체명을 '수도권', '중부권' '호남권', '영남권'으로 그룹화하던지 확정매출액을 '1억 원 이하', '1억 원~2억 원' 등으로 범주화하여 시각화할 수 있다. 즉 텍스트는 목록을 만들어 범주화하고 숫자는 범위(bin)로 범주화할 수 있다.

1) 그룹화하기

테이블 보기에서 그룹화할 열을 선택하고 열도구 탭-데이터그룹-새 데이터그룹을 누르면 아래 그림처럼 그룹 가능한 그룹화되지 않은 값 리스트가 나타난다. 여기서 그룹으로 묶기 원하는 항목을 선택하고 이름을 지정하면 오른쪽에 그룹 및 구성원에 나타나고 편집도 가능하다. 원하는 만큼 그룹화하고 확인을 누른다.

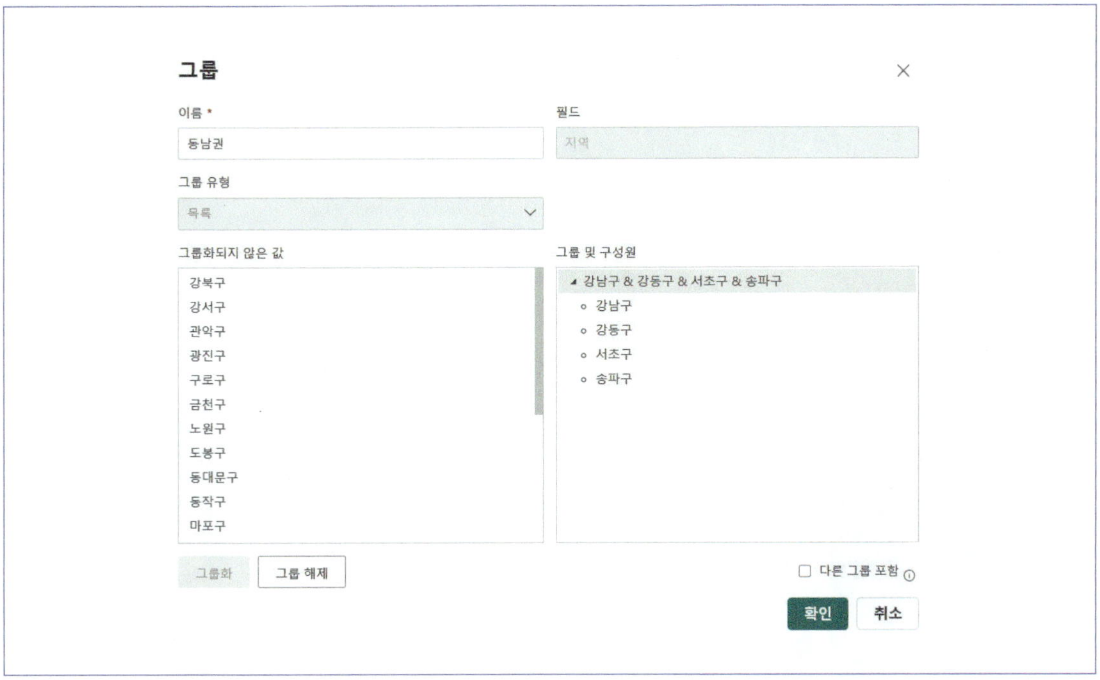

〈그림 6.44〉 그룹화의 활용

2) 범주화하기

수치 그룹화는 범주화라고 하는데 다음과 같이 작업한다. 테이블 보기에서 그룹화할 수치 열을 선택하고 열도구 탭-데이터그룹-새 데이터를 누르면 아래 그림처럼 bin의 간격을 입력한다. 여기서 그룹으로 묶기 원하는 범위로 범주화하고 편집도 가능하다.

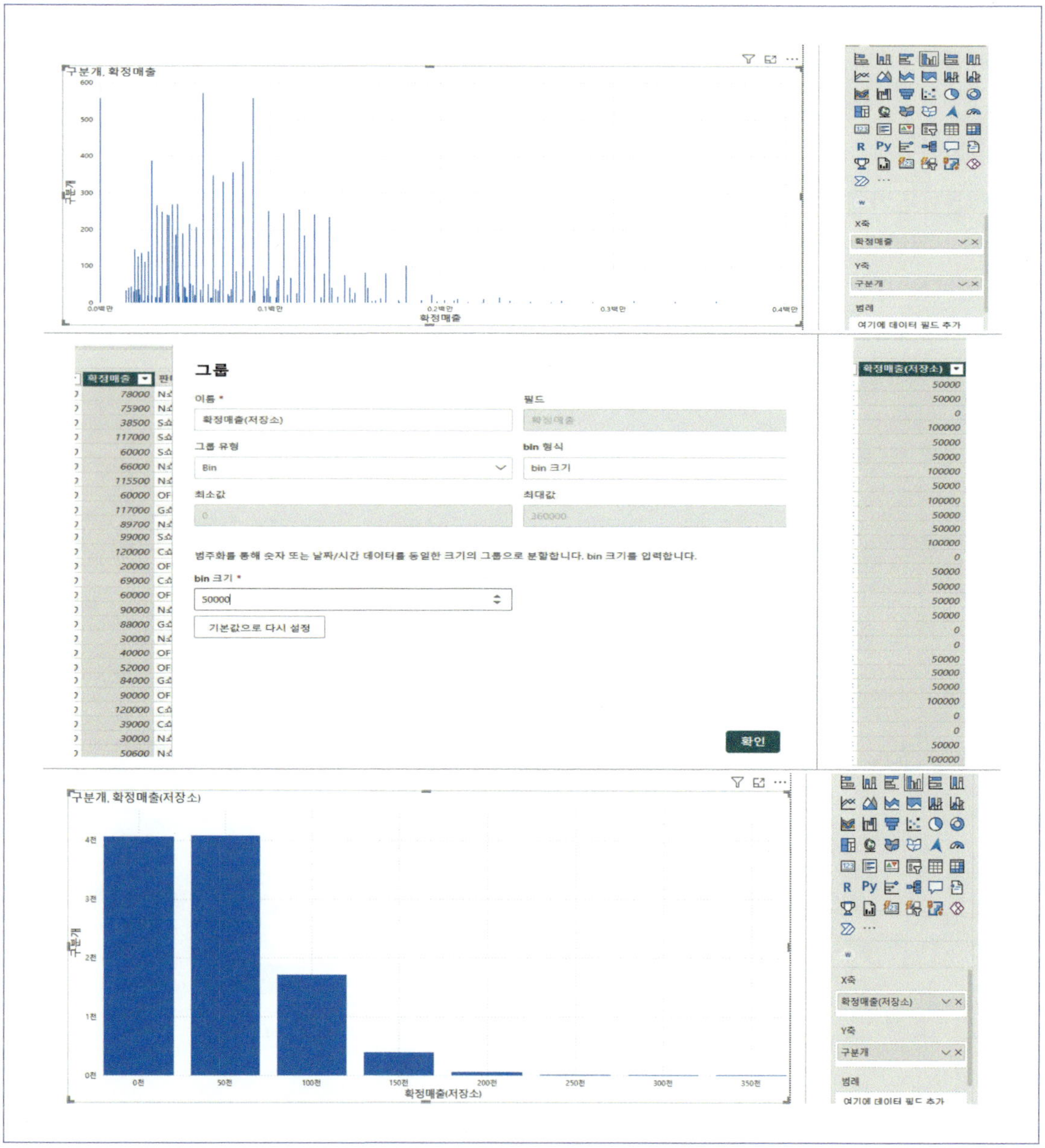

〈그림 6.45〉 범주화의 활용

(2) 필터 적용하기

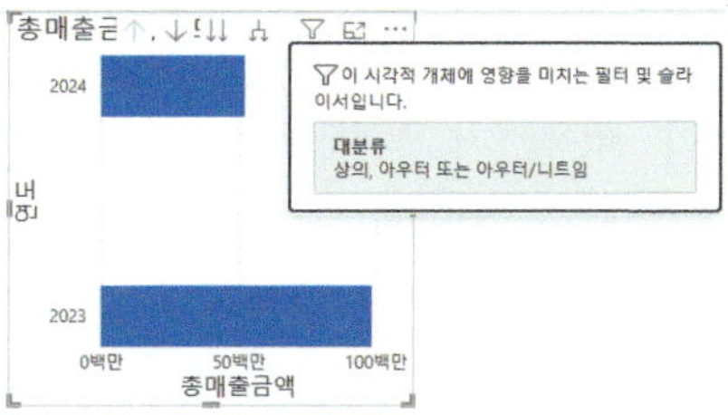

〈그림 6.46〉 필터 적용하기

모든 시각적 개체의 오른쪽 위에 있는 필터 단추를 누르면 현재 적용된 필터 항목이 표시된다.

적용대상을 바꾸려면 필터 창에서 앞에서 실습한 방법으로 특정 조건에 맞는 데이터만 나타내도록 필터를 신규 또는 수정 적용할 수 있다. 개체단위, 페이지 단위, 모든 페이지 단위로 적용될 수 있다.

(3) 상호 작용 편집

파워 BI로 작성된 보고서는 시각적 개체 간 상호 작용하는 대화형 보고서 작성이 가능하다. 슬라이서에서 범주를 선택하면 작성된 모든 시각적 개체에 필터링 되거나 예를 들어 막대형 차트에서 특정 열을 선택하면 같은 페이지 내의 다른 차트에 강조 표시(highlight)되거나 필터링 된다.

1) 편집 방법

보고서 내 여러 시각적 개체 중 하나를 선택한다.
서식 탭-상호 작용 편집을 누른다.
선택된 개체 외 다른 시각화 개체들 상단 오른편에 상호 작용 아이콘들이 나타난다.
시각적 개체마다 지원되는 기능에 따라 2~3개의 아이콘이 나타난다.

 : 필터, 강조표시, 없음

 : 필터 없음

2) 상호 작용 설명

필터 : 다른 시각화요소를 교차 필터링해야 하는 경우 사용한다. 선택된 요소만 필터링 되어 나타나고 나머지는 보이지 않는다. 꺾은 선 형, 분산형, 영역형은 교차 필터링은 가능하지만, 교차 강조는 사용할 수 없어 아이콘이 2개만 나타난다.

강조표시: 페이지의 다른 시각화 중 하나를 교차 강조 표시하는 경우 사용한다. 선택된 요소는 선명하게 표시되고 나머지는 희미하게 나타난다.

없음 : 다른 시각화 개체에 영향을 주지 않을 경우 사용한다.

상호 작용을 하지 못하게 하려면 개체를 선택한 상태에서 서식 탭-상호작용편집으로 들어가 상호 작용을 원하지 않는 개체의 오른쪽 위의 ⃠를 클릭하여 로 바꾸고, 서식 탭-상호작용 편집을 다시 누른다. 만일 상호 작용 중지를 해지하려면 필터모양 단추를 누른다.

(4) 축 설정 변경

1) X축

X축 설정 변경은 시각화 개체 창-서식 지정-시각적 개체-X축에서 작업한다.

X축에 대해 사용자 지정할 수 있는 다양한 기능이 있다. 데이터 레이블과 X축 제목을 추가하고 수정할 수 있다.

범주의 경우 막대, 세로 막대, 선 및 영역의 너비, 크기 및 안쪽 여백을 수정할 수 있다.

값의 경우 표시단위, 값 소수 자릿수 및 눈금선을 수정할 수 있다.

기본 축 데이터 형식이 수치인 경우 연속 축(숫자 및 날짜/시간 형식의 기본값) 또는 범주 중에서 선택할 수 있다.

연속 축은 선형 또는 로그 배율일 수 있으며 스크롤 하지 않고 모든 데이터를 표시할 수 있다. 범주 축은 각 데이터 요소에 대한 범주 레이블을 표시하며, 콘텐츠가 그림 영역에 맞지 않으면 스크롤 된다.

2) Y축

Y축 설정 변경은 시각화 창-서식 지정-시각적 개체-Y축에서 작업한다.

Y축에 대해 사용자 지정할 수 있는 다양한 기능이 있다. 데이터 레이블, Y축 제목 및 눈금선을 추가하고 수정할 수 있다.

값의 경우 표시단위, 소수 자릿수, 최소값과 최대값을 수정할 수 있다.

범주의 경우 막대, 세로 막대, 선 및 영역의 너비, 크기 및 안쪽 여백을 수정할 수 있다.

3) 이중 Y축

Y축 설정 변경은 시각화 창-서식 지정-시각적 개체-보조 Y축에서 작업한다.

꺾은선형 및 누적 세로 막대형 차트로 변경한다. 이 형식의 시각적 개체는 단일 꺾은선형 차트 값과 여러 개의 나열형 열값을 지원한다.

(5) 범례와 설명

파워 BI의 시각화 개체 중 범례를 지원하는 것은 막대형, 리본형, 폭포수형, 원형, 도넛형, 트리맵, 지도형에 해당하며 각각 시각화 창-서식 지정-시각화 개체에 마련되어 있다.

데이터에 대한 설명 내용을 변경하려면 모든 차트 개체에 시각화 창-시각적 개체 빌드-도구 설명에 대체하고 싶은 범주 필드를 추가하면 된다.

(6) 새 매개 변수 만들기

새 매개 변수는 보고서에 What-if 매개 변수를 만들어 슬라이서 값을 가상매개변수로 할당한다. 매개 변수는 보고서 보기의 모델링 탭에서 만들 수 있으며 숫자와 필드 유형으로 작성할 수 있다. 또한, DAX 수식을 작성하여 값의 변화를 시각화해서 볼 수 있다.

1) 숫자 범위 매개 변수

할인율을 매개 변수로 입력하여 할인금액에 대한 시각화 개체의 변화에 반영해 본다.

① 보고서 보기에서 새 페이지를 만들어 이동한 다음, 새 매개 변수 작성을 위해 모델링 탭의 새 매개 변수 숫자 범위를 클릭한다.

② 매개 변수 대화상자에서 이름을 '할인율'로 정하고 데이터형식을 10진수로 설정한다. 최소값은 0, 최대값은 1, 증가는 0.1을 입력한다. 이는 할인을 0~100% 사이의 값을 10%씩 증가(감소)하는 매개 변수를 작성한 것이다.

③ 이 페이지에 슬라이드 추가가 체크된 상태에서 만들기를 클릭한다.

④ 해당 페이지에 할인율 슬라이더가 표시되며, 데이터 창에 할인율 테이블이 만들어져 할인율과 값 할인율 매개 변수가 생성되어 있다.

```
할인율 = GENERATESERIES(0, 1, 0.1)
할인율 값 = SELECTEDVALUE('할인율'[할인율])
```

⑤ 할인율 값을 이용해 할인금액의 변동을 파악하는 수식을 새 측정값으로 넣어본다.

```
금액 = sumx('표1', [단가] * [수량])
할인금액 = sumx('표1', [단가] * [수량] * (1-'할인율'[할인율 값]))
```

⑥ 팔레트의 빈 공간을 클릭하고 시각화 개체로 누적 세로 막대그래프를 넣는다. X축에 DimDate의 연도와 월을 놓고, Y축에 금액과 할인금액을 놓는다. 그래프 오른쪽 위 …(추가 옵션)을 클릭하고 축 정렬기준을 연도 월, 오름차순으로 정렬한다.

⑦ 할인율 슬라이더에서 값을 드래그로 변동시켜 누적 세로 막대그래프의 변동을 확인한다.

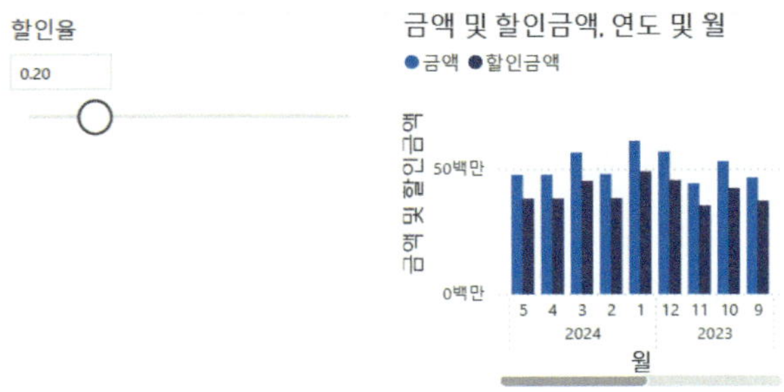

〈그림 6.47〉 숫자 범위 매개 변수

2) 필드 매개 변수

필드 값을 매개 변수로 입력하여 시각화 개체의 변화에 반영해 본다.

① 보고서 보기에서 새 페이지를 만들어 이동한 다음, 새 매개 변수 작성을 위해 모델링 탭의 새 매개 변수 필드를 클릭한다.

② 매개 변수 대화상자에서 이름을 '필드 매개 변수'로 정하고 필드 추가 및 순서 변경에 DimDate 테이블의 연도 필드, 표1 테이블의 판매채널 필드, 대분류 필드를 추가한다.

③ 이 페이지에 슬라이서 추가가 체크된 상태에서 만들기를 클릭한다.

④ 해당 페이지에 필드 매개 변수 슬라이서가 표시되며, 데이터 창에 필드 매개 변수 테이블이 만들어져 연도, 채널명, 분류 값 매개 변수가 생성되어 있다.

```
필드 매개 변수 = {
    ("연도", NAMEOF('DimDate'[연도]), 0),
    ("판매채널", NAMEOF('표1'[판매채널]), 1),
    ("대분류", NAMEOF('표1'[대분류]), 2)
}
```

⑤ 필드 매개 변수 슬라이서는 시각화 창-서식 지정-시각적 개체의 슬라이서 설정에서 스타일을 타일로, 방향과 크기를 드래그해서 적절하게 정한다.

⑥ 필드 매개 변수 슬라이서를 이용해 묶은 가로 막대형 차트를 작성해본다.
팔레트의 빈 공간을 클릭하고 시각화 창에서 묶은 가로 막대 그래프를 추가한다.
X축에 총매출금액 측정값을 놓고, Y축에 필드 매개 변수 측정값을 추가한다.

⑦ 필드 매개 변수 슬라이서의 항목을 선택할 때마다 묶은 가로 막대형 차트의 Y축 항목이 변동되는 것을 확인할 수 있다.

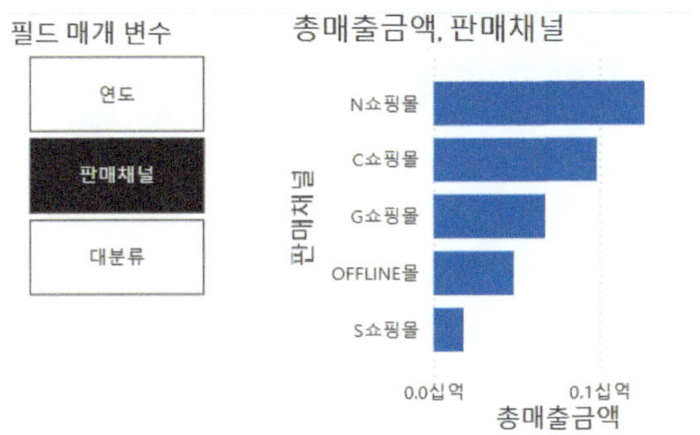

〈그림 6.48〉 필드 매개 변수

(7) 드릴 스루

사용자가 파워 BI에서 보고서나 대시보드를 사용하다 보면 특정 항목에 대해 더욱 심층적인 정보를 보기 원할 때가 있다.

예를 들어 전체적으로 지역별 매출 실적을 보다가 실적이 우수하거나 부진한 지역에 대해서 보다 자세한 내용을 볼 경우가 있다.

물론 파워 BI의 한 시각적 개체에서 해당 요소를 클릭하면 같은 페이지 전체에서 필터링되는 효과도 있지만 새로운 페이지에서 자세한 내용을 보고 싶을 때가 있다.

이때 사용하는 것이 드릴스루와 도구 설명 기능이다. 이 기능으로 데이터에 대한 설명 내용을 변경할 수 있다.

파워 BI에서 드릴 스루(Drill through)란 사용자가 기본 보고서 페이지의 특정 데이터 위에 마우스를 오른쪽 클릭할 때 나타나는 페이지 목록들에서 선택한 다른 페이지로 이동하면서 세부 정보를 볼 수 있게 해주는 기능이다. 이 기능을 통해 사용자는 특정 데이터 포인트에 대한 추가적인 상세한 정보나 관련된 데이터를 볼 수 있게 된다.

① 기본 보고서 페이지와 상세한 정보를 보여줄 페이지를 아래 그림처럼 만든다. 왼쪽 그림에서 특정 지역이 선택되었을 때 해당 지역만의 기간별 매출 트렌드를 볼 수 있도록 상세 페이지를 만들어 놓는다.

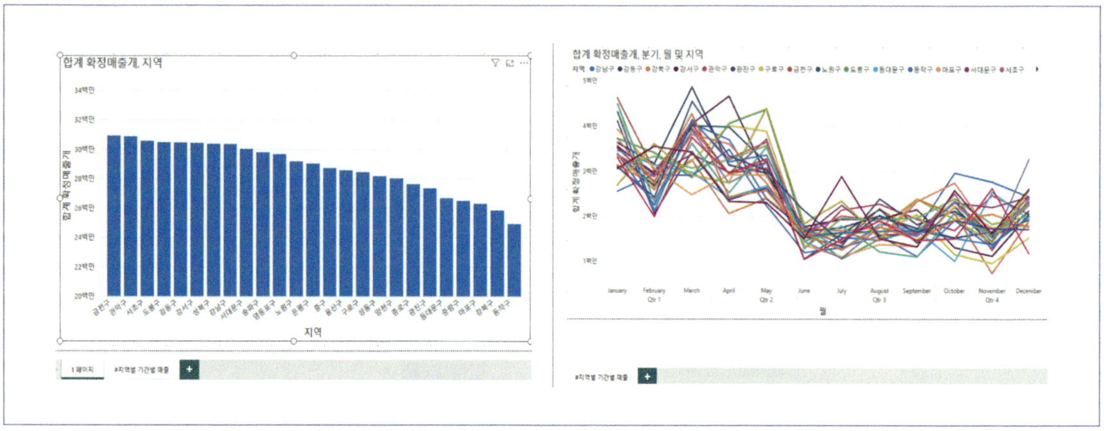

〈그림 6.49〉 드릴스루 준비

② 상세 정보 페이지의 이름을 "#지역별 기간별 매출"로 변경한다. 드릴 스루용으로 만든 상세 페이지는 '페이지 숨기기' 처리하는 것이 좋다. (페이지를 숨기려면 페이지 이름에서 우클릭 〉 숨기기)

③ 이제 ①에서 만든 오른쪽 드릴 스루용 페이지로 서식 창-페이지 정보-페이지 유형을 드릴 스루로 선택한 뒤, '드릴 스루 시작'에다 원하는 대상 범주인 '지역'을 넣는다. 원하는 대상 범주란 기본 페이지 상에 있는 어느 시각적 개체(차트)의 어떤 범주에다가 마우스를 갖다 대었을 때 이 드릴 스루 옵션이 실행되기를 바랄 때 그 범주 필드를 지정하는 것이다.
참고로 위 그림에 있는 '드릴 스루 시작'에는 여러 개의 필드(열)를 넣을 수도 있으며 (기본 페이지의 여러 시각적 개체에서 드릴스루할 수 있음), 넣은 후에 좌측 상단에 ⊖ 버튼이 생긴다. Ctrl+클릭 시 왔던 곳(기본 페이지)으로 다시 돌아가도록 해주는 버튼이다.

④ 실행 : 앞쪽 메인 페이지로 가서 '지역'이 나와 있는 차트를 하나 찾아서 지역 값 중 하나에서 마우스 우클릭 해보면 아래 왼편 그림과 같이 드릴 스루 표시가 뜨고 해당 페이지의 이름#지역별 기간별 매출이 나타난다. 선택하면 드릴 스루 페이지로 이동하게 된다.

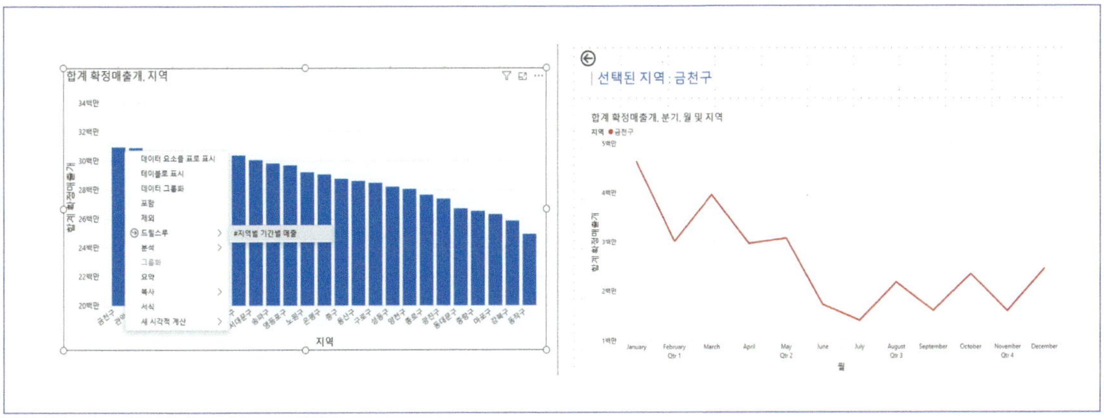

〈그림 6.50〉 드릴스루 결과

(8) 도구 설명

도구 설명은 마우스를 특정 데이터 위에 위치할 때 팝업창 형태로 열어 세부 정보를 볼 수 있게 해주는 기능이다. 이 기능을 통해서도 드릴다운처럼 사용자는 특정 데이터 포인트에 대한 추가적인 상세한 정보나 관련된 데이터를 볼 수 있게 된다.

①, ② 는 드릴다운과 같은 절차를 거친다.

③ 이제 ①에서 만든 오른쪽 드릴 스루용 페이지로 서식 창-페이지 정보-페이지 유형을 도구 설명으로 선택한 뒤, '도구 설명 표시 켜기'에다 원하는 대상 범주인 '지역'을 넣는다. 원하는 대상 범주란 기본 페이지 상에 있는 어느 시각적 개체(차트)의 어떤 범주에다가 마우스를 갖다 대었을 때 이 도구 옵션이 실행되기를 바랄 때 그 범주 필드를 지정하는 것이다.

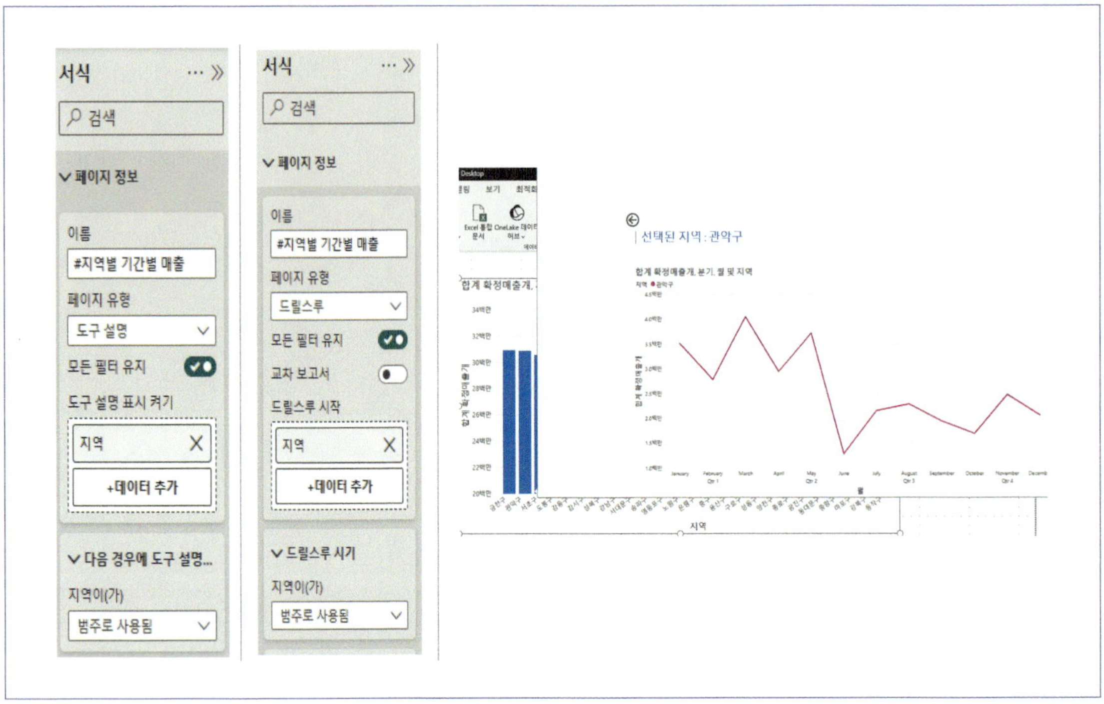

〈그림 6.51〉 도구 설명 결과

(9) 분석

시각적 개체에 대해 간단한 요약 값을 나타내기 위해 분석기능을 활용할 수 있다. 시각화 개체 내에 있는 분해 트리와 AI를 활용한 주요 영향 요인과 뿐만 아니라 역시 AI를 활용한 분석기능이 있다.

시각적 개체인 차트에서 아래 그림은 오른쪽 마우스 클릭하면 '분석-이분포가 다른 경우 찾기'를 클릭하면 아래의 경우처럼 여러 범주별로 AI가 판매채널, 구분, 유입경로, 재구매, 대분류, 중분류, 소분류별(지역을 제외한 다른 범주형 필드별)로 최대 3개까지 범주값을 선택하여 매출에 대한 영향과 비율로 본 영향까지 제시하고 있고 ⊕를 클릭하면 선택된 범주값으로 시각적 개체를 자동으로 제공할 수 있다.

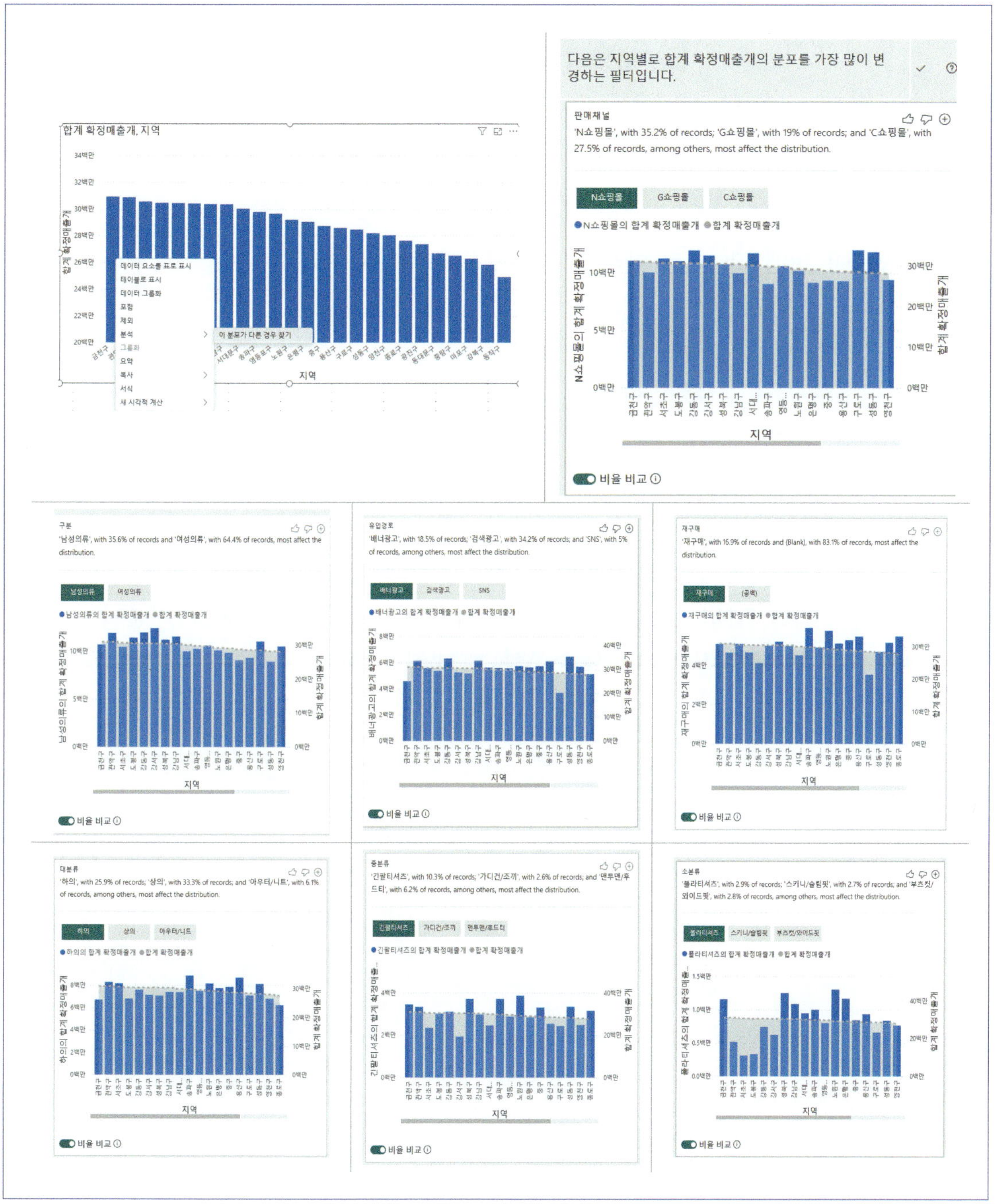
합계 확정매출개, 지역
데이터 요소를 표로 표시
테이블로 표시
데이터 그룹화
포함
제외
분석
이 분포가 다른 경우 찾기
요약
복사
서식
새 시각적 계산
지역
다음은 지역별로 합계 확정매출개의 분포를 가장 많이 변경하는 필터입니다.
판매채널
'N쇼핑몰', with 35.2% of records; 'G쇼핑몰', with 19% of records; and 'C쇼핑몰', with 27.5% of records, among others, most affect the distribution.
N쇼핑몰
G쇼핑몰
C쇼핑몰
N쇼핑몰의 합계 확정매출개
합계 확정매출개
비율 비교

〈그림 6.52〉 분석의 결과

제7장

DAX 연습 – 매출 분석과 고객분석

DAX 연습용 판매 데이터는 아래와 같이 구성되어 있다.

① Fact table (1개): 판매
② Dimension table (3개): 제품, 고객, 판매원

(작업 준비) 테이블 만들기와 데이터 모델링(테이블 간 관계 맺기)

DimDate = ADDCOLUMNS(CALENDAR(DATE(2023,1,1),DATE(2024,12,31)), "월", MONTH([Date]), "연월", FORMAT([Date], "YYYY-MM"), "분기", "Q" & FORMAT([Date], "Q"), "연도", YEAR([Date]))

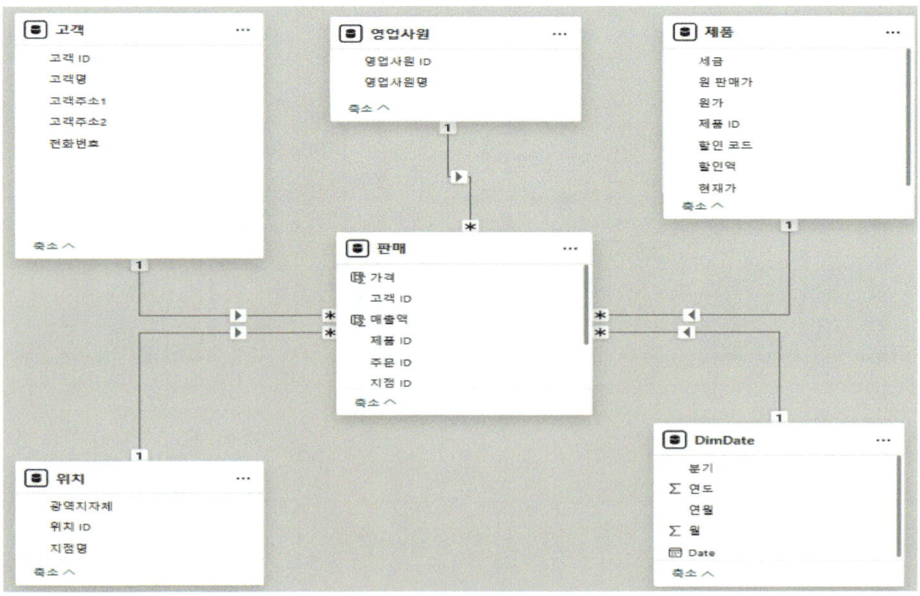

〈그림 7.1〉 매출 분석을 위한 테이블 준비와 모델링

1 기간별 매출 거래 건수와 거래고객 수 파악

(사용 DAX 함수 : Count, CountRows, DistinctCount, Divide)

(1) DB에 등록된 전체 고객 수 구하기(측정값)

```
전체고객수 = COUNT('고객'[고객 ID])
```

한글로 된 테이블 명은 ' '를 반드시 둘러줘야 한다.

(2) 거래고객 수 및 거래 건수 구하기(측정값)

거래가 이뤄진 고객이 몇 명인지를 파악해보기 위해 '판매' 테이블(Fact Table) 내에 있는 [고객 ID]를 세어본다. 여기서 한 고객이 여러 번 구매할 수 있으므로 중복되지 않는 고유 고객 수를 세기 위해 DistinctCount 함수를 사용한다.

```
거래고객수 = DISTINCTCOUNT('판매'[고객 ID])
거래건수 = COUNTROWS('판매')
```

(3) 고객당 평균 거래 건수 구하기(측정값)

```
고객당 거래건수 = DIVIDE([거래건수], [거래고객수])
```

Divide 함수는 '열'을 지정하면 안 되고 특정 값 혹은 '측정값'을 넣어주어야 한다. 열들을 넣어줄 때 해당 열들에 있는 여러 개의 행 중에 어떤 걸 골라서 어떤 거로 나눠줘야 할지 Power BI가 알 수가 없기 때문이다.

Tips

측정값이 많이 사용되고 여러 테이블에서 만들면 필요할 때 찾아보기 힘들므로 홈 탭-데이터 변환으로 새 테이블로 "_측정값"을 만들어 여기로 이동한다. 옮길 측정값을 선택하고 측정 도구 탭-홈 테이블에서 '_측정값' 테이블을 선택한다. 나머지도 같이 한다. 이렇게 측정값을 관리하면 추가할 때는 _측정값 테이블에서 추가하면 더 편리하고 찾기도 쉽다.

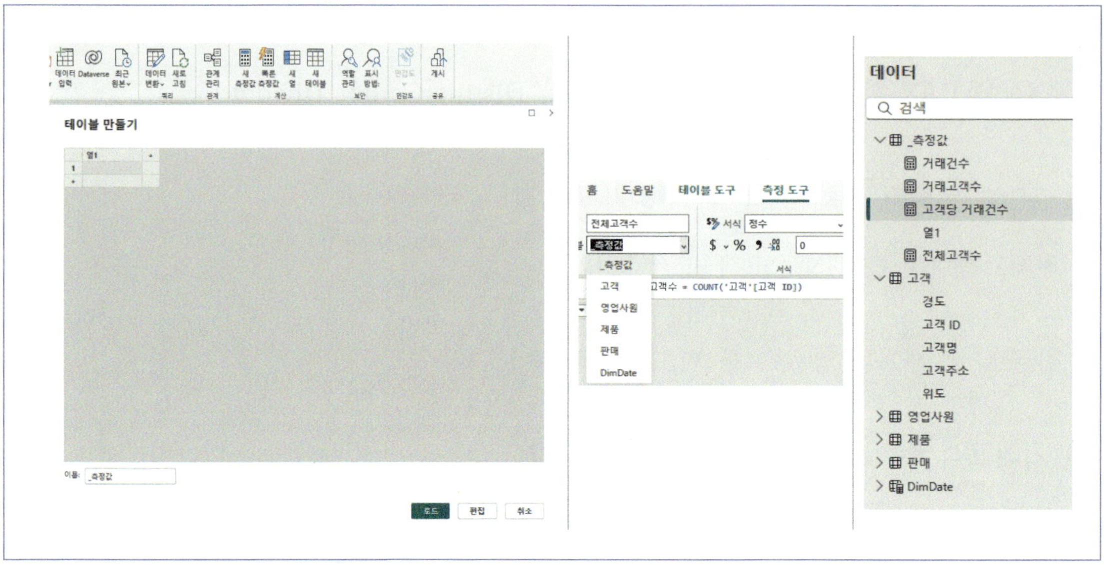

〈그림 7.2〉 측정값 테이블의 준비

(4) 시각화

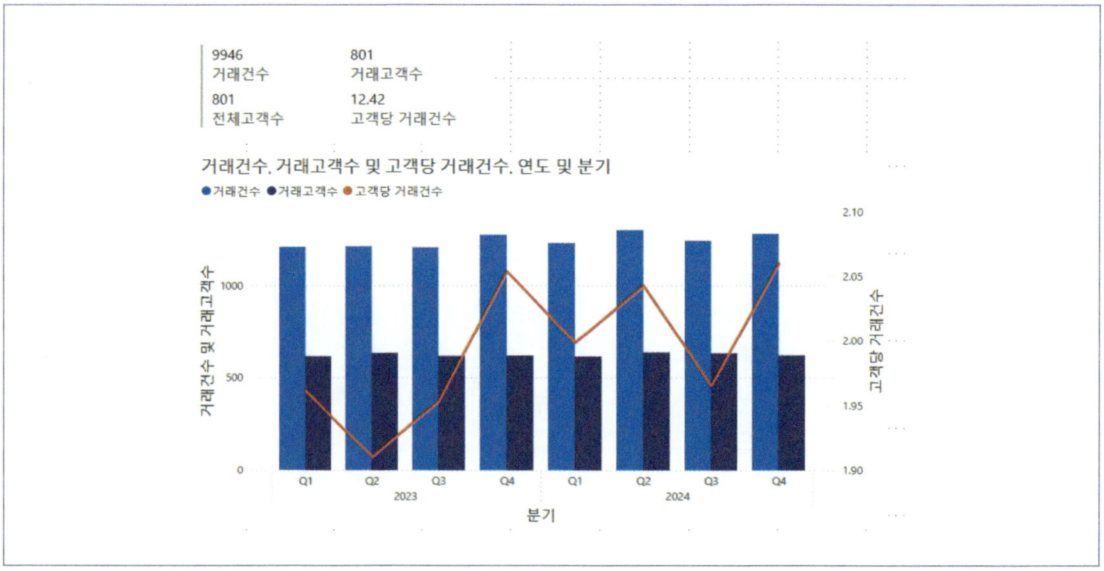

〈그림 7.3〉 기간별 매출 거래 건수와 거래고객 수 파악의 시각화

2 매출액 및 건당 매출액 구하기

(사용 DAX 함수 : LookupValue, Sum, Divide, CountRows)

(1) 매출액 합계 구하기

매출액은 수량과 가격을 곱해야 한다. '판매' 테이블에는 수량만 있고 가격이 없으므로 가격은 '제품' 테이블에서 사용한다. 모델링을 거쳐 판매 테이블과 제품 테이블이 다 대 일로 관계가 맺으면 '제품' 테이블의 가격 필드를 사용할 수 있다.

새 열(New column)을 추가하여 LookupValue 함수를 이용해서 가격을 제품 테이블에서 가져와서 수량과 곱해주는 방법이 있는데 이 경우 판매 테이블의 열이 늘어나기에 차선책이라 할 수 있다.

① 우측의 데이터 창으로 우선 '판매' 테이블로 이동한다.

② '가격'이라는 이름의 새 열을 만들고 이를 이용하여 계속 '매출액'이라는 새 열을 만든다.

```
가격 = LOOKUPVALUE('제품'[현재가], '제품'[제품 ID], '판매'[제품 ID])
매출액 = '판매'[판매수량] * '판매'[가격]
```

③ 끝으로 새 측정값으로 매출액 값들을 합산하는 식을 만든다. Sum 함수를 사용한다.

```
매출액1 = SUM('판매'[매출액])
```

(2) 새 측정값으로 건당 매출액 구하기

```
건당 매출액 = DIVIDE([매출액1], [거래건수])
```

(3) 시각화

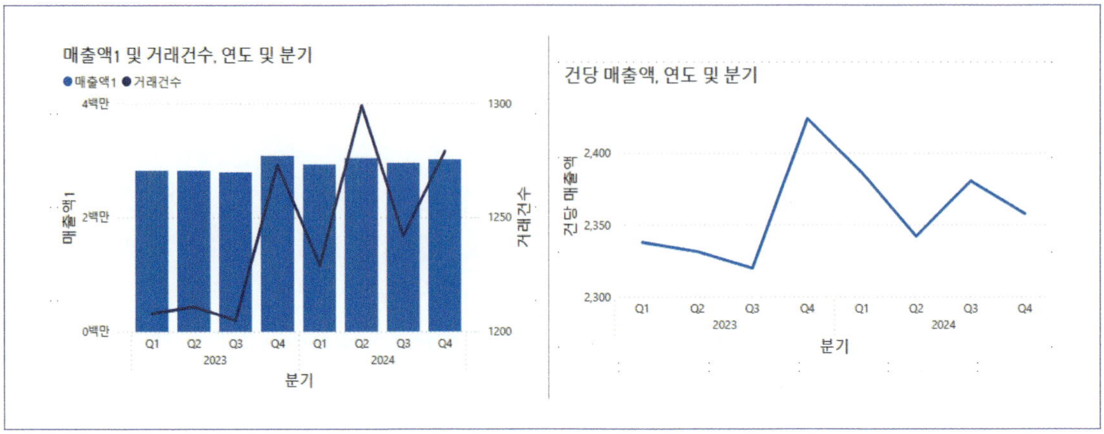

〈그림 7.4〉 매출액 및 건당 매출액 구하기의 시각화

3 매출액과 이익률 구하기

(SUMX, RELATED)

(1) DAX 함수로 새 측정값 만들기

관계설정이 된 경우에 해당한다. 매출액을 구할 경우 측정식을 만들어 한꺼번에 작업하는 법으로 Sumx 와 Related 함수를 사용해서 측정값을 만들어 계산하는 방법도 있다.

```
매출액2 = SUMX('판매', '판매'[판매수량] * RELATED('제품'[현재가] ))
```

① 가상의 SALES 테이블을 만든 뒤 그 테이블의 각 행 컨텍스트에서

② 관계로 연결된 '제품' 테이블로 가서 [현재가] 열값을 가져온 뒤,

③ 이를 '판매' 테이블의 [수량]과 곱해 놓고,

④ 그 곱해 놓은 값들을 합산한다.

* X 함수는 기본적으로 행컨텍스트별 계산을 수행할 가상의 테이블을 식에다가 먼저 넣어주는 작업을 통해서 중간 과정에서 필요한 작업(②, ③)을 생략하면서도 복잡한 계산을 위 식 하나만으로 수행할 수 있도록 만들어진 함수이다. AVERAGEX, MAXX, MINX, COUNTX 등도 이와 같은 기능이 있다.

(2) 시각화

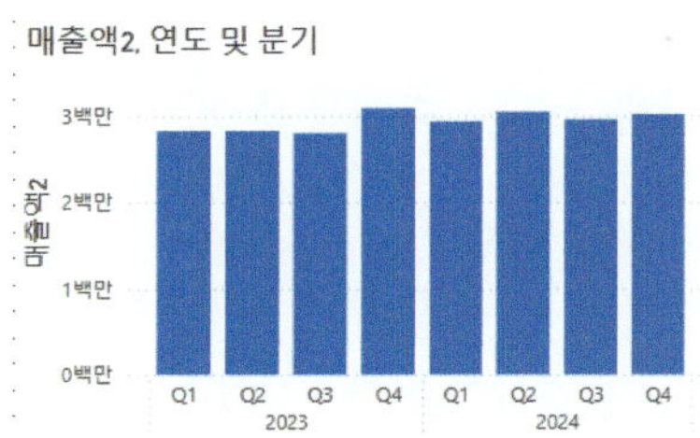

연도	분기	매출액2
2023	Q1	2824천
2023	Q2	2823천
2023	Q3	2795천
2023	Q4	3086천
2024	Q1	2933천
2024	Q2	3042천
2024	Q3	2956천
2024	Q4	3015천
합계		**23474천**

〈그림 7.5〉 매출액과 이익률 구하기의 시각화

4 지역별 매출비중 구하기

(Calculate, All)

(1) 모든 매출액 계산하기

지역별 고객별 매출 비중을 구하기 위해 전체 매출액을 구해 행컨텍스트별(여기서는 지역별) 매출액을 전체 매출액으로 나눠준다.

모든 매출액 = CALCULATE([매출액2], ALL('위치'[광역지자체]))

'위치' 테이블에 있는 개별 '광역지자체'에 대한 컨텍스트를 무시하고 '광역지자체' 전체에 대해서만 '매출액2'를 계산한다. 각 '광역지자체'(행 컨텍스트)에 대한 필터개념이 사라졌으므로 테이블 내 주어진 '광역지자체' 행들과 상관없이 전체 매출액만 도출된다.

* ALL 함수: 괄호 안에 선택된 필드/테이블에 대한 컨텍스트를 없애버리는 역할을 한다(필터 컨텍스트 무시).

* CALCULATE 함수: 계산을 수행할 필터 컨텍스트를 추가로 만들어 주거나 바꿔주는 역할을 한다. 앞쪽에 들어가는 계산식을 수행하는데 필요한 범위를 뒤쪽에서 정해준다(앞쪽은 측정식 필드, 뒤쪽은 필터).

* Calculate 함수의 다른 예시

매출액_2024 = CALCULATE([매출액2], "DimDate"[Year] = 2024)

"DimDate"[Year] 필드 중 2024에 해당하는 테이블을 뽑아서 [매출액2]를 계산하여 새 측정값 매출액_2024를 만든다.

(2) 비중 계산

매출구성비= DIVIDE([매출액2], [ALL_매출액])

(3) 시각화

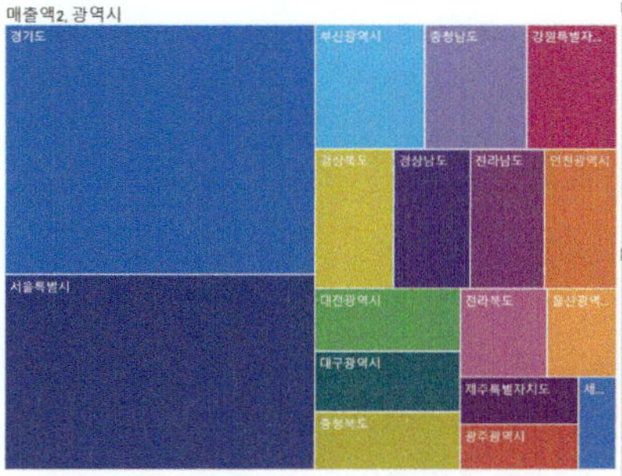

광역시	매출액2	모든 매출액	매출구성비
경기도	6,680,004	23,474,269	28.5%
서울특별시	5,211,730	23,474,269	22.2%
부산광역시	1,166,964	23,474,269	5.0%
충청남도	1,100,467	23,474,269	4.7%
강원특별자치도	968,751	23,474,269	4.1%
경상북도	938,976	23,474,269	4.0%
경상남도	923,960	23,474,269	3.9%
전라남도	893,822	23,474,269	3.8%
인천광역시	876,594	23,474,269	3.7%
대전광역시	784,254	23,474,269	3.3%
대구광역시	754,955	23,474,269	3.2%
충청북도	722,925	23,474,269	3.1%
전라북도	663,155	23,474,269	2.8%
울산광역시	531,614	23,474,269	2.3%
제주특별자치도	488,206	23,474,269	2.1%
광주광역시	463,753	23,474,269	2.0%
세종특별자치시	304,139	23,474,269	1.3%
합계	**23,474,269**	**23,474,269**	**100.0%**

〈그림 7.6〉 지역별 매출비중 구하기의 시각화

5 매출 순위 구하기

(ALL, RANKX)

(1) 매출 순위 구하기

고객별/제품별 매출 순위를 특정 기간 내에서 볼 수 있는 차트를 만드는 경우에 먼저 고객별 매출 순위에 대한 측정값을 만든다.

```
고객별 매출순위 = RANKX(ALL('고객'), [매출액2])
```

① 고객 테이블에 있는 어떤 컨텍스트가 오더라도 해당 컨텍스트에 국한되지 말고 고객 리스트 전체에 대해서 연산을 수행한다.

② 고객 테이블 각 행의 컨텍스트에 맞게 (가상으로) '매출액2'를 구하고,

③ 그렇게 구해진 '매출액2'를 기준으로 고객의 순위를 매겨서 결과값을 도출한다.

(2) 제품별 매출액 순위 구하기

제품별 매출 순위에 대한 측정값을 동일한 방법으로 작성한다.

```
제품별 매출순위 = RANKX(ALL('제품'), [매출액2])
```

(3) 시각화

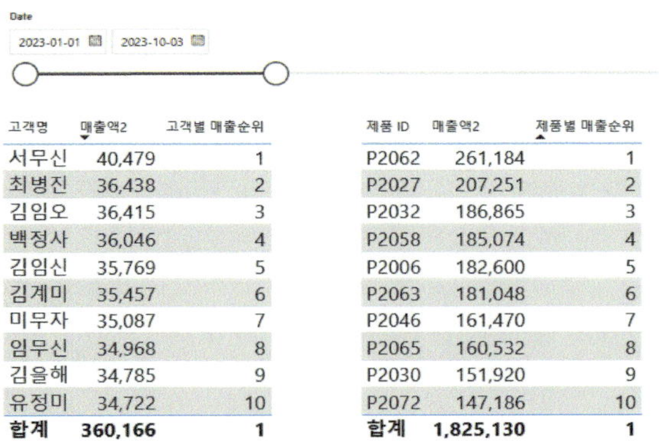

고객명	매출액2	고객별 매출순위
서무신	40,479	1
최병진	36,438	2
김임오	36,415	3
백정사	36,046	4
김임신	35,769	5
김계미	35,457	6
미무자	35,087	7
임무신	34,968	8
김을해	34,785	9
유정미	34,722	10
합계	**360,166**	**1**

제품 ID	매출액2	제품별 매출순위
P2062	261,184	1
P2027	207,251	2
P2032	186,865	3
P2058	185,074	4
P2006	182,600	5
P2063	181,048	6
P2046	161,470	7
P2065	160,532	8
P2030	151,920	9
P2072	147,186	10
합계	**1,825,130**	**1**

〈그림 7.7〉 매출 순위 구하기의 시각화

6 최대 매출값 대비 상대비율 구하기

(SUMX, CALCULATE, DIVIDE, MAXX, ALL)

매출이 가장 높은 지역(예에서는 경기)과 비교해 다른 지역들이 어떤 수준인지 시각적으로 쉽게 비교할 수 있는 차트를 만들고자 한다. 단, 제품별로도 바로 확인하면 좋다.

① 우선 기본적인 Calculate 함수의 기능으로 아래와 같은 차트를 만드는 DAX를 살펴보고 ② MAXX와 ALL을 이용해 같은 작업을 일부 자동화시킬 방법도 추가로 알아본다.

경기도 매출액 = CALCULATE([매출액2], '위치'[광역지자체] = "경기도")

어떤 광역지자체 행컨텍스트가 와도 항상 특정 지역(여기서는 경기도) 대한 결과값만 나오도록 만든다.

* Calculate 함수는 이런 식으로 앞쪽 측정값을 계산하는데 조건이 될 필터를 뒤쪽에 위치하면 계산하는 구조로 되어 있다.

최대 매출지역이 여기서는 경기도이므로 Calculate의 필터 기능을 이용해서 경기도 지역만 뽑아서 매출액을 계산한다. 원래는 테이블 개체에서의 행별 컨텍스트를 따라가야 하는데 모조리 경기도로 바꾼 것이다.

모델에서 보이는 데이터 연결의 방향대로 '위치' 테이블의 [광역지자체] 필드를 '판매' 테이블로 먼저 끌고 온 뒤, 이를 "경기도"로 필터링해서 나온 "판매 테이블의 하위 테이블"에 대해 매출액2를 구하게 된다.

각지역 매출 대 최대 매출 지역 = DIVIDE([매출액2], [경기도 매출액])

(1) 다른 방법

아래 측정값을 작성한다.

여기서는 가상의 테이블 개체를 만들어 놓고 그 만들어진 행별 컨텍스트를 기준으로 생각한다.

전체 최대 지역 매출 = MAXX(ALL('위치'[광역지자체]), [매출액2])

❶ '위치'[광역지자체] 필드에 대한 행별 필터 컨텍스트를 무시하고 '위치'[광역지자체] 필드의 행 전체로 이루어진 가상의 테이블을 뽑을 것
❷ 그 가상테이블의 각 행 컨텍스트별로 [매출액2]을 구해서 잠시 보관할 것
❸ 그 [매출액2] 값 중에서 가장 큰(Max) 값을 반환할 것
❹ 요청 컨텍스트의 첫 행에 대한 수행결과이므로 앞의 과정을 시각적 테이블 내 행별로 끝까지 수행할 것

각지역 매출 대 최대 매출 지역2 = DIVIDE([매출액2], [전체 최대 지역 매출])

(2) 시각화

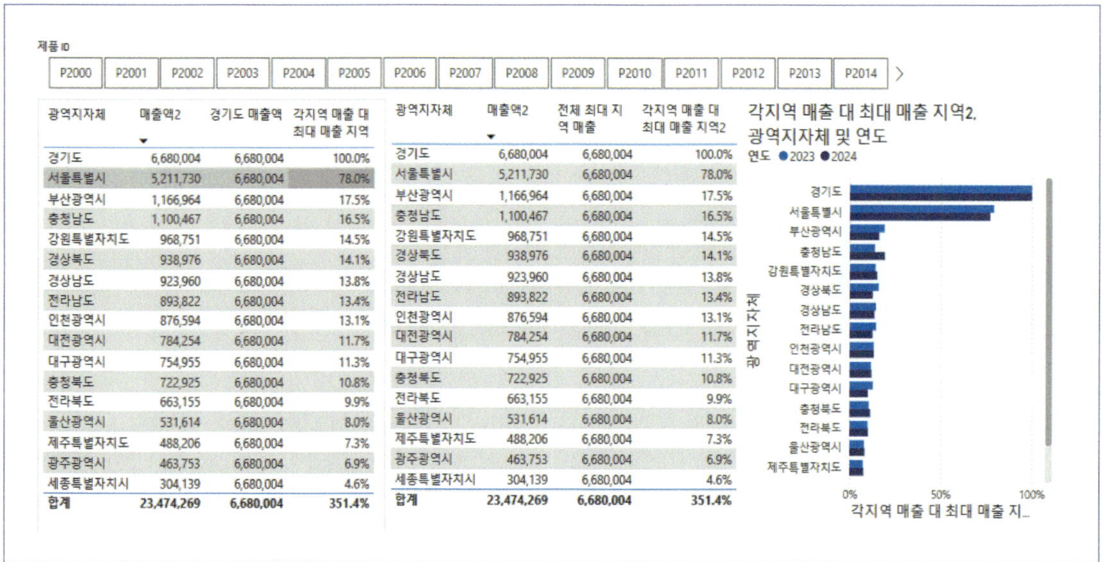

광역지자체	매출액2	경기도 매출액	각지역 매출 대 최대 매출 지역
경기도	6,680,004	6,680,004	100.0%
서울특별시	5,211,730	6,680,004	78.0%
부산광역시	1,166,964	6,680,004	17.5%
충청남도	1,100,467	6,680,004	16.5%
강원특별자치도	968,751	6,680,004	14.5%
경상북도	938,976	6,680,004	14.1%
경상남도	923,960	6,680,004	13.8%
전라남도	893,822	6,680,004	13.4%
인천광역시	876,594	6,680,004	13.1%
대전광역시	784,254	6,680,004	11.7%
대구광역시	754,955	6,680,004	11.3%
충청북도	722,925	6,680,004	10.8%
전라북도	663,155	6,680,004	9.9%
울산광역시	531,614	6,680,004	8.0%
제주특별자치도	488,206	6,680,004	7.3%
광주광역시	463,753	6,680,004	6.9%
세종특별자치시	304,139	6,680,004	4.6%
합계	**23,474,269**	**6,680,004**	**351.4%**

광역지자체	매출액2	전체 최대 지역 매출	각지역 매출 대 최대 매출 지역2
경기도	6,680,004	6,680,004	100.0%
서울특별시	5,211,730	6,680,004	78.0%
부산광역시	1,166,964	6,680,004	17.5%
충청남도	1,100,467	6,680,004	16.5%
강원특별자치도	968,751	6,680,004	14.5%
경상북도	938,976	6,680,004	14.1%
경상남도	923,960	6,680,004	13.8%
전라남도	893,822	6,680,004	13.4%
인천광역시	876,594	6,680,004	13.1%
대전광역시	784,254	6,680,004	11.7%
대구광역시	754,955	6,680,004	11.3%
충청북도	722,925	6,680,004	10.8%
전라북도	663,155	6,680,004	9.9%
울산광역시	531,614	6,680,004	8.0%
제주특별자치도	488,206	6,680,004	7.3%
광주광역시	463,753	6,680,004	6.9%
세종특별자치시	304,139	6,680,004	4.6%
합계	**23,474,269**	**6,680,004**	**351.4%**

〈그림 7.8〉 최대 매출값 대비 상대비율 구하기의 시각화

7 일평균/월평균/연평균 매출액 구하기

(AverageX, Values)

(1) 일평균 구하기

평균매출_일평균 = AVERAGEX(DimDate, [매출액2])

① DimDate 테이블을 이용해 가상의 테이블을 만들어서
② 그 테이블 행별 컨텍스트에 따라 [매출액2] 측정값을 구해놓고
③ 그 측정값들의 평균을 구한다.

* Average 함수는 Average와 AverageX가 있다. Average 함수는, 특정 테이블의 열을 세로로 단순히 연산하는데 사용하는 반면, AverageX함수는 존재하는 테이블 혹은 가상의 테이블을 만들어 준 뒤 그 테이블의 행별 컨텍스트를 이용해서 측정값이나 필드 값을 구하고, 이를 평균하는 함수이다.

(2) 월평균 구하기

평균매출_월평균 = AVERAGEX(VALUES(DimDate[연월]), [매출액2])

① DimDate[연월] 필드(열)로만 이루어진 테이블을 만들어서
② 그 테이블 각행의 컨텍스트에 따라 [매출액2] 측정값을 구해놓고
③ 그 측정값들의 평균을 구한다.

* Values 함수는 테이블을 반환하는 함수인데, 보통 다른 테이블이나 열에서 가상으로 하위 테이블을 뽑아낼 때 사용한다. 위에서 설명한 것처럼 X 함수들은 연산을 위해 테이블을 필요로 하기 하는데 이런 테이블을 만들어서 공급해줄 수 있는 함수 중 하나가 Values 함수이다.

(3) 연평균 구하기

평균매출_연평균 = AVERAGEX(VALUES(DimDate[Year]), [매출액2])

(4) 시각화

〈그림 7.9〉 일평균/월평균/연평균 매출액 구하기의 시각화

8 DAX로 캘린더 테이블 만들기

(Calendar, CalendarAuto, AddColumn, Format)

(1) 개요

파워 BI에서 시간인텔리전스 함수들을 사용하기 위해서는 중간에 누락이 없는 연속된 날짜와 다양한 차원을 가진 캘린더(날짜) 테이블을 만들어서 사용해야 한다.

* Time intelligence 함수: 시계열분석 등을 지원하는 함수들 (e.g. SamePeriodLastYear, DateAdd, DatesInPeriod 등)

```
DimDate = ADDCOLUMNS(CALENDARAUTO ( ),
    "연도", YEAR( [Date] ),
    "연월", FORMAT( [Date], "YYYY-MM" ),
    "월", MONTH( [Date] ),
    "요일", FORMAT( WEEKDAY([Date]), "DDD"),
    "분기", "Q" & FORMAT( [Date], "Q" ),
    "연분기", FORMAT( [Date], "YYYY" ) & "-Q" & FORMAT( [Date], "Q" ) )
```

(2) CalendarAuto 함수

생성 테이블 = CalendarAuto ( )

데이터모델에 들어가 있는 모든 테이블 날짜를 확인해서 이를 커버할 수 있는 연속된 날짜 열로 된 테이블을 만든다. 빈 괄호이거나 괄호 안 숫자가 12이면 1월1일부터 12월31일까지 만들 것 (다른 월 숫자가 지정되면 (e.g. 9 = 9월) 그 월을 회계연도 마감으로 하는 날짜로 구성된 테이블을 만든다.

(3) 기타

날짜를 지정하고 싶다면 해당 부분을 Calendar 함수를 쓰면 된다.

```
CALENDAR(DATE(2025,1,1), DATE(2025,1,31))
```

원본 데이터에 따라 날짜가 저절로 늘어나는 효과를 주려면 아래와 같이 한다.

```
CALENDAR(DATE(YEAR(MIN('판매'[판매일])),1,1),DATE(YEAR(MAX('판매'[판매일])),12,31))
```

9 월별 일일 누적매출액 트렌드 비교하기

(DatesMTD, DatesYTD, DatesQTD)

(1) 월별 일일 누적매출액 구하기

월별 일일 누적매출액 = CALCULATE([매출액2], DATESMTD(DimDate[Date]))

* Calculate 함수는 앞쪽 측정값, 즉 매출액2를 계산하는 데 있어서 사용할 대상 범위(컨텍스트)를 좁히거나 바꿀 때 사용하므로 Calculate 함수의 뒷부분은 필터 역할을 한다. 필터 함수 중에 시간인텔리전스 함수는 날짜/기간 등에 특화된 함수들이고 이들이 Calculate 함수와 만나서 정해진 기능을 수행하게 되는데, 다음에 나오는 DatesMTD 함수가 그중 하나다.
* DatesMTD (Month-To-Date) 함수는 시간인텔리전스 함수 중 하나로, 월 중에 일일 누적매출액을 계산하는 함수다. 비슷한 함수로 DatesYTD(월 누적), DatesQTD(분기 누적)가 있고 활용방법은 동일하다.

(2) 시각화

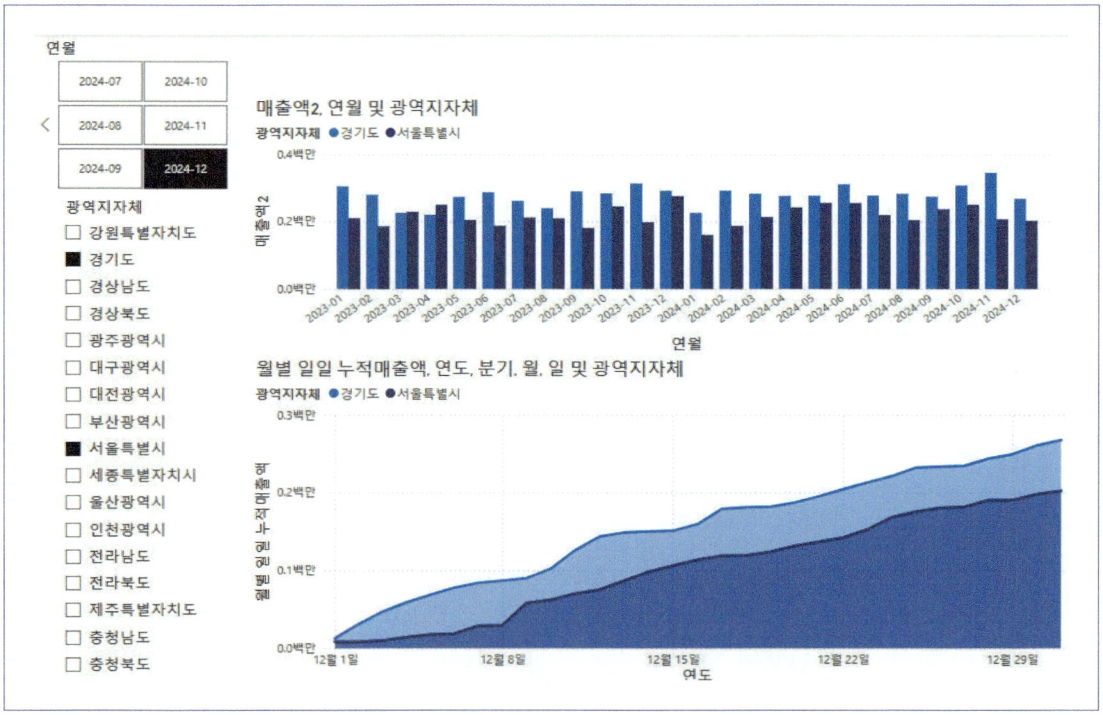

〈그림 7.10〉 월별 일일 누적매출액 트렌드 비교하기의 시각화

10 전년 동기 대비 월 매출액 증감 구하기 (Calculate, SamePeriodLastYear)

(1) 전년 동기 대비 월 매출액 증감 계산하기

전년 동기 값을 불러오는 함수는 SamePeriodLastYear 함수다. 이 함수식을 활용해 아래와 같이 측정값을 작성하고 이를 테이블 차트에 추가해 준다.

전년 동기 매출액 = CALCULATE([매출액2], SAMEPERIODLASTYEAR(DimDate[Date]))

SamePeriod 함수는 Calculate와 함께 쓰이며, 요청 컨텍스트의 이전년도로 시간 프레임을 바꿔주는 필터 역할을 한다.

'전년 동기 기간의 매출액2를 구할 것'

당해연도 매출액에서 전년 동기 매출액을 빼서 증감액을 구하는 식을 작성하다.

당기 대 전기 매출액 = [매출액2] - [전년 동기 매출액]

전기 동기 대비 매출증가율 = DIVIDE([당기 대 전기 매출액], [전년 동기 매출액])

(2) 시각화

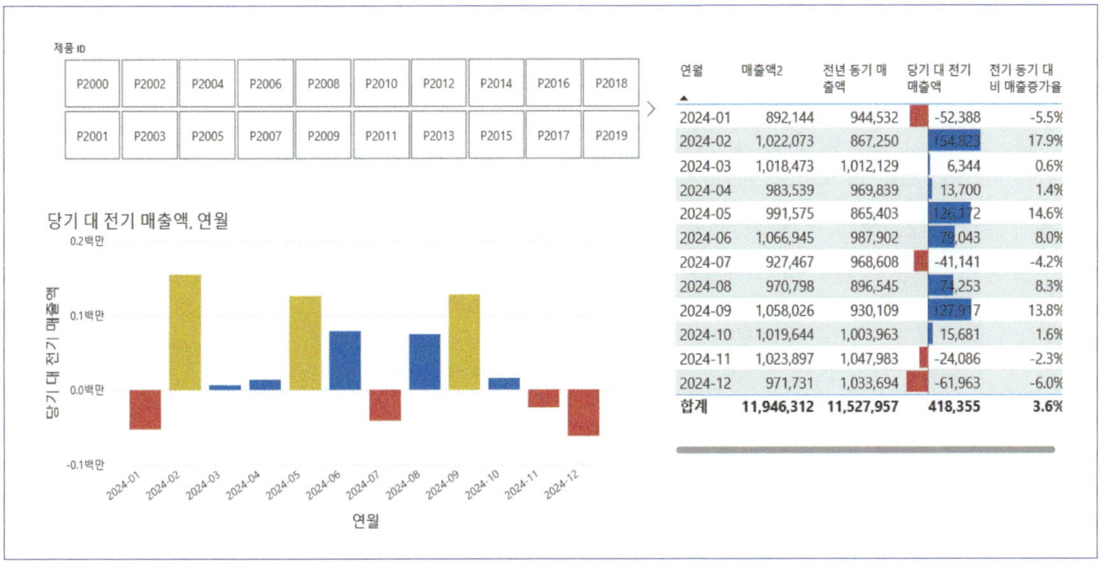

연월	매출액2	전년 동기 매출액	당기 대 전기 매출액	전기 동기 대비 매출증가율
2024-01	892,144	944,532	-52,388	-5.5%
2024-02	1,022,073	867,250	154,823	17.9%
2024-03	1,018,473	1,012,129	6,344	0.6%
2024-04	983,539	969,839	13,700	1.4%
2024-05	991,575	865,403	126,172	14.6%
2024-06	1,066,945	987,902	79,043	8.0%
2024-07	927,467	968,608	-41,141	-4.2%
2024-08	970,798	896,545	74,253	8.3%
2024-09	1,058,026	930,109	127,917	13.8%
2024-10	1,019,644	1,003,963	15,681	1.6%
2024-11	1,023,897	1,047,983	-24,086	-2.3%
2024-12	971,731	1,033,694	-61,963	-6.0%
합계	**11,946,312**	**11,527,957**	**418,355**	**3.6%**

〈그림 7.11〉 전년 동기 대비 월 매출액 증감 구하기의 시각화

참고 : 조건부 서식

(1) 시각화 개체 내 요소값

막대그래프가 음수 영역이면 빨강색, 100,000 이상은 금색으로 바꾸려면 조건부 서식을 활용한다. 먼저 개체(막대)를 선택한 후 시각화 창-서식 지정-시각화 개체-열-색에서 *FX*를 클릭하고 다음과 입력한다.

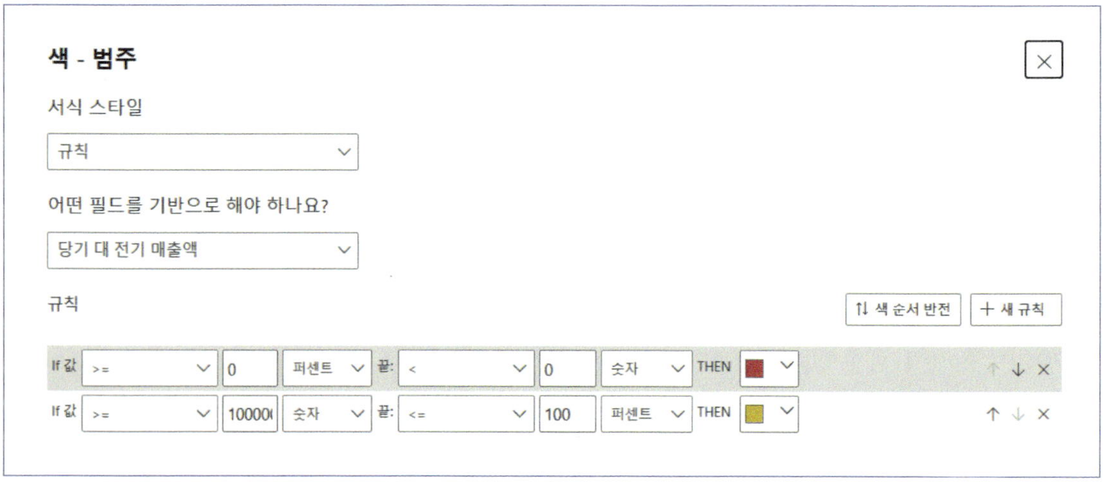

〈그림 7.12〉 조건부 서식

* 필드 기반 : 현재 선택 사항(다른 테이블의 범주 필드나 측정값으로 변경 가능)

(2) 테이블 개체 내 요소값

테이블 개체는 조건부 서식 적용이 조금 다르다. 아래 왼쪽 그림처럼 데이터 막대를 설정으로 바꾸고 오른쪽 그림에 들어가서 음수 막대와 양수 막대에 대한 색깔을 지정하면 된다.

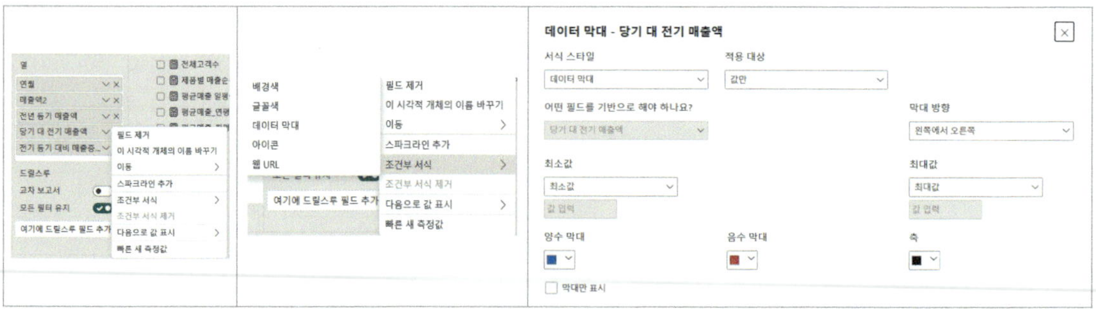

11 제품들을 그룹화 하여 카테고리별로 분석하기

(Switch, True, Right)

DAX 함수를 이용해 [제품 ID] 열에서 우측 4자리 숫자를 뽑아서 이를 규칙에 따라 그룹 A에서 E까지 5개의 제품 그룹을 만들어 본다.

(1) 테이블에서 새 열을 하나 만들어 제품 ID에서 함수로 끝 네 자리 추출하기

```
제품번호 = RIGHT('제품'[제품 ID], 4)
```

Right 함수는 지정한 열에서 끝자리를 추출하는 함수이다.

유사한 함수로는 Left 함수, Mid 함수가 있다. 엑셀에도 동일한 함수가 있다.

(2) 추출한 값들을 Switch 함수로 바꿔주기

```
제품 그룹 = "그룹 " &
SWITCH(
TRUE( ),
VALUE('제품'[제품번호]) <=2020, "A",
VALUE('제품'[제품번호]) <=2040, "B",
VALUE('제품'[제품번호]) <=2060, "C",
VALUE('제품'[제품번호]) <=2080, "D",
"E")
```

VALUE 함수는 문자열을 숫자로 바꿔 준다.

True( ) 함수를 써서 이를 범위로 만들어 부등호나 등호로 판단하게 해준다.

(3) 시각화

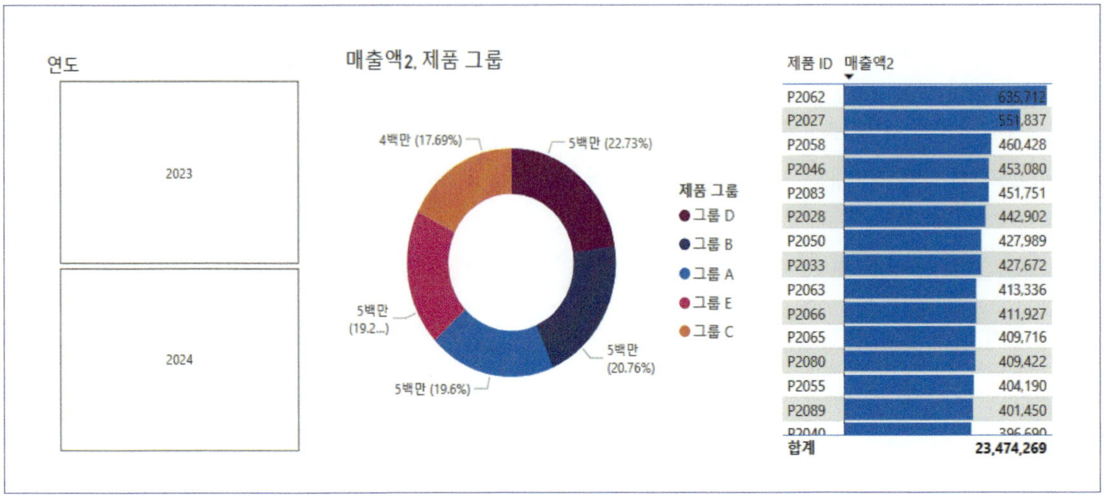

〈그림 7.13〉 제품들을 그룹화 하여 카테고리별로 분석하기의 시각화

12 지점별로 상위 영업사원 N명이 전체에서 차지하는 매출비중 구하기 (Calculate, TOPN)

매출액2를 구하는 측정값을 먼저 작성하고 이를 TopN 함수를 사용해서 상위 10명에 대한 매출액으로 컨텍스트를 좁혀준다. 그리고 매출액에서 Top10 매출액을 뺀 나머지도 함께 산출하여 같이 시각화한다.

(1) 측정값 작성하기

Top10영업사원 매출액 = CALCULATE([매출액2], TOPN(10, '영업사원', [매출액2], DESC))

가상으로 영업사원 테이블을 가져다가 행별 컨텍스트에 맞게 [매출액2]를 계산해 놓고서 그 테이블을 [매출액2]가 큰 순서대로 정렬한 뒤 상위 10개로 된 하위 테이블을 뽑아낸 다음 그 하위 테이블에 대한 [매출액2] 측정값을 연산한다.

TopN의 작성형식은 기본적으로 4가지 인수가 들어가는데, 첫 번째에 들어가는 숫자는 상위 몇 등까지로 뽑을 거냐이고, 두 번째에 들어가는 '테이블'은 세 번째에 나오는 측정값(혹은 열)을 계산할 행별 Context를 만들어 주는 역할을 한다. 여기에 들어간 테이블에 따라 뒤에 나오는 [매출액2]의 값이 정해지는 것이다. 마지막 네 번째 인수 부분은 순서 부분으로, 정렬을 작은 값에서 큰 순서(오름차순=ASC)로 할 것인지, 반대로 할 것인지(내림차순=DESC)를 명령하는 부분이다. (순서 부분을 생략할 경우 내림차순으로 수행한다)

TopN의 첫째 인수에서 지정 숫자가 아닌 특정 비율로 보고 싶다면 (e.g. 전체 인원수의 10%) 아래와 같은 방식으로 DAX 함수를 변경해주면 된다.

= CALCULATE([매출액2], TOPN(0.10*DISTINCTCOUNT('영업사원'[영업사원 ID]), '영업사원', [매출액2], DESC))

나머지영업사원 매출액 = [매출액2] - [Top10영업사원 매출액]

(2) 시각화

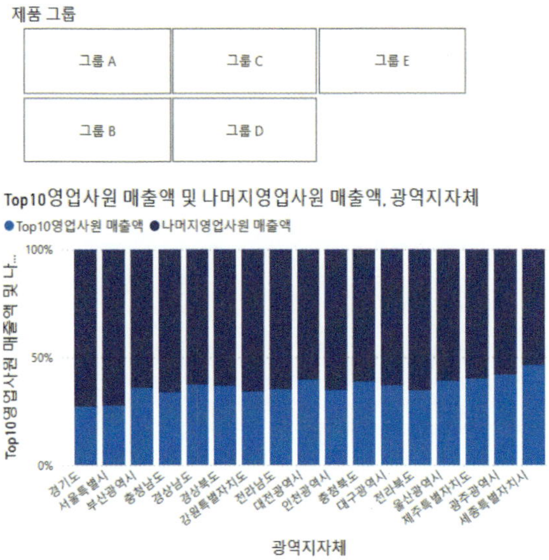

광역지자체	매출액2	Top10영업사원 매출액	나머지영업사원 매출액
경기도	6,680,004	1,820,532	4,859,472
서울특별시	5,211,730	1,454,119	3,757,611
부산광역시	1,166,964	418,790	748,174
충청남도	1,100,467	373,187	727,280
강원특별자치도	968,751	330,818	637,933
경상북도	938,976	345,129	593,847
경상남도	923,960	346,133	577,827
전라남도	893,822	315,567	578,255
인천광역시	876,594	305,467	571,127
대전광역시	784,254	310,874	473,380
대구광역시	754,955	279,128	475,827
충청북도	722,925	279,561	443,364
전라북도	663,155	229,802	433,353
울산광역시	531,614	207,684	323,930
제주특별자치도	488,206	195,868	292,338
광주광역시	463,753	194,866	268,887
세종특별자치시	304,139	140,978	163,161
합계	**23,474,269**	**5,734,063**	**17,740,206**

〈그림 7.14〉 지점별로 상위 영업사원 N명이 전체에서 차지하는 매출비중 구하기의 시각화

(참고) 슬라이서의 계층화

여기서 제품 그룹 아래 제품 ID를 하위 슬라이서로 만들어 슬라이서의 계층화도 가능하다.

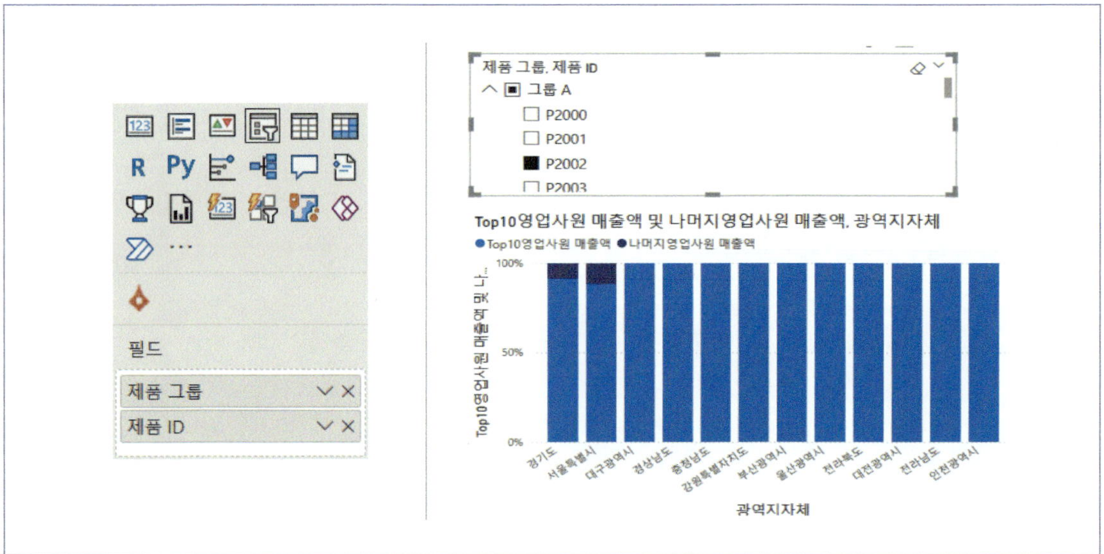

〈그림 7.15〉 슬라이서의 계층화

13 전월 대비 매출 차이 원인 분석하기

(폭포차트)

(1) 측정값과 열

이미 만들어 놓은 매출액2 측정값과 제품 그룹 필드를 이용한다.

(2) 시각화

〈그림 7.16〉 전월 대비 매출 차이 원인 분석하기의 시각화

슬라이서에서 2024년 11월과 12월을 선택하면 월별 증감변동의 원인과 비율이 나오고 그 중 관심있는 요소에 마우스를 갖다 대면 구체적인 수치가 나온다.

14 마지막 달(최종월) 매출액만 보여주기

(LastNonBlank, LastNonBlankValue)

(1) 측정값 작성하기

마지막달매출 = LASTNONBLANKVALUE(DimDate[연월], [매출액2])

① DimDate[연월] 필드로 된 가상의 테이블을 만들어서
② 일단 오름차순으로 정렬하고,
③ 행별 Context에 해당되는 [매출액2]을 구한 뒤,
④ 그 [매출액2]값이 blank가 아닌 마지막 [매출액2] 값을 가져온다.
매출 마지막달 = LASTNONBLANK(DimDate[연월], [매출액2])
⑤ 그 [매출액2] 값이 blank가 아닌 마지막 DimDate[연월] 값을 가져온다.
판매가 일어난 마지막 달이 언제였느냐를 반환한다.
매출 마지막달2 = FORMAT(LASTDATE(SALES[Purchase Date]), "YYYY-MM")과 동일함

(2) 시각화

〈그림 7.17〉 마지막 달(최종월) 매출액만 보여주기의 시각화

15 선택 기간에 대한 누적합계 매출액 구하기

(Filter, SelectedValue, All, Calculate)

(1) 기간과 무관한 단순 누적합계 매출액 산출

```
매출 누적합계_1 = CALCULATE([매출액2], FILTER(ALL(DimDate[Date]), DimDate[Date]
                  <= SELECTEDVALUE(DimDate[Date])))
```

매출액2를 계산하기 위해 ① 일단 주어진 날짜 Context(=테이블 개체상 행별)를 무시하고 전체 DimDate[Date]에 해당하는 가상테이블을 만든다.(ALL) ② 그 가상의 테이블 중에서 선택된 DimDate[Date]보다 작거나 같은 날짜로 이루어진 하부 테이블들을 뽑아낸다.(FILTER) ③ 각각의 하부 테이블들에 대해 [매출액2]를 계산해서 테이블 개체상 행별로 값을 반환한다.(CALCULATE)

ALL 함수의 투입으로 인해 DimDate[Date] 필드의 필터 컨텍스트의 영향에서 벗어나 Dates[Date] 필드의 "모든" 행을 대상으로 필터 조건을 적용하여 필터링을 수행하게 되므로 그 결과 [매출액2]의 값이 테이블 개체상 각 행의 날짜보다 작은(이른) 모든 날짜에 대해 연산을 하게 된다. 즉 시작부터의 누적합계를 도출하게 된다.

(2) 원하는 기간 동안의 누적합계 매출액

ALL 함수로 인해 매출 누적합계_1의 경우 슬라이서로 기간을 설정한다 해도 보이는 날짜만 바뀔 뿐 연산 자체는 항상 처음부터 계산하게 된다. 이런 문제를 해결하기 위해 ALL대신 ALLSELECTED 함수가 사용된다.

```
매출 누적합계_2 = CALCULATE([매출액2], FILTER(ALLSELECTED(DimDate[Date]),
                  DimDate[Date] <= SELECTEDVALUE(DimDate[Date])))
```

(3) 시각화

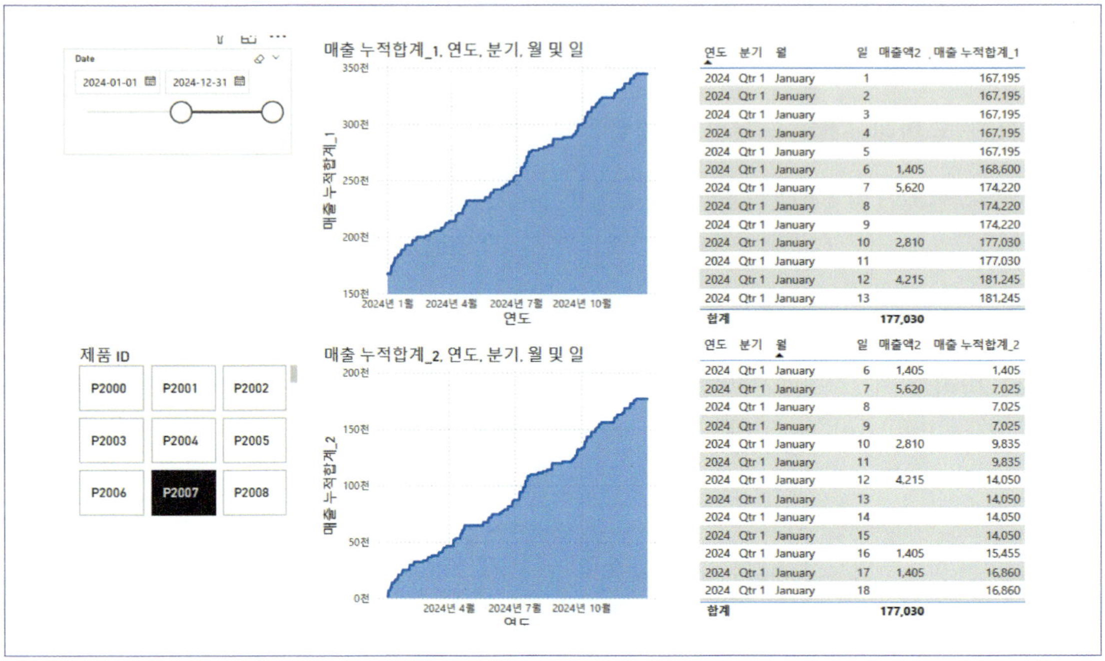

〈그림 7.18〉 선택 기간에 대한 누적합계 매출액 구하기의 시각화

16 최고 매출 제품 및 매출액을 함께 보여주는 여러행카드 만들기

(상위N필터기능활용법)

(1) 측정값

매출액 2 사용

(2) 시각화

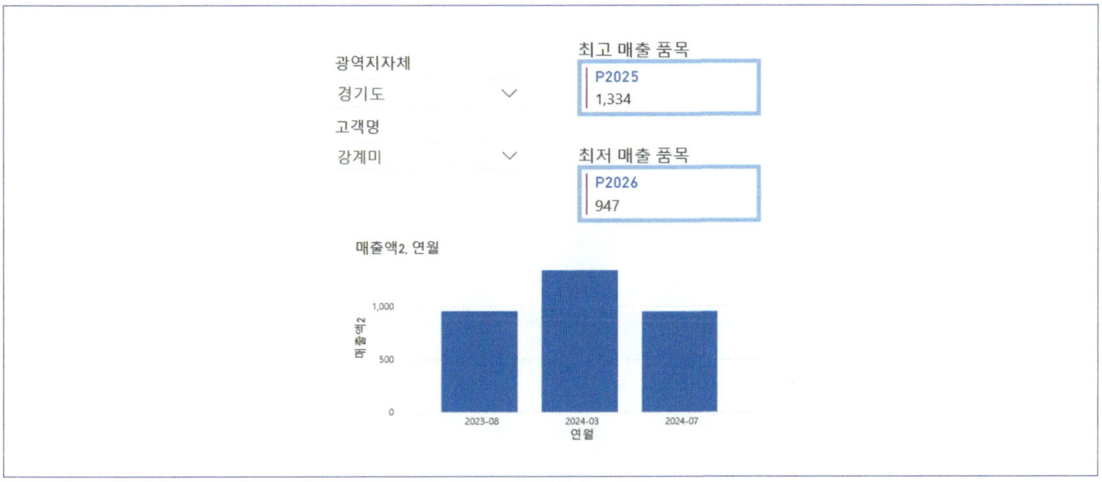

〈그림 7.19〉 최고 매출 제품 및 매출액을 함께 보여주는 여러행카드 만들기의 시각화

17 KPI 대시보드 만드는 법

(SUMMARIZE)

(1) 2023, 2024년 매출액 구하는 측정식

매출_2023 = CALCULATE([매출액2], DimDate[연도] = 2023)
매출_2024 = CALCULATE([매출액2], DimDate[연도] = 2024)

(2) 제품 ID의 매출 성과를 새 테이블로 만들기

제품 ID별 매출성과 = SUMMARIZE('판매', '제품'[제품 ID], "Sales_2023", [Sales_2023], "Sales_2024", [Sales_2024])

```
1 제품 ID별 매출성과 = SUMMARIZE('판매', '제품'[제품 ID], "매출_2023", [매출_2023], "매출_2024", [매출_2024])
```

제품 ID	매출_2023	매출_2024
P2000	168,075	212,895
P2001	80,835	74,178
P2002	75,383	88,935
P2003	187,215	194,347
P2004	102,240	127,800
P2005	62,928	75,240
P2006	204,512	129,646
P2007	167,195	177,030

〈그림 7.20〉 제품 ID의 매출 성과를 새 테이블로 만들기

(3) 성장률 계산하기

성장률 = DIVIDE ('제품 ID별 매출성과'[매출_2024] - '제품 ID별 매출성과'[매출_2023], '제품 ID별 매출성과'[Sales_2023])

2023년 대비 2024년도 성장률을 구하는 식

(4) 성장률을 기준으로 실적등급을 매기기

성과 = SWITCH(TRUE( ),
'제품 ID별 매출성과'[성장률] >= 0.2, 1,
'제품 ID별 매출성과'[성장률] >= 0.1, 2,

'제품 ID별 매출성과'[성장률] >= -0.1, 3,
'제품 ID별 매출성과'[성장률] >= -0.2, 4,

(5) 평균 성장률 구하기

제품 ID수 = COUNT('제품 ID별 매출성과'[제품 ID])
제품 ID수를 세는 측정식

평균성장률 24대23 = DIVIDE(SUM('제품 ID별 매출성과'[매출_2024]) -SUM('제품 ID별 매출성과'[매출_2023]), SUM('제품 ID별 매출성과'[매출_2023]))
평균 성장률을 구하는 측정식

(6) 시각화

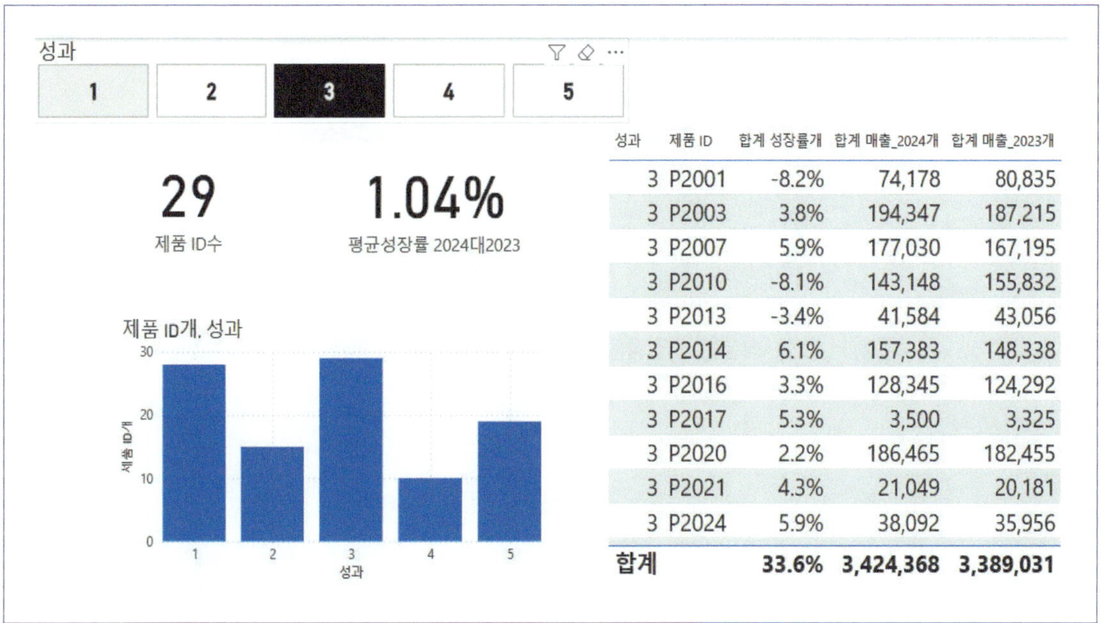

성과	제품 ID	합계 성장률개	합계 매출_2024개	합계 매출_2023개
3	P2001	-8.2%	74,178	80,835
3	P2003	3.8%	194,347	187,215
3	P2007	5.9%	177,030	167,195
3	P2010	-8.1%	143,148	155,832
3	P2013	-3.4%	41,584	43,056
3	P2014	6.1%	157,383	148,338
3	P2016	3.3%	128,345	124,292
3	P2017	5.3%	3,500	3,325
3	P2020	2.2%	186,465	182,455
3	P2021	4.3%	21,049	20,181
3	P2024	5.9%	38,092	35,956
합계		**33.6%**	**3,424,368**	**3,389,031**

〈그림 7.21〉 KPI 대시보드의 시각화

18 상품별 계절성(Seasonality)을 알아보는 시계열 차트 만들기

(참고) 18, 19, 20, 21번 분석은 DAX연습용 판매2.xlsx를 활용한다.

(1) 데이터 변환과 모델링

거래건수 = COUNT('보조_판매'[판매일])

'보조_판매' 테이블의 [판매일] 필드에 있는 날짜 값들이 모두 몇 개인지 카운트한다.

(2) 시각화

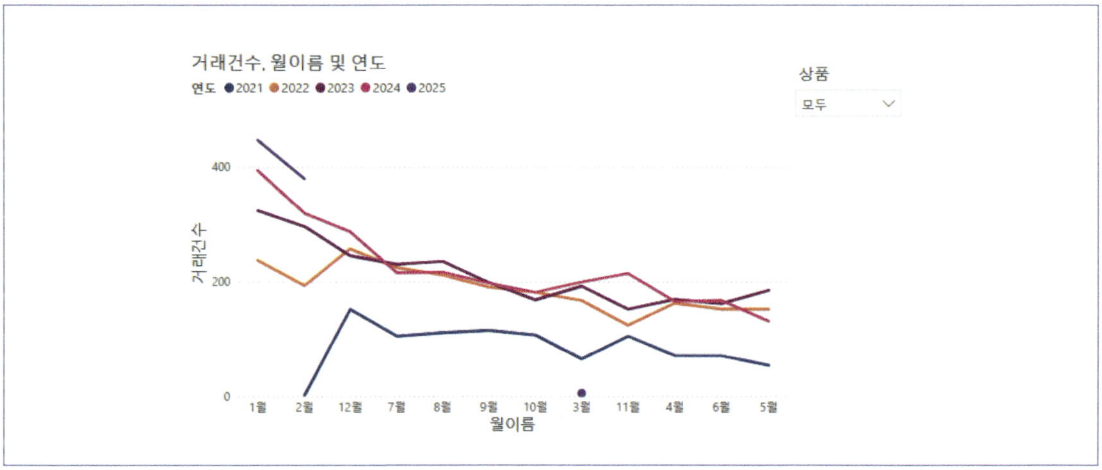

〈그림 7.22〉 상품별 계절성을 알아보는 시계열 차트 만들기의 시각화

19 이동평균선을 활용한 추세분석 (DatesInPeriod)

(1) 측정값 만들기

매출액 = SUM('보조_판매'[판매액])

일평균매출액 = AVERAGEX(VALUES(DimDate[Date]), [매출액])

DimDate테이블의 [Date] 열에 들어있는 각각의 행별 Context에 따라 [매출액] 측정식을 계산하고, 그 값들의 평균을 낸다.

7일 이동평균 = CALCULATE([일평균매출액], DATESINPERIOD('보조_판매'[판매일], SELECTEDVALUE('보조_판매'[판매일]), -7, DAY))

DimDate테이블의 [Date] 열을 날짜 필터로 사용하여 요청 Context에 해당하는 날짜에서부터 7일 전까지의 기간에 대한 [일평균매출액]을 계산한다.

* DatesInPeriod 함수의 형식과 작성법
= DATESINPERIOD (Dates, StartDate, NumberOfIntervals, Interval)

Dates 부분에는 보통 시간인텔리전스 함수처럼 사용할 '연속된 날짜로 이뤄진 열'을 기본으로 넣어주면 되고, 두 번째 인수인 StartDate 부분에는 특정 날짜 혹은 특정 날짜가 반환되는 식을 넣어주면 된다. 세 번째 인수인 NumberOfIntervals에는 앞뒤로 이동할 기간을 정수 혹은 음의 정수로 넣어주면 되는데, 마지막 인수인 Interval에서 그 숫자가 일(Day)을 인지, 혹은 월(Month)이나 분기, 연 단위를 인지 밝힌다.

30일 이동평균 = CALCULATE([일평균매출액], DATESINPERIOD('보조_판매'[판매일], SELECTEDVALUE('보조_판매'[판매일]), -30, DAY))

(2) 시각화

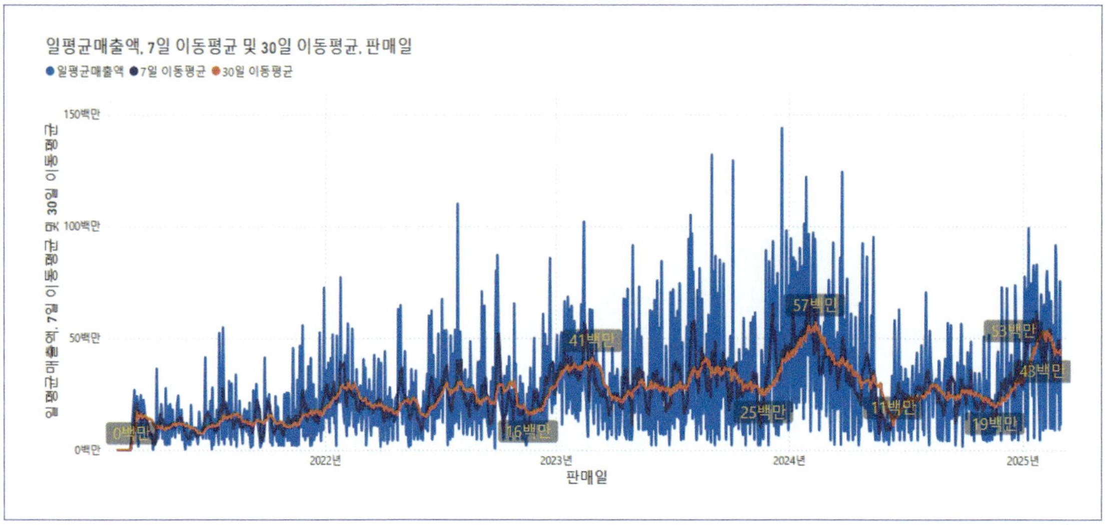

〈그림 7.23〉 이동평균선을 활용한 추세분석의 시각화

20 행렬 시각화 개체를 활용하여 주중 가장 거래가 많은 요일/시간대 분석하기

(Hour함수, 히트맵)

히트맵(HeatMap) 스타일
- 두 가지의 차원 내에서 어떤 현상의 강도나 정도를 색깔로 표현하는 것을 말한다.

(1) 새 열 만들기

시간 = HOUR('보조_판매'[판매시간])
보조_판매 테이블에서 [보조_판매] 필드에서 시간만 추출하여 새열을 추가한다.

요일이름 = FORMAT([Date], "aaaa")
DimDate 테이블에서 한글 요일 이름("월요일" 등)을 입력한다.

(2) 새 측정값 만들기

거래건수2 = COUNTROWS('보조_판매')
보조_판매 테이블의 행을 센다.

(3) 시각화

아래 히트맵 차트(행렬로 만들어진)에서 열은 정렬이 가나다순으로 되어 금요일이 가장 먼저 나오고 다음 목요일이 나오는 방식으로 정렬되어 있다. 열 방향은 정렬 기능이 없으므로 이 경우 해결 방안은 테이블 보기로 이동하여 DimDate 테이블에 새 열 추가로

요일no = FORMAT([Date],"w")을 하면 일요일이 1, 월요일이 2,... 형식으로 열이 추가된다.

다음에 요일의 필드 이름을 클릭하고 열도구 탭 열 기준 정렬을 선택한 후 요일no를 클릭하면 된다.

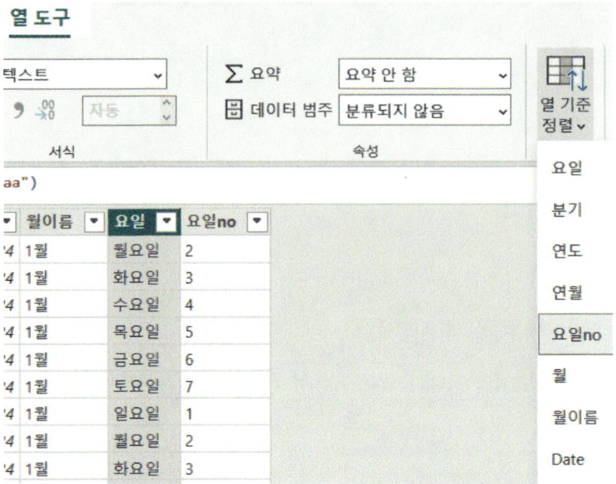

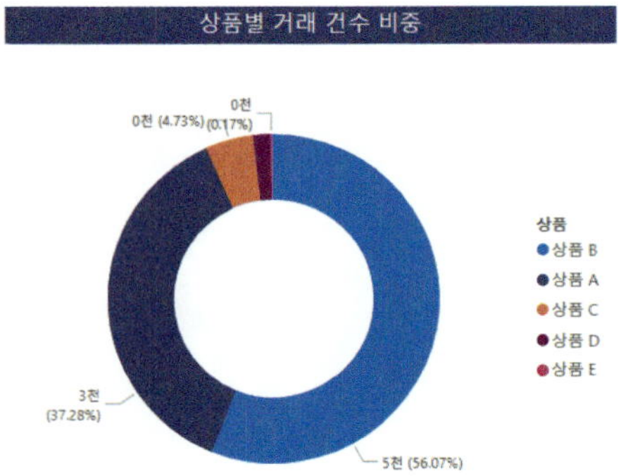

시간	일요일	월요일	화요일	수요일	목요일	금요일	토요일	**합계**
	2	2	1			5	2	**12**
9	1	2	1			3	1	**8**
10	61	72	50	33	72	99	79	**466**
11	151	253	188	138	167	267	266	**1430**
12	95	271	187	184	140	301	271	**1449**
13	4	7	13	3	12	56	167	**262**
14	82	193	144	97	129	228	261	**1134**
15	147	324	219	165	216	300	329	**1700**
16	103	291	245	151	211	268	165	**1434**
17	65	201	155	121	159	183	30	**914**
18	15	51	52	42	84	141	17	**402**
19		2	3		20	35	2	**62**
20						8		**8**
합계	**726**	**1669**	**1258**	**934**	**1210**	**1894**	**1590**	**9281**

〈그림 7.24〉 이동평균선을 활용한 추세분석의 시각화의 시각화

21 주민등록번호를 활용하여 구매고객의 연령대 분포 구하기

(Switch, Left/Right, Value, IsBlank, Average)

[고객ID2] 필드로부터 나이를 추출해서 연령대로 그룹화하고 그룹별로 구별 고객ID를 카운트하는 작업이다.

(1) 새 열 추가

```
생년1 = LEFT('보조_판매'[고객ID2],2)
```

[고객ID2] 필드로 가서 왼쪽에서 두 자리 수를 추출한다.

```
생년2 =
SWITCH(
    RIGHT('보조_판매'[고객ID2],1),
    "1", "19"& '보조_판매'[생년1],
    "2", "19"& '보조_판매'[생년1],
    "5", "19"& '보조_판매'[생년1],
    "6", "19"& '보조_판매'[생년1],
    "20"& '보조_판매'[생년1]
    )
```

[고객ID2] 필드의 우측 첫 번째 자리의 값이 1이나 2, 5, 6이면 [생년1] 앞에 19를, 다른 경우엔 앞에 20을 붙여서 새 열을 만든다.

```
나이2 = IF(YEAR('보조_판매'[판매일]) - VALUE('보조_판매'[생년2]) < 0, BLANK( ),
        YEAR('보조_판매'[판매일]) - VALUE('보조_판매'[생년2]))
```

'나이'를 다음과 같이 정의한다. [판매일] 필드에서 해당연도를 추출하고 여기서 [생년2]를 빼준다. 단, 정의된 '나이' 가 음수면 공백을 반환하고, 음수가 아니면 정의된 '나이'를 반환한다.

```
나이그룹 =
SWITCH(TRUE( ),
    ISBLANK('보조_판매'[나이2]) , BLANK( ),
    '보조_판매'[나이2] < 10, "0대",
    '보조_판매'[나이2] < 20, "10대",
    '보조_판매'[나이2] < 30, "20대",
    '보조_판매'[나이2] < 40, "30대",
    '보조_판매'[나이2] < 50, "40대",
    '보조_판매'[나이2] < 60, "50대",
    '보조_판매'[나이2] < 70, "60대",
    '보조_판매'[나이2] < 80, "70대",
    "80대 이상")
```

[나이2] 열이 공백이면 역시 공백으로 놔두고, 10보다 작으면 "0대", 20보다 작으면 "10대",..., 80보다 작으면 70대, 나머지는 "80대 이상"으로 반환한다.

```
구매고객수 = DISTINCTCOUNT('보조_판매'[고객ID1])
```

[고객ID1]의 열에서 구별되는 값들을 카운트한다.

```
평균나이 = AVERAGE('보조_판매'[나이2])
```

[나이2] 열의 값들의 평균을 구한다.

(2) 시각화

값보다는 비중(%)에 관심이 있으므로 시각화 창 〉 필드 〉 값'으로 가서 아래 화살표를 누른 뒤 '다음으로 값 표시'를 클릭해 준다. 그런 뒤 '총합계의 백분율로 표시'를 선택해주면 백분율로 바뀐 트리맵을 볼 수 있다.

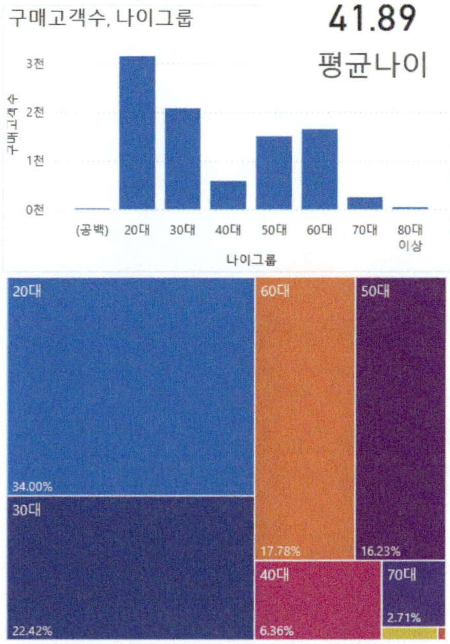

〈그림 7.25〉 주민등록번호를 활용하여 구매고객의 연령대 분포 구하기의 시각화

22 고객의 재구매/재방문 빈도 분석하기

(DateDiff, AllExcept, Earlier, Max, 바이올린 차트)

일종의 히스토그램 차트인 바이올린 차트(Violin Plot)를 구현한다.

(1) Violin Plot 가져오기

로그인되어있는 상태에서,

① 시각화 창에서 '더 많은 시각적 개체 가져오기(...)으로 표시된 부분을 클릭

② '더 많은 시각적 개체 가져오기' 클릭

③ 검색란에 Violin을 입력하여 검색

④ Violin Plot이 검색되면 '추가' 버튼 클릭

(2) 새 열 추가하기

판매(Fact) 테이블로 가서 새 열 추가

고객별이전구매일 = CALCULATE(MAX('판매'[판매일]), FILTER(ALLEXCEPT('판매', '판매'[고객 ID]), '판매'[판매일] < EARLIER('판매'[판매일])))

현재 행(EARLIER)의 판매일보다 앞선 날짜로 이루어진 테이블을 판매 테이블에서 추출한 뒤, 그 추출한 테이블을 다시 필터로 사용하여 걸러진 판매 테이블의 판매일 열 중 가장 늦은(MAX) 날짜를 구한다.

단, 추출할 때, 판매 테이블에서 주어진 컨텍스트들 중에 [고객 ID]만 빼고 나머지는 모두 무시하면서 뽑을 것(ALLEXEPT). 고객별로만 알면 된다.

* AllExcept 함수: 지정 테이블에 대해서 ALL 기능을 수행하되, 지정하는 열들에 대해서는 ALL에 영향받지 않게 한다.(특정 열만 남겨두고 나머지 컨텍스트는 주어진 컨텍스트에 갇히지 않고 전체에 대해 계산을 수행한다.)

* Earlier 함수: 지정한(괄호안) 열의 현재(해당)값을 돌려준다.

```
1 고객별이전구매일 = CALCULATE(MAX('판매'[판매일]), FILTER(ALLEXCEPT('판매', '판매'[고객 ID]), '판매'[판매일] < EARLIER('판매'[판매일])))
```

주문 ID	제품 ID	판매원 ID	고객 ID	판매일	판매수량	가격	매출액	지점 ID	고객별이전구매일
OD12757	P2007	SP1006	C1000	2023-03-10	1	1405	1405	A154	
OD18056	P2062	SP1034	C1000	2023-04-11	2	2464	4928	A107	2023-03-10
OD11972	P2086	SP1027	C1000	2023-04-15	2	123	246	A191	2023-04-11
OD15878	P2076	SP1032	C1000	2023-04-17	1	1522	1522	A148	2023-04-15
OD13141	P2086	SP1042	C1000	2024-01-05	4	123	492	A104	2023-04-17
OD10495	P2099	SP1043	C1000	2024-02-04	3	1367	4101	A119	2024-01-05
OD17913	P2019	SP1036	C1000	2024-02-14	2	800	1600	A142	2024-02-04
OD19353	P2017	SP1022	C1000	2024-02-25	1	35	35	A157	2024-02-14
OD20863	P2049	SP1018	C1000	2024-03-08	3	826	2478	A105	2024-02-25
OD21241	P2055	SP1014	C1000	2024-03-21	1	2495	2495	A123	2024-03-08
OD22791	P2054	SP1021	C1000	2024-03-21	3	127	381	A103	2024-03-08
OD12167	P2040	SP1020	C1000	2024-04-08	2	1889	3778	A153	2024-03-21
OD18093	P2069	SP1014	C1000	2024-04-11	3	378	1134	A102	2024-04-08
OD12370	P2030	SP1000	C1000	2024-05-20	1	1899	1899	A114	2024-04-11
OD13741	P2014	SP1013	C1000	2024-07-28	2	1809	3618	A163	2024-05-20
OD10460	P2070	SP1038	C1000	2024-08-05	1	1671	1671	A143	2024-07-28
OD22035	P2050	SP1018	C1000	2024-08-12	1	2391	2391	A150	2024-08-05

〈그림 7.26〉 고객별 이전구매일 새 열 추가하기

재구매간격 = DATEDIFF([고객별이전구매일], '판매'[판매일], DAY)

[이전구매일]과 [판매일] 사이의 날짜 차이를 Day(일) 기준으로 구한다.

평균재구매간격1 = AVERAGE('판매'[재구매간격])

'판매' 테이블 내 [재구매텀2] 필드에 대한 평균을 구한다.

평균재구매간격2 = AVERAGEX(VALUES('고객'[고객 ID]), [평균재구매간격1])

각 구별하는 고객 ID 기준으로 [평균재구매텀1]을 각각 구하고 나서 그 구한 값들에 대한 평균을 낸다.

(3) 시각화

고객 ID	평균재구매간격1	평균재구매간격2
C1000	33.38	33.38
C1001	70.60	70.60
C1002	46.62	46.62
C1003	33.00	33.00
C1004	56.75	56.75
C1005	51.18	51.18
C1006	69.11	69.11
C1007	56.54	56.54
C1008	45.57	45.57
C1009	43.00	43.00
C1010	55.46	55.46
C1011	34.00	34.00
C1012	57.82	57.82
C1013	46.11	46.11
C1014	73.00	73.00
C1015	46.50	46.50
C1016	40.43	40.43
합계	**53.87**	**58.67**

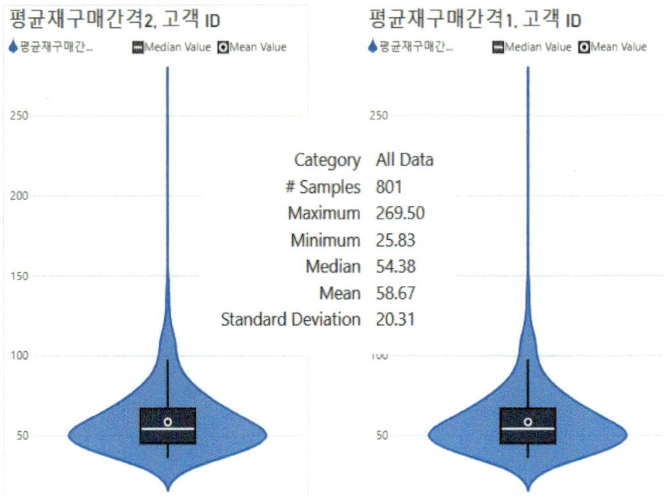

〈그림 7.27〉 고객의 재구매/재방문 빈도 분석하기의 시각화 1

중간값과 평균값은 막대기와 동그란 원으로 표시되며, 차트 내에서 보이는 부가적 정보나 디자인적 요소들을 변경하고 싶다면 우측 서식에 Combo Plot과 Default Tooltip Details, Data Color 등이 있는데 이곳에서 대부분 변경이 가능하다.

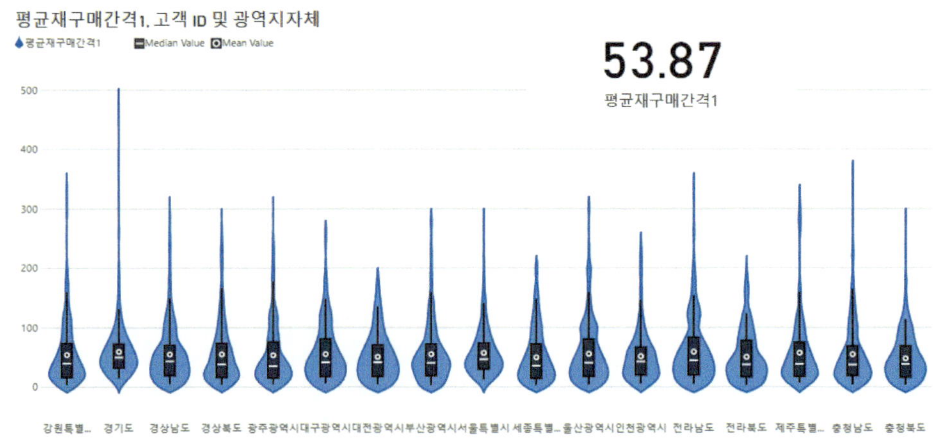

〈그림 7.28〉 고객의 재구매/재방문 빈도 분석하기의 시각화 2

23 신규고객 수/기존고객 수 쉽게 구하기

(Calculate, FirstDate, AllExcept, IF, DistinctCount)

고객의 일자별 방문기록 데이터만으로 신규고객과 기존(구)고객을 구별하여 증감 추이를 나타낸다.

(1) 데이터 전처리

[고객ID] 열에 텍스트 형태의 값인데도 이를 Power BI가 데이터형식을 숫자로 간주해 버리는 경우는 파워 쿼리에서 우측에 보이는 '변경된 유형' 단계를 일단 취소하고 최종적으로 데이터형식을 텍스트로 정해준다.

[방문일자] 열에 텍스트 형태의 값인데 이를 날짜형으로 바꾼다.

	A	B
1	방문일자	고객ID
2	2022-05-01	1450517
3	2022-05-01	66020401
4	2022-05-01	1740116
5	2022-05-04	1920807
6	2022-05-04	76021501
7	2022-05-04	460312
8	2022-05-04	670907-02
9	2022-05-04	66080501
10	2022-05-04	1520730
11	2022-05-04	1920807
12	2022-05-04	1600308
13	2022-05-04	3880628
14	2022-05-04	1690729
15	2022-05-04	66080501
16	2022-05-04	670907-02
17	2022-05-04	1520730
18	2022-05-04	1740116
19	2022-05-04	91042602
20	2022-05-08	490505
21	2022-05-08	88100201

방문일자	고객ID
2022년 5월 1일 일요일	1450517
2022년 5월 1일 일요일	66020401
2022년 5월 1일 일요일	1740116
2022년 5월 4일 수요일	1920807
2022년 5월 4일 수요일	76021501
2022년 5월 4일 수요일	460312
2022년 5월 4일 수요일	670907-02
2022년 5월 4일 수요일	66080501
2022년 5월 4일 수요일	1520730
2022년 5월 4일 수요일	1920807
2022년 5월 4일 수요일	1600308
2022년 5월 4일 수요일	3880628
2022년 5월 4일 수요일	1690729
2022년 5월 4일 수요일	66080501
2022년 5월 4일 수요일	670907-02
2022년 5월 4일 수요일	1520730
2022년 5월 4일 수요일	1740116
2022년 5월 4일 수요일	91042602
2022년 5월 8일 일요일	490505
2022년 5월 8일 일요일	88100201

(참고) DAX연습 23, 25는 DAX연습용 판매3를 대상으로 분석한다.

(2) 날짜 관련 새 테이블 추가 새 열 추가

```
Calendar = ADDCOLUMNS(CALENDAR(DATE(2022,1,1),DATE(2025,12,31), "년월",
           FORMAT([Date], "YYYYMM"))
```

(3) 모델링

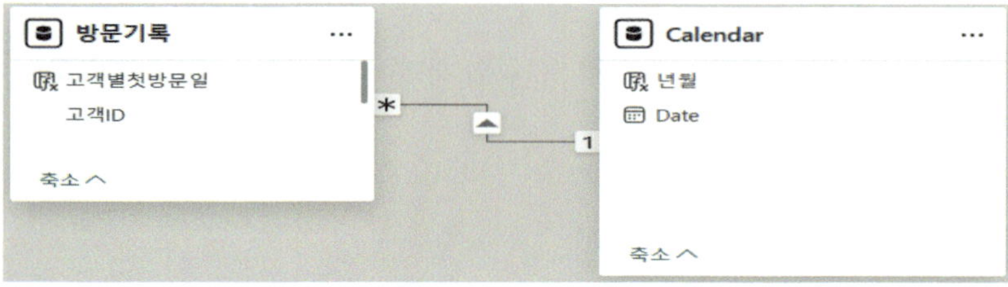

〈그림 7.29〉 고객의 방문기록과 Calendar의 모델링

(4) 새 열 추가

고객별첫방문일 = CALCULATE(FIRSTDATE('방문기록'[방문일자]), ALLEXCEPT('방문기록', '방문기록'[고객ID]))

신규여부 = IF([방문일자]=[고객별첫방문일], "신규", "기존")

(5) 새 측정값 추가

고유고객수 = DISTINCTCOUNT([고객ID])

신규고객수 = CALCULATE([고유고객수], '방문기록'[신규여부]="신규")

기존고객수 = [고유고객수] - [신규고객수]

(6) 시각화

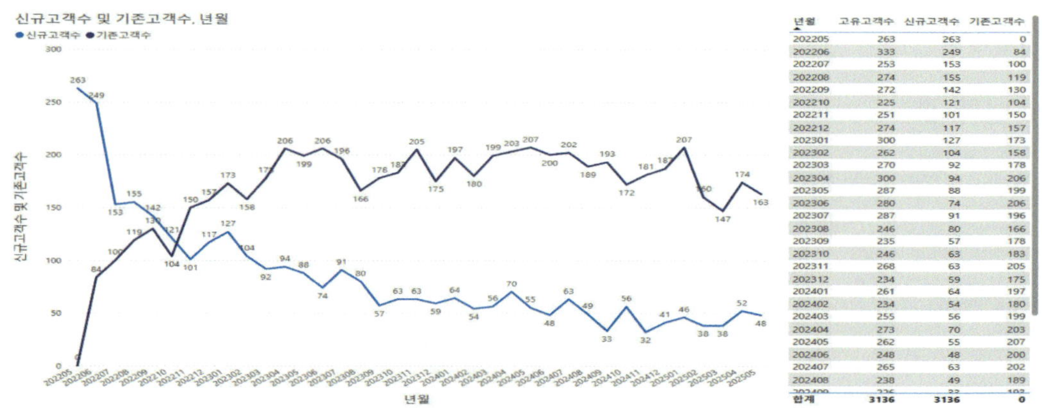

〈그림 7.30〉 신규고객 수/기존고객 수 쉽게 구하기의 시각화

24 판매사원 실적과 순위변동 시각화하기

(리본차트사용)

(1) 개요

리본차트는 특정 항목들의 크기 및 위치 변화를 추적하기 쉽도록 고안된 차트로 이전과 이후의 순위(랭킹) 변동을 쉽게 파악할 수 있고

막대와 막대 사이(리본)에 마우스를 가져다 대면 이전과 이후의 금액 증감, 순위변동을 바로 파악할 수 있게 되어있다.

리본차트가 가장 효과적인 경우는 앞에서 본 것처럼 연속적/순차적 성격을 가진 필드가 X축에 들어가고, 그에 따른 항목 간의 순위와 크기 트렌드를 보고 싶은 값이 Y축에 들어가게 될 때이다.

(2) 시각화

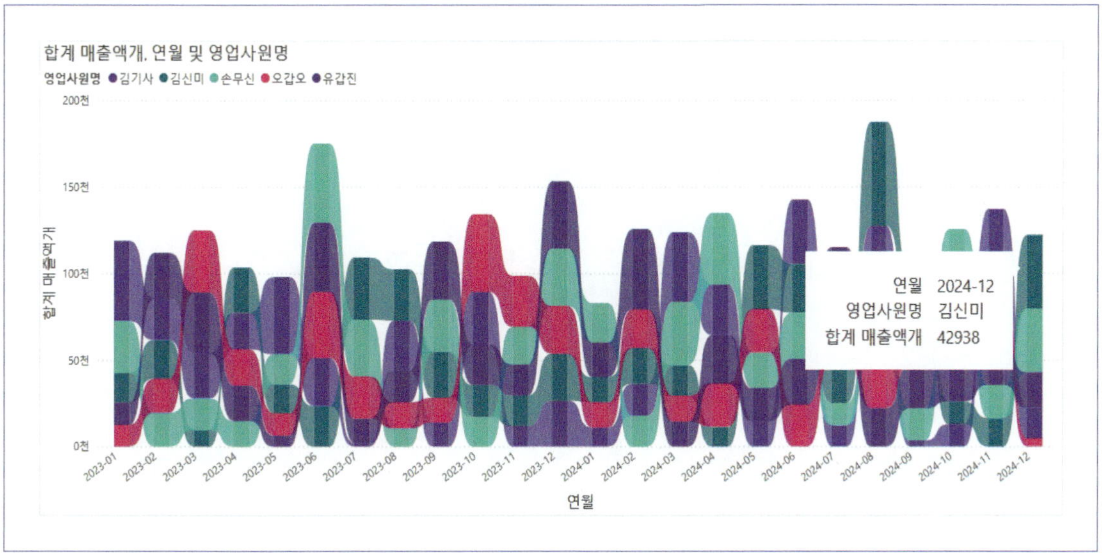

〈그림 7.31〉 판매사원 실적과 순위변동 시각화하기의 시각화

25 고객별 방문 건수 구하는 법(단, 동일 날짜 중복 기록 건은 제외하기)

(CountX, Summarize)

(1) 데이터 준비와 새 측정값

매출계산3.pbix 파일 사용

고객별 방문횟수 = COUNTX(SUMMARIZE('방문기록','방문기록'[방문일자],'방문기록'[고객ID]), [고객ID])

(2) 시각화

고객ID	고객별 방문횟수	고객별첫방문일
1000223	1	2023-08-22
1000303	14	2023-04-03
1000407	3	2023-07-04
10022501	12	2022-11-27
1023001	1	2025-02-10
1030301	1	2025-05-06
1030525	9	2022-08-09
1038301	2	2022-11-13
1040416	5	2022-05-12
1040616	2	2022-08-04
1040618	1	2023-02-26
1041701	15	2023-02-22
10501	6	2024-07-16
1050201	1	2024-04-29
1050401	9	2023-09-26
합계	**13683**	

〈그림 7.32〉 고객별 방문 건수 구하는 법의 시각화

26 목표 대비 달성률 모델링하는 법

(KPI차트, SUM, DIVIDE, 캘린더 테이블)

(1) 데이터와 모델링

아래와 같은 새로운 시트를 테이블로 추가하고 DimDate와 관계를 맺는다.

연월	목표
2023년 1월 31일 화요일	950,000
2023년 2월 28일 화요일	860,000
2023년 3월 31일 금요일	1,020,000
2023년 4월 30일 일요일	980,000
2023년 5월 31일 수요일	880,000
2023년 6월 30일 금요일	1,000,000
2023년 7월 31일 월요일	960,000
2023년 8월 31일 목요일	890,000
2023년 9월 30일 토요일	920,000
2023년 10월 31일 화요일	1,010,000
2023년 11월 30일 목요일	1,060,000
2023년 12월 31일 일요일	1,040,000
2024년 1월 31일 수요일	880,000
2024년 2월 29일 목요일	1,010,000
2024년 3월 31일 일요일	1,010,000
2024년 4월 30일 화요일	970,000
2024년 5월 31일 금요일	1,000,000
2024년 6월 30일 일요일	1,080,000
2024년 7월 31일 수요일	940,000
2024년 8월 31일 토요일	980,000
2024년 9월 30일 월요일	1,070,000
2024년 10월 31일 목요일	1,010,000
2024년 11월 30일 토요일	1,010,000
2024년 12월 31일 화요일	960,000
2025년 1월 31일 금요일	900,000
2025년 2월 28일 금요일	1,030,000
2025년 3월 31일 월요일	1,030,000
2025년 4월 30일 수요일	990,000

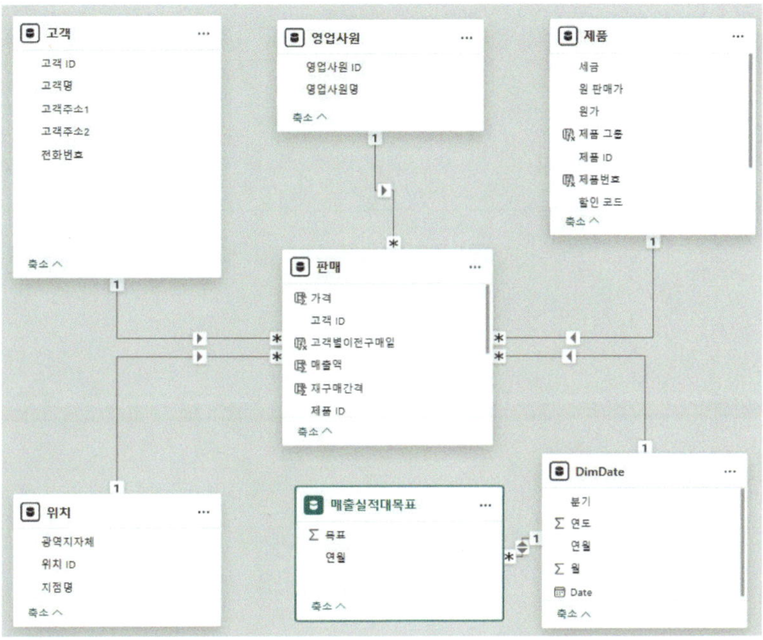

(2) 새 측정값

목표 = SUM('매출실적대목표'[목표])

달성률 = DIVIDE([매출액], [목표])

(3) 시각화

연월	합계 매출액개	합계 목표개	달성률
202301	944,532	950,000	99.4%
202302	867,250	860,000	100.8%
202303	1,012,129	1,020,000	99.2%
202304	969,839	980,000	99.0%
202305	865,403	880,000	98.3%
202306	987,902	1,000,000	98.8%
202307	968,608	960,000	100.9%
202308	896,545	890,000	100.7%
202309	930,109	920,000	101.1%
202310	1,003,963	1,010,000	99.4%
202311	1,047,983	1,060,000	98.9%
202312	1,033,694	1,040,000	99.4%
합계	**11,527,957**	**11,570,000**	**99.6%**

〈그림 7.33〉 목표 대비 달성률 모델링하는 법의 시각화

제8장 시각화 사례 연구

제1절. 사례 분석

동대문상점은 종합 의류 판매업체이다. 취급 품목은 남성 및 여성 의류로 동대문상가에 있는 오프라인 상점과 주요 e마켓(G쇼핑, C쇼핑, N쇼핑, S쇼핑)을 통해 다양한 종류의 의류를 판매하고 있다.

매출에 대한 결제금액은 최근에는 현금결제가 실종된 것이 추세이므로 100% 신용카드나 체크카드를 통해 결제되었다.

결제내역은 지급결제대행업체인 L사를 통해 이루어지며, 2023년 1월부터 2024년 5월까지 17개월간 서울지역 고객에 대해 OFFLINE매장 뿐만 아니라 온라인 쇼핑몰을 포함해 카드결제가 실행된 거래 1만 건 이상에 대해 지급결제대행업체로부터 받은 다음과 같은 엑셀 파일을 이용할 수 있다.

날짜	지역	구분	대분류	중분류	소분류	수량	단가	확정수량	확정단가	확정매출	판매채널	유입경로	재구매	주문취소	만족도
05월 30일	강남구	남성의류	원피스/정장	정장	정장 자켓	1	22000	1	22000	22000	G쇼핑몰	DM광고	재구매		4
05월 31일	성북구	여성의류	하의/트레(	반바지	면/린넨 반	3	52500	3	52500	157500	N쇼핑몰	메인광고	재구매		5
05월 31일	성동구	여성의류	상의	긴팔티셔츠	카라넥티셔	3	39000	3	39000	117000	C쇼핑몰	검색광고	재구매		4
05월 31일	은평구	여성의류	하의/트레(	캐주얼바지	기모 팬츠	2	19500	2	19500	39000	OFFLINE몰	DM광고	재구매		5
05월 31일	중구	남성의류	상의	긴팔티셔츠	라운드넥티	2	24000	0	0	0	C쇼핑몰	배너광고	재구매	주문취소	
05월 31일	성북구	여성의류	아우터/니트	자켓/코트	트렌치코드	1	20000	1	20000	20000	N쇼핑몰	홈페이지	재구매		4
05월 31일	서대문구	여성의류	상의	셔츠	데님셔츠	3	22000	3	22000	66000	OFFLINE몰	배너광고	재구매		4
05월 31일	종로구	남성의류	상의	긴팔티셔츠	폴라티셔츠	2	42000	2	42000	84000	G쇼핑몰	홈페이지	재구매		3
05월 31일	금천구	여성의류	상의	셔츠	솔리드셔츠	3	44000	3	44000	132000	N쇼핑몰	홈페이지	재구매		5
05월 31일	중구	여성의류	니트	니트	라운드넷 ㄴ	1	40000	1	40000	40000	OFFLINE몰	메인광고			5
05월 31일	강북구	여성의류	교복	교복	교복상의	3	40000	3	40000	120000	G쇼핑몰	검색광고	재구매		3
05월 31일	노원구	여성의류	테마의류	테마의류	밸리/재즈/	2	30000	2	30000	60000	G쇼핑몰	SNS			3
05월 31일	서대문구	여성의류	하의	청바지	스키니/슬림	2	30000	2	30000	60000	C쇼핑몰	검색광고			5
05월 31일	도봉구	남성의류	하의	스커트	미니스커트	2	33000	0	0	0	OFFLINE몰	배너광고		주문취소	
05월 31일	구로구	여성의류	하의	청바지	스트레이트	2	60000	2	60000	120000	G쇼핑몰	배너광고			5
05월 31일	중랑구	여성의류	하의	청바지	스키니/슬림	2	39000	2	39000	78000	C쇼핑몰	배너광고			5
05월 31일	성동구	남성의류	상의	반팔티셔츠	카라 반팔티	1	42000	0	0	0	N쇼핑몰	검색광고		주문취소	
05월 31일	성북구	남성의류	하의	스커트	미니스커트	2	28000	2	28000	56000	C쇼핑몰	홈페이지			5
05월 31일	강동구	남성의류	드레스셔츠	드레스셔츠	솔리드 셔츠	1	20000	0	0	0	C쇼핑몰	검색광고		주문취소	
05월 31일	성북구	남성의류	하의	청바지	부츠컷/와(	3	78000	3	78000	234000	N쇼핑몰	메인광고			5
05월 31일	관악구	여성의류	상의	블라우스	쉬폰/프린트	3	45500	0	0	0	N쇼핑몰	검색광고		주문취소	
05월 31일	도봉구	남성의류	클럽의상	클럽의상	상의	2	75000	0	0	0	N쇼핑몰	검색광고		주문취소	

〈그림 8.1〉 지급결제 데이터

동대문상점 김호동 대표는 파워 BI를 활용해 위에 제시된 엑셀 데이터를 이용하여 시각화된 보고서를 받기 원하고 있으며 아직 유료 서비스를 이용하지 않으므로 파워 BI 데스크톱에서 대시보드 형태의 보고서를 보길 원한다.

대시보드에서 보고 싶어 하는 자료는 월별 매출 현황과 추세, 상위 20개 판매 품목이 주된 자료이며,

부수적으로 재구매율, 주문취소비율, 고객만족도, 채널 유입경로와 매출 현황, 서울지역 자치구별 판매실적, 온라인 오프라인 판매비율(오프라인 판매비율이 15% 이하면 오프라인몰을 접고 온라인에만 집중할 생각이 있음) 등이며 필터 조건으로 연도와 월, 고객 성별, 상품의 대분류와 중분류이다.

제2절. 의류 매출 현황 보고하는 대시보드 형태 보고서 만들기

파워 BI의 용도 중 가장 중요한 것은 대시보드 작성이다. 경영자나 마케팅관리자 등 마케팅 의사결정자는 관리 목적뿐 아니라 의사결정에 인사이트를 얻기 위해 마케팅분석가에게 대시보드를 요청하고 당연히 원본 데이터의 변경에 따라 차트의 내용이 변할 것을 요구한다.

본 절에서는 다음과 같이 동대문상점의 의류 매출 현황에 대한 대시보드(파워 BI에서는 보고서라 함)를 작성한 것을 연습한다.

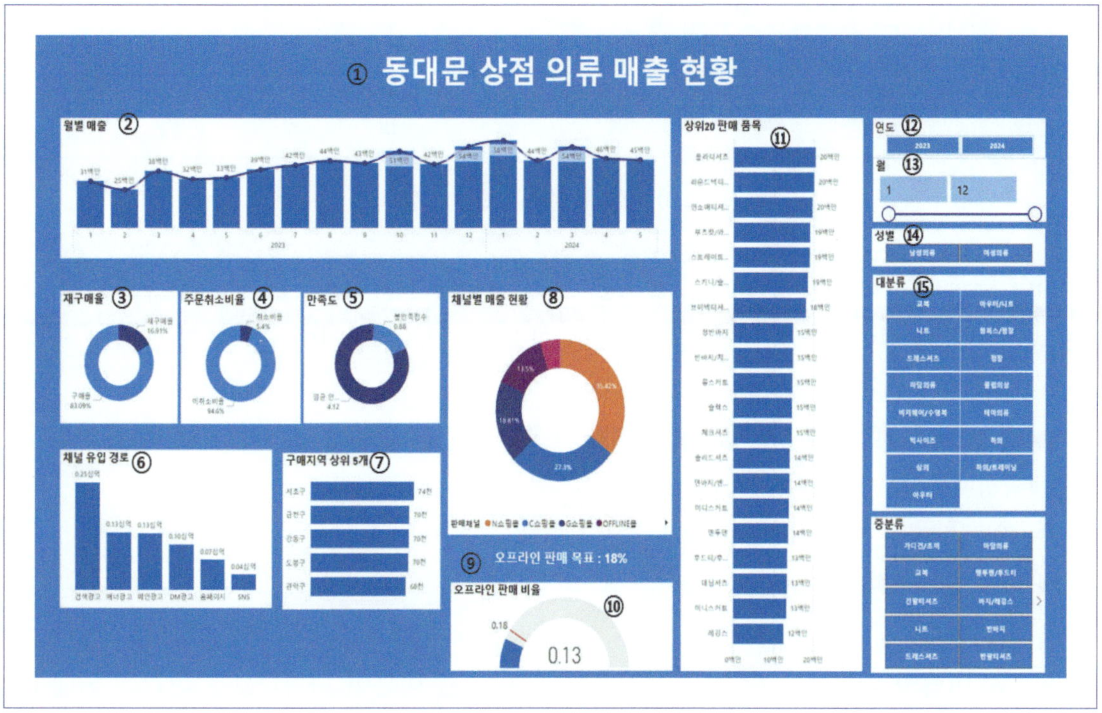

〈그림 8.2〉 동대문상점 의류 매출 현황 대시보드

이 대시보드는 17개월간 카드결제가 실행된 2023년 1월부터 2024년 5월까지 매출 거래에 대해 지급결제대행업체로부터 받은 엑셀 파일을 이용한다. 지역 구분, 성별 구분, 품목 대·중·소 구분, 판매 채널, 유입경로, 재구매 여부, 주문취소 여부, 만족도 등 몇 가지 부가적인 정보를 함께 제공하고 있다. 총 거래 수는 1만 개 이상이다.

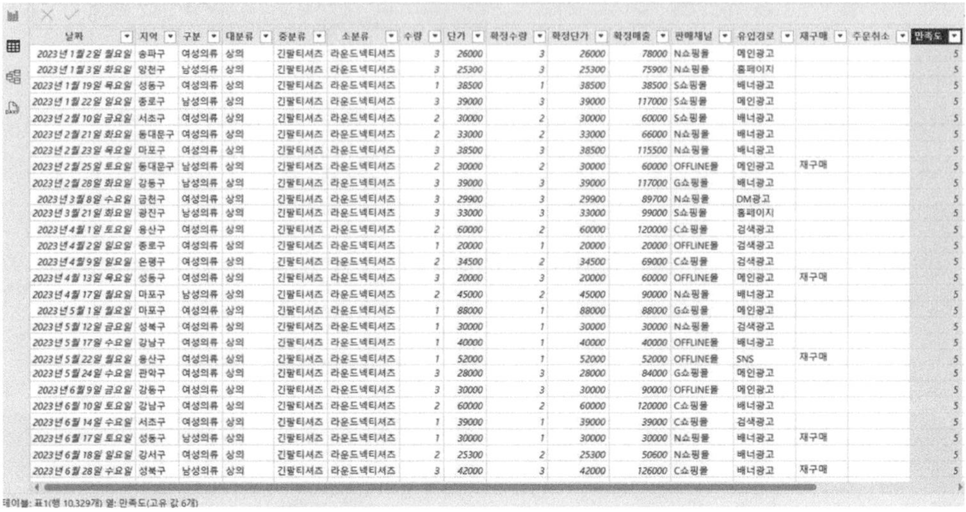

〈그림 8.3〉 파워 쿼리에 로드된 엑셀 파일

먼저 엑셀 파일을 파워 BI의 Excel 통합 문서 열기로 부른 다음 시트(테이블)를 선택하고 로드한다. (원본 데이터가 완전한 형태이므로 파워 쿼리로 변환하여 전처리할 필요가 없다)

❶ 새 열 추가를 한다. 2중 축 꺾은 선형 및 묶은 세로 막대형 차트를 위해 [확정매출] 필드를 [확정매출2]로 만든다.

수식입력란에

확정매출2 = [확정매출]

을 입력한다.

원본 데이터의 날짜에서 월 이름을 사용하면 영어 월 이름이 나타나므로 편리를 위해 [월No] 필드를 추가한다.

수식입력란에

월No = month([날짜])

를 입력한다.

❷ 다음으로 대시보드에서 사용할 새 측정값을 만든다.

재구매율을 도넛형 차트로 그리기 위해 수식입력란에

재구매수 = COUNT('표1'[재구매])

총판매수 = COUNT('표1'[날짜])
재구매율 = [재구매수] / [총판매수]
구매율 = 1-[재구매율]
을 입력한다.

주문취소비율을 도넛형 차트로 그리기 위해
주문취소수 = COUNT('표1'[주문취소])
취소비율 = [주문취소수]/[총판매수]
미취소비율 = 1- [취소비율]
을 입력한다.

만족도를 도넛형 차트로 그리기 위해
만족도No = AVERAGE([만족도])
불만족비율 = 5-[만족도No]
를 입력한다.

OFFLINE판매 비율을 계기 차트로 그리기 위해
OFFLINE판매 비율 = CALCULATE(sum([확정매출]), '표1'[판매채널]="OFFLINE몰")/
sum([확정매출])
을 입력한다.

❸ 시각화 창-서식 지정-캔버스 배경-색에 파란 하늘색(#41A4FF)을 선택하고 투명도(%)는 '0'으로 한다.

차트 등 개체 요소는 다음과 같이 입력한다.

① 홈-삽입-텍스트 상자를 클릭하고 "동대문 상점 의류 매출 현황"을 입력하고 Seoul UI, 30, B(굵게), 가운데를 선택한 후 캔버스의 위 중간 부분으로 이동시킨다.

② 시각화 창에서 꺾은 선형 및 묶은 세로 막대형 차트를 클릭하고 X축에 날짜(계층)의 연도를 클릭한 다음 월No를 클릭하여 입력한다.
열y축에는 확정매출을 클릭하여 X축에 입력한다.
선y축에는 확정매출2를 클릭하여 X축에 입력한다.

서식 지정-시각화 개체-X축에서 제목 비활성화,

서식 지정-시각화 개체-Y축에서 제목 비활성화, 값 비활성화

서식 지정-시각화 개체-보조Y축에서 제목 비활성화, 값 비활성화

서식 지정-시각화 개체-범례 비활성화,

서식 지정-시각화 개체-선-보간유형 곡선 선택, 색은 짙은 청색(#12239E), 표식에서 유형 '•' 크기 5, 데이터 레이블 활성화

서식 지정-일반-제목에서 텍스트는 '월별 매출'

③ 시각화 창에서 도넛형 차트를 클릭하고 값에 측정값인 구매율과 재구매율을 클릭하여 입력한다.

서식 지정-시각화 개체-범례 비활성화,

서식 지정-시각화 개체-Y축에서 제목 비활성화, 조각에서 구매율은 파란 하늘색(#41A4FF), 재구매율은 짙은 청색(#12239E), 세부 정보 레이블의 레이블 내용은 범주, 총 퍼센트, 회전은 60도 선택

서식 지정-일반-제목에서 텍스트는 '재구매율'

④ 주문취소비율은 재구매율 개체를 복사한 후, 값에 측정값인 구매율과 재구매율을 클릭하여 입력한다.

서식 지정-시각화 개체-범례 비활성화,

서식 지정-시각화 개체-Y축에서 제목 비활성화, 조각에서 미취소비율은 파란 하늘색(#41A4FF), 취소비율은 짙은 청색(#12239E), 세부 정보 레이블의 레이블 내용은 범주, 총 퍼센트, 회전은 20도 선택

서식 지정-일반-제목에서 텍스트는 '주문취소비율'

⑤ 만족도는 재구매율 개체를 복사한 후, 값에 만족도 열과 측정값인 불만족비율을 클릭하여 입력한다.

서식 지정-시각화 개체-범례 비활성화,

서식 지정-시각화 개체-Y축에서 제목 비활성화, 조각에서 평균 만족도는 짙은 청색(#12239E), 불만족비율은 파란 하늘색(#41A4FF), 세부 정보 레이블의 레이블 내용은 범주, 데이터값 선택, 회전은 66도 선택

서식 지정-일반-제목에서 텍스트는 '만족도'

⑥ 시각화 창에서 묶은 세로 막대형 차트를 클릭하고 X축에 유입경로를 클릭하여 입력한다. Y축에는 확정매출을 클릭하여 X축에 입력한다.
서식 지정-시각화 개체-X축에서 제목 비활성화,
서식 지정-시각화 개체-Y축에서 제목 비활성화, 값 비활성화, 데이터 레이블 활성화,
서식 지정-시각화 개체-범례 비활성화,
서식 지정-일반-제목에서 텍스트는 '채널 유입 경로'

⑦ 시각화 창에서 묶은 가로 막대형 차트를 클릭하고 Y축에 지역, X축에는 확정매출을 클릭하여 입력한다.
서식 지정-시각화 개체-Y축에서 제목 비활성화, 데이터 레이블 활성화,
서식 지정-시각화 개체-Y축에서 제목 비활성화, 값 비활성화,
서식 지정-시각화 개체-범례 비활성화,
서식 지정-일반-제목에서 텍스트는 '구매지역 상위 5개'
필터 창에서 지역 창에 필터형식은 상위 N, 항목 표시는 위쪽, 5, 값은 확정매출, 필터 적용 클릭

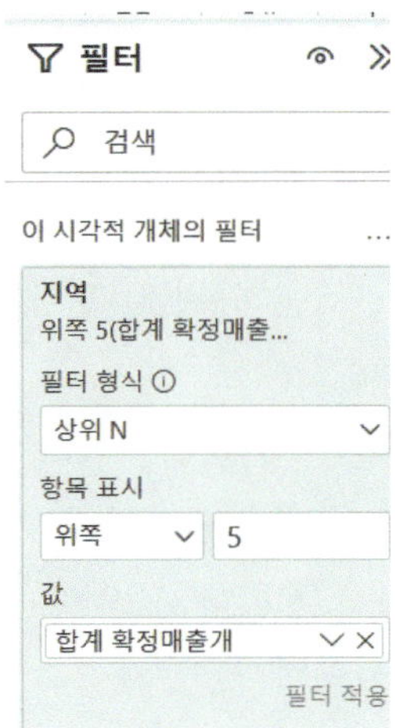

〈그림 8.4〉 상위 N 필터링(지역)

⑧ 시각화 창에서 도넛형 차트를 클릭하고 범례에 판매채널, 값에 확정매출을 클릭하여 입력한다.
서식 지정-시각화 개체-범례 활성화, 위치 아래쪽 가운데, 제목은 활성화, 제목 텍스트

는 판매채널, 세부 정보 레이블 활성화, 옵션-위치는 안쪽 넘치는 텍스트 활성화, 레이블 내용은 총 퍼센트

서식 지정-일반-제목에서 텍스트는 '체널별 매출 현황'

⑨ 홈-삽입-텍스트 상자를 클릭하고 '오프라인 판매 목표'를 입력하고 Seoul UI, 16, B(굵게), 가운데를 선택한 후 캔버스의 아래 중간 부분으로 이동시킨다.

⑩ 시각화 창에서 계기 차트를 클릭하고 값에 OFFLINE판매비율을 클릭하여 입력한다.

서식 지정-시각화 개체-게이지 축의 최소값에 0, 최대값에 1, 대상(목표)값에 0.18

색 –대상 색상 붉은색(#D64451), 목표레이블 활성화, 값 소수 자리수 3

서식 지정-일반-제목에서 텍스트는 '오프라인 판매 비율'

⑪ 시각화 창에서 묶은 가로 막대형 차트를 클릭하고 Y축에 소분류, X축에는 확정매출을 클릭하여 입력한다.

서식 지정-시각화 개체-Y축에서 제목 비활성화,

서식 지정-시각화 개체-X축에서 제목 비활성화, 값 비활성화

서식 지정-시각화 개체-범례 비활성화,

서식 지정-시각화 개체-데이터 레이블 활성화

필터 창에서 소분류 창에 필터형식은 상위 N, 항목 표시는 위쪽, 20, 값은 확정매출, 필터적용 클릭

서식 지정-일반-제목에서 텍스트는 '상위20 판매 품목'

⑫ 지금부터는 5가지의 슬라이서를 추가한다. 먼저 시각화 창에서 슬라이서를 클릭하고 필드에 날짜 계층의 연도를 클릭하여 입력한다.

서식 지정-시각적 개체-슬라이서 설정에서 옵션-스타일을 타일로 선택하고 값-배경에서 파란 하늘색(#41A4FF)을 선택한다.

서식 지정-일반에서 제목을 활성화한다.

캔버스의 오른쪽 위에 위치시킨다.

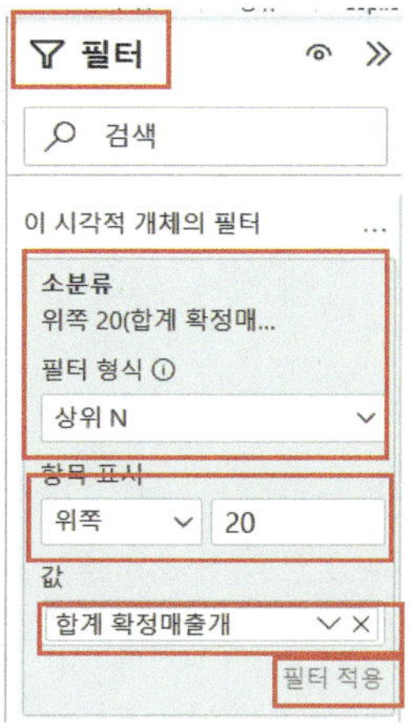

〈그림 8.5〉 상위 N 필터링(소분류)

⑬ 다음 시각화 창에서 슬라이서를 클릭하고 필드에 날짜 계층의 월No를 클릭하여 입력한다.

서식 지정-시각적 개체-슬라이서 설정에서 옵션-스타일을 사이로 선택하고 값-배경에서 옅은 하늘색(#A0D1FF)을 선택한다.

슬라이서를 활성화하고 색을 짙은 파란색(#12239E)으로 정한다.

서식 지정-일반에서 제목을 활성화하고 제목-텍스트에 월로 입력한다.

캔버스의 오른쪽 위에서 두 번째에 위치시킨다.

⑭ 시각화 창에서 슬라이서를 클릭하고 필드에 구분을 클릭하여 입력한다.

서식 지정-시각적 개체-슬라이서 설정에서 옵션-스타일을 타일로 선택하고 값-배경에서 파란하늘색(#41A4FF)을 선택한다.

서식 지정-일반에서 제목을 활성화하고 제목-텍스트에 월로 입력한다.

캔버스의 오른쪽 위에서 세 번째에 위치시킨다.

⑮ 시각화 창에서 슬라이서를 클릭하고 필드에 대분류, 중분류를 각각 클릭하여 입력한다.

서식 지정-시각적 개체-슬라이서 설정에서 옵션-스타일을 타일로 선택하고 값-배경에서 파란 하늘색(#41A4FF)을 선택한다.

서식 지정-일반에서 제목을 활성화한다.

캔버스의 오른쪽 위에서 네 번째에 위치시킨다.

❹ 전체적으로 간격을 조정한다. 서식 탭-상호 작용 편집이 필요하면 적용한다. 예를 들어 연도 및 월 슬라이서에서 값을 선택해도 오프라인 판매비율을 고정하려면 연도를 선택하고 서식 탭 상호 작용 편집을 클릭하고 오프라인 판매비율 계기 차트의 오른쪽 위에 있는 금지 단추를 누르고 상호 작용 편집을 다시 눌러 편집을 종료하면 연도를 선택해도 오프라인 판매비율과의 상호 작용이 정지되고 그 왼편에 있는 필터 단추를 누르면 다시 시작된다.

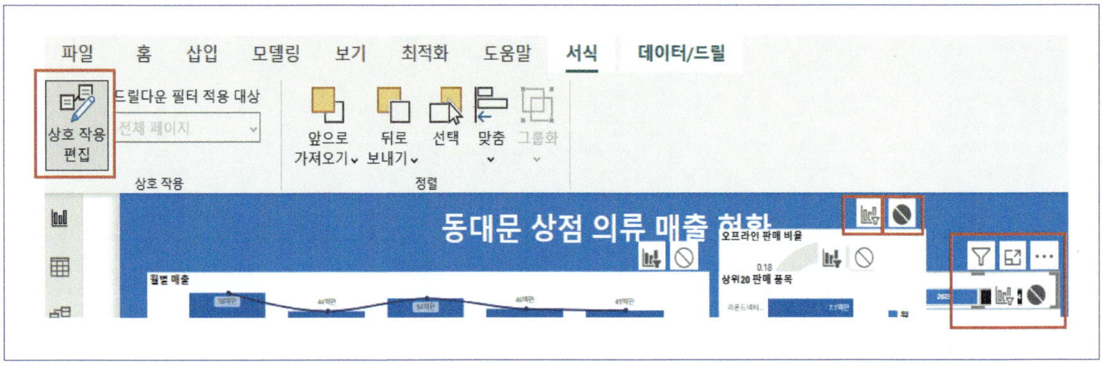

〈그림 8.6〉 상호 작용 편집

❺ 대시보드 아래 1페이지에서 오른쪽 마우스 클릭 복제를 한다. 1페이지의 복제를 클릭하고 이름을 2페이지로 바꾼다.

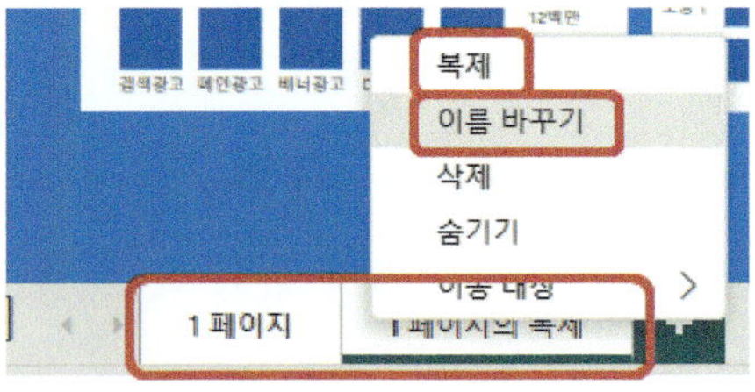

〈그림 8.7〉 대시보드 복제

❻ 2페이지에는 다음과 같이 테이블 개체를 삽입하고 이를 바탕으로 묶은 세로 막대 차트를 삽입한다.

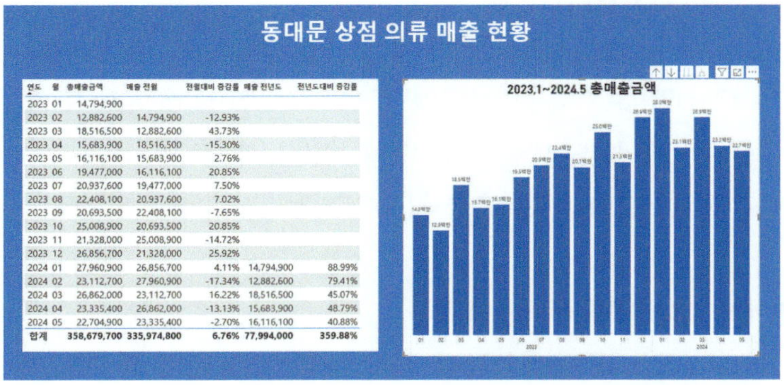

〈그림 8.8〉 테이블 개체 삽입과 묶은 세로 막대 차트

❻ 먼저 시간인텔리전스를 만든다. 테이블보기에서 테이블도구 새 열을 클릭한다. 수식입력란에

DimDate = ADDCOLUMNS(CALENDAR(Date(2023,01,01), Date(2024,05,31)),
"연도", Year([Date]), "월",format([Date], "mm"))

로 새 테이블을 만든다.

❼ 모델 보기에서 표1의 날짜를 드래그하여 새로 만든 DimDate의 데이터로 연결하면 다대 1, 단일로 관계가 만들어진다.

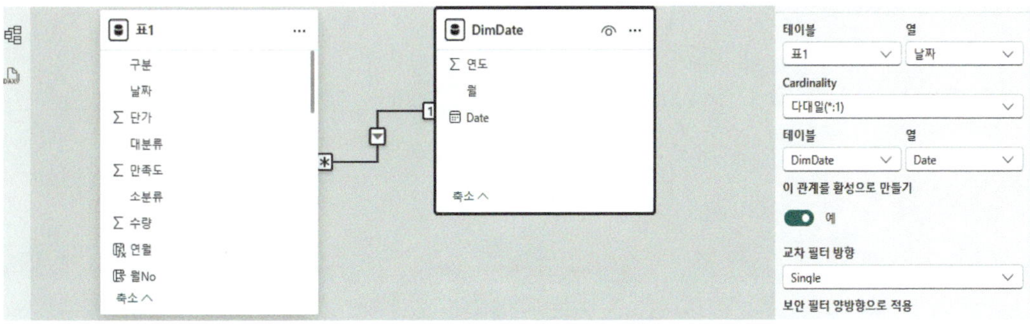

〈그림 8.9〉 표1과 DimDate의 모델링

❽ 보고서 보기로 가서

다음과 같이 새 측정값을 만든다.

```
총매출금액 = SUM('표1'[확정단가])
매출 전월 = CALCULATE([총매출금액], DATEADD('DimDate'[Date],-1,MONTH))
매출 전년도 = CALCULATE([총매출금액], DATEADD('DimDate'[Date],-1,YEAR))
전월대비 증감률 = divide([총매출금액]-[매출 전월],[매출 전월])
전년도대비 증감률 = divide([총매출금액]-[매출 전년도],[매출 전년도])
```

❾ 시각화 창에서 테이블을 클릭한다.

열에 DimDate의 연도, 월, 총매출금액, 매출 전월, 전월대비 증감률, 매출 전년도, 전년도대비 증감률 순으로 클릭한다.

❿ 서식 지정-시각화 개체-열 머리글-글꼴의 크기 13으로 정한다.

⓫ 테이블을 복사하여 오른쪽 빈 캔버스에 붙여놓은 다음, 선택된 상태에서 묶은 세로 막대형 차트를 클릭한다.

⓬ 서식 지정-시각화 개체-X축 제목을 비활성화한다.

⓭ 서식 지정-시각화 개체-Y축 값과 제목을 비활성화한다.

⓮ 서식 지정-일반-제목의 텍스트에서 2023,1~2024.5 총매출금액을 입력하고 글꼴 크기는 24로 한다.

⓯ 묶은 세로 막대형 차트의 오른쪽 위 …(추가 옵션)을 클릭하여 축 정렬-연도 월-오름차순 정렬을 클릭한다.

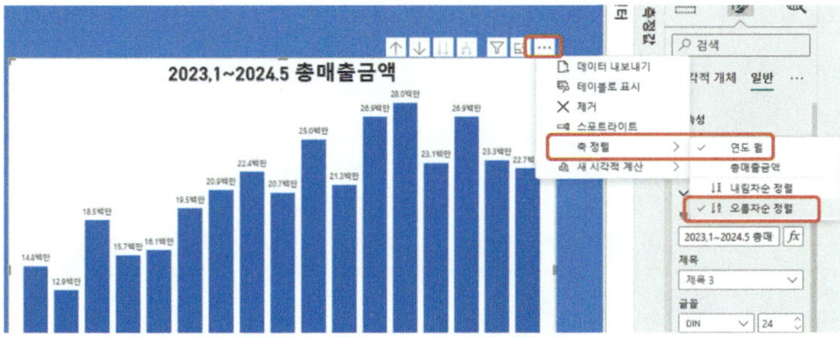

〈그림 8.10〉 테이블 작성과 묶은 세로 막대형 차트 작성, 정렬

⓰ 대시보드-자기이름으로 저장한다.

〈그림 8.11〉 대시보드 저장

제9장 경영정보시각화능력 실기 모의시험

기업의 BI 전문가에 대한 수요에 대응하여 2024년부터 국가전문기술자격인 경영정보시각화능력 시험이 시행되었는데 첫해에는 필기 2회, 실기 1회가 시행되었다. 2025년에는 다음과 같은 시험 시행계획이 있는 것으로 발표되었다.

응시자격

제한없음(단, 실기 시험은 필기 합격 후 2년 이내 있는 실기 시험 응시 가능)

시험과목

등급	시험방법	시험과목	출제형태	시험시간
단일등급	필기시험	경영정보 일반 데이터 해석 및 활용 경영정보시각화 디자인	객관식 60문항	60분
	실기시험	경영정보시각화 디자인 실무	컴퓨터 작업형	70분

ⓘ 윈도우 계산기 및 메모장 기능 사용 불가

2025년 실기시험 프로그램 버전 안내
- 파워BI 데스크탑 : 버전 2.139.1678.0
- 태블로 데스크탑 퍼블릭 에디션 : 버전 2024.3.0

합격결정기준

- 필기 : 매과목 100점 만점에 과목당 40점 이상이고 평균 60점 이상
- 실기 : 100점 만점에 70점 이상

정기시험 일정안내

2025 ⌄ 조회

종목	회별	구분	등급	인터넷접수	시험일자	발표일자
경영정보시각화능력	1	필기	단일등급	2025.04.03 ~ 2025.04.09	2025.04.26	2025.05.27
경영정보시각화능력	1	실기	단일등급	2025.06.05 ~ 2025.06.11	2025.06.28	2025.08.26
경영정보시각화능력	2	필기	단일등급	2025.08.21 ~ 2025.08.27	2025.09.13	2025.10.14
경영정보시각화능력	2	실기	단일등급	2025.10.09 ~ 2025.10.15	2025.11.01	2025.12.30

본 장에서는 경영정보시각화능력 실기시험을 대비하기 2개의 모의고사 문제들을 풀어보면서 6~8장에서 학습했던 내용을 복습하고 배우지 않았던 내용을 추가한다.

2024년에 시행되었던 실기시험은 난도가 높았던 것으로 알려졌다. 따라서 본 모의시험은 출발점이라고 생각하고 실기시험 준비를 위한 별도의 교재를 사들여 공부하기를 바란다.

제1절. 모의시험 (A형) 풀이

1 모의문제 A형 (시험시간 70분)

문제 1 작업준비(20점)

1. 다음 지시사항에 따라 데이터 가져오기 및 편집을 수행하시오. (10점)

① 데이터 파일을 가져온 후 파워쿼리 편집기를 통해 테이블의 데이터를 편집하시오. (3점)

▶ 가져올 데이터: '자전거 대여현황.xlsx' 파일의 〈자전거 대여이력〉, 〈대여소현황〉 테이블

▶ 파워쿼리 편집기를 통해 〈자전거 대여이력〉 테이블의 [대여 대여소번호] 필드의 "210" 값 삭제

▶ 필드의 데이터 형식 변경

- [대여건수], [이용시간] 필드: '정수'
- [이용거리] 필드: '10진수'

[풀 이]

문제 1-1-①

❶ 홈 탭의 Excel 통합문서 클릭 - '자전거_대여현황.xlsx' 파일 선택하여 열기

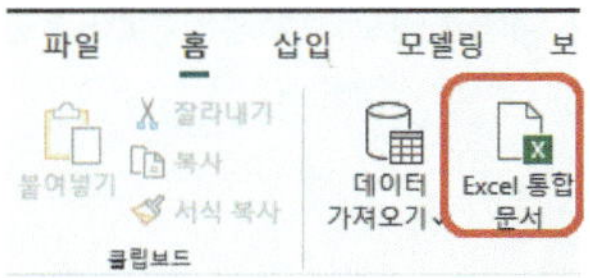

❷ 〈자전거 대여이력〉, 〈대여소현황〉 테이블을 체크한 다음 데이터변환을 클릭

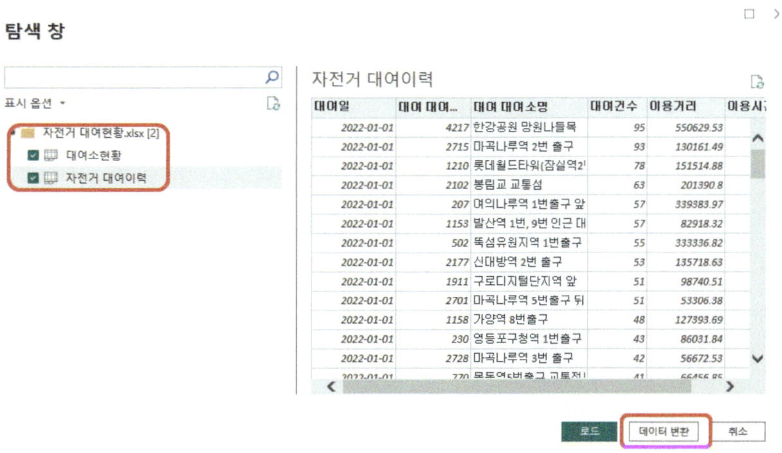

❸ 쿼리 창에서 〈자전거 대여이력〉테이블 선택, 대여_대여소번호필드의 오른쪽 ▼를 클릭하여 필드 항목 중 □210 해제한 후 **확인**을 클릭

❹ [대여건수], [이용시간] 필드를 각각 선택하여 왼쪽 데이터 유형 단추를 눌러 나타난 목록에서 '정수'를 선택

❺ [이용거리] 필드를 선택하여 왼쪽 데이터 유형 단추를 눌러 나타난 목록에서 '10진수'를 선택

② 파워쿼리 편집기를 통해 〈자전거 대여이력〉 테이블에 〈대여소현황〉 테이블의 [자치구] 필드를 추가하시오. (4점)

▶ 쿼리 병합 기능 사용
- 〈자전거 대여이력〉 테이블의 [대여 대여소번호] 필드와 〈대여소현황〉 테이블의 [대여소번호] 필드를 기준으로 병합
- 조인 종류: '왼쪽 외부'

▶ 추가된 필드 이름: [자치구]

▶ 〈대여소현황〉 테이블 로드 사용 해제

[풀 이]

문제 1-1-②

❶ 홈 탭의 쿼리 병합 클릭 후 왼쪽 쿼리 창에서 〈자전거 대여이력〉 테이블의 [대여 대여소번호] 필드와 〈대여소현황〉 테이블의 [대여소번호] 필드의 헤더를 선택하고 조인 종류를 '왼쪽 외부'를 선택하여 **확인**을 클릭

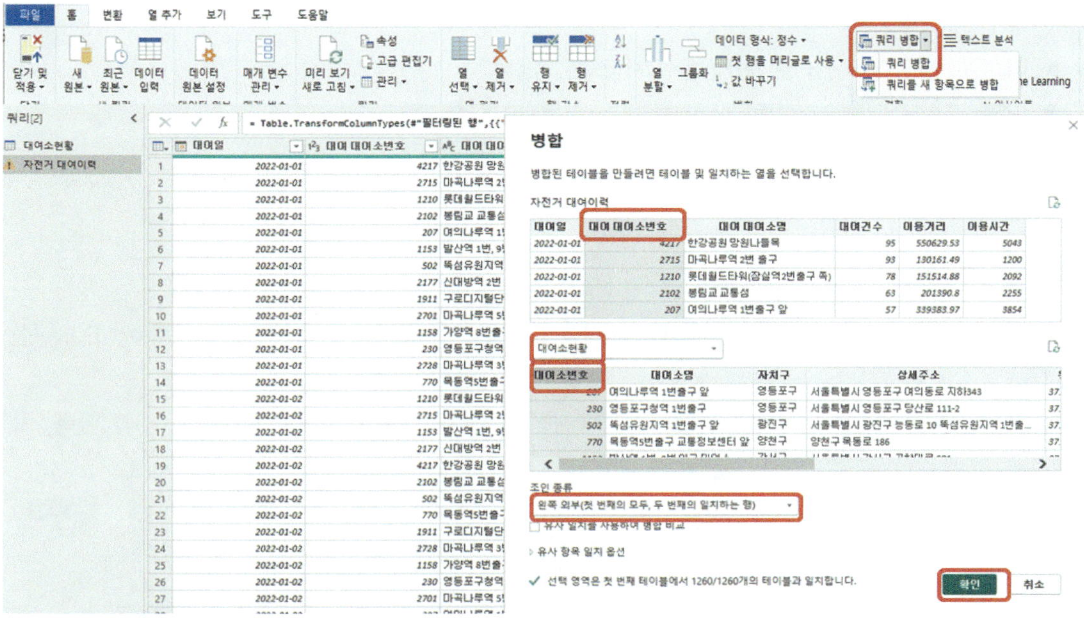

❷ 〈자전거 대여이력〉 테이블의 오른쪽 끝 열 [대여소현황] 필드 오른쪽 버튼을 눌러 (모든 열 선택)을 선택 해제하고 [자치구] 필드를 선택하고 원래 열 이름을 접두사로 사용을 선택 해제한 후 **확인**을 클릭

❸ 왼쪽 쿼리 창 중 〈대여소현황〉 테이블에서 마우스 우클릭 - 로드 사용 선택 해제하면 쿼리 창의 〈대여소현황〉이 기울임 꼴이 됨을 확인

❹ 아래 ③ 문제는 테이블 보기에서 작업하므로 홈 탭의 닫기와 적용을 클릭하여 파워 쿼리 편집기는 닫기

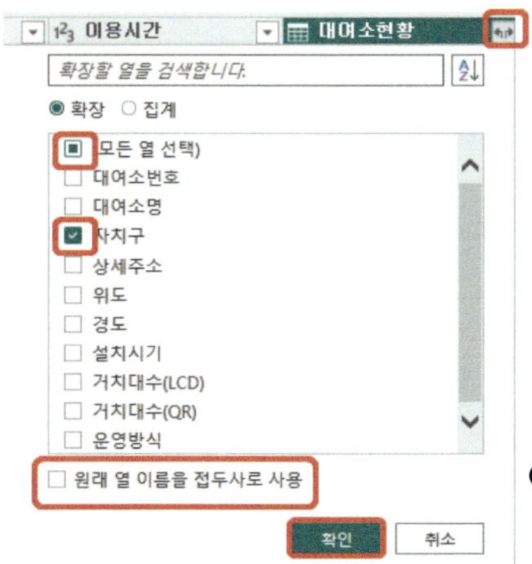

❷

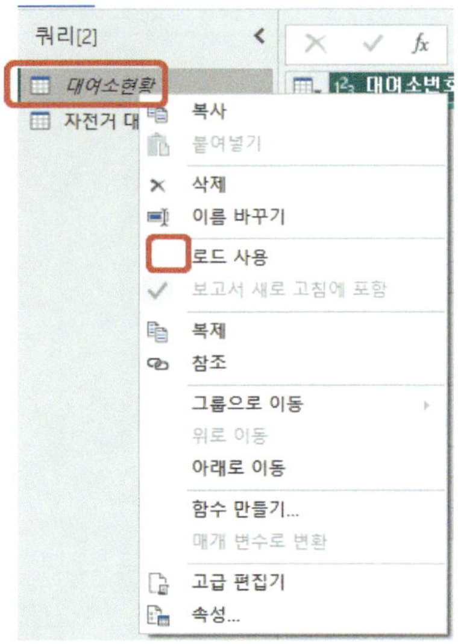

❸

❹

③ 〈자전거 대여이력〉 테이블의 필드 서식을 변경하시오. (3점)

▶ [대여일] 필드: '년도-월-일' 형식으로 표시되도록 적용

▶ [대여건수] 필드: '정수', 천 단위에서 쉼표로 구분되도록 적용

[풀 이]

문제 1-1-③

❶ 테이블 보기로 이동한다.

❷ 대여일 필드 헤더를 선택하고 열 도구 탭의 서식을 오른쪽 V을 클릭하여 *2001-03-14(Short Date)를 선택

❸ [대여건수] 필드 헤더를 선택하고 열 도구 탭의 서식을 정수, ❜(천 단위에서 쉼표로 구분)을 선택

❶

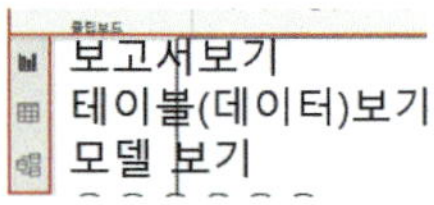

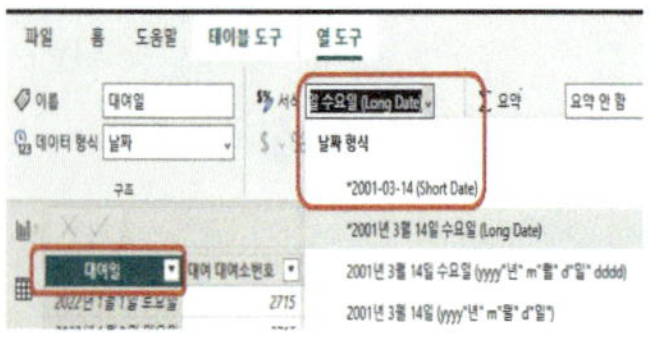

❷

❸

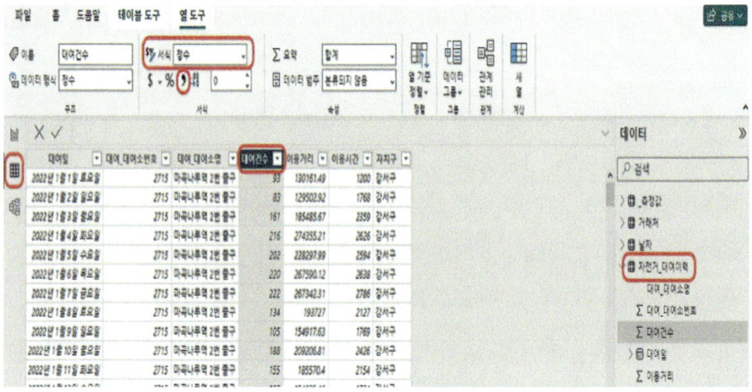

2. 다음 지시사항에 따라 테이블 및 측정값을 추가하시오. (10점)

① 다음 조건으로 데이터 창에 테이블을 추가하시오. (4점)

▶ 테이블 이름: 〈DimDate〉
- 필드: [Date], [연도], [월] 필드 구성
- 사용 함수: ADDCOLUMNS, CALENDAR, YEAR, MONTH
- [Date] 필드의 시작일: 2022-01-01
- [Date] 필드의 종료일: 2022-03-31
- [연도], [월] 필드 : [Date] 필드 기준으로 값 표시

▶ [Date] 필드 서식: '년도-월-일' 형식으로 표시되도록 적용

[풀 이]

문제 1-2-①

❶ 테이블(데이터)보기 창에서 홈 탭 새 테이블을 클릭하고 수식입력 줄(테이블 =)에 다음과 같이 입력

= SUMMARIZE('지자체별 방문자수','지자체별 방문자수'[광역지자체명],"합계",
SUM('지자체별 방문자수'[방문자수]))

❷ Date 헤더를 선택하고 열 도구 탭의 서식을 '오른쪽 V을 클릭하여 두 번째에 있는 *2001-03-14(Short Date)를 선택

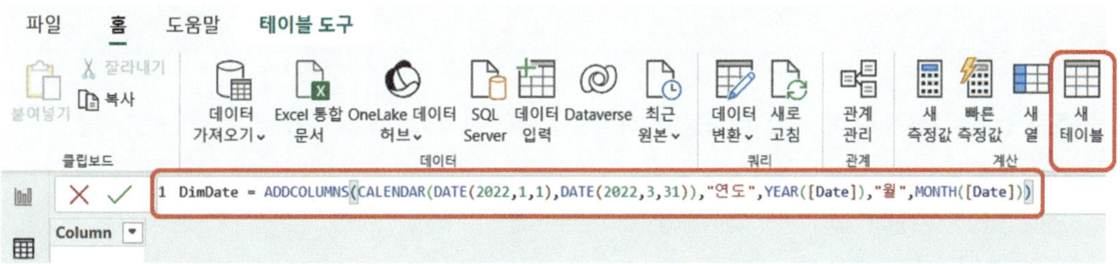

❶

❷

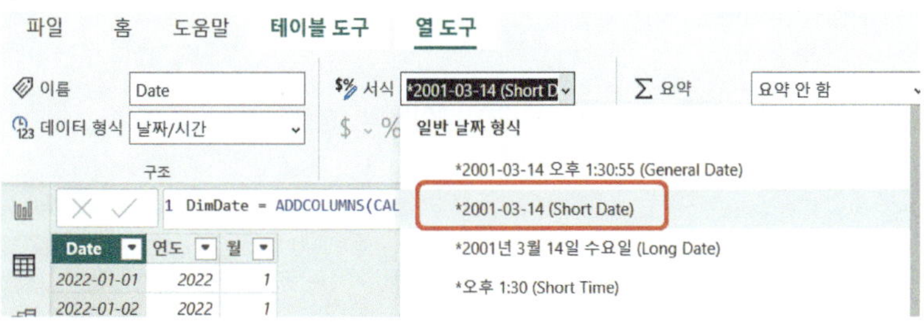

② 〈자전거 대여이력〉 테이블과 〈DimDate〉 테이블의 관계를 설정하시오. (3점)

▶ 활용 필드: 〈자전거 대여이력〉 테이블의 [대여일] 필드, 〈DimDate〉 테이블의 [Date] 필드
▶ 기준(시작) 테이블: 〈자전거 대여이력〉 테이블
▶ 카디널리티: '다대일(*:1)' 관계
▶ 크로스 필터 방향: '단일'

[풀 이]

문제 1-2-②

모델 보기에서 〈자전거 대여이력〉 테이블의 [대여일] 필드를 〈DimDate〉 테이블의 [Date] 필드로 드래그하면 자동으로 관계가 생성된다. 다음과 같이 카디널리티와 교차(Cross) 필터 방향이 이루어졌는지 확인한다.

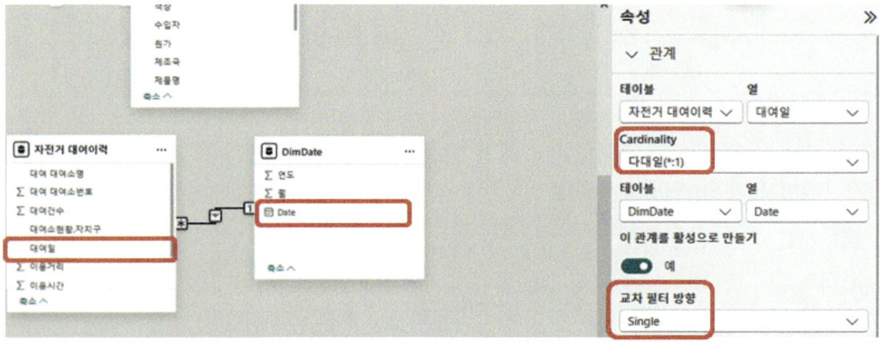

③ 다음 조건으로 〈자전거 대여이력〉 테이블에 측정값을 추가하시오. (3점)

▶ 측정값 이름: [총대여건수]
  - 활용 필드: 〈자전거 대여이력〉 테이블의 [대여건수] 필드
  - [대여건수]의 합계 계산
  - 사용 함수: SUM
  - 서식: '정수', 천 단위에서 쉼표로 구분되도록 적용
▶ 측정값 이름: [일평균 대여건수]
  - 활용 테이블 및 필드 : 〈DimDate〉 테이블, 〈자전거 대여이력〉 테이블의 [총대여건수] 측정값
  - [총대여건수]를 전체 일수로 나누기 계산
  - 사용 함수: COUNTROWS
  - 서식: '정수', 천 단위에서 쉼표로 구분되도록 적용

[풀 이]

문제 1-2-③

❶ 테이블(데이터) 보기를 선택한다.

❷ 데이터 창에서 〈자전거 대여이력〉 테이블의 오른쪽 마우스를 클릭하여 맨 처음의 새 측정값을 선택하고 수식 입력란의 측정값 = 대신
총대여건수=SUM('자전거 대여이력'(대여건수))
를 입력하고 측정 도구 탭에서 서식 '정수', ❟(천 단위에서 쉼표로 구분)을 적용

❷-1 데이터 창에서 〈자전거 대여이력〉 테이블의 오른쪽 마우스를 클릭하여 맨 처음의 새 측정값을 선택하고 수식 입력란의 측정값 = 대신
일평균 대여건수 = [총대여건수]/COUNTROWS('DimDate')
를 입력하고 측정 도구 탭에서 서식 '정수', ❟(천 단위에서 쉼표로 구분)을 적용

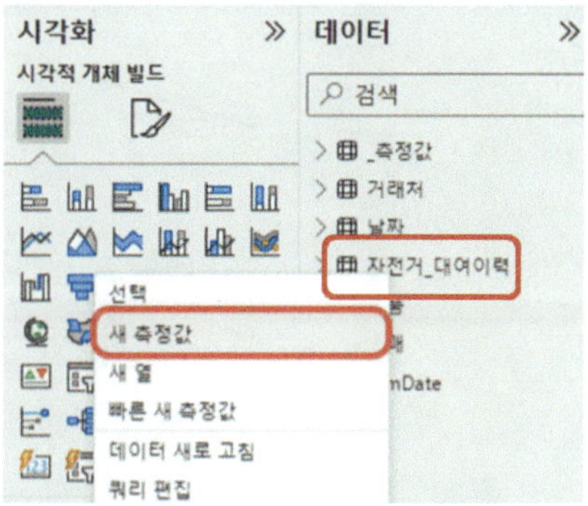

문제 2 단순요소 구현(30점)

〈시각화 완성화면〉 각 세부문제 풀이 후 '문제2' 페이지에 아래와 같이 개체를 배치하시오.
계산식 작성에 사용되는 문자열은 쌍따옴표(" ")를 사용하여 작성하시오.

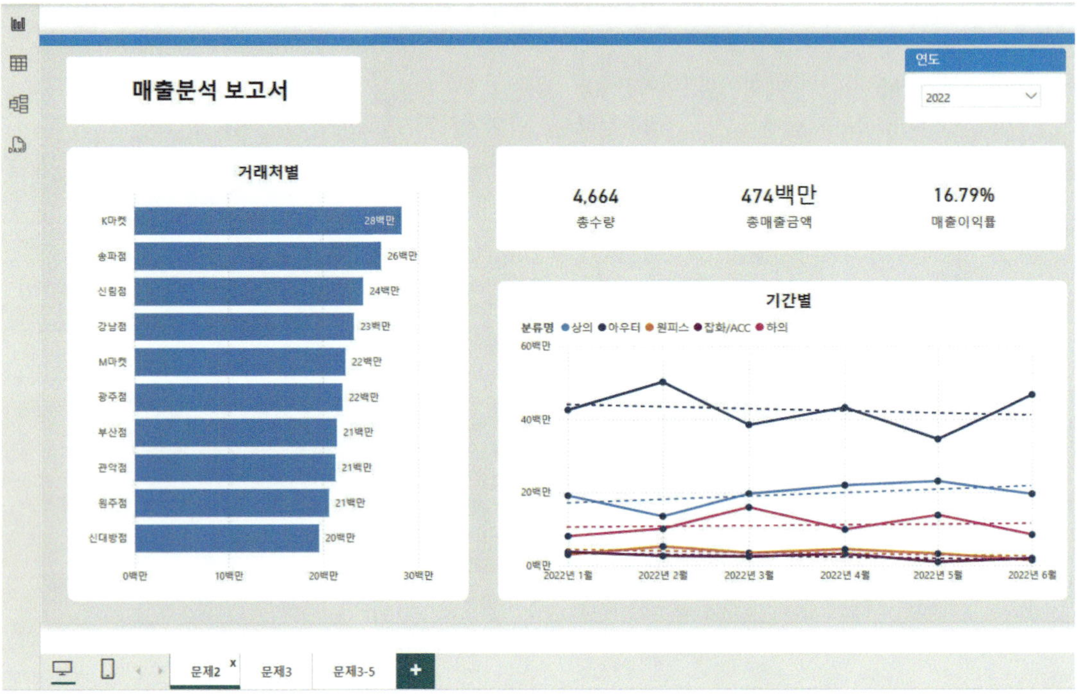

1. '문제2', '문제3', '문제3-5' 페이지의 전체 서식을 설정하시오. (5점)

① 보고서 전체의 테마를 설정하고 테마 사용자 지정 기능을 사용하여 테마 색을 변경하시오. (3점)

▶ 보고서 테마: '기본값'

▶ 이름 및 색의 테마 색 변경

- 테마 색1: '#6699CC'
- 테마 색2: '#003377'

[풀 이]

문제 2-1-①

❶ 보고서 보기를 선택한 후 보기 탭에서 다음과 같은 내용을 선택한다.

❷ 보고서 테마 아래쪽 세 번째의 현재 테마 사용자 지정을 클릭한다. 이름 및 색의 테마에서 테마 색1에 '#6699CC', 테마 색2에 '#003377' 각각 입력하고 **적용**을 클릭

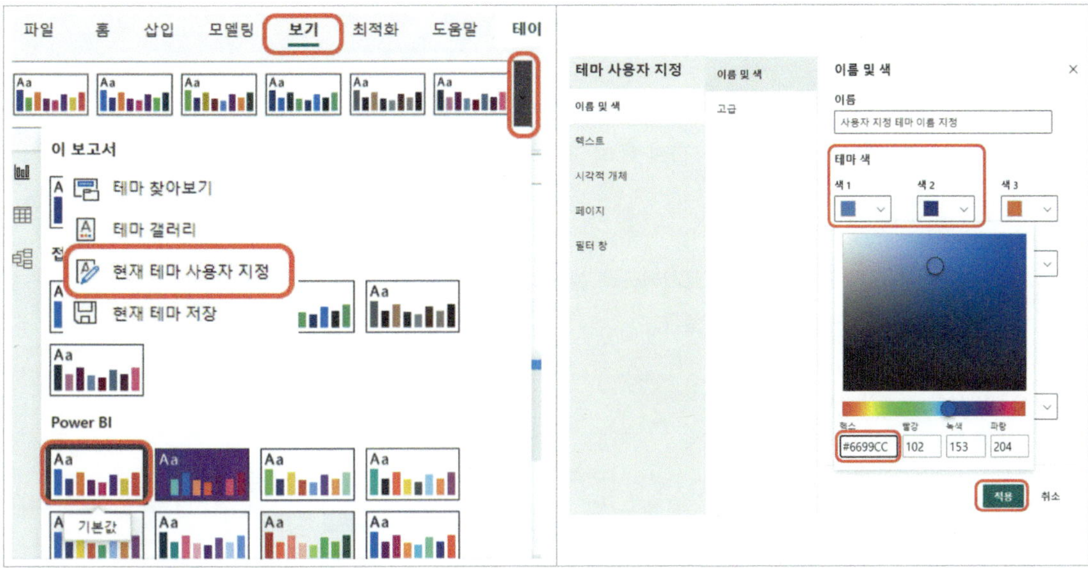

② 텍스트 상자를 사용하여 '문제2' 페이지에 보고서 제목을 작성하시오. (2점)

▶ 제목: "매출분석 보고서"

- 제목 서식: 글꼴 'Segoe UI', 글꼴 크기 '20', '굵게', '가운데'

▶ 텍스트 상자를 '1-②' 위치에 배치

[풀 이]

문제 2-1-②

삽입 탭의 텍스트 상자를 클릭하여 제목에 "매출분석 보고서"를 작성한다.

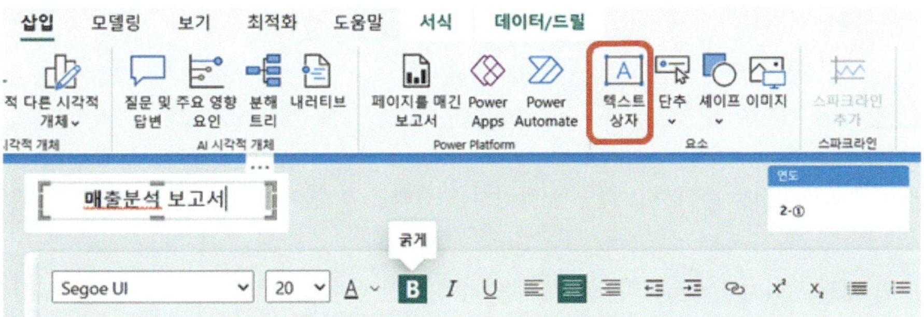

2. 다음 지시사항에 따라 슬라이서와 카드를 구현하시오. (5점)

① 다음 조건으로 '문제2' 페이지에 슬라이서를 구현하시오. (2점)

▶ 활용 필드: 〈날짜〉 테이블의 [연도] 필드

▶ 슬라이서 설정

- 슬라이서 스타일: '드롭다운'
- 슬라이서에 '모두 선택' 항목이 표시되도록 설정

▶ 슬라이서 머리글이 보이지 않도록 설정

▶ 슬라이서 값: '2022' 필터 적용

▶ 슬라이서를 '2-①' 위치에 배치

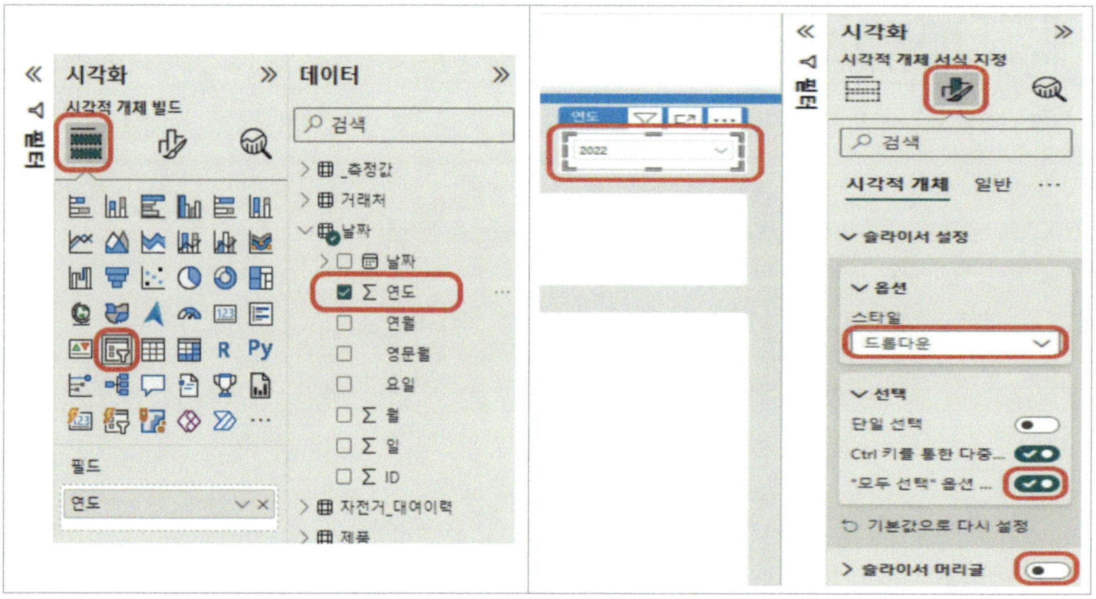

[풀 이]

문제 2-2-①

❶ 시각화 창에서 슬라이서를 추가하고 해당 슬라이서를 선택한 후 데이터 창의 날짜 테이블의 연도를 클릭한다.

❷ 시각화 창의 개체 서식지정 – 시각화 개체에서 슬라이서 설정-옵션-스타일에서 드롭다운을 선택으로 변경한다.

❸ 슬라이서 설정-선택에서 "모두 선택" 옵션을 활성화하여 표시되게 한다. 슬라이서 머리글은 비활성화하여 표시되지 않게 한다.

❹ 슬라이서 값을 '2022' 필터를 적용한다.

② 다음 조건으로 '문제2' 페이지에 카드를 구현하시오. (3점)

▶ 활용 필드 및 표시 단위
- 〈판매〉 테이블의 [총수량], [총매출금액], [매출이익률] 측정값
- 표시 단위: [총수량] '없음', [총매출금액] '백만', [매출이익률] '없음'

▶ 설명 값 서식: 글꼴 크기 '20'

▶ 카드를 '2-②' 위치에 배치

[풀 이]

문제 2-2-②

❶ 시각화 창에서 카드 (카드) 를 추가하고 해당 카드를 선택한 다음 데이터 창의 〈판매〉 테이블의 [총수량]을 선택한다.

❷ 시각화 창의 개체 서식지정 - 시각화 개체-설명 값에서 글꼴 크기 '20'., 표시단위: [총수량] '없음'으로 변경한다.

❸ 총매출금액을 표시하는 카드는 총수량 카드를 복사한 후 데이터 창의 〈판매〉 테이블의 [총매출금액]을 선택한다. 표시단위만 '백만'으로 변경한다.

❹ 매출이익률을 표시하는 카드는 총수량 카드를 복사한 후 데이터 창의 〈판매〉 테이블의 [매출이익률]을 선택한다.

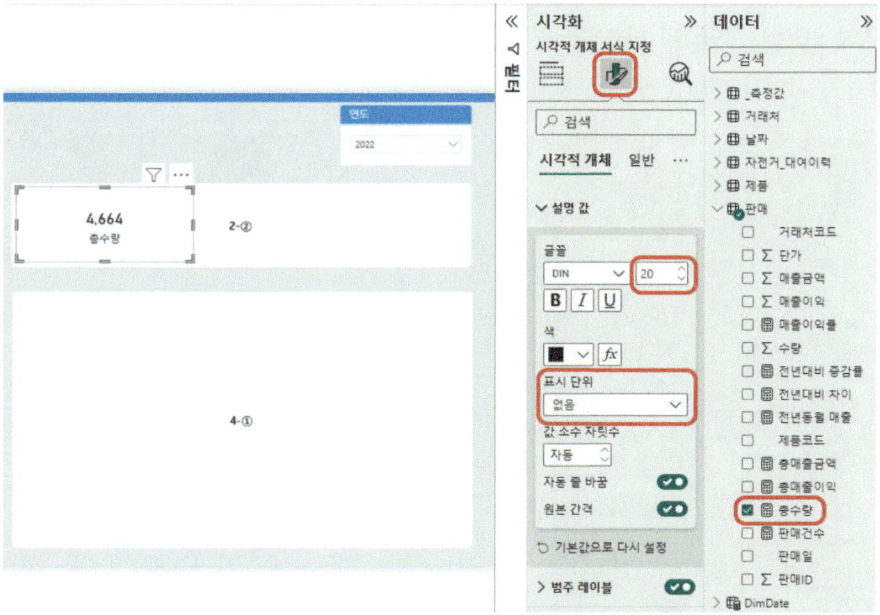

3. 다음 지시사항에 따라 묶은 가로 막대형 차트를 구현하시오. (10점)

① 다음 조건으로 '문제2' 페이지에 묶은 가로 막대형 차트를 구현하시오. (4점)

▶ 활용 필드
- 〈거래처〉 테이블의 [거래처명] 필드
- 〈제품〉 테이블의 [분류명], [제품분류명] 필드
- 〈판매〉 테이블의 [총매출금액] 측정값

▶ '시각화 드릴 모드' 옵션 선택 시 [총매출금액]을 [거래처명], [분류명], [제품분류명]에 따라 순차적으로 확인할 수 있도록 설정

▶ '계층 구조에서 한 수준 아래로 확장' 옵션을 선택 시, Y축의 레이블이 연결되도록 설정
- 예) 송파점 아우터 자켓

▶ 도구 설명에 [총수량]이 표시되도록 추가

▶ 묶은 가로 막대형 차트를 '3-①' 위치에 배치

[풀 이]

문제 2-3-①

❶ 시각화 창에서 묶은 가로 막대형 차트를 선택한 후 데이터 창의 날짜 테이블의 연도를 클릭한다.

❷ 〈거래처〉 테이블의 [거래처명] 필드를 Y축, 〈판매〉 테이블의 [총매출금액] 측정값을 X축에 체크하고 〈제품〉 테이블의 [분류명], [제품분류명] 필드를 차례대로 확인할 수 있도록 Y축에 추가한다.

❸ 도구 설명에 〈판매〉 테이블의 [총수량]을 클릭한다.

❹ 서식지정-Y축-값에서 레이블 연결을 활성화시킨다.

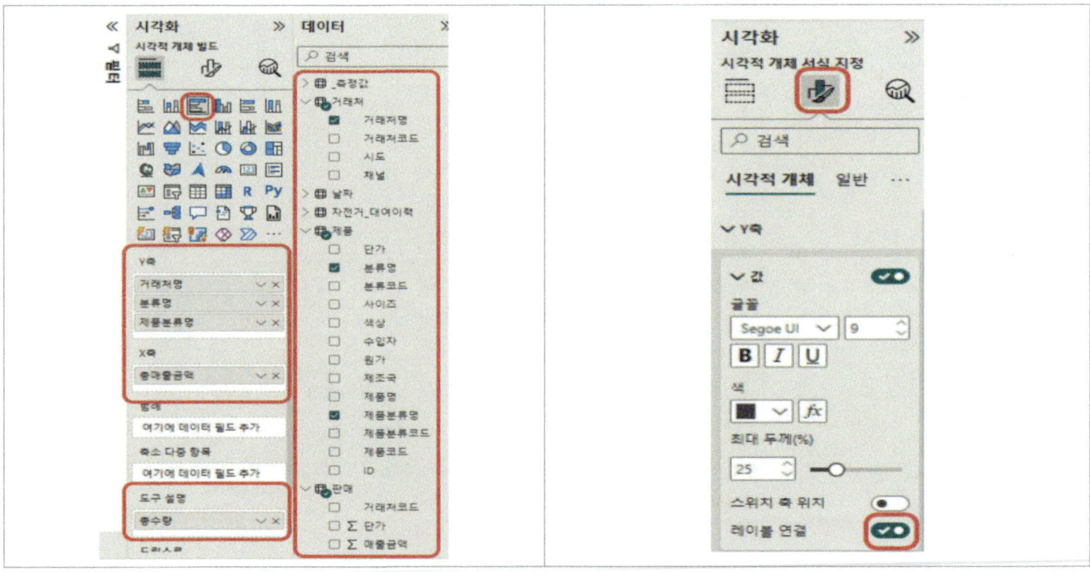

② 다음과 같이 묶은 가로 막대형 차트의 각 요소에 대한 서식을 지정하시오. (3점)

▶ 차트 제목: "거래처별"

- 제목 서식: 글꼴 'Segoe UI', '굵게', '가운데 맞춤'

▶ Y축: 축 제목 제거

▶ X축: 축 제목 제거, 표시 단위 '백만'

▶ 데이터 레이블: 표시 단위 '백만', 넘치는 텍스트가 표시되도록 설정

[풀 이]

문제 2-3-②

❶ 서식지정-일반-제목-제목에 차트 제목인 "거래처별"을 입력하고 글꼴 'Segoe UI', '굵게', '가운데 맞춤'을 선택한다.

❷ 서식지정-시각적 개체-Y축에서 제목을 비활성화여 표시되지 않게 한다.

❸ 서식지정-시각적 개체-X축에서 표시단위를 '백만'으로 선택하고 제목을 비활성화여 표시되지 않게 한다.

❹ 서식지정-시각적 개체-데이터 레이블을 활성화하여 표시되게 하고 그 안의 옵션에서 넘치는 텍스트를 활성화한다. 데이터 레이블-값을 '백만'으로 선택한다.

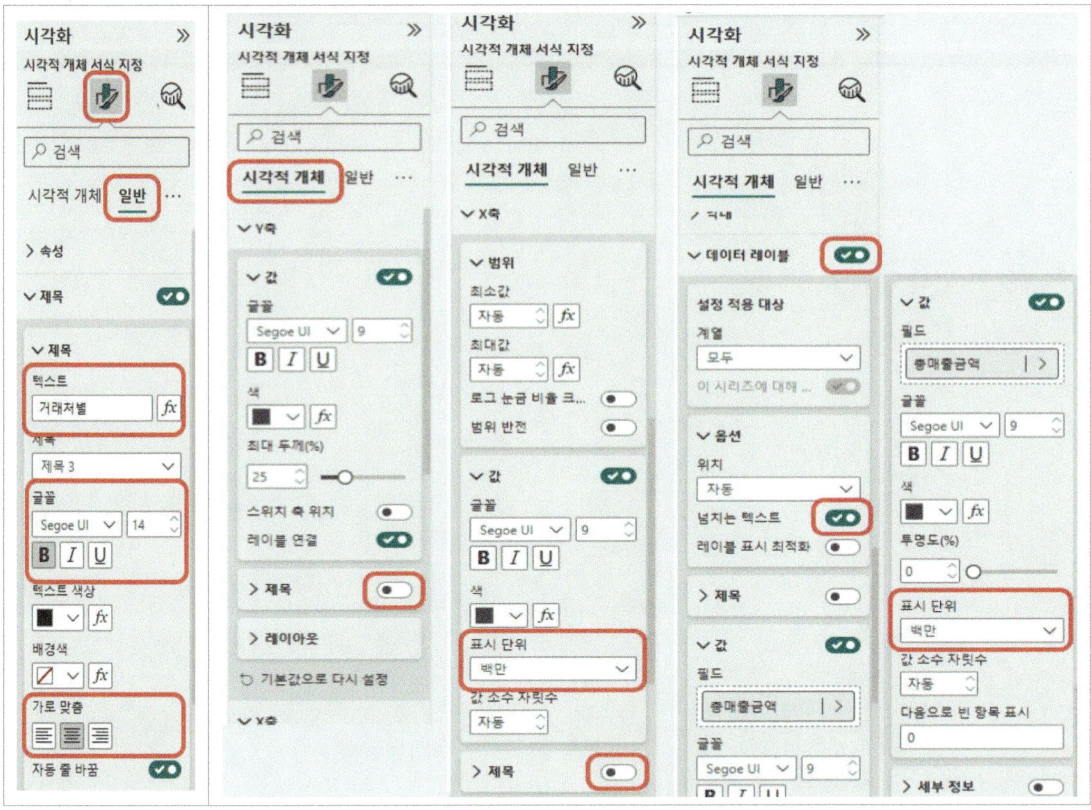

③ 묶은 가로 막대형 차트에 '총매출금액' 기준으로 상위 10개의 '거래처'만 표시하시오. (3점)

[풀 이]

문제 2-3-③

필터 창에서 필터형식을 상위 N으로 선택하고 항목 표시를 위쪽 10으로 입력하고 필터 적용을 클릭한다.

4. 다음 지시사항에 따라 꺾은선형 차트를 구현하시오. (10점)

① 다음 조건으로 '문제2' 페이지에 꺾은선형 차트를 구현하시오. (4점)

▶ 활용 필드
- 〈날짜〉 테이블의 [날짜] 필드
  ▸ [날짜] 필드의 날짜 계층에서 '연도'와 '월' 사용
- 〈제품〉 테이블의 [분류명] 필드
- 〈판매〉 테이블의 [총매출금액] 측정값

▶ 꺾은선형 차트를 '4-①' 위치에 배치

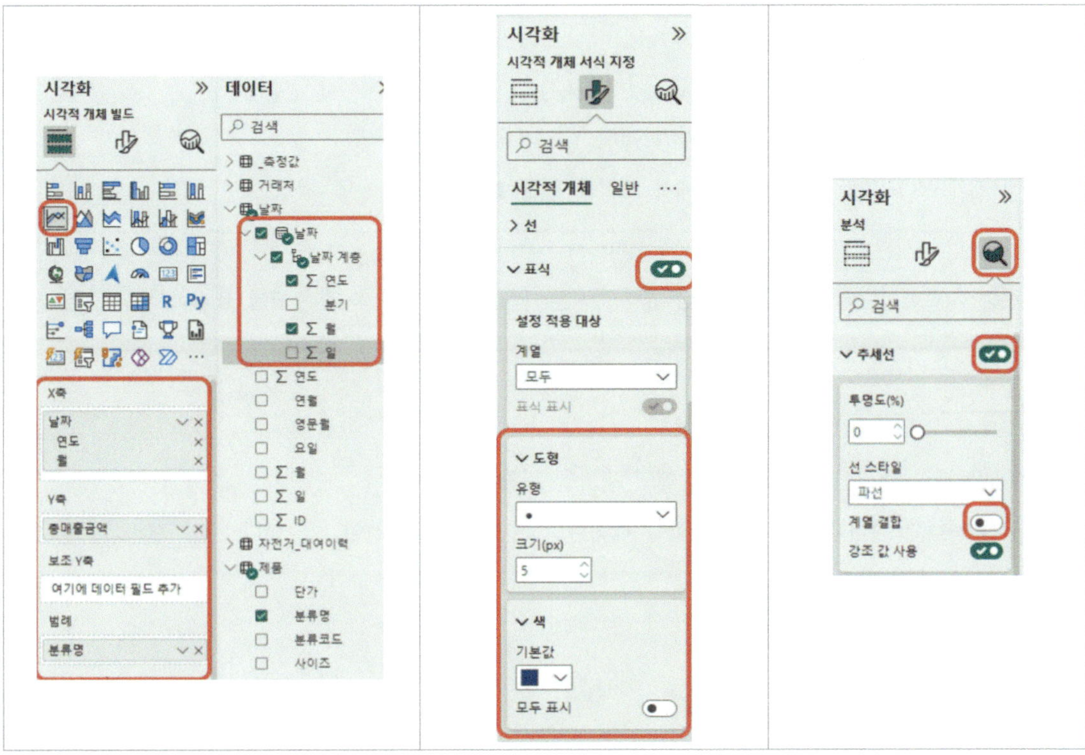

[풀이]

문제 2-4-①

❶ 시각화 창에서 꺾은 선형 차트를 선택하고 X축은 〈날짜〉 테이블의 [날짜] 필드의 날짜 계층에서 '연도'와 '월' 사용

❷ Y축은 〈판매〉 테이블의 [총매출금액] 측정값을 체크

❸ 범례는 〈제품〉 테이블의 [분류명] 필드를 체크

② 다음과 같이 꺾은선형 차트의 각 요소에 대한 서식을 적용하시오. (3점)

▶ 차트 제목: "기간별"

 - 제목 서식: 글꼴 'Segoe UI', '굵게', '가운데 맞춤' 설정

▶ X축, Y축: 축 제목 제거

▶ 표식: 도형 유형 '원형(●), 크기 '5', 색 '검정'

[풀 이]

문제 2-4-②

❹ 시각화 창-서식 지정-일반-제목

❺ 차트 제목을 "기간별"로 입력

❻ 글꼴 'Segoe UI', '굵게', '가운데 맞춤' 설정

❼ 시각적 개체-X축-제목 비활성화, 시각적 개체-Y축-제목 비활성화

❽ 시각적 개체-Y축-표식 활성화, 표식에서 도형은 원형(●), 크기 '5', 색 '검정'으로 설정

---

③ 꺾은선형 차트에 [분류명]별 [총매출금액]의 추세를 확인할 수 있도록 추세선을 표시하시오. (3점)

[풀 이]

문제 2-4-③

❾ 시각화 창-분석-추세선을 활성화하고 계열 결합을 비활성화한다.

❿ 추세선이 하나만 나타나므로 계열 결합을 해제하면 계열별로 추세선이 나타난다.

문제 3 복합요소 구현(50점)

〈시각화 완성화면〉 각 세부문제 풀이 후 '문제3' 페이지에 아래와 같이 개체를 배치하시오.
계산식 작성에 사용되는 문자열은 쌍따옴표(" ")를 사용하여 작성하시오.

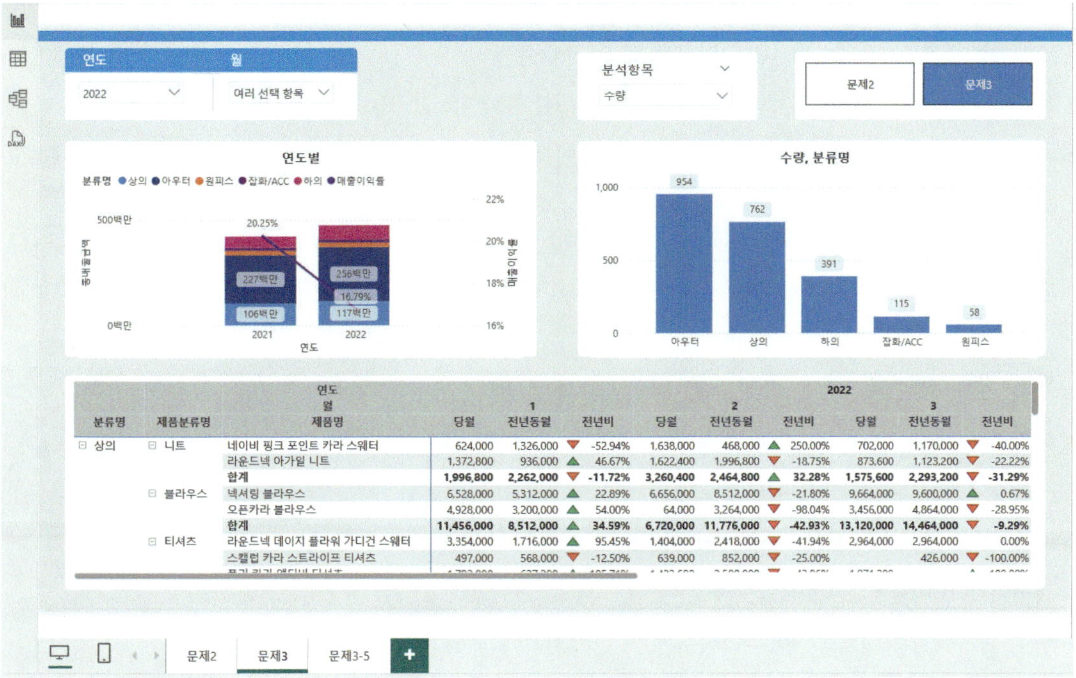

1. 다음 지시사항에 따라 슬라이서와 꺾은선형 및 누적 세로 막대형 차트를 구현하시오. (10점)

① 다음 조건으로 '문제3' 페이지에 [연도] 슬라이서와 [월] 슬라이서를 구현하시오. (3점)

▶ 활용 필드: 〈날짜〉 테이블의 [연도], [월] 필드

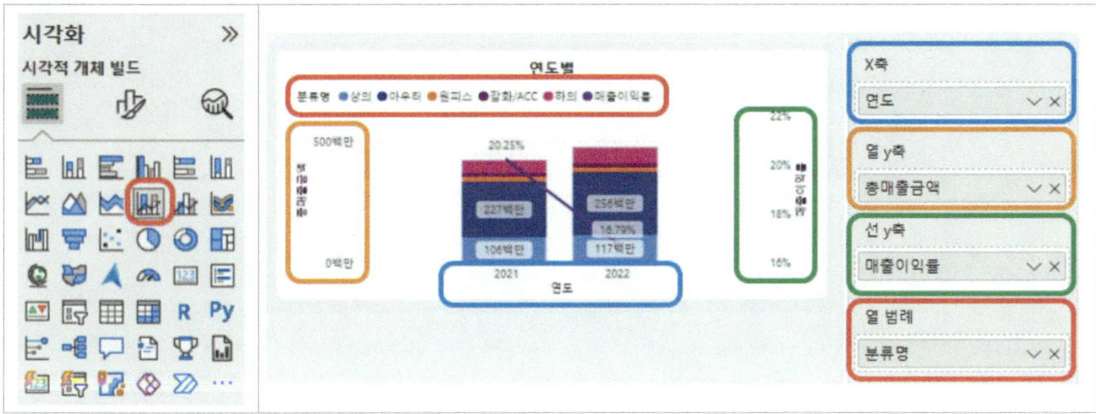

[풀 이]

문제 3-1-①

❶ 시각화 창에서 꺾은선형 및 누적 세로 막대형 차트를 삽입한다.

❷ X축은 〈날짜〉 테이블의 [연도] 필드, 열y축은 〈판매〉 테이블의 [총매출금액], 선y축은 [매출이익률], 열 범례에는 〈제품〉 테이블의 [분류명] 필드를 체크한다.

❸ 시각화 창의 서식 지정-시각화 개체-데이터 레이블 활성화, 값-표시 단위-'백만' 선택

❹ 시각화 창의 서식 지정-시각화 개체-데이터 레이블에서 설정 적용대상 계열을 매출이익률로 선택하고 값-표시 단위-'없음' 선택

❺ 시각화 창의 서식 지정-일반-제목에서 차트 제목으로 "연도별"을 입력하고 제목 서식으로 글꼴 'Segoe UI', '굵게', '가운데 맞춤' 설정

▶ X축: 유형 '범주별', 정렬 '오름차순 정렬' (2021 - 2022 순으로 정렬)

▶ 슬라이서 설정

- 슬라이서 스타일: '드롭다운'
- 슬라이서에 '모두 선택' 항목이 표시되도록 설정

▶ 슬라이서 머리글이 보이지 않도록 설정

▶ 연도 슬라이서를 '1-①', 월 슬라이서를 '1-②' 위치에 배치

[풀 이]

문제 3-1-① 계속

❶ 시각화 창에서 슬라이드를 삽입하고 〈날짜〉 테이블의 [연도] 필드를 체크한다.

❷ 시각화 창-서식 지정-시각적 개체-슬라이서 설정에서 옵션-스타일을 '드롭다운'으로 정하고, 선택에서 "모두 선택" 옵션을 활성화하고 시각적 개체-슬라이서 머리글을 비활성화한다.

❸ 연도 슬라이서를 복사하고 〈날짜〉 테이블의 [월] 필드를 체크한다.

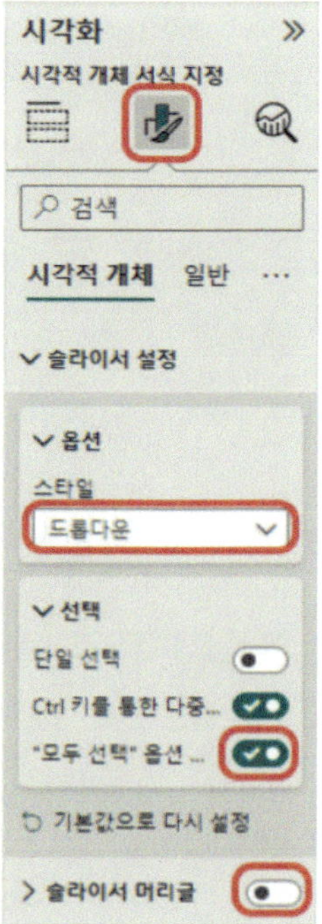

② 다음 조건으로 '문제3' 페이지에 꺾은선형 및 누적 세로 막대형 차트를 구현하시오. (3점)

▶ 활용 필드
  - 〈날짜〉 테이블의 [연도] 필드
  - 〈제품〉 테이블의 [분류명] 필드
  - 〈판매〉 테이블의 [총매출금액], [매출이익률] 측정값

▶ 데이터 레이블 표시
  - 표시 단위: 전체 범례의 [총매출금액] '백만', [매출이익률] '없음'

▶ 차트 제목: "연도별"
  - 제목 서식: 글꼴 'Segoe UI', '굵게', '가운데 맞춤' 설정

▶ X축: 유형 '범주별', 정렬 '오름차순 정렬' (2021 - 2022 순으로 정렬)

▶ 꺾은선형 및 누적 세로 막대형 차트를 '1-③' 위치에 배치

[풀 이]

문제 3-1-②

❶ 시각화 창-서식 지정-시각적 개체-데이터 레이블을 활성화하고 데이터 레이블-값-표시단위를 '백만'으로 선택

❷ 시각화 창-서식 지정-시각적 개체-데이터 레이블-설정 적용대상 레이블을 '매출이익률'로 선택하고 값-표시단위를 '없음'으로 선택

❸ 시각화 창-일반-제목에 차트 제목: "연도별"로 입력하고 글꼴 'Segoe UI', '굵게', '가운데 맞춤' 설정

❹ 시각화 창-서식 지정-시각적 개체-X축-유형에서 '범주별'로 선택

❺ 차트 오른쪽 위의 ...(추가 옵션)을 클릭해 축 정렬-연도-오름차순 정렬을 각각 선택

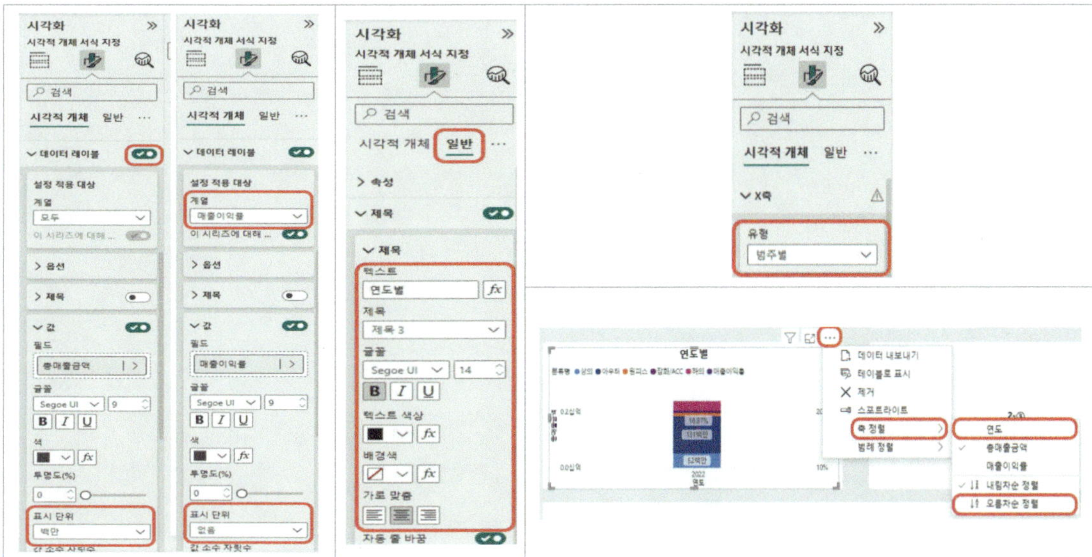

③ [연도], [월] 슬라이서가 꺾은선형 및 누적 세로 막대형 차트에 적용되지 않도록 설정하시오. (4점)

▶ 슬라이서 값: 연도 '2022', 월 '1', '2', '3' 필터 적용

[풀이]

문제 3-1-③

❶ [연도], [월] 슬라이서를 각각 선택하여 서식 탭 상호 작용 편집을 클릭한 후 적용시키지 않을 연도별 차트 오른쪽 위의 없음 버튼을 클릭한 후 상호 작용 편집을 다시 클릭

❷ 연도 슬라이서는 '2022'를 필터 적용하고 월 슬라이서에서는 Ctrl+클릭을 하여 '1', '2', '3' 필터 적용

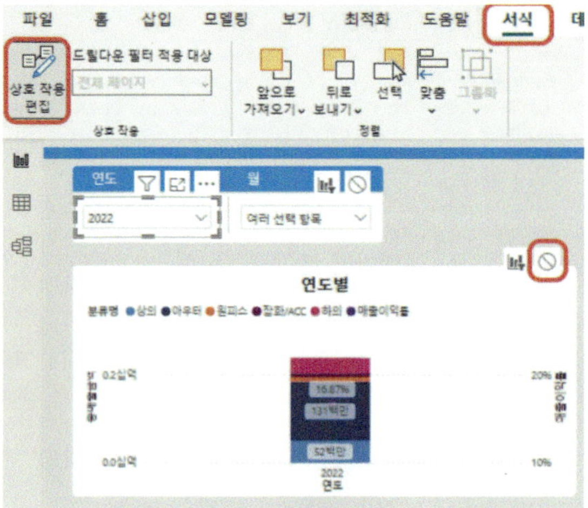

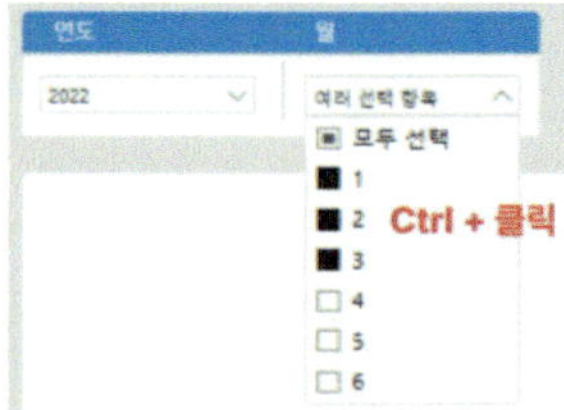

2. 다음 지시사항에 따라 매개 변수를 추가하시오. (10점)

① 다음 조건으로 매개 변수를 추가하시오. (4점)

▶ 매개 변수 이름: [분석항목]

- 대상 필드: 〈판매〉 테이블의 [총수량], [총매출금액] 측정값
- 이 페이지에 슬라이서 추가 옵션 설정
- 매개 변수 필드 값 이름 변경: [총수량] → [수량], [총매출금액] → [매출금액]

[풀 이]

문제 3-2-①

❶ 모델링 탭-새 매개변수-필드를 클릭한다.

❷ 매개 변수의 이름을 분석항목으로 설정하고 대상 필드: 〈판매〉 테이블의 [총수량], [총매출금액] 측정값으로 정한다. 이 페이지에 슬라이서 추가 옵션 설정을 체크한다.

❸ 테이블 보기의 분석항목 헤더를 클릭하고 수식 입력란의 측정값 수식에서 매개 변수 필드 값 이름 변경([총수량] → [수량], [총매출금액] → [매출금액])한다.

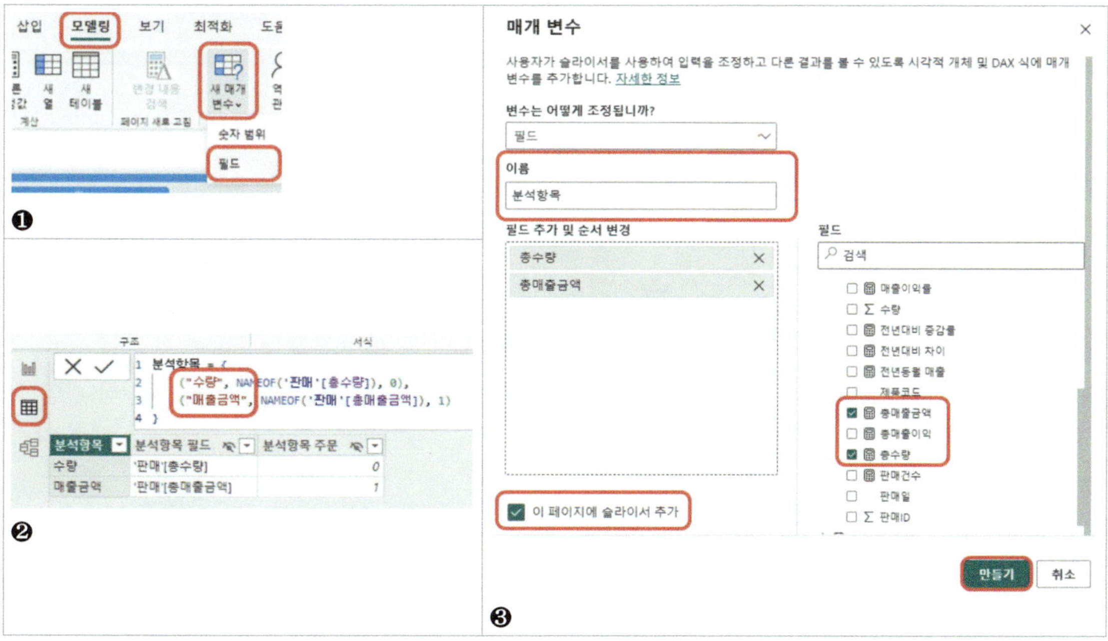

② 다음 조건으로 '문제3' 페이지에 슬라이서를 구현하시오. (3점)

▶ 분석항목 슬라이서 설정
- 슬라이서 스타일: '드롭다운'
- 슬라이서의 선택 항목 중 한 가지의 항목만 선택할 수 있도록 설정
- 슬라이서에 값 '수량'으로 필터

▶ 슬라이서를 '2-②' 위치에 배치

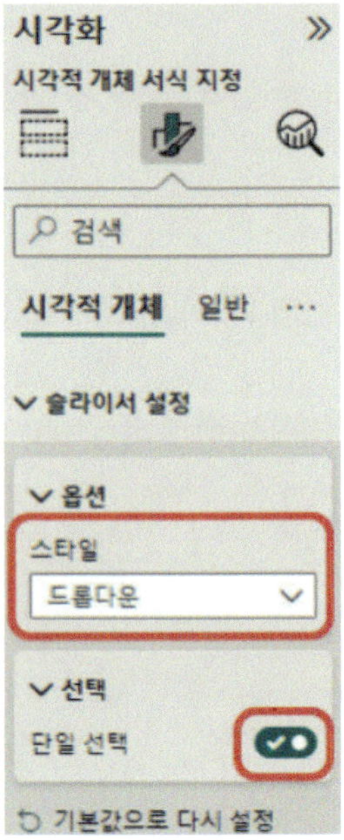

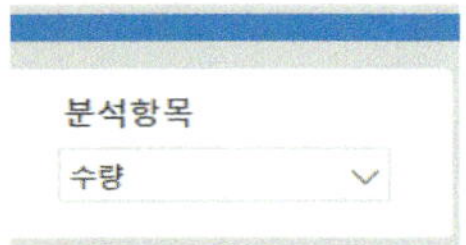

[풀 이]

문제 3-2-②

❶ 시각화 창-서식 지정-시각적 개체-슬라이서 설정-옵션-스타일을 '드롭다운'으로 선택한다. 선택-단일선택을 선택한다.

❷ 슬라이서 분석항목을 '수량'으로 설정한다.

③ 다음 조건으로 '문제3' 페이지에 묶은 세로 막대형 차트를 구현하시오. (3점)

▶ 활용 필드
- 〈제품〉 테이블의 [분류명] 필드
- 〈분석항목〉 테이블의 [분석항목] 필드

▶ 분석항목에 따라 Y축이 변경되도록 구현

▶ X축, Y축: 축 제목 제거

▶ 데이터 레이블: 배경 색 표시(기본값)

▶ 차트 제목
- 제목 서식: 글꼴 'Segoe UI', '굵게', '가운데'

▶ 묶은 세로 막대형 차트를 '2-③' 위치에 배치

[풀 이]

문제 3-2-③

❶ 시각화 창에서 묶은 세로 막대형 차트를 선택한다. X축에 〈제품〉 테이블의 [분류명] 필드, Y축에 〈분석항목〉 테이블의 [분석항목] 필드를 체크한다.

❷ 시각화 창-서식 지정-시각적 개체-X축, Y축: 축 제목 비활성화

❸ 시각화 창-서식 지정-시각적 개체- 데이터 레이블을 활성화하고 배경을 활성화(기본값)한다.

❹ 시각화 창-서식 지정-일반-제목에서 제목 서식을 글꼴 'Segoe UI', '굵게', '가운데'로 설정한다.

3. 다음 지시사항에 따라 행렬 차트를 구현하시오. (10점)

① 다음 조건으로 행렬 차트를 구현하시오. (3점)

▶ 활용 필드

- 〈제품〉 테이블의 [분류명], [제품분류명], [제품명] 필드
- 〈날짜〉 테이블의 [연도], [월] 필드
- 〈판매〉 테이블의 [총매출금액], [전년동월 매출], [전년대비 증감률] 측정값

▶ 레이블명 변경

- "총매출금액" → "당월"
- "전년동월 매출" → "전년동월"
- "전년대비 증감률" → "전년비"

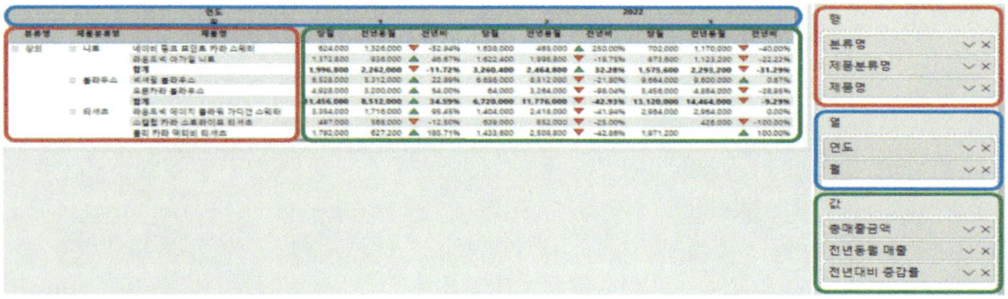

▶ 행렬 차트를 '3-①' 위치에 배치

[풀이]

문제 3-3-①

❶ 시각화 창에서 행렬을 선택하고 〈제품〉 테이블의 [분류명], [제품분류명], [제품명] 필드를 행에 순서대로 체크한다.

❷ 열에 〈날짜〉 테이블의 [연도], [월] 필드를 순서대로 체크한다.

❸ 값에 〈판매〉 테이블의 [총매출금액], [전년동월 매출], [전년대비 증감률] 측정값을 순서대로 체크한다.

❹ 측정값들의 레이블 명을 변경한다. "총매출금액" → "당월", "전년동월 매출" → "전년동월", "전년대비 증감률" → "전년비"로 변경한다.

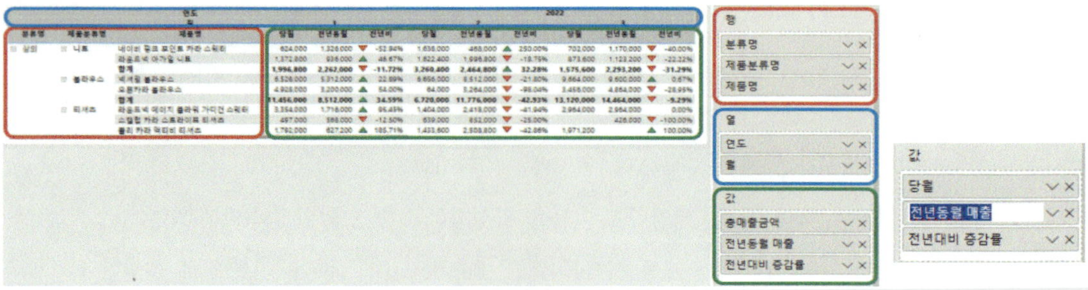

② 다음과 같이 행렬 차트의 각 요소에 대한 서식을 지정하시오. (4점)

▶ 열 머리글: 계층 구조의 마지막 수준(월)까지 모두 확장

- 열 머리글 서식: 글꼴 '굵게', 배경색 '흰색, 20% 더 어둡게', 머리글 맞춤 '가운데'

▶ 행 머리글: 계층 구조의 마지막 수준(제품명)까지 확장, 서로 다른 열로 모든 행을 나열

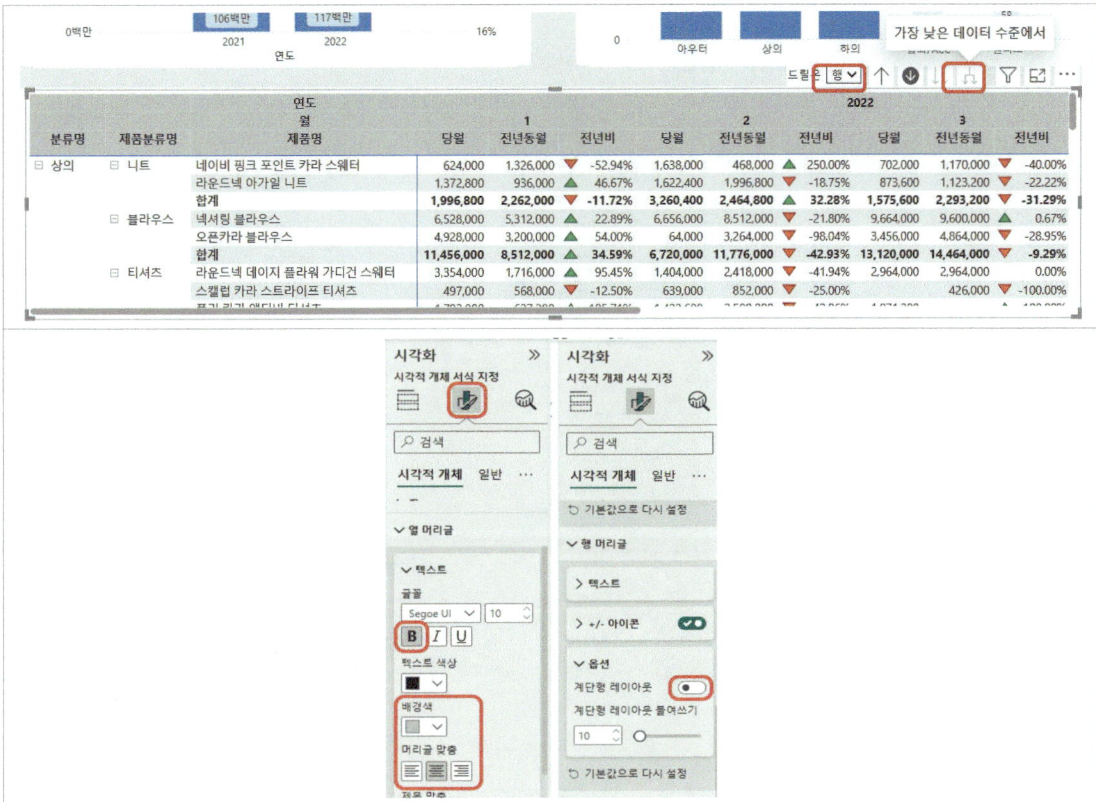

[풀이]

문제 3-3-②

❶ 열 머리글을 마지막 수준까지 모두 확장하기 위해서 드릴온을 '열'로 놓고 드릴모드를 가장 낮은 데이터 수준에서 를 클릭하면 된다.

❷ 행 머리글을 마지막 수준까지 모두 확장하기 위해서 드릴온을 '열'로 놓고 드릴모드를 가장 낮은 데이터 수준에서 를 클릭하면 된다.

❸ 시각화 창-서식 지정-시각화 개체에서 열 머리글 서식: 글꼴 '굵게', 배경색 '흰색, 20% 더 어둡게', 머리글 맞춤 '가운데'를 설정한다.

❹ 행 머리글의 계단형 레이아웃을 해제하려면 시각적 개체-행 머리글-옵션에서 계단형 레이아웃을 비활성화한다.

③ 행렬 차트에 조건부 서식을 적용하시오. (3점)

▶ 설정 적용 대상: '전년비'

▶ '아이콘' 사용

▶ 적용 대상: '값 및 합계'

▶ 서식 스타일: 규칙

- 0보다 크고 최대값보다 작거나 같은 경우, 녹색 위쪽 삼각형(▲)
- 최소값보다 크거나 같고 0보다 작은 경우, 빨간색 아래쪽 삼각형(▼)

[풀 이]

문제 3-3-③

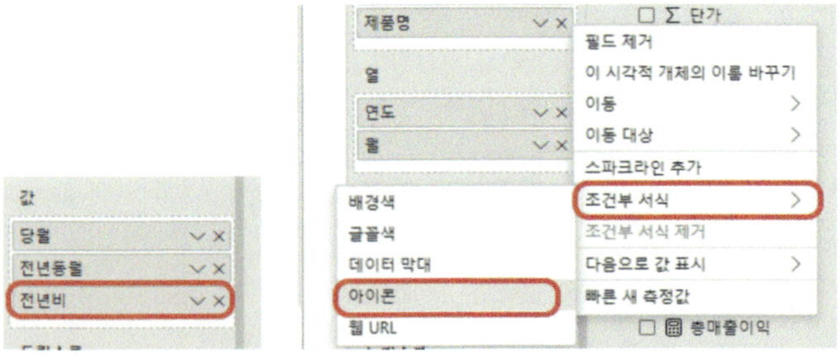	❶ 설정 적용대상 계열이 '전년비'이므로 시각화 창-데이터 추가화면에 있는 전년비에서 마우스 우클릭-조건부 서식-아이콘 선택
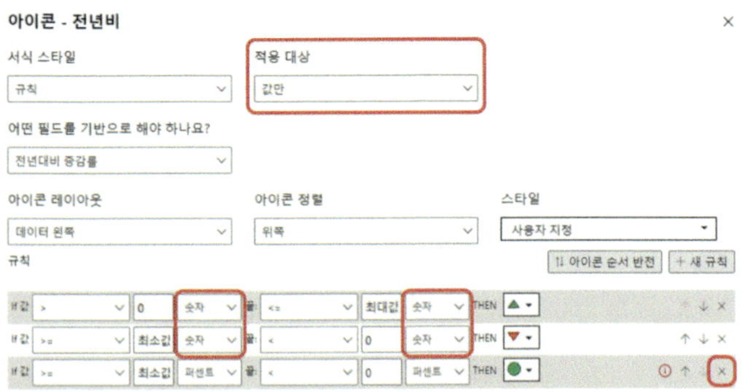	❷ 조건부 서식 설정 창에서 일단 적용대상이 '값만'인 상태에서 규칙 중 '퍼센트'를 '숫자'로 수정한다. 안 하면 '퍼센트'로 고정되어 버린다. 필요 없는 규칙은 삭제(x)한다. 서식 스타일 규칙 0보다 크고 최대값보다 작거나 같은 경우 위쪽 녹색 삼각형 최소값보다 크거나 같고 p보다 작은 경우 아래쪽 빨간 삼각형
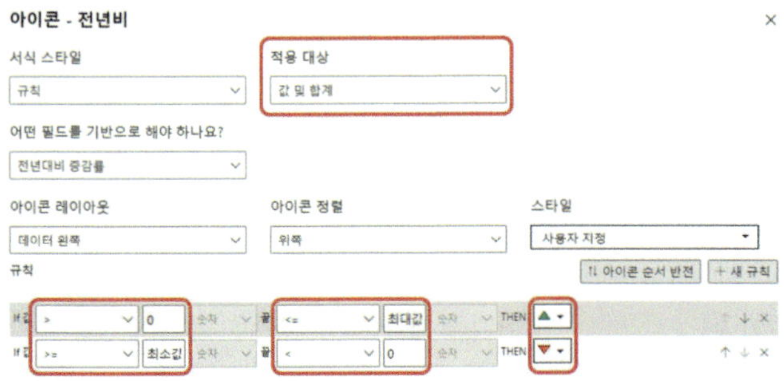	❸ 적용대상을 '값 및 합계'로 바꾸고 확인을 눌러 저장한다.

4. 다음 지시사항에 따라 '문제3' 페이지에 페이지 탐색기를 구현하시오. (5점)

▶ 표시: '문제3_5' 페이지 적용 제외

▶ 선택한 상태의 단추 색: '테마 색1'

▶ 페이지 탐색기를 '4-①' 위치에 배치

[풀이]

문제 3-4

❶ 삽입 탭-단추-탐색기-페이지 탐색기 클릭

❷ 특정 페이지를 제외하려면 페이지 탐색기를 선택한 후 서식 지정-시각적 개체-페이지-표시를 클릭하고 제외할 페이지를 비활성화

❸ 선택한 상태에서 단추 색을 변경하려면 시각적 개체-스타일에서 설정적용 대상을 '선택한 상태'로 변경하고 채우기 색을 '테마 색1'로 변경

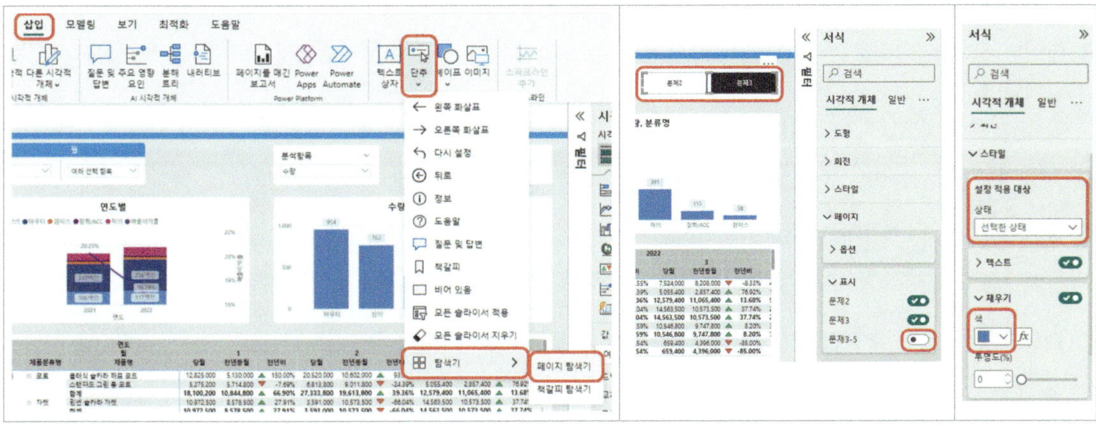

5. 다음 지시사항에 따라 측정값을 추가하시오. (15점)

① 다음 조건으로 〈_측정값〉 테이블에 측정값을 추가하시오. (2점)

▶ 측정값 이름: 매출_매장
- 활용 필드
- ▸ 〈판매〉 테이블의 [총매출금액] 측정값
- ▸ 〈거래처〉 테이블의 [채널] 필드
  - [채널] 필드 값이 "매장"인 경우의 [총매출금액]을 반환
  - 사용 함수: CALCULATE, FILTER
  - 서식: 천 단위에서 쉼표로 구분되도록 적용, '소수점 아래 0자리까지' 표시
  - '문제3_5' 페이지의 [표1]에 [매출_매장] 열 삽입

[풀이]

문제 3-5-①

❶ 데이터 창의 〈_측정값〉 테이블에서 오른쪽 마우스 클릭하여 처음 나타나는 '새 측정값'을 클릭하고 수식 입력란에
매출_매장 = CALCULATE([총매출금액], FILTER('거래처', [채널]="매장")) 입력

❷ 측정 도구 탭 서식에 서식 '정수', ❜(천 단위에서 쉼표로 구분)을 적용

❸ 문제 3_5의 표1에 [매출_매장] 열 삽입

② 다음 조건으로 〈_측정값〉 테이블에 측정값을 추가하시오. (5점)

▶ 측정값 이름: 전월_매출
- 활용 필드
- ▸ 〈판매〉 테이블의 [총매출금액] 측정값
- ▸ 〈날짜〉 테이블의 [날짜] 필드
  - 1개월 전의 [총매출금액]을 반환
  - 사용 함수: CALCULATE, DATEADD
  - 서식: 천 단위에서 쉼표로 구분되도록 적용, '소수점 아래 0자리까지' 표시
  - '문제3_5' 페이지의 [표2]에 [전월_매출] 열 삽입

[풀이]

문제 3-5-②

❶ 데이터 창의 〈_측정값〉 테이블에서 오른쪽 마우스 클릭하여 처음 나타나는 '새 측정값'을 클릭하고 수식 입력란에

전월_매출 = CALCULATE([총매출금액], DATEADD('날짜'[날짜], -1, MONTH)) 입력(1개월 전이므로 -1)

❷ 측정 도구 탭 서식에 서식 ❟(천 단위에서 쉼표로 구분), 소수점 자리 0을 적용

❸ 문제 3_5의 표2에 [전월_매출] 열 삽입

③ 다음 조건으로 〈_측정값〉 테이블에 측정값을 추가하시오. (3점)

▶ 측정값 이름: 연간_누계
  - 활용 필드
- ‣ 〈판매〉 테이블의 [총매출금액] 측정값
- ‣ 〈날짜〉 테이블의 [날짜] 필드
  - 연간 [총매출금액]의 누계 값을 반환
  - 사용 함수: TOTALYTD
  - 서식: 천 단위에서 쉼표로 구분되도록 적용, '소수점 아래 0자리까지' 표시
  - '문제3_5' 페이지의 [표2]에 [연간_누계] 열 삽입

[풀 이]

문제 3-5-③

❶ 데이터 창의 〈_측정값〉 테이블에서 오른쪽 마우스 클릭하여 처음 나타나는 '새 측정값'을 클릭하고 수식 입력란에
연간_누계 = TOTALYTD([총매출금액],'날짜'[날짜])

❷ 측정 도구 탭 서식에 서식 ❟(천 단위에서 쉼표로 구분), 소수점 자리 0을 적용

❸ 문제 3_5의 표2에 [연간_누계] 열 삽입

④ 다음 조건으로 〈_측정값〉 테이블에 측정값을 추가하시오. (5점)

▶ 측정값 이름: 순위
  - 활용 필드
- ‣ 〈판매〉 테이블의 [총수량] 측정값
- ‣ 〈제품〉 테이블의 [제품명] 필드
  - [제품명]을 기준으로 [총수량]의 순위를 반환
  - 사용 함수: RANKX, ALL
  - [총수량]이 동률인 경우 다음 순위 값은 동률 순위 +1을 한 순위로 표시(Dense)
- ‣ 예) 2개의 값이 2위인 경우, 다음 값은 3위로 표시
  - [총수량] 기준 내림차순으로 정렬 (DESC)
  - '문제3_5' 페이지의 [표3]에 [순위] 열

[풀 이]

문제 3-5-④

❶ 데이터 창의 〈_측정값〉 테이블에서 오른쪽 마우스 클릭하여 처음 나타나는 '새 측정값'을 클릭하고 수식 입력란에

순위 = RANKX(ALL('제품'[제품명]),[총수량],,DESC,Dense)

❷ 문제 3_5의 표3에 [순위] 열 삽입

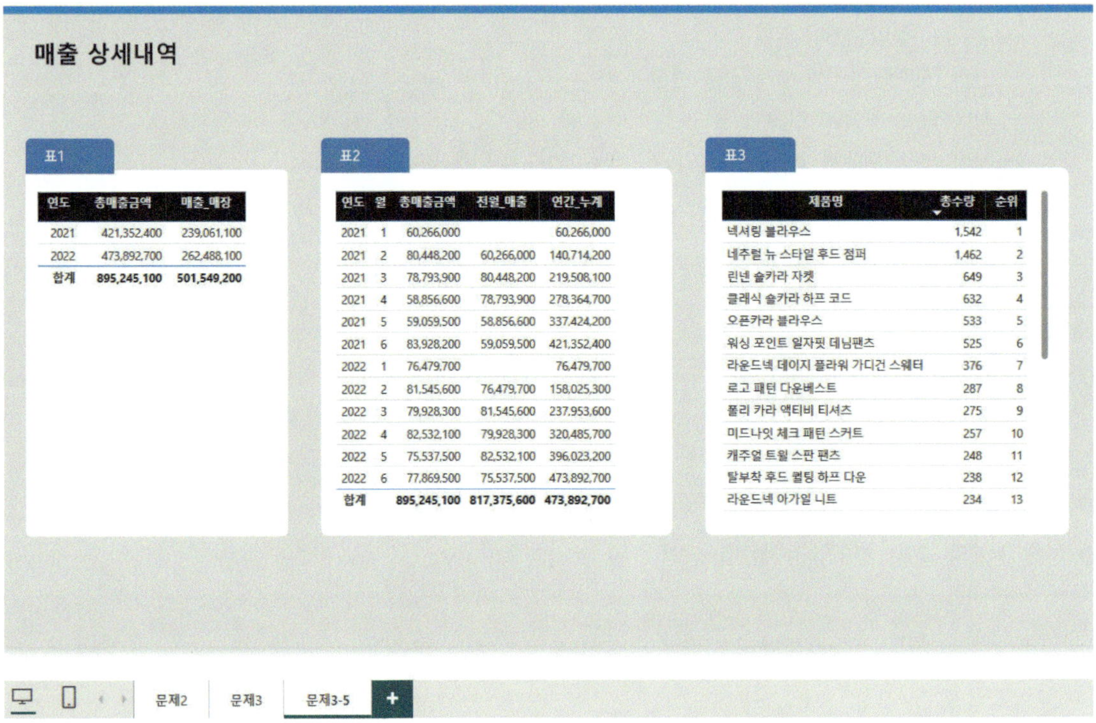

표1

연도	총매출금액	매출_매장
2021	421,352,400	239,061,100
2022	473,892,700	262,488,100
합계	**895,245,100**	**501,549,200**

표2

연도	월	총매출금액	전월_매출	연간_누계
2021	1	60,266,000		60,266,000
2021	2	80,448,200	60,266,000	140,714,200
2021	3	78,793,900	80,448,200	219,508,100
2021	4	58,856,600	78,793,900	278,364,700
2021	5	59,059,500	58,856,600	337,424,200
2021	6	83,928,200	59,059,500	421,352,400
2022	1	76,479,700		76,479,700
2022	2	81,545,600	76,479,700	158,025,300
2022	3	79,928,300	81,545,600	237,953,600
2022	4	82,532,100	79,928,300	320,485,700
2022	5	75,537,500	82,532,100	396,023,200
2022	6	77,869,500	75,537,500	473,892,700
합계		**895,245,100**	**817,375,600**	**473,892,700**

표3

제품명	총수량	순위
넥셔링 블라우스	1,542	1
네추럴 뉴 스타일 후드 점퍼	1,462	2
린넨 숄카라 자켓	649	3
클래식 숄카라 하프 코드	632	4
오픈카라 블라우스	533	5
워싱 포인트 일자핏 데님팬츠	525	6
라운드넥 데이지 플라워 가디건 스웨터	376	7
로고 패턴 다운베스트	287	8
폴리 카라 액티비 티셔츠	275	9
미드나잇 체크 패턴 스커트	257	10
캐주얼 트윌 스판 팬츠	248	11
탈부착 후드 퀼팅 하프 다운	238	12
라운드넥 아가일 니트	234	13

제2절. 모의시험 (B형) 풀이

1 모의문제 B형 (시험시간 70분)

문제 1 작업준비(30점)

계산식 작성에 사용되는 문자열은 쌍따옴표(" ")를 사용하여 작성하시오.

1. 다음 지시사항에 따라 데이터 가져오기 및 편집을 수행하시오. (10점)

① 데이터 파일을 가져온 후 파워쿼리 편집기를 통해 테이블의 데이터를 편집하시오. (3점)

▶ 가져올 데이터: '광역별 방문자수.xlsx' 파일의 〈A_광역별방문자수〉, 〈 B_광역별방문자수〉, 〈행정구역코드〉 테이블

▶ 파워쿼리 편집기를 통해 〈A_광역별방문자수〉, 〈B_광역별방문자수〉 테이블에서 [시군구코드], [기초지자체 방문자수]를 제외한 다른 필드 삭제

▶ 필드 이름 변경

- 〈A_광역별방문자수〉 테이블의 [기초지자체 방문자수] 필드 → [A사] 필드로 변경
- 〈B_광역별방문자수〉 테이블의 [기초지자체 방문자수] 필드 → [B사] 필드로 변경

[풀 이]

문제 1-1-①

❶ 홈 탭의 Excel 통합문서 클릭 - '광역별 방문자수.xlsx' 파일 선택하여 열기

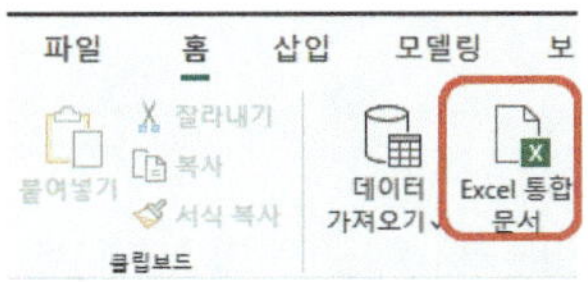

❷ 〈A_광역별방문자수〉, 〈 B_광역별방문자수〉, 〈행정구역코드〉 테이블을 체크한 다음 데이터 변환을 클릭

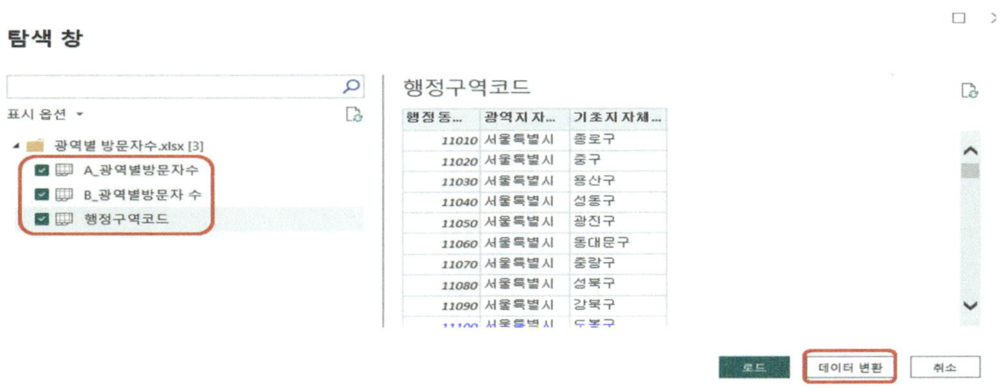

❸ 쿼리 창에서 〈A_광역별방문자수〉, 〈B_광역별방문자수〉 테이블에서 각각 [시군구코드], [기초지자체 방문자 수]를 헤더를 Ctrl+클릭으로 선택하고 세 번째 다른 열 제거를 클릭

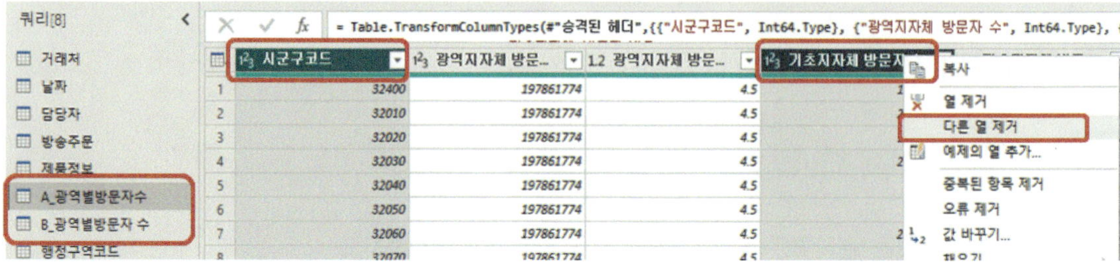

❹ 쿼리 창에서 〈A_광역별방문자수〉 테이블의 [기초지자체 방문자수] 필드를 더블클릭(또는 오른쪽 마우스 클릭 후 이름바꾸기) 한 후 [A사] 필드로 변경
〈B_광역별방문자수〉 테이블의 [기초지자체 방문자수] 필드를 더블클릭(〃)한 후 [B사] 필드로 변경

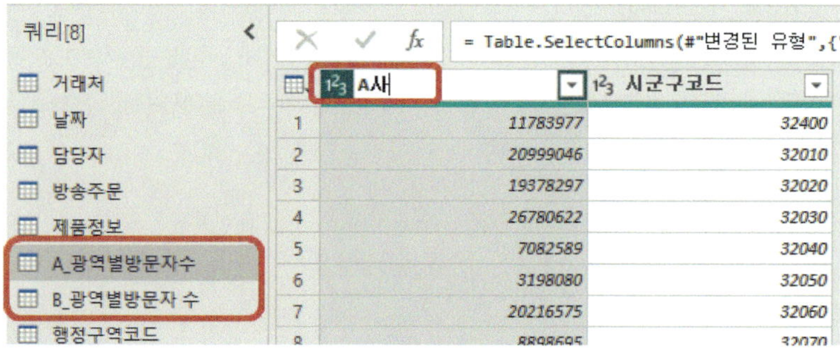

② 파워쿼리 편집기를 통해 〈A_광역별방문자수〉, 〈B_광역별방문자수〉 테이블을 활용하여 새로운 테이블을 추가하고 편집하시오. (4점)

- ▶ 쿼리 병합 기능 사용
  - 테이블 이름: 〈지자체별 방문자수〉
  - 〈A_광역별방문자수〉, 〈B_광역별방문자수〉 테이블의 [시군구코드] 필드를 기준으로 병합
  - 조인 종류: '왼쪽 외부'
- ▶ 〈지자체별 방문자수〉 테이블의 [A사], [B사] 필드에 열 피벗 해제 기능 적용
- ▶ 필드 이름 변경
  - 〈지자체별 방문자수〉 테이블의 [특성] 필드 → [이동통신] 필드로 변경
  - 〈지자체별 방문자수〉 테이블의 [값] 필드 → [방문자수] 필드로 변경

[풀이]

문제 1-1-②

❶ 〈A_광역별방문자수〉, 〈B_광역별방문자수〉 테이블을 병합하기 위해 쿼리 창에서 하나의 테이블을 선택한 후 홈 탭-쿼리 병합-쿼리를 새 항목으로 병합을 클릭

❷ 병합 창에서 두 테이블의 [시군구코드] 필드를 기준으로 클릭하고 조인 종류를 왼쪽 외부를 선택하고 클릭하여 확인

❸ 〈병합 1〉 테이블을 더블클릭하여 이름을 〈지자체별 방문자수〉로 변경
새로 생성된 〈B_광역별방문자수〉 필드의 오른쪽 기호를 클릭하여 B사 만 선택하고 원래 열 이름을 접두사로 사용을 해제하고 확인

❹ 〈지자체별 방문자수〉 테이블의 [A사], [B사] 필드 헤더에서 오른쪽 마우스를 클릭 열 피벗 해제 기능 적용

❺ 〈지자체별 방문자수〉 테이블의 [특성] 필드를 더블클릭하여 이름을 [이동통신] 필드로 변경
〈지자체별 방문자수〉 테이블의 [값] 필드를 더블클릭하여 이름을 [방문자수] 필드로 변경

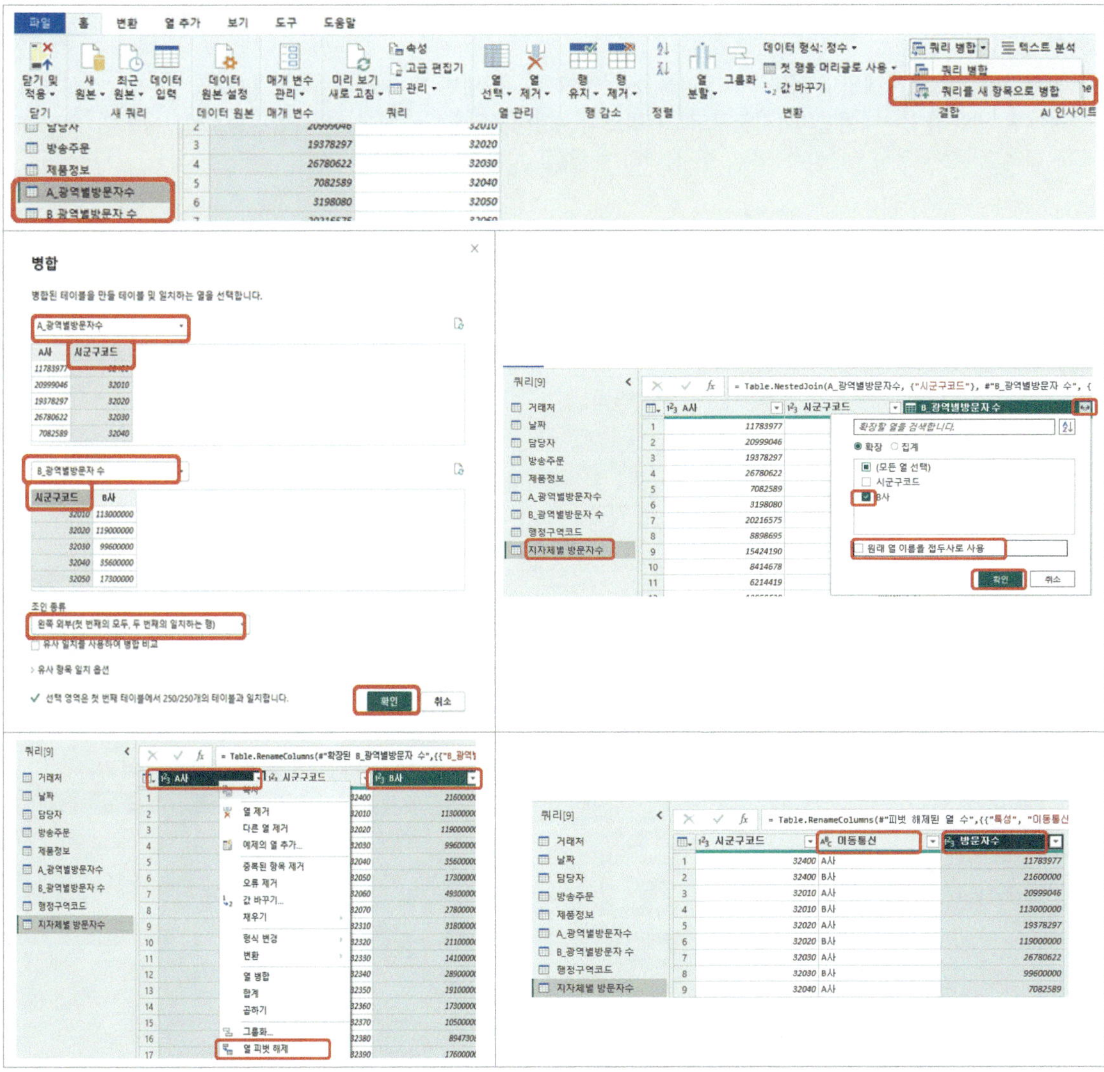

③ 파워쿼리 편집기를 통해 〈지자체별 방문자수〉 테이블에 〈행정구역코드〉 테이블의 [광역지자체명] 필드를 추가하시오. (3점)

▶ 쿼리 병합 기능 사용

- 〈지자체별 방문자수〉 테이블의 [시군구코드] 필드와 〈행정구역코드〉 테이블의 [행정동코드] 필드를 기준으로 병합
- 조인 종류: '왼쪽 외부'

▶ 추가된 필드 이름: [광역지자체명]

[풀 이]

문제 1-1-③

❶ 쿼리 창에서 〈지자체별 방문자수〉 테이블을 선택한 후 홈 탭의 쿼리 병합 클릭 후 왼쪽 쿼리 창에서 〈지자체별 방문자수〉 테이블의 [시군구코드] 필드와 〈행정구역코드〉 테이블의 [행정동코드] 필드의 헤더를 선택하고 조인 종류를 '왼쪽 외부'를 선택하여 **확인**을 클릭

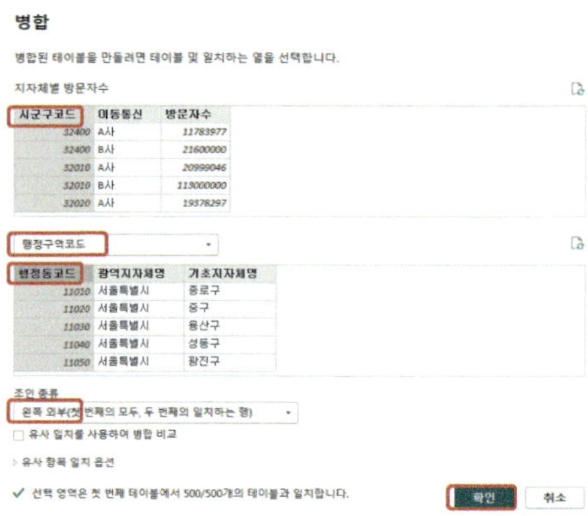

❷ 〈지자체별 방문자수〉 테이블의 오른쪽 끝 열 [행정구역코드] 필드 오른쪽 버튼을 눌러 (모든 열 선택)을 선택 해제하고 [광역지자체명] 필드를 선택하고 원래 열 이름을 접두사로 사용을 선택 해제한 후 **확인**을 클릭

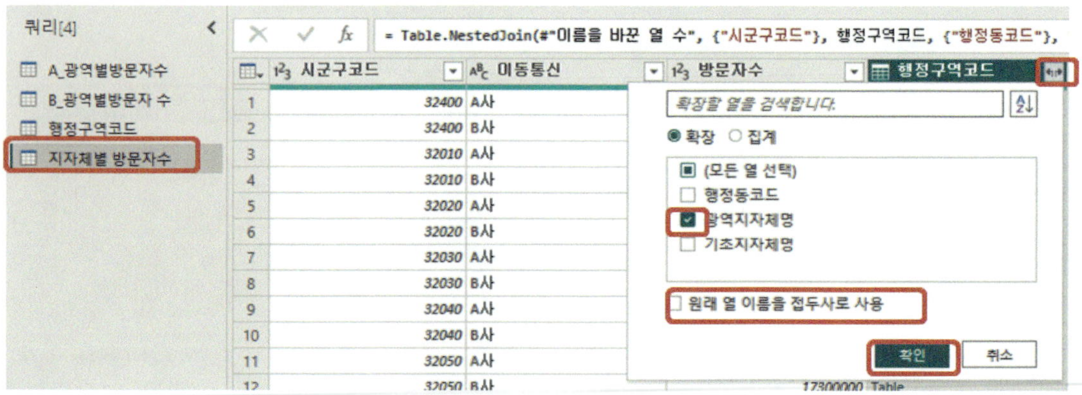

2. 파워쿼리 편집기를 통해 필드를 추가하고 데이터 모델링 작업을 수행하시오. (10점)

① 〈행정구역코드〉 테이블에 필드를 추가하시오. (4점)

▶ 조건 열 기능 사용

- 필드 이름: [지역 구분]
- 활용 필드: 〈행정구역코드〉 테이블의 [광역지자체명]
- 〈행정구역코드〉 테이블의 [광역지자체명] 필드값이 "서울특별시", "경기도", "인천광역시"일 경우 "수도권", 그 외의 값일 경우 "지방권"을 반환
- 추가된 필드의 데이터 형식: '텍스트'

[풀 이]

문제 1-2-①

❶ 쿼리 창에서 〈행정구역코드〉 테이블을 선택한 후 열 추가 탭의 조건 열을 클릭

❷ 새 열 이름을 [지역 구분]

[광역지자체명]이 "서울특별시"와 같으면 출력을 "수도권", 절 추가 클릭,

[광역지자체명]이 "경기도"와 같으면 출력을 "수도권", 절 추가 클릭,

[광역지자체명]이 "인천광역시"와 같으면 출력을 "수도권"

기타 값은 "지방권"을 출력하는 조건 열을 추가하고 **확인**을 클릭

❸ [지역 구분] 앞쪽 기호를 클릭하고 단축메뉴에서 텍스트 선택

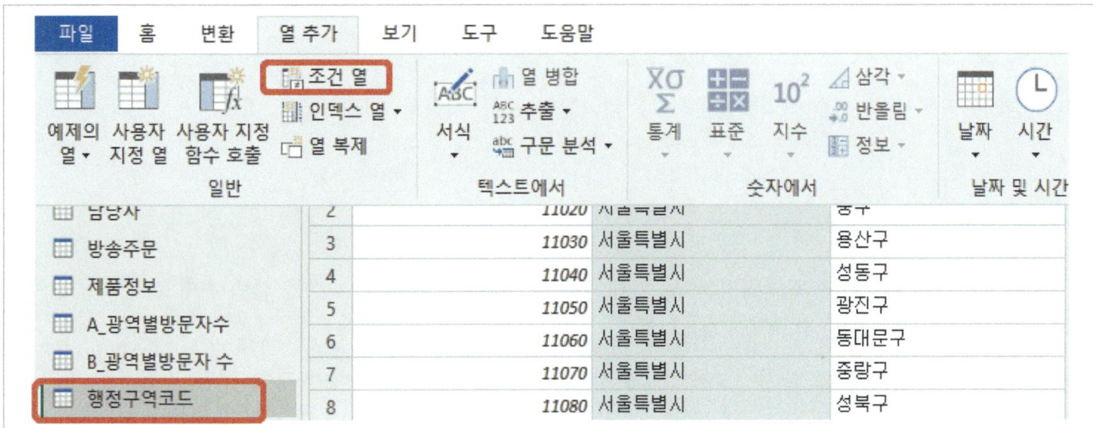

② 〈A_광역별방문자수〉, 〈B_광역별방문자수〉 테이블의 로드 사용을 해제하시오. (3점)

[풀 이]

문제 1-2-②

❶ 〈A_광역별방문자수〉, 〈B_광역별방문자수〉 테이블에서 각각 오른쪽 마우스를 클릭하여 로드 사용을 해제, 가능한 데이터 손실 경고에서 **계속** 클릭

❷ 다음 문제는 모델 보기로 풀어야 하므로 홈 탭의 닫기와 적용을 클릭하여 파워 쿼리 편집기는 닫기

③ 〈지자체별 방문자수〉 테이블과 〈행정구역코드〉 테이블의 관계를 설정하시오. (3점)

▶ 활용 필드: 〈지자체별 방문자수〉의 [시군구코드] 필드, 〈행정구역코드〉의 [행정동코드] 필드

▶ 기준(시작) 테이블: 〈지자체별 방문자수〉 테이블

▶ 카디널리티: '다대일(*:1)' 관계

▶ 크로스 필터 방향: '단일'

[풀이]

문제 1-2-③

❶ 모델 보기를 클릭하고 〈지자체별 방문자수〉의 [시군구코드] 필드를 〈행정구역코드〉의 [행정동코드] 필드로 드래그하면 자동으로 관계가 만들어진다.

❷ Cardinality를 다대일로 수정한다. ❸ 교차 필터 방향을 Single로 정하고 **저장** 클릭

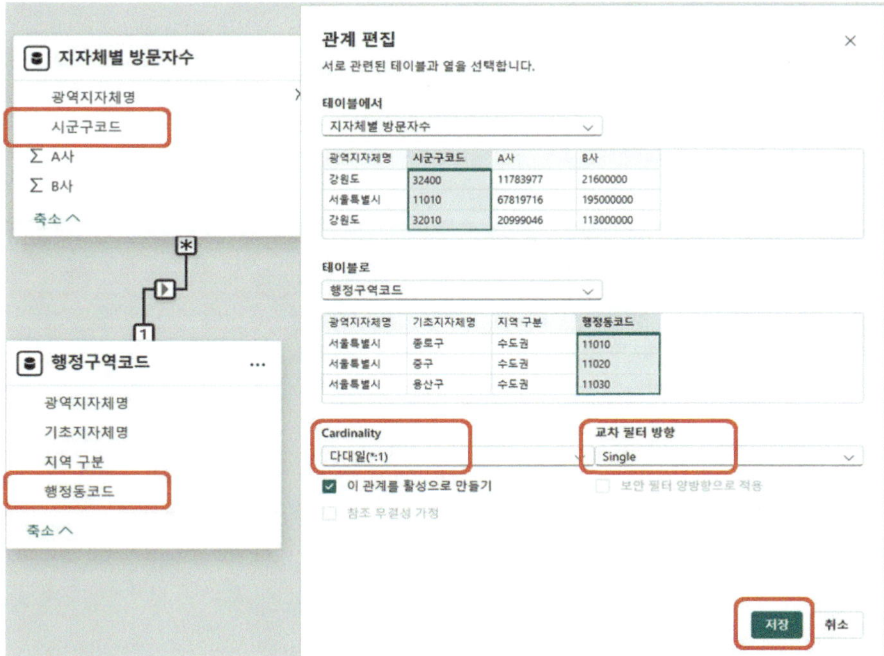

3. 다음 지시사항에 따라 테이블 및 측정값을 추가하시오. (10점)

① 다음 조건으로 테이블과 측정값을 추가하시오. (4점)

▶ 테이블 이름: 〈요약〉

- 활용 필드: 〈지자체별 방문자수〉 테이블의 [광역지자체명], [방문자수] 필드
- 〈행정구역코드〉 테이블의 [광역지자체명] 필드를 기준으로 방문자 수의 합계 반환
- 사용함수: SUM, SUMMARIZE

[풀 이]

문제 1-3-①

❶ 테이블(데이터) 보기를 선택한다.

❷ 테이블 도구 탭의 새 테이블을 클릭하고 수식입력란에

요약=SUMMARIZE('지자체별 방문자수', '지자체별 방문자수'[광역지자체명], "합계", '지자체별 방문자수'[방문자수])) 를 입력

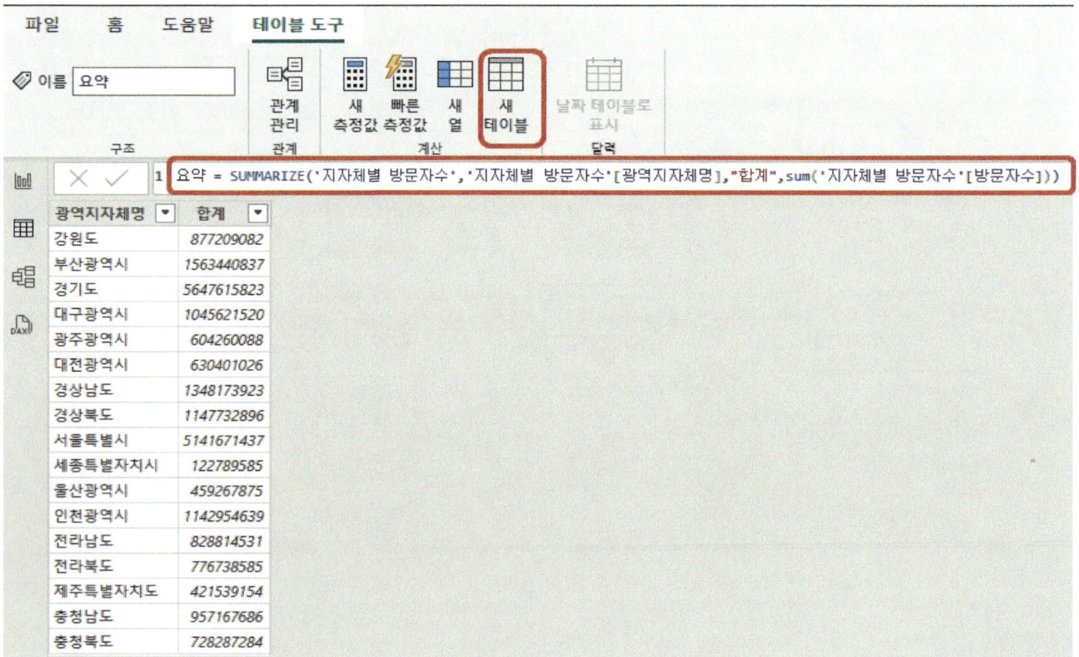

광역지자체명	합계
강원도	877209082
부산광역시	1563440837
경기도	5647615823
대구광역시	1045621520
광주광역시	604260088
대전광역시	630401026
경상남도	1348173923
경상북도	1147732896
서울특별시	5141671437
세종특별자치시	122789585
울산광역시	459267875
인천광역시	1142954639
전라남도	828814531
전라북도	776738585
제주특별자치도	421539154
충청남도	957167686
충청북도	728287284

- 〈요약〉 테이블과 〈지자체별 방문자수〉 테이블 관계 설정
  - 활용 필드: 〈요약〉, 〈지자체별 방문자수〉 테이블의 [광역지자체명] 필드
  - 기준(시작) 테이블: 〈지자체별 방문자수〉 테이블
  - 카디널리티: '다대일(*:1)' 관계
  - 크로스 필터 방향: '단일'

[풀 이]

문제 1-3-① 계속

❶ 모델 보기를 클릭하고 〈지자체별 방문자수〉 테이블의 [광역지자체명] 필드를 〈요약〉 테이블의 [광역지자체명] 필드로 드래그하면 자동으로 관계가 만들어진다.

❷ Cardinality를 다대일로 수정한다. ❸ 교차 필터 방향을 Single로 정하고 **저장** 클릭

▶ 측정값 이름: [광역지자체수]
- 활용 필드: 〈행정구역코드〉 테이블의 [광역지자체명] 필드
- [광역지자체명]의 개수 반환
- 사용함수: DISTINCTCOUNT

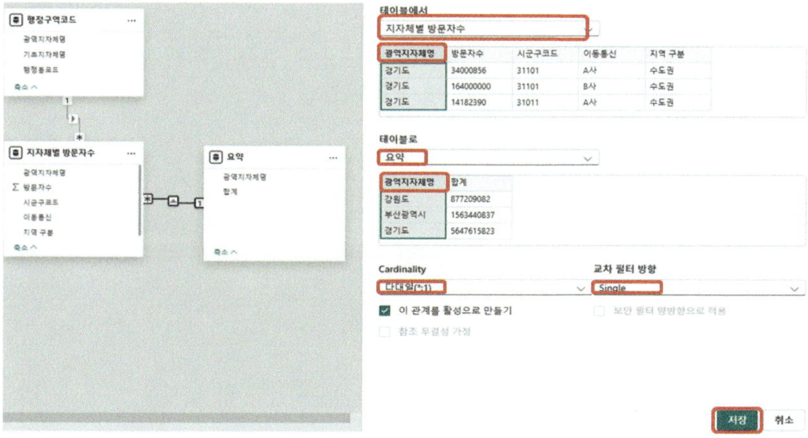

[풀 이]

문제 1-3-① 계속

❶ 데이터 창에서 〈요약〉 테이블의 오른쪽 마우스를 클릭하여 맨 처음의 새 측정값을 선택하고 수식 입력란의 측정값 = 대신
광역지자체수 = DISTINCTCOUNT('행정구역코드'[광역지자체명])을 입력

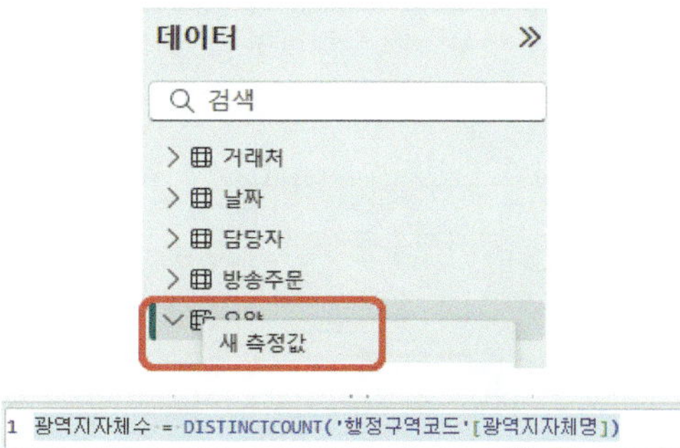

② 다음 조건으로 측정값을 추가하시오. (3점)

▶ 측정값 이름: [서울지역 방문자수]

- 활용 필드: 〈지자체별 방문자수〉 테이블의 [방문자수], [광역지자체명] 필드
- 서울지역 [방문자수]의 합계 반환
- 〈지자체별 방문자수〉 테이블에 적용된 필터 제외
- 사용함수: ALL, CALCULATE, FILTER, SUM
- 서식: 천 단위에서 쉼표로 구분되도록 적용

[풀이]

문제 1-3-②

❶ 데이터 창에서 〈요약〉 테이블의 오른쪽 마우스를 클릭하여 맨 처음의 새 측정값을 선택하고 수식 입력란의 측정값 = 대신
서울지역 방문자수 = CALCULATE(SUM('지자체별 방문자수'[방문자수]),FILTER(all('지자체별 방문자수'),'지자체별 방문자수'[광역지자체명]="서울특별시"))를 입력

❷ 측정 도구 탭에서 서식 '정수', ❜(천 단위에서 쉼표로 구분)을 적용

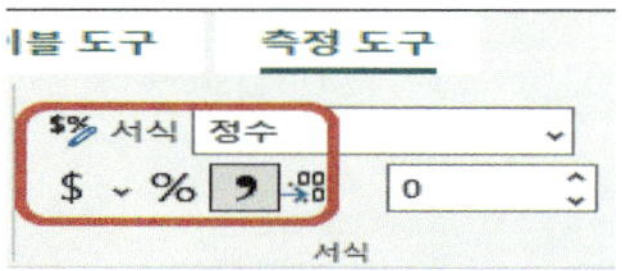

▶ 측정값 이름: [서울방문자비율 %]

- 활용 필드: [서울지역 방문자수] 측정값, 〈요약〉 테이블의 [합계] 필드
- 전체 방문자 수의 [합계]에 대한 [서울지역 방문자수]의 비율 반환
- 사용함수: DIVIDE, SUM
- 서식: '백분율', '소수점 아래 2자리까지' 표시

[풀이]

문제 1-3-② 계속

❶ 데이터 창에서 〈요약〉 테이블의 오른쪽 마우스를 클릭하여 맨 처음의 새 측정값을 선택하고 수식 입력란의 측정값 = 대신

서울방문자비율 % = DIVIDE([서울지역 방문자수],sum('요약'[합계]))를 입력

❷ 측정 도구 탭에서 서식 '백분율', 소수점 자릿수를 2로 적용

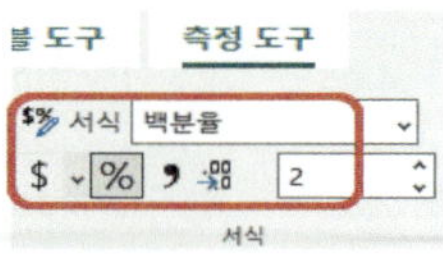

③ 다음 조건으로 데이터 창에 테이블을 추가하시오. (3점)

▶ 테이블 이름: 〈측정값T〉

- [광역지자체수], [서울지역 방문자수], [서울방문자비율 %] 측정값을 테이블에 추가

[풀 이]

문제 1-3-③

❶ 홈 탭-데이터 입력 클릭-로드 클릭

❷ 데이터 창에서 '테이블'을 더블클릭하여 〈측정값T〉로 변경

❸ [광역지자체수], [서울지역 방문자수], [서울방문자비율 %] 측정값을 선택하여 홈 테이블을 〈측정값T〉로 변경

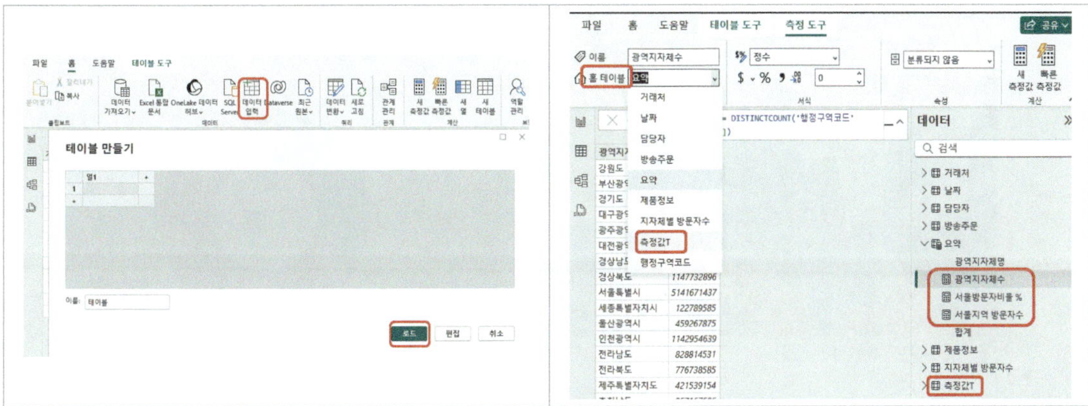

문제 2 단순요소 구현(30점)

〈시각화 완성화면〉 각 세부문제 풀이 후 '문제2' 페이지에 아래와 같이 개체를 배치하시오.
계산식 작성에 사용되는 문자열은 쌍따옴표(" ")를 사용하여 작성하시오.

1. '문제2', '문제3' 페이지의 전체 서식을 설정하시오. (5점)

① '문제2'와 '문제3' 페이지의 캔버스 배경을 설정하시오. (3점)

▶ 배경 이미지
- '문제2' 페이지: '문제2-배경.png'
- '문제3' 페이지: '문제3-배경.png'

▶ 캔버스 배경 설정
- 이미지 맞춤: '기본'
- 투명도: '0%'

▶ 보고서 테마: '기본값'

[풀 이]

문제 2-1-①

❶ 보고서 보기를 클릭하고 문제2 탭에서 시각화 창

- 서식 페이지-캔버스 배경에서 이미지는 문제2-배경.png 파일을 찾아 열고 이미지 맞춤은 '기본', 투명도는 '0%'로 지정

❷ 문제3 탭으로 이동하여 이미지는 문제3-배경.png으로 나머지는 동일하게 설정

❸ 보고서 탭에서 다음과 같이 보고서 테마는 기본값으로 선택

❹ 제3 탭으로 이동하여 ❸ 반복 작업

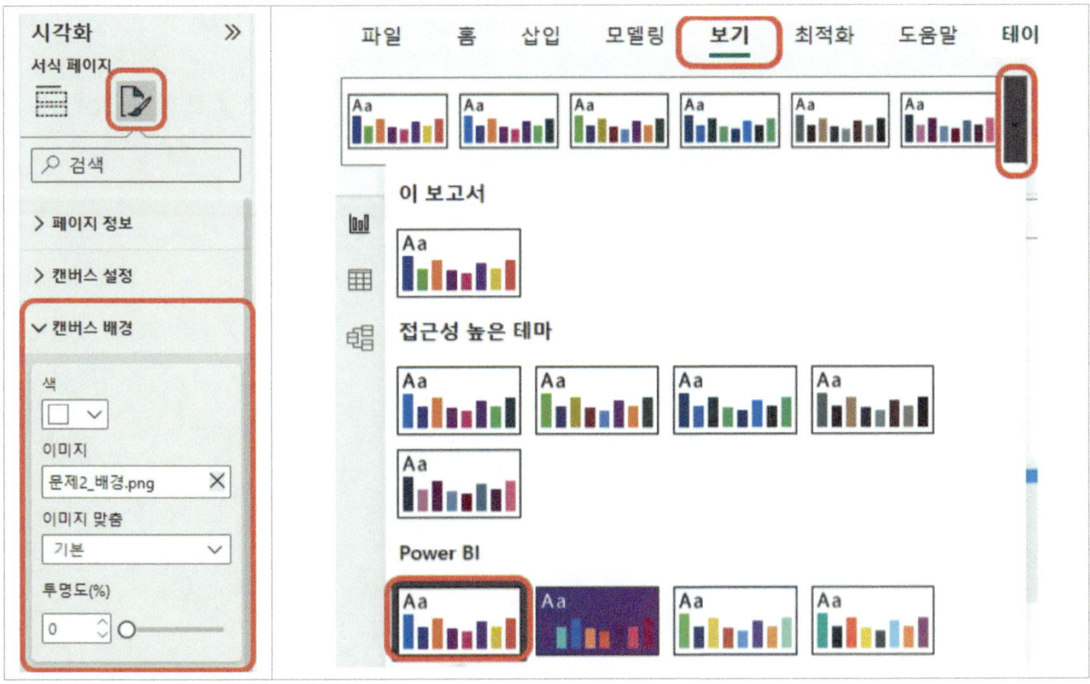

② 텍스트 상자를 사용하여 '문제2' 페이지에 보고서 제목을 작성하시오. (2점)

▶ 제목 : "23~24년도 홈쇼핑 판매 보고서"

- 제목 서식: 글꼴 'Segoe UI', 글꼴 크기 '28', '굵게', '가운데'

▶ 텍스트 상자를 '1-②' 위치에 배치

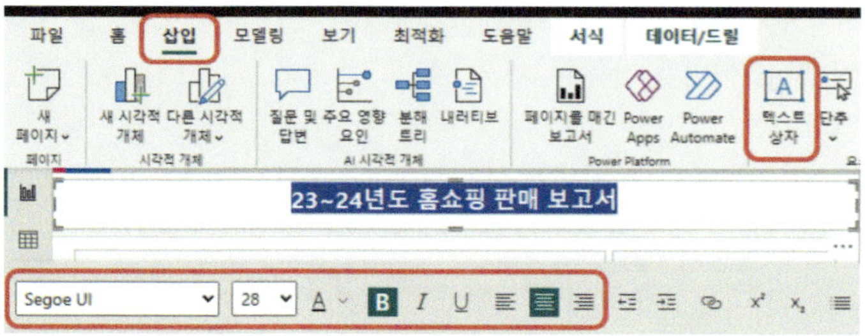

[풀 이]

문제 2-1-②

❶ 문제 2 탭으로 이동한 후, 삽입 탭-텍스트 상자-클릭하고 23~24년도 홈쇼핑 판매 보고서를 입력하고 아래 있는 서식 상자에서 글꼴, 글꼴 크기, 굵게(B), 가운데를 클릭

❷ 텍스트 상자를 8개의 조절 단추를 이용해 '1-②' 위치에 배치

2. 다음 지시사항에 따라 카드와 슬라이서를 구현하시오. (5점)

① 다음 조건으로 '문제2' 페이지에 카드를 구현하시오. (3점)

▶ 활용 필드: 〈방송주문〉 테이블의 [총방송횟수], [총판매수량], [총거래처수] 측정값
▶ 설명 값 서식: 글꼴 'DIN', 글꼴크기 '33', 표시 단위 '없음'
▶ 범주 레이블 서식: 글꼴 'Segoe UI', 글꼴크기 '13', '굵게'
▶ 카드를 '2-①' 위치에 배치

[풀 이]

문제 2-2-①

❶ 시각화 창에서 카드를 클릭하고 필드에 〈방송주문〉 테이블의 [총방송횟수] 클릭

❷ 서식 지정-시각적 개체-설명 값에서 글꼴 'DIN', 글꼴 크기 '33', 표시 단위 '없음' 지정

❸ 서식 지정-시각적 개체-범주 레이블에서 글꼴 'Segoe UI', 글꼴 크기 '13', '굵게' 지정

❹ 카드를 '2-①' 왼쪽에 배치

❺ 복사하여 붙여놓기 하며 '2-①' 중간 및 오른쪽에 배치, 필드에 〈방송주문〉 테이블의 [총판매수량], [총거래처수] 클릭

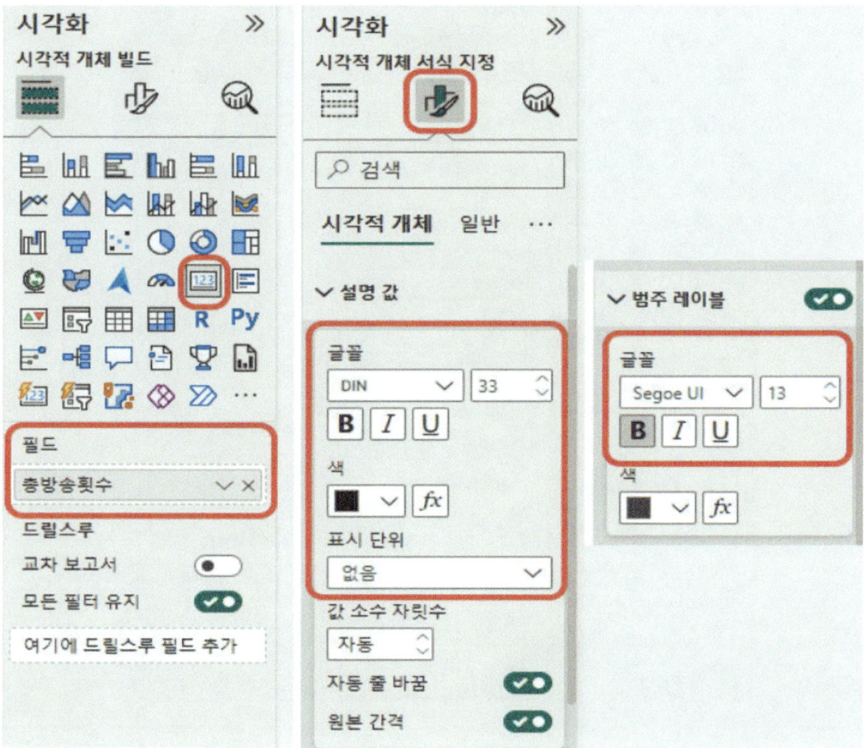

② 다음 조건으로 '문제2' 페이지에 슬라이서를 구현하시오. (2점)

▶ 활용 필드: 〈날짜〉 테이블의 [년] 필드
▶ 슬라이서 스타일: '타일'
▶ 값 서식: 글꼴 'Segoe UI', 글꼴 크기 '19', '굵게'
▶ 슬라이서 머리글이 보이지 않도록 설정
▶ '반응형' 옵션 해제
▶ 슬라이서를 '2-②' 위치에 배치

[풀 이]

문제 2-2-②

❶ 시각화 창에서 슬라이서를 클릭하고 필드에 〈날짜〉 테이블의 [년] 필드를 클릭

❷ 서식 지정-시각적 개체-슬라이서 설정의 옵션에서 스타일을 타일로, 슬라이서 머리글-값에서 글꼴 'DIN', 글꼴 크기 '33', 표시단위 '없음' 지정

❸ 서식 지정-일반의 속성에서 고급옵션-반응형 선택 해제

❹ 카드를 '2-②'에 배치

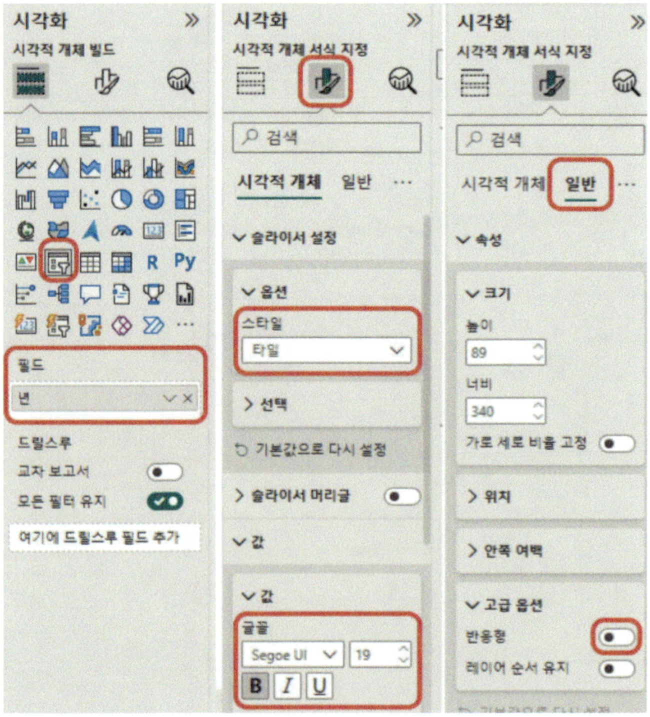

3. 다음 지시사항에 따라 리본 차트를 구현하시오. (10점)

① 다음 조건으로 '문제2' 페이지에 리본 차트를 구현하시오. (3점)

▶ 활용 필드
- 〈날짜〉 테이블의 [월이름] 필드
- 〈담당자〉 테이블의 [사원명] 필드
- 〈방송주문〉 테이블의 [판매가격] 필드

▶ 도구 설명에 [총판매수량]이 표시되도록 추가

▶ 리본 차트를 '3-①' 위치에 배치

[풀이]

문제 2-3-①

시각화 창에서 리본 차트를 클릭하여 이동 조절 단추를 사용하여 '3-①' 위치에 배치

X축에 〈날짜〉 테이블의 [월이름] 필드, Y축에 〈방송주문〉 테이블의 [판매가격] 필드, 범례에 〈담당자〉 테이블의 [사원명] 필드, 도구 설명에 [총판매수량] 클릭

② 다음과 같이 리본 차트의 각 요소에 대한 서식을 지정하시오. (4점)

▶ 차트 제목: "담당MD(Top3) 매출실적"
- 제목 서식: 글꼴 'DIN', 글꼴 크기 '15', '굵게', '가운데 맞춤'

▶ X축: 글꼴 크기 '12', 축 제목 제거

▶ Y축: 축 제목 제거, 값 제거

▶ 범례: 위치 '위쪽 가운데'

▶ 리본: 색의 '투명도 50%'

[풀이]

문제 2-3-②

❶ 서식 지정-일반-제목의 텍스트에 "담당MD(Top3) 매출실적" 입력, 글꼴 'DIN', 글꼴 크기 '15', '굵게(B)', '가로 맞춤'

서식 지정-시각적 개체-X축의 값에 글꼴 크기 '12', 축 제목 제거

서식 지정-시각적 개체-Y축의 값 제거, 제목 제거

서식 지정-시각적 개체-범례의 위치 '위쪽 가운데'

서식 지정-시각적 개체-리본의 색 '투명도 50%'로 설정

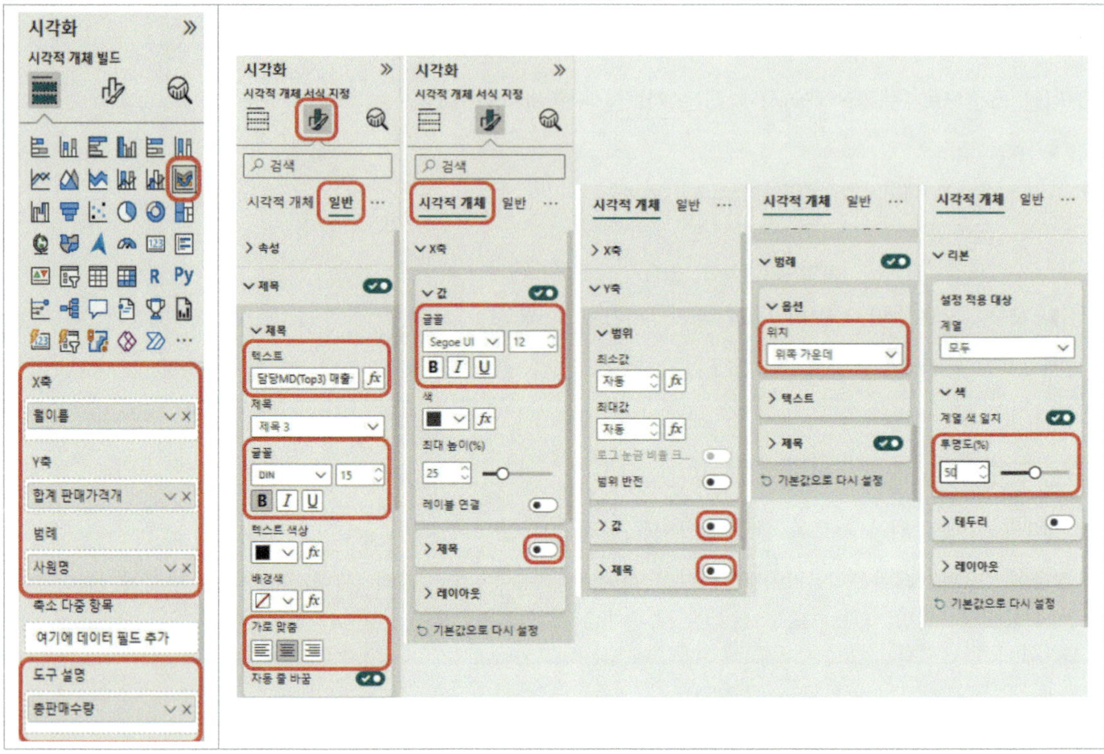

❷ 리본 차트 X축에 월이름이 텍스트이므로 월이름 순서와 다르다. 이 경우 리본 차트의 오른쪽 위 추가 옵션(...)-축 정렬-월이름-오름차순 정렬을 선택

또는 데이터 창에서 월이름을 선택한 후 열 도구 탭-열 기준 정렬-월을 선택해도 된다.

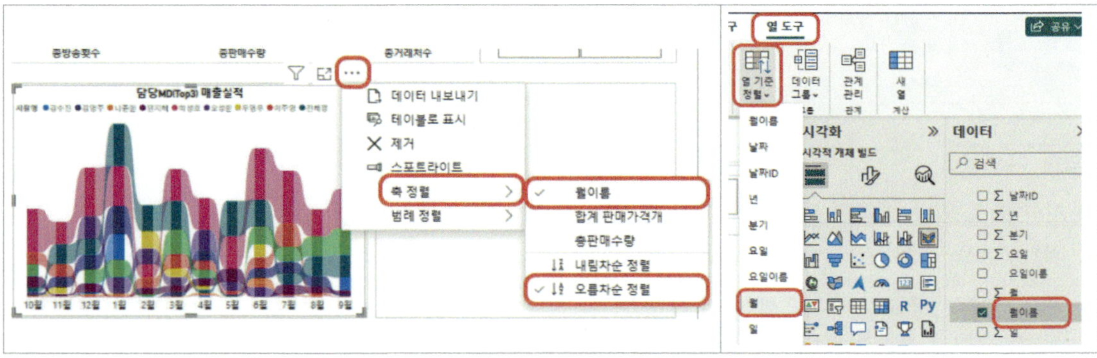

③ 리본 차트에 [판매가격]이 상위 3위인 [사원명]만 표시되도록 설정하시오. (3점)

[풀 이]

문제 2-3-③

❶ 리본 차트가 선택된 상태에서 필터 창-필터형식을 상위 N으로 선택하고 항목 표시를 위쪽 3으로 선택한 다음, 필터 적용을 클릭한다.

❷ 리본 차트의 색이 문제지와 다른 경우, 서식 지정-시각적 개체-열-설정 적용대상을 계열의 값(예, 박성호, 전혜정, 조영태)으로 지정하여 바로 아래에서 색을 맞출 수 있다.

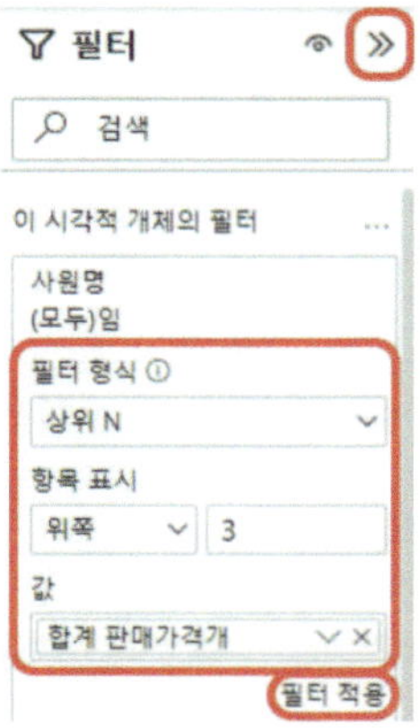

4. 다음 지시사항에 따라 도넛형 차트를 구현하시오. (10점)

① 다음 조건으로 '문제2' 페이지에 도넛형 차트를 구현하시오. (4점)

▶ 활용 필드: 〈방송주문〉 테이블의 [담당호스트] 필드, [총방송횟수] 측정값

▶ 차트 제목: "담호스트별 방송횟수"

- 제목 서식: 글꼴 'Segoe UI', '굵게', '가운데'

▶ 범례: 위치 '위쪽 가운데'

▶ 도넛형 차트를 '4-①' 위치에 배치

② 다음과 같이 도넛형 차트의 조각에 대한 서식을 지정하시오. (3점)

▶ 색상: 김연아 '#E645AB'

▶ 내부 반경: '50%'

③ 다음과 같이 도넛형 차트의 세부 정보 레이블에 대한 서식을 지정하시오. (3점)

▶ 레이블 내용: '범주, 총퍼센트'로 표시

▶ 위치: '바깥쪽 우선'

[풀 이]

문제 2-4-①,②,③

❶ 시각화 개체에서 도넛형 차트를 클릭한 후 범례에 〈방송주문〉 테이블의 [담당호스트] 필드, 값에 [총방송횟수] 측정값을 클릭한다. 이동 조절 단추를 사용하여 도넛형 차트를 '4-①' 위치에 배치

❷ 서식 지정-일반-제목에 "담당호스트별 방송횟수", 글꼴은 'Segoe UI', '굵게', 가로 맞춤은 '가운데'를 선택한다.

❸ 시각적 개체-조각-색에서 도넛형 차트의 조각 중 가장 큰 비중을 차지하는 김연아의 오른쪽 화살표를 클릭하고 색상 값을 '#E645AB' 입력한 후, 내부 반경: '50%'로 입력

리본 차트의 색이 문제지와 다른 경우, 서식 지정-시각적 개체-열-설정 적용대상을 계열의 값(예, 박성호, 전혜정, 조영태)를 지정하여 바로 아래에서 색을 맞출 수 있다.

❹ 서식 지정-범례: 위치를 '위쪽 가운데'. 도넛형 차트의 레이블 내용을 '범주, 총퍼센트'로 표시

❺ 범례-옵션-위치를 '바깥쪽 우선'으로 선택

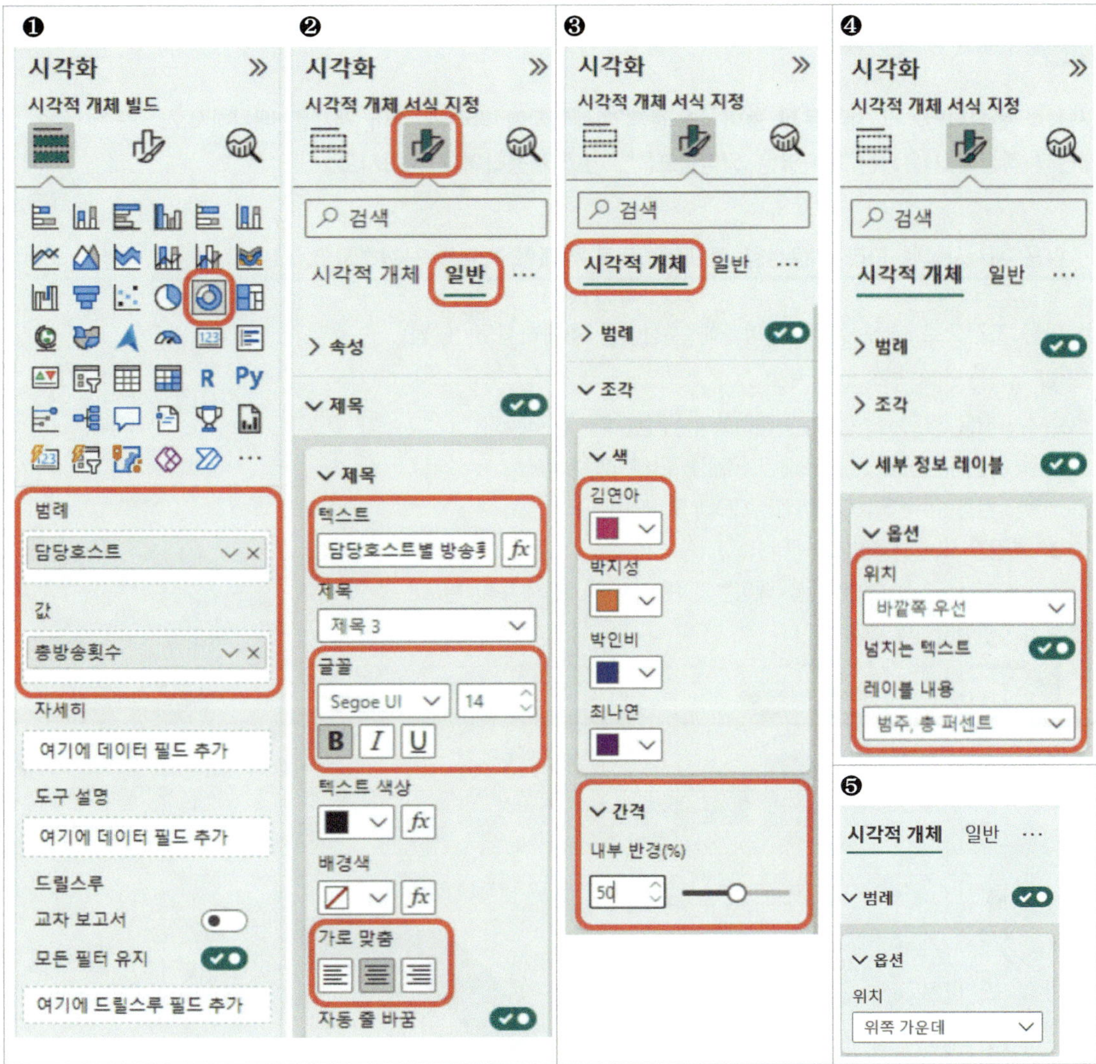
❶
시각화
시각적 개체 빌드
범례
담당호스트
값
총방송횟수
자세히
여기에 데이터 필드 추가
도구 설명
여기에 데이터 필드 추가
드릴스루
교차 보고서
모든 필터 유지
여기에 드릴스루 필드 추가
❷
시각화
시각적 개체 서식 지정
검색
시각적 개체
일반
속성
제목
제목
텍스트
담당호스트별 방송횟
제목
제목 3
글꼴
Segoe UI
14
텍스트 색상
배경색
가로 맞춤
자동 줄 바꿈
❸
시각화
시각적 개체 서식 지정
검색
시각적 개체
일반
범례
조각
색
김연아
박지성
박인비
최나연
간격
내부 반경(%)
50
❹
시각화
시각적 개체 서식 지정
검색
시각적 개체
일반
범례
조각
세부 정보 레이블
옵션
위치
바깥쪽 우선
넘치는 텍스트
레이블 내용
범주, 총 퍼센트
❺
시각적 개체
일반
범례
옵션
위치
위쪽 가운데

문제 3 복합요소 구현(40점)

〈시각화 완성화면〉 각 세부문제 풀이 후 '문제3' 페이지에 아래와 같이 개체를 배치하시오. 계산식 작성에 사용되는 문자열은 쌍따옴표(" ")를 사용하여 작성하시오.

1. 다음 지시사항에 따라 꺾은선형 및 묶은 세로 막대형 차트를 구현하시오. (10점)

① 다음 조건으로 〈방송주문〉 테이블에 측정값을 추가하시오. (3점)

▶ 측정값 이름: [완전판매건수]

- 활용 필드: 〈방송주문〉 테이블의 [주문번호], [준비수량], [판매수량] 필드
- [준비수량]이 모두 판매된 [주문번호]의 건 수 계산
- 사용함수: CALCULATE, COUNT, FILTER

▶ 측정값 이름: [총판매금액]

- 활용 필드: 〈방송주문〉 테이블의 [판매수량], [판매가격] 필드
- 판매금액의 합계 계산

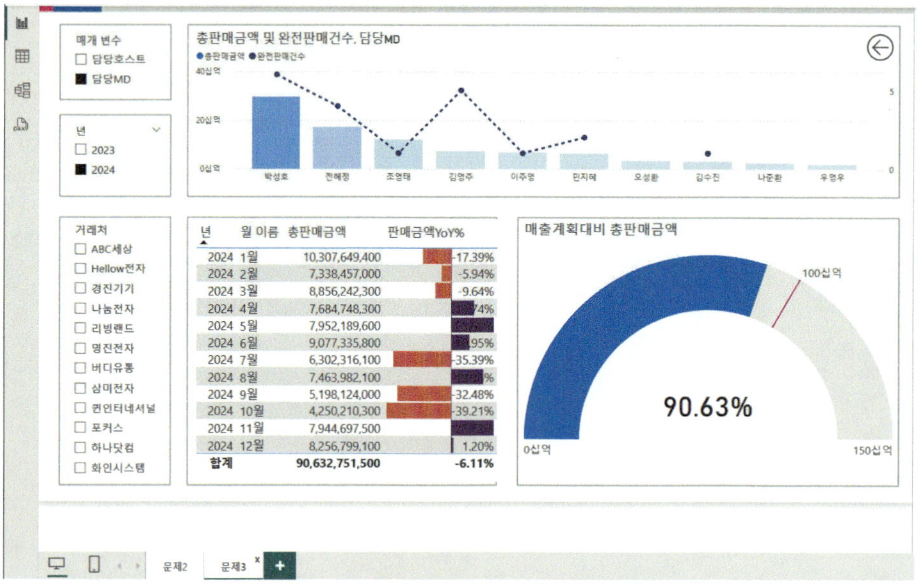

- 사용함수: SUMX
- 서식: 천 단위에서 쉼표로 구분되도록 적용

[풀 이]

문제 3-1-①

❶ 문제3 탭으로 이동한다.

❷ 데이터 창에서 〈방송주문〉 테이블의 오른쪽 마우스를 클릭하여 맨 처음의 새 측정값을 선택하고 수식 입력란의 측정값 = 대신

완전판매건수 = CALCULATE(COUNT('방송주문'[주문번호]), FILTER('방송주문',[준비수량] = [판매수량])) 를 입력

하고 측정 도구 탭에서 서식 '정수', ❜(천 단위에서 쉼표로 구분)을 적용

❸ 〈방송주문〉 테이블의 오른쪽 마우스를 클릭하여 새 측정값을 선택하고 수식 입력란의 측정값 = 대신

총판매금액 = SUMX('방송주문','방송주문'[판매수량]*'방송주문'[판매가격])

를 입력하고 측정 도구 탭에서 서식에서 ❜(천 단위에서 쉼표로 구분)을 적용

② 다음 조건으로 매개 변수를 추가하고 '문제3' 페이지에 슬라이서를 구현하시오. (3점)

▶ 매개 변수 추가
  - 대상 필드
    ▸ 〈방송주문〉 테이블의 [담당호스트] 필드
    ▸ 〈담당자〉 테이블의 [사원명] 필드
  - 이 페이지에 슬라이서 추가 옵션 설정
  - 매개 변수 필드 이름 변경: [사원명] → [담당MD]

▶ 슬라이서 값: '담당MD' 필터 적용

▶ 슬라이서를 '1-②' 위치에 배치

[풀 이]

문제 3-1-②

❶ 모델링 탭-새 매개 변수 추가-필드를 클릭하고

❷ 〈담당자〉 테이블의 [사원명] 필드, 〈방송주문〉 테이블의 [담당호스트] 필드를 추가하고, 이 페이지에 슬라이서 추가 옵션 설정

❸ 테이블 보기를 선택하여 데이터 창에서 매개 변수를 선택하면 수식입력란에 자동으로 입력된 수식에서 [사원명]을 [담당MD]로 변경

❹ 슬라이서 값에 '담당MD' 필터 적용한다. 슬라이서를 '1-②' 위치에 배치한다.

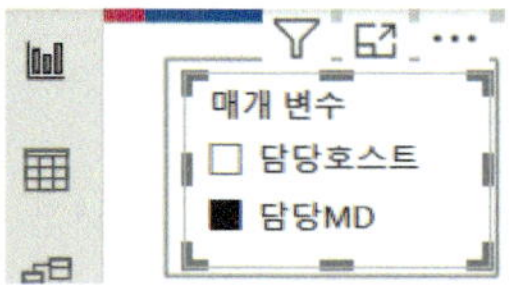

③ 다음 조건으로 '문제3' 페이지에 꺾은선형 및 묶은 세로 막대형 차트를 구현하시오. (4점)

▶ 활용 필드

- 〈방송주문〉 테이블의 [총판매금액], [완전판매건수] 측정값
- [매개 변수] 매개 변수

▶ [매개 변수]에 따라 X축이 변경되도록 구현

▶ X축, Y축, 보조Y축: 축 제목 제거

▶ 꺾은선형 차트 서식

- 선 스타일: '파선'
- '표식' 옵션 설정

▶ 묶은 세로 막대형 차트에 조건부 서식 적용
- 서식 스타일: 그라데이션
- [총판매금액]의 최소값 '백억(10,000,000,000)', 최대값 '5백억(50,000,000,000)'으로 설정

▶ 꺾은선형 및 묶은 세로 막대형 차트를 '1-③' 위치에 배치

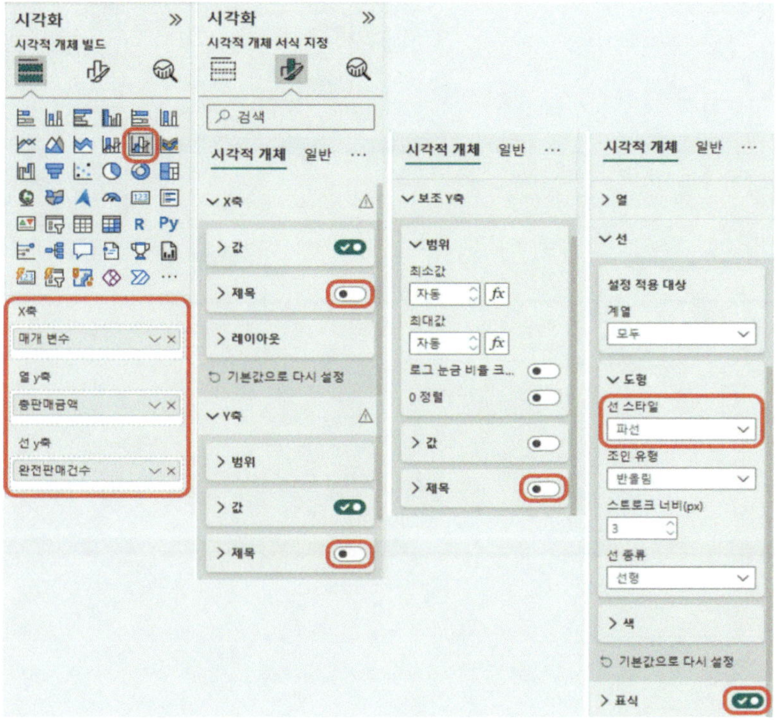

[풀 이]

문제 3-1-③

❶ 시각화 창에서 꺾은선형 및 묶은 세로 막대형 차트를 선택한다. X축은 [매개 변수], 열y축은 〈방송주문〉 테이블의 [총판매금액], 선y축은 [완전판매건수] 측정값을 체크

❷ 서식 지정-시각화 개체-X축, Y축, 보조Y축: 제목 제거

❸ 서식 지정-시각화 개체-선-도형-선 스타일 '파선', '표식' 옵션 설정

▶ 묶은 세로 막대형 차트에 조건부 서식 적용
- 서식 스타일: 그러데이션
- [총판매금액]의 최소값 '백억(10,000,000,000)', 최대값 '5백억(50,000,000,000)'으로 설정

▶ 꺾은선형 및 묶은 세로 막대형 차트를 '1-③' 위치에 배치

❶ 꺾은 선형 및 묶은 세로 막대형 차트를 선택하고 서식 지정-시각화 개체-열-색의 *fx*를 선택하고 서식 스타일은 그러데이션, 최소값 '백억(10,000,000,000)', 최대값 '5백억(50,000,000,000)'으로 설정

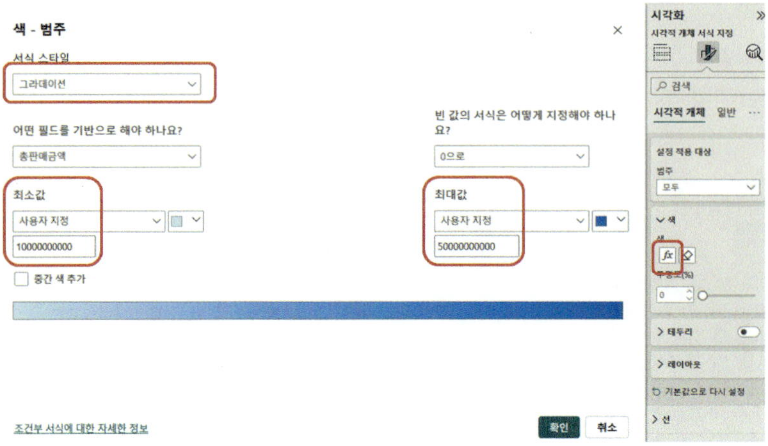
색 - 범주
서식 스타일
그라데이션
어떤 필드를 기반으로 해야 하나요?
총판매금액
빈 값의 서식은 어떻게 지정해야 하나요?
0으로
최소값
사용자 지정
10000000000
최대값
사용자 지정
50000000000
중간 색 추가
조건부 서식에 대한 자세한 정보
확인
취소
시각화
시각적 개체 서식 지정
검색
시각적 개체
일반
설정 적용 대상
범주
모두
색
투명도(%)
0
테두리
레이아웃
기본값으로 다시 설정
선

2. 다음 지시사항에 따라 슬라이서와 테이블 차트를 구현하시오. (10점)

① 다음 조건으로 '문제3' 페이지에 슬라이서를 구현하시오. (3점)

▶ 〈방송주문〉 테이블에 새 열 추가
- 열 이름: [거래처]
- 활용 필드: 〈거래처〉 테이블의 [거래처명] 필드
- 〈방송주문〉 테이블에서 〈거래처〉 테이블의 [거래처명] 필드의 값을 반환
- 사용함수: RELATED

▶ 활용 필드
- 〈날짜〉 테이블의 [년] 필드
- 〈방송주문〉 테이블 [거래처] 열

▶ 슬라이서 스타일: '세로 목록'

▶ 슬라이서 값: '2024' 필터 적용

▶ 슬라이서를 '2-①'에 배치

[풀 이]

문제 3-2-①

❶ 〈방송주문〉 테이블에서 마우스 우클릭하여 새 열 추가

❷ 수식입력란에 거래처 = RELATED('거래처'[거래처명]) 입력

❸ 시각화 창에서 슬라이서 체크, 슬라이서 스타일은 '세로 목록' 선택 후 슬라이서를 '2-①'에 배치

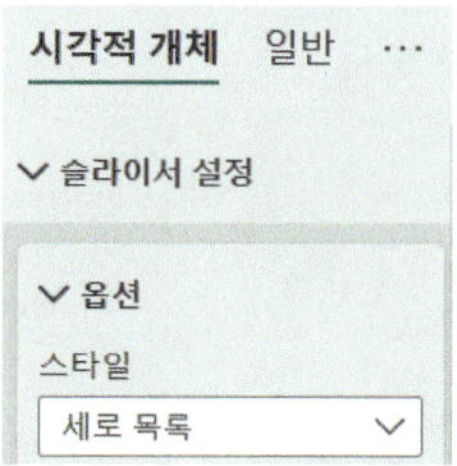

② 다음 조건으로 〈방송주문〉 테이블에 측정값을 추가하시오. (3점)

▶ 측정값 이름: [판매금액PY]

- 활용 필드

▸ 〈방송주문〉 테이블의 [총판매금액] 측정값

▸ 〈날짜〉 테이블의 [날짜] 필드

- 전년도의 [총판매금액]을 반환
- 사용함수: CALCULATE, DATEADD
- 서식: '정수', 천 단위에서 쉼표로 구분되도록 적용

[풀 이]

문제 3-2-②

❶ 〈방송주문〉 테이블에서 마우스 우클릭하여 새 측정값 추가

❷ 수식입력란에 판매금액PY = CALCULATE([총판매금액], DATEADD('날짜'[날짜], -1, YEAR)) 입력

❸ 측정 도구 탭에서 서식 '정수', **,** (천 단위에서 쉼표로 구분)을 적용

▶ 측정값 이름: [판매금액YoY%]

- 활용 필드: 〈방송주문〉 테이블의 [총판매금액], [판매금액PY] 측정값
- 전년대비 금년도 매출의 비율 반환
- 사용함수: DIVIDE
- 서식: '백분율', '소수점 아래 2자리까지' 표시

[풀 이]

문제 3-2-② 계속

❶ 〈방송주문〉 테이블에서 마우스 우클릭하여 새 측정값 추가

❷ 수식입력란에 판매금액YoY% = DIVIDE('방송주문'[총판매금액]-'방송주문'[판매금액PY],'방송주문'[판매금액PY]) 입력

❸ 측정 도구 탭에서 서식 '백분율', 소수점 자릿수를 2로 적용

③ 다음 조건으로 '문제3' 페이지에 테이블 차트를 구현하시오. (4점)

▶ 활용 필드
- 〈날짜〉 테이블의 [년], [월 이름] 필드
- 〈방송주문〉 테이블의 [총판매금액], [판매금액YoY%] 측정값

▶ 값, 열 머리글 서식: 글꼴 크기 '13'

▶ 정렬: [년] 기준 '내림차순'

▶ 조건부 서식 적용
- 설정 적용 대상: '판매금액YoY%'
- '데이터 막대' 사용
- 양수 막대 색: '자주(#4A2D75)', 음수 막대 색: '빨강(#FF0000)'

▶ 테이블 차트를 '2-③' 위치에 배치

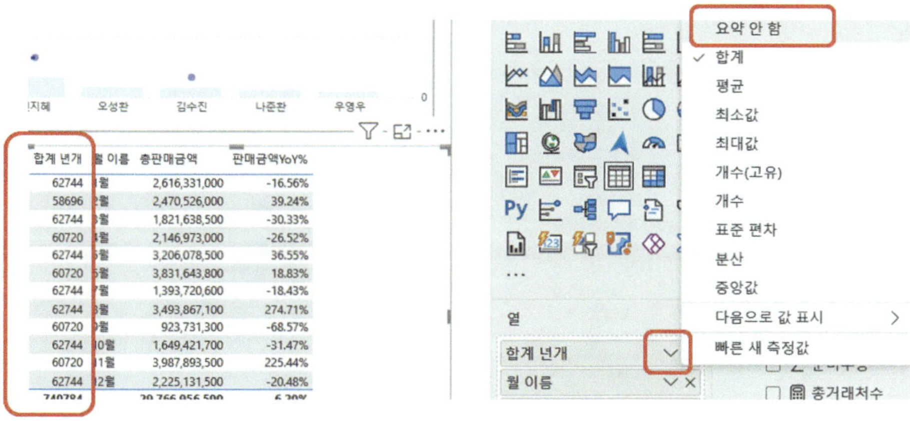

[풀 이]

문제 3-2-③

❶ 시각화 창에서 테이블을 체크한다. 〈날짜〉 테이블의 [년], [월 이름] 필드, 〈방송주문〉 테이블의 [총판매금액], [판매금액YoY%] 측정값 순서로 열로 체크한다. 테이블 차트를 '2-③' 위치에 배치한다. 서식 지정-개체-값-값에서 글꼴 크기 '13', 열 머리글-텍스트-글꼴에서 크기 '13'으로 변경한다.

❷ 만일 년이 합계 년계로 뜨고 62744 등의 큰 숫자가 나오면 합계 년개의 단축메뉴V를 클릭하여 요약 안 함을 선택한다.

❸ 테이블 차트 오른쪽 위에 있는 ...(추가 옵션) 버튼을 클릭하여 정렬기준을 [년] 기준 '내림차순'으로 변경한다.

❹ 판매금액YoY%에서 마우스 우클릭하여 데이터 막대-조건부 서식 적용하고

❺ 양수 막대 색 오른편 V을 클릭하여 '자주(#4A2D75)'를 입력하고, 음수 막대 색 오른편 V을 클릭하여 '빨강(#FF0000)'을 입력한다.

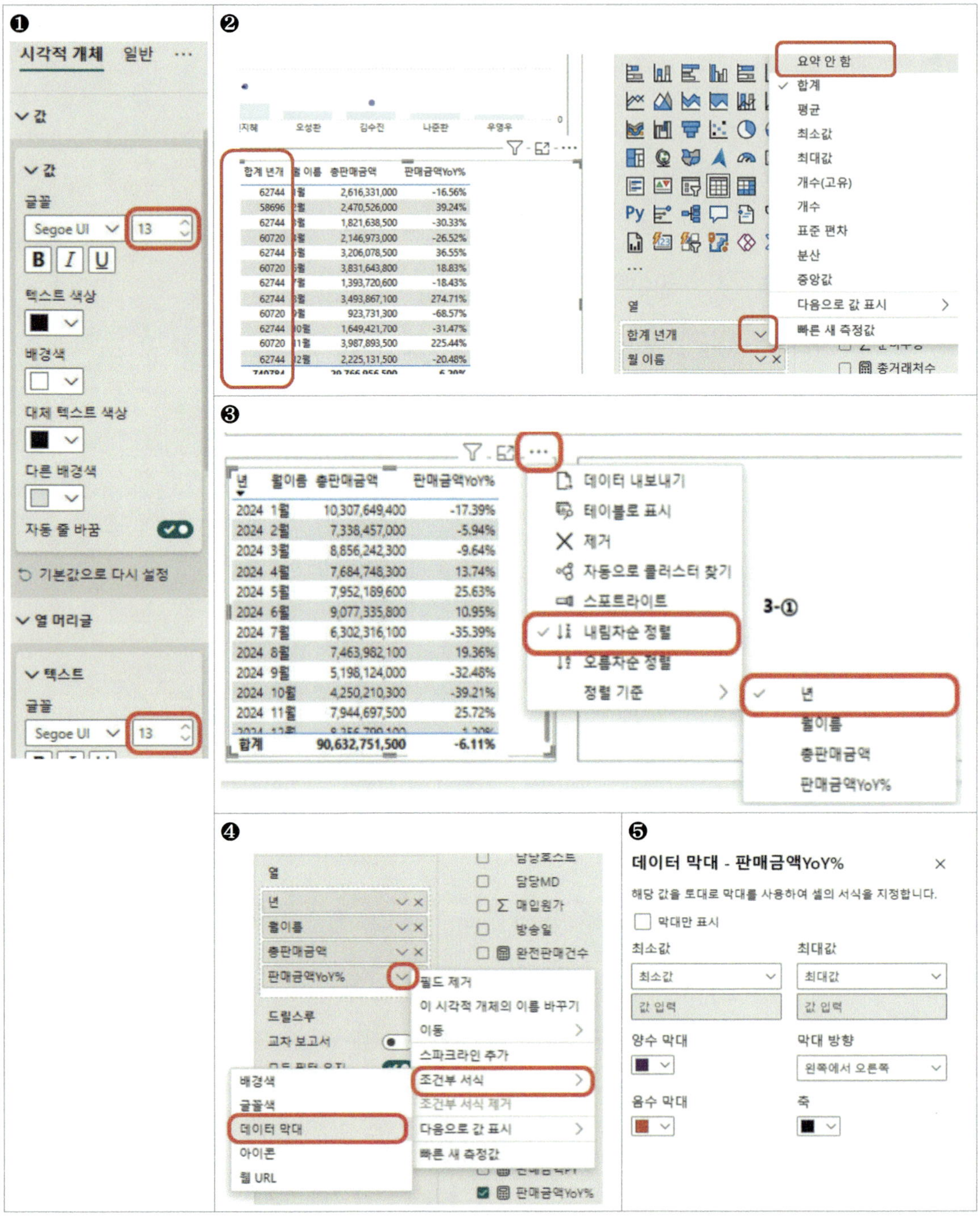
❶
시각적 개체
일반
값
글꼴
Segoe UI
13
텍스트 색상
배경색
대체 텍스트 색상
다른 배경색
자동 줄 바꿈
기본값으로 다시 설정
열 머리글
텍스트
❷
요약 안 함
합계
평균
최소값
최대값
개수(고유)
개수
표준 편차
분산
중앙값
다음으로 값 표시
빠른 새 측정값
열
합계 년개
월 이름
❸
데이터 내보내기
테이블로 표시
제거
자동으로 클러스터 찾기
스포트라이트
내림차순 정렬
오름차순 정렬
정렬 기준
3-①
년
월이름
총판매금액
판매금액YoY%
❹
열
년
월이름
총판매금액
판매금액YoY%
필드 제거
이 시각적 개체의 이름 바꾸기
이동
스파크라인 추가
조건부 서식
조건부 서식 제거
다음으로 값 표시
빠른 새 측정값
배경색
글꼴색
데이터 막대
아이콘
웹 URL
드릴스루
교차 보고서
❺
데이터 막대 - 판매금액YoY%
해당 값을 토대로 막대를 사용하여 셀의 서식을 지정합니다.
막대만 표시
최소값
최대값
값 입력
양수 막대
막대 방향
왼쪽에서 오른쪽
음수 막대
축

3. 다음 지시사항에 따라 계기 차트와 카드를 구현하시오. (10점)

① 다음 조건으로 '문제3' 페이지에 계기 차트를 구현하시오. (4점)

▶ 활용 필드: 〈방송주문〉 테이블의 [총판매금액] 측정값

▶ 게이지 축 설정

- 최대값: '천오백억(150,000,000,000)'
- 대상: '천억(100,000,000,000)', 색상 '테마 색 5'

▶ 설명 값 제거

▶ 차트 제목: "매출계획대비 총판매금액"

- 제목 서식: 글꼴 크기 '15'

▶ 계기 차트를 '3-①' 위치에 배치

[풀 이]

문제 3-3-①

❶ 시각화 창에서 계기 차트를 체크하고 값에 〈방송주문〉 테이블의 [총판매금액]을 체크,

❷ 서식 지정-시각화 개체-게이지 축에 최대값: '천오백억(150,000,000,000)', 대상: '천억(100,000,000,000)', 대상 색상에 '테마 색 5'를 선택하고 설명 값을 제거한다.

❸ 서식 지정-일반-제목의 텍스트에 "매출계획대비 총판매금액"을 입력하고 글꼴의 크기를 '15'로 한다. 계기 차트를 '3-①' 위치에 배치한다.

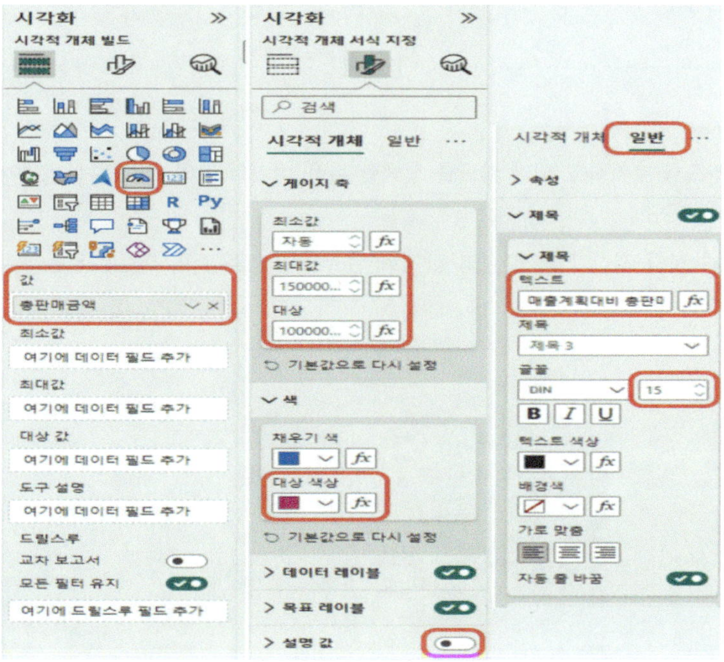

② 다음 조건으로 〈방송주문〉 테이블에 측정값을 추가하시오. (3점)

▶ 측정값 이름: [목표대비총판매비율%]
- 활용 필드: 〈방송주문〉 테이블의 [총판매금액] 측정값
- 목표(대상) 대비 [총판매금액]의 비율 반환
- 사용함수: DIVIDE
- 서식: '백분율', '소수점 아래 2자리까지' 표시

[풀 이]

문제 3-3-②

❶ 데이터 창에서 〈자전거 대여이력〉 테이블의 오른쪽 마우스를 클릭하여 맨 처음의 새 측정값을 선택하고 수식입력란의 측정값 = 대신

목표대비총판매비율% = [총판매금액]/100000000000 입력

❷ 측정 도구 탭에서 서식 '백분율', 소수점 자릿수를 2로 적용

③ 다음 조건으로 '문제3' 페이지에 카드를 구현하시오. (3점)

▶ 활용 필드: 〈방송주문〉 테이블의 [목표대비총판매비율%] 측정값
▶ 설명 값 서식: 글꼴크기 '28', 표시 단위 '없음'
▶ 범주 레이블 제거
▶ 카드를 그림과 같이 지정된 위치에 배치

[풀 이]

문제 3-3-③

❶ 시각화 창에서 카드를 추가하고 해당 카드를 선택한 다음 데이터 창의 〈방송주문〉 테이블의 [목표대비총판매비율%]을 선택한다.

❷ 시각화 창의 개체 서식-시각화 개체-설명 값에서 글꼴 크기 '28', 표시단위 '없음'으로 변경한다. 범주 레이블을 제거한다.

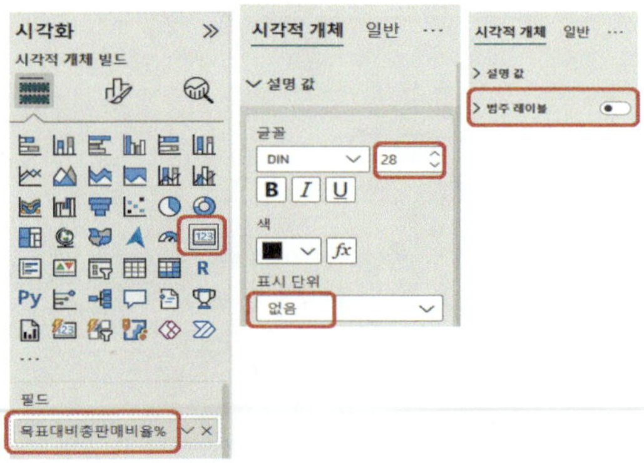

4. 다음 지시사항에 따라 페이지와 시각적 개체 간 상호 작용 기능을 설정하시오. (10점)

① 다음 조건으로 '문제3' 페이지에 단추를 구현하시오. (4점)

- ▶ 종류: '뒤로'
- ▶ 두께: '2px'
- ▶ 가로 맞춤: '오른쪽'
- ▶ 작업 유형: '페이지 탐색', 대상 '문제2'
- ▶ 단추를 그림과 같이 지정된 위치(4-①)에 배치

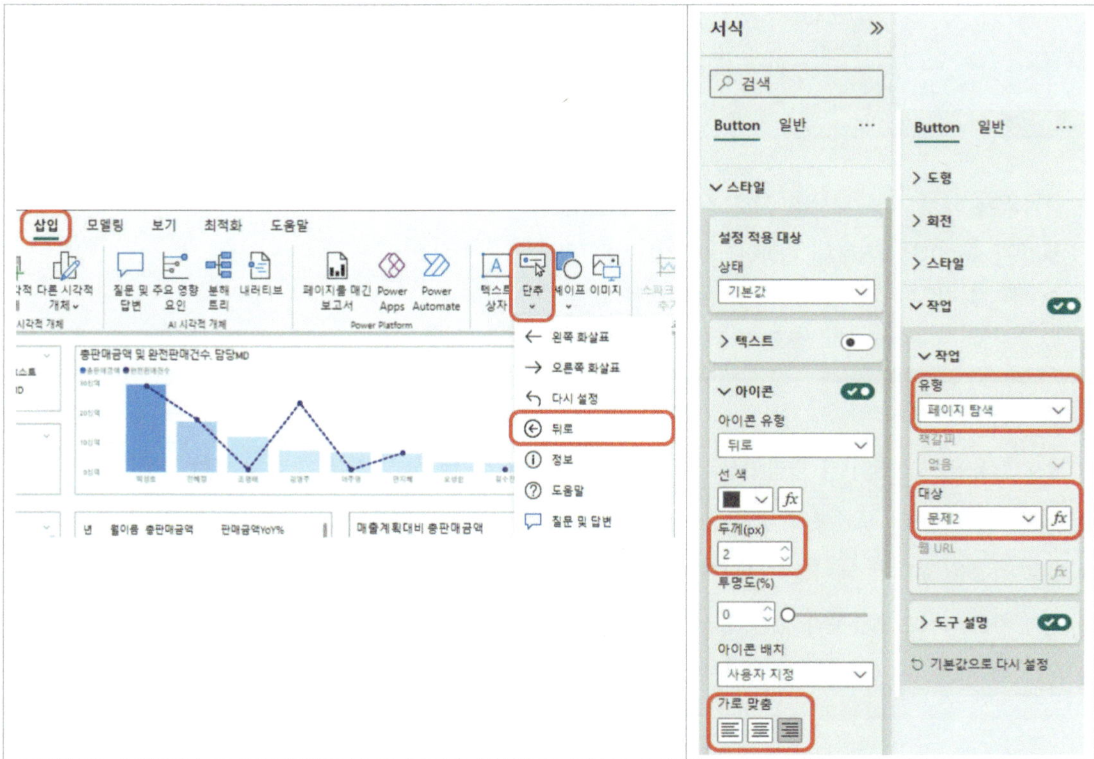

[풀이]

문제 3-4-①

❶ 삽입 탭-단추-뒤로 를 클릭한다. 단추를 그림과 같이 지정된 위치(4-①)에 배치한다.

❷ 서식 지정-Button-스타일-아이콘에서 두께(px)를 '2', 가로 맞춤을 '오른쪽'으로 지정한다.

❸ Button-작업에서 유형을 '페이지 탐색', 대상을 '문제2'로 지정한다.

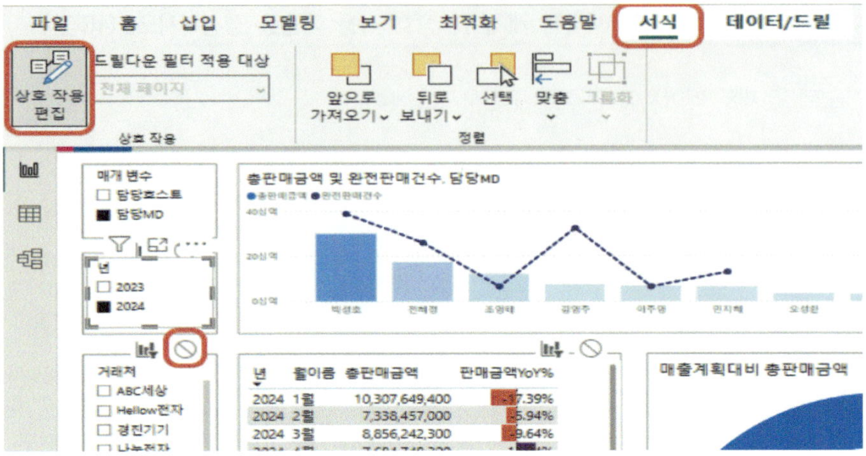

② 다음과 같이 시각적 개체의 상호 작용을 설정하시오. (3점)

▶ [년] 슬라이서: [거래처] 슬라이서와 상호 작용 '없음'

▶ 테이블 차트: 계기 차트, 카드와 상호 작용 '없음'

[풀 이]

문제 3-4-②

❶ 상호 작용을 설정할 [년] 슬라이서 개체를 선택한 후 서식 탭-상호 작용 편집을 클릭

❷ [거래처] 슬라이서 오른쪽의 없음 표시 클릭

❸ 상호 작용을 설정할 테이블 차트 개체를 선택한 후 서식 탭-상호 작용 편집을 클릭

❹ 계기 차트, 카드 오른쪽의 없음 표시 클릭

❺ 서식 탭-상호 작용 편집을 다시 클릭하여 편집 종료

③ 다음과 같이 시각적 개체의 상호 작용을 설정하시오. (3점)

▶ [거래처] 슬라이서: 꺾은선형 및 묶은 세로 막대형 차트, 계기 차트, 카드와 상호 작용 '없음

[풀 이]

문제 3-4-③

❶ 상호 작용을 설정할 [거래처] 슬라이서 개체를 선택한 후 서식 탭-상호 작용 편집을 클릭

❷ 꺾은선형 및 묶은 세로 막대형 차트, 계기 차트, 카드 오른쪽의 없음 표시 모두 클릭

❸ 서식 탭-상호 작용 편집을 다시 클릭하여 편집 종료

제3절. 합격 전략

1 필기시험 합격 전략

경영정보시각화능력 필기시험의 기출문제를 풀어보면 난도가 높은 편이 아니다. 그러나 아직 2회밖에 시행되지 않아 기출문제수가 적다. 기출문제와 모의시험 2회만 풀어보고 시험에 응시할 경우에, 갑자기 어려운 문제가 나오거나 시험 중 당황스러운 돌발 상황이 생기면 불합격할 수 있다. 추가로 이 책의 제2장에서 제4장까지를 2번 정도 정독하고 응시하면 좋다 1회 독 후에 모의시험, 기출문제 합 4세트 풀어보고 정리목적으로 다시 2회 독을 추천한다. 그런 다음 응시하면 80점 이상 맞출 수 있다. 합격 결정기준은 매 과목 40점 이상(면 과락), 평균 60점 이상이고 시험시간은 60분이다.

2 실기시험 합격 전략

경영정보시각화능력 실기시험의 경우 지금까지 1회 시행되었고 태블로나 파워 BI 모두 난도가 높아 응시자들이 상당히 어려움을 겪었다고 한다. 태블릿이 더 어려웠다는 소문이 있다. 그리고 실기문제는 공개하지 않아 분석하거나 문제 풀이를 제공할 수 없다. 가능하면 이 책의 범위를 넘어 다양한 DAX 함수를 풀어보아야 할 것이다. 그리고 유튜브나 블로그로 제공되는 강의를 듣고 충분히 연습해야 한다. 문항 수가 잘게 나뉘어 많은 편이므로 빠르게 문제를 푸는 연습을 할 필요가 있다. 본 교재의 제9장의 모의시험 문제 2개를 반복하여 연습하여 시험시간(70분)보다 10~20분 빨리 풀 수 있다면 합격 가능성이 커진다. 합격 결정기준은 70점 이상이고 시험시간은 70분이다.

(1) 실기 유의사항

- 시험 문제 파일 위치는 C:\PB
- 파일의 존재만 확인하고 답안을 제외한 파일을 열어보면 실격 처리
- 답안 파일 이름은 수험자번호.pbix
- 답안 파일의 문제 3-4 페이지를 확인할 것
- 시험 시작 전 답안 파일 열면 실격
- 저장은 수시로 (Ctrl+S)

- 측정값 문제 풀 때 제시된 함수 이외의 함수를 사용하면 안 됨
- 계산식을 제외하고 띄어쓰기, 대소문자 등을 문제와 다르게 작업하면 안 됨
- 개체는 너무 작아도 안 되고, 너무 커서 답안 영역을 벗어나도 안 됨
- 문제에서 사용하는 '열'과 '필드'는 동일한 용어
- 문제 1, 문제 2, 문제 3은 독립적인 문제이므로 서로 영향이 없으므로 아무거나 먼저 풀어도 됨
- 절대 지시사항에 있는 것 외의 다른 데이터를 변경, 삭제하지 말 것
- 점수는 지시사항(①~③)별로 부여되며 부분 점수 없음

3 제1회 실기시험 복기

문제1. 파워 쿼리(열 병합으로 새로운 열 'Key' 만들기)

- 쿼리 병합 : 모의시험과 동일
- 그룹화
- 빈 행을 위 값으로 채우기
- 1열을 새 머리글로
- 1열 삭제
- 변환 탭 추출기능 이용하여 2023.csv, 2024.csv 식으로 입력된 열에서 구분기호 '.'를 기준으로 앞부분만 추출

문제2. 텍스트로 제목 만들기(배경색 #F2F2F2로 설정)

- 도넛 차트 만들기

문제3. 카드 (신규) 만들기

- 매개 변수 순서에 맞게 만들기
- 트리맵
- 행렬

문제4. 상호 작용 설정하기

- 페이지 탐색기

측정값(DAX)

- COUNTX, FILTER
  주문할 때 모바일 사용한 사람, PC 사용한 사람 수 구하기
- CALCULATE, CALENDAR, DATE, YEAR, MONTH, FORMAT
  테이블 만들기. 특정 기간 제시, [Date]를 가지고 연도, 분기, 월 필드 만들기, 분기는 '1분기' 형식으로 만들기
- IF, BLANK, ISBLANK, IN
  비어 있으면 빈칸, 서울, 인천, 경기는 수도권, 나머지 지역은 지방권
- CALCULATE, DATEADD

모의고사 문제 동일

- MAX
- VAR~RETURN
- ADDCOLUMNS
- TOPN
- VALUE
- ROUND
- SUMMARIZE
- DIVIDE

부록

2024년 제2회
경영정보시각화능력 필기시험 풀이

부록

2024년 제2회 경영정보시각화능력 필기시험 풀이

제1과목 경영정보 일반

1 아래 글상자의 설명이 나타내는 SERVQUAL의 구성요인으로 가장 옳은 것은?

> 이것은 직원의 전문성, 지식 및 예의가 고객에게 신뢰와 안심을 줄 수 있는 능력을 이야기한다.

① 응답성(Responsiveness) ② 신뢰성(Reliability)
③ 확신성(Assurance) ④ 공감성(Empathy)

풀이 36쪽, 이 문제는 함정 문제에 해당된다. 설명에 있는 신뢰라는 표현으로 ② 신뢰성을 선택하는 경우가 많다. SERVQUAL의 구성요인을 보면 신뢰성은 서비스품질에서 드러나는 신뢰성 요인이고 확신성은 고객이 확신을 갖게 하는 직원의 신뢰성으로 인해 고객이 신뢰감을 느끼는 경우이다.

2 다음 중 크로스셀링(Cross Selling)에 대한 설명으로 가장 옳은 것은?

① 고객이 특정 모델의 스마트폰을 구매하려 할 때, 더 높은 스펙이나 기능을 가진 모델을 제안하는 것이다.
② 고객이 이미 구매한 상품과 관련이 있는 다른 부가적인 상품이나 서비스를 제안하는 것이다.
③ 고객이 이미 결정한 구매에 대해 추가 기능이나 업그레이드를 제안하는 것이다.
④ 고객이 좀 더 비용을 지불하고 더 나은 제품을 선택하도록 유도한다.

풀이 24쪽, 고객관계관리에서 고객 가치를 극대화하는 전략으로 상향구매와 교차구매가 있다. ②은 교차판매(Cross Selling)에 대한 설명이고 나머지 3지문은 상향판매(Upselling)에 대한 설명이다.

3 아래 글상자의 빈칸에 순서대로 들어갈 용어로 가장 옳은 것은?

> (A)(은)는 기업에서 관심 대상에 대한 특성을 측정한 값이고, 이것을 가공하고 해석하여 (B)(을)를 얻을 수 있으며, (B)(을)를 기반으로 대상을 이해하고 결론을 도출하여 (C)(을)를 얻을 수 있다.

① (A)데이터 - (B)정보 - (C)지식　　② (A)지식 - (B)데이터 - (C)정보
③ (A)데이터 - (B)통찰 - (C)정보　　④ (A)지식 - (B)통찰 - (C)데이터

풀이 57쪽, 가공의 대상은 재료인 데이터(또는 자료)이고 가공의 결과는 정보다. 정보이용자는 정보로 대상을 이해하고 결론을 도출하여(통찰력) 경험을 통해 지식을 쌓아간다.

4 다음 직무 데이터 평가 방법 중 외부의 유사 직무 수행자들의 평균임금을 기준으로 내부 직무 보상 수준을 결정하는 방법으로 가장 옳은 것은?

① 서열법　　② 분류법
③ 점수법　　④ 시장임금조사법

풀이 56쪽, 이 문제는 헷갈릴 수 있다. 유사 직무 수행자라는 표현으로 ② 분류법이라고 생각할 수 있지만 기업 외부, 즉 노동시장의 임금수준을 조사하여 내부 직무 보상수준을 결정하므로 ④ 시장임금조사법에 해당한다.

5 다음 중 채권의 종류와 그에 대한 설명으로 가장 옳지 않은 것은?

① 특수채는 특별법에 따라 설립된 법인이 발행하는 채권으로 공채와 사채의 성격을 모두 가진다.
② 중기채는 1년에서 5년 사이의 만기를 가지는 채권이다.
③ 이표채는 액면가에 이자를 선공제하여 발행되는 채권이다.
④ 단리채는 원금에 대한 이자를 일정한 간격으로 지급하는 채권이다.

풀이 51쪽, 이표채는 이자표가 채권에 부속되어 있어 정기적으로 이자 지급기가 되면 이자를 제공하는 경우이고 ③은 할인채에 대한 설명이다.

6 다음 중 재무비율의 종류와 그 측정 목적이 가장 잘못 짝지어진 것은?

① 총자산이익률 - 안정성 측정
② 재고자산회전율 - 효율성 측정
③ 주당순이익 - 수익성 측정
④ 당좌비율 - 유동성 측정

풀이 45쪽, 헷갈릴 수 있는 문제다. ①은 수익성 비율이고 ③은 시장가치 비율 중 수익성을 측정하는 비율이다.

7 다음 중 효과적인 공급사슬관리를 위한 품질관리 데이터의 활용 방안으로 가장 옳지 않은 것은?

① 품질개선 활동
② 불량률 감소 활동
③ 소비자만족도 향상 활동
④ 주문처리과정 최적화 활동

풀이 35쪽, ④은 품질관리보다는 업무처리의 효율성에 대한 설명이다. 나머지 중 품질이 개선되면 불량률이 감소하고 고객의 소비자만족도가 증가하는 경향이 있다.

8 다음 중 핵심성과지표(KPI)의 특성으로 가장 옳지 않은 것은?

① KPI는 정량화할 수 있어야 하며 이를 통해 성과를 객관적으로 평가해야 한다.
② KPI는 명확하고 구체적인 성과 목표를 설정해서 조직 내의 구성원들이 동일한 방향으로 나아가게 한다.
③ KPI는 설정 이후 조직 환경 변화에 따라 자주 수정해 주는 것이 바람직하다.
④ KPI는 현실적으로 달성 가능한 수준이어야 하며 조직의 자원과 역량을 고려하여 합리적인 목표로 설정되어야 한다.

풀이 56쪽, 안정적 지표인 핵심성과지표가 만일 자주 바뀐다면 지엽적인 지표일 것이다.

9 다음 중 총수익률을 연 단위로 기하평균하여 계산한 이론적 수익률을 의미하는 것으로 가장 옳은 것은?

① 만기수익률
② 실효수익률
③ 표면이율
④ 연평균수익률

풀이 52쪽, 채권의 실효수익률에 대한 설명이다.

10 다음 중 고객평생가치(LTV)에 대한 설명으로 가장 옳은 것은?

① 특정 고객이 기업과의 관계 동안 얼마나 추천할 것인지를 나타내는 지표이다.
② 특정 기간 기업이 고객을 얼마나 잘 유지하고 있는지를 나타내는 지표이다.
③ 특정 기간 동안 기업이 고객으로부터 얻을 수 있는 평균 수익을 나타내는 지표이다.
④ 특정 고객이 기업과의 관계 동안 기업의 제품이나 서비스에 지출할 것으로 예상되는 총금액을 의미한다.

풀이 26쪽, 고객 평생 가치는 어느 고객이 기업과 거래하면서 기여할 수 있는 평균 수익이 아닌 총 수익이다.

11 다음 중 손익계산서에 대한 설명으로 가장 옳지 않은 것은?

① 일정 기간 동안의 수익과 비용을 파악하여 기업의 순이익 또는 순손실을 계산한다.
② 손익계산서를 통해 경영성과를 측정할 수 있다.
③ 손익계산서의 매출액을 기록하는 시점은 현금이 들어온 시점이다.
④ 매출총이익, 영업이익, 당기순이익 등이 포함되어 세부 이익 정보를 확인할 수 있다.

풀이 43, 45쪽, 발생주의 : 매출액을 기록하는 시점은 수익을 실현을 인식하는 시점(예를 들어 외상으로 판매하는 시점)인 회계원칙으로 일반적으로 인정되는 회계원칙이다. ③은 현금주의 회계원칙이다.

12 다음 성과평가방법 중 하나인 행동 기반 평가 척도 (BARS)와 관련된 설명으로 가장 옳지 않은 것은?

① 종업원의 행동에 기반한 평가가 이루어지기 때문에 평가 편향이 존재한다.
② 척도를 개발하는 데 많은 시간과 비용이 들어간다.
③ 중요한 직무 행동을 식별하고 행동기준에 따라 종업원을 평가한다.
④ 개발된 척도를 유지관리하기 위해 많은 노력이 요구된다.

풀이 57쪽. 객관적인 평가이다.

13 다음 중 직무분석에 대한 설명으로 가장 옳지 않은 것은?

① 직무의 절대적 중요도를 파악하여 급여체계를 확립할 수 있게 해준다.
② 조직 내에서 각 직무의 내용, 업무프로세스, 역량 요구 사항 등을 체계적으로 평가하는 과정이다.
③ 직무에 기반한 인사관리의 기본이 되는 작업이며, 이를 통해 직무기술서와 직무분류체계 등을 만든다.
④ 직무분석의 방법으로는 설문, 면접, 관찰, 기록, 일지 검토, 데이터수집, 환경분석 등이 있다.

풀이 56쪽 ①은 직무평가에 대한 의의로 직무의 상대적 가치나 중요도를 다룬다.

14 다음 중 국가통계 마이크로데이터 통합서비스(MDIS) 시스템에 대한 설명으로 가장 옳지 않은 것은?

① 공공용 자료를 서비스하는 시스템으로서 통계분석 서비스는 제공하지 않는다.
② 통계청이 자체적으로 작성한 마이크로데이터를 서비스받을 수 있다.
③ 정부부처, 지자체, 연구기관 등 다른 통계 작성 기관의 마이크로데이터를 서비스받을 수 있다.
④ 국가승인 통계 공표용 설문조사의 마이크로데이터를 제공한다.

풀이 64쪽, 통계청에서 제공하는 시스템에 통계분석이 빠지기 힘들다.

15 다음 중 황소채찍효과(Bullwhip Effect)에 대한 설명으로 가장 옳지 않은 것은?

① 최종 고객과 가까이에 위치하는 기업일수록 재고 변동 폭이 점점 증가하는 현상을 의미한다.
② 황소채찍효과로 인해 재고비용의 증가가 야기된다.
③ 황소채찍효과는 공급사슬 내 데이터의 실시간 공유를 통해 완화될 수 있다.
④ 공급사슬의 재고 변동폭을 줄이기 위해 실시간 재고 및 수요알람 등의 정보기술이 도입되고 있다.

풀이 37쪽, 공급사슬의 후방(고객과 멀어질수록) 기업의 재고 변동 폭이 점증한다.

16 다음 중 월간 활성 사용자(MAU)를 기준으로 고객 세그먼트를 구분할 때 중요한 고려사항으로서 가장 옳은 것은?

① 신규 고객을 확보하고 유지하기 위한 비용
② 유료 고객이 될 수 있는 가능성
③ 고객에게 제공되는 제품의 가격대
④ 고객의 활동 빈도와 사용패턴

풀이 27쪽, 월간 활성 사용자에 대한 고려사항은 비용이나 수익 측면이 아니라 앱/웹의 인기도를 추적하는 데 있다.

17 다음 중 자본변동표의 구성요소에 대한 설명으로 가장 옳은 것은?

① 납입자본의 변동에 주식배당은 고려되지 않는다.
② 이익잉여금의 변동에는 자기주식이 포함된다.
③ 자본잉여금은 기업의 누적된 순이익에서 배당을 제외한 나머지 부분이다.
④ 기타자본구성요소의 변동에는 재평가잉여금도 포함된다.

풀이 44쪽, 어려운 문제다. ① 주식배당은 이익을 자본금(납입자본)으로 변동하는 것이고 ② 자기주식은 자본조정의 변동이고 ③은 이익잉여금에 대한 설명이다.

18 다음 중 고객만족도를 분석하기 위한 방법으로 가장 옳지 않은 것은?

① 표적집단면접 ② 설문조사
③ 심층면접 ④ 전환비용조사

풀이 26쪽.

19 다음 수요 예측 방법 중 수요에 영향을 주는 설명요인 들을 파악하여 변수 간 관계에 대한 모델을 생성하고 분석하는 방법으로 가장 옳은 것은?

① 시계열분석 ② 회귀분석
③ 몬테카를로 시뮬레이션 ④ 신경망 모델

풀이 34쪽.

20 다음 중 CTR(Click-Through Rate)를 계산하는 수식으로 가장 옳은 것은?

① (클릭 수÷노출 수)×100(%)　　② (클릭 수×노출 수)×100(%)

③ (노출 수÷클릭 수)×100(%)　　④ (노출 수+클릭 수)×100(%)

풀이 30쪽.

제2과목 데이터 해석 및 활용

21 다음 데이터를 정규화하는 방법 중에서 Z-Score 표준화에 대한 설명으로 가장 옳은 것은?

① 데이터 값의 스케일을 로그로 변환한다.

② 데이터 값을 평균이 0, 표준편차가 1이 되도록 변환한다.

③ 데이터 값을 0과 1 사이의 값으로 변환한다.

④ 데이터 값을 소수점 이동하여 변환한다.

풀이 85쪽, ① 로그변환, ③ 정규화, ④부동소수점변환에 대한 설명이다.

22 다음 중 OLAP(Online Analytical Processing)의 특징으로 가장 옳지 않은 것은?

① 테이블 형태의 구조로 데이터를 저장한다.

② 최종 사용자가 직접 데이터에 접근한다.

③ 대화식 질의를 통해 정보를 분석한다.

④ 의사결정을 효과적으로 지원한다.

풀이 91쪽, ① 관계형 데이터베이스에 대한 설명이다.

23 다음 중 데이터베이스 설계 단계 중 물리적 설계의 고려사항으로 가장 옳지 않은 것은?

① 트랜잭션의 복잡성과 처리량

② 시스템의 성장 가능성과 미래의 확장성

③ 데이터 보호 및 접근 제어를 위한 메커니즘

④ 데이터가 얼마나 자주, 어떤 형태로 접근되는지 분석

풀이 83쪽.

24 다음 중 스키마 변경이 데이터베이스 성능에 미치는 잠재적 영향으로 가장 옳은 것은?

① 스키마 변경은 데이터베이스의 성능에 전혀 영향을 미치지 않는다.
② 스키마 변경은 데이터베이스의 보안을 자동으로 강화한다.
③ 스키마 변경은 데이터베이스 인덱스와 쿼리 성능에 영향을 미칠 수 있다.
④ 스키마 변경은 데이터베이스의 물리적 파일 크기를 감소시킨다.

풀이 79쪽.

25 다음 중 범주형 데이터와 수치형 데이터의 분석에 대한 설명으로 가장 옳은 것은?

① 도수분포표를 이용하여 범주형 데이터와 수치형 데이터를 시각화할 수 있다.
② 로지스틱 회귀 분석을 사용하여 수치형 데이터의 목표 변수를 예측할 수 있다.
③ 기술통계 중 분산과 표준편차를 이용하여 데이터의 중심 경향을 분석할 수 있다.
④ 수치형 데이터에 대해서만 가설 검정을 수행할 수 있다.

풀이 68쪽, ② 범주형, ③ 분산/변동성

26 다음 중 확률에 관련된 용어에 대한 설명으로 가장 옳지 않은 것은?

① 표본공간은 어떤 실험 또는 시행에 의하여 일어날 수 있는 모든 가능한 결과의 집합이다.
② 확률변수는 표본공간의 각 원소에 하나의 실수값을 대응하는 함수를 말한다.
③ 사건은 표본공간의 결과들로 구성되는 부분집합을 말한다.
④ 확률밀도함수는 확률변수의 값이 어떤 구간에 속할 확률을 계산하는 데 사용한다.

풀이 71쪽, ④는 누적분포함수에 대한 설명이다.

27 다음 중 아래 글상자에서 설명하는 비즈니스 인텔리전스 기술로 가장 옳은 것은?

( )는 언제 어디서나 데이터에 접근하고 분석할 수 있는 도구이다.

① 셀프서비스 비즈니스 인텔리전스　② 클라우드 기반 비즈니스 인텔리전스
③ 모바일 비즈니스 인텔리전스　④ 비즈니스 성과 관리

풀이 91쪽, 이동성을 극대화한 것이 모바일 인텔리전스다.

28 다음 중 데이터베이스 관리 시스템에 대한 설명으로 가장 옳지 않은 것은?

① 데이터가 중복으로 저장되어 데이터 불일치 문제가 발생할 수 있다.
② 동시성 제어를 통해 데이터 충돌을 방지하고 일관성을 유지한다.
③ 데이터를 검색하고 추출하는 효율적인 기능을 제공한다.
④ 사용자 인증 및 권한 관리를 통해 데이터에 대한 무단 접근을 방지한다.

풀이 76쪽, ① 파일 시스템의 문제점

29 다음 중 아래 글상자에서 설명하는 데이터 적재 방법으로 가장 옳은 것은?

이전에 적재한 데이터와 새로운 데이터를 비교하여 변경된 부분만 적재하는 방법으로, 적재 작업의 속도를 향상하고 중복 데이터를 방지할 수 있다.

① 실시간 적재
② 병렬 적재
③ 증분 적재
④ 일괄 적재

풀이 87쪽.

30 다음 중 빅데이터의 특징에 대한 설명으로 가장 옳지 않은 것은?

① 가치(Value)는 기업이나 기관에서 수집한 데이터가 신뢰할 수 있는지, 분석할 만한 가치가 있는지를 말하는 것이다.
② 규모(Volume)는 데이터의 양적 증가를 의미하며, 경우에 따라 다르지만 대략 수십 테라바이트에서 수 페타바이트에 이른다.
③ 속도(Velocity)는 데이터의 고도화된 실시간 처리를 뜻하며, 데이터가 생성 및 저장되고 시각화되는 과정이 얼마나 빠르게 이뤄져야 하는지에 대한 중요성을 나타낸다.
④ 다양성(Variety)은 다양한 형태의 데이터를 모두 포함하는 것을 뜻하며, 비정형 데이터를 머신러닝, 딥러닝 기법을 통해서 가공이 가능하다.

풀이 68, 66쪽. ① 은 신뢰성(Veracity)이 보장에 대한 언급이고 가치는 비즈니스에 가치 창출 가능성에 대한 설명이다.

31 다음 중 데이터베이스의 무결성을 보장하고 데이터의 일관성을 유지하는 데 필수적인 요소로만 구성된 것은?

① 기본 키, 외래 키, 무결성 제약조건
② 외래 키, 데이터베이스 사용자, 트랜잭션
③ 기본 키, 데이터 암호화, 무결성 제약조건
④ 메타데이터, 트랜잭션, 기본 키

풀이 80쪽. 무결성은 데이터베이스 내의 데이터가 정확하고 일관된 상태를 유지하는 것을 말하며, 키(Key)를 통해 데이터의 고유성과 무결성을 보장하며 데이터 제어어로 무결성 제약조건 등을 제어한다.

32 다음 중 고객의 구매금액에 대해 데이터 탐색 (Exploratory Data Analysis, EDA) 방법으로 가장 옳지 않은 것은?

① 구매금액의 평균과 표준편차를 계산한다.
② 구매금액의 히스토그램을 그려 분포를 확인한다.
③ 구매금액의 이상치와 결측치를 식별한다.
④ 구매금액을 이용하여 회귀 모델을 만든다.

풀이 74쪽. 데이터의 탐색적 분석은 모델링 전단계에서 데이터의 특성을 이해하는 데 목적이 있다.

33 다음 중 계층적 분리에 대한 설명으로 가장 옳지 않은 것은?

① 원본 데이터의 클래스 비율을 유지함으로써 모델이 전체 데이터를 더 잘 대표할 수 있다.
② 올바른 클래스를 정의하는 것이 어려울 수 있지만 샘플링 과정을 단순화할 수 있다.
③ 동일한 샘플 크기에서 단순 무작위 샘플링보다 정확한 추정이 가능하여 통계적 효율성이 좋다.
④ 소수 클래스의 데이터도 적절히 샘플링하여 데이터 불균형 문제를 줄일 수 있다.

풀이 85쪽. 계층적 표본 추출은 무작위 표본 추출보다 복잡하다.

34 다음 중 동적으로 변하는 데이터 스키마를 요구하는 애플리케이션 구현 시 가장 적절한 데이터베이스 관리 시스템은?

① 관계형 데이터베이스 관리 시스템　　② 분산 데이터베이스 관리 시스템
③ NoSQL 데이터베이스 관리 시스템　　④ 객체지향 데이터베이스 관리 시스템

풀이 88쪽.

35 다음 중 데이터 웨어하우스(Data Warehouse)에 대한 설명으로 가장 옳지 않은 것은?

① 경영자의 의사결정을 지원하는 데이터의 집합체로 주제 지향적, 통합적, 시계열적, 비휘발적인 네 가지 특성을 지닌다.

② 읽기 전용 데이터베이스로서 운영 시스템에서와 같은 의미의 데이터 갱신은 발생하지 않는다.

③ 일반적으로 소스 시스템 데이터, 센서 데이터, 소셜 데이터 등의 원시 복사본과 보고, 시각화, 고급 분석 및 기계 학습과 같은 작업에 사용되는 변환된 데이터를 포함하는 단일 데이터 저장소이다.

④ 데이터를 구조화하고 분석하기 위해 최적화된 형식으로 저장한다.

풀이 90쪽. ③ 은 데이터마트에 대한 설명이다.

36 다음 중 공개된 의료데이터를 그림과 같이 비식별된 의료데이터로 처리할 경우 적용된 비식별화 기술로 가장 옳은 것은?

〈공개된 의료데이터〉

구분	지역코드	연령	성별	질병
1	13053	28	남	전립선염
2	13068	21	남	전립선염
3	13068	29	여	고혈압
4	13053	23	남	고혈압
5	14853	50	여	위암
6	14853	47	남	전립선염
7	14850	55	여	고혈압
8	14850	49	남	고혈압
9	13053	31	남	위암
10	13053	37	여	위암
11	13068	36	남	위암
12	13068	35	여	위암

〈비식별된 의료데이터〉

구분	지역코드	연령	성별	질병	비고
1	130**	<30	*	전립선염	다양한 질병이 혼재되어 안전
2	130**	<30	*	전립선염	
3	130**	<30	*	고혈압	
4	130**	<30	*	고혈압	
5	148**	>40	*	위암	다양한 질병이 혼재되어 안전
6	148**	>40	*	전립선염	
7	148**	>40	*	고혈압	
8	148**	>40	*	고혈압	
9	130**	3*	*	위암	모두가 동일 질병(위암)으로 취약
10	130**	3*	*	위암	
11	130**	3*	*	위암	
12	130**	3*	*	위암	

① 임의화
② k-익명성
③ 익명화
④ 가명화

풀이 89쪽.

37 다음 중 데이터 마이닝에서 연관 분석의 예로 가장 옳은 것은?

① 제품 추천 알고리즘 구축
② 구매행동에 따라 고객 분류
③ 다양한 제품의 판매량 예측
④ 데이터의 이상치 식별

풀이 73쪽.

38 다음 중 SQL에 대한 설명으로 가장 옳지 않은 것은?

① GRANT는 사용자에게 특정 권한을 부여하는 명령어이다.
② UPDATE 명령어를 사용하여 이미 존재하는 테이블 필드의 데이터 유형을 변경할 수 있다.
③ DROP은 테이블, 뷰, 인덱스 등을 삭제하는 명령어이다.
④ CREATE 명령어로 새로운 데이터베이스를 생성할 수 있다.

풀이 80쪽. ②는 ALTER 명령어에 대한 설명이다.

39 다음 중 데이터 수명 주기를 가장 올바르게 나열한 것은?

① 수집 - 보관 - 저장 - 처리 - 분석 - 폐기
② 수집 - 처리 - 저장 - 보관 - 분석 - 폐기
③ 수집 - 분석 - 처리 - 저장 - 보관 - 폐기
④ 수집 - 저장 - 처리 - 분석 - 보관 - 폐기

풀이 90쪽.

40 A 회사는 원격 근무 제도를 도입한 이후 이직률이 감소한 것을 발견하였다. 이 발견에 대한 결론으로 가장 옳은 것은?

① 원격 근무 도입이 직원의 직무 만족도를 높여 이직률이 감소한 것이다.
② 원격 근무 도입이 직원의 이직률 감소에 영향을 미칠 수 있다.
③ 원격 근무 도입과 이직률 감소 간의 인과관계를 명확하게 입증할 수 있다.
④ 이직률 감소는 원격 근무 도입과 무관하게 발생한 결과이다.

풀이 70쪽, 데이터 해석 오류 중 거짓 인과관계에 대한 설명은 ③이고 적절한 결론은 ②가 옳다.

제3과목 경영정보시각화

41 다음 중 오컴의 면도날 개념(Occam's Razor)을 인포그래픽 디자인에 적용하는 설명으로 가장 옳지 않은 것은?

① 과도한 세부정보나 복잡한 그래프를 배제하고 필요한 만큼의 시각화 요소만 사용한다.
② 최소한의 텍스트를 사용하는 것을 목표로 간결하고 명료한 문구를 사용한다.
③ 주요 메시지 전달에 자세한 세부정보를 가능한 한 많이 제공하여 이해를 돕도록 한다.
④ 명확한 구조화를 위해 정보를 단순화한다.

풀이 103쪽.

42 다음 중 지리적 데이터를 시각화할 때, 카토그램(왜상 통계지도)의 주요 단점으로 가장 옳은 것은?

① 데이터 간의 시간적 변화를 표현하기 어렵다.
② 지도상의 지리적 정확성이 왜곡되어 공간적인 해석이 어렵다.
③ 데이터를 단순하게 표현하여 세부정보를 잃을 수 있다.
④ 데이터를 정량적으로 비교하기 어렵다.

풀이 121쪽.

43 다음 그림 차트 유형에 대한 설명으로 가장 옳지 않은 것은?

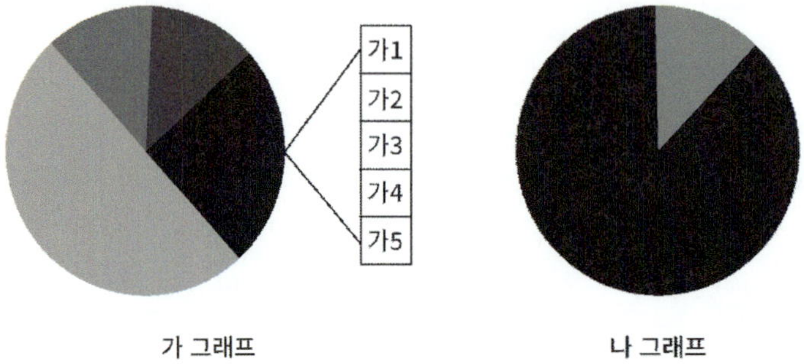

① 이 차트는 한 부분을 나누어 다중 정보를 제공할 때 '가 그래프'와 같이 수직이나 수평 막대를 활용할 수 있다.

② 이 차트를 시각화할 때는 절대 수량을 사용해 독자들의 혼란을 최소화한다.

③ '나 그래프'와 같이 조각을 명도나 색의 차이로 강조할 수 있지만 떼어내서 정보를 강조하는 방법도 있다.

④ 전체 원 크기의 40% 이상인 조각은 따로 떼어 사용 시 시각적 혼란을 만들 수 있다.

풀이 116쪽, 원형 차트는 절대 수량보다는 비율로 상대적인 비교에 유리하다.

44 다음 중 트리 맵 시각화에 대한 설명으로 가장 옳지 않은 것은?

① 트리 맵은 위계 구조가 있는 데이터나 트리 구조 데이터를 효과적으로 시각화할 수 있으며 각 사각형의 크기는 데이터의 양적 값을 반영한다.

② 트리 맵에서 각 사각형의 색상은 데이터의 범주를 구분하는 데 사용되며 색상의 명확성은 시각적 효과를 높이는 데 중요한 역할을 한다.

③ 트리 맵에서 내부 사각형의 배치는 데이터의 계층 구조를 명확히 반영해야 하며 일반적으로 사각형의 배치는 구조적 의미를 가진다.

④ 트리 맵에서 음수값은 일반적으로 무채색의 색상 또는 특별한 방식으로 시각화된다.

풀이 116쪽, 모자이크 차트처럼 트리맵도 음수 값은 표현 불가하다는 특징이 있다.

45 다음 그림들의 공통적인 특성으로 가장 옳지 않은 것은?

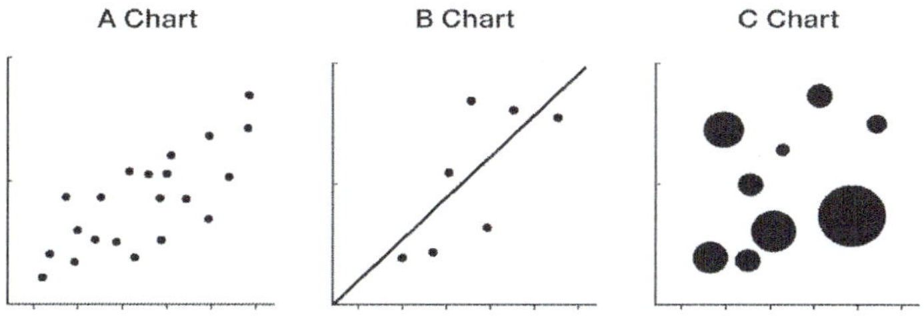

① A Chart는 흐름을 표현할 때 활용되기도 하지만 관계를 설명할 때 활용되기도 한다.
② A, B, C Chart 모두 정확한 수치를 파악하기에 적합하다.
③ C Chart는 면적은 종속변수를 나타내며 종속변수는 정량형이다.
④ A Chart는 산점도(분산형 차트)에 포함된다.

풀이 119쪽, B차트는 분포 시각화로 QQ 도표, A차트는 산점도, C차트는 버블차트로 관계시각화 차트다. 버블차트는 지름이 아닌 면적으로 수량을 비교하며 정확한 수치를 파악하는 데 적합하지 않다.

46 다음 그림은 조세프 미나르가 '나폴레옹의 모스크바 원정 과정'을 생키 다이어그램으로 시각화한 것이다. 생키 다이어그램의 주요 용도에 대한 설명으로 가장 옳은 것은?

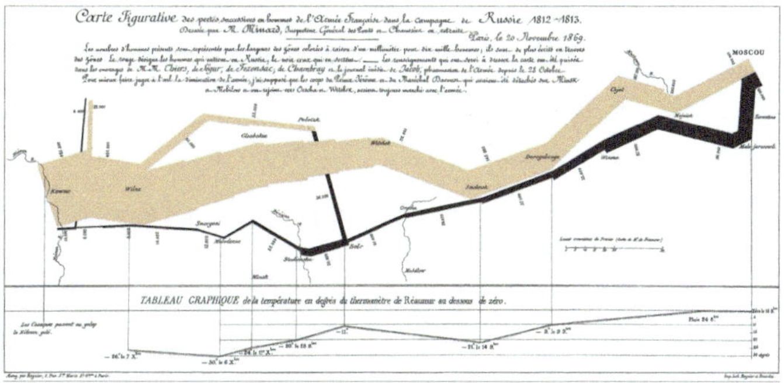

① 시간에 따른 데이터 변화를 시각화하기 위해 사용한다.
② 두 변수의 상관관계를 시각적으로 표현하기 위해 사용한다.
③ 비율 데이터의 흐름과 전환을 시각적으로 표현하기 위해 사용한다.
④ 특이성이 있는 독립적 데이터를 표현하기 위해 사용한다.

풀이 126쪽, 생키차트는 대표적인 흐름 시각화 차트다.

47 다양한 하이퍼파라미터 구성에 대한 머신 러닝 모델의 성능을 분석하려고 한다. 각 구성에는 여러 평가 지표(정확도, 정밀도, 리콜, F1 점수 및 런타임)가 있다. 이러한 구성을 비교하고 메트릭 간의 절충점을 파악하는 데 가장 효과적인 시각화 그래프는?

① 방사선 차트 ② 평행좌표계
③ 그룹 막대그래프 ④ 트리 맵

풀이 126쪽, 평행좌표계는 여러 변수를 수식 방향 평행선으로 나란히 배치하고 데이터를 선으로 연결하여 서로 다른 유형/크기의 데이터를 비교하여 패턴 탐색하는 데 사용한다. 방사형 차트와 유사하지만, 절충점을 찾는 데 유리하다.

48 다음 중 캘린더 차트에 대한 설명으로 가장 옳은 것은?

① 캘린더 차트는 시간에 따른 데이터의 패턴과 추세를 시각적으로 분석하는 데 유용하며, 날짜별 데이터값을 색상으로 표현한다.
② 캘린더 차트는 카테고리 데이터만을 시각적으로 표현하는 데 사용된다.
③ 캘린더 차트는 두 개 이상의 변수 간의 상관관계를 분석하기 위한 도구로 사용된다.
④ 캘린더 차트는 데이터의 세부 사항을 표시하기보다는 주로 단일 숫자 집합을 시각적으로 표현하는 데 사용된다.

풀이 131쪽.

49 다음은 나단 셰드로프의 DIKW 정보 디자인에 대한 설명이다. 빈칸에 순서대로 들어갈 용어로 가장 옳은 것은?

- 정보 디자인 다이어그램은 데이터, 정보, 지식, 지혜가 생성되고 전환되는 과정 중에서 정보 디자인이 어떻게 전달되는지를 보여준다. 데이터가 정보로 (A)·활용되고 지식으로 (B)되어 지혜로써 문제 해결과 (C)에 사용되는 과정을 그리고 있다.
- 맥락에 따라 시각화의 방법도 각 단계마다 다르게 나타난다. 지식으로 갈수록 경험에 기반한 (D)(이)가 중요해짐을 알 수 있다.

① (A)이해 - (B)체계화 - (C)미래 예측 - (D)스토리텔링
② (A)스토리텔링 - (B)체계화 - (C)미래 예측 - (D)이해
③ (A)스토리텔링 - (B)체계화 - (C)이해 - (D)미래 예측
④ (A)체계화 - (B)이해 - (C)미래 예측 - (D)스토리텔링

풀이 92쪽.

50 다음 중 비즈니스 인텔리전스(BI)와 관련된 설명으로 가장 옳지 않은 것은?

① BI 도구는 데이터의 정제, 분석, 시각화, 그리고 인사이트 도출을 통해 데이터의 패턴과 추세를 식별할 수 있게 도와준다.

② BI 도구는 사용자가 데이터를 시각적으로 변환할 수 있도록 지원하며 이를 통해 복잡한 비즈니스 정보를 명확하게 설명할 수 있다.

③ 데이터 기반의 의사결정을 지원하고 경쟁 우위를 확보하는 데 중요한 역할을 한다.

④ BI 도구는 시각화를 통한 그래프는 제공하나, 인터랙티브한 기능은 제공하지 않아 상호작용은 불가능하다.

풀이 108쪽.

51 다음 그래프는 코로나 누적 감염자 수를 나타내고 있다. 이와 같은 그래프 유형에 대한 설명으로 가장 옳지 않은 것은?

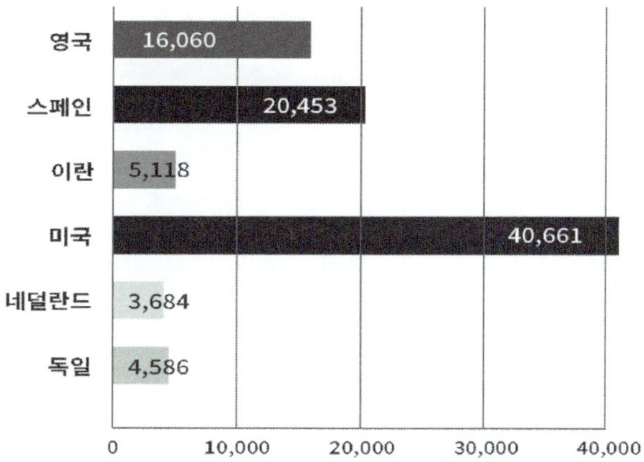

① 막대그래프는 세로형과 가로형으로 시각화되는데, 가로형은 세로형에 비해 배경 그리드를 통해 값을 파악하는 것이 쉽지 않다.

② 양수와 음수의 데이터 값이 있을 경우, 음수는 좌측에 위치하며 양수는 우측에 위치해야 하지만 양수가 없는 경우 기준선의 우측에 위치할 수 있다.

③ 데이터의 값은 막대 끝 안쪽 혹은 바깥쪽 인근에 기입한다.

④ 막대 순서는 오름차순 혹은 내림차순으로 정렬하나, 의도에 따라 특정한 순서를 부여하여 나열할 수 있다.

풀이 114쪽.

52 다음 중 시각화 유형이 다른 그래프로 가장 옳은 것은?

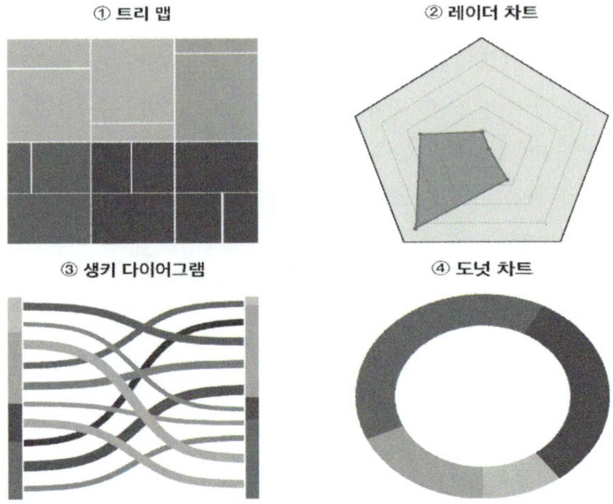

① 트리 맵　　② 레이더 차트
③ 생키 다이어그램　　④ 도넛 차트

풀이 113쪽, ② 레이더 차트는 수량시각화 차트고 나머지 3개는 비율시각화 차트다. 생키다이어그램은 한 시점에서는 비율을 전체 시점에서는 흐름을 시각화한다.

53 다음 그림은 누적 막대그래프이다. 이 그래프의 특성에 대한 설명으로 가장 옳지 않은 것은?

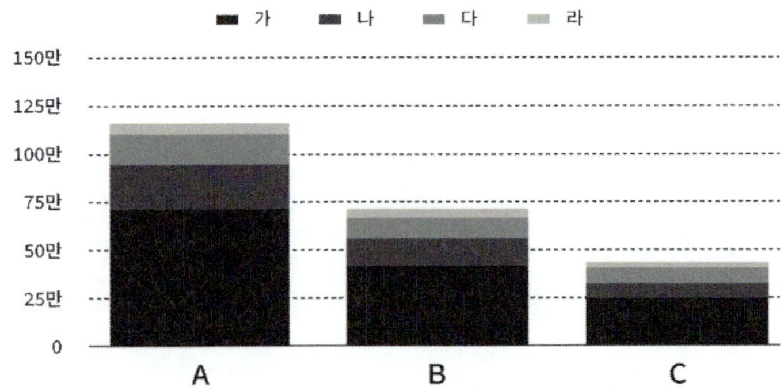

① 각 막대의 높이는 전체와 관련된 상대적 비율을 나타낸다.
② 여러 개의 범주 또는 변수를 동시에 표현하는 데 사용한다.
③ 누적 막대그래프는 상대적 비율을 표현하기에 적합하지만, 각 막대의 정확한 값 파악은 한 눈에 파악하기 어렵다.
④ 백분율을 비교하는 그래프가 아니기 때문에 세로축 단위 표시는 생략이 가능하다.

풀이 114쪽, 세로축은 각 막대그래프의 수치를 파악하는 역할을 한다.

54 다음 중 조건부 서식의 기능과 관련하여 가장 옳은 것은?

① 조건부 서식은 특정 데이터 셀의 값을 기준으로 서식을 동적으로 적용할 수 있으며 복잡한 조건식도 지원한다.

② 조건부 서식은 데이터의 집합에만 적용할 수 있으며 개별 셀에는 적용할 수 없다.

③ 조건부 서식은 서식이 변경된 후 원본 데이터가 수정되면 서식이 자동으로 업데이트되지 않는다.

④ 조건부 서식은 사용자가 직접 작성한 수식이 아니라 프로그램에서 제공하는 기본 서식 규칙만을 적용할 수 있다.

풀이 106쪽.

55 다음 중 자크 베르탱의 7가지 시각적 변수 선택에 대한 설명으로 가장 옳지 않은 것은?

① 효과적 커뮤니케이션을 위해서 정보 유형에 따라 서로 다른 시각적 인코딩을 제안한다.

② 위치 변수는 주변 요소와의 관계 비교를 유도하여 정보의 상하 구조를 효과적으로 전달할 수 있다.

③ 명도 변수는 수치적 변화를 시각화할 때 색상의 차이보다 더 효과적이다.

④ 색상 변수는 채도의 차이에 따라 정보의 우선순위를 매기며 이러한 방법은 효과적인 정보 전달에 활용된다.

풀이 100쪽.

56 다음 그림은 정보 디자인 범주를 도식적으로 표현하고 있다. 그림에 대한 설명 중 가장 옳은 것은?

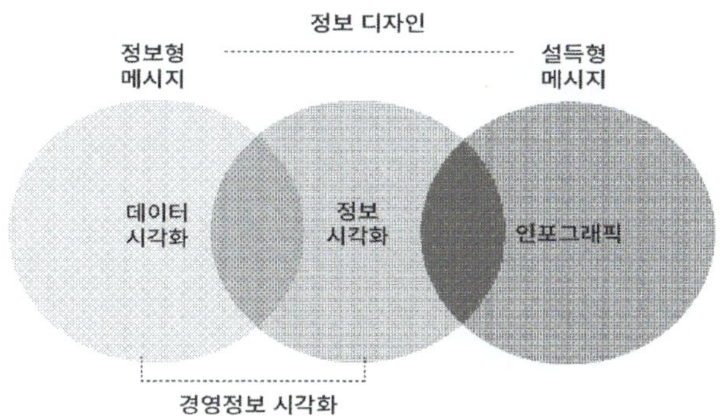

① 경영정보 시각화를 목표로 할 때는 정보형 메시지를 담고 있어 나단 셰드로프가 주장하는 인포그래픽보다는 에드워드 터프티의 시각화 방법이 더 적합하다.

② 경영정보 시각화는 설득적 메시지를 전달하는 목적이 강하므로 스토리텔링이 강한 에디토리얼 인포그래픽으로 시각화해야 한다.

③ 나단 셰드로프가 주장하는 인포그래픽 디자인은 경영정보 시각화보다 주관적 맥락이 덜 포함되어 있으며 객관적 의사 판단을 할 수 있도록 한다.

④ 인포그래픽은 전통적인 정보 시각화와는 달리 삽화, 장식이 많이 포함되어 있지 않으며 메시지 전달 보다는 관심을 끄는 것이 중요하다.

풀이 93쪽

57 다음 그림은 캠페인 예산 분기별 벤치마크를 시각화한 불렛 그래프이다. 이에 대한 설명으로 가장 옳지 않은 것은?

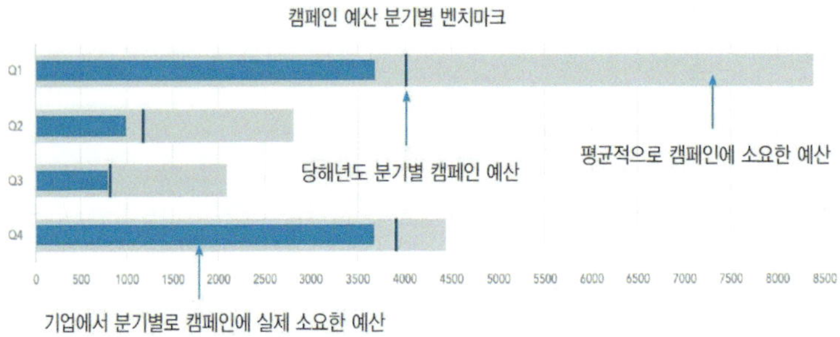

① 분기별 캠페인 예산의 표시가 세로선으로, 캠페인에 실제 소요한 예산이 진한 가로 막대로 표시되어 있어 분기별 성과 비교가 가능하다.

② 목표와 성과를 시각적으로 효과적으로 비교하여 결정을 내리고 전달하는 데 도움을 준다.

③ 주요 데이터값은 차트 중앙의 막대를 사용하여 길이별로 인코딩되며, 중앙의 막대를 기호 마커라고 한다.

④ 이 기업은 3분기에 확보된 예산에 근접하는 집행 성과를 이루었음을 알 수 있다.

풀이 114쪽, 세로 선을 기호 마커라고 한다.

58 다음 중 디자인의 기본 원리에 대한 설명으로 가장 옳지 않은 것은?

① 균형은 디자인 요소가 시각적으로 균형을 이루도록 배치하며 안정감을 제공한다.
② 대비는 디자인에서 두 가지 상반된 요소를 사용하여 시각적 유도를 이끌며 중요한 요소를 강조하는 데 활용된다.
③ 정렬은 디자인 요소를 특정한 패턴이나 위치에 배치하여 일관성과 조직감을 제공하며 모든 요소가 서로 독립적으로 배치될 수 있다.
④ 근접은 디자인 요소를 서로 가까이 배치하여 그룹화하고 정보의 연관성을 명확히 하는 원리이다.

풀이 97, 98쪽, ③은 리듬에 대한 설명이다.

59 다음 중 지도(map)의 사용 목적과 관련하여 가장 옳은 것은?

① 지도는 지리적 위치의 정확한 좌표와 함께 해당 위치에서의 데이터를 나타내기 위해 주로 사용된다.
② 지도는 데이터의 시계열 변화를 나타내는 데 효과적이지 않으며, 주로 과거의 데이터 분석에 사용된다.
③ 지도는 범주형 데이터를 시각적으로 표현할 수 없다.
④ 지도는 데이터의 평균값이나 중앙값을 직접적으로 표시하는 기능을 가지고 있다.

풀이 121쪽.

60 다음 중 비즈니스 인텔리전스(BI) 소프트웨어의 특징으로 가장 옳지 않은 것은?

① 대시보드는 실시간으로 데이터를 갱신할 수 있는 기능을 제공한다.
② 시각화 도구를 이용하여 사용자가 데이터를 최대한 활용할 수 있는 환경을 제공한다.
③ 데이터의 자동 통합 및 정제가 가능하여 재현 가능성과 반복 가능성의 구현이 가능하다.
④ 사용자는 원하는 데이터를 시각적으로 표현하기 위한 그래프를 활용할 수 있다.

풀이 108쪽.

김 경 섭

• 신구대학교 마케팅학과 교수

엑셀과 파워 BI를 활용한 마케팅 인텔리전스

초판발행 • 2025년 3월 14일

지은이 • 김 경 섭
펴낸이 • 김 대 명
펴낸곳 • 나우퍼블리셔
등록번호 • 2020년 1월 20일 (제2020-000005호)
주소 • 서울특별시 성동구 한림말5길 11 덕성빌딩
전화 • 010-9133-5272 | 팩스 02-6305-3639
전자우편 • nowpublisher@daum.net
홈페이지 • www.nowpublisher.co.kr
ISBN • 979-11-7102-108-6 93320
가격 • 25,000원